음표 위 경제사

음표 위 경제사

이두걸 지음

**대중음악과
자본주의,
그 동행의 역사**

루아크

일러두기

- 국내에 번역 출시된 책이나 영화, 음반, 곡 제목은 한국어로만 표기했고, 번역 출시되지 않은 책이나 영화, 음반, 곡 제목은 한국어와 원어를 병기했다. 그러나 제목이 원어로 더 잘 알려진 팝음악 등에는 관행에 따라 원어만 표기했다.
- 단행본, 오페라, 앨범 등은 《 》로, 신문, 잡지, 논문, 곡명 등은 〈 〉로 표기했다.
- 인명의 경우 본문에 처음 등장할 때만 원어를 병기했고, 2022년 기준으로 생존해 있는 사람은 생몰년을 붙이지 않았다.

들어가는 말

1.

어머니께서 옳으셨던 거다. 악기를 배우게 하신 선택이 옳았고, 음악이 삶에 기쁨을 더할 것이라는 혜안이 옳았으며, 악기를 다룰 줄 알면 낯선 사람들과도 쉽게 친해질 수 있는 것은 물론이요, 깊고 오랜 우정을 키우는 데도 도움이 될 것이라는 판단 역시 옳게 하신 거다.

앨런 러스브리저Alan Rusbridger는 1995년부터 20년간 영국을 대표하는 일간지 〈가디언〉의 편집장을 역임한 언론인이다. 그는 〈가디언〉이 '위키리크스 사건', 〈뉴스 오브 더 월드〉 폐간을 불러온 불법 도청 사건 등 전 세계를 뒤흔드는 특종을 연이어 쓸 무렵인 2010년 8월부터 16개월 동안 '발라드 프로젝트'에 돌입한다. 매일 오전 20분간 프레데리크 쇼팽의 명곡이자 가장 난이도가 높은 '발라드 1번 G단조'

를 연습해 친구들 앞에서 연주하는 것이었다. 비전공자로서 도저히 이길 수 없는 싸움을 시작한 그의 역경과 좌절 그리고 희열의 순간들은 2016년에 번역 출간된《다시, 피아노》에 촘촘히 담겨 있다. 우여곡절 끝에 가족과 친구들 앞에서 연주회를 마치고 난 뒤 그는 앞 문장처럼 떠올린다. 러스브리저의 발끝에도 못 미치는 필자지만, 음악을 밥벌이 수단으로 삼지 않더라도 가장 편안한 안식처가 될 것이라는 사실에 적잖은 위로를 받는다. 이 글을 읽을 당신 역시 음악이 그런 존재이기를.

2.

이 책은 경제와 음악의 역사를 다루고 있다. 구체적으로는 18세기 말 태동한 자본주의가 문화, 특히 대중음악에 어떤 영향을 미쳤고, 대중음악은 여기에 어떻게 화답했는지 살피는 것이다.

필자는 경제나 음악 양쪽 모두 전문 연구자는 아니다. 정식으로 교육을 받은 적도 거의 없다. 다만 20년 기자 생활 중 절반 이상을 경제 분야에서 일하면서 '어떤 경제가 우리에게 필요하고 바람직한가'라는 질문은 다행스레 놓지 않았다. 이 질문의 해답을 찾기 위해서는 자본주의의 과거의 모습을 살펴봐야 한다.

정치체계나 사회의식, 종교 등 한 사회를 이해할 수 있는 틀은 다양하다. 그러나 자본주의 경제가 싹트기 시작한 18세기 후반 이후 경제는 압도적인 가치체계로 군림했다. 20세기 중후반 한때 이념이 지배 논리로 득세한 것처럼 보였지만, 이념의 속살에는 자본이라는 유령이 언제나 도사리고 있었다. 앞으로도 인류 역사는 경제를 중심으로 흘러갈 가능성이 매우 높다. 이 책에서 정치도 사회도 아닌 경제를 주요 분석 대상으로 삼은 건 그런 이유에서다.

사실 경제사는 강단 경제학에서 주된 연구 대상이 아니다. 경제와 역사학의 중간에 걸쳐 있어서다. 강단 경제학에서는 '비과학적'이라는 편견으로 경제사를 폄훼하기도 한다. 하지만 나무(경제학)만이 아니라 숲(경제사)을 함께 바라봐야 전체 그림을 그릴 수 있다는 점에서 경제사의 중요성은 아무리 강조해도 지나치지 않다. 이는 단순히 학자만이 아니라 경제활동을 하며 살아가는 모든 이에게 해당된다.

우리의 과제는 저성장과 저출산 고령화, 일자리 부족 그리고 환경문제 등 인류가 맞닥뜨린 보편 과제와, 분단 및 지정학적 리스크라는 개별 과제가 얽힌 고차방정식을 푸는 것이다. 필자에게도 한국과 세계경제에 대한 고민은 평생 안고 가야 할 숙명에 가깝다. 기자라는 직업을 버리지 않는 한 비판과 대안 제시라는 숙제를 외면할 수 없어서다. 이 책은 이런 고민의 해답을 찾기 위한 일종의 '준비운동'에 해당한다. '이성으로 비관해도 의지로 낙관'하면서 대안을 도출하는 과정에서 인류가 자본주의를 일군 기록인 경제사는 칠흑 같은 어둠 속에서 홀로 빛나는 별자리가 될 것이다.

3.

'대중음악이 자본주의 경제 발전에 어떤 영향을 받아왔는가'라는 점 역시 오랫동안 개인적인 관심거리였다. 서양 고전음악을 처음 접한 초등학교 2학년 그리고 록의 세계에 발을 디딘 10대 중반 이후 음악은 취미 이상의 대상이었다. 이른바 '서태지 담론' 등 문화연구가 활발히 진행되던 1990년대 초중반에 지적 감수성의 수치가 가장 높았던 대학 시절을 보냈다는 것도 빼놓을 수 없다. 주지하다시피 소련 붕괴 이후 한국의 지적 풍토의 무게중심은 사회과학에서 문화이론으로 빠르게 이동했다. 필자는 그 변화의 세례를 받은 첫 세대이자, 낮에는 운동가를 부르고 밤에는 동물원과 메탈리카를 들었던 마지막 세대다.

경제와 음악은 서로 이율배반적으로 보인다. 경제는 '아폴론', 음악은 '디오니소스'의 영역에 머무른 것으로 여겨지는 탓이다. 하지만 경제 상황을 고려하지 않고 음악 등 문화를 온전히 이해하는 건 불가능에 가깝다. 물론 "생산은 결정 요인이지만 '최종 심급에서만' 그렇다"는 프리드리히 엥겔스의 언명을 '경제가 유일하게 모든 걸 결정한다'고 오독한 교조적 마르크스주의의 경제환원론을 되풀이할 의도는 전혀 없다. 안토니오 그람시와 루이 알튀세르, 라클라우·무페 등에 의해 경제환원론 논리는 진작에 산산조각 났다.

다만 경제는 다른 요인과 더불어 예술을 포함한 상부구조에 개입하거나, 중간 단계에서 결정적 영향력을 행사한다는 점을 부인할 수 없다. 음악 등 예술은 생산양식상의 근본 모순을 봉쇄하면서도 드러내는 역할을 한다는 프레드릭 제임슨의 의견에 귀 기울이게 되는 까닭이다. 최초의 '자유 음악가' 베토벤이 모차르트처럼 굶어 죽지 않은 건 1차 산업혁명에 따라 부르주아계급이 대거 양산된 덕분이다. 음악을 향유하고 소비하는 방식의 근본적 변화를 가져왔던 축음기와 라디오는 2차 산업혁명기 과학기술의 발전에 따른 결과물이다. 2차 세계대전 이후 세계경제의 '이례적' 호황이 1970년대 이후에도 계속되었다면 기성세대를 상대로 전면전을 벌였던 펑크록이 출현할 수 있었을까.

4.

인류 역사와 거의 동시에 등장한 문학·미술 등과 달리 대중음악은 영화와 더불어 순전한 자본주의 체제의 산물이라 할 수 있다. 대규모 자본, 기술, 전문가 집단이 뒷받침되지 않고서는 생산과 판매, 유통이 불가능해서다. 현대 과학기술에 크게 빚지고 있다는 점도 공통점이다. 다만 영화의 역사는 100여 년에 불과하다. '현대'가 아닌 전체 자본주의 경제사와 대응하기에는 기간이 짧다. 필자가 자본주의와 대화를 나눈 문화 장르로 대중음악을 주목한 것은 이런 이유에서다.

특히 최근의 디지털 기술과 인터넷의 확산은 생산과 소비 전 분야에서 대중음악의 지각변동을 가져왔다. 컴퓨터, 신디사이저 등 비교적 간단한 장비와 기술만 있으면 누구나 곡을 만들 수 있다. 유튜브나 SNS 등 유통 채널도 다양해졌다. 스마트폰으로는 지금까지 출시된 거의 모든 음악을 언제 어디서나 괜찮은 음질로 들을 수 있다.

그러다 보니 소비자들은 음악을 들을 때 더이상 인내하지 않는다. 생산자들 역시 새로운 장르를 개척하려는 '모험' 대신 기존 음악들의 파편들을 매끈하게 재조합하는 '안정'을 선택한다. 2000년대 이후 우리를 포함한 전 세계 음악계에서 널리 나타나는 복고(레트로) 열풍은 세계 자본주의의 저성장 기조에 따라 모험적 투자를 회피하고 안정적 수익을 올리려는 음악산업의 욕망이 작용한 결과로 볼 수 있다. 세계 자본주의의 최전성기였던 1960년대에 팝음악의 거의 모든 장르가 출현하고 경쟁적으로 꽃을 피웠다는 건 우연이 아니다. 복고주의는 우리가 살아가고 있는 후기 자본주의 문화의 대표 특징이기도 하다. 최근의 복고 열풍을 마냥 긍정적으로 바라보기 어려운 이유다.

5.

이 책은 모두 여섯 장으로 구성되어 있다. 18세기 후반부터 20세기 후반까지 대략 200여 년을 대상으로 한다. 각각의 시기 구분과 관련해서도 적잖은 논쟁이 있지만 기존 경제사와 음악사 연구의 전례들을 주로 따랐다.

첫 장은 영국에서 산업혁명이 처음 태동한 18세기 후반부터 19세기 초반까지, 둘째 장은 프랑스대혁명이 종식되고 산업혁명이 유럽과 아메리카대륙으로 확산된 19세기 초중반까지를 다룬다. 빈체제라는 복고의 움직임이 있었지만 세계 자본주의와 인류 역사는 진보와 이성이라는 굳건한 두 바퀴로 굴러간다는 낙관론이 팽배했던 시기다. 궁중과 교회에서 벗어난 음악 역시 대공연장과 부르주아계급의 거실로 확산되면서 인류 최초로 대중음악이 출현한 때다. 베토벤이라는 거인이 지배한 기간이기도 하다.

셋째 장부터는 분위기가 바뀐다. 세계 자본주의 체제를 처음 뒤흔들었던 1873년 대불황부터 1차 세계대전 직전까지의 시기는 '아름다운 시대The Belle Epoque'이자 '세기말Fin de Siècle'의 정조가 혼재된 때였다. 바그너의 확신과 브람스의 머뭇거림, 차이코프스키의 흐느낌 그리고 말러의 탄식이 한데 어우러진 시기이기도 하다. 넷째 장은 양차 대전과 대공황을 대상으로 한다. 첨단 무기와 기술로 수천만 명의 목숨이 사라진 대재앙의 시대이자, 수억 명의 인류가 대공황의 충격에 휩싸인 야만의 시대였다. 다만 축음기와 라디오가 출현하면서 더 많은 인류가 더 쉽게 음악을 즐길 수 있게 되었다. 최초의 팝음악인 재즈가 등장한 때이기도 하다. 모더니즘음악가들과 쇼스타코비치 등도 각각의 방식으로 시대 상황을 대변하는 작품을 내놓았다.

다섯째 장은 2차 세계대전 종전 이후부터 1972년 1차 석유파동 직전까지를 대상으로 한다. 당시는 선진국과 개발도상국, 공산권 국가들까지 호황을 누리는 세계 자본주의의 극성기였다. 대거 등장한 중산층들은 엘비스 프레슬리와 비틀스에 열광했다. 여섯째 장은 1972년부터 1990년대 말까지를 대상으로 한다. 영원할 것만 같던 자본주의의 번영이 끝나고 '장기침체'로 접어든 때다. 보수화 흐름에 맞춰 신자유주의가 득세하고, 세계화가 진전된 시기이기도 하다. MTV와 마이클 잭슨 그리고 너바나가 주인공으로 등장한다.

6.

당초 이 책을 쓰려고 마음먹은 계기는 아들의 질문 공세에 대응하기 위해서였다. 다만 예상보다 집필 기간이 길어지면서 중학생이던 아들은 어느새 고등학생이 되었고, 예상 독자의 연령층도 자연스럽게 높아졌다. 경제학과 음악학 이론은 책의 범위를 벗어난다. 분량 문제 탓에 최소한의 설명에 그쳤다. 무엇보다 앞서 밝혔듯 필자에게는 해당 분야에 대한 새로운 학설이나 사실을 제시할 능력이 없다. 역사와 경제, 음악에 관심이 많은 독서가의 지식의 재조합 시도에 가깝다. '기존 연구들을 짜깁기 한 게 아니냐' '최신 연구 결과들이 누락됐다'고 비판하더라도 항변할 생각은 추호도 없다. 다루는 분야는 박람博覽하나 깊이 기록強記하는 대신 얕은 수준의 기록弱記에 그친 격이다.

다만 일반 독자들이 편하게 읽을 수 있도록 '이야기'를 풀어낸 결과라고는 말할 수 있다. 아이작 뉴턴의 표현을 빌리자면, '거인의 어깨 위에 올라선 난쟁이'에 충실할 수만 있다면 그걸로 족하다. 이를 토대로 내 스스로 그리고 독자들이 바람직한 미래를 꿈꾸려 시도할 수 있다면 다행이리라.

글이나 말에 순수한 '가치중립성'은 존재하지 않는다고 믿는다. 기사나 각종 논문, 보고서 등 흔히 중립적이라고 여기는 글도 예외가 아니다. 객관적이고자 하는 정도의 차이만 있을 뿐이다. 글과 말이 정보 전달을 가장 큰 목적으로 삼고 있다 할지라도 취사선택과 해설의 과정에서 저자와 화자의 주관이 개입하기 마련이다. 필자는 이 책에서 주관의 '족쇄'에서 벗어나기 위해 최대한 노력했다. 책에서 의도치 않게 드러날 편견과 오해, 무지 등은 전적으로 필자 책임이다. 아들과 또래 청소년 그리고 젊은 독자들이 경제사와 음악사에 쉽게, 최대한 바람직하게 접근할 수 있는 나침반이 된다면 이보다 기쁜 일은 없을 것이다. 다만 소수가 아닌 다수가 물적·정신적 풍요를 함께 나눌 수 있는 사회에 대한 편향성은 숨기지 않았음을 밝혀둔다.

7.

책을 본격적으로 준비하기 시작할 무렵, 오랫동안 병상에 누워 있던 부친이 별세했다. 선친의 출생지는 일본이다. 조부가 징용에 끌려간 탓이었다. 73년이라는 짧고도 길었던 당신의 생애에는 우리 현대사의 크고 작은 질곡들이 함께했다. 가끔 거울 속에서 선친의 모습을 발견할 때면, 두려움과 그리움이 함께 엄습한다. 이 책을 쓰는 동안 나만의 방식으로 삼년상을 치렀다고 여긴다. 늙고 병든 모친에게 조금이나마 다정다감한 아들이 되는 건 영원한 숙제다. 20년간 몸담으며 기자로서 사람 구실 하도록 만들어준 〈서울신문〉에도 감사한다. 게으른 필자의 글을 수년간 인내심 있게 기다려준 루아크 천경호 대표에게는 미안한 마음이 더욱 크다. 이 책의 최초의 독자이자 최고의 비평가인, 20년 가까이 곁에서 묵묵히 지지하고 용기를 북돋아준 아내 이지혜에게 사랑의 인사를 건넨다. 동희와 로제에게 '좋은' 아버지가 되겠다고 마지막으로 다짐한다.

2023년 1월

이두걸

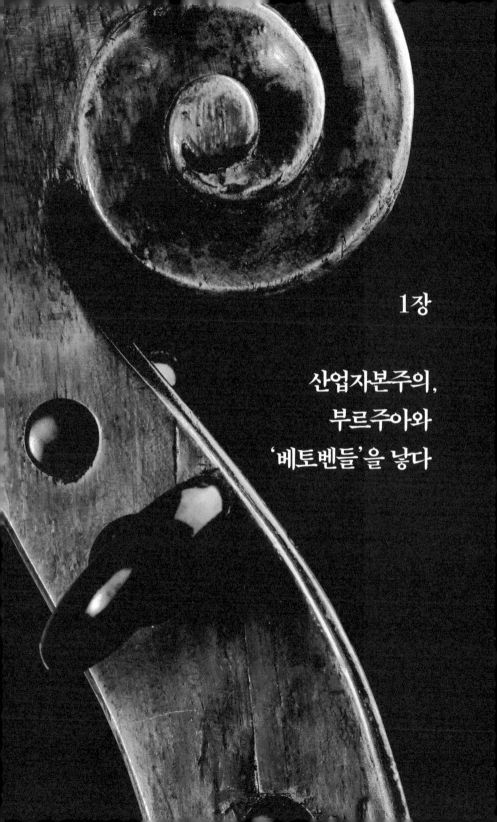

1장

산업자본주의,
부르주아와
'베토벤들'을 낳다

영국, 제국에서 '세계의 공장'으로

산업혁명으로 처음 출현한 자본주의적 생산관계

평화롭고 웃음에 찬 이 세상에서 가장 즐거운 마을/이제 너의 즐거움도 끝났다 너의 매력도 사라졌다/너의 작은 숲은 난폭한 손아귀에 짓눌리고 있다…/너의 아이들은 마을을 떠나 멀리 더 멀리로 떠나간다…/부자들은 이 울타리 없는 땅을, 심지어 황폐한 공동지까지도 나누어 갖는다….

－올리버 골드스미스의 〈텅빈 마음〉 중에서.[1]

19세기에 영국을 방문했던, 흔히 비판적이었던 프랑스 여행자들은 산업주의의 집중과 흉측함에 질겁을 했다. 철학자이자 비평가였던 이폴리트 텐은 이를 두고 "지옥의 제일 마지막 장소"라고 말했다. 그러나 영국이 … 프랑스를 비롯해서 산업화를 향한 노상에 있었던 모든 나라의 앞날이었다는 것을 그들은 알고 있었던 것일까? 오늘날(1986년)의 미국과 일본을 보는 사람들은 그들이 눈앞에 보고 있는 것이 바로 자기 나라의 미래라는 것을 알고 있는 것일까?

— 페르낭 브로델,《물질문명과 자본주의 1-2》815쪽.[2]

'제국empire' 하면 누구나 넓은 땅과 강력한 군대를 가진 나라를 떠올린다. 이는 사실과 크게 다르지 않다. '다른 민족을 통치하거나 통제하는 정치체계'(《21세기 정치학대사전》)를 갖추려면 막강한 군사력과 경제력은 필수이기 때문이다. 인류 역사에서 제국이라는 수식어가 어울리는 최초의 국가는 영국일 것이다. 영국은 전 세계를 대상으로 정치나 군사만이 아니라 경제 면에서도 압도적 영향력을 행사한 첫 나라다.

그렇다면 왜 하필 영국이었을까. 15세기 말 '지리적 발견' 이후 유럽 국가들은 세계 각지에 식민지를 건설하는 등 영역을 빠르게 넓혀갔다. 제국으로 성장할 유력 후보도 여럿 등장했다. 아메리카대륙을 장악한 스페인, 절대왕권과 풍부한 농업생산력을 기반으로 유럽을 호령하던 프랑스, 스페인으로부터 독립한 뒤 '세계 경영'으로 막대한 부를 쌓은 네덜란드가 그렇다. 그러나 영국에는 존재했지만 이들 국가에는 없던 요인이 있었다. 바로 '산업혁명The Industrial Revolution'이다. 영국은 산업혁명을 토대로 자본주의를 꽃피우면서 명실상부한 세계 제국으로 발돋움했다. 그 이후 지금까지도 막강한 산업 역량을 가지고 있는지 여부가 세계 패권 국가를 평가하는 핵심 잣대가 되었다.

'산업혁명의 본질이 무엇인가'에 대해서는 지금껏 수많은 연구가 있었다. '산업혁명'이라는 용어를 처음 학술어로 사용한 이는 역사학자 아놀드 토인비Arnold Joseph Toynbee, 1885~1972다. 그에게 산업혁명은 증기기관 등 기술 진보에 따른 생산력과 부의 급격한 증대이자 길드 등 규제 중심 사회에서 시장 중심 사회로 변화했다는 걸 의미한다. "중세적 규제를 경쟁으로 대체"하는, 과거와의 질적 단절을 이뤄낸 혁명이라는 것이다. 고용주에 해당하는 자본가와 노동자라는 새로운 사회·계급 관계의 형성이라는 사회혁명을 뜻하기도 했다.[3] "공업사회를 출범시킨 급격하고 강력한 변화"(D. C. 콜먼)이자 "바퀴의 발명 이후 가장 심한 과거와의 단절"(데이비드 란데스)이라는 견해[4] 역시 불연속성을 강조한다는 점에서 토인비의 연장선에 해당한다.

'전이'에 초점을 맞춘 견해도 많다. 사회주의 사상가이자 혁명가인 카를 마르크스Karl Marx, 1818~1883는 '봉건주의에서 자본주의로 이행하는 과도기적 현상'으로 봤다.[5] 중세의 생산양식이 근대 자본주의적 생산양식으로 전환되는 역사적 과정을 산업혁명으로 이해한 것이다. 국민소득 등 거시경제지표의 양적 성장이 가속화되는 점을 산업혁명의 본질로 봐야 한다는 견해도 존재한다. 1780년대의 특정 시점에 인류 역사상 최초로 인류의 생산력을 속박하던 굴레가 벗겨지고, 재화가 무한대로 증식될 수 있는 일종의 도약을 이루었다[6]는 영국 역사학자 에릭 홉스봄Eric Hobsbawm, 1917~2012의 관측도 비슷한 맥락이다. '시장체계가 이윤의 실현 대신 수요의 충족으로 중심을 이동한 자기 조절 현상이고, 경제가 사회나 정치 등 외부 환경에 대한 의존에서 탈피하는 대전환의 일부분'으로 이해한 오스트리아 출신 경제학자 칼 폴라니Karl Polanyi, 1886~1964의 견해도 눈여겨봐야 한다.[7]

산업혁명의 개념을 둘러싼 논의는 지금도 계속되고 있다. 지금까지의 연구를 종합하면 산업혁명은 먼저 기술혁신과 공업생산 조직의 변화를 기축으로 한 공업화와, 이를 기초로 한 경제성장의 과정이라고 정리할 수 있다. 장기간 성장이 정체되었던 중세, 곧 전前산업사회는 산업혁명을 통해 지속적으로 성장할 수 있는 근대이자 산업사회로 전환되었다.

물론 공업화나 산업사회로 나아가는 것은 영국이 아닌 지역에서도 혹은 다른 시기에도 나타날 수 있었다. 하지만 영국 산업혁명의 특징은 생산력의 양적 확대로 자본주의적 생산관계가 처음 등장했다는 점이다. 근대적 경제성장·공업화가 진전되는 근대 자본주의의 기점이자 '자본주의적 공업화'의 첫 사례가 바로 영국이다.

영국 산업혁명의 시기는 일반적으로 18세기 후반에서 19세기 중엽까지로 본다. 다만 최근 연구에서는 18세기 후반의 성장률이 19세기 중반의 성장률에 크게 못 미치는 등 경제 변화의 속도가 '혁명'이라고 표현할 만큼 빠른 것은 아니라고 지적한다. 전 시대와의 단절 대신 전이 과정에 주목한 홉스봄 역시 이미 18세기 무렵부터 산업혁명의 맹아가 움트고 있었고, 18세기 후반의 산업혁명은 대체적인 경향만 파악될 정도의 미미한 것이었다고 말한다.[8] 19세기 중반에 이르러서야 영국의 산업이 근대적 성격을 띠게 된다는 점도 거론한다. 다만 그렇다고 영국 산업혁명의 '혁명적' 성격까지 무시할 필요는 없다. 당대의 '양적' 성장은 미미할 순 있어도 대규모 공업과 새로운 사회계급이 출현하는 등 이전과 다른 새로운 시대가 열렸다는 '질적' 전환이 이뤄졌다는 점을 무시하는 학자는 거의 없다.[9] 결국 영국에서 일어난 산업혁명은 19세기 중엽에는 미국과 독일, 프랑스, 19세기 후반에는 러시아와 일본 등으로 확산되면서 인류의 삶과 사회구조를 송두리째 변화시켰다는 점은 흔들리지 않는 사실이다.

'혁명적'으로 일상 변모시킨 산업혁명

오랜 시간 경제협력개발기구OECD에서 경제통계 책임자로 근무했던 영국 경제사학자 앵거스 매디슨Angus Maddison, 1926~2010은 기원후 1년부터 최근까지 전 세계 국내총생산GDP 등 경제지표들이 어떻게 변화했는지 연구해왔다. 그의 사후에도 '매디슨 프로젝트'라는 이름으로 해당 연구는 계속되고 있고, 데이터를 인터넷 사이트에 공개하고 있다.[10]

'매디슨 데이터베이스 2010'(557쪽 표 참고)에 따르면, 전 세계 GDP는 1990년 US달러 기준으로 1년 1054억 달러에서 1000년 1212억 달러, 중세가 끝날 즈음인 1500년 2483억 달러, 상업혁명이 한창이던 1700년에는 3710억 달러를 거쳐 영국 산업혁명이 궤도에 오른 1820년에는 6935억 달러를 기록한다. 1년부터 1820년까지 연평균 성장률은 0.1%에 불과하다. 200년 전까지만 해도 역사시대가 시작된 이후 사람들 대부분의 삶은 별다른 진전 없이 절대 빈곤을 겨우 넘는 수준이었다는 뜻이다. 그러나 주목할 시점은 1820년 이후다. 1차 세계 대전 직전인 1913년 세계 GDP는 2조 7332억 달러로 눈에 띄게 성장했다. 1820년 이후 97년간 연평균 1.42%의 성장을 기록한 덕분이다. 그 이후에는 성장 속도가 보다 빨라졌다. 2008년에는 50조 9739억 달러로 1913년 이후 매년 3.13%의 성장세를 보였다. 1년부터 2008년까지의 연평균 성장률이 0.31%라는 점을 떠올리면 산업혁명 이후의 경제성장은 인류 역사에서 매우 이례적이라는 이야기다.

산업혁명은 개인의 삶도 크게 바꿔놓았다. 1년 467달러였던 1인당 GDP는 1820년 666달러로 사실상 제자리걸음이었지만, 1913년 1524달러에서 2008년 7614달러로 치솟았다. 1년부터 따지면 2000여 년간 16.3배, 1913년부터 계산하면 95년간 5배 불어난 것이다.

산업혁명으로 신장된 개인소득은 삶을 변화시켰다. 로버트 J. 고든Robert J. Gordon 미국 노스웨스턴대 교수는《미국의 성장은 끝났는가》에서 1·2차 산업혁명의 과실이 현실화된 1870년 이후 미국인의 삶의 변화를 생생하게 그려낸다. 1859년 발명된 메이슨 자 덕분에 사람들은 음식을 저장할 수 있게 되었고, 최초의 통조림 고기는 남북전쟁 시기 북군의 식량이 되었다. 19세기 말 켈로그의 콘플레이크와 보든의 연유, 젤오의 가공식품은 주방에 자리 잡았다. 1920년대 도시 여성들은 백화점에서 옷을 구입하고, 시골 사람들은 우편으로 옷을 주문했다. 19세기 말 개발된 마취법은 소름 끼치는 수술의 통증을 해소해주었고, 살균 수술법은 불결했던 당시 병원의 문제를 크게 개선시켰다. 1940년에는 미국 도시의 거의 모든 가구에 전기가 들어왔고, 상하수도 시설을 갖춘 가구도 94%에 달했다. 73%는 가스를 이용해 난방과 취사를 했고, 56%는 전기냉장고를 보유했다. 전기와 가스, 전화, 상수도, 하수도 등 다섯 가지 연결 고리를 갖게 된 것이다.[11] 영국, 독일, 프랑스 등 당시 산업화 국가의 도시 거주민들도 유사한 혜택을 누릴 수 있었다. 이처럼 인류의 삶을 송두리째 바꾼 산업혁명의 기원과 전개 과정에 대해 차근차근 살펴보자.

산업혁명의 씨앗, 계몽주의와 상업·가격혁명

산업혁명과 시민혁명이 도둑처럼 인류 역사에 등장한 건 아니다. 계몽주의라는 지적 지각변동이 없었더라면 산업혁명과 시민혁명의 시간표는 더 늦춰졌을 가능성이 크다. 의식체계의 변화 없이 사회적·경제적 변화를 기대하는 건 사실상 불가능해서다.

중세 이전까지 서구 사회를 지배하던 신학적 세계관은 '신의 섭리'를 기준으로 옳고 그름을 판단하고 세상 만물을 해석해왔다. 인간은 신에 종속된 존재였다. 이 흐름에 균열을 낸 것은 16세기 르네상스 운동이다. 판단의 중심에는 신 대신 '인간'과 '이성'이 자리했다. 이 변화를 극명하게 보여주는 명제는 서양 근대철학의 출발점이 된 프랑스 철학자 르네 데카르트René Descartes, 1596~1650가 제시한 "나는 생각(의심)한다, 고로 존재한다Cogito ergo sum"다. 무조건적 믿음이 아닌 '나'의 의심이 진리 탐구의 중심에 있다는 것이다.

계몽주의의 핵심 단어는 '이성'과 '진보'다. 계몽주의는 인간 사회는 신의 의지가 아닌 물리적·생물학적 법칙에 따라 움직이고, 이성을 보유한 인간 개개인의 자유와 평등을 최대한 보장해야 한다는 논리를 펼쳤다. 샤를 몽테스키외Charles Montesquieu, 1689~1755는 이성에 기초한 자연법이 실정법에 우선한다고 주장하면서 자유롭고 평등한 개인으로 이뤄진 사회를 실현하기 위해 '3권분립론'을 역설했다. 장 자크 루소Jean Jacques Rousseau, 1712~1778는 '사회계약설'을 통해 주권은 왕이 아닌 인민에게 있다고 선언했다. 이성과 자유에 대한 끊임없는 신뢰와 권위에 대한 저항이라는 계몽주의의 슬로건은 영국 등이 중세의 그늘에서 벗어나 산업혁명을 통해 자본주의 경제체제로 발전할 수 있었던 지적 기반이었다.

　당시 군주들 역시 계몽군주를 자처했다. 하지만 이들이 말하는 '계몽군주'의 '계몽'과 '군주' 사이에는 '절대(주의)'라는 표현이 생략되어 있었다. 이들은 왕권 강화나 재정 확충의 방법으로 계몽주의를 이용했다. 당시 시민계층은 귀족계층에 대항하고 계몽주의를 실현하기 위해 계몽군주에 적극 협력했지만, 계몽군주는 시민계층이 요구했던 정치·사회적 변화를 실현할 의지도, 욕구도 없었다. 결국 시민과 절대군주 간의 협력 관계는 파탄을 맞을 운명이었다. 둘 사이의 동상이몽이 파국을 맞은 사건이 바로 '시민혁명'이다. 산업혁명과 더불어 근대사회를 열어젖힌 '이중혁명'인 프랑스대혁명, 영국 시민혁명, 미국 독립혁명이 대표 사례다.

　계몽주의가 자본주의의 씨앗이었다면 상업혁명과 그에 뒤따른 가격혁명은 씨앗을 움트게 한 햇살이었다. 15세기 말 아메리카와 인도 항로가 발견되면서 아시아와 아프리카, 아메리카와 유럽 사이의 교역이 크게 확대되었다. 기존 지중해 지역으로 국한되었던 상업 활동이 전 대륙에서 이뤄지는 글로벌 무역으로 진보한 것이다. 이런 상업의 규모와 체제의 대변혁을 '상업혁명'이라 부른다.

상업혁명은 기존 유럽대륙의 농업과 공업, 상업의 형태를 바꿔 놓았다. 영국의 경우 농업 분야에서는 농장주들이 대규모 노동력이 필요한 농업 대신 아메리카대륙에 공급할 직물을 생산하기 위해 목축업에 대거 뛰어들었다. 신대륙 시장에 풀어놓을 모직물을 대량으로 생산하기 위해서다. 이 바람에 땅에 울타리를 친 채 농민들을 내쫓는 1차 인클로저enclosure운동이 벌어졌다(인클로저는 '울타리를 두르는 행위'라는 뜻이다). 공업에서는 기존의 폐쇄적인 길드가 무너지고 선대제·매뉴팩처 같은 대규모 생산 형태가 등장했다. 대륙 간 무역을 담당할 무역회사도 대거 설립되었다.

신대륙과의 교역 물품 중 빼놓을 수 없는 게 은이었다. 스페인 정복자들은 마야, 잉카 등 남미대륙에서 꽃피우던 문명을 총칼과 전염병으로 파괴하고 전리품으로 막대한 양의 은을 유럽으로 실어 날랐다. 볼리비아 포토시광산 같은, 유럽에서는 볼 수 없었던 대규모 은광들이 남아메리카에는 널려 있었다. 포토시는 해발 1만 6000피트의 세로리코Cerro Rico 봉에 세워진 도시였다. 세로리코 봉은 그 자체가 거대한 은덩어리였다. 지표 가까이에 은 광맥이 네 개나 있었다. 스페인 사람들은 1545년 무렵부터 게걸스럽게 은을 캐냈고, 1570년대 초 수은을 이용해 원광석에서 은을 추출해내는 정련법인 파티오patio법까지 활용하면서 1800년 즈음까지 막대한 양의 은을 가져갔다. 1600년 무렵 포토시 인구는 강제노역에 동원된 4만여 명의 인디오를 포함해 16만 명에 달했다. 런던이나 암스테르담 등과 맞먹는 규모였다.[12] 1503년부터 1660년까지 스페인이 들여온 금은 181톤, 은은 1만 6886톤에 달한다. 은은 유럽 경제를 뿌리부터 뒤흔들었다. 당시 유럽에서 통용되던 화폐는 은화였다. 지금처럼 발권력을 가진 중앙은행이 존재하지 않던 시절이라 화폐의 실질가치가 곧 교환가치였다. 은이 10그램당 1만 원 정도라면 10그램의 은화 역시 1만 원의 가치로 거래에 이용되었다는 얘기다. 남미산 은이 대거 유럽으로 유입되면서 은화의 가치 하락으로 이어졌다. 돈의 가치가 떨어지니 물건값은 빠르게 치솟았다. 1501~1510년의 물가지수를 100으로 놓았을 때 스페인의 물가지수는 1591~1600년 사이 무려 303으로 뛰어올랐다. 비슷한 기준으로 영국은 1643~1652년 사이 348, 프랑스는 1576~1600년 사이 219로 상승했다.[13]

물가 상승은 실질 노동임금이 하락하는 결과를 낳았다. 곡물 등 생산물 가격이 오르는 속도에 비해 임금 인상 속도는 더뎠기 때문이다. 실질임금 하락은 노동자에게는 재앙이었지만 기업가에게는 축복이었다. 인건비 부담이 줄면서 초과 이윤은 커졌고, 이는 대량의 잉여자본 형성과 대규모 경영으로 연결되었다. 이 상업혁명과 가격혁명의 결과 유럽 상업자본은 구조적으로 성장했고, 초기 자본주의 발전의 핵심 역할을 담당한다.

그럼에도 왜 하필 영국이었을까

18세기 후반 등장한 산업혁명과 시민혁명은 인류를 현대사회로 나아가게 한 두 열쇠다. '이중혁명'은 문학적 수사나 과장이 아닌 사실에 가까운 표현이다. 산업혁명은 물질적 부를, 시민혁명은 민주주의의 확대를 가져오면서 인류가 질적 도약을 하는 계기가 되었기 때문이다. '서구 중심주의'라는 장막을 걷어내도 이는 사실과 크게 다르지 않다.

경제 발전과 정치적 민주화는 어느 쪽이 선행하는가 혹은 어느 쪽이 반드시 이뤄져야 나머지도 가능한가. 이는 학계에서 끊이지 않는 논란거리다. 다만 산업혁명 이전 잉글랜드*는 이 질문에서 자유로운 편이다. 중세 시절부터 왕권이 미약했던데다 청교도혁명과 명예혁명을 거치면서 어느 정도 정치적 민주화를 달성했기 때문이다. 1436년 통계에 따르면, 왕실 소유의 토지는 전 국토의 5%에 불과했다. 반면 교회가 20%, 6000~1만 명의 귀족이 45%를 차지했다.[14] 왕이 지닌 게 별로 없으니 행사할 권력도 미약했다. 1215년 존 왕John, 1167~1216이 왕권의 제약을 처음으로 문서화한 '대헌장'(마그나카르타)에 서명해야 했던 것도 잉글랜드 왕권의 취약성을 드러내는 대표 사례다. 여기에 청교도혁명으로 찰스 1세Charles I, 1600~1649의 목이 잘리면서 잉글랜드 국왕은 이미 하늘이 아닌 지상의 존재로 받아들여졌다. 왕들 역시 스스로의 한계를 인정했다. 청교도혁명 이전의 튜더 정권은 이미 소농민이나 무역상 같은 중산층과 대토지 소유자인 젠트리의 지지를 기반으로 삼았다.[15]

왕권의 빈자리를 차지한 것은 귀족이 중심이 된 잉글랜드 의회였다. 다만 의회에는 귀족만이 아니라 젠트리들도 대거 포함되어 있었다. 잉글랜드 귀족계급은 프랑스 등 다른 대륙의 국가들과 달리 지방 유지에 가까웠다. 특정 귀족의 정치적 영향력은 언제든 다른 경쟁

*1707년 연합법에 따라 잉글랜드왕국과 스코틀랜드왕국이 합쳐져 그레이트브리튼왕국이 출범한다. 구분해 표기할 필요가 있는 경우 잉글랜드로, 그 외에는 영국으로 표기했다.

자에 의해 대체될 수 있었다. 이에 그들은 생존을 위해 일찌감치 상업과 금융에 투자하는 등 '지주층의 부르주아화'를 이루었다.[16] 의회 역시 13세기 말부터 귀족 중심인 상원과 함께 각 주의 기사와 시민 대표들이 모인 하원으로 나뉘었다는 점도 기억해야 한다.

경제성장은 생산요소인 토지, 노동, 자본의 투입 그리고 기술진보를 반영하는 총요소생산성TFP의 결합으로 이뤄진다.* 영국이 산업혁명의 주역이 된 것은 토지를 제외한 이 세 요소에서 다른 경쟁국에 한 발 앞서 있었다는 점이 결정적으로 작용했다.

먼저 노동 부문을 살펴보자. 영국의 자연환경은 드넓은 평야가 펼쳐진 이웃 나라 프랑스와 비교해 산림 비율이 높은 편이다. 그러다 보니 영국 농업은 대농장이 아닌 소농장 중심이었다. 여기에 농민들은 1차 인클로저운동 때문에 17세기 이후 농토에서 밀려났다. 이들에게 남은 건 비참한 도시 빈민의 삶뿐이었다. "양은 온순한 동물이지만 잉글랜드에서는 인간을 잡아먹는다"(토머스 무어)는 격언은 당대의 상황을 잘 보여준다. 하지만 농토에 묶이지 않은 도시 거주민이 대규모로 생겨났다는 것은 곧 공장을 돌릴 수 있는 대규모 노동력이 출현했다는 뜻이기도 했다.

영국은 18세기에도 네덜란드만큼 부유하지 않았다. 사람도 적었다. 1800년 잉글랜드 인구는 870만 명으로 프랑스(2900만 명)의 3분의 1에도 미치지 못했다.[17] 스페인만큼의 거대한 해외 식민지도 보

---

* 일반적으로 경제가 성장하려면 전쟁 등으로 토지를 더 확보하거나 인구 증가로 노동량이 늘어야 한다. 자본 확충에 따른 투자 증가도 필요하다. 하지만 이들 생산요소들은 무한정으로 투입될 수 없다. 이에 산업 발전을 이끄는 핵심 요인은 생산성, 곧 토지와 노동, 자본 투입량에 따라 생산량이 얼마나 더 빨리 늘어나는지 측정하는 척도인 TFP이다.

유하지 못했다. 하지만 인클로저운동을 통해 1851년 전체 인구 가운데 도시 인구 비중은 52%를 기록했다. 같은 시기의 프랑스(25%)는 물론 20년 뒤의 독일(36%)도 크게 앞질렀다. 1851년 런던 인구는 230만 명이었는데, 이는 파리 인구(100만 명)의 두 배가 넘었다.[18]

자본 분야에서도 영국은 다른 나라보다 한발 앞서 있었다. 앞에서 이야기한 상업혁명의 주역이 바로 귀족 출신의 자본가들과 금융권이었다. 이들은 새로운 시대에 언제든 산업가로 변모할 의지가 있었고, 실제로 추후 산업혁명을 주도했다. 농업혁명이 광범위하게 벌어졌다는 점도 자본 확충에 유리한 요소였다. 18~19세기에는 의회의 주도로 2차 인클로저운동이 벌어졌다. 목축업 확충을 위해 일어난 1차 때와 달리 2차 때에는 인구 증가와 도시화에 따라 곡물 수요가 급증하는 배경에서 이뤄졌다. 페르낭 브로델Fernad Braudel, 1902~1985과 더불어 아날학파의 창시자인 마르크 블로크Marc Bloch, 1886~1944는 인클로저의 움직임이 프랑스에서도 나타났음을 증명했다. '농업 개인주의'는 18세기에는 전 유럽의 공통된 현상이었고, 이는 한 세기 뒤 유럽 전역의 산업혁명으로 이어졌다는 것이다. 다만 영국은 의회 등 국가기구가 동원되었다는 면에서 그 강도가 다른 나라보다 훨씬 강했다.[19] 여기에 1694년 잉글랜드 중앙은행이 설립되어 자본 확충이 용이했다는 점도 영국만의 이점이었다.

노동과 자본의 확충 못지않게 중요한 요인은 생산성의 산정 기준이 되는 기술혁신이다. 영국에서 산업혁명이 처음 등장했다는 것은 산업혁명의 기초가 되는 기술혁신이 가장 활발했다는 뜻이다. 영국 산업혁명은 직전 세대의 유럽 전체의 과학기술 발전의 산물이기도

하다.* 하지만 영국은 기술을 토대로 실용적 기계를 만들고, 이를 높은 숙련도로 활용하는 면에서 다른 나라보다 월등했다. 뒤에 살펴볼 증기기관과 제니방적기, 수력방적기, 코크스제련법 등은 제대로 된 교육을 받지 못한 아마추어 과학자들의 작품이었고, 이들이 잉글랜드의 산업혁명을 이끌게 된다. 혁신을 갈망하던 당시 영국의 분위기는 수치로도 확인된다. 영국의 경제사학자 T. S. 애슈턴T. S. Ashton, 1889~1968 은 1760년대 이전에는 영국에서 인정된 특허 수가 연평균 12건을 넘긴 적이 거의 없었지만, 1766년에는 31건, 1769년에는 36건으로 크게 늘어났고, 1825년에는 250건까지 치솟았다고 이야기한다. 1776년부터 60년간 대략 20배 늘어난 것이다.[20] 그 결과 영국 부르주아들은 "백년도 채 안 되는 지배 기간 동안 과거의 모든 세대가 이룩한 것보다 더 엄청나고 더 거대한 생산력을 산출"했다.[21] 외부 기술을 도입해 이를 실용화하고 뛰어난 품질의 공산품을 만들어내 세계시장을 석권했던 20세기 말 일본과 21세기 초 한국의 원형이 18세기 후반 이후 영국에서 기원한다고 볼 수 있다.

영국이 광활한 해외 식민지를 거느리고 있었다는 점도 빼놓을 수 없다. 영국은 18세기 중후반 프랑스와의 대결에서 승리하면서 캐나다와 미국 등 북아메리카 지역을 프랑스로부터 확보한다. 18세기 이후에는 인도 무굴제국을 꼭두각시로 삼는 등 인도에 독점적 영향력을 행사했다. 그만큼 시장 확대에 유리했고, 신기술 개발에 따른 대량

---

* 다만 당시 영국의 기술 발전 수준이 다른 국가보다 월등한 것은 아니었다. 프랑스 과학아카데미는 '태양왕' 루이 14세의 전폭적 지원에 따라 1666년 설립되었지만, 영국 '왕립협회'는 왕실로부터 어떤 재정 지원도 받지 못했다.

생산과 판매를 통해 거대한 이윤을 확보하는 게 가능했다. 경제사학자 데이비드 란데스David Landes, 1924~2013 미국 하버드대 교수는 "영국에서 새로운 기술이 출현한 것은 생산양식 수요의 압력 때문이었다"라고 말한다. 여기서 수요는 해외무역과 국내시장을 모두 포함한다. 홉스봄은 정부의 역할도 강조한다. 영국 면공업은 정부의 적극적 후원으로 수출시장에서 승리를 거두었는데, 제국주의적 지배라는 방법을 통해 독점적 지위를 확보한 탓이다.[22] 여기에 더해 엘리자베스 1세 Elizabeth I, 1533~1603로 대표되는 정치적 안정성, 세계 최강의 해군력을 보유하고 있다는 이점은 영국이 산업혁명의 길로 나아가게 한 원동력이었고, 이는 곧 영국의 세계 독점으로 이어졌다.

'대분기'의 도래

앞서 서술한 내용들은 유럽 내에서 영국이 네덜란드나 프랑스 등 다른 경쟁국과의 경쟁에서 승리해 산업혁명의 맨 앞줄에 서게 된 요인들, 곧 '왜 유럽에서 영국인가'라는 의문의 해답에 해당한다. 하지만 '왜 중국이 아닌 영국인가' 혹은 '왜 중국에서는 산업혁명이 일어나지 않았을까'라는 의문은 해결해주지 못한다.

'중국에서 왜 산업혁명이 일어나지 않았느냐'는 질문을 처음 제기한 이는 영국의 생화학자이자 역사학자인 조지프 니덤Joseph Needham, 1900~1995이다. 그는 1954년부터 총 7권의 《중국의 과학과 문명》을 펴냈다. 그는 중국의 전통과학이 15세기까지는 서구 과학과 대등했고, 수학이나 천문학 등에서는 서구를 추월했다고 밝힌다. 그러나 어느 순간부터 중국의 과학이 정체되면서 서구에 훨씬 뒤처지게 되었다는 것이다. 그는 '중국의 과학과 기술은 처음에는 유럽을 앞설 만큼 발전했지만 이후에는 왜 그 속도를 유지할 수 없었는가'라는 '니덤의 질문 The Needham Question'을 던진다. 이에 대해 상업과 자본에 부정적이었던 중국의 관료사회 그리고 수학 등 과학적 지식이 장인들의 실용적 지식과 결합하지 않았다는 점 등을 답으로 내놓았다.[23] 니덤의 질문에 대해 수십년 만에 본격적으로 해답을 제시한 이는 서구 학계의 유럽중심주의에 이의를 제기해온 '캘리포니아학파'의 선두주자 케네스 포메란츠 Kenneth Pomeranz 미국 시카고대 교수다. 그는 2000년 펴낸 책 《대분기》를 통해 '대분기大分岐, The Great Divergence'라는 용어를 처음 내놨다. 대분기는 동서양의 경제 격차가 벌어지게 된 분기점을 지칭한다.

산업혁명의 원인을 유럽 내부에서 찾는 '전통적' 입장을 대변하는 책은 경제사학자 에릭 존스Eric Jones 호주 라트로브대 교수의 1981년작 《유럽의 기적The European Miracle》이다. 존스는 "유럽인들은 산업화 이전에도 가축 등 처분 가능한 자본을 더 많이 소유할 정도로 부유했고, 인구 증가를 적절히 억제해 자본을 축적한 결과 아시아인보다 더 높은 소비 수준을 유지할 수 있었다"고 주장했다. 그 결과 자본이익이 산업혁명 전까지 꾸준히 증가했고, 이와 같이 수세기 동안 미세하게 누적된 변화가 공업화를 이끌었다는 것이다.[24]

하지만 18세기까지 중국은 서구보다 더 높거나 비슷한 수준의 경제력을 갖추고 있었다. 산업혁명 직전인 1750년 즈음 전 세계 지역별 공산품 생산능력을 살펴보면 중국과 인도 등 아시아 지역이 차지하는 비중은 60%에 달한다. 영국을 포함한 서구권의 비중은 20% 남짓이었다. 포메란츠는 가축 수가 부족해서 아시아에서 농작물 생산에 지장을 받거나 운송능력이 부족했다는 증거나, 아시아 인구가 과도하게 많았거나 생활수준이 낮았다는 증거는 없다고 단언한다. 기술 수준 역시 유럽이 특별히 아시아, 그중에서도 중국보다 뛰어났다고 말하기 어렵다.[25]

다만 둘의 운명은 바로 석탄이라는 '우연'적 요소 때문에 뒤바뀌었다. 중국에서 가장 발전된 양쯔강 삼각주 지역은 "당대 중국의 석탄 보유량 중 1.8%만을 차지했고 산시성 북서 지역과 내몽골자치구는 61.4%를 차지"했다. 여기에 석탄이 대거 매장된 중국 북부 및 서북부 지역은 몽골의 침략과 점령, 내란, 홍수 등의 재해가 잇따르면서 생산이 원활치 않았다.[26] 이에 목탄과 대비한 석탄의 이점이 떨어졌다. 반면 유럽에서 가장 규모가 큰 석탄층은 영국에 몰려 있었다. 유럽에서도 상업적으로 가장 역동적인데다 석탄을 활용할 숙련된 장인들이 풍부했다. 목재는 해외에서 수입해야 하는 터라 가격도 비쌌다.[27] 이에 포메란츠는 "(석탄층과 멀리 떨어져 있는) 중국의 상황으로 인해 경쟁국인 영국의 행운은 한층 더 두드러졌다. 영국의 석탄과 증기기관이 최첨단 산업이 되기까지 지리적 행운이 얼마나 중요한 역할을 했는지 유념해야 한다"라고 말한다.[28]

이른바 '신대륙' 발견도 영국의 또다른 행운이었다. 영국 역시 아시아와 마찬가지로 인구 증가 등에 따른 생태 위기에 직면했지만 원면이나 설탕, 담배, 목재 등 유럽에서는 확보할 수 없었던 자원을 그곳에서 획득할 수 있었다. 이에 "서유럽 핵심 지역 가운데 한 곳(영국)은 기술이 활성화하며 수공업 노동자가 근대 공업으로 옮겨갈 수 있었다.

이러한 전환이 이루어질 수 있었던 것은 신세계 개발로 유럽 내 자국 토지를 훨씬 더 집약적으로 이용하는 데 필요한 엄청난 숫자의 노동자를 추가로 동원할 필요가 없어졌기 때문이다. 아울러 신세계 개발이 심지어 19세기보다 앞서 발생한 인구 증가를 유지하기에 충분한 1차 생산물을 공급할 수 있었기 때문이기도 하다. 신세계는 '실질적 자원'과 별도의 처리 방법이 필요한 귀금속 모두를 생산"했다.[29]

여기서의 핵심은 바로 노예였다. 토지 부족에 시달리던 유럽에게 신세계 노예 지역은 노동력과 자본 증대를 위한 중요 보완책이었다. 영국이 1830년경 신세계 면화로 만든 실을 대체할 수 있을 만큼 충분한 양을 기르기 위해서는 2300만 에이커의 토지가 필요했다. 이는 목초를 포함해 영국의 총 작물 생산 면적을 초과하는 규모다.[30] 뒤에 더 자세히 살펴보겠지만 영국이 왜 포르투갈에 맞먹는 세계 최고의 노예 수출국이라는 오명을 감수했는지, 왜 영국 산업혁명이 수많은 아프리카 흑인들의 피로 얼룩져 있는지 말해주는 대목이다.

경제사학자 조엘 모키르Joel Mokyr 미국 노스웨스턴대 교수는 조금 다른 답을 내놓는다. 그는 《성장의 문화》에서 "유럽에서만 계몽주의로 이어진 지적 변화라는 특이한 일이 일어났다"고 답한다. 포메란츠와 달리 대분기의 기원을 16세기까지 끌어올리고, 산업혁명이 일어난 유럽의 '특수성'과 더불어 '우연성'도 부인하는 것이다.

모키르는 "(계몽주의가 기반이 된) 근대 초기 유럽의 어느 순간 문화적 환경이 크게 바뀌기 시작해 … 엘리트 집단의 마음가짐과 신념에 영향을 끼쳤고, 이런 변화를 충분히 수용하는 제도가 들어서는 환경이 조성됐다. 이러한 변화는 혁신과 기술 발전에 특히 우호적이었으며, 사회에서 유용한 지식의 운용 방식이 운명적으로 변화하는 토대를 마련했다. 결과적으로 이와 같은 변화는 1800년 이전 유럽의 생활수준이 성장하는 것을 가로막은 장애물을 무너뜨렸다. 그리고 2세기 동안 유럽의 글로벌 지배로 이어졌다"라고 주장한다.[31] "유용한 지식을 만들고 확산한 유럽의 문화와 이를 뒷받침하는 계몽주의 제도는 기술의 인식론적 토대를 더 넓히는 계기를 마련했기 때문에 유럽과 중국의 분기가 일어날 수 있었다"는 것이다.[32]

유럽 중심주의에 대한 수정주의의 반론을 수용해 18세기까지 동서양의 생활수준이 비슷했음을 인정하지만 영국이나 네덜란드의 높은 임금이 기술혁신의 씨앗이 되었다는 재수정주의 연구도 있다. 경제사학자 로버트 C. 앨런Robert C. Allen 영국 옥스퍼드대 교수가 추계한 바에 따르면, 15세기까지 동서양을 막론하고 전 세계 도시 대부분에서 인건비는 유사한 수준이었다. 모두 최저생계비의 4배 안팎이었다. 그러나 16세기 들어 영국 런던과 네덜란드 암스테르담의 인건비는 다른 도시보다 두 배가량 벌어진다. 상업혁명의 충격으로 각국의 실질임금이 모두 하락했지만, 런던과 암스테르담의 실질임금은 덜 떨어졌기 때문이다(558쪽 표 참고). 19세기 즈음에는 이 격차가 더 크게 벌어진다. 당시 런던 노동자들은 최저생계비보다 6배 가까운 소득을 올렸지만, 이탈리아 플로렌스와 중국 베이징, 인도 델리 지역의 노동자들은 1배 안팎에 그쳤다.[33]

19세기 초 런던의 사업가라고 상상해보자. 당시만 해도 교통수단의 제약으로 국가 간 교류가 쉽지 않았다. 따라서 신기술이 접목된 생산설비를 갖추는 데 더 적극적이었을 것이다. 당장은 투자비용이

들어가지만 장기적으로는 인건비를 줄이는 게 더 많은 이윤을 거머쥘 수 있어서다. 하지만 베이징의 사업가는 굳이 기술혁신을 받아들일 필요가 없다. 낮은 인건비로 얼마든지 사람을 채용할 수 있기 때문이다. 투자가 이뤄질 요인도 적으니 대규모 공장제 대신 소규모 가내수공업이 우후죽순 경쟁하게 되고, 이는 전체 산업 수준의 발전을 저해하는 결과를 낳는다. 임금의 상대가격이 낮은 국가에서는 기술혁신을 활용할 유인이 작고, 그에 따라 발명과 같은 혁신적 시도가 일어날 여지도 낮다. 신기술의 확산 속도도 느리기 마련이다. 영국이 프랑스 같은 경쟁국에 비해 기술혁신과 산업혁명에 박차를 가할 수 있었던 배경에는 이런 요인이 작용한 것이다.*

19세기 미국사 전공자인 역사학자 스벤 베커트Sven Beckert 미국 하버드대 교수는 대분기의 기점을 유럽이 대외적으로 팽창하기 시작하던 16세기로 거슬러 올라간다. 그는 주저 《면화의 세계》를 통해 "노예제, 원주민 약탈, 제국의 팽창, 무력을 동원한 교역, 사람과 토지를 장악하는 체제를 전쟁자본주의War Capitalism"라고 부른다. 이어 "전쟁자본주의는 공장이 아니라 들판에서 번성했으며, 기계화가 아니라 토지에 집중되고 노동집약적이었으며, 아프리카와 아메리카에서 토지와 노동의 폭력적인 약탈에 의존했다. 이런 약탈행위는 유럽이 이룬 놀

---

* 해당 의견에 대해서는 논란의 여지가 많다. 중국 임금이 상대적으로 낮았다는 점 역시 논쟁의 여지가 있지만 이를 사실로 받아들이더라도 혁신을 저해한다고 단언하기 어렵다. 값싼 노동력 역시 비용의 하나라 혁신이 환영받지 않을 이유가 없어서다. 기술 발전이 반드시 노동력을 절감한다는 근거도 부족하다. 인건비가 높은 상태에서 기술 발전은 충분치 않고 자금을 조달할 금융산업도 충분히 발전돼 있지 않다면 새로운 기술 개발의 의욕을 꺾어버릴 수도 있다.[34]

라운 경제발전의 중요한 전제가 됐다"라고 역설한다.[35]

　　전쟁자본주의의 중심에는 면화가 자리하고 있었다. "유럽의 면직물 무역은 아시아, 아메리카, 아프리카, 유럽을 하나의 복잡한 무역망으로 연결"했고, 이는 "유럽이 훌륭한 상품을 좋은 가격에 공급해서가 아니라, 경쟁자들을 군사적으로 제압할 수 있었기 때문"이었다. 결국 제국주의적 팽창과 수탈, 노예제라는 세 동인이 새로운 전 지구적 경제 질서를 조성하고, 궁극적으로 유럽에서 자본주의가 등장하는 데 핵심적 요소가 되었다고 베커트는 설명한다.[36]

　　이런 전쟁자본주의의 수행 주체는 민간이 아닌 바로 국가다. 지리적 우연이나 행운, 계몽주의가 아닌 국가의 역할이 전쟁자본주의를 낳았고, 이것이 곧 대분기의 시발점이라는 것이다.[37] 실제로 전쟁자본주의 덕분에 유럽의 면산업은 시장을 확보하는 동시에 기술력과 필수원료에 접근할 수 있었고, 이를 바탕으로 리버풀 등 상업 도시들은 면산업의 중요한 자금원을 확보할 수 있었다. 결국 "산업혁명의 전제는 바로 전쟁자본주의의 재빠른 포용"이었다.[38]

　　결과적으로 대분기 이후 산업화에 따른 공업화가 진전되었던 1880년에는 전 세계 지역별 공산품 생산능력 중 아시아 지역의 비중은 20% 정도로 축소된다. 대신 영국과 유럽대륙 그리고 새로운 강자로 부상한 미국을 합친 비중이 60%를 상회한다. 이 추세는 2차 세계대전 직후인 1950년대까지 이어진다(559쪽 상단 표 참고). 대분기의 결과는 지역 간 1인당 GDP의 격차 확대였다. 앞서 소개한 '메디슨 데이터베이스'에 따르면, 1820년 3대 1을 기록했던 지역 간 격차는 1870년 5대 1로 벌어졌고, 이후 1950년 15대 1, 1998년 19대 1로 그 간격이 더욱 커졌다.

　영국을 중심으로 자본주의의 맹아가 움트기 시작한다는 경제적 토대의 변화는 정치, 사회, 법률, 예술 등 상부구조의 변화를 이끌었다. 이 책에서 경제사와 함께 주목할 음악 역시 이런 변화의 한가운데에 서 있었다. 바로크음악이라는 중세의 잔재를 벗고, 우리가 현재 접하는 '고전주의 음악Classical Music'의 원형이 제시된 건 이 변화의 결과다. 이제 고전주의 음악과 고전주의 음악을 완성한 음악의 천재 볼프강 아마데우스 모차르트Wolfgang Amadeus Mozart, 1756~1791에 대해 살펴보자.

모차르트는 실패하고
베토벤은 성공한 까닭

고전음악의 '나이팅게일' 모차르트

*'을'은 흰 스타킹을 신고, 흰 셔츠를 입고 … 가발을 쓴 똑같은 모습을 유지한다.

*'을'은 '갑'이 요청하는 곡은 어떤 곡이든 즉시 작곡한다.

*'을'은 매일 오전과 오후에 '갑'에게 저녁의 음악회 관람 여부를 물어봐야 한다.

– 김윤경의 클래식 편지, 〈의학신문〉 2019년 7월 15일자 하이든 편에서.[39]

1761년 유럽에서 작성된 음악 관련 근로계약서 일부다. 갑과 을은 평등한 관계에 있다고 보기 어렵다. 을은 노예까지는 아니더라도 갑에게 예속된 존재로 보는 게 합당하다. 여기서 을은 놀랍게도 교향악의 거장 프란츠 요제프 하이든Franz Joseph Haydn, 1732~1809이고, 갑은 하이든을 고용한 에스테르하지 미클로시Eszterházy Miklós, 1714~1790 후작이다. 에스테르하지 가문은 헝가리의 오래된 왕족으로 대대로 음악에 조예가 깊었다. 하지만 하이든의 지위는 예술가가 아닌 '하인'에 가까웠다. 영주의 허락 없이는 출판도 불가능했다. 이후 1779년 후작을 떠나지 않는다는 조건으로 출판 금지조항은 삭제되었지만 '언제 어디서든 전하가 명하는 음악을 만들어야 한다'는 의무조항은 여전했다.

흔히 '클래식음악의 아버지는 바흐, 어머니는 헨델'이라고 말한다. 이들과 더불어 클래식음악을 누구나 듣고 즐길 수 있는 보편적 음악으로 탈바꿈시킨 것은 후세의 몫이었다. 하이든과 모차르트, 루드비히 반 베토벤Ludwig van Beethoven, 1770~1827이 그들이다. 이들은 고전주의 음악 작곡가로 꼽힌다. 고전주의 음악은 1750~1820년 사이 오스트리아 빈을 중심으로 만들어진 음악을 말한다. 음악사학자 아마데우스 벤트Amadeus Wendt 1783~1836가 처음 사용했다.

이때 고전주의는 서양 예술사에서 등장하는 '고전주의Classicism'와 맥이 닿아 있다. 고전주의 음악은 균형과 조화, 정확한 형식이라는 고전주의의 특징을 물려받으면서 영구적인 미적 가치를 인정받은 음악 사조다. 기존의 바로크음악이 하나의 정서를 전달하는 데 주력했다면 고전주의 음악은 서로 다른 감정의 조화를 꾀했다. 초반에는 밝고 빠르게 연주하다가 중간에는 차분하고 느린 곡조로, 마지막에는 처음의 밝은 느낌으로 되돌아가는 소나타 형식이 고전주의 음악을 대표하는 기법으로 사용된 것도 이런 이유에서다.[40] 바로크음악에 비해 작곡가의 감정이 대중에게 더 잘 전달될 수 있도록 자연스러우면서도 보편적인 멜로디를 선보였다는 점도 빼놓을 수 없다. 누구나 흥얼거릴 수 있을 만큼 멜로디가 과거보다 선명하게 드러나는 '화성음악 Homophony'의 특성도 다분하다.[41]

모차르트와 베토벤의 작품들은 이런 고전주의의 특성을 서로 다른 방식으로 담고 있다. 그들의 작품은 치밀한 엄밀성과 균형감을 공통으로 가지고 있지만, 모차르트는 상대적으로 밝고 경쾌한 멜로디를 통해 낭만적 인간관을 노래했고, 베토벤은 웅장하고도 비장한 선율로 프로메테우스적 인간관을 설파했다. 따라서 모차르트의 음악은 시적이지만 베토벤의 음악은 철학적이다. 독일 관념주의 철학자 헤겔 Georg Wilhelm Friedrich Hegel, 1770~1831식으로 말하면 모차르트가 '새로운 시대를 알리는 나이팅게일'이라면 베토벤은 '황혼이 깃들면 날개를 펼치는 미네르바의 부엉이'인 셈이다.

전무후무한 천재는
왜 빈곤 속에서 죽어갔을까

1756년 오스트리아 잘츠부르크에서 태어난 모차르트는 다섯 살 때 처음 곡을 만들었다. 여덟 살 때 교향곡 1번을, 열한 살 때 오페라《바스티앙과 바스티엔》을 작곡했다. 그는 바로크시대의 대위법 대신 화성음악을 발전시키고, 소나타 형식을 가다듬으면서 고전주의의 문을 열었으며, 오페라와 협주곡, 교향곡 등 거의 모든 장르의 음악을 섭렵했다. 또 당시 유럽 최고 권력자였던 마리아 테레지아Maria Theresia, 1717~1780 합스부르크 공국 여제와 프랑스 루이 15세Louis XV, 1710~1774의 연인이었던 퐁파두르 부인Marquise de Pompadour, 1721~1764 앞에서 피아노를 연주하기도 했다. 그 시기 군주들은 국가의 발전을 도모하기 위해 각 분야의 영재들을 친히 격려하고 상급학교로 진학시켰는데, 당대를 풍미하던 '백과사전'식 천재들 가운데 모차르트는 가장 앞줄에 섰다. 단번에 오선지 위에 곡을 써 내려가는 그에게 '하늘에서 쫓겨난 음악 천사'라는 찬사가 쏟아졌다.

모차르트를 접할 수 있는 가장 손쉬운 방법은 체코 출신 미국의 거장 밀로스 포만Milos Forman, 1932~2018이 1984년에 제작한 영화 〈아마데우스〉를 보는 것이다. 영화에서 궁정음악가 안토니오 살리에리Antonio Salieri, 1750~1825는 질투심에 눈이 멀어 모차르트를 죽음에 이르게 했다고 고백한다. 하지만 죄를 뉘우치는 대신 "하느님! 왜 하필 모차르트입니까? 왜 하필 저 망나니 같은 모차르트에게 재능을 주셨습니까?"라고 절규한다. 살리에리에게 분노 대신 동정심이 유발되는 것은 천재에게 느끼는 보통 사람의 절망감이 아마도 보편적 감정이기 때문일 것이다. 참고로 살리에리는 오스트리아 합스부르크 황실의 음악을 책임지는 '카펠마이스터'에 오른 당대 최고의 음악가였다. 그뿐 아니라 탁월한 음악 교사이기도 했다. 베토벤과 프란츠 슈베르트Franz Peter Schubert, 1797~1828, 프란츠 리스트Franz Liszt, 1811~1886 등 고전음악의 거인들이 모두 그의 제자였다. 그가 모차르트를 죽음에 이르게 만들었다는 건 사실 순전한 허구에 가깝다. 러시아 문호 알렉산드르 푸시킨Aleksandr Pushkin, 1799~1837의 희곡 《모차르트와 살리에리》에서 처음 제기된 모차르트 독살설은 살리에리가 살아 있을 때에도 어느 정도 알려졌지만 근거가 전혀 없는 이야기다. 당시 그는 모차르트가 넘볼

수 없을 정도로 빈 음악계에서 가장 영향력 있는 인물이었다.[*][42]

모차르트의 작품은 하나의 색깔과 형태로만 묘사하기 어렵다. 우리가 흥얼거리는 그의 멜로디는 주로 초기작이다. 대신 30대를 전후한 모차르트는 밝음이라는 바탕색 위에 다양한 색깔을 덧칠한다. 당시 귀족 중심의 사회를 예리하게 풍자(오페라《돈 조반니》등)하거나 단조의 선율로 삶의 슬픔을 노래(피아노협주곡 20, 24번)한다. 삶의 종착역에 다다른 이가 고뇌 끝에 죽음과 절대자를 받아들이는 모습(〈레퀴엠〉) 역시 그의 이면에 해당한다.

이는 그의 경제적 상황 변화와 맞물려 해석할 수 있다. 모차르트는 신동 시절 유럽의 여러 궁정에서 명예를 누렸지만 고향인 잘츠부르크에 돌아와서는 히에로니무스 콜로레도Hieronymus Graf von Colloredo, 1732~1812 대주교를 섬기는 '신하'이자 '하인'으로 살아야 했다. 앞서 제시한 하이든의 예처럼 음악가의 사회적 신분이 딱 그 정도였다. 차이는 하이든은 자신의 한계를 받아들인 반면, 모차르트는 한계를 인정하지 않았다는 점이다. 1781년 5월 젊은 작곡가와 대주교 사이의 다툼이 벌어졌다. 요리사 등 '육체적 시종'이 '정신적 시종'인 자신보다 서열이 높은 상황을 개선해주고, 처우도 높여달라고 요구한 게 발단이었다. 모차르트가 아버지 레오폴트에게 쓴 편지 글귀는 이렇다.

그는 어떤 사람도 나처럼 고약하게 시중을 들지 않았다면서 오늘 당

---

[*] 실제로 모차르트와 살리에리는 처음에는 경쟁 관계였으나 이후 상당한 친분을 쌓는다. 모차르트 사후 부인 콘스탄체가 둘째 아들 프란츠의 음악 선생으로 살리에리를 모셔올 정도였다.

장 떠나라고 호통을 쳤습니다. 그는 이미 500굴덴의 봉급을 지급했노라고 뻔뻔하게 거짓말을 하며 내게 쓰레기니, 악동이니, 바보 천치니 욕을 퍼부었습니다. 나 같은 무뢰한과 다시는 상종하지 않겠다고 소리 쳤습니다. 마침내 나는 이렇게 말했지요. "저 또한 나리께 더는 볼일이 없습니다."[43]

이윽고 최초의 '프리랜서 음악가'의 빈 시대가 시작되었다. 다만 18세기 후반의 음악시장은 음악가가 작곡과 연주 활동만으로 생계를 해결할 수 있을 만큼 크지 않았다. 공공연주회나 출판 등 시장은 여전히 미미했다. 음악 문화는 귀족의 전유물이었다. 전환의 시대에 독립을 선언하는 건 모험에 가까웠다.[44] 모차르트는 시대의 제약에서 벗어나 자유로운 창작 활동을 하기 위해 프리랜서를 선언했지만, 그와 동시에 충분한 수입을 보장해줄 안정된 일자리를 갈망하는 자기모순에 빠질 수밖에 없었다. 현대 사회학의 고전《문명화 과정》을 저술한 독일 사회학자 노르베르트 엘리아스Norbert Elias, 1897~1990는 당시 모차르트의 상황에 대해 "이들(귀족)의 인정을 받고 싶어 했고, 자신의 음악적 업적으로 동급의 인간으로 대우받기 원했다. 이러한 이중성은 무엇보다도 궁정의 고용주를 격렬히 거부하면서도 동시에 독립한 '자유 예술가'로서 주로 궁정 귀족으로 이뤄진 빈 청중의 호감을 사려 했다는 데서 표출된다"라고 설명한다.[45] 옛 시대의 하이든으로 살기에는 새 시대가 너무 가깝게 보였고, 새 시대의 베토벤으로 살기에는 옛 시대의 자장에서 자유롭지 않았다는 게 그의 비극이었다. 그리고 "모차르트는 시민계급 출신 국외자로서 궁정에 근무하면서 놀랄 만한 용기로 자신의 귀족 고용주와 위임자를 상대로 저항운동을 벌였다. 그는 개인적 품위와 음악 활동을 위해 혼자만의 힘으로 그렇게 한 것이다. 그리고 그는 그 싸움에서 패배"했다.[46]

　그의 만년의 가난은 부인 콘스탄틴의 사치 탓으로 돌리는 편견도 있다. 하지만 그는 당시에도 적지 않은 수입을 올렸다. 교회와 귀족들이 그를 후원한다는 사실을 자랑스럽게 생각할 만큼 그의 명성은 여전히 높았고, 이는 고스란히 막대한 후원금으로 돌아왔다. 베토벤과 모차르트 연구로 명성을 얻은 음악학자 메이너드 솔로몬Maynard Elliott Solomon, 1930~2020은 모차르트가 생애 후반 10년간 연평균 4000플로린, 현재 가치로 12억 원 정도 벌었을 것으로 추정한다. 당시 최고 소득자인 빈 종합병원 병원장 연봉(3000플로린)을 훌쩍 넘는다. 하지만 버는 것 이상으로 들어가야 할 돈이 많았다. 오페라를 만들거나 콘서트를 열 때 제작비나 입장료까지 모두 책임져야 했다. 1788년 발발한 오스만투르크와의 전쟁 여파로 불어닥친 인플레이션과 경기 불황도 그를 괴롭혔다. 1789년부터 1791년 사망할 때까지 마지막 3년간 진 빚만 모두 2559플로린, 약 8억 원에 달한다는 분석도 있다.[47]

　씀씀이도 컸다. 그는 연 임대료 460플로린의 호화주택에 살면서 원하는 것들을 마구 사들였다. 자기 소유의 마차는 사교계에 진출하기 위한 필수품이었다. 집에는 고급 당구대까지 마련했다. 다만 이를 천성적인 낭비벽으로만 몰아가서는 곤란하다. 모차르트는 당대 엘리트 문화에 어울리기 위해 분투했다. 사회적 지위가 낮은 음악가였지만 사교계의 중심 인물이자 음악에서는 최소한 귀족들과 같은 위상임을 주장했다.[48] 그러다 보니 그만큼 '유지비'가 많이 들어간 것이다.

더구나 당시는 인세나 저작권료 개념이 체계화되지 않은 때였다. 작품의 연주 횟수에 상관없이 작곡에 대한 한 번의 사례금이 수입의 전부라서 안정된 생활이 쉽지 않았다. 하이든이 자신이 의뢰받은 오페라 작곡 일을 건네주는 등 주변 사람들이 돕고 나서긴 했지만 상황은 크게 개선되지 않았다.[49] 어찌 되었든 그는 빈곤 속에서 죽어가면서 대중음악가로서 '홀로서기'에 실패했다.

반면 베토벤은 평생 대중의 사랑과 존경을 받으면서 상당한 수입을 올린 채 걸작들을 작곡했다. 베토벤을 최초의 자유 작곡가이자 대중음악가로 내세울 수 있는 까닭이다.* 그렇다면 모차르트가 실패한 경제적 독립을 베토벤은 어떻게 이뤄낼 수 있었을까. 이에 대한 답은 영국에서 시작된 산업혁명과 그로 인해 구매력을 가진 부르주아계층이 대거 등장했다는 점에서 찾을 수 있다. 이제 산업혁명의 전개 과정을 살펴보자.

---

* 대중음악Popular Music에 대한 정의는 쉽지 않다. 대중음악의 기초가 되는 '대중'과 '대량Mass' '문화Culture' 등의 개념은 여전히 논의와 논쟁의 대상이다. 다만 일반적으로 '클래식' 같은 순수음악은 예술성과 심미성에 가치를 두는 반면, '팝' 같은 대중음악은 감각적인 대중성과 오락성, 상업성에 기반을 둔다고 말한다. 하지만 비평과 대중 양 측면에서 호응을 얻은 대중음악 중 예술성과 심미성을 갖추지 않은 사례가 없는 것처럼, 우리에게 친숙한 서양 고전음악은 그 어떤 팝음악 못지않은 대중성과 상업성을 지니고 있다. 이에 음악학자 리처드 미들턴Richard Middleton 영국 뉴캐슬대 교수는 "모든 음악은 대중음악이다. 누군가에게는 인기가 있기 때문이다"라고 말한다. 이와 함께 자연 발생적인 동시에 구전으로 전해지는 일부 민속음악(포크뮤직)을 제외한, 공식적으로 발표된 음악은 대부분 상업적 지향을 지니고 있다고 볼 수 있다. 이런 점에서 서양 고전음악을 대중음악 범주에서 제외할 근거는 찾기 어렵다.[50]

산업혁명의 양 날개,
'나는 북'과 '증기기관'

산업혁명, 기술혁신을 거름 삼아 움트다

지난주 금요일 블룸필드 탄갱에서 와트 씨의 새로운 원리에 따라 제
작된 증기기관이 가동을 시작했다. … 호기심 가득한 수많은 과학자가
참석했다. 미숙한 사람들의 의심은 사라졌고, 그 발명품의 중요성과
유용성에 대한 최종적인 판정이 내려졌다. (그것은) 와트 씨가 여러 해
에 걸친 연구와 값비싸고 힘든 아주 다양한 실험 끝에 발명했다.[51]

지금으로부터 대략 250년 전인 1776년 3월 11일자 영국 〈버밍
엄 거젯〉의 기사 일부다. 중세의 잔재가 남아 있던 18세기 말에도 영
국인에게 증기기관은 신문에 기사로 실릴 정도로 중요하게 다가왔다.
당시 그들의 예감대로 증기기관은 산업혁명의 상징으로 자리 잡았고,

산업혁명은 인류의 모습을 180도 변모시켰다.

산업혁명을 대표하는 개별 산업은 면직과 제철, 석탄 등이다. 브로델 등 여러 역사학자가 이미 지적했듯이 면직공업은 산업자본주의의 맹아에 해당했다. 면직공업은 공장제와 기계화, 분업, 자본가와 노동자의 계급적 분화, 대량생산 등 근대 공업의 특징을 사상 처음으로 인류의 눈앞에 현실화한 분야이기 때문이다.

18세기 중엽까지 영국에서 가장 중요한 산업은 모직산업이었다. 하지만 기술혁신을 주도한 프랑스 등과 경쟁이 치열했다. 반면 면직의 주 경쟁국은 인도와 중국이었다. 노동집약적 생산물인 면 제품은 세계 어디에서나 통용되는 주요 상품이었다. 아메리카, 메소아메리카, 아프리카 등 전역에서 교환 및 조세 수단이었다. 중국과 한국 등에서는 아예 화폐로도 사용되었다.[52] 하지만 면화는 한랭하고 습한 영국과 유럽 대부분의 지역에서는 잘 자라지 않았다. 이에 인도산 면직물이 세계시장을 휩쓸었다. 유럽도 예외가 아니었다. 유럽의 부자들은 고가의 인도산 면직물들을 대거 수입하고, 그 대가로 아메리카에서 가져온 금과 은을 내주었다. 이마저 고갈되자 비용을 충당하기 위해 아메리카대륙에 대규모 플랜테이션 농장을 건설하고, 이곳에서 일할 수백만 명의 아프리카 노예의 몸값을 다시 인도 방직공들의 제품으로 지불했다.[53]

그러나 자국 내 소비와 수출시장은 영국으로서는 놓칠 수 없는 꿀단지였다. 영국의 총칼은 인도를 압도할 만큼 강력했다. 영국의 앞선 기술이 인도에 전파되는 걸 강제로 막고 주도권을 행사할 수 있었다.[54] 마침 1700년 양모 제조업자들은 정부로 하여금 인도산 면화의 수입을 금지하도록 설득했고, 이를 통해 국내 생산자를 위한 국내 시장의 보호를 확보한 터였다.[55] 그런데 면은 모직보다 저렴했다. 여기에 전 시기 이뤄진 농업혁명의 영향으로 인구가 급증하고 있었다. 1760년 영국은 자국에서 생산한 면직물의 3분의 1을 수출했지만 18세기 말에는 3분의 2로 늘었다.[56] 이는 생산력 증대를 자극했고, 결국 추가적인 기술혁신으로 이어졌다.

면직공업과 관련한 대표 발명품은 실로 면을 만드는 직물기인 '나는 북Flying Shuttle'이다. '나는 북'은 영국의 방직기사 존 케이John Kay, 1704~1764에 의해 1733년 발명되었지만 수십 년이 지나 본격적으로 보급되었고, 이는 면공업 기술혁신의 도화선이 되었다. '나는 북'의 생산성은 기존 기계보다 세 배나 높았다. 이에 실 공급이 부족해졌고, 결국 1764년 실을 만드는 '제니방적기'와 1769년 '아크라이트 수력방적기'의 발명으로 이어졌다. 방적기는 면공업의 기계화와 공장제를 촉발한 주인공이었다. 수력을 동력으로 사용하기 위해서는 대규모 자본이 필요했기 때문이다. 1779년에는 '뮬방적기'도 등장했다.

그 결과 영국 면직공업은 18세기 말에 이르러 폭발적으로 성장한다. 1780~1800년 사이 면직물 생산은 연간 10.8%, 수출은 14.0%씩 증가했다.[57] 전체 경제에서 면직공업이 차지하는 부가가치 비중은 1770년 2.6%에서 1801년 17.0%, 1831년 22.4%까지 상승했다. 같은 해 6.7%를 차지한 철강산업이나 7.0%를 점유한 석탄산업을 크게 웃도는 수치. 1830년에는 영국 전체 노동자 6명 가운데 1명이 면직공업에 종사했다. 1784~1786년부터 1804~1806년에 이르는 기간 영국의 수출 증가분 중 면제품의 비중은 무려 56%였다.[58]

당시 면제품은 지금으로 따지면 한국의 반도체에 해당했다. 세계 최초의 산업도시인 맨체스터 면직물이 세계시장을 석권하면서 '맨체스터 제품Manchester goods'이라는 말은 곧 '면제품'을 가리키는 것으로 굳어졌다.[59] 더구나 영국 면직공업의 발전은 세계시장 구조와 밀접하게 연관되어 있다. 원료를 미국 등으로부터 거의 전량 수입해 생산품을 만들고, 그 생산품을 또 거의 수출하는 영국 면직공업의 특징은 세계시장에 대한 통제, 곧 베커트식으로 표현한다면 전쟁자본주의가 전제되어야 한다. 홉스봄이 "단 하나의 선구적인 국가의 공업화, 곧 영국만 유일하게 공업화의 여지가 있었다"라고 지적한 것은 이런 이유에서였다.[60] 그 결과 '면사 1파운드'를 생산하는 시간은 산업혁명 전인 1770년대 이전 500시간에서 1779년 20시간으로 줄어든다. 이후 1825년 1시간 23분으로 단축된 뒤 1914년에는 불과 20분이면 가능해졌다. 150년 남짓 만에 실 생산 시간이 1500분의 1로 축소된 것이다.

제철산업 역시 영국 산업혁명을 이끌었다. 제철산업은 각종 제강법의 발명과 더불어 증기기관을 활용하면서 크게 발전했다. 1788년 6만 8000톤 수준이던 선철 생산량은 1806년 26만 톤으로 뛰어오른 뒤 1852년 270만 톤으로 폭증했다. 이는 전 세계 선철 생산량의 2분의 1에 달하는 양이었다.[61] 비슷한 시기인 1850년 미국(67만 톤), 프랑스(45만 톤), 독일(21만 톤) 같은 경쟁국과 비교 자체가 되지 않았다. 1760년대 전체 국민소득의 1~2%를 차지하던 제철산업은 1800년대에는 6%로 상승하면서 면직공업과 더불어 영국에서 가장 중요한 산업으로 자리 잡았다.

제철산업의 발전에 따른 파급 효과는 여타 산업의 영향력을 홀쩍 뛰어넘는다. 철광석과 석탄 수요가 급증하면서 영국의 광업 발전도 촉진되었다. 이어 산업 발전에 필수인 양질의 철이 대규모로 저렴하게 공급되면서 기계공업 같은 '첨단산업'의 발전을 이끌었다. 특히 19세기에 철광석이나 제품을 운반하는 동시에 철의 대량 소비자이기도 한 철도가 등장하면서 철의 수요는 폭발적으로 증가했고, 이는 다시 제철산업의 발전을 이끄는 계기가 되었다. 영국 산업의 근대적 변혁은 18세기 후반 면직공업의 기술혁신으로 촉발되었지만 제철산업이 완성한 셈이다.

석탄공업의 발전도 빼놓을 수 없다. 영국은 대륙 국가에 비해 비교적 땅이 좁고 인구도 적었다. 그러나 천혜의 산물이 있었으니 바로 석탄이었다. 영국의 석탄 생산량은 1700년 295만 톤에서 1800년 1504만 500톤으로 다른 모든 나라를 훌쩍 앞질렀다. 산업혁명기에 앞선 1710년 석탄을 코크스로 전환해 주철을 생산하는 코크스 제련법이 발명된 것도 그만큼 석탄이 풍부했다는 방증이다. 앞서 살펴봤듯이 영국이 대분기의 주인공이 된 것도 석탄 덕분이었다. 다만 석탄은 대부분 땅속 깊은 곳에 묻혀 있었다. 채굴량이 증가하면서 갱도가 깊어지고, 이에 석탄을 채굴할 때 배출하는 지하수를 지상으로 빼내는 일이 더욱 어려워졌다. 해법은 '증기기관Steam Engine'이었다. 증기기관을 활용한 증기펌프가 난제를 해결해준 것이다. 증기기관 아이디어는 기원전 250년경 그리스 철학자 아르키메데스Archimedes of Syracuse, BC 287~BC 212가 제시했다. 이 아이디어가 산업현장에서 처음 현실화된 사례는 1705년 영국 토머스 뉴커먼Thomas Newcomen, 1663~1729이 발명한 증기기관이었다. 하지만 효율은 크게 떨어졌다. 이때 등장한 이가 '근대 증기기관의 아버지'라 불리우는 제임스 와트James Wattm, 1736~1819다. 그는 뉴커먼의 증기 기계를 수리하다가 석탄 소비량을 줄이는 동시에 순전히 증기압으로만 움직이는 기관을 만들어냈다. 1769년 첫 개량품을 내놓은 이후 1800년까지 영국 전역에 500여 대나 설치되었다.

영국은 원래 무역의 비중이 높은 편이었지만 기본적으로 프랑스 같은 농업국가에 더 가까웠다. 18세기 초반까지만 하더라도 봉철 소비량의 3분의 2를 스웨덴으로부터 수입할 정도였다. 그러나 산업혁명을 거친 영국은 세계에서 가장 활기찬 공업국가로 탈바꿈했다. 산업혁명이 성숙기에 돌입한 1851년 영국의 국민소득에서 광공업과 건설업 비중은 21%를 기록하며 농어촌의 비중을 넘어섰다. 이는 10% 남짓이던 다른 나라보다 월등한 수치였다. 상업과 운수업도 12%에 달했다.

당대에는 사실상 영국의 경쟁자가 없었다. 1800년부터 1830년까지 영국의 연평균 성장률은 1.4%였다. 프랑스를 포함한 19세기 유럽 국가의 성장률이 1% 내외에 머물던 시절이다. 미국이 공업화에 박차를 가해 신흥 강국으로 도약하던 1860~1910년 사이 성장률도 1%를 겨우 넘었을 뿐이다.[62] 1800년 세계무역에서 영국산 제품이 차지하는 비중은 33%에 달했다. 독일과 미국 등 후발국들이 부상하기 전인 1860년까지도 전 세계에서 거래되는 각종 제품의 4분의 1은 영국산이었다(559쪽 하단 표 참고).[63] 여기에 과거 '네덜란드 시대'의 흔적으로 남아 있던 유럽 금융 중심지로서의 네덜란드의 역할을 종식시키고, 유럽의 상업과 금융을 지배하게 되었다는 점도 빼놓을 수 없는 성과다. 막대한 규모의 투자 소득과 상업 수수료를 거둬들이면서 영국이 국제수지 흑자를 꾸준히 올릴 수 있는 '종잣돈'이 되었다.[64] 이는 대영제국이 19세기의 황금기, 곧 '팍스 브리태니카Pax Britannica'를 구가하게 했다. 영국의 교역량은 경쟁국 프랑스의 두 배, 영국의 면화 소비량은 미국의 두 배였다. 또 전 세계 선철의 절반은 영국산이었고, 사용량은 제2의 공업국인 벨기에의 갑절이었다. 3억 파운드에 달했던 영국의 자본투자는 세계 각지로부터 상품 주문과 배당금을 끌어왔다.[65] 그 결과 "세계의 유일한 공장, 유일한 대규모 수입업자이자 수출업자, 유일한 운송업자, 유일한 제국주의자, 거의 유일한 해외 투자자로 그리고 이런 이유로 유일한 해상 강국이자 진정한 세계정책을 보유한 유일한 나라"[66]로서 전 세계에 유니언 잭을 휘날렸다.

'맬서스 함정'에서
처음으로 벗어난 인류

무엇보다 인류가 산업혁명을 계기로 역사상 처음 '맬서스 함정'(맬서스 트랩)에서 벗어날 수 있었던 점을 주목해야 한다. 토머스 로버트 맬서스Thomas Robert Malthus, 1766~1834는 《인구론》(1798년)으로 널리 알려진 영국의 경제학자다. 《인구론》 초판에 나오는 유명한 구절이 있다. "인구는 기하급수적으로 증가하고, 식량은 산술급수적으로 증가한다." 인구는 '1-2-4-8'의 순으로 숫자를 곱해서 늘지만, 사람이 먹을 수 있는 식량은 '1-2-3-4' 식으로 늘어난다는 뜻이다. 이에 그는 식량과 자원 고갈이라는 파국을 피하기 위해 빈민 인구의 증가를 억제해야 한다고 역설했다. 결국 인구 증가와 지속적 경제성장은 함께 갈 수 없다는 뜻이다. 이를 두고 '맬서스 함정'이라고 말한다.

맬서스 함정은 역사적으로는 어느 정도 사실에 가깝다. 앞서 언급한 '매디슨 데이터베이스'에 따르면, 인류 문명이 시작된 이후 1800년 전후까지 1인당 소득은 정체 양상을 나타낸다. 1인당 소득이 일시적으로 늘 수는 있어도 결국 인구 증가에 상쇄되었기 때문이다. 경제사학자 그레고리 클라크Gregory Clark 미국 캘리포니아대 교수의 분석에 따르면, 1260년부터 1650년까지 잉글랜드의 1인당 소득은 연 0.6% 성장에 그쳤다. 1인당 소득은 결국 인구에 의해 좌우되었다. 예를 들어 1860년 소득을 100이라고 했을 때 1260~1650년 사이 잉글랜드 인구가 577만 명으로 가장 많았던 1310년 소득은 43에 그쳤다. 반면 1450년 흑사병 발병으로 잉글랜드 인구가 228만 명으로 줄자 소득은 87로 뛰어 올랐다.[67]

그러나 18세기 중반 이후 산업혁명을 통해 대분기를 맞게 되면서 1인당 소득은 급증했고, 이를 통해 인구 증가와 경제성장이 함께 이뤄지는, 곧 맬서스 함정에서 벗어난 '근대적 경제성장'이 처음 등장한다(560쪽 상단 표 참고). 1610~1860년 사이 잉글랜드 인구는 400만 명에서 1800만 명으로 네 배 이상 늘었지만, 1인당 소득은 꾸준히 상승했다.[68] 시기를 더 구분하면 이 경향은 뚜렷해진다. 경제사학자 월트 로스토Walt Whitman Rostow, 1916~2003의 〈The World Economy〉 분석에 따르면, 세계 공업의 연평균 성장률은 1705~1785년 사이 1.5%에서 1840~1860년 사이 3.5%로 상승했다. 세계무역 성장률 역시 같은 기간 1.1%에서 4.8%로, 1860~1870년에는 5.5%로 치솟았다.[69]

뒤에서 자세히 살펴보겠지만 혁명의 물결이 강하게 몰아쳤던

1848년 이후에는 '대호황'이 이어졌다. 영국의 면제품 수출 증가량은 1820~1850년 사이 약 11억 야드에서 1850~1860년 사이 약 13억 야드로 불었다. 수출 기록은 1850~1860년 사이 꼭 두 배 신장했다. 면직공업에 종사하는 직공 역시 19세기 초반 10만 명에서 1850년대 10년 동안에는 그 두 배의 비율로 늘었다. 유럽대륙에서는 영국 못지않게 산업화된 국가였던 벨기에의 철강 수출량은 1851~1857년 사이 두 배 이상 증가했다. 같은 기간 프로이센에서 철도회사를 제외한 신설 주식회사는 115개였다. 1850년 이전 사반세기 동안 설립된 숫자(67개)의 두 배에 가까웠다.[70] 1850년 이후 20년간 전 세계 석탄 생산량은 2.5배, 철 생산량은 4배, 증기력 생산량은 4.5배 늘었다.[71]

자비심 아닌 이기심에 호소하라!

영국에서 태동한 산업혁명은 산업생산의 양적 성장을 가져왔다. 양적 성장은 질적 변화를 가져오기 마련이다. '공장이나 기계 등 생산수단을 누가 소유하느냐' '늘어난 생산량을 어떻게 배분하는 게 바람직한가' '국가는 어떤 역할을 해야 하는가' 같은 핵심 질문이 제기되었고, 이에 대한 답을 도출하는 과정에서 새로운 사회에 대한 구상과 실현이 뒤따랐다. 산업혁명은 경제체제의 질적 변화, 곧 자본주의의 등장을 가져왔다.

물론 자본주의적 생산관계가 이전에 아예 존재하지 않았던 것은 아니다. 자본주의적 생산관계는 상업혁명 이후에 점차 확대되었지만 전면적으로 자리 잡은 건 산업혁명의 결과다. 홉스봄이 18세기 후반에서 19세기 초반을 자본주의가 시작된 시기가 아닌 승리한 시기로 봐야 한다고 주장한 이유다.[72] 독일 역사학자 위르겐 오스터함멜Jurgen Osterhammel은 19세기 자본주의의 특징으로 '새로운 경제제도를 위한 특수한 생산조직의 형성' '분업과 축적 등 시장 지향적 생산을 기반으로 하는 경제 질서' '자유로운 임금 노동' '민족국가와의 긴밀한 관계' '유동성 증가에 따른 자본의 물질화' 등을 꼽는다.[73] 이를 토대로 기존 수공업 생산은 기계제 생산으로, 소규모 가내공업은 대규모 공장제 공업으로 탈바꿈하면서 산업 생산의 주역은 다수의 소상공인에서 소수의 산업자본가로 바뀐다. 여기서 밀려난 소상공인 일부와 농촌에서 도시로 이주한 이들은 생산수단을 소유하는 데에서 배제돼 자신의 노동을 상품화해 생활해야 하는 프롤레타리아가 된다. 소수의 산업자본가와 다수의 프롤레타리아가 대립하는 자본주의 계급 관계가 형성된 것이다. 이 둘 사이의 협력과 갈등은 자본주의의 역사를 좌우하는 핵심 요소가 되었다.

영국이 '세계의 공장'이라는 지위를 누리면서 세계 분업체계를 수립한 것도 주요한 질적 변화다. 공업화가 진전되면서 영국의 생산물은 국제시장에서 압도적 경쟁력을 갖게 되었고, 영국은 수출이 이익을 극대화하는 수단이라는 것을 깨닫는다. 이에 따라 기존의 보호무역주의와 중상주의 정책 대신 자유무역주의를 채택한다. 1846년 곡물법, 1849년 항해법 같은 대표 중상주의 정책을 폐지한 것은 이런 일환에서였다. 점차 영국 밖에서도 자유무역주의를 주장하는 목소리가 힘을 얻었다. 애덤 스미스Adam Smith, 1723~1790 등 고전학파 경제학자들의 경제적 자유주의가 드디어 자본주의의 기본 이념으로 자리 잡은 것이다.* 여기서 애덤 스미스의 핵심 이론인 분업과 '보이지 않는 손'에 대해 살펴보자.

> 한 사회의 연간수입은 그 사회의 노동의 연간 총생산물의 교환가치와 정확히 같다. 또는 오히려 그것의 교환가치와 정확히 동일한 것이다. 따라서 각 개인이 최선을 다해 자기자본을 본국 노동의 유지에 사용하고 노동생산물이 최대의 가치를 갖도록 노동을 이끈다면, 각 개인은 필연적으로 사회의 연간수입이 가능한 한 최대의 가치를 갖도록 노력하는 것이 된다. 사실 그는 공공의 이익Public Interest을 증진시키려고 의도하지도 않고 … 노동생산물이 최대의 가치를 갖도록 그 노동을 이끈 것은 오로지 자기 자신의 이익을 위해서다. 이 경우 그는 보이지 않는 손Invisible Hand에 이끌려서 전혀 의도하지 않았던 목적을 달성하게 된다.[74]

애덤 스미스는 영국, 정확하게는 스코틀랜드 출신의 정치경제학자이자 도덕철학자다. 고전적 자유주의와 더불어 자유주의 이데올로기의 가장 강력한 우군이었던 고전적 경제학을 처음 제시한 이로 손꼽힌다. 그는 자본주의 체제에서 가장 중요한 기능을 수행하는 이윤, 임금, 지대 등의 개념을 명확하게 구분하고, 이는 자본가와 노동

---

* 그렇다고 자유무역주의와 경제적 자유주의가 영국을 제외한 다른 국가에서 지배적 흐름으로 자리잡은 건 결코 아니다. 미국과 독일 등 후발 주자들은 자국 산업 보호를 위해 19세기 말까지 보호무역주의를 고수했다. 미국이 자유무역주의를 주창한 건 세계 자본주의에서 절대 권력을 행사할 수 있었던 1차 세계대전 이후부터였다. 실상 자유무역주의는 평범한 이가 아닌 승자의 논리였다.

자, 지주 등 자본주의 체제의 3대 계급과 조응한다는 사실의 중요성을 최초로 깨달은 경제학자였다.[75] '노동가치론'을 처음 천명한 것도 그의 공로다. 그의 경제학의 정수가 담긴 표현은 '보이지 않는 손'이다. 그는 1776년 출간한 《국부론》에서 보이지 않는 손을 통해 고전적 경제학의 핵심을 간명하게 풀어낸다.

'보이지 않는 손'이라는 표현은 애덤 스미스의 저작에서 세 번 나온다. 처음 등장한 것은 젊은 시절 저술한 《철학문집》에서다. 자연의 불규칙한 현상의 이면에는 그 원인이 되는 자연의 '매개적 연결고리'가 필연적으로 존재한다. 이처럼 현상의 본질에 해당하는 것을 만드는 게 바로 주피터의 '보이지 않는 손'이라고 스미스는 밝힌다.[76] 두 번째 '보이지 않는 손'은 《도덕감정론》에서 등장한다. 전통 농경사회에서 잉여생산물은 금방 부패하기 쉽다. 이에 부자는 재산의 대부분을 과시적 소비에 지출하고, 이는 자연스럽게 가난한 이들에게 재산이 분배되는 효과를 낳는다. 이런 메커니즘을 스미스는 '보이지 않는 손'이라고 명명한다.[77]

세 번째 '보이지 않는 손'은 국가 규제를 활용해 사익을 챙겨왔던 특정 상공업자와 중상주의적 규제를 비판하는 과정에서 등장한다. 국가의 개입주의적 산업정책에 의존하는 대신 훨씬 풍부한 정보를 가진 개인들의 이익 추구 행위를 존중하면 사회적 이익이 더 커진다. 이에 따라 '보이지 않는 손'은 가격과 시장의 힘, 현대적인 상업적 시장제도 같은 협소한 의미로 이해할 수 있고, 넓게 보면 인간 본래의 '생활 개선의 본능'과 '교환 성향'으로 해석할 수도 있다. 결과적으로 스미스는 경험적으로 관측되는 자연현상이나 경제활동의 배후에는 힘과

메커니즘이 존재한다고 보고, 이를 '보이지 않는 손'이라고 표현한 것이다.[78]

애덤 스미스는 한 사회의 주체를 중세 이전까지 풍미했던 '불안전한 인간' 대신 '이기적 인간'으로 바꿔놓는다. 이기적 인간은 "자신의 처지를 개선하기 위해 지속적으로 노력하는 이들"이라고 보고, 개인의 부는 물론 국가의 부 역시 이 움직임이 합쳐진 결과로 생각했다.[79] 다시 말해 "우리가 저녁 식사를 기대할 수 있는 것은 정육점 주인이나 양조장 주인 또는 빵집 주인의 자비가 아니라 그들이 자신의 이익, 즉 돈벌이에 관심이 있기 때문"이라는 것이다. 고로 우리는 "그들의 자비심이 아니라 '자기애self-love'에 호소하며, 그것이 그들 자신에게 유리함을 말함으로써 우리의 욕구를 충족"시킬 수 있는 것이다.[80] 이런 일련의 시장 기능이 바로 '보이지 않는 손'이다.

애덤 스미스의 사상에서 주목해야 할 또다른 점은 후세에 데이비드 리카도David Ricardo, 1772~1823와 마르크스에 의해 정교하게 제시될 '노동가치론'의 씨앗이 뿌려졌다는 점이다. 그는 《국부론》 첫머리부터 "한 나라 국민의 연간 노동은 그들이 연간 소비하는 생활필수품과 편의품 전부를 공급하는 원천이며, 생필품과 편의품은 노동의 직접 생산물이거나 이 생산물을 다른 나라와의 교환으로 구입한 생산물"이라고 선언한다.[81] 이에 따라 생산량 증대를 위해서는 노동량을 늘리거나 노동자의 생산성을 높이는 게 유일한 해법이라고 주장했다. 다시 말해 "노동은 만물을 구매하는 데 쓰였던 최초의 가격이자 구매 화폐"이고, "전 세계의 부를 원천적으로 구매하는 힘을 갖는 것은 금이나 은이 아니라 바로 노동"이라고 강조했다.[82]

다만 자본주의가 등장한 이후에는 상황이 변한다. 바로 생산수단을 점유한 자본가와 토지를 보유한 지주가 생산과정에 참여하면서 교환가치 혹은 가격은 노동에 따른 임금 외에도 자본가 몫인 이윤, 지주 몫인 지대를 합한 총액이 된다고 스미스는 보았다.[83] 또한 이때 임금은 노동자가 생존을 유지할 수 있는 수준에서 결정된다. 따라서 곡물 가격이 높다면 임금과 가격이 상승하는 결과를 낳는다. 결국 국민에게 걷은 조세를 곡물의 수출 보조금으로 지급하면 국내 곡물의 유출에 따른 국내 곡물 가격 상승으로 이어지고, 이는 은의 상대적 가치 하락으로 연결된다.[84] 이와 같은 논리로 그는 당시를 풍미하던 중상주의 체제를 거부했다. "범법행위와 침략행위로부터 사회를 지키는 것, 사회 구성원을 다른 구성원의 부정의와 억압으로부터 보호하는 것, 공공업무와 제도를 수립하는 것"이 주권자의 유일한 임무라고 역설했다. 결과적으로 자유방임주의와 작은 정부를 옹호한 것이다.[85]

물론 '보이지 않는 손'은 정치적 압박이나 천재지변, 각종 비효율 같은 '외부 요인'이 배제된 순결한 '완전경쟁' 상태에서 작동한다. 바꿔 말하면 외부 요인이 넘쳐나는 현실에서는 맞아 떨어지지 않는다는 뜻이다. 특히 독과점 등 완전경쟁이 아닌 상태에서는 '시장의 실패'가 발생할 수밖에 없다. 이때 필요한 게 정부의 역할이다. 스미스 역시 국방과 법질서 유지, 교량 건설이나 상하수도 사업 같은 공공사업은 마땅히 개인이 아닌 정부가 맡아야 한다고 봤다. 하지만 '보이지 않는 손'은 시장의 자율성을 왜 존중해야 하는지, 인위적 개입을 왜 최소화해야 하는지를 역설한다. 이는 인위적 질서가 아닌 인간의 이기심에 기초한 자연적 질서가 보다 인간 본성에 맞기 때문이다.

이런 자연적 질서의 기초는 바로 사회적 분업이었다. 이를 그는 널리 알려진 '핀 공정'으로 보여준다.[86] 스미스는 각 개인이 이기심으로 움직이더라도 분업을 통해 공동선의 길로 나아간다고 생각했다. 홉스봄은 스미스의 분업과 관련해 "생산수단을 소유한 자본가라는 한 계급의 존재가 노동계급 등 모든 사람에게 이익을 주고 있다는 것은 과학적으로 증명될 수 있는 일이었다"라고 설명한다.[87] 이는 스미스의 절대우위론으로 연결된다. 200여 년 전만이 아니라 현재에도 종종 현실에서 등장한다. 삼성전자가 스마트폰을 설계하고 애플리케이션 프로세스AP, 디스플레이 등 핵심 부품을 만들면 베트남 현지 기업은 케이스 등 부속품을 제공한다. 결과적으로 한국 기업과 베트남 기업은 모두 이득을 얻는다. 물론 한국과 베트남 기업 사이에 필연적으로 등장하게 될 불평등 문제는 중요하게 여겨지지 않는다. 모두 시장 안에서 이뤄지기 때문이다. 이는 세계 자본주의 사회가 좀더 성숙해지는 19세기 중반 이후 첨예한 갈등 요인으로 등장한다.

• 국부론 제1권 제1장 '분업' 장에 실린 내용이다. 한 명의 장인이 혼자서 모든 공정을 담당해서 생산할 경우 하루 20개의 핀도 만들기 어렵다. 10명이 고작 200개 남짓 만드는 셈이다. 하지만 철사 자르기나 뾰족하게 하기 등의 18개의 생산 공정을 10명의 장인이 나눠서 맡을 경우 하루에 4만 8000개를 생산할 수 있다. 이를 통해 애덤 스미스는 특화와 분업이 생산성을 높이는 원천임을 강조한 것이다. 다만 분업체계에서 생산자는 소비의 최종물이 아닌 중간재를 주로 만들게 되는 만큼, 생산성 향상의 과실을 얻기 위해서는 교환이 이뤄지는 시장이 존재해야 한다.

미네르바의 부엉이 베토벤,
날개를 펴다

"시민계급의 음악적 원형이자
첫 예술가 시대의 예술가!"

지금 때와 지난 때는/둘 다 아마 올 때에 지금 있고/또 올 때는 지난 때에 들어 있어/모든 때가 영원히 지금 있다면/모든 때는 구원받지 못하리.[88]

　베토벤 후기의 걸작으로 꼽히는 현악사중주 14번과 15번에 감명을 받고 쓴 것으로 알려진 T. S. 엘리엇T. S. Eliot, 1888~1965의 《사중주 네 편》〈번트 노튼〉 도입부다. 이 시는 야론 질버맨Yaron Zilberman 감독의 영화 〈마지막 사중주〉(2012년) 초입에도 등장한다. 영화 주인공인 '푸가' 사중주단의 첼리스트 피터 미첼(크리스토퍼 월켄 분)은 학생들에게 베토벤 현악사중주 14번을 설명하며 이 시를 인용한다. 그러고는 이렇게 말한다.

> 이 곡은 7악장으로 구성되었으며 모두 연결되어 있습니다. 그 말은 우리가 연주하는 동안에는 중간에 멈출 수도, 쉴 수도, 조율할 수도 없다는 것을 의미합니다. 우리 악기는 분명 제각각 음이 엇나갈 것입니다. 베토벤은 우리 인생을 이루는 막 사이에서 일관성과 통합성이 있어야 한다고 강조하려 한 걸까요? 과연 우리 인생이 정해진 음으로부터 이탈해버린다면 거기서 멈춰서야 하는 걸까요, 아니면 마지막까지 계속해야 할까요? 나도 모릅니다.

이 곡 1악장은 미국 드라마 〈밴드 오브 브라더스〉 9회에도 등장한다. 2차 세계대전이 끝나갈 무렵 연합군의 폭격으로 폐허가 된 독일의 한 도시에서 노약자들과 여성들이 힘겹게 잔해를 치우고 있다. 그 와중에 네 명의 현악 주자들이 무너진 돌담에 앉아 이 곡을 담담히 연주한다. 베토벤과 엘리엇 그리고 《마지막 사중주》와 〈밴드 오브 브라더스〉는 이렇게 말하려는 게 아니었을까. 아마도 우리는 과거와 현재, 미래가 뒤섞인 시간의 무게를, 코드가 맞지 않는 악기로, 사신死神이 휩쓸고 지나간 절망의 순간에라도, 어떻게든 연주해내야 하는 숙명에서 벗어날 수 없다고.

모차르트와 베토벤은 열네 살 차이다. 같은 독일어 문화권인데다 당대 유럽의 중심 도시였던 빈에서 활동했다는 점도 동일하다. 하지만 둘 사이에는 건널 수 없는 강이 존재한다. 자본주의적 음악시장에서 활동했는가 여부다. 둘 다 교회나 귀족에게 예속되지 않은 독립 예술가를 지향했지만, 모차르트는 궁핍 속에서 요절했고, 베토벤은 평생 별다른 경제적 어려움 없이 천수를 누렸다. 여기에는 바로 자본주의적 음악시장의 유무가 결정적 요인으로 작용했다. 이 글에서 본격적인 '대중음악가'로 모차르트가 아닌 베토벤을 상정한 것도 이런 이유에서다.

앞서 자본주의 경제의 태동을 설명하면서 끌어왔던 개념은 홉스봄의 '이중혁명'이다. 프랑스대혁명과 산업혁명이라는 두 바퀴가 인류를 처음으로 자본주의 경제로 인도했다는 것이다. 이중혁명은 음악사에도 결정적 영향을 미친다. 음악이 교회와 귀족 등 전제 질서로부터 독립해 대중이 널리 향유하는 음악으로 변모하는 계기가 되었기 때문이다.

1789년 프랑스 파리 시민들이 바스티유 감옥을 습격하면서 시작된 프랑스대혁명을 계기로 '자유, 평등, 박애'라는 혁명의 이상은 전 유럽으로 퍼져 나갔다. 혁명의 이상을 맛본 민중은 더이상 '신민臣民'이기를 거부했다. 교회와 전제군주로부터 자유롭고 평등한 권리를 누리며 만민이 서로 존중한다는 이상은 결국 19세기 내내 전 세계를 혁명으로 이끌었다. 이 과정에서 민중은 신분 제약에서 벗어난 근대적 인간인 '시민市民'으로 거듭났다.

시민은 정치적으로 누구나 동등한 법적 권리를 지니는 동시에 경제적으로도 독립된 자아였다. 이를 가능케 한 더 큰 원동력이 바로 산업혁명이었다. 산업혁명 과정에서는 토지를 주로 소유했던 귀족계층 대신 산업화 물결에 뛰어들었던 자본가와 도시 중산층, 상인 같은 시민계층이 중심축으로 부상한다. 산업혁명의 일련의 과정은 자유와 평등 일반의 승리가 아닌 중류계급 또는 '부르주아적 자유사회'의 승리였다는 홉스봄의 지적은 전적으로 옳다.[89] 대량생산체제의 과실 역시 시민계층에게 돌아갔다. 이는 음악 등 여가 활동을 즐길 수 있을 정도의 경제적 부를 갖춘 이들이 기존보다 크게 늘었다는 걸 의미한다. 드디어 음악이 궁정이나 교회를 넘어 시민들의 응접실과 대규모 공공 공연장에까지 진출할 수 있는 사회·경제적 기반이 마련된 것이다. 이 시기로부터 대략 200년 뒤 재일조선인 문필가인 서경식 도쿄경제대 교수는 이렇게 고백한다.

> 자본주의 사회에서는 중산층 이상이 아니면 클래식음악을 즐길 수 없고, 악기를 구입하거나 … 음악가가 되기 위한 문화적 투자도 불가능하다. 중산층의 세계와 클래식음악의 세계는 불가분의 관계다.[90]

대중음악이 존립하기 위해서는 부르주아계층 혹은 중산층의 탄생이 필수적이라는 뜻이다.

하이든이 작곡한 교향곡은 100여 곡에 달한다. 불과 십수 년 뒤 세대인 베토벤과 슈베르트가 각각 9곡을 작곡했다는 점을 감안하면 경이로운 숫자다. 41편의 교향곡을 작곡한 모차르트도 명함을 내밀지 못할 수준이다. 하이든의 다작은 창작력 면에서 모차르트나 베토벤보다 월등해서가 아니다. 하이든은 자율적 예술가가 아닌 음악 장인에 가까웠다. 군주나 대주교의 생일이나 주요 만찬 같은 특별한 이벤트마다 새로운 곡을 '찍어내야' 했다. 엄밀하게 말하면 18세기까지의 모든 음악은 결국 '실용음악'이었다. 음악가들은 왕후나 교회의 의뢰를 받아 작곡했고, 궁정의 연회를 흥겹게 하거나 예배나 공적 행사를 빛내기 위한 목적에서 연주했다. 하이든만이 아니라 거의 모든 작곡가는 궁정음악가이거나 교회음악가였다. 이들이 의뢰 없이 자기 의지대로 작곡하는 일은 매우 드물었다.[91] 이를 두고 엘리아스는 "수공업 예술의 시대에 예술가의 개인적 상상력은 체제 내의 주문자 계층의 취미 규범에 맞춰 엄격하게 조종되었다. 이와 달리 예술가 예술의 시대에 예술가는 선구자로서 청중보다 더 강한 권력을 행사했다"라고 설명한다.[92]

문학이나 미술 등 다른 예술 장르보다 음악의 지위가 상대적으로 낮았다는 점 역시 원인으로 들 수 있다. 유럽에서 기보법이 처음 등장한 것은 11세기다. 오선지는 14세기에 보급되었다. 하지만 상업적 악보 출판은 15세기 중반 활판인쇄술이 보편화된 이후인 1501년 베네치아의 인쇄업자 페트루치를 통해 처음 시도되었다.[93] 오늘날과 같은 정교한 형태의 기보법은 17세기에 이르러서야 등장한다. 기보되지 않은 음악은 '구전' 방식으로만 전달되어 생명력이 짧았다. 문학과 같은 고전 전통을 음악에서는 찾기 어려웠다. 정전正傳으로서 권위도 인정받지 못했다.[94] 그렇다 보니 최고 음악가라 할지라도 호메로스나 아리스토텔레스, 레오나르도 다빈치Leonardo da Vinci, 1452~1519 같은 위대한 예술가가 아닌 고작 '뛰어난 장인' 취급을 받았다.

근대 이전 음악가가 귀족이나 중간계층 출신인 경우는 거의 드물었다. 음악은 가업家業에 가까웠다.[95] 7대에 걸쳐 수십 명의 중요한 음악가를 배출한 집안 출신인 바흐만이 아니라 모차르트, 베토벤도 모두 음악가 집안에서 태어났는데, 이는 우연이 아니었다. 그런 면에서 기보와 인쇄의 결합은 음악 저장의 혁명이자 상업적 음악과 포크 음악의 구분이 시작된 계기였다.[96]

"선생은 과도한 경의를 표한 것 같습니다."

베토벤 역시 이전 세대 작곡가들과 마찬가지로 귀족으로부터 후원을 받았다. 특히 1808년 프란츠 오스트리아 황제의 동생이자 그의 친구 겸 제자인 루돌프 대공Archduke Rudolf of Austria, 1788~1831과 킨스키 공작Ferdinand, 5th Prince Kinsky of Wchinitz and Tettau, 1781~1812으로부터 연 4000플로린의 종신연금을 약속받은 것은 추후 그가 자유로운 음악 예술가로 살아가는 데 결정적 역할을 한다.[97] 이는 1800년부터 시작됐던 카를 폰 리히노프스키 대공Karl Alois, Prince Lichnowsky, 1761~1814의 연금인 600플로린의 일곱 배에 달하는 금액이었다. 그의 명곡 중 상당수가 귀족들에게 헌정된 것은 이런 까닭이다.

하지만 베토벤이 앞선 작곡가들과 달랐던 점은 스스로를 신분이나 계급 등 구체제의 틀을 벗어난 새로운 체제의 '자유인'으로 인식했다는 점이다. 그는 10대에 프랑스대혁명의 직접적 세례를 받았다. 프랑스와 인접한 그의 고향 본은 프랑스로부터 건너온 지식인들이 많이 거주하면서 일찌감치 계몽주의 바람이 거셌다. 본대학의 청강생으로 이마누엘 칸트Immanuel Kant, 1724~1804 철학과 독일 문학 강의도 수강한 터였다.[98] 이에 바흐나 하이든처럼 왕이나 귀족의 고용인이 되는 것을 거부하고, 자신의 재능과 작품을 시장에 파는 독립적 사업가로 살고자 한 것이다.[99] 실제로 베토벤은 귀족들에게 작품을 헌정할 때조차 종종 "아무런 대가도 바라지 않는다"는 태도를 보였다. 물론 헌정료를 받는 게 관례였지만 귀족 후원자와 전례 없이 대등한 관계를 맺은 셈이었다. 실제로 귀족들은 베토벤과의 사적 친분이나 그의 음악을 이해한다는 사실을 자랑으로 삼았다.[100]

동시에 그는 음악을 단순히 생계 수단으로 삼은 직업인이 아닌, 독창적 예술 창작물을 생산하는 '예술가', 곧 '작가Author'로 자신을 규정했다. 앞서 거론한 엘리아스의 분석을 빗대면 '예술가 예술의 시대'의 예술가로 자신의 목소리를 자유롭게 냈고, 주변에도 이를 인정할 것을 강하게 요구했다. 그 대상에는 귀족과 황실도 예외가 아니었다. 베토벤의 음악에 대해 "혁명적 시민계급의 음악적 원형이자 사회적 후견으로부터 벗어난, 더이상 누구를 위해 봉사하지 않는 음악의 원형"이라는 독일 철학자 테오도르 아도르노Theodor Adorno, 1903~1969의 표현은 이를 잘 보여준다.[101]

독일 대문호 요한 볼프강 폰 괴테Johann Wolfgang von Goethe, 1749~1832와 얽힌 일화도 있다. 베토벤과 괴테가 1812년 테플리츠에서 산책할 때의 이야기다. 테플리츠는 현재 체코 영토지만 당시는 오스트리아제국 땅이었다. 황비와 귀족이 베토벤과 괴테 쪽으로 다가오고 있었다. 베토벤은 괴테에게 "제 팔을 계속 붙들고 계십시오. 그러면 선생이 길을 비키지 않아도 저들이 비켜설 겁니다"라고 말했다. 그러나 괴테는 베토벤의 팔을 놓고 모자를 벗으며 옆으로 물러났다. 베토벤은 팔짱을 끼고 귀족들을 지나쳐 계속 걸었다. 그들이 반갑게 인사하며 그를 위해 길을 내주려 옆으로 비켜섰을 때만 모자를 살짝 기울였을 뿐이다. 베토벤은 곧 뒤따라온 괴테에게 이렇게 말했다.

> 저는 선생이 존경을 받을 만큼 훌륭하다고 생각했기 때문에 지금 선생을 기다렸던 겁니다. 그런데 선생은 저들에게 과도한 경의를 표한 것 같습니다.[102]

그의 복식 역시 일반적인 음악가와 거리가 멀었다. 만년에 계몽주의로 기울었던 모차르트마저 당시 귀족의 상징이었던 반바지Culotte를 벗지 못했다. 하이든 역시 마찬가지였다. 하지만 베토벤은 이미 스무 살 무렵부터 반바지 대신 긴바지Sans-Culotte를 입었다. 당시 긴바지는 귀족이 아닌 평민의 복장이었다. '상퀼로트Sans-Culotte'는 프랑스대혁명 당시 정국을 주도한 파리의 빈민 대중을 비하하는 표현이었다. 우리 말로 하면 '족보도 없는 놈'이라는 뜻이다. 프랑스대혁명은 베토벤이 한창 감수성 충만하던 19세 때 일어났다. 청년 베토벤은 복장을 통해서도 프랑스대혁명에 호응한 것이다.

다만 그가 열광한 프랑스대혁명은 뜻하지 않은 곤궁을 선사한다. 혁명의 영향으로 오스트리아나 러시아의 귀족층이 몰락하면서 후원이 크게 줄었다. 귀족들이 주관한 음악 행사도 축소되었다. 설상가상으로 나폴레옹전쟁 무렵에는 심각한 인플레이션까지 불어닥친다. 하지만 이는 오히려 그가 최초의 '대중음악가'로 홀로서기할 수 있는 계기가 된다. 그의 새로운 수입원은 귀족이 아닌 시민계급으로 바뀌었다. 시민계급은 이미 새로운 중심 계급으로 성장해 있었다. 이들의 지갑이 풍족해지니 음악에 사용하는 지출도 크게 늘었다. 대표 품목이 피아노였다. 피아노는 성공의 상징이었다. 때마침 피아노의 기술혁신도 일어난다. 이를 통해 19세기는 피아노의 시대가 된다.

피아노 보급은 음악의 소비 행태도 바꿔놓았다. 과거에는 귀족 가문에 속한 소규모 악단이 살롱 등에서 연주했다면, 19세기 들어 가장의 부인이나 딸들이 응접실에서 연주하는 풍토가 자리 잡았다. 특히 다소곳이 앉아 연주해야 하는 피아노는 여성의 악기로 인식되었다. 연주할 때 뺨이 부풀어오르는 플루트는 당시 남성의 악기로 취급받았다. 몸을 흔들어야 하는 바이올린이나 두 다리를 벌린 채 악기를 끌어안아야 하는 첼로 역시 여성에게는 금기시되었다.[103] 피아노 전성시대는 베토벤 이후 슈베르트나 펠릭스 멘델스존Felix Mendelssohn-Bartholdy, 1809~1847이 활동한 비더마이어시대 이후에 열리지만, 베토벤이 활동하던 19세기 초반부터 피아노의 인기는 높아가고 있었다. 피아노를 연주하기 위해서는 악보가 필요했다. 따라서 출판사들의 악보 매출이 크게 늘었고, 이는 음악가들이 안정적으로 저작료를 받을 수 있는 기반이 된다. 그 수혜를 입은 거의 첫 인물이 바로 베토벤이다.

물론 이 과정에서 불굴의 '투쟁'이 필요했다. 베토벤은 스스로 자신의 작품에 번호Opus Number, Op를 붙인 최초의 작곡가다. 자신의 작품을 잘 관리해 출판 수입을 극대화하기 위해서였다.* 더구나 당시 관행은 출판사에 작품을 넘기면 일회성으로 출판 수입을 받는 게 전부였다. 추후 얼마를 더 찍어내든 출판 수입은 고스란히 출판사 몫이었

---

* 그에 앞선 모차르트나 하이든의 작품에도 번호가 붙어 있는데, 이는 후대 음악가들이 작품을 정리하면서 붙인 것이다.

다. 초판 수입은 제한적이었다. 남겨진 기록에 따르면, 5번 교향곡과 6번 교향곡, 첼로소나타Op. 69, 피아노트리오Op. 70의 악보에 대해 독일 라이프치히의 출판사 브라이트 앤 헤르텔은 400굴덴을 지불했다고 한다. 이는 베토벤의 석 달 생활비에 불과했다.[104] 대신 베토벤은 대중적 피아노곡 '바가텔'과 영국 민요 편곡집으로 높은 수입을 올렸다.

베토벤은 일종의 '원 소스 멀티 셀링' 방식을 고안해내기도 했다. 작품을 정식 출판하기 전 일정 기간 동안 귀족에게 판매하고, 이후 출판사에 출판권을 넘기는 식이었다. 예를 들어, 그의 대표 종교음악으로 손꼽히는 〈장엄미사 D장조〉는 처음에는 루돌프 대공에게 헌정되었다가 이후 독일 본의 출판업자 니콜라우스 폰 짐록에게 3년 독점 사용권을 주어 판매했다. 그러고는 독일과 오스트리아의 네 명의 출판업자에게 3년 후 판매를 조건으로 재판매했다. 초판 사인본과 해외 판매까지 추진한 것이다. 이 과정에서 분쟁도 끊이지 않았다. 귀족에게 판매한 악보가 계약 기간 도중 유출되고, 오류가 담기거나 출판업자의 가필이 더해진 악보가 출판되기도 했다.[105] 이는 당시 독일과 오스트리아 출판업계 사정과 맞물려 있다. 1800년을 전후해 귀족이 독점했던 음악 문화가 시민계층에게까지 파고들면서 독일의 음악 출판 시장은 크게 확대되었고, 이에 한탕을 노리는 출판사들이 난립했다. 더구나 이들이 협업이나 병합을 통해 덩치를 키우면서 작곡가의 영향력이나 교섭력은 상대적으로 약화되었다.[106] 이에 베토벤은 경제적 독립을 위한 투쟁에서 물러서지 않았다. 베토벤이 임종을 앞둔 상태에서도 저작권을 위해 싸운 것은 이 때문이다.

물론 베토벤은 모차르트처럼 과소비를 일삼지 않았다. 평생 독신으로 지냈기에 가족을 부양할 의무도 없었다. 40대 이후 조카 카를의 양육권을 가져오기 위해 상당한 비용을 지출하고 그의 학비를 대긴 했지만 크게 돈이 들어갈 곳은 없었다는 뜻이다. 그는 더이상 귀족의 저택에서 피아노를 치거나 대규모 공연을 하지 않았다. 유럽에서 팔리는 악보만으로도 생활을 충분히 꾸릴 수 있어서다. 그가 모차르트와 달리 최초의 대중음악가이자 자유음악가일 수 있었던 것은 순전히 당시 움트기 시작했던 자본주의 덕분이다. 베토벤은 말년에 병상에 누워서도 당시 런던필하모닉 소사이어티로부터 100파운드(약 1000 굴덴)를 더 받기 위해 애걸복걸하기도 했다. 그러나 이는 그가 실제로 돈이 없어서라기보다는 프리랜서라는 불안정한 지위 탓이었다. 타협을 모르는 성정은 말년에 이르러서도 맞춤형 작곡만은 피하게 만들었다. 대신 그는 현대인들마냥 주식과 투자에 골몰했다. 그 덕에 사망한 뒤 조카 카를에게 당시 전업 작곡가로서는 무척 큰 액수인 1만 굴덴의 유산을 남겼다.[107]

"영주들은 수천 명 있겠지만
베토벤은 오로지 한 명입니다."

인류사에서 '창조자'라 불리는 이들은 전례를 찾아보기 어려울 정도로 독창적 작품이나 사조, 학술을 만든 인물이다. 그러나 이들은 모두 '거인의 어깨 위에 존재하는 자'다. 그런 면에서 베토벤은 서양음악사에서 가장 높고 웅장하게 서 있는 거인이다. 후세 작곡가들은 베토벤의 작품을 흠모하면서도 베토벤의 유령에 발목이 잡혔다. 베토벤을 의식해 교향곡 내놓기를 주저했던 이들은 로베르트 슈만Robert Schumann, 1810~1856과 요하네스 브람스Johannes Brahms, 1833~1897 말고도 수없이 많았다. 베토벤의 작품들은 거의 모든 음악 장르는 물론이고 후대에 와서는 미술이나 문학 등 전방위적으로 영향을 미쳤고, 앞으로도 그럴 것이다. 괴테는 젊은 시절의 베토벤을 이렇게 회상한다.

> 나는 이제껏 그토록 영혼이 농밀하고 강렬하며, 그토록 넘치는 생명력과 위대함을 지닌 예술가를 만나본 적이 없다. 나는 그가 이 세상과 세상의 방식들에 적응하기가 얼마나 어려울지 잘 이해할 수 있다.

그러나 베토벤에게 이 세상에 적응하는 건 문제가 아니었다. 정작 문제는 세상이 베토벤에게 적응할 수 있느냐였다.[108]

베토벤의 작품세계는 흔히 전기와 중기, 후기로 나뉜다. 전기는 대략 1770년부터 1802년까지, 중기는 1803년부터 1814년까지, 후기는 1815년부터 1827년까지다. 청년기인 전기 때는 교육을 받으며 자기만의 음악 언어를 찾던 시기다. 이를 토대로 장년기인 중기에 이르러 음악가로서 정체성을 확고히 하면서 큰 명성을 얻는다. 우리가 주로 듣는 베토벤의 작품들은 전기와 중기에 집중되어 있다. 프랑스대혁명과 나폴레옹Napoléon Bonaparte, 1769~1821의 황제 등극(1804년), 나폴레옹전쟁, 빈회의(1814년)가 열리던 시기, 곧 유럽 역사상 격동의 시대와 맞물려 있다. 노년기인 후기에는 일선에서 벗어나 자기 내면으로 침잠하는 동시에 교향곡 9번과 후기 현악사중주, 후기 피아노소나타 등 전무후무한 명작들을 내놓았다.[109]

베토벤의 아버지 요한은 어린 자식에게 모차르트 같은 천재성을 일찌감치 발견하고는 피아노와 바이올린을 직접 가르쳤다. 다만 그 과정이 과도하게 혹독했다. 베토벤은 아버지에게 학대당하면서 피아노와 바이올린을 배웠다.[110] 훗날 베토벤이 본을 떠나 빈으로 간 것은 본 시절 후원자였던 쾰른의 선제후 막시밀리안 프란츠의 그늘에서 벗어나는 동시에 아버지로부터 '탈출'하기 위해서였다. 그의 서신에는 어머니와 형제들에 대한 내용이 많이 나오지만 아버지에 대한 기술은 유독 찾기 어렵다. 정신분석학자들은 베토벤이 평생 지녔던 권위에 대한 '반항심'은 아버지의 독단에 대한 반발로부터 비롯되었다고 분석할 정도다.

베토벤은 프란츠 선제후의 궁정에서 일하면서 피아니스트로 주목받았다. 그는 탁월한 피아노 작곡가이기 이전에 뛰어난 피아니스트였다. 서양음악사 최초의 비르투오소 피아니스트였다 해도 과언이 아니었다. 이는 추후 빈에 정착했을 때도 큰 무기가 된다.[111] 베토벤은 부드럽고 유려하게 연주하는 다른 피아니스트들과 달리 피아노를 후려치다 못해 줄을 끊을 정도로 거칠게 연주했다. 건반으로 오케스트라의 음향을 재현하려 시도하기도 했다. 빈 청중들은 베토벤의 피아노에 매료되었다.

젊은 시절 그의 가장 큰 은인은 하이든이다. 우연히 본을 방문한 하이든은 베토벤의 능력을 알아차리고 프란츠 선제후에게 빈으로 보내줄 것을 간청했다. 1792년 베토벤이 빈에 오자 그에게 작곡을 가르쳤다. 귀족의 후원도 잇따랐다. 대표 인물이 리히노프스키 대공이다. 그는 베토벤을 물심양면으로 도왔다. 베토벤은 그의 집에 머물면서 즉흥연주 피아니스트이자 귀족 자제들의 피아노 교사로 **활동했다.** 그의 공식적인 첫 작품인 피아노트리오 1번Op. 1이 리히노프스키 대공에게 헌정된 것도 이런 인연 때문이다. 다만 훗날 베토벤은 리히노프스키 대공과 결별한다. 1806년 여름 리히노프스키 대공이 프랑스 군인들 앞에서 피아노를 연주해줄 것을 '지시'하자 베토벤은 이를 일언지하에 거절한다. 당시 베토벤이 '해방자'가 아닌 황제로 돌변한 나폴레옹에게 극도의 거부감을 갖고 있었던 데다 대공이 음악가인 그를 귀족의 부속물처럼 여긴다고 생각해서였다. 베토벤은 대공과 크게 싸운 뒤 공작의 영지를 떠나며 다음과 같은 내용의 편지를 썼다고 한다.

> 영주, 당신이 무엇인가요. 당신은 우연과 출생을 통해 존재하지요. 나는 나를 통해 존재합니다. 영주들은 그렇게 있고 앞으로 또 수천 명이 있겠지요. 하지만 베토벤은 오로지 한 명입니다.[112]

전기를 대표하는 작품은 피아노소나타들이다. 서양 고전음악에서 바흐의 평균율은 〈구약성서〉, 베토벤의 피아노소나타는 〈신약성서〉에 비견된다. 예수 그리스도의 행적과 희생, 부활을 담은 〈신약성서〉가 성서의 핵심이라는 점을 감안하면, 그의 피아노소나타는 서양 고전음악의 정수에 해당한다. 베토벤은 피아노소나타 32곡을 통해 고전주의 시대를 살아가면서 낭만주의의 문을 열어젖혔다. 전기 피아노소나타가 전형적인 고전주의 형식을 보여준다면 중기 작품은 고전주의에서 낭만주의로 변모하는 모습을 띤다. 이어 후기 피아노소나타를 통해 전무후무한 획기적인 형식과 연주 기법을 그리고 삶의 막바지에 접어든 이의 관조를 보여준다.

'비창' 소나타로 알려진 피아노소나타 8번(〈비창〉)과 14번(〈월광〉), 17번(〈템페스트〉))처럼 지금도 널리 사랑받는 곡들은 청년기에 쓰였다. 〈비창〉〈월광〉〈템페스트〉 같은 부제는 대부분 출판업자가 마케팅 목적에서 붙인 것이다. 해당 작품들은 감미로우면서도 폭풍처럼 질주하고, 그러면서도 고독 속에서 사색하는 베토벤 피아노 작품의 특징을 고스란히 담고 있다. 그는 고전주의의 화법을 토대로 하되 내면의 자아를 그대로 드러내는 방식의 독창적 언어를 선보였다. 또 피아노라는 악기의 경계를 넘어 오케스트라 효과를 내는 경지에 이르렀다고 평가받는다.[113] 전기 소나타들 역시 그런 씨앗을 품고 있는 명작들이다.*

"나를 다시 삶으로 불러온 것은 오직 예술 뿐이다."

1803년 베토벤은 유럽 전역에 비르투오소 피아니스트와 작곡가로서 명성을 떨친다. 루돌프 대공 말고도 여러 귀족은 그에게 재정

---

* 현악사중주 역시 서양 고전주의 음악가들에게 교향곡과 더불어 반드시 내놓아야 하는 작품이다. 첼로와 비올라 그리고 두 대의 바이올린으로 구성된 현악사중주는 저-중-고 모든 음역대를 소화할 수 있는 작은 오케스트라에 해당하는 동시에 그 자체로도 충만한 장르로 받아들여지기 때문이다. 베토벤 역시 첫 현악사중주 1~6번을 청년기 후반부인 1800년에 출간했다. 교향곡 1번과 마찬가지로 하이든과 모차르트의 그림자를 짙게 드리우고 있지만 악장의 개별성, 예기치 못한 악구 전환, 독창적 전조 등 베토벤만의 개성도 잘 드러난다. 전통을 불러내는 동시에 전복시키고, 대조적인 감정과 양식을 강하게 병치하는 방식은 이후 베토벤 음악의 특징으로 자리 잡는다.

지원을 아끼지 않았다. 출판업자들 역시 베토벤의 마음을 사로잡기 위해 분주히 움직였다. 베토벤은 자신의 권리를 지키는 데 능숙했다. 명성과 경제력은 그가 작품 활동에만 전념할 수 있게 하는 원동력이었다. 하지만 시련의 순간도 다가오고 있었다. 널리 알려져 있다시피 청력 상실이 본격화됐다. 역경을 극복하는 베토벤의 이미지는 청력 상실과 밀접한 관련이 있다. 음악가가 듣지 못한다는 것은 화가가 보지 못하고 가수가 노래하지 못하는 것과 유사하기 때문이다.*

청력 상실이 그에게 절망감을 선사한 건 분명하다. 1802년 동생에게 '하일리겐슈타트 유서'를 남겼을 정도였으니 말이다. 그는 유서에서 "한때 나도 그 감각(청각)을 최고 수준으로 갖고 있었다"면서 "다른 사람보다 더 정확해야 하는 이 한 가지 감각의 결함을 내가 어떻게 인정할 수 있겠느냐"고 토로한다. "동료들과 함께 있으면 편안해질 수 없다. 나는 거의 외따로 살아야만 한다. 사람들에게 가까이 접근하면 불같은 공포감이 나를 사로잡고, 내 비참한 상태가 노출될까 봐 두렵다"는 말도 덧붙인다. 이어 "나를 다시 삶으로 불러온 것은 오직 나의 예술뿐이었다. 나의 내면에 있는 모든 것을 불러내기 전에 이 세계를 떠난다는 것은 불가능한 일일 것 같다"며 다시 의지를 곧추세운다.[114] '어둠에서 광명으로'라는 베토벤 음악의 원형이 이미 하일리겐슈타트 유서에 나타나고 있는 셈이다.

30~40대에 해당하는 중기는 작곡가로서 가장 왕성하게 창작물을 내놓았던 시기다. 시련에 굴하지 않고 예술가로서의 삶을 지키

* 청력 상실이 과장되었다는 의견도 있다. 아예 못 들을 정도로 진행된 건 그 이후라는 것이다. 뛰어난 절대음감을 가졌던 베토벤이었기에 듣지 않고도 작곡은 충분히 가능했다.

겠다는 굳건한 의지는 하일리겐슈타트 유서 이후 작품에 고스란히 드러난다. 그는 자기 의지와 경험, 감정을 작품 안에 온전히 쏟아내면서 거대한 운명에 저항하고 투쟁해 마침내 승리를 거머쥐는 영웅의 모습을 드러낸다. 특히 그의 교향곡은 단순한 유흥의 수단이 아닌 인간 의지의 위대한 승리를 담은, 탐구해야 할 음악적 서사시로 거듭났다.[115] 또다른 특징은 고전주의의 영역에서 벗어나 19세기를 풍미할 낭만주의의 씨앗을 뿌렸다는 것이다. 고전주의가 절제미와 숭고미를 내세운다면 낭만주의는 개인의 감정과 자아를 드러내는 데 보다 치중한다. 이런 낭만주의의 특징은 베토벤이 중기에 내놓은 작품들에서 두드러진다. 그가 고전주의와 낭만주의 음악의 교량 역할을 했다고 평가받는 이유다.

이 시기의 대표작은 교향곡들이다. 3번(〈영웅〉)과 5번(〈운명〉), 6번(〈전원〉), 7번이 널리 사랑받았다. 3번 〈영웅〉 교향곡은 프랑스대혁명과 밀접한 관련이 있다. 당시 유럽 각국에는 프랑스대혁명을 지지하는 흐름이 강하게 나타났다. 신분제 사회에 평생 저항했던 베토벤 역시 프랑스대혁명을 열렬히 반겼다. 1803년 이 작품을 쓰기 시작한 베토벤은 존경해 마지않던 프랑스공화국의 영웅 나폴레옹을 기려 해당 작품 표지에 "Sinfonia grande intitolata Bonaparte"(보나파르트라는 제목의 위대한 교향곡)라고 써넣었다. 그러나 이듬해인 1804년 나폴레옹이 황제의 자리에 올랐다는 소식을 접하고는 화가 나 표지를 찢었다고 한다. 실제로 현재 빈에 보관되어 있는 악보 표지에는 베토벤이 '보나파르트'라는 글자를 지운 흔적이 고스란히 남아 있다.[116] 이 교향곡은 영웅의 위대함에 대한 찬양으로 가득하다. 여기서 말하는 영웅은 나폴레옹인 동시에 절망과 싸운 끝에 고통을 이겨내고 예술혼을 불태운 베토벤 본인을 일컫기도 한다. 도전과 투쟁, 최후의 승리라는 모티브가 곡 전반에 흐른다. 〈영웅〉 교향곡은 하이든이나 모차르트가 내놓았던 작품들을 포함해 당대의 기악곡 중에서 가장 거대하고 웅장한 작품이었다. 연주 시간도 기존 교향곡의 두 배에 가까운 50분 안팎이다. 프랑스대혁명의 영향으로 서사적 성격에 대한 관심이 높아졌던 당대의 분위기가 잘 반영되었다.[117]

〈운명〉 교향곡은 인류 역사상 가장 유명한 고전음악이다. '나는 운명과 맞붙어 싸울 것이다. 운명이 나를 굴복시킬 수는 없다'는 그의 결의가 응축돼 있다.** 40분 남짓의 연주 시간 동안 한 음, 한 소절도 버릴 데 없는 치밀함과 독창성, 그러면서도 임계점까지 치솟는 에너지로 가득 차 있다. 교향곡 5번을 기점으로 서양 고전음악은 18세기와 결별하고 19세기에 발을 디딜 수 있었다. '따-따-따-따'로 표현되는 1악장 첫 소절 음형은 흔히 '운명을 두드리는 소리'로 일컬어진다. 해당 음형은 서양음악 전체에서 가장 유명한 동기다. 음과 더불어 리듬으로 구성된 '운명의 동기'는 이후 1악장만이 아니라 교향곡 전

---

* 2악장은 '장송행진곡'으로 널리 알려졌는데, 훗날 암살당한 미국의 존 F. 케네디 대통령 장례식의 배경음악으로 쓰인다. 2악장 역시 프랑스대혁명 때의 행진곡인 '우울한 행진곡'과 매우 유사하다.

** '운명'이라는 단어 역시 그가 직접 한 말로 전해진다. 베토벤의 제자였던 안톤 쉰들러가 1악장 서두 테마가 무엇이냐고 묻자 베토벤이 이렇게 답했다고 한다. "운명은 이와 같이 문을 두드린다."[118] 이는 '베토벤 신화'를 만든 주역인 쉰들러의 과장이라고 보는 시각이 지배적이지만, 5번 교향곡은 3번과 더불어 운명과 맞서 싸워 결국 이를 극복하는 베토벤의 모습이 그대로 투영되어 있다. 이에 1악장은 시련과 고뇌를, 2악장은 다시 찾은 평온함을, 3악장은 쉼 없는 열정을, 4악장은 운명을 극복한 이의 환희를 묘사한다.

체에서 변형된 형태로 꾸준히 반복된다.[119] 음악사학자 카를 달하우스 Carl Dahlhaus, 1928~1989는 짧으면서도 강렬한 이 주제에 대해 "베토벤의 도입부 주제는 대개 매우 빈약하지만 바로 그 점 때문에 발전부의 긴박감을 높인다. 그것은 목적론적 움직임이다"라고 설명한다.[120] "교향곡 3번은 음악이 음악의 의미를 선포하는 광경과 직결되고, 5번은 음악이 인간 '무의미'의 운명을 음악의 의미로써 구원하(려)는 역동적인 과정의 음악화"[121]라는 시인 김정환의 분석도 눈여겨볼 필요가 있다.

협주곡 역시 당시 베토벤이 내놓은 중요한 작품으로 손꼽힌다. 총 다섯 개의 피아노협주곡 중 가장 많은 사랑을 받는 작품은 3번과 5번이다. 특히 5번 협주곡은 〈황제〉라는 별칭으로 유명하다. 이 작품은 음악적 표현의 영역과 차원을 한층 확대시켰다고 평가받는 바이올린협주곡과 함께 '교향악적 협주곡Symphonic Concerto'의 시발점으로 불린다.[122] 교향악적 협주곡은 독주악기가 중심인 협주곡이면서도 관현악부가 독주부 못지않은 중요성을 지닌다. 또 독주악기와 관현악부가 긴밀하게 어우러져 역동적 음향을 만들어내는 것도 특징이다.*

피아노소나타 21번(〈발트슈타인〉), 23번(〈열정〉), 26번(〈고별〉) 역시 베토벤의 중기를 대표하는 작품들이다. 이 가운데 〈열정〉 소나타는 베토벤의 피아노곡 중 가장 강렬하고 뜨거운 곡이다. "화강암 바닥 위에서 타오르는 맹렬한 불길"이라는 프랑스 문학가 로맹 롤랑Romain Rolland, 1866~1944의 표현은 전혀 과하지 않다. 러시아 혁명가 블라디미

---

*5번 협주곡 역시 1악장 서두부터 당당하게 피아노의 카덴차로 시작한 뒤 오케스트라와 경쟁하듯 자신의 목소리를 내세운다. 트럼펫과 팀파니 연주도 곳곳에서 빛을 발한다. 박진감 넘치는 행진곡풍의 1악장을 일컬어 독일 음악학자 알프레트 아인슈타인Alfred Einstein, 1880~1952은 '군대 개념의 변증론'이라고 불렀다.

르 레닌Vladimir Lenin, 1870~1924도 이 곡을 일컬어 "미래는 공포의 교향곡이 아닙니다. 미래는 … 베토벤입니다. 투쟁과 시련을 넘어 환희로! 미래는 자유 투쟁의 불꽃입니다"라고 전했다고 한다.[123]

"모든 것은 소멸하겠지만, 교향곡 9번은 살아남을 것이다."

아도르노는 이렇게 말한다. '그(베토벤)의 말년의 작품은 발전이 아니라 여전히 진행 과정이다. 더이상 안전한 중간 지대나 자연스러운 화성이 들어설 여지를 두지 않고 극단적인 것들이 서로 불꽃을 튀기는 것 같다.' … 아도르노는 이 모든 것의 밑바탕에 두 가지 고려해야 할 사항이 있다고 주장한다. 첫째, 젊은 시절의 베토벤의 작품은 박력이 넘치고 유기적인 전체를 이루었지만, 말년으로 갈수록 정도에서 벗어난 유별난 음악이 되었다. 둘째, 베토벤은 죽음을 앞둔 노년에 이르러 자신의 작품이 … 종합이 불가능하다는 사실(을 나타내고), 그저 일개

---

* 1악장의 지시어 '알레그로 아사이'는 '매우 빠르게'라는 뜻이다. 초반부는 비극적인 운명을 마주한 듯 장엄한 리듬과 멜로디가 등장한 뒤 이윽고 맹렬하고 남성적인 선율의 2주제가 연주된다. 마치 폭풍우를 눈앞에 둔 바닷가에서 잔잔한 바람이 불어오다가 태풍이 맹렬하게 휘몰아치는 듯한 모습을 음표로 옮긴 듯하다. 이 곡의 또다른 백미는 2악장과 3악장의 연결 부분이다. 감미로운 멜로디를 노래하는 2악장과 3악장의 연결 부분에 베토벤은 '아타카'라는 지시어를 적어놓았다. 아타카는 '즉시 다음 장으로 계속하라'는 뜻이다. 피아노시모로 연주되던 2악장이 끝나자마자 '딴 따단 따단 따단'의 리듬이 반복되면서 폭발적인 '프레스토' 속도로 마지막 악장이 울려퍼진다. 3악장은 정박과 엇박, 당김음의 리듬에 더해 장조와 단조, 정조의 멜로디가 함께 포개진다. 마치 리듬과 음이 서로 경쟁하고 화합하면서 독주 악기로서의 피아노가 도달할 수 있는 극단의 경지까지 솟아오르는 것 같다.

개인의 주관이 전체성을, 그리고 살아남았음을 괴롭게 의식하며 몸부림쳤던 흔적, 그마저도 영원히 포착하지 못했던 흔적일 뿐임을 나타낸다는 사실을 깨달았다. 따라서 베토벤의 말년의 작품들은 비극의 느낌을 전달한다.[124]

20세기 지성사를 대표하는 《오리엔탈리즘》을 쓴 팔레스타인 출신 미국 비평가 에드워드 사이드Edward Said, 1935~2003는 아마추어 피아니스트이자 음악 비평가다. 그는 사후에 발간된 《말년의 양식에 관하여》(2006년)에서 아도르노가 베토벤과 모차르트를 설명하며 도입한 '말년성'이라는 개념을 빌려 '말년의 양식'이라는 틀로 베토벤의 후기 작품들을 설명한다. 일반적으로 예술가들은 만년의 작품을 통해 조화와 통일을 보여준다. 하지만 사이드는 베토벤이 이러한 틀에서 벗어나는 '도전'을 감행했다고 말한다. 그는 "말년의 양식은 예술이 자신의 권리를 포기하지 않고 현실에 저항할 때 생겨난다"면서 "조화롭지 못하고 평온하지 않은 긴장, 무엇보다 의도적으로 비생산적인 생산력을 수반하는 말년의 양식을 탐구하고 싶다"라고 서술한다.[125] 이를 기초로 사이드는 베토벤의 말년 작품들에 대해 "화해 불가능한 요소들을 계속 분리된 채로 놓아두었고, 그런 과정을 통해 음악은 의미심장한 무엇에서 점차 모호한 무엇, 심지어는 자신에게도 모호한 무엇으로 변형된다. … 말년성은 종국에 접어드는 것, 현재를 대단히 예민하게 인식하는 것이다. … 그러므로 말년성은 자발적 망명이다"[126]라고 표현했다.

그는 세상을 뜨기 직전 미국 주간지 〈더 네이션〉 2003년 9월 1

일자에 기고한 "때 이른 사색"이란 글에서 말년의 양식에 대한 논의를 보다 구체화한다. 교향곡 9번과 후기 피아노소나타, 후기 현악사중주, 〈장엄미사〉 등 베토벤의 말년 작품들은 작곡 양식 면에서 중기의 낭만적 영웅주의를 탈피해 난해하고 고도로 개성적이다. 아도르노는 "베토벤 후기를 특징짓는 것은 다가오는 죽음에 대한 불안이 아니라 파편적이고 불완전하며 규정하기 힘든 새로운 미학"이었다면서 "베토벤 만년의 음악은 주관적인 동시에 객관적이라고 하는 모순은 환하게 드러나는데, 그럼에도 그 빛의 발광은 (객관성이 아닌) 주관성에서 비롯된다. 베토벤은 양자 간의 조화로운 통합을 모색하지 않는다. 그는 주관성과 객관성을 각각 분리된 힘으로 유지한다"라고 말한다. 그 결과 "일관성과 유기적인 완결성, 전체성에 대한 우리의 생각과 경험을 뒤흔들어놓는다"[127]는 것이다.

이런 후기 베토벤이 극명하게 드러난 사례는 교향곡 9번이다. 베토벤은 4악장에 등장하는 독일의 국민 시인 프리드리히 실러Johann Christoph Friedrich von Schiller, 1759~1805의 〈환희의 송가〉 부분 대신 별도의 기악 악장을 쓸 것인지 고민했다. 교향곡 9번은 지금까지 알려진 대로 굳건한 〈환희의 송가〉가 아니었다. 사이드는 "다양한 양식과 절차의 접합과 다원적 형식으로 점철된 작품이며 … 당연한 것으로 주어진 바에 대한 저항을 드러낸다. 이 작품이 조성적 불확정성과 공동감을 나타내는 공허 5도로 시작하는 것도 바로 그래서다"라고 설명한다.[128] 이어 "베토벤의 미래지향적 충동과 전통에서 벗어나고 싶어하지 않았던 갈망은 서로 맞부딪혔고, 교향곡 9번과 같은 작품에서 보이는 체제 순응적 차원과 체제 전복적 함의는 바로 그래서 서로 불가분의 관계로 얽히게 됐다"라고 말한다.[129] 사이드의 이 같은 분석은 후기 베토벤이 어떻게 기존 고전주의의 틀을 깨고 낭만주의로 나아갔는지, 더 나아가 '주의'로 규정할 수 없는 베토벤이라는 난공불락의 성을 쌓았는지, 왜 그의 음악은 두 세기가 지난 지금까지도 밤길 나그네를 이끄는 북극성으로 반짝이고 있는지 설명하는 길라잡이다.

베토벤의 작품은 1818년을 기점으로 크게 줄어든다. 음악가로서 최고의 명성을 누렸지만 개인적으로는 시련의 시간이었다. 악화되던 청력은 1817년 이후 완전히 상실된다. 악보를 보기 어려울 정도로 눈 상태도 나빠진다. 교향곡 9번을 쓸 무렵에는 청력을 거의 잃어버렸을 뿐 아니라 절반 정도는 실명 상태였다. 사후 부검 결과 만성 알코올 섭취로 간과 췌장에 염증이 심해진 게 원인으로 밝혀졌다.[130]

가족 문제는 최악의 상황으로 치달았다. 그는 평생 독신으로 남았다.* 대신 조카 카를이 그에게 실질적인 아들과 다름없었다. 베토벤의 동생 카스파르는 1815년 사망하면서 아내 요하나와 형 베토벤을 아홉 살 난 아들의 보호자로 삼겠다는 유언을 남겼다. 하지만 베토벤은 요하나를 탐탁지 않게 여겼다. 그는 요하나와 카를을 떼어놓기 위해 법정 투쟁에 나섰다. 베토벤이 소송에만 완전히 몰두한 1819년은 그의 일생에서 유일하게 작품번호Op가 없는 시기였다. 결국 많은 재산과 시간을 허비한 끝에 1820년 승소했다.[131] 그러나 베토벤은 자신의 괴팍한 성격을 조카에게 숨기지 못했다. 조카에 대한 사랑은 극단

---

* 영화 〈불멸의 연인〉에 나오는 것처럼 연인이 없었던 것도, 결혼을 원치 않았던 것도 아니다. 다만 전쟁이라는 격동기를 겪은 데다 귀족 신분이 아니었다는 점이 연인들과의 결혼을 끝내 막았다. 그의 괴팍한 성정 역시 한몫했을 것이다. 당연히 자식도 없었다.

적 과보호와 교육열로 나타났다. 조카를 잃을지 모른다는 두려움에 그는 일거수일투족을 감시했다. 카를은 결국 베토벤이 죽기 바로 전해인 1826년 7월 자살을 시도해 삼촌에 반항했다. 카를은 두 달간의 회복 기간에 이렇게 말했다고 한다. "제발 나에게 이래라저래라 그만했으면 좋겠어요." 이런 과정을 겪은 베토벤은 주변 친구들로부터 20년은 늙은 것 같다는 이야기까지 듣는다. 당시 자살 시도는 구속될 수 있는 범죄에 가까웠다. 빈에서는 정상적인 생활이 불가능했다. 이에 카를은 장교 후보생으로 군 입대를 선택한다. 역시 잘나가는 큰아버지의 후광을 입었다. 베토벤이 '내 아들'이라고 부르던 카를은 베토벤의 임종도 지키지 않았다.[132]

정치적 변화 역시 그를 위축시킨 요인이었다. 1815년 나폴레옹이 최종적으로 패배한 뒤 유럽대륙에 불황이 닥쳤다. 공공작품 의뢰가 끊기는 동시에 귀족의 후원도 줄었다. 더구나 베토벤은 새롭게 등장한 오스트리아 메테르히니 정권으로부터 요주의 대상이었다. 프랑스대혁명을 공개적으로 지지했다는 이유로 국가에 위협적인 인물로 비친 것이다. '곡필'도 이뤄졌다. 유럽 각국 정상이 모인 빈회의의 연주곡으로 〈영광의 순간〉〈연합 군주에게 바치는 합창〉 등을 내놓았다. 이른바 정권의 '나팔수'가 된 것이다. 베토벤이 이미 5번 교향곡과 현악사중주 〈라주모프스키〉를 헌정한 러시아 외교관 라주모프스키 백작Count Andrey Kirillovich Razumovsky, 1752~1836은 유럽 외교의 실력자였다. 베토벤의 기대대로 그는 베토벤의 후원자가 된다.[133] 절대왕정에 맞서 싸우던 청년 베토벤은 더이상 없었다. 현실과 타협할 수밖에 없는 늙은이만 남았을 뿐이다. 베토벤은 훗날 〈영광의 순간〉을 내놓은 것을 부끄러워했다고 전해지지만 오명은 지울 수 없었다.

하지만 음악을 향한 베토벤의 열정은 식지 않았다. 베토벤은 자신만의 무기가 있었다. 최고 수준까지 도달한 '절대음감Absolute pitch' 이 그것이었다. 그는 단일한 음이나 한꺼번에 울리는 음들을 듣고 바로 계이름을 파악할 수 있었다고 한다.* 루돌프 대공에게 "피아노를 사용하지 않고 작곡하는 것이 필요하다"라고 권했을 정도다.[134] 그는 물리적인 음이 아닌 머릿속에서 울려 퍼지는 음을 토대로 다섯 개의 후기 피아노소나타(28~32번)와 다섯 개의 후기 현악사중주(12~16번), 현악사중주를 위한 〈대푸가〉〈장엄미사〉 그리고 교향곡 9번 등 그만이 쓸 수 있는 곡을 작곡했다. 해당 작품들은 초기는 물론 중기 작품들과 질적으로 다르다. 대중에게 음악을 제공하려는 의도는 뒤로 물러나고, 평생 음악에 천착한 베토벤 자신의 음악관을 드러낸다. 음악은 향유가 아닌 연구의 대상이고, 직접 감정을 드러내는 대신 자유로운 형식 속에서 은유적으로 표현한다는 말년의 베토벤의 특성이 여실히 나타난다.

그의 후기 피아노소나타 중 가장 널리 알려진 작품은 29번(〈함머클라비어〉)이다. 베토벤 피아노소나타만이 아니라 현존하는 피아노소나타 가운데 가장 탁월하다는 평가를 받는다. 이 작품 역시 루돌프 대공에게 헌정되었다. '함머클라비어'는 햄머가 액션으로 현을 때리는 개량된 영국 브로드우드사의 피아노였는데, 베토벤은 이 피아노를 선물받고 이 곡을 작곡했다. 이 작품은 전통적인 4악장 구조다. 이를 통

* 절대음감은 음의 절대적 높낮이인 음고를 파악하는 반면 상대음감Relative pitch은 음의 상대적인 거리인 음적을 듣는 능력을 말한다.

해 장대한 스케일과 난해한 테크닉, 심오한 정신세계를 아로새겼다.[135] 곡의 길이 역시 다른 곡들의 두 배에 가까운 50분에 달한다. 오케스트라에 필적할 정도로 건반악기의 한계를 넓혔다.

모든 것은 지나갈 것이고 세계도 소멸하겠지만 교향곡 9번은 살아남을 것이다.

러시아의 아나키스트 혁명가이자 무정부주의자, 철학자였던 미하일 바쿠닌Mikhail Alexandrovich Bakunin, 1814~1876이 남긴 말이다. 1824년 5월 7일 빈의 케른트너토르극장에서 초연된 교향곡 9번은 '창조적 파괴'의 전형으로 많은 음악가만이 아니라 대중에게 충격을 안겼다. 특히 4악장은 관현악이라는 장르를 훌쩍 넘어선다. 오케스트라의 선율을 바탕으로 실러의 〈환희의 송가〉와 독창, 합창이 함께 어우러진다. 베토벤이 실러의 시에 곡을 붙이겠다고 처음 마음먹은 것은 청년기인 1790년대. 일종의 코랄 피날레를 선보이는 데에는 대략 30년간 음악가이자 격동기를 살아낸 지성인의 삶의 시간이 필요했다. 교향곡에 사람의 목소리를 결합한 형태는 리하르트 바그너Richard Wagner, 1813~1883, 구스타프 말러Gustav Mahler, 1860~1911 등 후대 작곡가들에게 직접적인 영향을 미쳤다. 초연 당시 일화도 전해진다. 1812년 이후 12년 만에 완성된 베토벤의 신작 교향곡을 듣기 위해 청중들이 구름같이 몰려들었다. 이들은 2악장이 끝나자 엄청난 환호성을 보냈다. 하지만 청력을 거의 상실한 베토벤은 그 소리를 들을 수 없었다. 독창자 중 한 명이 그의 손을 잡아끌어 청중 쪽을 가리킨 뒤에야 돌아서서 인사를 했다. 4악장까지 끝난 뒤에도 환호성이 쏟아지자 그는 5번이나 무대 위에 나와 화답했다고 한다. 훗날 교향곡 9번을 두고 "모두의 악몽"이라고 탄식한 프랑스 작곡가 클로드 드뷔시Claude Achille Debussy, 1862~1918의 사례는 당대만이 아니라 그 이후의 모든 작곡가에게도 해당한다.[136]

이 곡은 베토벤 인생 최고의 역작이자 혁신으로 가득 찬 작품이다. 전체 4악장 구성에서 1~3악장을 빠르고, 매우 빠르고, 느린 악장 순으로 배치한 것부터 이례적이었다. 이어 4악장에 독창과 합창이 등장하는 동시에 기존 소나타 형식에서 탈피하면서 전통 형식을 완전히 깨뜨렸다. 순수 기악곡으로서 교향곡이라는 장르의 경계를 무너뜨린 것이다.[137] 1악장의 신비로운 도입부는 브루크너 교향곡에 영향을 미쳤고, d단조의 비탄에서 시작해 D장조의 환희로 종결되는 구조는 독일 교향곡의 모범으로 자리 잡았다.[138] 4악장에서는 〈환희의 송가〉가 울려 퍼진다. 오케스트라의 서주가 끝나면 베이스 독창자가 "오 벗이여! 더 즐겁고 환희에 찬 곡조를 노래합시다"라고 소리친다. 이어 목소리와 기악이 한데 어우러진 교향악이 '모든 인간은 한 형제'라는 메시지를 웅변하며 장대한 악장을 마친다.

앞서 서술했듯 자살을 시도한 조카 카를을 베토벤은 1826년 12월 빈으로 데려온다. 그러나 돌아오는 길에 베토벤은 감기에 걸리고, 결국 폐렴으로 번졌다.[139] 만성 간질환은 복수를 동반하며 급격히 악화되었다. 그의 죽음을 예감한 듯 친구들이 매일 병상을 찾았다. 베를린 악우협회는 명예회원증을 보내기도 했다.[140] 3월 24일, 그는 비서 쉰들러와 친구들에게 "박수를 쳐라, 친구들이여, 연극은 끝났다"라고 말했다. 이는 로마 초대 황제 아우구스투스의 유언이었다. 같은 날 배달된 포도주를 보고 "유감이군, 늦었어, 너무 늦었다!"를 외친 뒤 의식 불명에 빠졌고, 결국 이틀 뒤인 3월 26일 세상과 작별한다.[141]

사흘 뒤 그의 장례식이 열렸다. 각지에서 밀려든 2만여 명의 군중 탓에 관이 놓인 빈 슈바르츠슈파니어 하우스 안마당에서 500미터 거리의 콘벤투알 프란치스코회 삼위일체 성당까지 이동하는 데 1시간 30분이나 걸렸다. 슈베르트가 횃불을 들었다. 이후 베토벤의 시신은 베링 공동묘지로 옮겨졌다. 200대의 마차가 악성의 마지막 길을 호위했다.[142] 베토벤은 한 친구에게 이런 편지를 보냈다고 한다. "나는 자네의 윤리관에 대해 조금도 알고 싶지 않아. 세상에서 가장 뛰어난 사람이 갖춘 도덕률은 강함이지. 나는 그걸 가지고 있어." 그러나 그는 자신의 음악으로 구원에 이르렀다. 베토벤은 작곡가 한 사람이 만들어낼 수 있는 가장 강력한 음악 예술의 총체를 보여주었다.[143]

베토벤은 흔히 '철인'으로 기억된다. 19세기 이후 독일에서 만들어진 조형물이나 회화 작품들은 베토벤을 위대한 작곡가에서 '위대한 정신'으로까지 격상시킨다. 대표 작품은 빈 베토벤광장에 있는 카스파 폰 줌부쉬Kaspar von Zumbusch, 1830~1915의 베토벤 기념상(1873~1880년)이다. 여기서 베토벤은 성인으로 격상되었다. 베토벤 상 오른편에는 프로메테우스, 왼편에는 승리의 여신 니케가 자리하고 있다. 그 아래로는 악기나 무기를 든 천사들이 떠받들고 있다.[144] 후원자나 귀족의 도움 없이도 예술가가 스스로의 영감과 의지에 따라 작품 활동을 할 수 있다는 것을 보여준 베토벤은 음악을 넘어 여타 예술가들에게도 지대한 영향을 미쳤다. 먼 훗날인 1902년 빈 분리파 미술가들이 분리파 전용미술관 '제체시온Secession'에서 그의 사후 75주년을 기념해 가진 제14회 전시가 대표 사례다. 빈 제체시온에서는 지금도 빈 분리파의 선두주자였던 구스타프 클림트Gustav Klimt, 1862~1918의 벽화 〈베토벤 프리즈〉를 접할 수 있다. 34미터 길이의 이 작품은 9번 교향곡 4악장 〈환희의 송가〉를 회화로 재현한 것이다.* 통일 독일제국이나 나치의 정치 엘리트들 역시 정치적 목적으로 베토벤을 위대한 게르만 민족의 표상이자 영웅으로 추켜세웠다. 1942년 4월 베를린필을 이끌던 빌헬름 푸르트벵글러Wilhelm Furtwängler, 1886~1954는 당시 나치 선전장관 파울 괴벨스Paul Joseph Goebbels, 1897~1945의 명령에 따라 아돌프 히틀러Adolf Hitler, 1889~1945의 생일 축하 공연을 열었다. 그 자리에서 울려 퍼진 곡은 다름 아닌 자유와 해방을 노래한 베토벤의 9번 교향곡이었다.[145]

---

* 원래 전시회의 주인공이었던 막스 클링거의 '베토벤 흉상'은 발표 당시 '상반신을 노출했다'는 점에서 논란을 불러일으켰다. 하지만 고대 그리스 철인과 같은 존엄한 모습을 하고 있다는 점에서 베토벤 신성화의 전형적 사례다.

2장

세계를 통합한
부르주아,
낭만을 노래하다

미국, 19세기의
기린아로 우뚝 서다

영국으로부터 산업혁명의
바통 이어받은 미국

미국 기계들은 기계가 진정으로 해주길 바랐던 일들을 해냈다. … 사이러스 매코믹은 장정 40명 분량의 일을 해내는 수확기를 출품했다. 무엇보다 가장 흥미로운 것은 새뮤얼 콜트의 회전식 연발 권총이었다. 이 권총은 놀라울 정도의 치명적 위력을 지녔을 뿐 아니라 부품을 교환할 수 있었다. 이 특이한 제조법이 소위 말하는 미국식 시스템 American System이었다.

－로버트 J. 고든,《미국의 성장은 끝났는가》52쪽.[1]

산업혁명의 기원과 전개를 살펴본 첫 장의 주인공은 단연 영국이다. 영국에서 불을 지핀 산업혁명은 유럽과 미국으로 들불처럼 퍼져나갔다. 전 지구적인 자본주의 성공의 뿌리에는 인류 역사상 가장 발전된 형태인 자본주의의 확장성과 함께 인류의 소유욕이 자리했다.

산업혁명은 태생부터 욕망과 밀접히 관계 맺고 있었다. 산업을 뜻하는 영어 단어 'Industry'나 프랑스어·독일어 단어인 'Industrie'는 모두 라틴어 'Industria'에서 유래했다. 'Industria'에는 원래 특정 대상을 얻기 위한 근면, 노력 등 욕구의 의미가 담겨 있다. 곧 산업은 인간의 '욕구'에서 시작되었고, 다시 인간의 새로운 '욕구'를 창조하는 중층적 의미를 지니게 되었다는 것이다. 이는 프랑크푸르트학파를 대표하는 발터 벤야민Walter Benjamin, 1892~1940에게서 다시 주목받는다. 그는 주저《아케이드 프로젝트》에서 '산업 - 욕구'의 상관관계와 욕구를 통한 근대 프로젝트를 설명한다. 벤야민은 '산업 - 욕구'는 바로 자본의 욕구이고, 자본주의의 역사적 전개 과정임을 밝힌다. 박람회를 일컬어 '상품물신주의의 순례자'라고 비판한 것도 이런 맥락에서다.[2]

욕망으로서의 산업혁명이 극명하게 드러난 현장이 바로 '만국박람회International Exhibition'다. 만국박람회의 기원은 프랑스의 산업박람회로, 프랑스의 발전된 무역과 기술을 선보이기 위해 1798년 처음 개최되었다.* 전 세계 각국이 참여하는 만국박람회는 1851년 영국 런던에서 처음 열렸다. 영국 런던 하이드파크에 마련된 박람회장은 길

---

* 산업박람회는 이후 오스트리아(1808년), 벨기에(1820년), 독일(1838년) 등 유럽으로 확산되었다. 박람회는 자국의 발전된 모습을 대내외적으로 알려 '국민국가의 영광'을 높이기 위한 민족주의적 목적이 다분했다. 대표 사례는 에펠탑이다. 에펠탑은 프랑스대혁명 100주년을 기념해 개최된 1889년 파리만국박람회의 일환으로 건설되었다. 312미터로 그때까지 세계에서 가장 높은 구조물이었던 워싱턴기념탑보다 두 배 이상 높았다.

이가 564미터(개최된 해에 맞춘 1851피트), 폭 124미터로 축구장 18개를 합친 어마어마한 규모였다. 건물은 철골과 유리로만 지어져 '수정궁Crystal Palace'이라 불렸다. 만국박람회는 5개월 반 동안 런던 인구의 세 배가 넘는 600만 명의 관람객을 끌어들였다. 그러나 진짜 주인공은 영국이 아닌 미국이었다. 그동안 유럽인들 눈에 미국은 면화나 공급하는 '농업국가'였다. 하지만 만국박람회를 계기로 미국에 대한 유럽의 인식은 완전히 바뀌었다. 분당 600스티치라는 경이적인 속도로 바느질을 하는 엘리아스 하우Elias Howe, 1819~1867의 재봉틀, 일꾼 40명의 몫을 해내는 사이러스 홀 매코믹Cyrus Hall McCormick, 1809~1884의 곡물 수확기는 사람들 눈을 사로잡았다. 특히 미국의 새로운 제조 방식은 미국이 영국으로부터 바통을 이어받아 향후 자본주의를 이끌 것이라는 전조였다.

영국 런던 만국박람회가 열리고 25년 뒤인 1876년에는 미국이 직접 자국 땅에서 만국박람회를 개최했다. 그해 5월 10일 필라델피아에서 독립선언 100주년을 기념해 열린 '예술품, 공산품, 농산품 및 광업제품 국제박람회'다. 군중 10만 명이 운집한 가운데 율리시스 그랜트Ulysses S. Grant, 1822~1885 대통령과 브라질 황제 돔 페드로 2세Emperor Pedro Ⅱ, 1825~1891가 거대한 기계관으로 들어섰다. 그들은 콜리스 증기기관 앞 연단에 올라 밸브를 돌렸다. 이내 56톤짜리 1400마력의 엔진이 굉음을 내며 돌아갔고, 총 37킬로미터 길이의 샤프트가 건물을 가득 채운 수백 대의 기계를 돌렸다. 박람회에는 6개월 동안 당시 미국 인구의 5분의 1인 1000만 명의 관람객이 찾았다. 박람회에는 싱어 미싱기, 각종 금속 및 목공 기계 같은 최신 발명품들이 전시되었다.[3]

산업혁명의 문을 연 영국의 시대는 거의 100년간 계속되었다. 경제사학자 폴 베이로크Paul Bairoch, 1933~1999의 연구에 따르면, 전 세계 공업생산에서 차지하는 영국의 비중은 1830년 9.5%에서 1860년 19.9%로 두 배 이상 늘었다. 같은 기간 독일과 미국 등 경쟁국의 비중이 각각 3.5%에서 4.9%, 2.4%에서 7.2%를 기록했던 것을 감안하면 영국의 증가 폭은 월등했다(560쪽 하단 표 참고).[4] 1차 산업혁명이 완료된 1830년 즈음은 물론 1873년 대불황 이전까지 영국의 압도적 우위가 유지되었다는 것은 의심할 수 없는 사실이다. 19세기 중반까지의 영국처럼 세계적 패권을 행사한 나라는 전무후무했다.

다만 '팍스 브리태니카'는 19세기 후반 점차 저물었다. 정확하게는 19세기 중반부터 영국의 쇠퇴가 예견되었다. 영국에 뒤이은 강국으로 프랑스 사상가 알렉시스 드 토크빌Alexis de Tocqueville, 1805~1859은 미국을, 사회주의 혁명가이자 사상가 프리드리히 엥겔스Friedrich Engels, 1820~1895는 독일을 꼽았다.[5] 실제로 1913년 기준으로 영국의 전 세계 공업생산 비중은 13.6%로 줄어든 반면, 미국과 독일은 각각 32%, 14.8%로 크게 늘었다. 물론 영국은 1차 세계대전 전까지 광대한 식민지를 거느린 '해가 지지 않는 나라'의 위상을 유지했다. 국제금융과 상품 거래 중심지로서 '시티 오브 런던'의 위상도 여전했다. 하지만 최소한 공업생산 면에서는 이미 1위 자리를 미국에 내준 상태였다.*

* 1인당 GDP 추정치에서도 이 추세는 두드러진다. 미국의 1인당 GDP는 1870년 2454달러에서 1913년 5301달러로 두 배 이상 불어났다. 같은 기간 영국은 3328달러에서 5030달러, 벨기에는 2722달러에서 4263달러로 증가했다. 경쟁국 독일은 2006달러에서 4181달러로 늘었다. 영국이나 독일 등이 성장세를 유지하지 않은 건 아니지만 미국이 훨씬 빨리 경제 규모를 키워 20세기 초부터 세계 최고 수준으로 올라섰다는 점이 중요하다.

그렇다면 신생국 미국은 건국 100여 년 만에 어떻게 영국을 제치고 세계 제1의 경제대국으로 성장했을까. 앨런 그린스펀Alan Greenspan 전 미국 연방준비제도FED 의장은 미국의 번영을 '행운'이라는 단어로 풀어간다. 먼저 미국은 조지 워싱턴George Washington, 1732~1799 같은 건국 국부들이 탁월했고, 이와 동시에 루이지애나, 플로리다, 텍사스 등을 국토에 추가할 수 있었다. 스페인이 아닌 산업혁명의 근원지이자 의원내각제를 수립한 영국의 '자녀'였던 점도 성공의 기반이었다. 유럽에서는 자본가가 경멸의 대상이었지만 미국에서는 상대적으로 부정적인 시각이 약했다. 미국의 '자본주의가 아닌 자본가를 발명했다'는 표현은 이런 맥락에서 나온 말이다.[6]

여기에 미국은 생산의 주요 요소인 자본, 토지가 풍부한 '풍요의 땅'에 자리 잡았다. 영국으로부터 가장 많은 자본을 수입하는 동시에 공식 국토 면적을 1800년 약 224만 제곱킬로미터에서 1850년 약 761만 제곱킬로미터로 늘렸다. 이를 바탕으로 남북전쟁이 끝나던 1865년부터 1차 세계대전 직전인 1914년 사이에 무려 162만 제곱킬로미터의 새로운 경작지를 조성했다. 이는 서유럽 전체 면적의 거의 두 배에 해당한다. 방대한 국토는 방대한 천연자원까지 품고 있었다. 애팔래치아산맥은 석탄을, 미네소타의 메사비산맥은 철광석을, 텍사스는 유전을 가지고 있었다. 이를 바탕으로 미국 기업들은 외국 경쟁사들보다 훨씬 저렴한 가격에 원자재를 구매했다. 노동력 부족은 높은 출산율과 이민으로 충당했다.

미국의 낮은 문맹률도 고도성장의 배경으로 꼽는다. 미국이 독립한 1776년 즈음 자신의 이름을 쓸 수 있는 성인 인구 비율은 버지니아와 펜실베이니아의 자유인 중 70% 정도였다. 뉴잉글랜드에서는 90%에 달했다. 1800년 당시 20% 남짓이었던 스페인이나 이탈리아는 물론 잉글랜드(53%)나 네덜란드(68%) 같은 당시 선진국 수준도 웃돌았다. 미국에서는 일찌감치 공립학교의 대중교육이 보편화된 덕분이다. 읽고 쓰고 계산하는 능력을 가진 노동자가 많다는 건 그만큼 노동생산성이 높다는 뜻이었다. 대중교육과 교통 개선, 통화 안정 그리고 관세를 통한 보호무역주의가 19세기 미국의 산업화에 결정적 요소로 작용했다.[7] 실제로 미국은 2차 산업혁명으로 고도성장을 이루기 전인 1800~1850년에도 연평균 3.7%라는 경이로운 성장률을 기록한다. 같은 기간 1인당 국민소득은 40%나 늘었다. 미국 역사학자 제임스 맥퍼슨James M. McPherson의 표현처럼 "당시 어떤 나라도 이런 폭발적인 성장의 단일 요소조차 따라잡지 못했다. 세 가지 요소(재정 확충, 영토 확대, 인구 증가)의 조합이 미국을 19세기의 '기린아Wunderkind'로 만들었다".[8]

다만 미국의 한계도 분명했다. 노예제가 존속하고 있다는 점이었다. 미국 남부 경제는 대규모 플랜테이션을 기반으로 하고 있었고, 이는 아프리카 노예가 없다면 지탱이 어려운 구조였다. 1790년대 남부의 면화 생산량은 연간 1000톤이었지만 1860년대에는 100만 톤으로 1000배나 증가했다. 같은 기간 50만 명에서 400만 명으로 늘어난 노예 노동력 덕이었다. 미국 수출액 가운데 아프리카 노예의 생산 비율은 1500년대 55% 안팎에서 1700년대 80% 수준으로 치솟았다. 1850년 즈음에도 70%에 가까운 비중을 유지했다.[9] 물론 1800~1860년 사이 총수출이 미국 GDP에서 차지하는 비중은 5~7%로 미미한 수준이었다는 점을 감안해도 미국 경제가 노예 노동에 과도하게 기대고 있었다는 점은 자명하다.

노예 노동에 의지한 남부의 경제구조는 민주적 합의나 타협으로 변화를 꾀하는 게 거의 불가능했다. 19세기 초중엽 당시 급속한 산업화의 길을 걷던 북부 입장에서는 값싸고 풍부한 노동력을 확보하는 게 무엇보다 중요했다. 더구나 주인 없는 땅이 끝없이 펼쳐진 서부로 노동력이 쉽게 유출될 수 있어 노동력 부족이 만성화된 상태였다. 결국 남부의 농장에 묶여 있던 아프리카 노예를 신분제 철폐를 통해 산업 노동자로 탈바꿈시키는 조치가 필요했다. 신분제 철폐를 둘러싼 북부와 남부의 갈등은 남부의 연방 이탈을 불러왔고, 이어 1861년 4월 12일 미국 사우스캐롤라이나 찰스턴의 섬터요새에서의 포격전을 시작으로 전쟁으로 비화되었다. 북부의 승리는 예견되어 있었다. 북부와 남부는 체급 자체가 달랐다. 북부는 미국 전체 산업생산량의 90% 이상을 보유하고 있었다.[10] 북부 인구는 2200만 명으로 실제 전투에 나설 수 있는 성인 남성은 400만 명이었다. 남부 인구는 고작 900만 명이었고, 성인 남성은 120만 명에 불과했다. 북부는 미국에 부설된 철도망의 70%, 은행 예치액의 81% 정도를 확보하고 있었다. 북부에 속한 메사추세츠 주 스프링필드의 미합중국 조병창은 윈체스터 연발소총 같은 최첨단 무기들을 북군에게 공급했다. 1853년 크림전쟁에서 영국과 프랑스 연합군이 막강한 러시아 육군을 격파할 때 손에 들었던 바로 그 무기다.[11] 다만 전쟁은 4년이나 이어지면서 무려 62만 명이 희생된 뒤에야 북부의 승리로 종결된다.

남북전쟁은 자본주의가 구시대 유산을 상대로 한 첫 군사적 승리로 볼 수 있다. 남북전쟁을 계기로 대규모 산업 기업들이 등장하고,

국가 통화와 전국적 은행체계가 창설되면서 월스트리트가 전 세계의 금융 중심지로 도약하는 계기가 되었다. 남북전쟁 이후 연방정부의 권한이 크게 강화된 점도 눈여겨볼 대목이다. GDP 대비 정부 지출은 전쟁 전 2%에서 15%로 치솟았다. 연 3~5%의 연방 소득세가 처음 만들어진 것도 이때부터였다.[12] 이를 바탕으로 연방정부는 철도 등 기간산업에 적극 투자하면서 미국의 경제 발전을 주도한다. 독립전쟁을 1차 시민혁명, 남북전쟁을 2차 시민혁명으로 부르는 이유다. 마르크스가 남북전쟁을 '현대사 최초의 대전쟁'이라고 본 것도 남북전쟁의 이런 측면을 강조한 것이다.[13]

이민과 혁신으로 일으킨 '아메리칸 드림'

> 우리는 그녀에게 남편은 어디에 있느냐고 물었다. "그는 미국에 있어요." "거기서 무얼 하지요?" "그는 차르Tsar라는 직업을 가졌어요." "유대인이 어떻게 차르가 될 수 있습니까?" "미국에서는 무엇이든 가능하지요."라고 그녀는 대답했다.
> ─숄렘 알레이헴.[14]

미국을 표현하는 대표 단어는 '아메리칸 드림'이다. 근대 이후 유럽의 빈농이나 조선의 개화 지식인에게 미국은 성공의 기회가 열린 '꿈의 나라'였다. 광활한 토지와 풍부한 천연자원이라는 유리한 조건이 현실화된 현상이 '서점운동Westward Movement'이다. 영토를 차츰 늘리던 미국은 19세기 중엽 태평양에까지 다다르면서 현재의 광활한 영

토를 확정했다. 넓어진 영토로 동부 출신들이 몰려들었다. 특히 1849
년 캘리포니아에서 대규모 금광이 발견되면서 그 행렬은 더욱 폭발적
으로 늘었다. 당시 미국 전체 인구 2000만 명의 0.5% 정도인 10만 명
이 매년 '골드러시'에 합류했다. 그 결과 캘리포니아 인구는 1849년
말 1만 4000명에서 1852년 말 25만 명으로 폭증했다. 샌프란시스코
는 3만 5000명의 대도시로 성장했다.[15] 미국 동부는 물론 멕시코, 칠
레, 하와이, 프랑스, 중국 등 전 세계 25개국에서 일확천금의 꿈을 가
진 이들이 몰려들었다. 1860년 캘리포니아 인구 중 외국인 비율만 4
분의 1에 달했다.[16] 이들을 '포티나이너스49ers'라고 부른다. 여기에 5
년간 토지를 개척하면 160에이커의 토지를 무상 공여하는 '홈스테드
법Homestead Act'이 1862년 제정되면서 서부 이주를 촉진시켰다. 영토
확대는 농업생산성 증대로 이어졌다. 1860~1900년 사이에 4억 에이
커의 광대한 토지가 농토로 변했다.

　　미국을 상징하는 또다른 단어는 '샐러드볼'이다. 형형색색의
야채가 담긴 샐러드볼처럼 다양한 인종이 모인 사회라는 뜻이다. 미
국인구통계청US Census Bureau에 따르면, 미국 인구는 1800년 524만
명에서 1900년 7621만 명으로 15배 가까이 늘었다. 이는 순전히 이
민 덕분이었다. 1790년 당시 인구가 자연 증가했다면 1920년 인구는
5200만 명이어야 했지만 실제로는 1억 600만 명으로 두 배가 되었다.
5000만 명 정도는 이민자들과 그들의 출산으로 채워졌다는 뜻이다.
1846~1850년 사이에는 연평균 25만 명, 1851~1855년 사이에는 연
평균 35만 명이 유럽에서 미국으로 건너갔다. 이후에 이민 열풍은 더
거세졌다. 1880년대에는 매년 평균 70만 명대로 늘어난 뒤, 1900년

이후에는 100만~140만 명으로 폭증했다.[17] 1851~1915년 사이에 유럽에서 미국으로 이민을 온 숫자만 약 3000만 명에 육박한다. 1820~1920년의 100년 간으로 시점을 넓히면 대략 5500만 명으로 추산된다는 분석도 있다.[18] 19세기 말 뉴욕이나 시카고 시민 중 이민자나 이민자 자녀 비율은 80%를 훌쩍 넘겼다. 1870년대 이전까지 이민자의 75%는 영국, 아일랜드, 독일 등 유럽 북서부 출신이었다. 특히 아일랜드의 경우 1845년부터 발발한 감자기근으로 연평균 25만 명이 미국으로 쏟아져 들어왔다.* 1880년대부터는 이탈리아와 오스트리아, 러시아 등 유럽 남동부 출신 이민자가 급증했다. 1890년대 51%에서 1900년대에는 70%를 넘겼다.[19] 이민자 대부분은 농업이 아닌 산업 부문에 고용되었다. 남북전쟁 당시 미국의 산업화 수준은 프랑스나 벨기에와 맞먹는 수준이었다.

노동력 부족은 미국 공업화의 방향을 노동 절약형 기술 진보로 이끌었다. 펜실베이니아의 실질임금은 18세기에 이미 세계 최고 수준이던 잉글랜드의 실질임금보다 조금 더 높았다. 1830년대에는 잉글랜드의 두 배에 달했다. 이에 미국 면직업자들은 1770년대부터 영국 최신 기계를 들여와 사용했다. 1820년대에는 영국보다 한발 앞서 동력 직조기를 도입했다.[20] 앞서 살펴봤듯이 미국에서 수많은 발명품이 나

---

* 유럽 내 최빈국이었던 아일랜드는 남아메리카 안데스 지역에서 전파된 감자를 17세기에 주요 작물로 받아들였다. 생산력이 워낙 좋은 감자는 일종의 '축복'이었다. 그러나 1845년 유럽에 감자 마름병이 몰아닥치면서 감자는 성난 얼굴로 돌변했다. 1845년 수확량이 40% 줄었고, 이듬해에는 90%까지 감소했다. 대기근 전 아일랜드의 인구는 대략 820만 명 정도였는데, 1845~1850년 사이 100만 명 이상이 굶어죽었다. 130만 명은 미국행으로 아사 위기에서 벗어났다. 1911년경 아일랜드 인구는 440만 명에 불과했다.

올 수 있었던 건 이런 배경이 작용한 결과다. 특히 교환이 가능하도록 표준화된 부품을 사용하는 방식은 결국 포드의 조립라인 시스템의 기초가 되었다. 미국에서 발명품들이 쏟아지는 추세는 20세기 초반까지 이어졌다. 인구 100만 명당 승인된 미국의 특허 건수는 1790~1830년 사이 18건에서 1830~1870년 89건, 이후 1870~1940년에는 344건으로 치솟았다.[21] 사회 분위기도 발명에 우호적이었다. 미국의 특허 출원료는 영국의 5%에 불과했다. 이에 초등교육이나 중등교육만 받은 사람도 발명가 대열에 대거 합류할 수 있었다. 특허제도 덕에 큰돈을 투자하지 않고도 특허를 받아 부자가 된 발명가들이 속출했다. 1876년 2월 14일 전화기술 특허를 출원한 '전화왕' 알렉산더 그레이엄 벨 Alexander Graham Bell, 1847~1922이 대표 사례. 벨이 특허청에 도착하기 몇 시간 뒤에 특허를 출원한 엘리샤 그레이Elisha Gray, 1835~1901는 역사에서 잊힌 존재가 되고 말았다.[22]

그가 천연자원이라는 바위를 힘껏 내려치니 국가 수입이 넘쳐났고, 죽었던 정부 신용을 쓰다듬자 두 발로 벌떡 일어섰다. 주피터의 머리에서 나왔다는 지혜를 상징하는 전설의 새 미네르바도 알렉산더 해밀턴의 머리에서 나온 미국의 금융 시스템만큼 빠르고 완벽하게 만들어지지는 않았다.[23]

미국에서 가장 많이 쓰이는 지폐는 20달러와 10달러다. 이 가운데 10달러 지폐의 주인공은 미국의 초대 재무장관이자 미국 경제의 '아버지'인 알렉산더 해밀턴Alexander Hamilton, 1755~1804이다. 앞의 인용문은 1831년 상원의원 대니얼 웹스터Daniel Webster, 1782~1852가 미국 헌법에 대해 강연하던 도중 해밀턴을 찬사하는 대목이다. 해밀턴은 지금도 '미국 건국의 아버지'로 추앙받는다. 그의 모습은 워싱턴 D.C. 미국 재무성 남쪽 정문과 그의 모교인 컬럼비아대 교정에서 동상으로 만날 수 있다. 해밀턴은 예산제도와 조세제도 정비, 중앙은행 설립 등 미국 재무구조의 기초를 다진 인물로 평가받는다. 그가 초대 재무장관으로 취임한 이후 처음 착수한 일은 독립전쟁 과정에서 연방정부가 지게 된 막대한 부채 문제를 해결하는 일이었다. 당시 미국의 부채 7900만 달러 중 연방정부 부채만 5400만 달러에 달했다. 당시 연방정부는 원금은커녕 이자도 제대로 내지 못하는 처지였다. 이에 그는 의회와 함께 관세법을 마련해 모든 수입품에 5%의 관세를 부과하는 법안을 통과시켰다. 소득세나 재산세가 전무했던 당시로서는 관세 수입이 연방정부의 유일한 수입이었다.

해밀턴이 꿈꾸던 미국은 강력한 연방이 주도하는 북부 중심의 상공업 국가였다. 그와 그를 따르던 정치인들을 해밀턴주의자 혹은 연방주의자라 부른다. 반면 공화주의자들은 독자성을 중시하고 남부 농업 중심의 미국을 꿈꿨다. 향후 3대 대통령으로 취임하는 토머스 제퍼슨Thomas Jefferson, 1743~1826이 중심이었다. 이에 해밀턴은 1791년 〈산업에 관한 보고서〉를 통해 당대 지배적이던 중농주의 대신 공업의 중요성을 역설했다. 공산품을 수입에 의존하면 기계가 가져오는 많은 혜택을 다른 나라에 그냥 넘겨주게 되고, 결국 강력한 국가를 건설하는 게 불가능하다는 취지였다. 이와 함께 자유무역을 선호했던 남부와 달리 관세와 비관세장벽이라는 보호막으로 당시 막 뿌리를 내리던 국내 공업, 정확하게는 북부 공업을 육성해야 한다는 보호무역주의를 주창했다.[24] 이는 추후 미국의 경제정책으로 채택되면서 북부의 눈부신 발전의 토대가 되었다. 다만 보호무역주의를 지지한 북부의 상공업 세력과 자유무역주의를 표방한 남부의 농업 세력 사이의 갈등은 남북전쟁이라는 극단으로 치달았다. 남북전쟁에서 북부의 승리는 통합된 미국의 정책 기조로 보호무역주의가 채택된다는 것을 의미했다.

19세기 미국의 금융산업 역시 상당한 성장을 이뤘다. 그러나 줄곧 실물경제의 뒷모습을 바라봐야만 했다. 정치적으로 연방제를 택하면서 각 주가 해당 주의 경제 주권을 행사했고, 그 결과 연방의 금융정책이나 장치를 도입하는 데 제한적이었기 때문이다. 이를 잘 설명해주는 사례는 미국의 중앙은행인 연방준비제도이사회FRB다. 중앙은행은 흔히 '은행의 은행'이라 불린다. 중앙은행의 가장 큰 권한은 화폐를 발행하고 경제 상황에 따라 통화량을 적절히 조절하는 것이다. 통화량 조절을 위해 기준금리와 지급준비율을 결정한다. 국가의 경제 주권 중 핵심은 바로 통화주권이다.

미국은 일찌감치 중앙은행의 필요성을 인식했다. 이에 1791년 잉글랜드은행을 모델 삼아 중앙은행인 제1합중국은행을 설립했다. 그러나 창립 초기부터 큰 반발에 부딪혔다. 주 은행들은 제1합중국은행이 지나치게 강력한 권한을 행사한다는 이유로 반대했다. 남부 주들역시 북부의 산업자본가와 금융업자의 위상을 강화한다는 이유로 반기를 들었다. 제퍼슨주의자들은 은행을 성실한 농민을 착취하는 '도둑놈 집단'으로 여겼다. 결국 1811년 특허가 갱신되지 못하면서 제1합중국은행은 해산되었다. 이후 주 은행들의 은행권 남발과 공채의 과도한 발행으로 금융 혼란이 발생하자 1816년 제2합중국은행이 설립되었지만 비슷한 이유로 제구실을 못하다가 이 역시 1836년 폐쇄되고 만다.*

어찌 되었든 미국은 19세기 전 세계에서 가장 빠른 속도로 성장하면서 강대국 대열에 올라섰다. 1850~1900년 사이 미국의 농업생산은 3배, 공업생산은 11배나 증가했다. 1870년에는 영국과 대등한 공업생산력을 보유하게 되었고, 20세기 초에는 전 세계 공업생산의 3분의 1을 차지한다.[25]

흑인의 피와 살을 거름 삼아 일으킨 '그레이트 아메리카'

돛을 걸고 둥그스름한 선미에 깃발을 늘어뜨린 배 한 척이 조류를 타고 다가왔다. 그 배는 기괴했으며 실로 누구에게든 공포감을 자아내는 신비스런 배였다. … 네덜란드 깃발이 달려 있긴 했지만 선원들은 여러 나라 사람이었다. 배의 기항지는 영국인 정착지로 버지니아 식민지의 제임스타운이었다. 배는 교역을 하고는 곧 가버렸다. 아마 현대사에서 이보다 더 놀라운 화물을 싣고 온 배는 없을 것이다. 배의 화물이 무엇이냐고? 20명의 노예였다.[26]

---

* 중앙은행의 부재는 금융위기의 반복을 불러왔다. 1873년, 1884년, 1893년, 1907년 등 거의 10년에 한 번꼴로 은행 위기가 불어닥치면서 산업자본가와 금융업계의 발목을 잡았다. 이후 1913년 FRB가 등장할 때까지 미국 경제는 중앙은행이 없는 상태로 운영되었다.

흑인 미국 작가 손더스 레딩J. Saunders Redding, 1906~1988이 1619년 북아메리카대륙에 도착한 배 한 척을 묘사한 대목이다. 미국의 건국과 경제성장 과정에는 수많은 이의 피와 살이 묻혀 있다. 여기서 **빼놓**을 수 없는 건 아메리카 원주민들이다. 1492년 10월 12일 콜럼버스가 아메리카대륙에 첫발을 내디뎠을 때 대륙 전체에 살던 원주민 인구는 5000만~1억 명 정도로 추산된다. 하지만 백인들이 도래한 뒤 100년 동안 인구의 90% 이상이 사망했다. 유럽인들이 가져온 천연두, 홍역 같은 전염병에 속수무책으로 쓰러진 것이다. 1656년 오늘날의 뉴욕 일대인 뉴네덜란드를 여행한 한 네덜란드인은 "인디언들은 기독교도들이 들어오기 전, 그러니까 천연두가 퍼지기 전에는 인구가 지금보다 열 배나 많았지만, 이 질병 때문에 열에 아홉꼴로 죽어갔다"[27]라고 말했다. 여기에 학살과 노예화, 1830년 인디언이주법 제정에 따른 강제 이주의 체계화로 인구는 더욱 감소했다.

미국의 형성을 위해 아메리카 원주민 못지않게, 아니 그보다 더 큰 희생을 치렀던 이들은 바로 흑인이었다. 흑인 대부분은 아프리카에서 납치되어 팔려 온 노예들이었다. 이들은 모든 인격을 거세당하고 노동력과 성적 착취의 대상으로 전락했다. 가장 비인간적인 강제 이주이자 인신매매였다.[28] 흑인 노예가 처음 등장한 것은 15세기

---

* 영국 유니버시티칼리지런던UCL 연구팀은 지난 2019년 2월 연구 논문을 통해 아메리카 원주민의 대규모 사망이 소빙하기를 초래했다는 결론을 내렸다. 원주민들이 90%가량 사라지면서 프랑스 면적과 유사한 55만 제곱킬로미터의 토지가 방치되면서 이산화탄소를 빨아들이는 초목 지역으로 바뀌었다. 이것이 온실효과와 정반대로 지구를 냉각시키면서 16세기 말과 17세기 초의 평균 기온을 0.15도까지 떨어뜨리는 소빙하기를 가져왔다는 것이다. 소빙하기 당시에는 세계 각국에서 가뭄이 발생해 기근이 초래되기도 했다.[29]

초였다. 다만 아프리카에서 아메리카에 이르는 대서양 노예무역이 확대된 것은 1550년 무렵부터다. 브라질과 카리브해의 섬들, 북미에서 노예들이 생산한 금과 은, 설탕, 담배, 목화, 커피 같은 생산품은 세계 시장으로 공급되었다.[30] 북미 지역의 정착민들은 항구적인 노동력 부족에 시달렸다. 아메리카 원주민들에게 강제 노동을 시키는 건 불가능했다. 이들은 거칠고 반항적이었다. 이주한 유럽인들과 달리 숲속 생활에도 익숙해 도주할 가능성도 매우 높았다. 유럽에서 건너온 백인 하인들은 숫자가 충분치 않은데다 계약 기간이 끝나면 붙잡을 수도 없었다.[31] 결국 노예제가 답이었다.

흑인 미국 역사가인 벤자민 콸스Benjamin Arthur Quarles, 1904~1996의 《미국흑인사》에 따르면, 흑인들은 세네갈 강에서부터 앙골라 남단에 이르기까지 약 5000킬로미터에 이르는 아프리카 서해안 지역 출신이었다. 실상 대륙 전역이 노예 사냥터였다고 할 만큼 노예사냥은 아프리카에서 광범위하게 자행됐다. 사냥 주체는 주로 백인 노예 상인들이었다. 부족 간 전쟁에서 패배한 부족민들이 노예시장에 풀리기도 했다. 흑인 노예들은 쇠사슬에 묶인 채 바닷가까지 1000킬로미터가 넘는 거리를 걸어온 뒤 노예선에 화물이 실리듯 차곡차곡 포개졌다. 노예 상인들은 최대한의 이윤을 얻기 위해 가능한 한 많은 노예를 수송선에 욱여넣었다. 큰 배에는 200명 정도 실을 수 있었다.*

노예 숫자는 얼마였을까. 이에 대한 정확한 수치를 제시하는 건

---

* 칸막이 위아래 사이 간격이 45센티미터에 불과했다는 기록도 있다. 자신의 배설물과 온갖 점액으로 뒤덮인 배 안에서 질식사의 공포와 비참함에 시달리던 흑인 노예들은 세 명 중 한 명꼴로 바다 한가운데에서 죽어갔다. 대신 노예 상인들은 한 번의 항해만으로 투자액의 두 배를 벌어들였다.

사실상 불가능하다. 다만 1451~1870년 사이 아프리카 해안에서 배를 타고 출발한 사람을 기준으로 1100만 명, 아메리카대륙과 일부 대서양 지역에 도착한 흑인 숫자는 950만 명이라는 게 교과서적인 설명이다. 대략 5분의 1이 이동 도중에 목숨을 잃었다는 뜻이다.[32] 아프리카대륙에서 노예로 팔린 100명의 아프리카 사람 중 대서양을 횡단하고 신대륙에서 3년을 견디고 살아남은 이는 30명 정도밖에 되지 않았다는 기록도 있다.[*][33]

노예무역을 주도한 국가는 당시 가장 발전된 나라였던 영국이었다. 총량은 포르투갈이 전체의 46%로 1위, 영국은 28.2%로 2위였지만 핵심 시기인 1650~1800년 사이에는 영국이 포르투갈을 압도했다.[34] 1795년경 리버풀에는 노예를 운반하는 배가 100척이 넘었다. 유럽 전체 노예무역의 절반을 차지했다. 1800년 즈음에는 1000만~1500만 명의 흑인이 아메리카대륙에 노예로 수송되었다. 미국 역사학자 하워드 진Howard Zinn, 1922~2010은 이를 두고 이렇게 일갈한다.

우리가 근대 서구문명의 시초라고 부르는 세기에, 세계에서 가장 발전된 나라로 간주된 서유럽과 아메리카의 노예무역자와 대농장 소유주들에 의해, 아프리카는 5000만 명을 죽음과 노예제로 잃어버린 것으로 추산된다.[35]

* 아메리카대륙 전체에 1800년 이전에 이주한 유럽인 수는 150만 명, 아프리카 흑인 수는 800만 명 정도로 추산된다. 하지만 해당 시점에 백인은 흑인의 10배에 육박했다. 백인은 비교적 안정적인 생활을 하면서 인구가 늘어난 반면, 흑인은 종족 유지조차 힘든 지옥의 삶을 견뎌야 했다는 뜻이다.[36]

미국에서 흑인 노예제도가 정착된 것은 17세기 말부터다. 18세기 초에는 식민지 의회들이 흑인들을 영구적으로 노예화하는 법을 만들었다. 미국 정부가 노예제를 지지한 것은 순전히 '돈' 때문이었다. 무엇보다 1차 산업혁명 시기의 최첨단 제품이었던 면제품과 노예제가 마치 쌍둥이처럼 따라다녔다는 점을 주목해야 한다. 1790년대 이후 영국 랭커셔 지역의 면공장들은 주로 미국 남부로부터 원면을 수입해 면 제품을 제조했다.[37] 1820년대 이후에는 영국이 수입하는 면화의 70~80%가량을 미국이 담당했다.[38] 영국은 남북전쟁 전후까지 주력 수출품의 원료에 해당하는 면화 확보에 사활을 걸었다. 영국이 세계 노예시장에서 선도적 역할을 하고, 노예들을 대거 미국으로 보낸 건 우연이 아니다. 산업혁명은 노예의 "피묻은 손과 보이지 않는 손이 같이 움직였고, 실상 그들은 같은 몸통에 붙어 있던" 결과인 셈이었다.[39]

1793년 사우스캐롤라이나와 조지아에서 시작된 면화 플랜테이션은 이후 남부 지역으로 확산된다. 1811년 미국에서 재배된 전체 면화의 90%가량이 사우스캐롤라이나와 조지아에서 생산되었다. 이후 1820년에는 그 외 지역의 비중이 전체 생산량의 3분의 1, 1860년에는 4분의 3까지 올라갔다. 그만큼 남부에서는 노예제가 확산되었다는 뜻이다. 면화 생산량도 폭등했다. 1790년 68만 킬로그램에서 1800년 1655만 6000킬로그램, 1820년에는 7597만 6000킬로그램에 달했다. 1830년 즈음 미국에서 면화를 재배하는 인구는 100만 명에 달했는데, 이중 대다수가 흑인 노예였다.[40]

미국에서 노예 수입은 1808년에 금지되었다. 하지만 노예 수급은 차질을 빚지 않았다. 미국에서는 노예무역이 종결되기 전에 이미 내부의 자체적인 재생산을 통해 영속적인 노예 집단이 형성된 상태였다. 대신 미국 내에서의 노예 교역이 갈수록 번성했다. 남부 목화 플랜테이션 소유주들이 버지니아 주나 메릴랜드 주를 찾아 노예를 사들였다. 1790~1860년 사이 약 100만 명의 흑인이 자신의 의지에 반해 고향을 떠나 다른 주로 이주해야 했다.[41] 자유인 신분의 흑인이 붙잡혀 팔리는 사례도 잇따랐다. 영국 출신 스티브 맥퀸Steve McQueen 감독의 2014년작 〈노예 12년〉은 자유 흑인이 납치돼 노예로 팔려가면서 겪은 실화를 바탕으로 한 영화다.

이후 링컨Abraham Lincoln, 1809~1865 대통령이 1863년 노예제 폐지를 선언하고, 남북전쟁 뒤인 1865년 12월 노예제를 금지하는 수정헌법 13조가 의회를 통과할 때까지 노예제는 지속되었다. 다시 하워드 진의 문학적 표현을 빌리자면 "노예제도와 더불어 독특한 인종적 정서-증오든 경멸이든 아니면 동정심이나 선심이든-가 형성되어 다음 350년 동안 미국에서 흑인의 열등한 지위를 따라다녔다. 우리는 이런 열등한 지위와 경멸적 사고의 결합을 인종주의라 부른"다.[42]

대륙의 신흥 강자로 부상한 독일,
이를 지켜봐야 했던 프랑스

경제에 조금이라도 관심이 있는 이들은 '플라자 합의'를 기억할 것이다. 미국이 1985년 9월 미국 뉴욕의 플라자호텔에서 미국과 서독, 일본, 영국, 프랑스 등 G5 재무장관회의를 개최하고 달러화 평가절하와 일본 엔화 및 독일 마르크화의 평가절상을 유도하는 합의를 이끌어낸 사건을 말한다.*

효과는 즉각 나타났다. 달러에 대한 엔화 환율은 플라자 합의 직전 242엔에서 그해 9월 말 216엔으로 폭락했다.[43] 덕분에 1990년대 이후 미국 경제는 회복세로 접어든다. 그러나 플라자 합의는 '윈윈' 정책이 아닌 '윈 루즈' 정책이었다. 일본은 '엔고'에 금리 인하로 대응했는데, 이는 주식과 부동산 시장에 거대한 버블을 만든다. 여기에 일본 정부의 정책 대응 실패로 일본은 '잃어버린 20년'이라는 장기 불황에 빠지고 만다.**

그러나 플라자 합의의 또다른 결과는 간과하는 경향이 많다. 일본 못지않게 서독 역시 막대한 타격을 입었다는 점이다. 서독 마르크화 환율은 합의 뒤 3년간 40%나 뛰어올랐다. 뒤이어 1990년 독일 통일의 여파로 독일 경제는 기나긴 침체를 경험한다. 독일이 이후 유럽연합EU 결성을 주도한 건 '환율 전쟁'에서 패배했던 경험을 빼놓고 설명하기 어렵다. 단일 국가가 아닌 국가 공동체가 외부 압박에 대응

---

* 뒤에 자세히 설명하겠지만 1950~1960년 '영광의 시기'를 보낸 미국 경제는 1970년대 들어 재정적자와 무역적자, 석유파동으로 극심한 불황에 빠진다. 이에 레이건 정부는 1980년 집권하자마자 개인 소득세율 인하 같은 급진적 신자유주의 정책을 편다. 그러나 스타워즈 계획 등 냉전에 따른 군사 지출은 줄이지 않아 재정적자 규모는 더욱 커졌다. 더구나 미국의 산업 경쟁력이 약화되고 달러화의 가치가 상승하면서 무역적자 규모까지 눈덩이처럼 불어났다. 이를 타개하기 위한 조치가 바로 플라자 합의였다.

** 플라자 합의의 과실을 따먹은 건 미국만이 아니었다. 한국전쟁의 최대 수혜국이 일본이었다면 플라자 합의의 최대 수혜국은 한국이었다. 일본 기업들이 주춤한 사이 한국 기업들이 가격 경쟁력을 무기로 파고들었기 때문이다. 1950년 한국의 고통이 일본에게는 축복이었다면, 정확히 35년 뒤에는 일본의 고통이 한국에게는 축복이 되었다.

하기가 더 용이해서다. EU를 두고 개별 회원국들이 동등한 목소리를 내는 경제연합체가 아닌 독일을 위한 경제연합체라는 평가가 나오는 까닭이기도 하다.

앞서 인용한 폴 베이로크의 분석을 다시 가져오면 1860년 세계 공업생산에서 차지하는 독일의 비중은 4.9%에 불과했다. 영국(19.9%)은 물론 앙숙 관계였던 프랑스(7.9%)에도 크게 못 미쳤다. 그러나 1차 세계대전 발발 직전인 1913년에는 14.8%를 기록하며 영국(13.6%)을 넘어서는 유럽 최대 공업국으로 올라선다. 고도성장의 배경에는 독일 통일이라는 정치적 성취가 자리하고 있다.[44]

독일은 19세기 초반만 하더라도 러시아와 더불어 유럽 주요국 가운데 봉건제의 잔재가 남아 있는 유일한 국가였다. 서부 지역에서는 농노제가 유지되었고, 동부 지역에서는 '융커'로 대표되는 대토지 소유제가 여전히 영향력을 발휘하고 있었다. 나폴레옹전쟁 이후 등장한 빈체제 아래에서 무려 39개의 연방으로 쪼개진 상태였다. 제각각 독자적인 통화와 관세제도를 운영한 탓에 정치·경제적 통합을 이룰 수 없었다. 이런 상태에서 본격적인 경제 발전을 기대하기란 무리였다.

결국 연방 내 최강대국 프로이센이 정치·경제적 통합의 물꼬를 텄다. 프로이센은 19세기 초 '슈타인 하르덴베르크 개혁'을 통해 농노 해방과 농지 개혁, 길드제 폐지, 국내 관세 철폐 등을 단행했다. 통일의 시작은 1834년 이뤄진 관세동맹이었다. 대내적으로는 통행세와 관세장벽이 철폐되고, 대외적으로는 연방 간 공동관세체제가 갖춰지면서 독일이라는 단일 시장이 탄생한 것이다. 이제 정치적 통합이라는 마지막 퍼즐을 맞출 차례였다. 걸림돌은 오스트리아와 프랑스 등 주변국들이었다. 통일 독일이라는 강대국이 이웃에 출현하는 것은 이들로서는 필사적으로 막아야 할 위협 요인이었다. 결국 총칼로 해결될 수밖에 없었다. 프로이센은 1866년 오스트리아를 제압한 뒤 1870~1871년 보불전쟁에서 프랑스를 겪으면서 1871년 통일을 이룬다. 정치적 분단과 경제적 단절의 문제를 매듭지은 것이다.[45]

독일의 공업화는 앞선 시기 산업혁명의 불을 당긴 영국과는 다른 방식이었다. 영국이 민간 중심이었던 반면 독일은 정부 중심으로 공업화가 진행되었다. 영국은 상업혁명을 통해 민간 자본과 자본가들이 성숙되어 있었다. 각종 주식회사제도와 금융업 같은 산업화를 위한 조건들 역시 갖춰진 상태였다. 반면 독일은 미국과 마찬가지로 후발 주자에 속한데다 민간의 역량은 영국과 비교하면 크게 뒤떨어졌다. 특히 자본 부족 현상은 뚜렷했다. 간소하고 실용적인 특성을 지닌 비더마이어 양식이 성행하고, 베를린 궁정의 부인들과 왕녀들이 검소한 아마옷을 주로 입었다는 것은 이런 점을 간접적으로 보여준다.[46]

반면 화학, 물리 등 기초과학 수준은 영국 못지않게 높았다. 이에 독일은 정부 주도로 대규모 자본이 투입되는 장치산업인 중공업에 집중해 본격적인 산업화의 길을 걷는다. 뛰어난 과학 분야의 연구 실적을 바탕으로 19세기 말 화학과 전기 등을 중심으로 한 '2차 산업혁명'의 주역으로 뛰어올랐다. 독일이 성공한 기저에는 앞선 실용교육 제도가 있다. 독일은 1850년대에 이미 기술중등학교를 개설했다. 또 1875년 징집 남성의 문맹률은 2%에 불과했다. 같은 해 영국(17%)이나 프랑스(18%)보다도 크게 낮았다. 이탈리아와 러시아는 각각 52%, 79%였다.[47]

독일이 공업화의 일환으로 처음 주력했던 분야는 철도망 부설이었다. 1835년 개통한 뉘른베르크~프랑크푸르트 간 철도가 그 시작이었다. 프로이센 정부는 철도산업 육성에 직접 뛰어들었다. 철도회사에 자금을 대고 철도 주식을 매입하기도 했다. 국영 철도를 건설해 국가 간선망을 직접 완성하기도 했다. 제철공업도 기존 목탄에 의존해 소규모 용광로를 운영하던 방식에서 벗어나 주식회사제도를 통해 조달한 거액의 자본을 바탕으로 근대적 제철 기술을 도입했다. 베세머 전로와 지멘스–마르탱 평로가 대표적이었다. 세계 철강산업에서 독일의 비중은 1880년 15%에서 1913년 24%로 상승한 반면, 영국은 같은 기간 31%에서 10%로 추락했다. 철강공업의 발달은 기계공업의 발달로 이어졌다. 이에 무기산업도 크게 신장했다.

철강과 더불어 독일 공업화를 이끈 산업은 화학과 전기 공업이었다. 면직업이나 석탄, 제철의 발전으로 산업화를 달성한 영국과 달리 독일은 화학, 전기, 철강의 발전으로 2차 산업화를 구가한다. 1870년대에 들어서면 기업 규모도 크게 확대되었다. 동일 업종이나 유사 업종이 경쟁 완화를 목적으로 결합하는 '카르텔Cartel'이 처음 등장한 게 바로 독일이다.

당초 프랑스는 영국 못지않게 산업자본주의를 발전시킬 역량을 보유하고 있었다. 유럽에서 가장 넓은 땅과 가장 많은 인구, 풍부한 농업생산력을 자랑했기 때문이다. 하지만 금융시장의 발전은 영국보다 100년 정도 뒤떨어졌다. 영국 중앙은행은 1694년 설립되었지만, 프랑스 중앙은행은 1800년에야 만들어졌다. 영국은 이미 18세기에 은행권을 광범위하게 사용했지만 프랑스는 19세기 후반까지도 은행권이 유용한지에 대한 논쟁을 벌였다. 또 영국은 1797년에 수입세를 징수한 반면, 프랑스는 1917년까지 관련 제도도 갖추지 못했다.[48]

저조한 도시화도 프랑스 공업의 발목을 잡았다. 19세기 초반까지도 15%를 넘지 못했다. 반면 영국은 19세기 들어 30%를 훌쩍 넘겼다. 경쟁국인 네덜란드도 17세기 이후 30%를 줄곧 웃돌았다. 도시화가 지지부진하다 보니 농촌으로부터 충분한 노동력이 공급되지 못하는 동시에 소비시장의 발달도 더뎠다. 저조한 도시화는 소농 경영이 지배적이었던 프랑스 농업의 특징에 따른 결과였다. 프랑스대혁명 당시 농민에 대한 토지 분배 방식은 무상분배였다. 영국 농민들은 차티스트운동을 통해 상당수가 도시 노동자로 변모했지만, 프랑스에서는 자기 땅을 소유한 소농들이 대거 출현하면서 도시 노동자가 원활히 공급되지 못했다. 혁명 과정에서 이뤄졌던 자유주의적 국면이 소농과 급진적 자코뱅주의에 의해 파괴되었고, 이 과정에서 소농과 소부르주아가 확고히 정착한 것이다.[49] 이는 역설적이게도 프랑스의 산업화 속도를 늦추는 결과로 이어졌다.

혁신적 기업에 대한 사회적 평가가 낮은 점도 배경으로 꼽힌다. 프랑스 귀족계층은 상업이나 공업을 고상하지 않은 것으로 여겼다. 산업 자본가를 경시하는 경향이 강했다. 결국 산업 발전의 원천이 되는 자본의 본원적 축적이 더뎌지면서 전체적인 경제성장도 위축되는 결과를 낳았다. 프랑스는 19세기가 시작될 무렵 영국 다음가는 공업국이자 유럽 최대의 경제 규모를 자랑했지만, 새로운 세기를 맞을 무렵에는 독일과 미국에조차 뒤처지는 신세로 전락했다. 페르낭 브로델은 자국의 경제와 관련해 "1130년에서 1160년 사이에 샹파뉴 정기

시가 운영되던 기간에는 유럽 경제의 중심지였지만, 이 시기 이외에는 결코 경제적 헤게모니를 쥐어 본 적이 없다"라고 빈정거리면서 "풍부한 경제적 생산, 충분한 신용, 번성하는 사업, 대규모 해상무역 같은 필수 요소들"이 결핍된 상태였기 때문이라고 설명한다.[50] 프랑스의 더딘 공업화를 이해하는 데 어떤 표현이 더 필요할까.

영국에서 시작된 산업혁명이 유럽 각국과 아메리카대륙으로 확산되면서 부르주아계층은 문화예술계의 주인공 자리를 더욱 확고히 했다. 음악시장 역시 이전 세기와는 비교할 수 없을 정도로 크게 확대되었다. 하지만 프랑스대혁명이 종결된 19세기 초반은 정치·사회적으로는 혼동의 시기였다. 엑토르 베를리오즈Louis Hector Berlioz, 1803~1869나 바그너, 베드르지흐 스메타나Bedrich Smetana, 1824~1886 등은 혁명의 맨 앞자리에 섰지만, 그 외 다수의 음악가들은 현실로부터 도피한 '낭만주의Romantism'를 탈출구로 삼았다. 이런 과정에서 고전음악, 곧 당시의 대중음악이 어떻게 변모했는지 살펴보자.

비더마이어시대를
위로한 낭만주의

혁명의 깃발이 꺾인 자리에
들어선 복고와 허무

19세기 프로이센 무장 순찰대 제복을 차려입은 한 신사가 산 정상에 올라 건너편을 바라보고 있다. 그가 서 있는 곳은 독일 작센주와 체코 사이 엘베사암산맥이다. 왼쪽은 로젠베르크산, 오른쪽은 치르켈슈타인산이다. 산봉우리 사이로 바닷물처럼 퍼져 있는 안개를 바라보는 뒷모습을 지켜보노라면, 그의 고독과 우수에 동참하는 듯하다. 어디에서 많이 보던 풍경 아닌가. 그렇다. 원근법과 유화 등 서양화 형식을 빼면 도교의 정조로 가득 찬 동양화라 해도 무리가 아니다. 이상이 사라진 시대, 현실에서 벗어나 자연으로 회귀하고자 하는 부르주아계층의 욕망이 강하게 드러난다. 작품은 독일 화가 카스파 다비드 프리드리히Caspar David Friedrich, 1774~1840의 유채화 〈안개 낀 바다 위의 방랑자〉(1818년)다(568쪽 이미지 참고). 프리드리히가 1813년 엘베사암 산맥을 여행하던 중 감명을 받아 작품을 완성했다고 한다. 독일 함부르크미술관에 소장되어 있다. 19세기 초 비더마이어시대와 낭만주의 사조를 대표하는 작품이다.

혁명은 달콤했다. 그러나 붉은 깃발이 부러진 자리에는 떠나간 사람들에 대한 한탄과 한때의 꿈이 사라졌다는 절망 그리고 희망을 더이상 재현할 수 없다는 회한만 남았다. 산업혁명과 함께 서구를 근대로 이끈 프랑스대혁명은 실패했다. 나폴레옹이 황제를 선언했을 때 이미 혁명의 순수성은 꺾였지만 자유와 평등, 박애라는 이상마저 사라진 건 아니었다. 하지만 나폴레옹의 패퇴와 그에 이은 구체제의 복귀는 혁명의 이상도 사그라들었다는 조종弔鐘이었다.

나폴레옹이 패퇴한 이후 유럽 열강들은 나폴레옹 이후의 유럽을 설정하기 위한 국제회의를 개최했다. 빈회의(1814~1815년)가 바로 그것이다. 뼛속까지 보수주의자였던 오스트리아제국 재상 메테르니히Clemens Wenzel Lothar, Fürst von Metternich, 1773~1859가 주도했다. '회의는 춤춘다'는 표현은 빈회의를 두고 나왔다. 주요 열강이 개최하는 회의가 열린 뒤에는 무도회가 매일 뒤따랐다. 무도회는 중요한 외교 수단이었다. 열강의 주요 인사들만이 아니라 빈 시민들까지 연일 밤을 새워 춤을 췄다. 4분의 3박자 느린 템포의 왈츠가 최대의 오락거리로 등장했다.[51] 빈회의를 관통한 일관된 메시지는 '복고'였다. 프랑스대혁명 이전으로 유럽을 되돌린다는 것이었다. 실제로 유럽은 혁명 이전으로 복귀했다. 혁명의 본산지였던 프랑스는 다시 브루봉왕조의 손으로 넘어가며 강력한 반동정책이 실시되었고, 각국은 민족주의 같은 혁명적 요구에 총칼로 응답했다. 빈체제는 1848년 2월혁명으로 메테르니히가 빈에서 추방될 때까지 계속되었다.

혁명이라는 이상이 사라진 자리에는 현실 도피와 안락함만 남았다. 희망 없는 삶에는 순간의 열락과 부정이 자리 잡기 마련이다. 후대의 역사학자들은 이런 풍토를 '비더마이어Biedermeier'라는 단어로 표현했다. 비더마이어는 독일어로 '속물'이라는 뜻인 '비더만Biedermann'과 '붐멜마이어Bummelmeier'의 합성어다. 독일 시인 루트비히 아이히로트Ludwig Eichrodt, 1827~1892가 1850년 한 신문에 연재한 〈슈바벤의 학교 교사 비더마이어의 시〉라는 작품에서 유래한 것으로 알려져 있다.[52]

비더마이어 풍토는 음악에서 낭만주의가 등장하는 거름이 되었다. '낭만적Romantic'이라는 단어는 중세 로망스나 아서왕 같은 영웅적 인물에 대한 문학작품이나 이야기에서 유래한다. 전설적이면서도 환상적이고, 일상에서 벗어난 이상적 세계를 뜻한다. 객관적이고 보편타당한 아름다움을 추구했던 고전주의와 달리 주관적인 개인의 감성 그리고 자연과 현세 너머에 대한 동경을 표현하는 데 집중했다. 예술사학자 아르놀트 하우저Arnold Hauser, 1892~1978는 "(과거) 역사는 … 희망이 깨지고 권리가 박탈당했다고 느끼는 지식인들의 피난처가 되었다. 정치 발전에 아무런 영향력을 미칠 수 없다는 것이 지금까지는 독일 지식인들만의 운명이었으나 이제부터는 전 유럽의 운명이 되었다"[53]라고 설명한다. 강압적인 빈체제에서 음악가들은 이전 세대의 베토벤처럼 광장에서 사회를 향해 웅변하는 작품을 내놓는 대신 친구들의 응접실에서 낯선 곳을 향한 동경의 음악을 선보였다. 화가들 역시 시민들의 모습이 아닌 자신의 일상을 주로 화폭에 담았다. '고향 상실' '향수'라는 정조가 예술작품의 주된 모티브로 등장한다.

도시화와 산업화라는 당대 변화에 대한 반감도 낭만주의의 중요한 특징이다. 급속한 도시화와 대중사회의 도래는 개인의 소외를 낳았고, 산업화 열풍은 자연에 대한 동경을 불러일으켰다. 이에 낭만주의는 과거와 신화, 꿈, 초자연적 현상에서 피난처를 찾았다. 고독과 개인 역시 낭만주의가 집중했던 주제다. 홉스봄은 낭만주의를 두고 "혁명의 시대가 낳은 사회적 분열의 극단을 반영한다"라고 지적했다. 계급적 실체가 불분명하다는 점에서 극좌일수도, 극우일수도 있는 극단적 신념이라는 취지다.[54] 시기적으로는 1815년 이전을 고전주의, 그 이후 19세기 후반까지를 낭만주의 시기로 본다.

시민계급의 독점적 소유물이 된 음악

프랑스대혁명과 산업혁명이라는 이중혁명을 거친 서구 사회는 그 이전과 질적으로 완전히 다른 세계가 되었다. 당시 사회의 주인공은 기존의 귀족이 아닌 부르주아계층이었다. 산업혁명의 진전에 따라 경제적 주도권을 대토지 소유자였던 귀족이 아닌 도시의 공장주와 대상인, 금융·법률 전문가 같은 부르주아계층이 확보한 것이다. 프랑스대혁명을 겪은 당대인들은 국가는 왕국과 따로 존재하고, 백성들은 지배자와 독립해 존재한다는 점을 깨달았다.[55] 이에 따라 음악 문화의 헤게모니도 귀족에서 시민사회, 곧 부르주아계층으로 넘어갔다. "음악은 시민계급의 독점적 소유물"[56]이 되었다.

음악가를 비롯한 예술가들은 소수 귀족의 후원 대신 다수의 도시 중산층인 부르주아계층으로부터 '선택'받아야 하는 상황에 처했다. 공공연주회나 출판 등 음악시장에서 치열한 경쟁을 통해 두각을 나타내야 했다는 뜻이다. 더구나 일반 청중들은 귀족계급에 비해 음악적 소양이 떨어졌고, 무도회 같은 목적이 아닌 음악 자체만을 위해 모인 이들이었다. 성공하려면 이들의 마음을 사로잡을 '투쟁'이 필요했다. 그 결과 표현 강도를 끊임없이 높이는 19세기의 과장된 양식이 탄생했다.[57] 귀족과 왕실, 교회의 후원을 기반으로 한 '안락한 하이든'의 삶 대신 시장에서 매일 경쟁해야 하는 '고단한 베토벤'의 삶이 일상이 되었다는 뜻이다. 하이든의 교향곡은 100곡이 넘지만 베토벤은 고작 9곡을 남겼는데, 이는 청중들을 사로잡을 '명작'을 내놔야 한다는 부담감이 반영된 결과라고도 볼 수 있다.[58]

이와 같은 변화는 인류 역사상 처음으로 음악이 '보편적 예술'이자 '대중음악'으로 자리 잡는 계기가 되었다. 물론 음악언어 자체의 핵심 중 하나는 보편성이다. 산업혁명이라는 물적 변화 없이도 음악은 많은 이에게 여가와 탐구의 영역으로 사랑받았다. 하지만 과거의 음악은 대중이 직접 '선택'한 게 아닌 귀족과 교회로부터 '주어진' 것이었다. 이 시기부터 비로소 다양한 형태의 음악이 등장하고, 대중은 이를 주체적으로 소비할 수 있게 된 것이다. 이때를 대중음악이 본격적으로 등장한 첫 시기라고 봐도 무방하다. 소시민 문화가 꽃피면서 중후한 피아노소나타 대신 잘 알려진 선율의 변주곡이나 무곡집이 큰 호응을 얻은 것도 이런 배경 때문이었다.[59]

공공연주도 성행했다. 영국 런던에서 1826~1827년에 125회,

1845~1846년에는 381회가 열렸다. 프랑스 파리는 같은 기간 78회에서 383회로, 오스트리아 빈은 111회에서 163회로 늘었다. 독일 사회학자 위르겐 하버마스Jurgen Habermas는 선구적인 담론을 남긴 '공론장 Public Sphere' 개념과 관련해 공공연주회를 주목한다.* 하버마스는 왕족과 귀족이 궁정에서 향유하던 고전음악이 자신들의 신분을 뽐내는 '과시적 공공성Representative Publicity'의 성격을 지녔다면, 시민혁명 이후 공공연주회는 부르주아의 공론장이 형성된 대표 사례라고 강조한다. 사회적 과시 기능으로부터 면제된 예술은 자유로운 선택과 변화하는 선호 대상이 된다는 것이다.[60]

공공연주회에서 연주할 오케스트라도 마련되었다. 런던필하모닉 오케스트라(1813년 창단), 뉴욕필하모닉 오케스트라(1842년), 빈필하모닉 오케스트라(1842년)가 이 시기에 창단되었다.[61] 해당 오케스트라들은 전문 음악가들이 운영했다는 점이 특징이다. 음악가들이 순전히 음악 활동만으로 생활을 영위할 수 있을 만큼 음악시장이 커졌다는 뜻이기도 하다. 지휘자의 위상이 올라간 것도 19세기 초반 이후의 현상이었다. 그전까지는 작곡가가 자기 작품을 지휘하는 게 관행이었다. 지휘자란 기껏해야 박자를 알려주는 이에 지나지 않았다. 하지만 '죽은 작곡가들'의 작품이 주로 연주되면서 지휘자는 작곡가와 청중 사이의 중개자이자 해석자라는 권위를 인정받는다.[62]

연주회의 기반이 소수 귀족의 개인적 인맥에서 다수의 부르주

---

* 공론장은 국가와 시민사회 사이에서 여론이 형성되는 영역을 말한다. 공론장은 현대사회를 움직이는 권력과 자본을 감시·비판하며 대안을 모색하는 역할을 한다. 바로 언론이 공론장의 대표격이다.[63]

아계층을 대상으로 한 상업적 매니지먼트로 바뀌면서 음악가와 청중의 관계도 개인적인 관계에서 불특정 다수의 청중을 상대하는 관계로 변모한다.[64] 연주회는 사교 대신 사회적 족쇄로부터 벗어난 시민계층이 순수하게 음악을 듣는 장소로 변화했다. 과거 귀족계층에 비해 문화적 소양이 부족했던 부르주아계층들은 연주회에서 예의와 자제력을 발휘해야 했다.[65] 음악의 성격도 달라졌다. 궁정이나 귀족의 만찬장이 아닌 시민들을 위한 대형 연주회장에서 연주되다 보니 구석구석까지 음악 소리가 잘 들려야 했다. 이에 오케스트라 편성이 더욱 커지고, 표현 방식도 다채로워졌다. 각종 행사의 일환이 아닌 오로지 음악만을 위한 모임에서 연주되다 보니 이전보다 곡의 길이도 늘었다.[66]

새로운 교향곡이 쉽사리 나오지 않았다는 점은 당시 음악산업의 변화에 따른 결과이기도 하다. 교향곡을 작곡하기 위해서는 엄청난 시간과 노력이 필요하다. 작곡만으로 생계를 유지하기 어려운 건 당시나 지금이나 마찬가지다. 작곡가들은 연주나 교습, 문필 활동으로 생계를 유지했다. 교향곡 작곡에만 수개월에서 수년을 투자하는 건 생계를 위협하는 일종의 '모험'이었다. 돈이 필요한 19세기 작곡가들은 당장 가곡과 피아노 소품을 써서 출판사에 넘겼다. 출판사들은 거대해진 출판시장을 만족시키기 위해 그런 작품들을 대규모로 빠르게

---

* 18세기까지만 하더라도 연주회장은 음악 감상을 위한 공간이 아닌 사교의 장에 가까웠다. 1784년 독일의 작곡가 J. F. 라이하르트J. F. Reichardt, 1752~1814, 고전주의 독일의 작곡가)가 주도한 연주회에서는 청중에게 가사를 인쇄한 목록을 배포했다. 그렇게 하지 않으면 성악곡을 들을 때 하도 시끄러워 가사 대부분을 들을 수 없어서였다. 맥주와 담배를 즐기는 건 물론 대놓고 카드놀이를 하는 경우도 허락했다. "여자는 보여주기 위해, 남자는 여자들을 보기 위해 연주회에 온다"는 기록이 남아 있을 정도다.[67]

내놓고 이익을 남기고자 했다. 교향곡이 나오자마자 피아노 연주용 축약본이 함께 출판된 것도 이런 이유에서였다.[68]

'레퍼토리'라는 개념이 등장한 것도 이때부터다. 라이프치히 게반트하우스 오케스트라의 1780년대 연주곡의 85%는 생존 작곡가의 작품이었다. 그러나 1820년쯤에는 75%로, 1870년쯤에는 25% 정도로 줄어든다. 런던이나 파리 같은 대도시에서도 이런 추세는 비슷했다.[69] 이는 과거의 작곡가, 특히 베토벤의 영향력이 더욱 커졌다는 점에 기인한다. 1828~1870년 사이 프랑스 파리의 음악원연주회협회에서 연주된 기악곡의 작곡가별 비율을 보면 베토벤이 43%에 달했다.[70] 1930년대 미국과 캐나다의 라디오 청취자들에게 현존 작곡가를 제외하고 가장 좋아하는 작곡가가 누구냐고 물었을 때 1위는 베토벤(1878표)이었다. 차점자인 브람스(904표)보다 두 배나 많은 표를 받았다.[71] 후대 작곡가들은 모두 베토벤의 적자嫡子를 자처했다. 음악 평론가들과 청중들은 새 작품이 나올 때마다 베토벤의 작품과 비교하길 주저하지 않았다. 베토벤의 걸작은 여흥의 대상을 넘어 음악적 표현 그 자체로 인식되었다. 음악가의 지위도 높아졌다. 오스트리아의 은행가 중에서 자기 아들이 각료로 성공할 가망이 없을 바에는 작곡가나 지휘자가 되기를 희망한 이들이 있을 정도였다.[72]

악기의 황제로 등극한 피아노

19세기 후반부에 활동한 프랑스 인상주의 화가 오귀스트 르누아르Auguste Renoir, 1841~1919는 꽃이나 과일 등 정물화를 많이 남겼다. 다만 마흔 이후로는 인물화에 집중한다. 〈선상 파티의 점심〉(1881년)과 함께 그의 대표작은 〈피아노 앞의 두 소녀〉(1892년)다(569쪽 이미지 참고).˙ 19세기 회화 작품 중에는 피아노가 등장하는 그림이 유독 많다. 중산층 집안의 안락한 거실 한편으로 피아노가 놓여 있는 식이다. 〈피아노 앞의 두 소녀〉와 비슷한 모습은 영국 소설가 제인 오스틴의 소설 《오만과 편견》(1813년)에서도 등장한다. 소설 속 상류층으로 등장하는 캐서린 드 버그 부인의 집에는 당연히 피아노가 놓여 있다. 그러나 베넷이나 루카스 등 중류계층 집안에서도 피아노를 볼 수 있다.

피아노는 원래 '유복한 가정'을 상징하는 아이콘이자 성공의 상징이었다. 피아노는 수천 개의 부품으로 조립된 악기다. 18세기 말까지만 해도 모든 부품은 소수 장인의 수작업으로 만들었다. 유럽의 가장 큰 공장이 한 해 만들 수 있는 피아노는 고작 20대에 불과했다. 그러나 산업혁명은 피아노의 역사를 바꿔놓았다. 피아노 제조에도 공장제 분업이 도입되면서 1800년경 세계 최대 피아노 제작사였던 런던 브로드우드앤드선스 사는 매년 400대를 생산해냈다. 1840년대에는 증기동력이 도입되면서 매년 2500대를 조립했다.[73] 영국에서만 200여 회사가 연간 2만 3000여 대의 피아노를 제작했다. 1845년경 프랑

˙ 피아노 앞에 두 소녀가 있다. 흰색 드레스 차림으로 업라이트 피아노 앞에 앉은 소녀는 왼손으로 악보를 잡은 채 오른손은 건반 위에 올려놓았다. 아마 생소한 악보의 주 선율을 오른손으로 연주하고 있는 듯하다. 소녀의 왼쪽 위로 분홍색 드레스를 입은 또다른 소녀는 악보를 함께 보고 있다. 피아노 선반 위로는 꽃병과 악보 세 권이 놓여 있다. 왼편에 침대가 있다는 점으로 봤을 때 소녀의 방으로 짐작된다. 전형적인 부르주아 집안의 풍경이다. 르누아르는 해당 작품을 여섯 개의 다른 버전으로 남겼다. 가장 널리 알려진 작품은 파리 오르세미술관 소장본과 뉴욕 메트로폴리탄미술관 소장본이다. 둘 다 금발 소녀에 배경이 유사하다. 다만 오르세미술관 소장본이 보다 부드럽고 은은한 느낌이다.

스 파리에는 약 6만 대의 피아노가 있었고, 피아노를 연주할 수 있는 이들은 10만 명에 달했다. 당시 파리 인구가 100만 명 정도였다는 것을 감안하면 열 명 중 한 명꼴로 피아노 연주가 가능했다는 뜻이다.

대량생산이 가능해지자 자연스럽게 도시 중산층이 살 수 있을 만큼 피아노 가격이 떨어졌다. 베토벤이 주로 쓰던 브로드우드나 프리데리크 쇼팽Fryderyk Franciszek Chopin, 1810~1849이 애용하던 프랑스산 플레옐, 독일산 베히슈타인 피아노를 집에 들여놓는 건 곧 교양과 품위를 갖췄다는 뜻이었다. 건반의 움직임을 현에 전달하는 연동장치가 강화되고 페달이 달린 것도 이즈음부터였다. 연주용 고급 피아노를 대표하는 스타인웨이앤드선스도 이때 등장했다. 독일의 피아노 제작자 하인리히 E. 슈타인베크Heinrich E. Steinweg, 1797~1871가 미국 뉴욕에 이주한 뒤 설립한 것이다. 그 역시 1848년 혁명에 참여했다가 보복을 피해 미국으로 건너갔고, 이름을 영어식인 스타인웨이로 바꿨다. 스타인웨이 사는 철 프레임과 최신 음향물리학을 도입한 새로운 피아노를 선보였다. 스타인웨이의 신형 피아노는 만국박람회에서 호평을 얻으며 세계 표준 피아노로 등극했다.[74]

피아노의 보급은 악보 출판업의 번성과 궤를 같이했다. 1796년

---

[*] 19세기 후반에는 자동피아노Player Piano도 널리 보급되었다. 고압 증기가 원통 모양의 피아노 롤에 뚫린 구멍을 통과해 해머를 때리면 해머가 피아노 현을 치는 동시에 피아노 건반이 눌리는 방식이다. 1829년에 처음 발명했지만 1880년대 즈음 피아놀라 사의 제품이 선풍적 인기를 끌게 된다. 20세기 초반에는 일반 피아노 판매량을 넘어설 정도였다. 리하르트 슈트라우스Richard, Strauss, 1864~1949, 에드바르드 그리그Edvard Hagerup Grieg, 1843~1907, 지아코모 푸치니Giacomo Puccini, 1858~1924 등 당대 음악계 거장들도 피아놀라 광고에 직접 등장했다.[75] 다만 1920년대 중반 축음기와 라디오 방송이 보편화되면서 자동피아노의 인기는 사그라들었다.

석판인쇄술이 발명되면서 과거보다 저렴한 가격에 정교한 인쇄가 가능해졌다. 때마침 수요도 증가했다. 피아노의 보급이 확대되면서 악보를 찾는 이들이 늘었기 때문이다. 1770년대 런던이나 파리의 대규모 출판사들은 카탈로그에 많게는 1500개의 곡목을 갖추고 있었다. 50년 뒤인 1820년대에는 수만 곡으로 불어났다. 런던 악보 상점은 1794년 30개에서 1824년 150여 개로 증가했다. 19세기에는 20만 장까지 팔린 악보도 있었다.[76] 음악 출판시장의 확대는 베토벤 이후 음악가들의 생계에 결정적 공헌을 한다.

피아노의 또다른 역할은 피아노 곡만이 아니라 교향악 같은 대편성 음악을 듣기 위한 보완제 역할을 했다는 점이다. 19세기 당시 교향악을 들으려면 직접 대규모 공연장을 찾아야 했다. 토머스 에디슨Thomas Edison, 1847~1931이 축음기를 발명한 1877년 이후에야 대량 복제의 시대가 도래했으니, 당시만 해도 음악은 시공간의 제약을 벗어나지 못했다. 베를리오즈의 〈환상교향곡〉을 들으려면 그 곡을 연주하는 오케스트라의 일정에 맞춰 공연장에 반드시 가야만 했다.

시민이 〈환상교향곡〉을 접하는 또다른 방법은 피아노 버전으로 편곡된 악보를 구해 직접 연주하거나 누군가 연주하는 것을 듣는 것이었다. 당시에는 편곡 악보가 대대적으로 유통되었다. 리스트 등 당대 최고의 음악가들도 베토벤의 편곡 악보를 남겼다. 이런 이유로 중산층의 대표 여가 활동으로 등장한 게 '음악하기Music-Making'였다.[77] 피아노와 바이올린, 첼로 등 악기를 구입해 배운 뒤 여가시간에 가족이나 친지, 친구들과 연주하며 음악을 즐기는 것이다. 이들은 모두 악기를 사고, 연주를 배우고, 협주할 정도의 물질적·시간적 여유가 있었다. 이때 중심 악기는 당연히 피아노였다. 특히 여성에게 인기가 높았다. 피아노를 칠 줄 안다는 것은 젊은 여성의 뛰어난 재주로 받아들여졌고, 좋은 가문의 배우자를 만날 기회가 늘어난다는 뜻이었다. 여성이 피아노 치는 모습이 당시 회화나 소설에 자주 등장하는 건 이런 이유에서였다.

낭만의 비조 슈베르트

낭만주의시대의 문을 열어젖힌 이는 다름 아닌 프란츠 슈베르트다. 슈베르트는 베토벤보다 27년이나 뒤에 태어났지만 베토벤이 사망한 이듬해에 세상을 떴다. 작품 활동을 본격화한 것은 고작 15년 남짓이지만 남긴 곡은 1000여 곡이 넘는다. 600곡 이상의 노래와 피아노오중주, 현악사중주 등 35개의 실내악곡, 21개의 피아노소나타 그리고 8번 〈미완성〉과 9번 〈더 그레이트〉를 포함해 9개의 교향곡을 남겼다. 슈베르트는 베토벤의 장례식에서 횃불을 들 정도로 그에 대한 존경심이 남달랐지만 동시에 베토벤의 그림자를 넘어서기 위해 각고의 노력을 기울인다. 그 결실이 교향곡 8번과 9번이다.

다만 베토벤과 달리 슈베르트는 가곡과 소품 작곡에 주로 전념했다. 나폴레옹이 몰락한 1814년 이후 많은 작품을 내놓지 않은 베토벤과 달리 슈베르트는 비더마이어시대에 작곡가로 활동했다는 시간적 배경이 강하게 작용한 결과다. 그는 후원자이자 친구들과 집에 모여 음악 작품을 발표했다. 슈베르트와 친구들이 함께했던 작은 음악회인 '슈베르티아데Schubertiade'가 대표 장이었다.[78] 슈베르티아데는

'슈베르트의 밤'이라는 뜻이다. 대편성 곡 대신 피아노를 중심으로 한 단출한 구성의 악기를 곡에 주로 활용했다. 슈베르트가 당대에 큰 주목을 받지 못한데다 극단적 수줍음과 내성적 성격을 타고났다는 점도 '사적 음악'에 집중한 이유이기도 했다. 교향곡은 생전 단 한 작품도 출간하지 못했다. 전형적인 보헤미안의 삶을 살았다. 평생 돈을 가져본 적도, 모아본 적도 없었다. 심지어 수중에 피아노도 없었다. 그는 주변 친구에게 "국가가 나를 먹여 살려야 해. 난 오로지 작곡만 하러 이 세상에 왔거든"이라고 말했다고 한다. 빈곤을 숙명처럼 받아들였다는 뜻이다.[79]

하지만 슈베르트는 누구보다 출중한 작곡가였다. 피아노 없이도 작곡이 가능했다. 머릿속으로 곡을 만든 뒤 오선지에 그대로 옮겨 적을 정도로 매우 빠르게 곡을 썼다. 동시에 독창적이었다. '독일 가곡' '예술 가곡'이라는 새로운 장르의 개척자였다. 지금도 널리 사랑받는 가곡을 쓴 최초의 작곡가이기도 하다. 31세라는 짧은 삶 동안 무려 600곡이 넘는 예술 가곡을 작곡한 '가곡의 왕'이었다.[80] 〈아름다운 물방앗간의 아가씨〉〈겨울 나그네〉 등이 대표작이다. 괴테의 시 〈마왕〉에 감명받아 쓴 〈마왕〉도 널리 사랑받는다. 성악의 부수적 역할을 담당했던 피아노를 성악과 동등한 위치로 격상시킨 '2중주' 형태로 만든 것도 그가 처음이었다. "고도로 압축된 서정적 광기"라는 슈만의 평가는 과찬이 아니다. "슈베르트의 음악은 슬픔이라는 키워드를 제외하고는 설명이 불가능하다. 거의 모든 작품에 특유의 애수가 어려 있다. 그럼에도 이내 돌아올 봄을 기다리는 듯한 작은 희망이 늘 도사리고 있다"는 피아니스트 손열음의 평가도 기억할 필요가 있다.[81]

상대적으로 과작이지만 피아노곡들도 빼어나다. 6곡의 〈악흥의 순간〉이나 8곡의 〈즉흥곡〉은 특유의 극한의 감수성을 선보인다. 19, 20, 21번 후기 피아노소나타는 피아노의 명작으로 꼽는다. 특히 매독으로 몸이 썩어들어가며 죽음을 맞이하는 순간, 슈베르트는 베토벤처럼 운명에 거역하는 포효를 하는 대신 21번 소나타에서 가장 서정적인 아름다움에 이를 때까지 무너지는 과정을 반복한다. "첫 악장은 두 눈을 뜬 채 작별을 고하는 듯이 들린다. 두 번째 악장은 피아노를 위한 세상의 모든 애가 가운데 가장 아름답다"(알프레드 브렌델), "그의 후기 작품들에서 삶의 한 부분으로서의 죽음, '죽음의 친연성'을 본다"(클라우디오 아라우)는 명 피아니스트들의 경탄은 21번 소나타에 적확히 들어맞는다.[82] 이를 통해 평생 베토벤의 무게에 짓눌렸던 그의 마지막 피아노소나타는 베토벤의 마지막 소나타를 자기도 모르게 닮게 되면서 끝내 능가해버렸다.[83]

그의 교향곡은 이전 고전주의의 형식을 유지하면서도 노래 풍의 선율과 대담한 화성적 외유, 매혹적인 악기 음색, 강한 대조 등 감정의 고양을 위한 방식을 독창적으로 선보인다.[84] 이는 8번 〈미완성〉에서 극단의 아름다움으로 빛을 발한다.* 베토벤을 상기시키지 않으면서도 자연스럽게 새로운 유형의 서정적 교향곡을 창출한, 곧 기악으로 표현된 순수한 노래라고 해도 지나치지 않다.[85] 교향곡 9번 C장조 〈더 그레이트〉는 슈베르트의 최후이자 최대의 교향곡이다. 9번 교

---

* 낭만파 음악의 정점으로 추앙받는 이 작품은 1악장에서 첼로와 콘트라베이스가 그 유명한 도입 선율을 연주한 뒤 이윽고 다른 악기들이 전율과 갈망의 음표들을 쏟아낸다. 반면 또다른 주제는 오스트리아 민속 춤곡풍의 편안하고 우아한 선율을 보여주는 등 강렬한 대조를 통해 절망과 희망을 극단적으로 보여준다.

향곡을 발굴한 이 역시 슈만이다. 슈만은 1839년 슈베르트의 형 페르디난트를 찾아가 슈베르트의 자필 악보 뭉치를 얻는다. 그는 거기서 발견한 교향곡 9번에서 베토벤이 죽은 뒤 내리막길을 걷고 있는 유럽 음악계를 살릴 해법을 발견한다. 절친했던 멘델스존에게 악보를 건네고 라이프치히에서 초연했다.* 슈만은 라이프치히 초연을 두고 "베토벤 이래로 우리에게 이렇게 큰 감동을 선사한 교향곡은 없었다. 이 곡은 영원한 젊음의 심장을 품고 있다"라고 평했다.[86]

슈베르트 사후 고전음악은 뜻하지 않은 침체기에 접어든다. 베토벤과 슈베르트를 뛰어넘는 작곡가는 쉽게 나타나지 않았다. 그러기 위해서는 더 많은 작곡가가 활동할 수 있을 정도의 물적 기반이 마련되어야 했다. 다행스럽게도 서구 자본주의는 신생아처럼 하루가 다르게 쑥쑥 자라났고, 이는 다시 지구촌에 '세계화Globalization'라는 급격한 변화를 가져왔다.

---

* 이 곡의 웅대함과 강렬함은 베토벤의 9번 교향곡에 비견될 만하다. 슈베르트는 생의 마지막 해에 자기 음악을 크게 확장하면서 새로운 방향으로 나아갔다. 그는 죽기 직전 "머릿속에서 새로운 아이디어가 넘쳐 흐른다"고 탄식했다고 한다.[87]

교통과 통신으로
하나되는 세계

19세기 중후반 처음 등장한 세계화

로탈에서 알라하바드까지 '인도 반도 철도'가 개통된 뒤로는 (세계 일주는) 80일이면 충분해. 여기에 〈모닝 크로니클〉지가 세운 계산이 나와 있는데, 읽어볼까.

런던에서 수에즈까지, 몽스니와 브린디시를 경유하여, 철도와 기선으로 - 7일

수에즈에서 뭄바이까지, 기선으로 - 13일

뭄바이에서 캘커타까지, 철도로 - 3일

캘커타에서 홍콩까지, 기선으로 - 13일

홍콩에서 요코하마까지, 기선으로 - 6일

요코하마에서 샌프란시스코까지, 기선으로 - 22일

샌프란시스코에서 뉴욕까지, 철도로 -7일

뉴욕에서 런던까지, 기선과 철도로 -9일

모두 합하여 80일.[88]

프랑스 소설가 쥘 베른Jules Verne, 1828~1905이 1873년 출간한 대표작 《80일간의 세계 일주》의 한 대목이다. 영국 신사 필리어스 포그는 클럽 친구들과 80일간의 세계일주에 2만 파운드 내기를 걸고 프랑스인 하인 파스파르투를 데리고 런던을 출발한다. 지금이면 서울에서 출발해 서울로 다시 돌아오려면 이틀이면 족하다. 당시에는 증기 철도와 증기선이 막 등장한 때였다. 수에즈운하도 뚫렸다. 이를 기반으로 세계 자본주의는 인류가 한 번도 경험해보지 못한 새로운 국면에 발을 디딘다. 바로 세계화다. 흔히 '세계화' 하면 '현대'의 현상으로 이해하곤 하는데, 이는 사실과 다르다. 세계화는 100년도 더 된 19세기 중후반에 처음 나타난 추세다. 당시 조선만 전근대의 그늘에서 벗어나지 못했을 뿐 산업화를 이룬 서구를 중심으로 세계화 경향이 두드러지게 나타났다. 경제 분야만 놓고 보면 몇 가지 수치로 세계화 정도를 확인할 수 있다.

무역의존도를 먼저 보자. 무역의존도는 수출과 수입을 GDP로 나눈 비율로 상품시장의 통합 정도를 가리킨다. 산업혁명 이전까지 전 세계 경제의 무역의존도는 1~2% 수준을 벗어나지 못했다. 잉여생산물이 충분치 않은 자급자족 경제인데다 물건과 사람을 싣고 이동할 교통수단이 마땅치 않았기 때문이다. 그러나 산업혁명 이후 판도가 완전히 바뀐다. 1870년대 들어 10%를 넘어서더니 1차 세계대전 직전인 1913년에는 20% 초반까지 치솟는다. 이후 양차 대전과 그 사이의 대공황을 거치며 폭락한 뒤, 글로벌 경제가 안정세에 다다른 1970년대에 이르러서야 20세기 초반의 수준을 겨우 회복한다(561쪽 상단 표 참고).[89] 대외경제 의존도가 세계 최고 수준인 한국의 무역의존도는 2019년 통계청 추산 기준으로 63.51%다. G20 국가 중에서는 독일(70.82%)에 이어 둘째로 높다. 미국(19.34%), 일본(28.08%) 등 내수를 기반으로 한 국가와는 비교가 안 될 정도다.

생산과 무역신장률을 따져보면 이 흐름이 더 뚜렷하다. 1800~1913년 사이 전 세계 1인당 생산은 10년마다 7.3% 정도 증가했다. 반면 같은 기간 1인당 무역은 10년마다 33%나 증가했다. 특히 1840~1870년 사이 무역신장률은 53%였다. 무역의 신장은 자유무역주의의 확대, 곧 관세의 인하와 철폐 흐름이 강해졌다는 뜻이다. 1870년대에 영국과 프랑스, 독일, 오스트리아 등 주요국 시민 1인당 대외무역액은 1830년에 비해 3~4배로 늘었다. 1870년대에는 연간 8800만 톤의 상품이 배에 실려 주요국 사이에서 오갔다. 불과 30년 전인 1840년 실적인 2000만 톤의 4배가 넘는 수치다.[90]

자본의 이동, 곧 돈의 흐름이 얼마나 활발하느냐 여부도 세계화 정도를 판단하는 척도다. 전 세계 각국 GDP 대비 국제투자 비중은 1870년대 0.4% 중반대를 기록한 뒤 1900년 즈음에는 0.5%를 상회한다. 이는 금의 태환을 어느 나라나 보장하는 금본위제가 가장 큰 역할을 했다. 이 흐름에 타격을 입힌 것은 1차 세계대전이다. 이후 대공황과 2차 세계대전 여파로 1940년 즈음에는 0.2% 이하로 떨어졌다. 세계 금융체제는 2차 세계대전 이후 브레턴우즈체제에서 미국 달러화

의 금 태환을 보장하고 다른 통화를 달러화에 연동시키는 고정환율제
가 자리 잡았다. 이후 1971년 미국이 금 태환을 포기한 뒤 변동환율
제가 정착된 1980년대에 이르러서야 20세기 초반 수준을 회복했다.
2000년 즈음 수치는 0.7%대로 추산된다.[91]

인류의 삶을 뒤바꾼 주역, 철도

19세기 공업화의 산물 중 유일하게 철도만이 글로 쓰인 대중시의 심
상 속에 완전히 흡수됐다는 사실이 입증하는 것처럼, 산업혁명 과정에
서 나타난 어떠한 기술혁신도 철도만큼 상상력을 자극하지 못했다. …
연기를 내뿜는 거대한 뱀처럼 생긴 철도가 바람 같은 속도로 여러 국
가와 대륙을 가로질러 미끄러져 달리는 모습은 기술을 통한 인간 승
리의 상징이었다. 철도의 개착, 다리와 역, 제방들 앞에서 피라미드, 로
마의 수로, 중국의 만리장성마저 빛을 잃었다.
  ─에릭 홉스봄,《혁명의 시대》130~131쪽.[92]

자본주의 경제의 핏줄은 흔히 금융이라고 말한다. 경제가 돌아
가기 위한 자본의 공급을 금융이 수행하고 있어서다. 철도와 증기선
같은 교통수단 역시 또다른 의미의 자본주의 경제의 핏줄이다. 실제
로 철도와 증기선은 상품시장을 확대하고, 노동의 이동성을 높이고,
천연자원의 교역을 촉진했다. 한마디로 전 세계를 단일 경제권으로
묶는 역할을 했다는 뜻이다.
  제임스 와트의 노력으로 발전한 증기기관은 이후 다양한 분야

로 확장된다. 대표 활용처가 바로 교통수단이었다. 인간이나 자연의 힘이 아닌 외부 동력기관을 통해 움직이는 철도의 등장은 19세기 초까지 기다려야 했다. 철도의 실용화는 철도의 아버지라 불리는 조지 스티븐슨George Stephenson, 1781~1848의 몫이었다. 그는 많은 영국 과학자와 유사하게 강단이 아닌 '흙수저' 기술자 출신이다. 어려서부터 탄광촌의 증기기관 화부로 일한 덕분에 일찌감치 증기기관의 기초 원리를 눈과 손으로 접할 수 있었다. 여기에 수학과 공학을 공부하면서 증기기관 전문가로 거듭난다. 그러면서 증기기관을 탄광에서만이 아니라 교통수단으로 활용하려는 시도를 계속했다. 그의 꿈은 1825년 9월 27일 개통한 스톡턴~달링턴 철도로 처음 현실화되었다. 잉글랜드 북부의 교통 요충지인 스톡턴과 탄광 도시인 달링턴을 연결하는 이 노선은 세계 최초의 상업철도였다. 그가 설계하고 제작한 기관차 로코모션호가 38량의 객차와 화차를 끌고 시속 15킬로미터 속도로 14킬로미터 구간을 65분 만에 주파했다. 종료 지점인 달링턴에서는 4만여 명의 청중이 기관차 한 대가 수백 마리 말의 역할을 대신하는 광경을 눈으로 보고 환호성을 질렀다.[93] 경쟁 관계였던 마차보다는 느렸지만 한 번에 엄청난 양을 옮길 수 있는 철도의 효과는 곧바로 나타났다. 잉글랜드 북부 석탄의 톤당 운송비용과 석탄 판매가는 크게 하락했다.

다만 스톡턴~달링턴 노선은 화물만 운반했다. 그래서 1830년 9월 15일 개통한 리버풀~맨체스터 간 여객철도를 진정한 철도시대의 효시로 보기도 한다. 연장 45킬로미터 구간으로 산업혁명을 대표하는 두 도시를 연결하는 이 철도는 스티븐슨의 작품인 기관차 로켓호가 달렸다. 마차에 비해 속도는 두 배 이상이었고 운임은 절반 정도여서 일반 중산층까지 철도를 이용하게 되었다. 최첨단 토목공학 기술도 동원되었다. 도심과 늪지대를 통과하기 위해 64개의 철교와 육교가 만들어졌다. 산과 강 사이로 난 전통적인 길 대신 인간의 땀과 노력으로 만들어진 직선 길이 처음 등장한 것이다.[*][94]

이후 영국에서는 철도 투자 붐이 일어났다. 민간 주도로 건설된 영국 철도는 전 국토를 실타래처럼 연결했다. 1851년 철도 총연장만 9600킬로미터에 달했다. 2019년 기준 한국의 철도 총연장인 4087킬로미터의 두 배가 넘는 수준이다. 세계 각국에도 철도가 빠르게 부설되었다. 리버풀~맨체스터 철도 개설 이후 10년도 지나지 않아 유럽 전역으로 퍼져나갔고, 북아메리카에서도 달리기 시작했다. 영국 자본은 대영제국의 식민지만이 아니라 유럽과 라틴아메리카에서도 철도 건설 투자자로 참여했다. 1차 세계대전 전까지 29개국에서 113개의 철도를 소유했다. 금액으로 따지면 16억 파운드, 현재 가치로 800억 파운드(130조 원)에 달한다. 두 레일 사이의 간격인 1435밀리미터가 '표준 궤간'으로 자리 잡는 데에도 영국의 영향이 지대했다. 리버풀~맨체스터 철도에 적용된 궤간 간격이다.[95] 민간 자본이 활성화되지 못한 벨기에나 독일은 국가가 나서서 철도 부설을 주도했다. 유럽대륙 국가들은 철도가 발전의 핵심 역할을 할 기반시설이며, 따라서 국가가 직접 나서야 한다는 것을 알아차렸다.[96] 1890년에는 독일과 프랑

---

[*] 공교롭게도 개통일에 철도 역사상 최초의 인명 사고가 발생했다. 재무부 장관 출신의 거물 정치인 윌리엄 허스키슨William Huskisson, 1770~1830 하원의원은 개통식에 참석하기 위해 현장을 방문한 아서 웰즐리Arthur Wellesley, 1769~1852 총리와 인사를 나누다가 그만 기관차에 치여 숨졌다. 세계 최초의 여객용 철도 개통식은 난장판이 되고 말았다.

스의 부설 길이가 영국을 능가했고, 1910년에는 인도와 캐나다가 새로운 철도 강국으로 부상했다.

철도가 이처럼 빠르게 확산된 데에는 철도만큼 새 시대의 힘과 속도를 극적으로 보여주는 산물이 없었기 때문이다. 철도가 처음 등장한 1830년대에 이미 최고 시속 90킬로미터로 운행이 가능했다. 철강, 석탄 같은 연관산업이 크게 발전했다는 점은 철도 자체의 확충만큼 중요한 결과였다. 1830년 이후 20년간 영국의 철 생산량은 68만 톤에서 225만 톤으로 3배 넘게 증가했다. 선로 평균 1마일마다 궤도용으로만 300톤의 철이 필요했기 때문이다. 석탄 생산량도 같은 기간 1500만 톤에서 4900만 톤이 되었다.[97]

미국도 영국 못지않게 철도의 시작이 빨랐다. 스톡턴~달링턴 철도가 운행을 시작한 지 2년 뒤인 1827년 볼티모어앤오하이오 사가 설립되어 1830년부터 운행을 시작했다. 1850년 즈음에는 1만 4500킬로미터가 부설되면서 영국을 앞질렀고, 1860년에는 4만 8960킬로미터로 급증했다.[98]

대륙횡단철도Transcontinental Railway는 미국이 제1의 철도 강국으로 자리 잡는 데 혁혁한 공을 세웠다. 미국은 1846년 캘리포니아를 합병하면서 이미 태평양 연안까지 영토를 확장한 상태였다. 하지만 미시시피강 건너 서부는 황무지나 다름없었다. 1850년을 전후한 골드러시 이후에도 사정은 크게 개선되지 않았다.[*] 이에 유력한 대안으로 철

---

[*] 마차로 횡단하는 방식은 수개월이 걸릴뿐더러 자연재해와 강도의 습격으로 '목숨'을 걸어야 하는 일이었다. 배로 아메리카 최남단을 돌아가거나 파나마 지협까지 배로 이동한 뒤 80킬로미터의 정글을 헤치고 다시 해안을 따라 배로 올라가는 방법도 위험천만하긴 마찬가지였다.

도가 부상했다. 링컨 대통령은 남북전쟁 발발 이듬해인 1862년 대륙 횡단철도 건설사업에 서명했고, 1865년 전쟁이 끝나자마자 본격적인 공사를 시작했다. 네브래스카 주 오마하에서 캘리포니아 주 새크라멘토를 잇는 장장 2826킬로미터 길이였다.

　건설에 투입할 자금도, 노동력도 부족했다. 토목 기술도 변변찮았다. 이에 연방정부는 투자자들을 끌어모으기 위해 철도 양쪽 20마일을 건설사에 무상 불하하고, 1마일당 수만 달러의 돈을 빌려주는 파격적 조건을 내걸었다. 이에 동부에서 서쪽으로는 유니언퍼시픽철도 UP가, 서부에서 동쪽으로는 센트럴퍼시픽철도CP가 건설에 뛰어들었다. 두 회사는 한치라도 더 상대편 쪽으로 나아가기 위해 필사적으로 공사를 강행했다. '아메리칸 드림'을 꿈꾸며 바다를 건넌 수만 명의 중국인과 아일랜드인이 현장에 투입되었다. 경쟁이 하도 치열하다 보니 물리적 충돌까지 발생했다.[99] 결국 1869년 5월 10일, 유타 주 솔트레이크시티 인근 프로몬토리 언덕 정상에서 동서 양쪽에서 전진해 오던 선로가 연결되었다. CP 설립자이자 훗날 캘리포니아 주지사를 지내고 스탠퍼드대를 설립한 릴랜드 스탠퍼드Leland Stanford, 1824~1893가 마지막 연결점에서 황금 못(골든 스파이크)을 박으면서 대륙횡단철도는 완성된다. 광활한 서부가 동부와 연결되는 동시에 남북전쟁으로 한때 분열되었던 나라가 온전한 자본주의 공화국으로서의 운명을 받아들인 순간이었다.[100]

　대륙횡단철도가 완성되자 미국의 생활 양상은 완전히 달라졌다. 수개월 걸리던 횡단 기간이 일주일로 줄어들었다. 이는 미국의 산업 지형도 바꿔놓는다. 철로와 기관차 같은 철도시설의 태반은 강철이 사용된다. 이에 미국 연방정부는 일찌감치 횡단철도에 쓰이는 철강은 미국산만 쓸 수 있도록 법률로 명시했다. 이를 계기로 가난한 스코틀랜드 이민자 출신인 앤드류 카네기Andrew Carnegie, 1835~1919는 '철강왕'으로 탈바꿈한다. 당시 거물 금융가 J. P. 모건John Pierpont Morgan, 1837~1913은 카네기로부터 4억 8000만 달러의 천문학적 금액으로 철강회사를 사들인 뒤 1901년 유에스스틸US Steel을 설립한다. 카네기 철강회사를 비롯한 7개의 대형 철강회사가 수직적 결합을 통해 결성된 것이다. 자본금은 미국 사상 최고액인 14억 달러였다.[*101] 생산량 역시 세계 최대 규모였다. 출범하자마자 미국 조강 생산량의 65%를 차지하는 동시에 20세기 중반까지 세계 최고의 철강기업으로 군림했다. 산업 자본가의 시대였던 19세기와 달리 20세기는 금융 자본가의 시대라는 점을 보여준 첫 사례였다. 스탠더드오일 설립자인 '석유왕' 존 D. 록펠러John Davison Rockefeller, 1839~1937는 동부의 철도망으로 연결된 정유회사들을 닥치는 대로 합병하면서 회사를 인류 역사상 가장 거대한 기업으로 키운다.[**102]

미국 대륙횡단철도에 이어 캐나다에서는 1885년, 러시아에서는 1903년에 횡단철도가 개통한다. 19세기 말에는 유럽 선진국들과 미국은 물론 오스트레일리아, 아르헨티나, 남아프리카공화국, 일본 등 경제가 어느 정도 성장한 국가에서 보편적 교통수단으로 자리 잡

---

[*] 당시 연방정부의 일 년 예산이 5억 달러 남짓이고 미국 기업 전체 자본금 총 합계가 90억 달러이던 때였다.

[**] 참고로 스탠더드오일은 반트러스트법인 셔먼법 위반으로 1911년 연방대법원 판결에 따라 34개의 회사로 해체된다. 현재 전 세계 석유시장을 뒤흔드는 오일 메이저인 엑손모빌과 쉐브론이 스탠더드오일의 자손뻘이다.

는다. 전 세계의 철도 길이는 1860년 6만 6000마일에서 1870년 12만 8000마일, 1880년에는 22만 8000마일로 급증했다. 이에 따라 1875년 한 해에만 전 세계에서 13억 7100만 명의 승객과 7억 1500만 톤의 물자가 운반되었다. 당시 해상으로 수송된 승객과 물자의 약 9배에 달한다.[103] 열강의 '놀이터'로 전락했던 대한제국 시절 인천 제물포와 서울 노량진을 잇는 경인선이 개통한 것도 이즈음인 1899년이다.

철도는 인류의 식생활도 바꿔놓았다. 19세기 초반까지 뉴욕 시민이 접할 수 있었던 유제품은 뉴욕 외곽 농가에서 생산한 버터가 유일했다. 외곽 낙농가에서 생산된 우유를 실은 마차가 뉴욕 시내에 도착할 즈음이면 우유는 열에 아홉은 상한 상태였기 때문이다. 아니면 시내 건물 지하에서 쓰레기를 먹고 자란 젖소의 불결한 우유를 마셔야 했다. 하지만 1841년 뉴욕~이리 철도가 개통한 뒤 도시 젖소는 점차 사라졌다. 비슷한 현상은 영국 런던에서도 나타났다. 해안 마을에서나 먹을 수 있었던 '피시앤칩스'가 영국을 대표하는 요리가 된 것은 전적으로 철도 덕분이었다. 19세기 후반 프랑스 도시민들의 과일과 채소 소비가 19세기 중반 대비 두 배로 뛰어오른 것도 이런 이유에서였다.[104]

철도가 바꾼 인류의 풍경은 회화 작품에서 직접적으로 드러난다. 철도를 소재로 한 대표적인 회화 작품은 영국의 화가 윌리엄 터너 Joseph Mallord William Turner, 1775~1851의 〈비, 증기, 속도〉(1844년)다(570쪽 이미지 참고). 희뿌연 구름과 흩날리는 빗방울, 그 사이로 햇빛이 어렴풋이 비치는 가운데 기관차가 내뿜는 연기에 하늘과 지상의 경계가 사라진 모습이다. 작품 하단으로 거무스름한 형체의 기관차가 흐릿한 공간을 뚫고 눈앞에 등장한다. 대상을 빛의 변화에 따라 '보이는' 대로 묘사한 후기 인상주의의 대표작이다.

프랑스의 인상주의 화가 클로드 모네Claude Monet, 1840~1926의 작품 〈생 라자르 역〉(1877년)은 현대 문물로서 철도를 인상주의 화법으로 그린 것이다. 철재와 유리로 만들어진 역사 안 여러 갈래의 철로로 기관차가 희뿌연 연기를 내뿜으며 들어온다. 선로 양쪽으로는 기차를 기다리는 승객들이 늘어서 있다. 역사 멀리로는 고층빌딩들이 높다랗게 서 있다. 지금의 도시 풍경과 별반 다를 바 없다. 역시 프랑스 출신의 사실주의 화가 오노레 도미에Honoré Daumier, 1808~1879는 〈삼등열차〉(1862년)를 통해 객차 안 민중의 모습을 포착했다(571쪽 이미지 참고). 고단하고 굴곡진 삶이 얼굴에 그대로 드러나는 노파의 한쪽 어깨에 한 아이가 기대어 잠들어 있다. 그림 왼쪽으로는 아이를 품은 채 젖을 먹이는 젊은 여성이 있다. 아마도 가족인 듯한 이들은 고된 하루를 마치고 집으로 돌아가는 길이리라. 비슷한 작품으로는 일본 작가 아카마츠 린사쿠赤松麟作, 1878~1953 〈밤 기차〉(1901년)가 있다(572쪽 이미지 참고).[105] 등장인물과 구도가 놀랍도록 유사하다. 민중의 삶은 국경과 시대를 뛰어넘어 하나로 연결된다는 점을 보여주는 듯하다.

증기선과 무선통신, 대중문화의 아이콘으로 떠오르다

증기선 역시 세계화에 큰 공헌을 한 교통수단이다. 증기선은 철도와 비슷한 19세기 초반에 등장했다. 하지만 범선 대신 해상 운송의 주역이 되기 위해서는 더 많은 시간과 기술이 필요했다. 증기선은 범선에 비해 항해 거리가 상대적으로 짧았고 속도가 느렸다. 무엇보다 연료인 석탄을 싣고 운항해야 해 대양 항해의 경우 수익성이 크게 떨어졌다. 항로 주요 지점에 저탄소도 설치해야 했다. 오히려 19세기 중엽 쾌속 범선인 클리퍼Clipper가 등장해 바다의 주역이 되었다.[106] 또 설계와 화물 선적 방법이 개선되고, 항해 지식이 쌓이면서 범선이 대양을 오가는 역할을 계속 담당했다.

증기선 시대가 본격 도래한 것은 1870년 이후다. 바로 전해인 1869년 수에즈운하가 개통된 게 결정적 계기였다. 그때까지 유럽에서 아시아로 가려면 대서양을 돌아 남아프리카공화국의 희망봉을 거쳐야 했다. 육로로 서아시아 지역을 지나려면 오스만투르크 등 적대국을 통과해야 했기에 낙타나 말에 의지하는 대규모 교역은 한계가 명확했다. 지중해와 홍해 사이의 비교적 좁은 구간인 시나이반도 서쪽에 운하를 건설하자는 아이디어는 고대부터 나왔다. 16세기 베네치아 상인, 17~18세기 프랑스와 독일 역시 스페인이나 영국의 해운 무역에 대항하기 위해 운하를 구상했다. 하지만 토목기술의 향상이나 조수간만의 차를 극복해야 하는 문제를 해결하기 위해서는 더 많은 시간이 필요했다.

결국 수에즈운하는 1859년 프랑스 외교관 출신인 페르디낭 드 레셉스Ferdinand Marie de Lesseps, 1805~1894에 의해 공사가 시작되었고, 10년 만인 1869년 11월 17일 개통한다. 지중해와 홍해를 연결하는 193킬로미터 길이의 운하가 건설되면서 유럽에서 아시아에 이르는 항해 시간과 비용이 크게 줄었다. 영국 런던~싱가포르 항로 거리는 케이프타운을 경유하면 2만 4500킬로미터지만 수에즈운하를 통과하면 1만 5027킬로미터로, 런던과 인도 뭄바이 항로는 2만 1400킬로미터에서 1만 1472킬로미터로 단축되었다. 운하 통과 선박 수는 1870년 486척에서 1912년 5373척으로 급증했다.[107] 더구나 수에즈운하는 범선이 아닌 증기선만 통과할 수 있었다. 범선은 바람의 제약으로 자유롭게 운하를 통과할 수 없었기 때문이다. 이에 범선은 여전히 아프리카 남단을 돌아 운행해야 했고, 차츰 역사의 뒤안길로 사라졌다. 증기선의 승리는 영국 해양력의 승리이기도 했다. 1880년 즈음 전 세계 증기선의 절반은 영국이 보유한 선박이었다.[108]

통신의 발달도 19세기 중엽 이후 세계화에 결정적 역할을 한다. 전신은 1837년 영국에서 관련 특허가 처음 출원된 데 이어 이듬해인 1838년 미국인 새뮤얼 모스Samuel Finley Breese Morse, 1791~1872가 전신 기술을 개발하면서 기폭제가 되었다. 1851년에는 영국과 프랑스 사이 도버해협에 해저케이블이 깔렸고, 1865년에는 영국과 북아메리카 사이에도 건설되었다. 기술 진보도 함께 이뤄졌다. 1858년 빅토리아 여왕의 첫 메시지는 10분에 한 단어 속도로 전송되었지만 1866년에는 10분에 80단어가 전송되었다. 20세기 초에는 10분에 1200단어까지 전송이 가능해졌다.[109] 여기에 1890년대에는 이탈리아의 굴리엘모 마르코니Guglielmo Giovanni Maria Marconi, 1874~1937, 독일의 하인리히 루돌프 헤르츠Heinrich Rudolf Hertz, 1857~1894 등 과학자들의 치열한 경쟁으로 무선전신이 등장한다. 마르코니는 뛰어난 사업 수완을 발휘해 22세였던 1896년 영국과 미국 양쪽에서 처음으로 무선통신 특허를 출원하고, 1901년에는 대서양을 건너 신호를 보내는 데 성공한다. 영국 해군은

곧바로 그의 무선 기술을 채택했다.[*][110]

전화의 발명도 획기적인 사건이었다. 1878년 세계 최초의 전화망이 미국 코네티컷 주 뉴헤이븐에 설치되었다. 이어 잉글랜드와 프랑스에서도 전화망이 구축되었다. 그 결과 1885년에는 전 세계에서 전화기를 보유한 이가 26만 명으로 폭증했다. 통신혁명의 중심에는 미국이 있었다. 그해 전화기를 보유한 전 세계 인구 가운데 60%가 미국인이었다. 1차 세계대전 직전에는 전 세계에서 사용되던 전화기 1450만 대 중 950만 대가 미국에 몰려 있었다. 1920년대 미국에서는 중산층에게까지 전화 보급이 확대되었다.[111]

그레고리 클라크 미국 캘리포니아대 교수의 분석을 잠시 소개한다. 1798년 8월 이집트 아부키르만에서 영국 해군이 프랑스 해군을 격파한 나일해전(아부키르만 해전)이 벌어진다. 프랑스대혁명 이후 처음으로 영국 해군이 프랑스 해군을 상대로 거둔 승리였다. 해당 전투의 승전보가 영국 런던에 전해지는 데 걸린 시간은 무려 62일이었다. 정보가 전달되는 속도는 시속 2.2킬로미터에 불과했다. 19세기 중반까지도 정보 전달 속도는 크게 개선되지 않았다. 1857년 세포이의 항쟁은 시속 6.1킬로미터의 속도로 총 46일, 이듬해 톈진조약은 4.2킬로미터의 속도로 총 82일이 걸렸다. 그러나 전신이 보급되면서 정보 전달 속도는 크게 빨라졌다. 1865년 링컨 암살 소식은 시속 18.8킬로미터의 속도로 13일가량 걸렸고, 1891년 일본 미노·오와리 지진 소식은

[*]1912년 타이타닉호 참사는 무선통신을 당대 대중문화의 아이콘으로 떠오르게 한 사건이었다. 약 30%의 승객이나마 구조할 수 있었던 것은 마침 사고 현장 근처에 있던 배들이 마르코니의 무선전신을 통해 타이타닉호에서 보낸 구조신호를 받은 덕분이었다.

무려 시속 394.4킬로미터 속도로 런던에 겨우 하루 만에 도착했다.[112]

교통과 통신의 발전은 물류비용의 감소로 이어져 세계시장을 하나로 통합하는 역할을 한다. 1870년 운송비는 1830년의 3분의 2 수준으로 떨어졌고, 1910년에는 다시 1870년의 절반 수준으로 급락했다. 운송비 하락은 전 세계적인 가격의 동기화 등 시장 통합으로 이어졌다. 예를 들어 영국 리버풀과 시카고의 밀 가격 차이는 1870년 58%에서 1912년 16%로 크게 떨어졌다. 영국 런던과 우크라이나 오데사의 밀 가격 차이도 1870년 40%에서 1906년 불과 2%로 축소되었다. 1820년부터 1914년까지 대륙 간 상품가격 차이는 무려 81%나 줄었다. 전체 감소분 가운데 72%는 운송비 절감, 28%는 관세 인하의 결과였다.[113]

'낭만의 시대' 꽃피운 음악가들

베토벤의 계승자 멘델스존과 슈만

부르주아계층의 확대는 거대한 음악시장을 만들었다. 현재 우리가 접하는 음악단체들이 속속 등장하면서 시민들은 불과 수십 년 전과 비교할 수 없을 만큼 음악을 손쉽게 접하는 동시에 음악계에서 자신들의 목소리를 낼 수 있었다. 음악의 저변이 넓어지다 보니 예술로서의 음악의 깊이도 더해졌다. 음악 저널이 활성화되고 고전이 재발견되었다. 일간지 1면에 음악 비평이 종종 실릴 정도였다. 한마디로 양적으로나 질적으로 당시 대중음악이 성장했다는 뜻이다. 음악계의 '스타'들도 출현했다. 사회의 중추로 자리 잡은 부르주아계층은 이들에게 전폭적 지지를 보냈다.

당시 작곡가 중에서 맨 앞자리에 놓인 이들은 멘델스존과 슈만이다. 음악사에서 이들의 위상은 결코 작지 않다. '거인' 베토벤의 사후 많은 작곡가가 그의 어깨를 넘지 못했지만, 멘델스존과 슈만은 베토벤에 필적할 교향곡들을 내놓았기 때문이다. 게다가 이들은 지휘자와 음악평론가로 활동하면서 첫 '음악학자' 역할도 수행했다. 멘델스존은 바흐 사후 80여 년 만에 〈마태수난곡〉을 복원해 연주하면서 바흐의 부활을 주도했다. 슈만은 〈신음악잡지〉라는 매체를 이끌면서 직접 평론을 발표했다.

멘델스존은 흔히 모차르트와 더불어 서양음악계의 천재로 통한다. 모차르트보다 더 뛰어나다는 평가를 받기도 한다. 모차르트는 어린 시절엔 그 나이에 걸맞은 작품을 남겼다면, 멘델스존은 10대 때부터 완숙미 넘치는 작품들을 발표했다. 그의 대표작인 현악팔중주는 16세 때, 〈한여름 밤의 꿈〉 서곡은 17세 때 썼다. 괴테도 "멘델스존이 이미 이룬 성취를 당시의 모차르트와 비교하자면, 다 자란 어른의 교양 있는 대화를 어린아이의 혀 짧은 소리에 비교하는 것과 같네"[114]라고 격찬했다. 멘델스존은 손꼽히던 '금수저'였다. 그는 계몽주의시대 독일 최고 지성인 유대인 철학자 모제스 멘델스존Moses Mendelssohn, 1729~1786의 손자였다. 모제스는 젊은 시절 유대인에게 관대했던 베를린으로 이주한 뒤, 1764년 프로이센 과학아카데미의 철학 현상논문에서 칸트를 누르고 1위를 차지했다. 멘델스존의 아버지는 부유한 은행가였고, 어머니는 아마추어 음악가이자 미술가였다.《호메로스》를 원어로 읽을 수 있을 만큼 교육을 받은 이들이었다. 자연스럽게 멘델스존 역시 음악을 포함해 당대 최고 수준의 교육을 받았다.[115] 부모는 그를 위해 작은 오케스트라를 만들어주기까지 했다. 더구나 어린 시절

개신교로 개종하면서 유대인이라는 신분의 제약도 뛰어넘었다. 전형적인 '부르주아 천재'이자 비더마이어시대에 가장 적합한 작곡가였다. 이런 생태적 배경을 반영하듯 그의 음악을 표현하는 가장 적합한 수식어는 '균형감'이다.

그는 뛰어난 피아니스트 겸 오르가니스트이자 지휘자로 명성을 날렸다. 뒤셀도르프 음악감독, 라이프치히 게반트하우스 오케스트라 음악감독이 그가 맡은 공식 직책이다. 그는 유럽 전역에서 활동했다. 총 다섯 개의 교향곡 중 가장 자주 연주되는 3번 〈스코틀랜드〉 (1842년)와 4번 〈이탈리아〉(1833년)에 부제로 지명이 붙은 것도 이런 이유에서다. 멘델스존의 곡들은 엄숙하고 치밀한 독일 관현악곡과 달리 상대적으로 밝고 활기 넘치는 분위기를 선사한다. 고전적 형식을 고수하면서도 음악적 균형을 방해하는 극단의 감정을 절제한 것이 특징이다.[116] 4번 교향곡을 듣고 있노라면 지중해의 밝은 태양과 아름다운 풍경이 눈앞에 자연스럽게 그려진다. 그는 "나는 이탈리아의 예술 그 자체가 아니라 폐허나 경치 그리고 자연의 화려함 속에서 음악을 찾아냈다"라고 말하기도 했다.

반면 멘델스존의 만년작에 해당하는 3번 교향곡은 베토벤의 진중한 독일 관현악 전통으로 돌아온 듯하다. 멘델스존 특유의 고전적 균형감과 더불어 '스코틀랜드의 안개'를 표현한 듯한 아련한 멜로디는 듣는 이의 마음을 사로잡는다. 음악학자들은 이 곡에 대해 동질적인 음악 모티브가 전곡을 관통하면서도 목관 등 개별 악기들의 목소리도 잘 표현되는 등 멘델스존의 개성이 가장 잘 드러난 최대 걸작으로 손꼽는다.[117] 멘델스존은 두 개의 피아노협주곡을 남겼지만 지명도가 떨어진다. 대신 그의 바이올린협주곡(1844년)은 가장 대중적인 클래식음악 중 하나이자 19세기 낭만주의 음악을 대표하는 명작이다. 특히 2악장의 바이올린 독주 부분은 클래식 역사상 가장 처연하면서도 아름다운 멜로디라고 해도 과언이 아니다.

슈만은 작곡가 이전에 당대 최고의 음악평론가이자 지성인이었다. 어렸을 때부터 문학에 뛰어난 자질을 보이면서 작가를 꿈꾸기도 했다. 불과 15세 때 자서전을 썼고, 김나지움 마지막 학년에는 〈시와 음악의 밀접성에 관하여〉라는 논문을 발표할 정도였다.[118] 정해진 틀에 구애받지 않고 작곡가의 감정과 의도를 자유롭게 곡 안에 불어 넣어야 한다는 신조를 가진 낭만주의자였다.

작가이자 서적상의 아들로 태어난 슈만은 라이프치히대에서는 법학을 전공했지만 피아니스트의 꿈을 키운다. 이때 그를 가르쳤던 스승이 당대 최고의 음악 교사이자 장인인 프리드리히 비크Johann Gottlob Friedrich Wieck, 1785~1873였다. 그러나 슈만은 피아니스트로서는 치명적인 손 부상을 입고 작곡과 비평으로 진로를 바꾼다. 1834년부터 1844년까지 라이프치히의 〈신음악잡지〉 편집장을 맡기도 했다. 그는 평론가로서 조아키노 로시니Gioacchino Antonio Rossini, 1792~1868, 자코모 마이어베어Giacomo Meyerbeer, 1791~1864처럼 겉은 화려하지만 속은 비어 있는 음악가들을 비판했다. 새로운 천재를 알아본다는 점에서도 탁월했다. 그가 처음 소개한 작곡가는 쇼팽이었고, 마지막에 소개한 작곡가는 브람스였다. 바흐에 대한 많은 글을 남기면서 바흐 부흥의 일등공신이 되기도 했다.[119] 또 당시 목소리를 얻기 시작했던 표제음악의 과도한 기교성을 비판하고, 대신 고전의 재평가가 필요하다고 역설했다.

슈만은 가곡 면에서는 슈베르트의 후계자로 일컬어진다. 그는 1840년에만 120곡 이상의 노래를 썼다. 유명한 〈시인의 사랑〉 〈여인의 사랑과 생애〉가 그때 나왔다. 연도를 눈여겨볼 필요가 있는데, 그해에는 슈만이 클라라 비크Clara Wieck, 1819~1896와 결혼한 해였다. 클라라는 '여성'이라는 수식어를 떼내더라도 당대 최고의 피아니스트이자 작곡가였다. 지금으로 치자면 피아노의 여제 마르타 아르헤리치Martha Argerich와 현대음악가 진은숙 선생이 한몸인 셈이다. 아버지 프리드리히가 소송을 불사하며 딸보다 무려 10살 가까이 많은 슈만과의 결혼을 반대한 것도 당연한 일이었다. 슈만은 결혼 전후로 빼어난 연가들을 연이어 내놓았는데, 후세 음악학자들은 그해를 일컬어 '가곡의 해'라 부른다. 참고로 1841년은 '교향곡의 해', 1842~1843년은 '실내악의 해'로 불린다. 일찍이 낭만주의 문학에 매료되었던 슈만은 음악과 문학이 결합된 가곡에 깊이 천착했다. 그의 가곡에서 피아노는 단순한 반주 역할에 그치지 않는다. 피아노 선율은 성악가의 목소리와 동등한 위치로 매우 긴 전주와 간주, 후주가 뒤따른다.[120] 원래 피아니스트를 꿈꾼 그는 피아노의 음색과 표현 범위에 친숙했다. '가곡의 해' 이전 10여 년간 피아노곡만 작곡했다는 점도 떠올릴 필요가 있다.[121]

그의 작품에서 중요한 곡은 피아노협주곡과 네 개의 교향곡*이다. 교향곡 1번(1841년)은 〈봄〉이라는 표제로 불린다. 봄날의 따사로

---

* 다만 그의 교향곡들은 오케스트레이션 상에 문제가 있다는 지적을 받기도 한다. 슈만은 오케스트라보다 피아노를 기반으로 사고하는 작곡가였다. '피아노 음악의 오케스트라화'라는 비판을 받은 이유다. 실제로 슈만의 교향곡은 주선율이 명확하게 들리지 않는다.[122] 말러 등 후세 지휘자들은 그의 악보를 손본 뒤 지휘하기도 했다. 하지만 특유의 광채와 고고한 심상은 바래지 않는다.[123]

운 햇살 같은 감미로운 정취와 함께 생명의 에너지가 곡 전체에서 배어 나온다. 실제로 이 곡은 클라라와 결혼한 이듬해에 작곡되었는데, 오랜 투쟁 끝에 쟁취한 행복을 마음껏 표출하고 있다. 하지만 강박과 우울 그리고 쓸쓸함이라는 슈만 고유의 정취는 곡 사이사이에 어두운 그림자를 드리운다.[124] 그의 교향곡 중 가장 낭만적이면서도 열정적인 곡으로 손꼽히는 교향곡 4번 역시 1번과 같은 해인 1841년에 만들어 졌다. 교향곡 3번(1850년) 〈라인〉은 그의 교향곡 중 가장 사랑받는 곡이다. 곡 중간중간마다 유려한 라인강의 도도한 물줄기를 연상시키는 선율이 등장한다. 그는 이 곡을 통해 라인강을 터전으로 살아가는 독일인들의 삶과 정신, 자부심 그리고 종교적 숭고함을 표현했다.

슈만은 독주자의 기교에만 매달리는 당시 협주곡 경향에 극도로 비판적이었다. 모차르트와 베토벤 작품들처럼 피아노와 오케스트라가 유기적으로 결합한 음악을 지향했다. 그의 피아노협주곡(1845년)은 구조적인 균형을 유지하면서도 낭만주의적 상상력을 극대화한 19세기 협주곡의 최고 걸작으로 손꼽힌다.[125] 첼로협주곡(1850년)은 교향곡 3번과 같은 시기에 작곡되었는데, 슈만은 첼로가 화려한 기교를 과시하지 않으면서도 관현악과 일체가 되어 시적이고 낭만적인 상상력을 표출하는 협주곡을 만년에 발표했다.• 이는 이후 안토닌 드보르작Antonín Leopold Dvorák, 1841~1904, 에드워드 엘가Edward Elgar, 1857~1934

• 첼로는 피아노나 바이올린 등 다른 독주 악기에 비해 협주곡이 많지 않은 편이다. 악기의 음역대가 낮다는 점에서 독주 악기로는 돋보이기가 쉽지 않다. 하이든이 두 개의 첼로협주곡을 남겼지만 이후 모차르트나 베토벤은 첼로협주곡을 쓰지 않았다. 그렇다고 작곡가들이 첼로에 관심이 적었던 것은 아니다. 베토벤은 교향곡 9번 4악장 앞머리에서 곡을 이끌어가는 첼로의 매력을 선보였다.

같은 작곡가가 빼어난 첼로협주곡을 만들어내는 계기가 된다.

그를 무너뜨린 건 정신병이라는 가족력이었다. 그의 부친과 누이도 정신병을 앓았다. 더구나 당대 유행하던 겉은 화려하지만 속은 비어 있는 음악을 견디지 못했다. 이는 당대 평론가들로부터 공격의 대상이 되었고, 이들과의 논쟁은 극도로 섬세한 슈만을 더욱 지치게 만들었다. 최고의 피아니스트였던 부인 클라라와 항상 비교당하는 점도 그를 위축시켰다. 정확하게 그는 극단적 조울증에 시달렸다. 조증일 때는 왕성한 창작력을 보였지만 우울증일 때는 작곡에 손을 대지 못할 만큼 양극성 장애가 심각했다.

죽음을 5년 앞둔 1851년부터 환상을 보기 시작하는데, 어느 날 밤에는 잠자리에서 벌떡 일어나 세상을 떠난 슈베르트와 멘델스존의 영혼이 불러주는 음악을 악보에 썼다고 한다. 1852년에는 천사가 들려주는 음악을 받아 적는 환각에 시달리기도 했다.[126] 1854년 2월에는 뒤셀도르프의 라인강 다리에서 몸을 던져 자살을 기도했고, 스스로 엔데니히의 정신병원에 들어갔다. 결국 슈만은 1856년 7월 29일 세상을 떠났다. 부인 클라라는 이후 40년을 피아니스트이자 여섯 자녀의 어머니로 살다가 1896년 본 알터 프라이도프 묘지의 남편 곁에 눕는다.

비르투오소의 시대를 연
파가니니와 쇼팽 그리고 리스트

음악시장이 넓어지니 자연스럽게 '슈퍼스타'들도 등장했다. 19세기 버전의 비틀스와 BTS는 작곡가이자 피아니스트로 명성을 날린 쇼팽과 프란츠 리스트Franz Liszt, 1811~1886, 역시 작곡가이자 바이올리니스트였던 니콜로 파가니니Niccolo Paganini, 1782~1840였다. 이들에 대해 종종 등장하는 표현이 '비르투오소Virtuoso'다. 고도의 기교로 완벽한 연주를 하면서도 심오한 예술성을 지닌 연주자를 뜻한다. 원래는 뛰어난 시인이나 학자를 통칭하는 표현이었지만 18세기 이후 음악 용어로 자리 잡았다.* 비르투오소가 각광받은 건 19세기 들어서다. 개인의 감정과 개성을 본격적으로 드러낸 낭만주의 음악이 주류로 떠오른 게 계기였다. 무엇보다 공공연주회가 발전하면서 새로운 대규모 청중이 연주자들의 기교에 많은 관심을 가졌다.[127] 최초의 비르투오소는 파가니니다. 그의 별명은 '악마의 바이올리니스트'였다. 정확하면서도 빠르고 정열적인 연주는 당대 다른 연주자들보다 한참 앞섰다.

　　명성은 명예만이 아니라 곧잘 부로 연결되곤 한다. 파가니니 역시 천문학적인 돈을 벌어들인다. 그는 1831년 3월과 4월에 프랑스 파리오페라극장에서 11번이나 연주회를 열고 13만 3107프랑을 벌었다. 오페라 작곡가이자 파리음악원장이던 루이지 케루비니Luigi Cherubini, 1760~1842가 6개월간 왕실 음악감독으로 일하며 받았던 6000프랑의 20배가 넘는 액수다. 1849년 레오나르도 다빈치의 〈모나리자〉 추정가인 9만 프랑도 훌쩍 넘는다.[128] 그는 피아니스트를 비롯해 다른 악기를 연주하는 이들에게 엄청난 영향을 미쳤다. 브람스와 세르게이 라흐마니노프Sergei Vasil'evich Rakhmaninov, 1873~1943는 그의 변주곡 테마를 기초로 피아노변주곡을 내놓기도 했다.

* 카라얀Herbert von Karajan, 1908~1989 같은 지휘자나 윤이상1917~1995 같은 작곡가에게는 이 표현을 쓰지 않는다. 팝음악계에서도 사용하지 않는다.

파가니니에 이은 19세기의 대표 비르투오소로는 쇼팽과 리스트가 꼽힌다. 쇼팽은 폴란드 바르샤바 근교 출신으로 일찍부터 피아니스트와 작곡가로 재능을 발휘했다. 바르샤바음악원에서 공부한 뒤 오스트리아와 독일을 거쳐 1831년 프랑스 파리에 정착하면서 본격적인 명성을 얻는다. 그는 공공연주 대신 피아노 레슨과 살롱 연주, 출판을 통한 수입만으로 부유한 생활을 할 수 있었다.

쇼팽은 연주자만이 아니라 작곡가로도 굵직한 자취를 남겼다. 두 개의 피아노협주곡과 세 개의 피아노소나타, 녹턴(야상곡), 연습곡, 전주곡, 발라드 등이 대표작이다. 모두 피아노곡이다. 그의 업적은 '피아노의 독립'을 이끌어냈다는 점이다. 그의 작품을 통해 피아노가 피아노만의 고유의 소리와 음형을 새롭게 구성했다.[129] 특유의 몽환적이면서도 감미로운 선율을 지닌 녹턴과 발라드는 지금도 피아노 교습을 받는 학생들의 필수 연주곡이다. 비교적 덜 알려진 소나타 역시 베토벤 못지않은 고전적 아름다움과 혁신성을 내포하고 있다. 〈마주르카〉나 〈폴로네즈〉 등 폴란드 민속 춤곡에 기반한 피아노 소품들도 썼다. 이는 당시 러시아의 지배 아래 있던 폴란드 민중을 음악적으로 재현한 것이었다. "만일 북쪽의 전능한 독재자(러시아 니콜라이 1세)가 〈마주르카〉에 얼마나 위협적인 것이 숨어 있는지 깨닫게 된다면 당장 이 음악을 금지시킬 것이다. 쇼팽의 작품은 꽃에 파묻혀 있는 대포와 같다"라는 슈만의 평가는 이 점을 주목한 것이다.[130]

쇼팽은 단 한 곡의 교향곡도 쓰지 않았다. 그렇다고 음악가로서 그의 위상이 떨어지지 않는다. 쇼팽의 음악성이 응축된 작품은 바로 피아노협주곡 1번과 2번이다. 피아노협주곡 1번은 2015년 쇼팽콩

쿠르에서 우승하면서 '슈퍼스타'로 발돋움한 조성진이 결선에서 연주한 곡으로, 한국인들에게 특별한 사랑을 받고 있다. 1번은 20세 때인 1830년, 2번은 한 해 전 작곡했다. 두 곡 모두 파리로 떠나기 전 바르샤바음악원 재학 시절 만들었다. 서정성과 아름다움, 재기발랄함과 화려함을 모두 갖추면서 낭만주의 피아노협주곡의 정점에 이르렀다.

리스트는 서부 헝가리의 독일어권 지역에서 태어나 여섯 살 때부터 아마추어 연주자이자 군인이었던 부친으로부터 피아노를 익혔다. 이후 빈으로 이주하고서는 카를 체르니, 안토니오 살리에리 등 당대 최고의 음악가들로부터 피아노 연주와 대위법을 배웠다. 12세 때 가족과 함께 파리로 이주해 부유층 자제들에게 피아노 레슨을 하는 동시에 콘서트 비르투오소로 활동한다. 파가니니가 바이올린을 통해 보여준 초절정 기교를 피아노로 선보이고자 한 것이다.

쇼팽이 '피아니스트의 피아니스트'였다면, 리스트는 '대중의 피아니스트'였다. 화려한 기교 그리고 피아노를 거의 부술 듯한 힘으로 승부하는 최초의 피아니스트였다. 그와 극단에 서 있던 멘델스존도 "리스트만큼의 기교와 손가락의 완벽한 독립, 빈틈없는 표현력을 갖춘 연주자는 찾기 어렵다"며 경탄할 정도였다. 당대 최고의 피아니스트였던 클라라 슈만에게도 리스트는 "우리가 고통스럽게 연습하다가 결국 포기한 부분을 초견으로 연주"하는 천재였다.[131] 그는 전성기였던 1839~1847년 사이 1000회 이상의 독주회를 가졌다. 서쪽으로는 포르투갈과 아일랜드에, 동쪽으로는 터키와 러시아에 이르렀다. 대도시에서는 3000명이 넘는 청중이 모일 정도였다. '리사이틀'이라는 표현도 그로부터 처음 등장했다.[132] 독일의 시인 하이네는 그를 향한 열광을 '리스토마니아Lisztomania'라는 신조어로 표현했다.

화가 요제프 단하우저Josef Danhauser, 1805~1845의 〈피아노를 치는 리스트〉(1840년)에서는 리스트를 향한 당대의 분위기를 엿볼 수 있다 (573쪽 이미지 참고). 리스트의 오른쪽에는 그의 정부情婦 마리 다구Marie d'Agoult, 1805~1876 백작부인이, 뒤로는 쇼팽의 연인이자 작가였던 조르주 상드Georges Sand, 1804~1876가 앉아 있다. 알렉상드르 뒤마Alexandre Dumas, 1802~1870, 빅토르 위고Victor-Marie Hugo, 1802~1885, 파가니니, 로시니 같은 명사들도 흠모하는 표정으로 리스트가 연주하는 모습을 바라보고 있다. 연습곡을 포함한 그의 피아노곡들은 난이도 면에서 극단의 연주력을 요구한다. 다만 리스트는 1848년 이후 순회 연주자로서의 삶을 접고 바이마르 궁정의 음악감독으로 부임한 뒤 작곡에 매진한다. 이후 약 10년간 열두 곡의 교향시를 내놓는다. 해당 작품들은 모두 제목, 곧 표제로 불린다. 〈프로메테우스〉〈마제파〉〈파우스트 교향곡〉이 대표곡이다.

우리는 베토벤의 여러 작품을 '제목'으로 인식한다. 교향곡 5번 〈운명〉, 교향곡 9번 〈합창〉, 피아노소나타 17번 〈템페스트〉처럼 말이다. 하지만 정작 베토벤은 해당 작품을 내놓으면서 제목을 단 적이 거의 없다. 후세에 작품의 이해를 돕기 위해 편의상 제목이 달린 것이다. 제목을 의식하고 곡을 듣다 보면 작곡가의 의도와 다르게 곡을 이해하는 결과를 낳을 수 있다는 뜻이다. 반면 '표제음악Program Music'은 아예 곡에 제목이 달려 있다. 제목은 그림이나 조각, 시 등 다양한 분야를 망라한다. 이때 관현악은 작곡가가 전달하려는 메시지가 담긴 일종의 그릇이다. 결과적으로 표제음악은 '예술적 음악'이 된다. 리스트의 이런 시도는 19세기 중후반 활동한 바그너의 총체예술작품과 더불어 표제음악이라는 거대한 흐름을 만든다.

리스트가 교향시를 내놓기 전에도 표제음악은 이미 등장해 있었다. 당시 음악의 주류인 독일계가 아닌 프랑스 출신의 엑토르 베를리오즈Louis-Hector Berlioz, 1803~1869에 의해서다. 베를리오즈가 명성을 얻은 것은 1830년 〈환상교향곡〉으로 당대 최고 권위의 작곡상이었던 로마대상을 받은 뒤부터다. 아일랜드 여배우 해리엇 스미드슨에 매료된 자기 모습에 영감을 받아 작곡했다. 해당 작품에는 '고정악상'이라는 장치가 등장한다. 주인공의 연인에 대한 강박적 이미지를 나타내기 위해 특정 선율을 분위기와 상황에 따라 달리 변주하는 방식을 뜻한다. 이 작품의 부제는 "어느 예술가의 생애와 에피소드"다. 주인공은 이뤄질 수 없는 사랑에 고통받는 예술가로 작곡가 자신을 빗댄 것으로 보인다.* 표제음악은 이후 바그너의 등장과 절대음악과의 경쟁을 통해 더 뚜렷한 모습을 드러낸다.

진정한 '대중음악', 이탈리아 오페라

우리는 낭만주의시대 하면 관현악 같은 순수 기악음악이나 가

---

* 아편을 먹고 자살을 기도한 주인공은 아편의 양이 치사량에 미치지 못해 환각에 빠지고, 그 와중에 죽음과 마녀가 등장하는 꿈을 꾼다. 해당 작품은 19세기 초반에 만들어졌다고 여기기 힘들 만큼 독창적인 면이 곳곳에서 드러난다. 후대 작곡가 구스타프 말러의 작품처럼 매우 다양한 악기를 사용해 그로테스크하면서도 몽환적 감정을 전달한다. 음악학자 그라우트는 꿈을 암시하기 위해 약음기를 낀 현악기를 등장시키고, 무도회 장면을 위해 하프를 사용하거나 단두대로 행진하는 모습을 구현하기 위에 스네어 드럼과 심벌즈를 연주하는 것을 대표 사례로 든다.

곡을 먼저 떠올린다. 그러나 19세기 초반에는 오페라가 전성기를 누렸다. 독일이나 오스트리아 등 독일어권을 제외한 이탈리아와 프랑스에서는 음악 문화의 중심에 자리하고 있었다. 오페라는 소수 음악 엘리트만이 아니라 대중에게도 폭넓은 사랑을 받는, 그야말로 '대중음악'이었다. 서유럽은 물론 신대륙에도 오페라극장이 대도시마다 건립되었다. 오페라 공연에 가는 것은 음악 자체를 즐기는 것 외에도 자신의 문화적 소양과 사회적 지위를 드러내는 목적을 담고 있었다.[133]

19세기 초반 오페라의 중심지는 이탈리아였다. 특히 로시니는 당대 베토벤을 뛰어넘는 국제적 명성을 누리며 엄청난 부를 쌓았다. 프랑스 파리의 이탈리아 오페라 전용극장인 이탈리앵극장에서 1822년 공연된 154편의 오페라 가운데 119편이 로시니의 작품이었다. 당시 '오페라의 수도'였던 파리에서의 성공은 곧 국제적 성공을 뜻했다. 영국 런던에서는 행사에 참석하는 것만으로도 사례금을 받았을 정도였다.[134] 《알제리의 이탈리아 여인》《세비야의 이발사》같은 희극만이 아니라 《오텔로》《윌리엄 텔》같은 지금도 널리 사랑받는 정극을 남겼다. 이탈리아 오페라 양식으로 흔히 거론되는 표현은 '벨칸토'다. '아름답게 노래하기'라는 뜻이다. 서정적인 선율과 화려하고 장식적인 표현을 하는 방식이다. 로시니는 청중을 즐겁게 해주는 게 유일한 지상과제인 벨칸토 오페라의 양식 확립에 큰 기여를 했다.[135]

희극 오페라로 가장 널리 알려진 《세비야의 이발사》(1816년)는 오페라 부파의 특징을 벨칸토 전통과 결합시킨 곡이다.[136] 원작은 프랑스 극작가 피에르 오귀스탱 카롱 드 보마르셰Pierre-Augustin Caron de Beaumarchais, 1732~1799가 쓴 연극 《피가로 3부작》의 제1부 〈세비야의 이

발사〉다. 해당 소재로 쓰인 오페라만 해도 열 곡이 넘지만, 로시니의 곡이 가장 유명하다. 모차르트의 오페라《피가로의 결혼》역시 보마르셰의 작품을 원작으로 한다.《세비야의 이발사》의 주인공은 알마비바 백작과 아름다운 처녀 로지나, 이발사 피가로, 의사 바르톨로다. 알마비바 백작은 마드리드에서 우연히 만난 로지나에 빠져 세비야까지 따라온다. 하지만 로지나와 결혼하려는 바르톨로 때문에 그녀를 만나기 어려웠다. 매일 아침 로지나의 창문 아래에서 사랑의 노래를 부르던 알마비바 백작은 우연히 한때 자신의 하인이었던 피가로를 만나고, 그의 도움으로 로지나를 탈출시켜 결혼하는 데 성공한다. 피가로의 아리아 〈나는 마을의 만능일꾼〉은 누구에게나 친숙한 멜로디다. 오케스트라가 단순히 노래를 반주하는 역할에서 벗어나 성악과 동등한 입장에서 선율을 들려준다는 점도 음악적으로 돋보이는 점이다.

이 곡은 원작의 정치적 배경을 먼저 이해하는 게 감상에 도움이 된다.《세비야의 이발사》는 1773년 집필이 완료되고 1775년 초연되었다. 1789년 프랑스대혁명이 발발하기 16년 전에 쓰였지만 앙시앙레짐(구체제)의 모순이 그대로 드러난다. 귀족들은 퇴폐적이면서도 돈으로 모든 것을 해결하려 한다. 평범한 시민을 상징하는 피가로는 자신의 직업에 자부심이 가득한 인물이다. 무능력한 귀족과 달리 지혜와 능력으로 문제를 해결하고, 귀족들의 실태를 해학과 풍자로 폭로한다. 보마르셰의 원작이 혁명 전야의 신분적 모순을 그렸다면, 로시니의 오페라는 혁명 이후 세상의 주역이 된 시민계층의 당당한 모습을 보여준다.

벨칸토 오페라 특유의 감미롭고 아름다운 선율에 진보와 평등의 메시지를 담고 있어서였을까.《세비아의 이발사》는 발표 직후부터 전 세계적으로 큰 인기를 끌었다. 1822년 빈의 케른트너토어극장에서 로시니페스티벌이 열렸을 때 도시 전체는 '로시니 광란'에 휩싸였다. 《세비아의 이발사》를 보고 감동한 베토벤은 로시니를 직접 찾아와 더 많은 작품을 작곡해달라고 당부했을 정도다. 1825년에는 대서양 건너 미국 뉴욕에서도 공연되었다.[137]

3장

자본주의에
드리운 유령,
불황

파국의 전조 드리운
자본주의

'자본주의 유토피아'에
균열을 낸 대불황

당대 사람들이 보기에 1873년에서 1896년의 시기는 역사적 경험으로
부터 이탈한 것처럼 보였다. … 모든 상품 가격이 평균 3분의 1가량 하
락했다. 이는 인간이 기억하는 가장 극심한 디플레이션이었다. 이자율
또한 하락했는데, 그 수준이 너무나 떨어져서 경제학자들은 자본이 자
유재 수준으로 넘쳐날 가능성을 고려해야 할 지경이었다. 그리고 이윤
은 위축되었고, 당시 주기적 경기 침체라고 인식된 것이 무한히 연장
된 듯 보였다. 경제체계는 무너지고 있는 것 같았다. … 무한한 진보의
미래라는 낙관주의는 불확실성과 고통감에 길을 내주었다.

　　－조반니 아리기, 《장기 20세기》 290쪽.[1]

1873년은 경제사에서 매우 중요한 해다. 당시는 프랑스대혁명 (1789년)과 미국독립혁명(1776년)이 일어난 때로부터 거의 100년이 지난 시점이었다. 인류는 그동안 겪었던 수많은 100년과 달리 이 시기 인류의 운명에 거대한 족적을 남길 진보를 이뤄냈다. 서구의 엄청난 변화를 완강히 거부하던 동방의 작은 나라 조선마저도 7년 전에는 프랑스에게, 2년 전에는 미국에게 공격받은 데 이어, 3년 뒤에는 일본과의 강화도조약으로 근대화와 산업화라는 시대의 흐름에 동참하게 된다. 산업혁명을 통해 모습을 드러낸 자본주의라는 거대한 물줄기는 인간의 의지보다도, 신의 섭리보다도, 필연들 사이에 자리 잡은 우연의 힘보다도 강력했다. 이른바 근대화와 산업화는 누구도 부인할 수 없는 대세였다.

다만 자본주의에도 맹점이 있었다. 바로 '불황Depression'이었다. 애덤 스미스의 '보이지 않는 손'은 외부의 개입 없이 시장의 역할에 따라 수요와 공급이 저절로 균형을 이룬다는 것이다. 하지만 시장에는 결함이 존재하는데, 바로 경제위기가 정기적으로 도래한다는 것이다. 경제위기는 경제활동이 급격히 축소되는 현상을 말한다. 대표적인 경제위기인 '침체Recession'는 실질 GDP가 2분기 연속 감소하는 국면을 뜻한다. 전미경제연구소NBER 집계에 따르면, 1945년 이후 11번의 공식 침체가 있었다. 반면 불황은 침체보다 경제위기의 깊이와 폭이 길고 넓다. 실질 GDP가 10% 넘게 줄어들거나 역성장이 3년 이상 지속되는 것을 말한다.[2] 여기에 더해 '회복 – 번영 – 후퇴 – 불경기' 등 경기의 각 국면에서 후퇴를 거치지 않은 채 바로 번영에서 불경기로 떨어지는 상황을 의미하기도 한다. 이러한 불황은 앞으로 살펴볼 1873

년 이후와 1930년대 두 차례 발생했다. 마르크스는 공황의 원인으로 부르주아계급의 '이윤의 극대화' 행태를 지목한다. 자본가는 더 많은 잉여가치를 투자에 활용하기 위해 축적하려는 경향을 갖는다. 그러나 투자가 늘면 이윤율이 하락한다. 이때 자본가는 이윤의 극대화를 위해 노동자의 임금을 낮추고, 이는 상품을 사들일 유효 수요를 떨어뜨린다. 결국 공급은 늘어나는데 수요는 감소하는 모순에 빠지는 것이다. 그에 따르면, 자본주의는 공황이라는 파국을 불러올 요인을 내재하고 있는 것이다.

공황은 자본주의가 처음 기지개를 켠 시점부터 발생했다. 1825년, 1837년, 1848년, 1857년, 1866년 등 10년 주기로 나타났다는 게 정설이다. '대공황Great Depression'은 1929년 10월 월가의 주식 대폭락으로 시작된 1930년대 경기 침체를 일컫는 말이다. 하지만 원조 대공황은 따로 있었다. 1930년대 이전에는 1873년 공황을 대공황이라고 불렀다. 그러나 최근에는 '장기공황The Long Depression'이라고 구별한다. 이 글에서는 '대불황'으로 통일한다.

1873년 대불황의 특징은 장기공황이라는 표현에서 알 수 있듯이 장기간 경기 침체가 계속되었다는 점이다. NBER이 측정한 1873년 불황의 지속 기간은 65개월이다. 1929년 이후 경제대공황 기간인 43개월보다 훨씬 길다.[3] 길게는 1896년까지 23년간 영국을 중심으로 지속되었다. 그렇다면 장기공황은 왜 발생했을까. 이는 당시 세계경제를 이끌던 국가들의 역학 관계의 변화와 밀접하게 연관되어 있다. 세계의 공장 역할을 하던 영국이 자리에서 내려오는 대신 독일과 미국이라는 후발 산업국이 강자로 등장하는 과정에서 비롯된 것이다.

독일과 미국의 부상은 전기와 화학, 석유, 철강 분야를 중심으로 이뤄졌던 2차 산업혁명을 배경으로 한다. 미국과 독일은 엄청난 양의 공산품을 세계시장에 내놓는다. 이와 함께 막대한 투자도 이루어졌다. 독일은 보불전쟁의 승리로 프랑스로부터 받은 200만 파운드의 배상금을 투자로 돌렸다. 신기술이 확산하면서 철도 회사들 역시 급성장했다. 유럽 철도의 길이는 1850년 2만 335킬로미터에서 1870년 10만 2000킬로미터로 5배 늘었고, 영국 증기선이 실어나른 화물은 1850~1880년 사이 16배나 폭증했다. 세계무역액은 1800~1840년 사이 2배로 뛰었고, 1850~1870년 사이에 다시 2.5배 증가했다. 전례 없는 호황이었다.[4] 미국 역시 남북전쟁을 끝내고 서부 공유지에 철도를 부설하는 데 투자를 집중했다. 당연히 수익률은 점차 하락했다. 보불전쟁에서 패한 프랑스는 경기가 위축해 수요가 줄어들면서 공급을 따라가지 못했다. "1873~1896년의 대공황은 '과도한' 경쟁과 '비합리적으로' 낮은 이윤 때문에 풀이 죽은, 무엇보다 사업가들의 병"(홉스봄)이었다.

대불황의 핵심 현상은 디플레이션이었다. "증기선과 철도에 투입된 거액의 투자가 결실을 맺자 모든 대륙이 열렸고, (신대륙에서 생산된) 곡물이 눈사태처럼 불만에 찬 유럽 위로 쏟아져 내렸다".(칼 폴라니) 결과는 1873~1896년의 대공황이었고, 이것은 "인간이 기억하는 가장 맹렬한 디플레이션"(데이비드 란데스)이었다. 상품 가격의 폭락은 자본 수익률을 하락시켰다. 수익이 줄어드니 자본이 마치 자유재로 여겨질 정도로 이자율도 폭락했다.

1873년의 공황은 국제적인 동시 불황이었다는 점에서 이전의 공황과 궤를 달리한다. 경기변동의 동조화가 처음으로 나타났다. 시발은 1873년 5월 9일 오스트리아·헝가리제국의 수도 빈에서 일어난 주가 대폭락이었다. 프로이센이 프랑스로부터 받은 배상금의 10분의 1이 금으로 지불되면서 독일로 유입된 금은 막대한 규모의 투기를 일으켰고, 이것이 오스트리아로 확산된 결과였다.[5] 결국 철도·금융주가 급락하다가 거래소가 문을 닫는다.

빈에서 시작된 위기는 국경과 바다를 훌쩍 뛰어넘어 철도 버블을 안고 있던 미국과 영국에 직격탄을 날렸다. 빈 거래소에서의 대폭락이 벌어진 지 4개월 정도 지난 1873년 9월 18일 뉴욕증권거래소에서도 주가가 폭락했다. 이른바 '검은 목요일'이었다. 노던퍼시픽철도와 제이쿡은행의 도산에 따른 결과였다. 노던퍼시픽철도는 미국 서부에 4000만 에이커의 공유지를 불하받았고, 제이쿡은행으로부터 1억 달러의 자금을 조달한 상태였다. 그러나 노던퍼시픽철도가 파산하면서 제이쿡은행이 갖고 있던 채권도 휴지 조각이 되어버렸다. 제이쿡은행은 프랑크푸르트에서 추가 차입을 추진했지만 독일과 오스트리아의 건설 호황으로 자금을 빌릴 수 없었고, 결국 문을 닫아야 했다.[6] 그 여파로 뉴욕증권거래소는 9월 20일부터 10일간 폐쇄되었다. 이 바람에 센트럴퍼시픽철도와 함께 대륙횡단철도 건설의 주역이었던 유니언퍼시픽철도 역시 파산의 운명을 피하지 못했다. 1876년까지 98개의 은행이 망했고, 89개의 철도회사와 총 1만 8000개의 기업이 문을 닫았다. 미국인 7명 중 1명은 실업 상태로 전락했다.[7] 독일의 주가는 1877년까지 60%가량 폭락했다. 세계 주요 철 생산국에서는 전체 용광로의 절반가량이 운행을 멈추었다. '신세계'를 향한 이민의 물결도 막아섰다. 1865~1873년 사이 뉴욕항에는 해마다 20만 명이 넘는 이들이 신대륙으로 첫발을 내디뎠지만, 1877년에는 고작 6만 3000명만 도착했다.[8]

미국·독일보다 영국이
더 큰 생채기를 입은 까닭

대불황에 따라 주요국의 산업생산은 크게 둔화되었다. 1873년부터 1890년까지 미국의 산업생산 성장률은 1850~1873년보다 25% 떨어졌다. 1890년부터 1차 세계대전 직전인 1914년까지와 비교하면 12% 축소된 수치다. 독일 역시 같은 기간 각각 33%, 30% 내려앉았다. 대불황의 충격은 영국에 집중되었는데, 영국의 둔화 폭은 같은 기간 각각 45%, 15%였다.[9] 첫 충격은 미국이나 독일보다 더 컸고, 회복 역시 더디면서 거의 20년간 불황에 시달려야 했다는 뜻이다. 주요국들은 공황에 대응해 관세를 올렸다. 1914년 주요국의 평균 관세율은 독일이 13%, 프랑스와 스웨덴이 20%였다. 1897년 57%의 평균 관세율을 고수하던 미국은 1913년 30%로 낮췄지만 다른 나라에 비해 여전히 월등한 수준이었다.[10]

그러나 영국의 선택지는 자유무역정책이 유일했다. 물론 영국의 산업경쟁력은 여전히 세계 최고 수준이었다. 하지만 영국은 산업생산품만이 아니라 금융·상업·운송 서비스의 최대 수출국이었다는 점이 주된 요인으로 작용했다. '시티 오브 런던'은 세계 국제금융의 메카였다. 1873년 런던의 가용 예금 규모는 1억 2000만 파운드였다. 뉴욕(4000만 파운드)의 3배, 파리(1300만 파운드)의 9배에 달했다.[11] 당시 전 세계 부자들이 런던은행에 파운드화를 예금했다는 뜻이다. 1914년 까지도 영국은 전 세계 해외투자 비중의 44%를 점유했다. 그해 영국 은 다른 유럽 국가의 상선단을 모두 합한 것보다 약 12% 더 많은 선 단을 유지하고 있었다.[12] 보호무역주의는 이런 영국 자본주의의 특성 을 부정하는, 선택이 불가능한 대안이었다. 그 결과 값싼 외국산 농산 물과 단순 소비재의 수입이 급증하면서 저물가 현상이 극심하게 나타 났다. 이는 영국 기업의 이익률 하락과 영국 투자금의 해외 유출로 이 어졌다.

대불황의 충격은 산업생산 면에서 더 명확하게 드러난다. 영국 은 1850~1873년 사이 3%의 산업생산 증가율을 기록했지만, 1873~ 1890년 사이에는 1.7%로 반타작이 났다. 1890년부터 1차 세계대전 직전인 1913년 사이 2%로 미세하게 회복했을 뿐이다. 같은 기간 미 국은 각각 6.2%, 4.7%, 5.3%, 독일은 4.3%, 2.9%. 4.1% 성장했다. 대 불황의 고통은 비슷했지만 대불황 뒤에 다시 경제가 완연하게 회복했 다는 점에서 영국과 달랐다. 영국을 제외한 세계경제는 1890년대 중 반부터 호황으로 전환되어 1차 세계대전 전까지 번영기를 구가했다. 이를 두고 홉스봄은 "세계경제의 오케스트라는 공황의 단조가 아니라 번영의 장조를 연주했다. … 풍요는 오늘날에도 유럽대륙에서 '아름 다운 시대The Belle Epoque'라 알려진 시대의 배경을 형성했다"라고 표현 했다.[13]

대불황이 끝날 때쯤 영국은 주요 산업에서 비교 우위를 상실 한다. 철도나 철강, 방직기, 면제품 등 영국이 다른 나라에 판매했던 제품들은 미국이나 독일, 이탈리아 같은 경쟁국도 생산하고 있었다. 1900년 영국의 1인당 산업생산량을 100으로 설정했을 때 1860년의 수치는 64였다. 벨기에(28)나 스위스(26), 미국(21)을 크게 앞섰다. 하지만 1차 세계대전 직전인 1913년에는 115로 미국(126)보다 뒤처진다. 그해 전 세계 산업과 광업 생산 비중은 미국(46.0%), 독일(23.5%), 영국(19.5%), 프랑스(11.0%) 순이었다(561쪽 하단 표 참고).[14] 당시 급속히 진행되던 세계화의 흐름도 역설적으로 영국의 쇠퇴를 가속화했다. 영국 자본주의의 번성은 자본주의의 국제화와 밀접한 관계를 맺고 있다. 영국 입장에서 자신의 재화를 수출하기 위해서는 세계화가 필수적이었다. 그러나 경쟁국들 역시 산업화를 가속화하고 있었다. 자본주의의 세계화는 영국에게 처음에는 '위대한 제국'의 위상을 선사했지만, 결과적으로는 황제의 지위에서 내려오게 하는 계기로 작용했다.

오스트리아학파 경제학자들을 중심으로 대불황 자체가 '허상'이라는 의견도 나왔다. 무역은 침체되었지만 생산은 지속적으로 증가했기 때문이다. 실제로 1870년부터 1890년까지 주요 조강 생산국 5개 나라의 생산량은 1100만 톤에서 2300만 톤으로 두 배 이상 증가했다. 같은 기간 강철 생산량은 50만 톤에서 1100만 톤으로 20배 넘게 불어났다. 발전의 주역은 미국과 독일이었다.[15] 그러나 문제는 주요 품목의 시장 가격이 붕괴했다는 점이다. 철강 가격은 같은 기간 절반으로 하락했다. 곡물 가격은 1867~1894년 사이에 3분의 1로 떨어졌고, 면화 가격은 1872년부터 5년 사이에 반토막이 났다. 1873년부터 1896년까지 도매 물가는 영국에서 32%, 독일에서 40%, 미국에서 45% 각각 하락했다.[16] 이는 가격과 이자율 그리고 이윤이 떨어진다는 뜻이었다. 곧 생산이 아니라 자본의 이윤 획득 가능성의 문제였다.[17] 결국 불황은 디플레이션을 가져왔고, 이는 전쟁이라는 파국을 통해서만 종식될 악마를 소환했다. 악마의 이름은 제국주의였다.

불황, 제국주의라는 악마를 소환하다

'덜컹거리는 무기 소리'는 자본주의의 '마지막 단계'를 알리는 예고는 아니었지만, 영국의 패권 아래 조직된 세계 자본주의가 종말에 가까웠음을 보여주는 신호이기는 했다. 홉스봄의 말대로 "인플레이션이라는 경제적 태양이 만연한 경제적 안개 사이로 다시 한 번 나타났을 때, 그것이 비친 세상은 완전히 다른 세상이었다". 무엇보다 두 가지가 바뀐 상태였다. 영국 패권의 산업적 기반과 제국적 기반이 수리할 수 없을 정도로 약화되어 있었다. 영국은 더이상 세계의 공장이 아니었고, 유럽 국가들의 경쟁적인 제국주의의 영향으로 해외 제국의 방어에 드는 비용은 극적으로 증가했다.

－조반니 아리기 외,《체계론으로 보는 세계사》117쪽.[18]

홉스봄의 '19세기 3부작'의 마지막 책인《제국의 시대》는 1875년부터 시작한다. 대불황의 결과 서구 열강의 제국주의적 팽창정책이 본격화되었다는 점을 지목하려는 의도다. 홉스봄은 식민지 확장정책의 동기로 시장 확보를 지적한다. 대불황을 불러온 과잉생산에 직면한 열강들은 해결책으로 수출 확대를 위한 판로 개척을 내세운다. 원자재 공급원 확보도 어느 때보다 중요한 과제였다. 경제적 제국주의가 본격화되었다는 것이다. 이는 오스트리아 출신 경제학자 칼 폴라니Karl Polanyi, 1886~1964도 일찌감치 지적한 바다.

> 19세기를 지배했던 철학은 평화주의와 국제주의였다. 하지만 1870년대 이후로 들어서면서 정서의 변화가 시작됨을 감지할 수 있다. 세계는 여전히 국제주의와 상호 의존을 신봉하고 있었지만 실제 행동은 이미 민족주의와 경제적 자급자족의 원리에 기반을 두게 되었다. … 대외적으로는 보호주의와 제국주의의 경향을, 그리고 대내적으로는 독점주의적 보수주의의 경향을 뚜렷히 띠고 있었다.[19]

당시 모습을 구체적으로 살펴보자. 제국의 시대의 가장 큰 특징은 앞서 살펴본 대로 보호무역주의가 등장했다는 점이다. 이는 서구 공업국들 간의 경쟁이 격화되었기 때문이다. 각국의 민족주의 정서가 높아졌다는 점 역시 빼놓을 수 없다. 미국과 캐나다, 러시아, 오스트레일리아를 중심으로 저가 농산물이 대량으로 생산되고, 이것이 운송수단의 발달로 유럽시장으로 쏟아져 들어온 점도 보호무역주의를 부추기는 요인이었다. 보호무역주의를 수용하는 데 주저했던 영국은 1870~1900년 사이에 곡물 경작지가 4분의 1이나 줄어드는 등 외국 농산물과의 경쟁을 포기하는 지경에까지 이르렀다. 대신 프랑스와 독일, 덴마크는 값싼 수입 농산물에 관세를 매기는 방식으로 대응했다. 보호무역주의의 결과 식민지 확보 경쟁이 더 거세졌다. 대불황의 원인은 과잉생산이었고, 이는 수출을 통해 해결할 수 있다는 믿음이 지배적이었기 때문이다. 산업경쟁력이 각국의 과당 경쟁을 이겨낼 정도로 압도적이지 않는 한 식민지 확보를 통해 자국 기업에게 독점적 지위를 부여하는 것은 합리적 선택에 가까웠다.[20]

　식민지 쟁탈전의 또다른 배경은 민주정치의 확대와 노동운동의 활성화에서 찾을 수 있다. 보통선거제의 확대로 유권자가 크게 늘었다. 이는 부르주아 같은 상류층이 아닌 노동자와 서민을 위한 정치가 필요하다는 뜻이었다. 여기서 핵심은 부의 재분배정책이었다. 하지만 각국에서 정권을 잡고 있던 자유주의와 보수주의 정당으로서는 불가능한 대안이었다. 자신들의 전통 지지기반인 부르주아 집단이나 귀족층의 이해와 정면으로 배치되었기 때문이다. 이에 제국주의 국가들이 선택한 대안은 노동자 서민에게 돈이 더 많이 들어가는 '개혁' 대신 식민지 확대라는 '영광'이었다. 불만 세력들이 스스로를 제국이나 민족과 동일시하도록 유도하는 것만큼 체제 유지에 효과적인 방법은 없었다. "시민전쟁을 피하고자 한다면 제국주의자가 될 수밖에 없다"는 영국의 제국주의자이자 정치인인 세실 로즈Cecil John Rhodes, 1853~1902의 발언은 이를 잘 말해준다.[21] '제국의 영광'이라는 '마약'은 노동계급에도 효과적이었다. '노동자에게 국경은 없다'는 국제사회주의의 이상역시 제국주의의 논리 앞에서는 제대로 힘을 쓰지 못했다. 당시를 풍미하던 사회진화론에 매혹되기는 좌파 역시 마찬가지였다. '민족'은 모든 시민을 국가에 묶어주는 접착제이자 국가의 새로운 종교로 자리잡았다.[22]

　식민지 쟁탈전은 1880년대부터 본격화되었다. 1860년 수에즈 운하 개통으로 이집트의 전략적 중요성이 높아졌고, 이에 영국은 1882년 민족운동을 진압한다는 평계로 무력으로 이집트를 점령했다. 1881

년부터 1898년까지 영국과 프랑스, 벨기에, 독일, 포르투갈이 대거 아프리카 쟁탈전에 참여했다. 결국 에티오피아와 라이베리아만 독립국으로 남았다. 동남아시아에서 영국은 미얀마와 말레이시아를, 프랑스는 인도차이나반도를 장악했다. 뒤늦게 제국주의 국가 대열에 동참한 미국은 1898~1902년에 스페인을 격파하고 필리핀을 전리품으로 얻었다. 오직 태국만이 독립을 유지했다.[23] 그 결과 20세기 초반에는 전세계 영토의 4분의 1이 영국과 독일, 프랑스 등 6개국의 식민지가 되었다. 이 환경들은 국가 간 적대감만 키웠다. 결국 "경제투쟁과 정치적 대립이라는 두 경쟁 형태가 하나로 뭉쳐 세력권 추구의 결정적 고양을 가져왔다. 이것을 우리는 '신제국주의'라" 부르고 있다. *

    19세기 후반을 풍미한 가장 강력한 이데올로기는 제국주의와 더불어 민족주의를 꼽을 수 있다. '민족은 한 사회 내부에서 먼 과거로부터 자연스럽게 생성돼 민족적 정체성을 공유하면서 독자적으로 발전했다'는 건 민족주의가 낳은 일종의 신화다. 이런 민족의 고유성에 대한 민족주의적 신화는 다른 민족과의 비교를 전제로 하고, 곧 '국제적'이라는 전제 아래 민족주의가 구성되기 때문이다. 서구의 기준으로는 주권과 영토를 지닌 근대적 주권 국가의 탄생을 알린 1648년 베스트팔렌 국제조약 이후 민족주의가 등장했고, 이는 국제정치의 부산물이라고 볼 수 있다.[24] 더구나 민족의 본질에는 혈연·언어·풍습 등

---

* 데이비드 란데스의 "The Unbound Prometheus" 241쪽 원문은 다음과 같다. All of which strengthened and was in turn strengthened by sharpening political rivalries, the two forms of competition merging in that final surge of land hunger and that chase for 'spheres of influence' that have been called the New Imperialism.[25]

문화적 공통성만이 아니라 사회경제적 기반의 동질성이 전제되는데, 이는 곧 자본주의의 산물이다. 사회적 생산력의 급격한 증가에 따라 구성원을 동질화·단일화할 효과적 수단이 필요하고, 그에 따라 민족주의가 대두되었다고 볼 수 있어서다.[26] 민족주의는 당시 고전음악에도 막강한 영향력을 발휘했다. 독일, 프랑스, 영국 등 그때까지의 음악 선진국 외의 다른 지역에서 국민음악파가 등장하는 계기가 되었기 때문이다. 이제 그 모습을 찬찬히 살펴보자.

민족주의 음악의 발흥

전 유럽으로 퍼지는 국민음악파

1990년 5월 12일 저녁 체코 프라하의 공연장 스메타나홀. '프라하의 봄' 음악제 개막 연주회가 열렸다. 체코슬로바키아가 벨벳혁명을 통해 사회주의 체제에서 민주주의 국가로 변신한 지 채 일 년도 지나지 않은 때였다. 단상에 백발의 지휘자가 등장했다. 20세기를 대표하는 명 지휘자 라파엘 쿠벨릭Rafael Kubelik, 1914~1996이었다. 쿠벨릭은 불과 28세의 나이에 체코필하모닉 오케스트라 수석 지휘자를 맡을 정도로 촉망받는 지휘자였다. 그러나 1948년 체코슬로바키아에 공산주의 정권이 수립되면서 그의 인생 경로도 바뀌었다. 소련식 공산주의에 비판적이었던 그는 당시 영국 공연을 마친 뒤 귀국하지 않고 서방에 머물렀다. 이후 시카고심포닉 오케스트라, 보스턴심포닉 오케스트라, 바이에른방송교향악단에서 수석 지휘자를 역임하며 수많은 명작을 남겼다. 하지만 고국으로 돌아오기까지는 40년이 필요했다. 1989년 체코에서 민주혁명이 일어난 뒤 치러진 민주 선거에서 당선된 바츨라프 하벨Václav Havel, 1936~2011 대통령은 이듬해 '프라하의 봄' 음악제에 쿠벨릭을 초청했고, 은퇴했던 쿠벨릭은 42년 만에 체코필을 다시 지휘했다. 그의 지휘에 체코필은 체코를 대표하는 작곡가 스메타나의 오페라《리부셰》의 팡파레 곡을 연주했다. 연주 도중 하벨 대통령 부부가 공연장에 모습을 보이자 관객들은 기립박수를 보냈다. 이어 체코연방공화국(슬로바키아와의 분리는 1993년 이뤄짐) 국가를 연주한 뒤 스메타나의 교향시《나의 조국》을 선보였다. 쿠벨릭은 긴장과 흥분으로 상기된 표정으로 75분가량의 연주를 진행했다. 체코필 단원들도 고도의 집중력을 발휘해 빼어난 선율을 선보였다. 연주가 끝나자 관객들은 '브라보'를 외치며 5분 동안이나 기립박수를 보냈다. 하벨 대통령 역시 감격한 표정으로 거장에게 갈채를 더했다. 노 지휘자는 기진맥진한 채 단상에서 내려와 미소를 지으며 관중들에게 화답했다. 이듬해에도 체코필을 지휘한 그는 6년 뒤 눈을 감았다. 그가 마지막으로 지휘한 작품은 스메타나와 더불어 체코 국민음악파를 대표하는 안토닌 드보르작의 교향곡 9번 〈신세계로부터〉였다.[27]

　19세기 중반까지 서구음악의 중심은 독일과 오스트리아였다. 베토벤, 슈베르트, 멘델스존, 슈만 등 지금까지 살펴본 작곡가들이 모두 이곳 출신이었다. 하지만 19세기 중반 이후 경향은 조금씩 바뀐다. 체코와 핀란드, 러시아 등 변방의 음악가들이 속속 등장한 것이다. 오페라 강국인 이탈리아의 영향력도 더 강력해졌다. 이는 한 세기 전 영국에서 태동한 자본주의의 물결이 19세기 초반 이후 유럽 전역으로 확산되었다는 경제적 배경을 빼놓고 설명할 수 없다. 부르주아계급의 확대는 음악 저변의 확대로 이어졌고, 기존 불모지에서도 음악가들이 활동할 수 있는 경제적 토양을 조성했다. 물론 브람스와 바그너 등 독일 음악가들의 우위는 여전했다. 변방의 음악가들도 음악 수업을 위해 독일이나 오스트리아를 찾았다. 다만 '독일 혈통' 위주의 기존 음악계와는 성격이 달라진 셈이다. 그들은 '베토벤'들과 경쟁하는 대신 자신이 어렸을 때부터 접했던 고국의 민속음악을 돌파구로 삼았다.[28]

민족주의의 확산도 중요한 배경이다. 여기서 눈여겨볼 사건은 1848년 '2월혁명'이다. 메테르니히로 대표되는 구체제가 붕괴하고 자유와 평등, 박애라는 프랑스대혁명의 이상이 전 유럽과 신대륙에 정착했다. 그 결과 1861년 러시아 농노제 철폐, 1863년 미국 노예제 폐지 등 인민에게 정치적 권리를 부여하는 사건이 잇따랐다. 특히 '자유'는 강대국의 점령 아래 있던 약소국에게 '독립국가 건설'이라는 목표를 실현할 가장 강력한 이데올로기였다. 자유가 민족자결권 이념과 연계되면서 '저항민족'이라는 개념이 자리 잡았다. 반면 다수의 소국가로 민족이 분열되어 있던 독일과 이탈리아에서는 신비로우면서도 관념적인 '민족정신'에 호소하는 '문화민족' 개념이 지배적 위치에 서게 되었다.*[29]

---

* 결국 프로이센은 1864년 오스트리아, 1871년 프랑스와의 전쟁에서 각각 승리하면서 독일제국을 건설했다. 이탈리아에서는 2월혁명을 계기로 이탈리아 통일을 추구하는 리소르지멘토(소생)운동이 벌어지고, 이후 1859~1861년 사르데냐와 주세페 가르발디 Giuseppe Maria Garibaldi, 1807~1882의 주도로 통일을 이루게 된다. 2월혁명 이후 체코, 폴란드는 오스트리아로부터 독립을 쟁취했다.

정치적 독립을 획득하자 자연스럽게 문화적 독립, 곧 국민 감정의 고양을 원하는 분위기가 형성되었다. 민족성 형성은 학자와 더불어 예술가들의 몫이었다. 당시 음악가들은 이 역할에 충실했고, 그 결과 '국민음악파' 작곡가들이 각국에서 등장했다. 민족 양식으로 곡을 쓰는 것은 정통성의 '표식'으로 여겨졌다. "내가 태어난 땅의 정기는 오랫동안 이곳 사람들의 전통 노래에서 자신의 목소리를 발견해왔는데, 이는 내가 쓴 모든 작품 안에 생생하게 담겨 있다"라는 노르웨이의 작곡가 에드바르드 그리그의 말은 이를 잘 보여준다.[30] "가장 유명한 프랑스인이나 영국인이 되는 것보다는 세계에서 가장 유명한 핀란드인이 되는 것이 더 쉽다"[31]는 점 역시 변방의 민족음악가들을 자극했다. 덕분에 후세 사람들은 더 풍성하면서도 다양한 음악의 '세례'를 받을 수 있게 되었다.

"비바 베르디!"

주세페 베르디Giuseppe Fortunino Francesco Verdi, 1813~1901는 국민음악파가 본격적으로 등장하기 이전인 19세기 중반부터 이탈리아만이 아니라 전 세계 오페라 음악의 중심에 서 있었다. 《나부코》(1842년)와 《리골레토》(1851년), 《일 트로바토레》(1853년), 《라 트라비아타》(1853년) 등 그의 3대 오페라와 《아이다》(1871년), 《오텔로》(1887년) 등은 지금도 오페라의 고전으로 널리 사랑받고 있다. 그의 작품 속 아리아는 오페라만이 아니라 영화음악이나 대중음악에도 인용되거나 차용되는 방식으로 쉽게 접할 수 있다.

베르디가 직접적으로 이탈리아 민족주의운동에 개입한 적은 없다. 하지만《나부코》같은 그의 초기작들에는 외세의 지배에 항거하는 내용의 노래들이 포함돼 있다.《나부코》중 히브리 노예들의 합창 〈날아가라 내 마음이여 금빛 날개를 타고〉는 오스트리아에 대항하는 이탈리아 독립운동의 상징과도 같은 곡으로 추앙받았다. 이탈리아 애국주의자들은 그의 이름을 따 "비바 베르디!Viva Verdi!"라는 구호를 자주 외쳤다. '이탈리아의 왕 비토리오 에마누엘레 만세!Viva Vittorio Emanuele Re d'Italia!'라는 뜻이다. 따라서 국민음악파의 선두 격으로 자리매김하기도 한다.[32]

그의 작품의 특징은 인물의 성격이나 감정, 상황을 귀에 쏙 들어오는 대중적 멜로디로 구현한다는 점이다. 규칙적인 악구법과 간단한 화성에 청중의 이목을 집중시키는 흥미진진한 리듬 선율 동기를 함께 결합시켰다고 평가받는다. 지금의 팝음악 못지않게 당대와 후세의 대중을 사로잡을 수 있었던 비결이었다. 성악가들도 베르디에 환호했다. 클라라 슈만의 여동생이자 언니만큼 뛰어난 피아니스트였던 마리 비크Marie Wieck, 1832~1916는 이를 두고 "베르디의 오페라에는 현재만이 아니라 미래의 음악 전부가 녹아 있다. 가수들은 '베르디 전문 가수'로 불리고 싶어 하며, 영예와 자부심을 느낀다"라고 평했다.[33]

여기에 화성악과 대위법을 충실히 배운 결과 로시니 같은 선대 작곡가들보다 더 빼어난 관현악 기법을 선보였다. 그러면서도 그 역시 로시니의 전통을 이어받았다. 상당수 작품 원전이나 배경을 외국에 두는 국제성을 띠고 있었다는 점에서다. 1842년 이후 내놓은 24개 작품 중 오직《롬바르디아인》(1843년)만이 원전이 이탈리아였다.《리골레토》나《오델로》의 배경은 이탈리아였지만 원작 작가는 각각 프랑스와 영국의 문호 뒤마와 셰익스피어William Shakespeare, 1564~1616였다. 이는 당시 오페라가 할리우드 영화와 유사하게 대자본이 투입된 '문화상품'이었기 때문이다. 오페라 작곡에는 흥행주와 출판업자, 극장 경영자가 함께 참여했다. 베르디처럼 유명한 작곡가들의 새 작품은 나오자마자 이탈리아 전역에서 공연된 뒤 곧바로 전 유럽과 신대륙으로 퍼졌다.[34] 베르디의 세계화 전략은 19세기에 그를 세계에서 가장 유명한 이탈리아인으로 올려놓았다.

그가 평생 남긴 오페라는 총 26편이다. 그중 20편은 40세 미만 젊은 시절에 내놓았다. 노년기에는 그의 고향 인근인 부세토 근교에 땅을 얻어 농사에 전념했다. 작곡 활동을 따로 하지 않아도 저작료만으로도 풍족한 생활을 할 수 있었다.

지아코모 푸치니Giacomo Puccini, 1858~1924 역시 베르디와 더불어 오페라와 고전음악의 정전의 지위에 오른 인물이다. 그는 종종 베리스모운동과 함께 언급된다. '베리스모Verismo'는 '진실'을 뜻하는 '베리타스Veritas'에서 나온 용어다. 예술작품을 만들 때 낭만주의적 과장이나 꾸밈 없이 현실 그대로를 반영하자는 사실주의운동을 말한다.[35]《라보엠》(1896년)과《토스카》(1900년),《나비부인》(1904년),《투란도트》(1926년) 등 그의 대표작들의 등장인물이 상류층이나 귀족이 아닌 보헤미안 같은 하층민이라는 점에서 이전 작품들보다 사실적이라고 평가받았다. 여기에 그가 곡을 쓰는 순간에는 '멜로디의 천사'가 함께했다. 불멸의 선율로 관객들은 물론 공연자들에게도 깊은 감동을 선사했다. 베르디와 달리 푸치니의 대본은 단순한데다 관객 누구나 공감할 수 있는 주인공들이 등장했다. 삶의 가장 근본적인 문제인 사랑과 이별, 미움, 죽음을 주로 다루었다. 한 마디로 '웰메이드 통속극'이었다.[36] 그런 까닭일까. 푸치니의 작품은 오페라만이 아니라 교향곡, 협주곡 등 고전음악 전체에서 가장 널리 연주되고 사랑받고 있다. 《라보엠》은 《토스카》《나비부인》과 더불어 푸치니의 3대 오페라로 꼽히는 동시에 오페라 역사상 가장 완벽한 작품으로 평가받는다. 크리스마스 이브에 시작되는 사랑 이야기라 크리스마스 시즌마다 단골로 연주되기도 한다. 1991년부터 2003년까지 미국과 캐나다에서 제작된 오페라 중 《라보엠》(1위, 207회)과 《나비부인》(2위, 193회), 《토스카》(6위, 151회)가 상위 10위 안에 포진되어 있을 정도다.[37]

"미국 음악은 흑인 멜로디 위에 세워져야 한다."

베르디와 푸치니가 오페라를 통해 자기 민족의 목소리를 음악으로 표현했다면 다른 나라에서는 국민주의 음악파 작곡가들이 그 역할을 담당했다. 시기상으로 가장 앞선 이는 체코 작곡가 스메타나다. 국민주의 음악이 19세기 후반에 각광받았다는 점 때문에 스메타나 역시 그 시기 인물로 오해하기 쉽다. 하지만 스메타나는 멘델스존이나 슈만과 비슷한 시대의 인물이다. 작곡가이자 피아니스트, 지휘자, 교육자였다. 여기에 1848년 2월혁명에 적극 참여한 사회운동가로 체코의 국민 영웅이자 체코 음악의 상징이었다.[38]

스메타나의 대표 곡인 《나의 조국》(1873~1880년)은 총 여섯 곡으로 이뤄진 교향시다. 체코의 아름다운 자연과 전설 그리고 민족의 영광을 위한 염원을 담고 있다. 첫 곡 〈비셰흐라트〉는 두 대의 하프가 네 개의 음으로 된 음형을 연주하면서 시작한다. 해당 음형은 전곡에 걸쳐 여러 형태로 되풀이된다. '비셰흐라트'는 몰다우 강변의 옛 성 이름이지만 체코 민족의 자유와 영광에 대한 작곡가의 염원을 함축하고 있다. 둘째 곡 〈블타바〉(몰다우)는 전체 곡 가운데 가장 널리 사랑받는 곡이다. '몰다우'는 프라하를 관통하는 강이다. 남부 보헤미아의 샘에서 발원한 물줄기는 다른 냇물들과 합쳐진 뒤 도도한 강물로 체코 전역을 적신다. 이런 몰다우의 모습을 플루트와 클라리넷 그리고 현악기의 유려한 선율로 묘사한다.[•39]

스메타나가 체코 음악의 창시자라면 안토닌 드보르작은 체코 음악의 보급자인 국민음악파 작곡가였다. 요즘도 널리 사랑받지만 한창 활동하던 시기에도 유럽 최고의 작곡가로 인정받았다. 당대를 대표하는 지휘자이자 피아니스트였던 한스 폰 뷜로Hans Guido Freiherr von Bülow, 1830~1894는 그를 가리켜 "이 시대 브람스 다음으로 천부적인 재능을 지닌 작곡가"라고 평했다.[••40] 브람스 역시 그의 든든한 후원자이자 친구였다. 그의 대표작은 9개의 교향곡과 첼로협주곡 b단조, 관현악곡 〈슬라브 무곡〉, 피아노트리오 〈둠키〉, 현악사중주 12번 F장조

[•] 주 선율은 동유럽에 널리 퍼진 체코 민요 〈고양이가 구멍을 지나가네〉에서 따온 것으로 알려졌다. 흥미롭게도 이 선율은 이스라엘 국가를 비롯해 각국의 동요에도 등장한다.[41]

[••] 뷜로는 브람스의 음악적 지지자로 널리 알려져 있다. 다만 뷜로는 젊은 시절 브람스와 대척점에 서 있던 바그너의 제자였다. 20세기 전후 바그너는 당시 서양 음악가들에게 베토벤에 버금가는 영향력을 행사했다. 하지만 프란츠 리스트의 딸이자 아내였던 코지마가 그를 버리고 바그너와 재혼하는 사건이 벌어진다. 이에 깊이 상심한 그는 "내 인생의 4분의 3을 전 장인(리스트)과 사기꾼(바그너) 녀석에게 허비했다. 하지만 남은 인생은 예술의 성인인 브람스에게 바치겠다"면서 브람스와 가까워진다.[42]

〈아메리카〉가 있다. 특히 〈슬라브 무곡〉과 〈둠키〉에서는 체코 전통음악의 요소를 사용해 체코 민족주의 음악 확립에 크게 기여했다. 그가 처음 명성을 얻은 작품은 〈슬라브 무곡〉이었다. 그의 걸작 중 하나인 교향곡 7번(1885년)의 스케르초 악장에서는 체코의 민속춤 리듬이 적극 사용되면서 생동감을 연출했다. 고전주의 양식에 입각해 쓴 이 교향곡은 "슈베르트의 C장조 교향곡(〈더 그레이트〉)과 브람스의 교향곡 4번에 맞먹는 작품이며, 베토벤 이후 예술 형식에서 가장 위대하고 순수한 예를 보여준다"라는 격찬을 받기도 했다.[43] 드보르작은 자신이 그토록 사랑했던 프라하 기차역에서 바라본 체코 민중들과 체코 독립을 외치는 시위대의 모습을 보고 해당 작품을 썼고, 정치적 압제에 항거할 수 있는 체코 민중의 능력을 암시한다고 직접 이야기했다.

그는 민족음악가이면서도 메트로폴리탄적 음악가였다. 대표작인 교향곡 9번 〈신세계로부터〉(1893년)는 유럽이 아닌 미국에서 쓰였다. 프라하음악원 교수였던 그는 1892년 9월 뉴욕 국립음악원 원장으로 부임한다. 연봉만 1만 5000달러로 기존 연봉의 20배가 넘는 금액이었다. 여기에 하루 3시간 수업, 학생 음악회 연 4회 개최, 자신의 작품 공연 연 6회 등 파격적 조건도 뒤따랐으니 마다할 이유가 없었다.[44] 당시 영국의 아성을 넘볼 정도의 신흥 강국을 직접 볼 수 있다는 점도 미국행을 결정한 계기였다. 그는 1895년 4월까지 미국에 체류하면서 현악사중주 12번 〈아메리카〉, 첼로협주곡 등 후기 대표작들을 내놓는다. 교향곡 9번은 미국에 도착한 이듬해인 1893년 5월 완성해 같은 해 12월 뉴욕 카네기홀에서 초연했다.

그는 진정한 민족음악은 민족적 전통에서만 나올 수 있다고 믿었다. 그는 〈뉴욕 헤럴드〉 1893년 5월 21일자에 "지금 이 나라의 미래 음악이 흑인 멜로디Negro Melodies라 불리는 것 위에 세워져야 한다는 데 만족하고 있다"라고 밝혔다.[45] '흑인을 나무에 매달아 불태워 죽이기'가 여전히 남부에서 공공연히 벌어지던 시절이라는 점을 감안하면 주목할 만한 발언이었다. 그리고 이는 교향곡 9번에서 현실화되었다. 구체적으로 인디언 선율과 흑인 영가를 참고해 5음계 선율, 당김음 리듬을 선보였다. 1악장의 플루트 선율은 흑인영가 〈Swing Low, Sweet Chariot〉과 유사하다는 분석이 많다.[46] 2악장 라르고에서는 서양 고전음악에서 가장 널리 알려진 멜로디가 등장하는데, 짧은 서주에 이어 잉글리시 호른이 연주하는 이 주제는 고향 체코를 떠나 미국에 머물고 있는 드보르작 자신의 고향에 대한 그리움을 담고 있다. 초연 당시 이 선율을 듣고 많은 청중이 눈물을 흘렸다고 한다. 4악장 알레그로 콘 포코도 첼로 등 저음 현이 연주하는 서주의 선율로 유명하다.·

　드보르작 하면 철도 이야기를 빼놓을 수 없다. 그는 어렸을 때부터 고향 프라하역으로 향하는 열차 번호와 생김새를 꼼꼼히 기록했다. 이후 가는 곳마다 기차역에 들러 시간표와 기차 번호, 특징을 적고 기술자들과 대화를 나누는 등 유별난 철도 사랑을 보여주었다. 뉴욕에 거주할 때도 기차를 보기 위해 매일 그랜드센트럴역이 있던 155번가까지 나갔다고 한다.[47]

　핀란드의 장 시벨리우스Jean Sibelius, 1865~1957 역시 대표적인 국

·2008년 북한 평양시 동평양대극장에서 로린 마젤이 이끄는 뉴욕필하모닉 오케스트라의 역사적 공연 때도 교향곡 9번이 연주되었다. 이 곡이 체코 작곡가가 쓴 체코 음악이자 미국 민요가 녹아든 미국 음악이라는 보편성을 평양 관객에게 보여주려는 의도였다.

민음악파 작곡가다. 민족 서사시 〈칼레발라〉에 기초한 교향시《쿨레르보》(1892년)와 교향시《핀란디아》(1899년)를 내놓으면서 민족음악가로 큰 명성을 얻는다. 만년까지 작곡을 게을리하지 않고 7개의 교향곡과 바이올린협주곡(1903년)을 완성했다. 생전은 물론 사후에도 핀란드를 대표하는 작곡가로 국민들로부터 추앙받았다. 시벨리우스는 20세기에 주로 활동했지만 후기 낭만주의 성향의 작품을 줄곧 발표했다. 북구 특유의 서정성에 독특한 색채감을 선사하면서 그만의 개성이 강하게 드러난다. 교향곡 2번(1902년), 5번(개정판 1919년)이나 바이올린협주곡(1905년)도 많은 사랑을 받지만 아무래도 그의 대표작은 교향시《핀란디아》다.

　《핀란디아》가 쓰인 당시 핀란드는 러시아의 지배를 받고 있었다. 핀란드는 12세기 이후에는 스웨덴에게, 1809년 이후에는 제정 러시아에게 지배를 받았다. 핀란드는 자치권을 인정받았지만 1899년 러시아 황제 니콜라이 2세Nicholas II, 1868~1918는 이를 제한했고, 이에 핀란드 지식인들과 문화예술인들은 민족주의운동에 대거 동참한다. 당시 자유언론기금을 마련하기 위해 열린 행사에서 핀란드의 역사극이 상연되었는데, 시벨리우스가 극음악 작곡을 맡았다. 극 마지막을 장식한 곡이 "핀란드여, 깨어나라"라는 부제가 붙은 곡이었고, 이후 개작된 곡이《핀란디아》다.[48]《핀란디아》는 1900년 7월 파리에서 초연되었다.

---

* 금관악기와 팀파니가 초반부터 장엄한 분위기를 연출한 뒤 핀란드의 고난의 역사를 반영하듯 목관과 현악기가 비탄 가득한 멜로디를 선보인다. 그러나 이윽고 현악기와 관악기들이 힘찬 소리를 내뿜으면서 독립을 향한 핀란드 민족의 희망을 노래한다. 이후 널리 알려진 〈핀란디아〉의 서정미 넘치는 선율이 울려 퍼진 뒤 전체 오케스트라가 해당 선율을 다시 활기차면서도 썩썩한 분위기로 연주하며 막을 내린다.

'러시아 5인조'와 감정의 폭포수 차이콥스키

19세기 러시아는 '근대'와 '전근대'가 뒤섞인 국가였다. 나폴레옹 군대를 물리치는 등 당대 최강의 육군과 함께 유럽과 아시아 전역에서 막강한 영향력을 행사했다는 점은 근대적 요소로 볼 수 있다. 하지만 20세기를 눈앞에 둔 시기에도 농노제가 잔존한데다 차르 절대왕권이 유지되었다는 점에서 전형적인 전근대 사회였다. 1858년 민간 소유 농노는 1130만 명, 국가 소유 농노는 1280만 명이었다. 3000만 명대였던 당시 러시아 남성 인구의 80%에 육박했다. 비슷한 시기인 1860년 미국 남부 전체 인구의 노예 비중은 33% 정도로 러시아에 비할 게 아니었다. 물론 농노는 노예가 아니었다. 지주의 장원에서 일하는 시간을 제외하면 스스로 경작하는 현지 농민인데다 관습법이 규정하는 권리를 행사할 수 있었다. 하지만 소유주가 임의로 처분할 수 있는 '재산'에 해당했다는 점에서 노예보다 크게 나을 바 없었다.[49] 해방의 상징이었던 민족주의는 러시아에서도 차르 정권의 선전 도구라는 왜곡된 형태로 나타났다. 본격적인 러시아 민족음악으로 처음 등장한 곡이 미하일 글린카Mikhail Ivanovich Glinka, 1804~1857의 〈차르의 생애〉였다는 점은 러시아 민족주의 음악의 특징과 한계를 보여주는 대표 사례다.[50] 러시아 음악의 수준도 높지 않았다. 서유럽에서 바로크음악이 번성하던 17세기에도 중세에나 유행하던 단선율의 성가만 불렸을 뿐이다.[51]

하지만 러시아 사회는 표트르 대제Pyotr I, 1672~1725와 예카테리나 여제Catherine II, 1729~1796가 집권했을 당시 급격한 서구화에 접어든다.

서구 문물과 함께 들어온 이탈리아 오페라는 향후 200년 가까이 러시아 음악을 지배했다. 러시아의 근대화에는 두 가지 흐름이 있었다. '슬라브주의자' 등 민족주의자들은 러시아의 고유성을 이상화했지만 '서구주의자'들은 서양의 기술과 교육체계를 적극 수용하고자 했다. 러시아 음악 역시 이런 이중 구도로 보는 경향이 강하다. 실제로 글린카의 민족주의 음악은 밀리 발라키레프Milii Alekseevich Balakirev, 1837~1910, 세자르 큐이César Cui, 1835~1918, 알렉산드르 보로딘Alexandr Porfir'evich Borodin, 1833~1887, 모데스트 무소르그스키Modest Petrovich Mussorgsky, 1839~1881, 니콜라이 림스키코르사코프Nikolay Andreyevich Rimsky-Korsakov, 1844~1908 등 '러시아 5인조'에 의해 계승되었다. '강력한 소수파'로 불리기도 한 이들은 서구음악에서 독립한 러시아 고유의 음악을 작곡하는 데 심혈을 기울였다. 서구주의자로는 표트르 일리치 차이콥스키Pyotr Il'yich Tchaikovsky, 1840~1893의 스승인 안톤 루빈시테인Anton Grigorievich Rubinshtein, 1829~1894 과 니콜라이 루빈시테인Nikolai Grigorievich Rubinshtein, 1831~1881 형제를 들 수 있다.[52] 그러나 음악학자 그라우트는 러시아 음악에 이 두 흐름을 적용하는 것에 반대한다. 러시아 음악가들은 모두 서양의 장르와 작곡법을 빌려왔기 때문이다. 대신 그는 서양식 음악 교육을 받은 작곡가들과 아카데미 교육이 음악가의 창의성을 저해한다고 본 작곡가들로 구분된다고 분석했다.[53]

호모 사피엔스가 네안데르탈 등 과거의 영장류와 달랐던 점으로 보통 '환유' 능력을 이야기한다. 환유는 A를 보면서 B를 연상시킬 수 있는 능력이다. 음악 역시 인류의 환유 능력이 곧잘 발휘되는 영역이다. 음악을 듣는 순간 청취자는 그 음악과 연관된 풍경이나 장면을 떠올리곤 한다. 차이콥스키의 작품은 러시아대륙의 눈 덮인 광야를 연상시킨다. 실제로 그의 교향곡 2번의 부제는 지금의 우크라이나를 뜻하는 〈소러시아〉다. 1악장과 4악장에 우크라이나 민요가 사용되었다.[*]

차이콥스키는 '러시아 5인조' 국민악파를 비롯한 당대 작곡가들로부터 '과도하게 서구화되었다'는 비판을 받았지만, 그의 음악은 철저히 러시아적이다. 단지 음악 작법이 서구적이었을 뿐이다. 이는 그가 1878년 나데즈다 폰 메크Nadezhda von Meck, 1831~1894 부인에게 보낸 편지에서 잘 드러난다. 그는 "제 작품에서 러시아 민요의 선율과 화성이 들리는 것은 어릴 때부터 러시아 음악 특유의 아름다움에 늘 젖어 있었기 때문입니다. 저는 러시아 국민주의 요소라면 형태를 막론하고 열렬히 좋아합니다. 한 마디로 저는 뼛속까지 러시아인입니다"라고 고백한다.[54] 1868년에는 러시아 민요 모음집을 출판하기도 했다.[55]

차이콥스키는 화산처럼 끓어오르면서도 쓸쓸한 비애의 감정을 잘 드러낸 작곡가 중 최선두에 서 있다. 후대의 라흐마니노프로 계승되는 매혹적이면서도 우수에 젖은 러시아 선율을 인류에게 선사했다. 한국인이 가장 사랑하는 작곡가로 손꼽히는 것도 이런 이유에서다. 이는 그의 개인적 성향에서 기원을 찾을 수 있다. 그는 평생 극심한 심기증(건강염려증)과 불안에 시달렸다. 무엇보다 20세기 중반까지

---

[*] 그는 문필가 도스토옙스키Fyodor Dostoyevsky, 1821~1881와 고골, 발레리노 니진스키 등과 더불어 우크라이나계다. 그는 할아버지의 고향 우크라이나를 자신의 고향이라고 여겼다. 게다가 그가 무척 사랑했던 두 살 아래 여동생도 우크라이나 귀족에게 시집을 가면서 그 역시 일 년 중 몇 달은 그곳에서 보냈다. 피아노협주곡 1번은 여동생의 집에서 작곡했다. 2022년 2월 베이징올림픽에서 러시아 대표단은 차이콥스키 피아노협주곡 1번을 국가 대신 사용했다. 그러고는 폐막 나흘 뒤인 2월 24일 우크라이나를 전면 침공했다.

서구에서 범죄로 취급받던 동성애자였다. 하지만 남들 앞에서는 자신을 철저히 숨겼다. 그럴수록 자기만의 방으로 침잠해 들어갔다. 일기를 통해 그의 심정을 엿볼 수 있다. 그는 1891년 미국 뉴욕을 방문했을 때 제일 먼저 호텔로 향한 뒤 "일단은 꽤 오랫동안 울었다. 목욕을 하고 식사를 하고 브로드웨이를 따라 걷다가 다시 호텔방에 들어와서 몇 번이나 다시 울었다"라고 고백했다.[56] 차이콥스키의 '세상과의 불화'는 대신 감정의 폭포수가 분출하는 선율을 후세에 남겼다.

그는 러시아 우랄 지역 봇킨스크에서 태어났다. 광산 감독관이던 아버지는 음악 대신 법학 같은 실용 학문을 공부할 것을 원했다. 차이콥스키는 부모의 기대에 따라 상트페테르부르크 법률학교에 입학했지만 음악 공부도 이어갔다. 이후 법무성 1등 서기관으로 근무하면서도 음악에 대한 열정을 버리지 못했다. 1863년 법무부를 그만두고 음악에 전념해 결국 상트페테르부르크음악원의 첫 졸업생이 된다. 그는 젊은 시절 '러시아 5인조'와 친분을 나누지만 서유럽 음악을 동경했던 그의 성향과는 맞지 않아 끝내 결별한다. 그가 남긴 주요 작품은 6개의 교향곡과 3개의 피아노협주곡, 바이올린협주곡(1878년), 발레음악 〈잠자는 숲속의 미녀〉(1889년), 〈호두까기 인형〉(1892년) 등이다.

그의 곡 가운데 피아노협주곡 1번(1875년)은 피아노로 연주된 가장 유명한 작품 중 하나다. 호방하면서도 열정적인 선율 사이로 애처롭고 감미로운 멜로디가 울려 퍼진다. 듣는 이에게 '향수'를 불러일으킨다. 이 음악은 러시아 낭만주의의 큰 물줄기를 텄다는 평가를 받는다. 불을 뿜는 듯한 기교와 안정적인 터치가 요구되는 곡이라 프로 피아니스트에게는 반드시 거쳐야 할 관문이기도 하다. 차이콥스키는 이 곡을 처음에는 그의 스승이자 러시아 피아니즘의 대부였던 니콜라이 루빈시테인에게 보냈지만 '엉뚱하고 기괴한 구제 불능의 곡'이라는 혹평을 받는다. 이에 그는 독일의 한스 폰 뷜로에게 이 작품을 헌정했고, 뷜로는 1875년 미국 보스턴 공연에서 이 곡을 초연했다. 이 곡은 이후 세 번 개작되면서 명곡으로 재탄생한다.[*]

그는 피아노협주곡 1번을 발표하고 3년 뒤인 1878년 또다른 명곡인 바이올린협주곡을 내놓는다. 역시 처음 평은 좋지 않았다. 과도하게 난해하고 바이올린을 잘 모르는 작곡가의 작품이라는 평가가 나왔다. 우여곡절 끝에 1881년 오스트리아 빈필하모닉 협회 콘서트에서 초연되었지만 "음악이 이토록 심한 악취를 풍길 수 있다는 사실을 증명했다"(에두아르트 한슬리크)라는 악평을 받았다. 하지만 이듬해 영국 런던 공연을 시작으로 청중들의 환호가 뒤따랐고, 이후 서양 고전음악 역사상 가장 탐미적이면서 격정적인 선율의 바이올린협주곡이라는 찬사를 받는다.[**]

교향곡은 전반부의 1~3번보다는 4~6번이 완성도 면에서 더 높은 평가를 받는다. 물론 초기 작품들도 아름다움 면에서는 뒤지지 않지만 4번 이후 작품들은 음울하면서도 꽉 찬 소리, 완벽하게 계산된

---

[*] 웅장하고 풍부한 색채로 시작하는 1악장은 오케스트라와 피아노가 서로 대결하면서 장대한 1주제와 낭만적인 2주제를 연주한다. 이후 평온하고 감미로운 분위기의 2악장이 끝난 뒤 3악장에서는 폭발적이면서도 긴장감 넘치는 장쾌한 사운드로 피아노협주곡의 진수를 선보인다.

[**] 고요한 서주로 시작하는 1악장은 오케스트라가 만든 상승의 기운을 타고 바이올린이 폭발적 선율의 카덴차를 선보인 뒤, 2악장에서는 서정성이 극대화된 멜로디를 들려준다. 이를 통해 3악장에서는 요염하면서도 순박하고, 격정적이면서도 서정적이며, 침울하면서도 희망을 노래하는 바이올린과 오케스트라의 합창으로 대미를 장식한다.

스코어링으로 오케스트레이션의 모범으로 꼽힌다.[57] 6번 교향곡 〈비창〉(1893년)은 그의 최후이자 최고의 작품이다. '슬픈 노래'라는 뜻의 '비창'이라는 부제는 초연 뒤 그의 동생 모데스트의 제안에 따라 붙여졌다고 한다. 행진곡풍인 3악장을 제외하고 비극적이면서도 음울한 정조가 곡 전반을 지배한다. 악장 배치도 일반적인 유형을 벗어난다. 2악장은 춤곡, 3악장은 행진곡풍의 쾌활한 론도 형식이지만 4악장은 빠르고 장대한 피날레를 보여주는 일반적인 교향곡과 달리 '아다지오 라멘토소', 곧 느리면서도 비탄과 절망에 잠긴 템포를 선보인다. 더블베이스와 첼로는 저음의 선율을 이어가다가 이윽고 영원의 침묵으로 빠져든다. 낯설다 못해 기괴하다. 운명에 굴복할 수밖에 없는 인간의 운명을 암시하는 듯하다. 이에 대해 "'죽음'과 '이별'이라는 주제의 교향곡 유형을 제시한 동시에 영혼의 카타르시스를 일으켜 아름답고 명상적인 세계로 인도한다"라는 평가도 있지만, 고통에서 승리로 향하는 베토벤의 교향곡과 달리 염세적인 분위기가 다분하다.[58] 이는 이 곡을 쓸 당시 그의 상황과 연관 지은 분석이 많다.

차이콥스키는 자신의 제자인 안토니나 밀류코바와 1877년 결혼한다. 건실한 가정을 꾸려 그의 동성애 성향을 숨기기 위한 의도였을 것이다. 하지만 둘의 결혼은 재난이었다. 젊고 아름다웠지만 지성과는 거리가 먼 밀류코바와 공감하는 건 불가능했을 것이다. 자살 시도 끝에 결혼은 9주 만에 파국을 맞는다.[59] 대신 그가 평생 의지한 이는 폰 메크 부인이다. 철도 기업가 남편과 사별한 부유한 미망인이었던 폰 메크 부인은 1876년 12월 차이콥스키에게 작품을 의뢰하면서 그를 후원하기 시작했다. 이후 매년 6000루블을 연금으로 지급했다.

이는 모스크바음악원 교수 초임의 10배에 해당하는 금액이다. 덕분에 차이콥스키는 1878년 모스크바음악원 교수를 그만두고 작곡에만 전념할 수 있었다. 연금의 조건은 직접 만나지 않는다는 것이었다. 대신 이들은 이후 13년간 1200여 통의 편지를 주고받는 등 정신적으로 매우 깊은 관계를 맺는다.[60] 그러나 1890년 폰 메크 부인이 갑자기 연금 지급 중단을 통보하며 일체의 연락을 끊는다. 차이콥스키는 더이상 후원금이 필요 없다는 서신을 보냈지만 묵묵부답이었다. 그는 이미 국제적 명성을 얻은 데다 러시아 정부로부터 3000루블의 연금을 받고 있었다. 그에게 절실한 건 재정적 지원이 아닌 정신적 후원이었다. 이후 차이콥스키는 더욱 깊은 절망에 빠진다.

차이콥스키는 1893년 10월 교향곡 6번을 손수 지휘해 초연하고 9일 뒤 갑작스럽게 죽음을 맞는다. 공식적인 사인은 콜레라 감염이었다. 사망 며칠 전에 끓이지 않은 물을 먹고 콜레라에 걸렸다는 것이다. 실제로 콜레라는 20세기 초까지 심각한 전염병이었다. 1892~1896년 사이 러시아 전역에 콜레라가 확산돼 22만 명 넘게 사망했다는 기록도 남아 있다.[61] 하지만 콜레라는 비위생적인 생활 환경에 노출되었을 때 감염된다. 그의 사회적·경제적 지위를 감안했을 때 가능성은 매우 희박하다. 오히려 동성애자였던 그에게 러시아 황실이 '명예 자살'을 강요한 결과라는 의혹이 더 설득력을 갖는다. 차이콥스키가 당대의 실권자인 스텐보크 페르모르Stenbok-Fermor, 1866~1950 공작의 조카와 동성애 관계를 맺었고, 이에 당시 검찰 부총장이자 차이콥스키와 법률학교 동창인 니콜라이 야코비의 주도로 비밀 법정이 열려 자살형이 선고되었다는 설이다.[62] 당시 차르 정권은 언제 붕괴되어도 이상하지 않을 만큼 위태로운 상황이었다. 1881년에는 황제 알렉산드르 2세Aleksandr II, 1818~1881가 폭탄 테러로 사망하고, 후임 황제인 알렉산드르 3세Aleksandr III, 1845~1894는 사회 통제와 검열을 강화하면서 '혁명전야'를 맞고 있었다. 귀족 가문의 치부가 드러나는 걸 막기 위해 명예 법정의 한 형태인 비밀 재판이 열려 차이콥스키 문제가 처리되었다는 것이다.[63] 결국 생전 존경을 한몸에 받았던 그 역시 '세상과의 불화'로 세상과 작별하고 만다.

러시아의 봉건성은 추후 혁명을 불러일으키지만 서구 사회 역시 지금의 시각으로 보면 후진적이긴 마찬가지였다. 노동자와 농민의 희생으로 산업 자본주의가 꽃을 피웠지만, 그 과실은 부르주아계층이 독점하고 있었다. 정치·사회적 권력 역시 힘 있는 자들의 몫이었다. 이에 따라 사회적 모순이 임계치까지 치솟고, 민중들은 인류 역사상 처음으로 조직적 행동에 나서게 된다. 이제 자신의 권리를 되찾기 위해 투쟁한 '비참한 자들Les Miserables'의 승리와 패배의 흔적들을 뒤쫓아보자.

"어떠한 낡은 쇠사슬도
우리를 막지 못한다!"

자본의 수탈에 신음하던 노동자들,
붉은 깃발을 들다

시간을 잠시 되돌려보자. 역사학자 도널드 서순Donald Sassoon은 그의 책《불안한 승리》서론에서 카를 마르크스가《자본》8장에서 노동을 통한 잉여가치의 생산과정을 설명하면서 예시로 든 고급 여성 모자 제조공 메리 앤 워클리의 사례를 빌려온다. 메리 앤은 하루 평균 16시간 근무에 시달리다가 1863년 6월 사망한 20세 여성이다. 성수기인 3월부터 7월까지는 26시간 이상 연속으로 일해야 했다. 작업실에는 필요 공기량의 3분의 1도 공급되지 않았다. 결국 메리 앤은 과로사했고, 런던의 모든 일간지는 "단순한 과도노동에 기인한 사망"이라는 '충격적인' 제목의 기사를 내보냈다. 메리 앤 사건을 가장 실감 나게 표현한 것은 존 테니얼John Tenniel, 1820~1914이 그린 만평 〈유령에 홀린 부인, 또는 거울 속 유령〉이었다. 한 귀부인이 거울을 보다가 녹초 상태로 숨을 거둔 메리 앤의 주검을 발견하고 소스라치게 놀란다. 그러나 귀부인을 돕던 노파는 이렇게 속삭인다. "마님, 우리가 어떤 희생을 치르더라도 마님을 실망시키지 않았을 겁니다. 게다가 옷이 멋지게 완성됐네요." 앞서 1839년 반곡물법 동맹을 주도하는 등 자유무역론을 옹호했던 정치인 리처드 코브던Richard Cobden, 1804~1865과 존 브라이트John Bright, 1811~1889는 메리 앤의 죽음에 대해 "우리들의 백인 노예는 무덤에 들어갈 때까지 혹사당하며, 너무도 피곤하여 소리도 내지 못하고 죽어간다"라고 일갈했다.[64]

노동계급은 자본주의의 근간이다. 18세기 말 영국 맨체스터의 소규모 방직공장이든, 19세기 중엽 독일 뮌헨의 지멘스공장이든, 20세기 초 미국 디트로이트의 포드자동차공장이든 기계를 돌려 제품을 만드는 건 노동자의 몫이었다. 노동의 형태가 바뀌는 4차 산업혁명 시대에도 노동자는 여전히 생산의 주역이다. 그런데 노동자가 자본과 국가권력으로부터 수탈받고 있다고 자각하고, 이를 혁명이나 개혁으로 타파하기 위해 조직적으로 움직이기까지는 상당한 시간이 필요했다. 영국에서는 러다이트운동처럼 일찌감치 노동자들이 자본가에 대항하는 움직임을 보였다. 하지만 즉흥적이고 단발적이라는 한계가 분명했다. 영국에서는 1820년대까지 노동조합을 결성하는 게 불법이었던데다 정부는 노동자의 권리 신장에 손을 놓고 있었다. 애덤 스미스조차《국부론》에서 "시민 정부는 실제로는 가난한 자들에게서 부자를, 아무것도 가지지 못한 자들에게서 재산을 지키기 위해 세워진 것"이

라고 비판했을 정도다.[65]

계기는 1830년대에 열렸다. 프랑스에서 시작해 유럽과 아메리카대륙 전역으로 확산된 1830년 7월혁명의 상징은 '바리케이드'였다. 정부군에 대항해 도시 전역에서 바리케이드를 쌓았던 민중들은 '인민' 혹은 '노동계급'으로 변모했다. 이른바 프롤레타리아적 사회주의 혁명운동이 태동하는 동시에 그간 봉건제에 맞서 함께 싸워왔던 온건한 부르주아계급이 급진적 노동계급과 결별하는 기점이 된 것이다.[66] 정부는 혁명의 파고를 막기 위해 금기를 깨고 공장법 등 노동자를 보호하기 위한 법률을 제정했다. 그 결과 노동자의 노동환경이 개선되고 노동시간도 단축되었다. 이는 다시 노동자들이 대거 노동조합 활동에 참여하고, 이로써 조합의 영향력이 더 강해지는 결과를 낳았다.

1848년 2월혁명은 유럽과 아메리카대륙 등 전 세계를 혁명의 물결로 몰아넣었다. '국민의 봄Springtime of People'으로 불린 1848년 혁명은 처음이자 마지막인 유럽 혁명이었다.[67] 프랑스대혁명 이후 다시 구체제를 박살낼 기세로 확산되었다. 더구나 이번 혁명은 부르주아계급이 주도하는 기존의 자유주의 혁명이 아닌 노동자와 민중이 중심이 된 사회주의, 공산주의 혁명이었다. 마침 혁명 즈음인 그해 3월 카를 마르크스와 프리드리히 엥겔스의 짧고도 강력한 《공산당선언》이 발간된 상태였다. 마르크스는 "공산주의라는 유령이 유럽을 떠돌고 있고, 부르주아들은 자신들의 무덤을 파는 프롤레타리아를 스스로 만들어냈다. 그들의 몰락과 프롤레타리아계급의 승리는 불가피하다"라고 선언했다.[68] 당시에는 '예언'이 당장 실현될 것처럼 보였다. "프롤레타리아는 자신들을 묶고 있는 족쇄 외에는 잃을 것"이 없었고, 실제로

"지배계급은 공산주의 혁명이 두려워 전율"했다.[69] "혁명의 바람이 불고 있으며, 폭풍우는 지금 지평선 저 위까지 다가왔다"는 토크빌의 우려는 당대 사람들에게 혁명은 기우가 아닌 눈앞에 닥친 희망과 공포였다는 점을 여실히 보여주었다.[70]

1848년 혁명의 기저에는 불평등의 확산이라는 경제적 요인이 깔려 있었다.《21세기 자본》의 저자 토마 피케티Thomas Piketty 파리경제대 교수는 앞서 소개한 앨런 교수가 정리한 '영국의 1770~2010년 자본－노동 소득분배율' 자료로 이를 보여준다. 전체 국민소득에서 자본이 차지하는 몫은 18세기 말에서 19세기 초반에 걸쳐 30%대 중후반에 머물러 있다가 19세기 중반에는 40% 초반까지 치솟는다. 반면 노동소득이 차지하는 비중은 같은 기간 60% 중반에서 50% 중반으로 축소된다(563쪽 상단 표 참고).[71] 노동자에게 돌아가야 할 몫이 고스란히 상류층과 부르주아계급에게 넘어갔다는 뜻이다. 19세기 초반부터 1848년 혁명기까지 산업혁명의 확산으로 경제성장은 가속화되었지만, 노동자들의 처지는 전혀 개선되지 않은 셈이다. "반세기 동안의 산업적 성장을 이룬 다음에도 대중의 상황이 여전히 그전처럼 비참"하다면 "산업발전은 무엇을 위한 것이며 이 모든 기술혁신과 이 모든 노역과 인구 이동은 도대체 무엇을 위한 것"이었을까? 기존 경제와 정치체제의 파산은 명백해 보였다.[72]

다만 혁명은 현실화되지 않았다. 혁명 발발 뒤 불과 몇 주일 만에 유럽 주요국 정부는 모두 쓰러졌지만, 이후 18개월 만에 프랑스를 제외한 모든 곳에서 구체제가 복귀했다.[73] 자유주의적 부르주아계급이 노동계급과의 연대의 고리를 끊고 구체제 지배세력과 타협한 결과였다. 경제적 자유주의는 확대되었지만 정치체제는 보수화되는 모순적 상황이었다. 여기에 1848년 직전 주기적 불황이 닥쳤지만 그 직후부터 세계경제가 '대호황Great Boom'에 접어들면서 혁명으로 흔들린 정부들에 더없이 귀중한 여유를 주었다. 반대로 혁명가들에게는 희망의 파탄을 뜻했다.[74] 혁명의 전통이 가장 강한 프랑스에서조차 이후 10년간 노동운동은 전멸했다. 이에 "(1851년 출범한) 제2제정에 정당화의 이유를 제공한 것은 시민들의 부, 당시의 새로운 기술적 발명들, 철로와 수로 건설 등"이었다.[75] 1848년 혁명 이후 유럽에 또다시 혁명의 불길로 뒤덮일 것이라는 마르크스와 엥겔스의 기대는 물거품이 되었다.

원래 마르크스가 기대했던 혁명의 본산지는 영국이었다. 사회주의 혁명의 전제는 자본주의의 충분한 발전을 통한 물적 기반의 확충이었고, 이런 조건은 세계 자본주의의 최전선에 있는 영국이 충족하고 있었기 때문이다. 1860년대 후반 마르크스는 아일랜드에서의 혁명 가능성을 주목하고 있었다.[76] 아일랜드는 영국 자본주의를 지탱하는 '약한 고리'에 해당하는 만큼, 아일랜드 혁명은 곧 영국 혁명으로 이어질 것으로 기대한 것이다. 미국과 러시아에서의 혁명 가능성도 거론했지만 부차적 수준에 머물러 있었다. 하지만 현실은 마르크스의 기대와 정반대로 흘러갔다. 영국 노동운동은 전면적 사회개혁 대신 노동자의 경제적 지위를 높이는 데 주력하는 '신형조합운동' 위주로 흘러갔다. 숙련공들 주도로 만들어진 신형조합은 조합원의 상호 부조를 강조하고, 파업보다는 우호적 협상을 선호한다는 게 특징이었다. 홉스봄의 시니컬한 표현을 빌리자면 "영국의 노동자들은 자유주의파의 밧줄에 묶여 떠날 줄 몰랐고, 그 지도자들은 너무나 허약하고 부패하여 노동자들의 표가 선거전에서 결정적 역할을 할 힘을 가지게 되었는데도 의회에서 상당한 수의 의석을 확보하지 못했다".[77] 다만 영국은 1832년 1차 선거법 개정을 통해 부르주아들에게 투표권을 부여하는 등 이미 유럽에서 가장 민주적인 국가였다. 영국은 당시 내부 체제는 물론 정치적으로도 안정화된 나라였다.[78] 입법을 통해 노동자들의 권리를 점진적으로 개선하려 했다는 점도 눈여겨볼 점이다. 대표 흐름이 1838년부터 1848년까지 이어진 차티스트운동이다. 보통·비밀선거, 선거구의 공평화, 의원의 재산 자격 폐지, 의원 세비 지급 등 지금으로서는 당연한 여섯 개의 '인민헌장'을 내걸고 보통선거를 바탕으로 한 의회민주주의의 실시를 요구했다. 그 결과 1867년과 1884년 선거법 개정으로 남성의 보통선거가 제도화되었다.

마르크스주의에 대해 쓴다면 이 책 몇 권으로도 모자랄 것이다. 다만 여기서는 대략적인 흐름만 짚고자 한다. 마르크스주의라는 집은 헤겔과 애덤 스미스, 데이비드 리카도라는 기둥으로 세워졌다. 먼저 마르크스는 헤겔의 영향에 따라 역사를 모순과 해당 모순의 극복이라는 변증법적 진보로 바라봤다. 이에 역사의 원동력은 고정된 관념이 아닌 유동적인 물질적 사회운동, 곧 부를 생산하는 방식인 생산양식이 결정한다고 판단했다. 마르크스는 《정치경제학 비판 요강》(1857~1858년)에서 이렇게 설명한다.

인간은 … (필연적으로) 물질적 생산력의 일정한 발전단계에 상응하는 생산관계에 들어서게 된다. 바로 이러한 생산관계의 총체가 한 사회의 경제적 구조, 즉 현실적 토대다. 그 위에 법적, 정치적 상부 구조가 세워지고, 여기에 상응하는 사회적 의식의 형태들이 출현한다. … 인간의 의식이 그의 존재를 규정하는 것이 아니고, 반대로 인간의 사회적 존재가 그의 의식을 규정한다. 그런데 한 사회의 물질적 생산력은 일정한 생산 및 소유 관계와 모순을 일으킨다. 그러면 이 생산관계는 생산력의 발전을 촉진하는 것이 아니라 질곡으로 변한다. 바로 이때가 사회적 혁명의 시기이다.[79]

이에 따라 고대 노예제와 중세 봉건제를 거쳐 근대 산업혁명을 통해 도달한 부르주아 자본주의 사회는 필연적으로 공산주의 사회에 도달한다는 것이다.

마르크스는 앞선 1848년에 "이제까지 사회의 모든 역사는 계급투쟁의 역사였다. 이 투쟁은 항상 전체 사회의 혁명적인 개조로 끝나거나 투쟁계급들의 공동 몰락으로 귀결되었다"라고 선언했다.[80] 이에 추후 도래할 사회주의 혁명은 프롤레타리아의 승리와 공산주의의 도래로 끝날 것이라고 역설했다. 왜냐하면 "공황에 처하면 … 과잉생산이라는 전염병이 발생한다. … (이는) 시민적 소유의 존재를 위태롭게" 하는 동시에 "부르주아는 자신들에게 죽음을 가져올 … 현대의 노동자인 프롤레타리아를 낳았기 때문"이다.[81]

마르크스는 《정치경제학 비판 요강》을 토대로 1867년 그의 사상의 정수가 담긴 《자본론》 1권을 내놓는다. 《자본론》에 따르면, 자본주의 시스템이 확립되면 멈추는 법도, 끝나는 법도 없는 자본 축적의 욕망이라는 '운동 법칙'이 작동한다. 그 결과 부와 권력은 점점 더 소수의 자본가들에게 집중되고, 자본의 이익률이 하락할 수밖에 없다.

이에 자본가는 노동 착취 강도를 높이거나 임금을 노동력 가치 아래로 떨어뜨리는 등 '반작용'을 시도하게 된다. 다만 이런 시도는 노동자 등 소비자의 수요 부족을 가져오면서 전반적인 상품 과잉, 곧 불황으로 이어진다.[82]

이어 그는 자본주의의 특징은 개인이 생산관계에 있어 주체가 아닌 객체로 전락하는, 곧 자본에 의한 추상적 지배예속 관계라는 '소외'에 빠지게 된다고 역설했다.[83] 다시 말해 노동자들은 자신들의 노동으로부터, 환경으로부터 그리고 주변 동료나 가족으로부터 소외되는 것이다. 그 결과 "인간(노동자)은 먹고 마시고 번식하는 동물적 기능에서나 … 자신이 능동적 존재라고 느낀다. … 동물적인 것은 인간적인 것이 되고 인간적인 것은 동물적인 것"이 된다.[84] 그 끝은 노동자에 의한 자본주의 시스템의 파괴다. "모든 이익을 가로채고 독점하는 대자본가의 수는 줄어들지만, (노동자계급의) 빈곤·억압·예속·타락·착취의 정도는 더 증대되고, … 노동자계급의 반항도 또한 증대된다. … 생산수단의 집중과 노동의 사회화는 마침내 그 자본주의적 외피와 양립할 수 없는 점에 도달한다. 자본주의적 외피는 파열된다. 자본주의적 사적 소유의 조종弔鐘이 울린다. 수탈자가 수탈당한다".[85]

파리코뮌과 독일 사민당의 좌절

영국 대신 한 세기 전 세계에 혁명의 기운을 불어넣었던 프랑스에서 또다시 붉은 깃발이 들어 올려졌다. 1871년 파리코뮌이 바로 그것이다. 그해 3월 18일부터 5월 28일까지 파리 시민에 의해 세워진 세계 최초의 사회주의 자치정부(코뮌)다. 그 전해부터 시작된 프로이센과의 보불전쟁에서 프랑스가 패배하면서 전쟁을 주도한 나폴레옹 3세는 폐위되고 제3공화국이 성립된다. 그러나 제3공화국 정부를 장악한 왕당파는 왕정복고를 꾀하고 프로이센과 굴욕적인 종전협정을 체결했다. 여기에 시민의용군인 국민방위대가 가지고 있던 227문의 대포를 회수하고 국민방위대를 강제 해산시키려는 시도가 성난 민심에 기름을 부었다.[86] 시민들의 거센 반발에 직면한 정부는 파리 외곽으로 물러났다. 그리고 파리 시민과 노동자들은 선거를 통해 자치정부를 수립했다. 파리코뮌은 10시간 노동, 제빵공의 야근 금지, 여성참정권 실현, 종교와 정치의 분리 등 혁명적 정책을 시행했다.

하지만 파리코뮌은 태생부터 실패할 수밖에 없는 숙명이었다. 외부 조력자가 전무했기 때문이다. 리옹의 코뮌은 일찌감치 무너졌고, 코뮌 수립 직후부터 파리는 정부군에게 포위된 상태였다. 유럽 주요국들도 일제히 정부군을 지지했다. 유럽 국가 정부들에게 '프롤레타리아 혁명'은 받아들일 수 없는 암덩어리였다.[87] 호시탐탐 반격을 노리던 정부군은 5월 21일 파리로 진격했다. '피의 일주일'의 서막이었다. 시민군은 시내 곳곳에 바리케이드를 치고 극렬히 저항했지만 애당초 정규군의 상대가 되지 못했다. 피바람이 몰아쳤다. 프랑스 정부 발표에 따르면, 사망자만 1만 7000명, 많게는 5만 명에 달했다. 코뮌에 참여했던 7500명의 정치범들은 프랑스 식민지였던 뉴칼레도니아로 종신 유배되었다.[88] 파리코뮌의 패배로 프랑스의 노동운동은 '무덤' 속에 갇힌다. 1차 세계대전 발발 전까지 서구에서는 '사회혁명'이 아예 종언을 맞았다. 하지만 '자유, 평등, 박애'라는 프랑스대혁명의 이상을 인류에게 다시 일깨워준 계기가 되었다.*

　노동운동이 활발히 벌어진 곳은 영국이 아닌 후발 산업화국가 독일이었다. 1860년대 이후 노조 활동이 합법화되면서 돌파구가 마련되었다. 19세기 후반 독일은 거대 기업 중심으로 빠르게 산업화되면서 조합이 확대될 수 있는 조건이 형성된 상태였다. 이에 페르디난트 라살레Ferdinand Lassalle, 1825~1864는 1863년 전독일노동자협회를 이끌며 일반 노동자에게도 선거권을 부여하라는 선거법운동을 열정적으로 펼쳤고, 그 결과 1871년 독일 통일과 함께 제국의회 선거에서의 남성 보통선거제 시행이라는 '틈새'가 열렸다. 그후 카를 리프크네히트 Karl Liebknecht, 1871~1919와 아우구스트 베벨August Bebel, 1840~1913 등 마르크스주의자들을 중심으로 1869년 사회민주당이 결성되었고, 1875년 라살레파와 통합된 독일 사회민주당SPD이 만들어졌다.[89] 최초의, 그리고 가장 강력한 사회주의 정당이 등장한 것이다.

　다만 1878년 6월 무정부주의 성향의 내과의사 카를 에르하르트 노빌링이 당시 독일 황제였던 빌헬름 1세Wilhelm I, 1797~1888를 저격하는 사건이 벌어졌고, 오토 폰 비스마르크Otto Eduard Leopold von Bismarck, 1815~1898 정권은 기다렸다는 듯이 그해 10월 '사회주의자탄압법'을 통

---

*파리코뮌은 또 하나의 유산을 인류에게 남겼다. 당시 코뮌 의원으로 활동했던 외젠 포티에Eugène Edine Pottier, 1816~1887가 가사를, 피에르 드제테르Pierre De Geyter, 1848~1932가 곡을 붙인 〈인터내셔널가L'internationale〉다.[90] 이후 스페인내전에 참여했던 인민전선의용군들도, 만주벌판에서 일제 관동군에 맞서 싸운 조선의용대 독립투사들도, 세계 각지의 파업 전선에 나선 노동자들도 모두 같은 노래를 목놓아 불렀다. "대지의 저주받은 땅에 새 세계를 펼칠 때 어떠한 낡은 쇠사슬도 우리를 막지 못한다"고, "우리의 것을 되찾는 것은 강철 같은 우리의 손이고, 평등의 꽃을 피울 때 붉은 새 태양이 떠오른다"고, 그러니 "역사의 참 주인으로 투쟁에 나선 민중은 인터내셔널 깃발 아래 전진하자"고.

과시켰다.[91] 의회 활동은 허용하지만 '사회주의'라는 표현이 들어간 모든 활동을 금지하는 내용이었다. 사민당은 다시 지하화된다.* 이에 사민당은 1880년 스위스 비덴에서 열린 대의원대회에서 통합 사민당 출범 당시 내걸었던 고타강령 중 '합법적'이라는 문구를 삭제했다. 국가와의 협력을 추구하는 라살레주의는 폐기되고 마르크스주의가 당의 공식 이념으로 자리 잡았다. 다만 사회주의자탄압법에 따라 당의 활동은 오로지 의원만 가능했다. 이념과 실천이 엇나가는 모순적 상황이 시작된 것이다.[92]

그럼에도 독일 사민당은 성장을 멈추지 않았다. 1890년 총선에서 142만 표(19.7%)를 얻어 최다 득표 정당이 되었다. 소선거구–결선투표제여서 총 397석 중 35석밖에 얻지 못했지만 사회주의 정당으로서는 처음으로 대중정당으로 자리매김한 셈이었다. 다만 이론과 현실의 괴리는 이듬해인 1891년 열린 에르푸르트 대의원대회에서 본격화되었다. 에르푸르트강령 전반부는 '향후 자본주의가 붕괴하면 노동자계급이 정치권력을 획득해 사적 소유를 사회적 소유로 전환한다'는 마르크스의 사회주의 혁명 이론을 공식화했다. 그러나 후반부는 보통투표제, 표현 및 집회·결사의 자유, 무상교육·무상의료, 하루 8시간

* 비스마르크는 사회주의를 압박하기 위해 '채찍'만이 아니라 '당근'도 제시했다. 사회복지 제도 등 '사회입법'이 그것이었다. '위험한' 사회주의자들을 고립시키는 동시에 '선량한' 노동자들을 포섭해 체제를 공고하게 하려는 권위주의적 사회정책이었다.[93] 빌헬름 1세는 1881년 연설을 통해 산업노동자들의 고통에 대한 염려를 표명하고 사회입법이 필요하다는 데 공감했다. 이후 비스마르크 정권은 1883년 의료보험, 1884년 산재보험, 1889년 연금보험 법안을 내놨다. 그 결과 사민당 우파 지도자들은 정치혁명의 희망에 전적으로 의존하는 대신 자본주의체제 내부의 개혁적 변화들을 통해 노동자들의 삶을 개선시킬 수 있다는 게 증명되었다고 주장했다. 이는 추후 사민당 운동의 본질을 변화시켰다.[94]

근무제 등 민주주의 개혁 과제를 제시했다. 전반부의 미래의 '최대강령'을 지향하되 당장은 후반부의 현재의 '최소강령'에 집중한다는, 일종의 '단계론'을 표방한 것이다.[95] 말로는 혁명을 이야기하지만, 실제 활동은 자유주의 정당과 다를 바 없었다. 이는 이후 에두아르트 베른슈타인Eduard Bernstein, 1850~1932이 주도한 수정주의 논란을 불러일으켰다. '혁명을 통한 사회주의화라는 최대강령을 폐기하고, 개혁을 위해 자유주의 세력과 긴밀히 협력하자'는 내용이었다. 그러나 이는 혁명은 고사하고 민주주의 개혁조차 자유주의 세력의 눈치를 봐야 하는, 변혁을 '신앙'의 영역으로 몰아넣는 결과를 낳았다.

이에 대해 로자 룩셈부르크Rosa Luxemburg, 1871~1919는 〈사회개혁이나 혁명이냐〉(1898~1899년)라는 반박문을 통해 '자본주의는 자체 위기를 봉합하려 할수록 위기의 규모는 더욱 커지는 만큼, 지금 필요한 것은 최대강령을 청산하는 게 아닌 사민당이 대전환의 주체로 나설 수 있도록 준비하는 것'이라고 역설했다.[96] 곧 "노동조합 투쟁과 정치 투쟁이 갖는 커다란 사회주의적 의미는, 그것이 노동자계급의 인식과 의식을 사회화한다(곧 그것을 계급으로 조직한다)"는 것이고, 이것이 사민당의 과제가 되어야 한다는 뜻이다.[97] 다만 당의 중추인 노동조합과 의원들은 이미 관료화된 상태였다. 당시 독일제국에서 사민당이나 노동조합 간부가 된다는 것은 노동자 출신에게 허용된 유일한 출세 기회였다.[98] 이들은 자신의 안위를 위해 대의를 저버리는 일을 서슴지 않았다. 선거법 개정 등 민주적 개혁 과제조차 외면했다. 독일 사민당은 그렇게 우경화되었고, 이후 다른 자유주의 정당들과 함께 1차 세계대전의 포화 속으로 들어갔다.

농민의 희생 위에 세워진 금본위제

무지개 너머 저 어딘가, 높은 곳에

자장가에 가끔 나오는 나라가 있다고 들었어.

무지개 너머 저 어딘가, 하늘은 푸르고

네가 꿈꿔왔던 일들이 정말 현실이 되는 나라.

노래 〈오버 더 레인보우〉의 가사다. 요즘은 BTS의 곡으로 많이 들 알고 있지만 할리우드 고전 〈오즈의 마법사〉(1939년)의 주제곡으로 시대와 국경을 넘어 많은 사랑을 받았다. 영화는 보지 않았어도 누구나 음정 정도는 흥얼거릴 수 있을 것이다. 영화가 개봉했던 그해 아카데미 최우수 노래 부문을 수상했고, 미국영화연구소AFI가 2004년 발표한 'AFI 100년 100곡 리스트'에서 1위를 차지하는 등 역사상 가장 위대한 영화음악으로 꼽힌다.[99]

이 영화의 원작인 동명의 동화는 1900년 미국에서 처음 출간되었다. 미국 사우스다코타 주 지역신문 발행인인 라이먼 프랭크 바움Lyman Frank Baum, 1856~1919이 썼다. 〈오즈의 마법사〉는 전형적인 '로드무비'다. 주인공 도로시는 어려움에 처해 여행을 떠나지만 도중에 만난 여러 조력자(허수아비, 사자 등)의 도움으로 역경을 극복한다. 드넓은 대륙을 개척하는 프론티어 정신을 엿볼 수 있다는 면에서 '가장 미국적 동화'라는 찬사를 받았다. 이후 〈오즈의 마법사〉가 단순한 동화가 아닌 인민주의 전통이 강하게 영향을 미친 역사소설이자 정치적 우화라는 분석도 나왔다. 미국 교육자 헨리 리틀필드Henry M. Littlefield,

1933~2000가 1964년 내놓은 논문 〈오즈의 마법사, 포퓰리즘에 대한 우화〉가 계기였다.[100] 리틀필드에 따르면, 회오리바람이 몰아친 캔자스는 불황에 허덕여 혼란에 빠진 미국 사회를 뜻한다. 허수아비는 농민, 양철나무꾼은 노동자, 용기 없는 사자는 정치인을 가리킨다. 워싱턴 D. C.를 빗댄 에메랄드시로 뻗은 노란 벽돌길은 금본위제의 상징이다. 작품 말미에 도로시를 고향 캔자스로 데려가는 것은 도로시의 은 구두다. 당시 금본위제에 대항한 '은화'를 말한다.

이해를 위해 당시 미국 역사를 살펴보자. 1865년 남북전쟁 종전으로 미국은 하나가 되지만 '동서갈등'이 기다리고 있었다. 마차에 일가족을 싣고 서부 황무지로 향하는 이들 대부분은 '신세계'에서 새 삶을 시작하려던 가난한 농부들이었다. 그러나 워낙 가진 게 없던 처지라 정착 비용은 동부의 부유한 산업가나 금융가에게 빌려야 했다. 둘 사이의 계급적 갈등에 불을 지른 건 1873년 화폐주조법 제정이었다. 복複본위제 대신 금본위제를 채택하겠다는 것이었다. 지금까지는 금과 은 둘 다 화폐로 인정했다면 앞으로는 금만 '돈'으로 취급하겠다는 뜻이다.

금과 은은 '기축금속' 지위를 놓고 오랫동안 경쟁했다. 그러나 둘 중 우위에 있던 건 금이 아닌 은이었다. 은은 철이나 구리에 비해 가치가 높으면서도 금에 비해 희소성은 덜했다. 따라서 화폐로 사용하기에 더 적합했다. 19세기까지 영국과 독일, 네덜란드, 중국, 일본 같은 국가들은 은본위제를 채택했다. 미국과 프랑스, 이탈리아는 금과 은을 함께 사용하는 복본위제를 시행 중이었다. 하지만 19세기 이후 금과 은의 처지는 뒤바뀐다. 영국의 정책 변화 때문이었다. 17세기 말

이후 영국 경제정책의 핵심 목표는 어떻게 해서든 은의 유출을 최소화하는 것이었다. 거기에 당시 영국 금값은 주변국들보다 높았다. 이에 영국은 나폴레옹전쟁의 전비를 조달하는 과정에서 은본위제를 폐지하고 1816년 금본위제를 채택한다.[101] 여기에 1859년 미국 네바다에서 대규모 은광이 발견되면서 은의 가치가 급락한다. 무게 대비 가치가 은보다 10배 이상 높았던 금을 결제 수단으로 삼는 게 은을 사용하는 것보다 훨씬 편리해졌다. 이에 독일은 1871년 보불전쟁에서 승리하면서 프랑스로부터 50억 프랑이라는 막대한 금액을 전쟁 배상금으로 받았고, 이를 기초로 1873년 금본위제로 전환한다. 이후 덴마크, 네덜란드 같은 국가들도 금본위제로 돌아섰고, 복본위제의 중심축이던 프랑스도 1876년 금본위제를 채택한다.

앞서 설명한 대로 미국 역시 1873년 금본위제를 받아들인다. 중서부와 남부의 농민과 일반 대중은 금본위제를 격렬히 반대했다. 금본위제 전환을 동부 산업가와 자본가의 '음모'로 여긴 것이다. 게다가 그해 대불황이 닥치자 시중에 화폐가 부족해졌고, 1880~1896년 사이 물가는 23%나 급락했다. 디플레이션의 고통은 주로 서부 농민들 몫이

---

* 은을 둘러싼 가장 극적인 사건은 영국과 청나라 사이의 아편전쟁(1839~1842년)이었다. 청은 18세기 내내 차와 비단을 영국에 수출하고 그 대가로 막대한 양의 은을 받았고, 이는 중국 국내 경제의 활력소가 되었다. 이에 은의 대량 유출을 막기 위해 영국이 찾아낸 해법은 동인도회사가 인도에서 생산하는 아편이었다. 곧 양국의 교역 구조는 역전되었다. 19세기 초에는 청나라가 영국에 더 많은 은을 지불해야 했다. 당시 동인도회사가 아편 수출로 번 수익은 토지세 다음으로 많았다. 여기에 중국산 차와 비단의 수출이 위축되면서 중국으로의 은 유입량이 줄고, 남아메리카의 은 생산량 감소에 따라 은의 국제가격이 상승하면서 중국 은의 대외 유출이 가속화되었다. 청나라로서는 아편의 해독 못지 않게 아편을 막아야 할 이유가 여럿 있었던 셈이다.[102]

었다. 농산물 가격 하락과 수요 감소라는 이중고를 감내해야 했기 때문이다. 더구나 예전처럼 상대가격이 낮은 은을 화폐로 주조할 수도 없으니 동부 은행들로부터 빌린 빚을 줄일 방법도 없었다. 이들의 분노는 미국의 정치 지형도를 뒤흔들 정도로 임계점을 향해 치솟았다.

"인류를 황금 십자가에 매달지 말라!"

그들이 감히 공개된 자리에서 금본위제를 좋은 것으로 변호한다면 우리는 최선을 다해 싸울 것입니다. 우리 뒤에는 이 나라와 세계의 노동자가 있고, 상업과 노동 부문 그리고 모든 곳의 노역자가 우리를 지지합니다. 우리는 금본위제를 요구하는 사람들에게 이렇게 대꾸할 것입니다. 노동자의 머리에 가시 면류관을 씌우지 마라! 인류를 황금 십자가에 매달지 말라![103]

미국 역사상 명연설은 링컨 대통령이 노예 해방을 선언한 게티즈버그 연설, "국가가 당신을 위해 무엇을 할 수 있는지 묻지 말고, 당신이 국가를 위해 무엇을 할 수 있는지 물어보라"고 역설한 존 F. 케네디John F. Kennedy, 1917~1963 대통령의 취임 연설, "제게는 꿈이 있습니다"라는 희망의 메시지를 전달한 마틴 루터 킹Martin Luther King Jr, 1929~1968 목사의 연설이 꼽힌다. 윌리엄 제닝스 브라이언William Jennings Bryan, 1860~1925의 '황금 십자가' 연설도 그중 하나다. 1896년 7월 민주당 전당대회가 열린 시카고의 한 원형극장에 좌중을 압도하는 한 젊은이의 목소리가 울려 퍼졌다. 주인공은 네브래스카 주 하원 의원 브라이언이었다. 그는 원로들 사이에서 '애송이'에 불과했지만 가장 뛰어난 연설가였다.

브라이언은 '은이 나라의 사업적 이익을 해칠 것'이라는 금본위제 지지자들의 주장은 잘못된 생각에 근거하고 있다고 일갈했다. 금본위제 지지자들은 도시의 이익만 대변하고, 농촌을 희생양으로 삼는다고도 주장했다. 금본위제는 동부 금융가 투기꾼들이 농민들을 괴롭히려고 만든 십자가라고 그는 목소리를 높였다. 이어 "인류를 황금 십자가에 매달지 말라"고 외친 뒤 십자가에 매달린 예수처럼 머리를 숙이고 양팔을 크게 벌렸다. 대의원들은 천둥소리 같은 박수와 함성으로 화답했다. 민주당은 기존의 복본위제를 새로운 화폐제도 강령으로 채택하고, 이튿날 브라이언을 대선 후보로 추대했다. 22대와 24대 두 번에 걸쳐 불연속적으로 재직한 유일한 대통령이었던 그로버 클리블랜드Stephen Grover Cleveland, 1837~1908는 민주당 대표 자리에서 내려와야만 했다.[104]

브라이언은 원래 민주당이 아닌 인민당 소속이었다. 민주당 내 복본위제 찬성 그룹이 그를 끌어들여서 민주당-인민당 연합후보 자격으로 대선에 나선 것이다. 인민당은 금본위제 타도를 전면에 내세우면서 오대호 서쪽의 농촌 지역에서 돌풍을 일으킨 인민주의운동의 흐름에 따라 1892년 창당된 정당이다. 인민당은 창당한 그해 대선에서 100만 표 이상을 거두며 8.6%의 득표율을 올렸다. 굳건한 민주·공화 양당체제에서는 엄청난 성과였다. 4년 뒤인 1896년 대선에서는 650만 표로 6배 이상 늘었다.[105] 비록 공화당의 아성을 넘지는 못했지만 20세기 초반 미국 정치사에 무시할 수 없는 족적을 남긴 미국 사회당sp으로 이어졌다. 다만 복본위제 운동의 열기는 이후 빠르게 식었다. 1890년대 말 알래스카와 남아프리카공화국, 오스트레일리아에서 대규모 금광이 발견되었고, 함유량이 적은 원광석에서 금을 추출하는 신기술까지 개발되었기 때문이다. 은이 없어도 화폐가 안정적으로 공급될 수 있는 환경이 조성된 것이다.

금본위제의 영향에 대해서는 칼 폴라니가 《거대한 전환》을 통해 생생하게 설명한다. 금본위제가 제시한 미래는 '이론적'으로는 매우 밝았다. 세계 각국이 금본위제를 모두 채택한다면 전 세계는 하나의 시장으로 통일되고, 균형수지도 달성된다. 예를 들어, 해당 연도에 A국가의 수입이 수출보다 많아지면 자국 내 금 준비물량이 축소된다. 이에 국내 화폐와 신용 공급이 자연스럽게 줄면서 이자율은 상승하고 물가와 임금은 하락한다. 그러면 고가의 수입품 수요는 떨어지고, 자국 제품의 가격 경쟁력이 상승하면서 수출이 늘어난다. 결국 무역수지 적자는 다시 균형으로 자연스럽게 수렴된다. 하지만 현실은 정반대의 양상으로 흘러갔다. A국가의 국내 물가가 국제 가격과 차이가 난다면 금 유출에 합법적으로 대응할 수 있는 수단은 오직 디플레이션뿐이었다. 균형 수지를 달성할 때까지 임금 하락과 소비 감소 등 경제 후퇴를 감내해야 했다. 이는 노동자들과 농민들의 소득 감소와 실업 증가, 기업과 은행의 파산을 뜻했다. 이는 누구도 원치 않는 시나리오였다.[106]

이에 세계 각국은 금본위제가 정착하자마자 수입품에 높은 보호관세를 매기는 등 보호무역주의를 채택한다. 마침 불어닥친 1873년 대불황에 대응하기 위해서는 자유무역주의는 사치에 가까웠다. 제국주의 정책은 보호무역주의와 맞물려 서로 증폭되었다. 새롭게 식민지를 획득하면 제국이 가진 권력으로 관세장벽을 둘러칠 수 있었고, 식민 사업을 겸하는 무역업자들은 식민지 시장과 원자재에 접근하는 데 특권적 위치를 누릴 수 있었다. "이 기간의 '제국을 향한 경주'는 영국과 독일 사이의 정치적·군사적·경제적 경쟁을 비화시켰고, 결국 1차 세계대전으로 그 정점"에 달했다.[107] 결과적으로 금본위제 역시 전쟁을 불러일으킨 주범이었던 셈이다.

한편 베토벤이 처음 문을 연 낭만주의 음악은 서구 자본주의의 발전에 따라 절정에 다다르고 있었다. 그 과정에서 '전통'에 대한 입장 차이는 '바그너 대 브람스'라는 서양 고전음악계의 가장 첨예한 논쟁과 대립으로 치달았다. 이는 100년이 지난 지금도 '전통 대 혁신' '고전음악 대 모더니즘음악' 등 다양하게 변주된 형식으로 재현되고 있다. 이제 그 모습을 살펴보자.

고전음악사의 라이벌,
바그너와 브람스

시대를 앞서간 문제적 인간, 바그너

음악사를 빛낸 두 라이벌 중에서 브람스는 아폴로형 작곡가(전통주의
자)이고, 바그너는 디오니소스형 작곡가(혁신주의자)라고 볼 수 있다.
실은 서양음악에서 아름다움의 두 측면을 처음으로 아우른 작곡가는
베토벤이었다. … 베토벤이 머리로 써 내려간 이理의 음악은 브람스가
펼쳐 나갔으며 가슴으로 써 내려간 기氣의 음악은 바그너가 펼쳐 나갔
다. 그것은 말러에 이르러 '신고전낭만파적 종합'을 이루고, 이는 다시
신고전파와 전위음악으로 나뉘는 갈래로 이어진다. 말하자면 전자의
흐름은 전통적인 점에서 베토벤 우파, 후자의 흐름은 혁신적인 면에서
베토벤 좌파라고 부를 수 있다.

－오해수, 《인간 바그너》 447~448쪽.[108]

19세기 중후반 서구음악계의 기준은 여전히 '베토벤'이었다. 베토벤이라는 거인은 넘을 수 없는 산이었다. 작곡가들만이 아니라 청중들에게도 마찬가지였다. 청중들은 언제나 베토벤의 작품을 기준으로 새로운 작품을 평가했다.

　　고전은 이 시기 활동한 작곡가들에게는 또다른 경쟁자였다. '어떻게 다른 음악으로 청중에게 다가갈 수 있는가'가 숙제였다. 여기에서 두 가지 흐름이 나타났다. 하나는 고전 대가들의 문법을 그대로 계승한 채 베토벤과 슈베르트, 쇼팽에 필적할 교향곡과 피아노곡을 내놓는 것이다. 슈만과 브람스, 당대 최고의 바이올리니스트 요제프 요하임Joseph Joachim, 1831~1907, 비평가 에두아르트 한슬리크Eduard Hanslick, 1825~1904 등 전통주의자들이 여기에 속했다. 라이프치히를 중심으로 활동하면서 '라이프치히악파'라 불렸다. 다른 하나는 교향시나 표제음악, 음악극 등 다른 문법의 작품을 내놓는 것이다. 성악과 관현악을 함께 조합하는 동시에 문학을 끌어들인 베토벤 교향곡 9번을 창조적으로 재해석한 것이다. 앞서 살펴본 리스트 외에 바그너 등 혁신주의자들이 여기에 속했다. '신독일악파Neudeutsche Schule'로 불린 이들은 표제음악이야말로 베토벤의 전통을 잇는 발전된 음악 형태라고 주장했다. 이들은 표제 교향곡과 교향시 등이 새로운 이상을 표현하는 방법이라고 여기고, 그 밖의 음악 장르들은 구시대 유물로 간주했다. 이들은 절대음악과 표제음악, 전통과 혁신으로 나뉘어 치열한 경쟁을 벌였다.[109]

　　바그너는 단순히 작곡가라는 틀 안에서만 설명하기에 어려운 다층적 인간이었다. 오페라와 음악극 작곡가이면서도 1848년 2월 혁명에 적극 참여한 혁명가이자 다양한 음악 저술을 남긴 평론가였다. 그의 작품에는 '바그너 자신이 독일 영혼의 정수이고 독일의 운명이자 영광'이라는 자기도취적 자아가 깊이 똬리를 틀고 있다.[110] 그는 "나는 다른 사람과 다르게 창조되었다. 나에게는 모든 것이 훌륭해야 하고, 아름다워야 하고, 빛이 나야 한다. 세상은 내가 필요한 것을 제공할 의무가 있다"라고 당당히 선언했다. 물론 그의 철저한 자기중심성의 기저에는 천재성이 깔려 있지만, 사실상 스스로를 '신'으로 여겼다고 해도 과언이 아니었다.[111] 이를 위해 바이로이트에 그를 위한 '신전'을 세웠다. 예술사에서 그만큼 많은 주목을 받고 논란의 대상이 된 이는 없을 것이다. 반유대주의를 적극 조장하면서 훗날 나치로부터 영웅시되긴 했지만, 그를 계기로 서양음악의 진로가 송두리째 바뀌었다는 건 의심할 여지가 없다. "오페라라는 개념을 혁명적으로 흔들어놓았고, 조성음악체계를 완전히 탈바꿈시켰으며, 지금까지 서양음악의 위대한 정점으로 통용되는 열 편의 오페라를 쓴 인물"[112]이라는 에드워드 사이드의 표현은 이를 적확하게 보여준다.

드레스덴과 라이프치히에서 음악을 공부한 그는 프랑스 파리에서 음악 저술가로 활동하다가 서른이 다 될 무렵인 1842년 내놓은 오페라《리엔치》가 주목을 받으면서 처음 이름을 날렸다. 이후 1843년《방황하는 네덜란드인》, 1845년《탄호이저》같은 명작을 발표하며 드레스덴 작센 궁정의 부악장으로 일했다. 하지만 1848년 2월혁명의 여파로 이듬해 5월 벌어진 드레스덴 봉기에서 국왕 프리드리히 아우구스트 2세Friedrich August II, 1797~1854에 맞서 혁명군 쪽에 섰다. 그러나 혁명은 진압되었고, 바그너에게는 체포장이 발부되었다. 이에 바그너는 바이마르를 거쳐 스위스 취리히로 망명한다. 이곳에서《니벨룽의 반지》(1848~1874년) 4부작, 《트리스탄과 이졸데》(1865년)를 작곡한다. 그때까지 그의 삶은 안락함과는 거리가 멀었다. 리스트 등 그의 음악적 재능을 알아본 후원자들과 부유한 여자친구들의 도움이 이어졌지만 빚에 허덕이는 생활이 계속되었다. 지휘와 악보 편찬 등으로 상당한 수입을 올렸음에도, 결정적으로 씀씀이가 너무 헤펐다. 그는 타고난 쾌락주의자였다.

나이 쉰이 다 된 1864년 '동아줄'이 내려왔다. 그의 열렬한 팬이었던 루트비히 2세Ludwig Ⅱ, 1845~1886가 바이에른 국왕으로 취임하면서부터다. 루트비히 2세는 그의 빚을 갚아주는 건 물론 연금까지 하사하는 등 강력한 후원자를 자처했다. 여기에 1872년에는 바그너의 오페라가 상시 공연될 수 있는 공연장을 바이에른 주 북쪽의 작은 도시 바이로이트에 지어주었다.[113] 이는 1876년 바이로이트 음악축제로 이어졌다. 《니벨룽의 반지》가 공연된 첫 축제는 엄청난 적자를 기록했지만 전 세계는 열광했다. 독일과 브라질의 황제, 수십 명의 황태자와 왕자들, 여기에 국내외 60개 신문사 기자들을 포함한 4000여 명이 몰렸다. 〈뉴욕타임스〉는 새로 설치된 대서양 횡단 케이블로 축제 뉴스를 사흘 연속 1면에 실었다.[114] 축제 마지막 날, 바그너는 청중들의 환호 속에 은으로 만든 월계관을 받았다. 그의 친구이자 사실상 장인이었던 리스트는 바그너에게 이렇게 고백했다. "저는 당신의 가장 충실한 종입니다."[115] 평생 갈구하던 승리자이자 세계에서 가장 유명한 작곡가로 등극한 바그너는 그의 마지막 오페라 《파르지팔》(1877~1882년)을 바이로이트 무대에 올린 이듬해인 1883년 눈을 감았다.

바그너는 전후 음악가들과 마찬가지로 스스로를 베토벤의 계승자라 여겼다. 하지만 동시대의 브람스나 이전의 슈만과 달리 베토 벤이 9번 교향곡에서 선보였던 것처럼 음악과 문학(드라마)을 통합하는 '총체예술Gesamtkunstwerk·total work of art'로서의 음악극이야말로 음악이 지향해야 할 목표라고 확신했다. 오케스트라가 음악적 면을 표현하면 가사와 문학은 사건과 상황을 설명한다는 것이다.[116] 바그너는 1850년에 쓴 〈미래의 음악〉이라는 글에서 이렇게 역설했다.

> 베토벤은 그 말을 자신이 음으로 만든 창조물의 정점에 씌우는 왕관으로 삼았다. 이 말은 … '환희!'였다. 그리고 이 말을 가지고 모든 인류에게 외쳤다. '모든 인류여 서로 포옹하라! 그리고 입맞춤을 온 세상에!' 그리고 바로 이 말이 미래 예술작품의 언어가 될 것이다.[117]

또 그는 기존의 오페라는 말초적 쾌락을 자극하는 상업적 오락물로 전락했다고 봤다. 이에 그의 음악극은 아리아를 따로 떼어낼 수 있는 기존 오페라와 달리 주인공들이 부르는 노래가 '무한선율'의 일부로 극이 끝날 때까지 줄곧 이어진다.[118] 이 점은 《방황하는 네덜란드인》(1841~1842년) 등 그의 초기작부터 씨앗이 드러난다.

《니벨룽의 반지》4부작에서는 이런 점이 더욱 여실히 나타난다. 여기서 '반지'는 영국 소설가 J. R. R. 톨킨John Ronald Reuel Tolkien, 1892~1973의 작품 《반지의 제왕》의 그 반지와 동일하다. 모두 북유럽 신화에 뿌리를 두고 있다. 바그너는 이 작품을 독일 중세 서사시 《니벨룽의 반지》와 옛 노래집 《에다》를 토대로 만들었다. 〈라인의 황금〉 〈발퀴레〉 〈지그프리드〉 〈신들의 향연〉으로 구성되어 있다. 전체 연주 시간만 17

시간에 달해 나흘에 걸쳐 연주되곤 한다. 반지 연작은 특정 인물이나 사물, 감정이 연관된 수많은 테마와 동기로 조직되어 있다. 이를 음악학자들은 '유도동기Leitmotiv'라고 부른다. 주제가 처음 나온 뒤 추후 반복적으로 출현하면서 그에 대한 연상을 만드는 기법을 말한다. 새로운 맥락에서 해당 동기가 나오면 그 의미가 축적되는 동시에 연관성을 갖게 된다.[119]

바그너의 유산은 지대하다. 절대주의 음악에 맞서 표현주의 음악의 독자성을 확립했다. 그가 제시한 음악과 드라마, 연기가 밀접하게 결합한 음악극은 이후 오페라와 관현악 작곡가들에게 하나의 전형이 되었다. 정확하게는 19세기 말 전 세계의 거의 모든 음악가와 지식인은 '바그네리언'을 자처했다. 프랑스 상징주의 시인들은 바그너의 이상향을 시로 표현했다. 소설가 알퐁스 도데Alphonse Daudet, 1840~1897는 "우리는 바그너 오페라의 인물들을 연구했다"라고 고백했다. 에드가 드가Edgar De Gas, 1834~1917, 세잔 등 화가들도 바그너 추종자였다.[120] 독일어권 음악계에서도 리하르트 슈트라우스Richard Georg Strauss, 1864~1949, 안톤 브루크너Josef Anton Bruckner, 1824~1896는 바그너의 충실한 계승자로 불린다. "(1900년 전후의) 현학적인 청년들은 마치 후대의 미국 대학생들이 밥 딜런Bob Dylan의 가사를 외우듯 그의 대본을 암송"했을 정도였다.[121] 뒤에 언급하겠지만《트리스탄과 이졸데》는 도입부 화성이 불협화음 수준으로 표현되면서 훗날 20세기 무조음악의 문을 연 것으로 평가받는다. 여기에 관현악의 능력을 최대치까지 끌어내는 동시에 구조나 선율 면에서 빼어난 작품을 내놓으면서《탄호이저》서곡처럼 전문가만이 아니라 대중에게도 널리 사랑받는 고전을 남겼다.

바그너의 어두운 그림자, 반유대주의

바그너의 작품세계는 어두운 유산도 남겼다. 반유대주의가 바로 그것이다. 독일 민족주의 음악만이 순수하고 심오하다고 주장한 그는 1850년 펴낸 소책자 《음악에서의 유대주의》에서 "유대인이 작곡한 음악은 무용하며 피상적이고 과시적일 뿐 깊이가 없다. 유대인 음악은 거부감을 일으킨다"라고 주장했다.[122] 한때 그에게 지대한 영향을 미친 마이어베어 등 유대계 음악가들을 공격해 자신만의 '독창성'을 내세우려는 의도였다. 그러면서 멘델스존 역시 이런 특성이 나타난다고 주장했다. 멘델스존이 부유한 금융가의 '금수저' 출신 천재로 꼽혔다는 점을 질투한 결과라는 해석이 많다. 한때 그의 열렬한 지지자였던 독일 철학자 프리드리히 니체Friedrich Wilhelm Nietzsche, 1844~1900는 바그너의 이런 극단적 성향 탓에 결국 멀어졌다. 니체가 말한 초인 사상은 모든 사람이 자신의 한계를 뛰어넘어 초인이 될 수 있다는 뜻이었지만, 바그너는 이를 두고 강력한 카리스마를 갖춘 초인이 등장해야 한다고 곡해했다. 그는 바그너가 하나의 신탁이자 사제 혹은 사제 이상의 존재에 대한 대변인으로 스스로를 치장했다고 격렬히 비판했다.[123] 바그너는 생전 독일 통일과 독일 민족주의에 열광하기도 했다. 바그너의 반유대주의는 유대인이었던 그의 양부에 대한 프로이트식의 '아버지 살해' 동기가 반영된 결과일 수도 있다.[124]

문제는 그의 반유대주의 성향이 그의 사후 홀로코스트의 '씨앗' 역할을 했다는 점이다. 나치 집권 이후 유대계 음악가들의 작품들은 독일 음악계에서 종적을 감춘다. 구스타프 말러는 나치 정권 이전에는 리하르트 슈트라우스에 이어 독일에서 둘째로 작품이 많이 연주된 작곡가였지만 아예 사라진다. 라이프치히의 게반트하우스 앞의 멘델스존 동상은 1936년 끌어내려졌다.

바그너의 후손들은 나치와 손잡는 것을 넘어 거의 한배를 탄다. 바그너는 리스트의 딸인 코지마Cosima Francesca Gaetana Wagner, 1837~1930를 두 번째 아내로 맞이하고, 그 사이에서 아들 지그프리트Siegfried Helferich Richard Wagner, 1869~1930를 낳는다. 지그프리트의 부인인 영국 여성 위니프레드Winifred Wagner, 1897~1980는 뼛속까지 쇼비니스트였다. 일찌감치 히틀러에게 열광했다. 히틀러가 1923년 바이에른 주 정부를 전복하려는 쿠데타를 시도했다가 실패한 뒤 란츠베르크의 감옥에 복역할 때 격려 편지까지 보낼 정도였다.[125] 나치 집권 이후 히틀러와 그 일당들은 바그너 일가의 저택인 반프리트를 자주 찾았다. 바이로이트 축제와 바그너의 음악은 나치의 선전 수단으로 충실히 복무했다.

다만 여기서 난감한 문제가 나온다. 반유대주의자를 자처하고 나치의 반유대주의에 적극 이용되었다는 이유 때문에 바그너의 음악이 배척되어야 하는가다. 이는 우리 스스로에게 던지는 의문이기도 하다. 친일 전력을 이유로 이광수1892~1950나 최남선1890~1957, 서정주1915~2000의 문학작품들을 완전히 배격해야 하는가. 일제에 적극 협력한 안익태1906~1965가 작곡한 곡을 애국가로 쓰는 게 바람직한가.

'역사 바로 세우기' 차원에서 과거의 역사에 대한 치열한 검증과 비판은 당연히 이뤄져야 한다. 그러나 역사적 과오를 저지른 이들의 공헌을 어느 정도까지 인정하고 수용할 것인가라는 문제는 또다른 논란을 제공할 수밖에 없다.

이스라엘에서도 바그너의 음악을 들을 수 있다. 방송 전파도 타고 음반도 팔린다. 하지만 공연장에서의 연주는 금기시되었다. 바그너의 음악이 홀로코스트를 연상케 하기 때문이다. 그러나 이런 터부를 깬 최초의 음악가는 다니엘 바렌보임Daniel Barenboim이다. 명 피아니스트이자 지휘자인 그는 아르헨티나 출신 유대인으로, 이스라엘 건국 이후 이스라엘에서 10대 시절을 보냈다. 바렌보임은 2001년 7월 베를린 슈타츠카펠레를 이끌고 이스라엘 예루살렘에서 공연을 가진 뒤 청중에게 앙코르곡으로 《트리스탄과 이졸데》의 짧은 발췌부를 연주하면 어떨지 제안했다. 그는 기분이 상한 관객은 자리를 떠도 좋다고 했고, 실제로 일부 관객은 퇴장했다. 이스라엘 문화부 장관과 문화교육위원회는 이후 그를 격렬하게 비판했다.[126] 바렌보임은 이전에도 경계를 훌쩍 넘는 음악가였다. 이스라엘의 팔레스타인 점령에 대해 공공연히 반대하고, 1999년 초 팔레스타인 지역에서 콘서트를 가진 최초의 이스라엘 음악가로 기록된 바 있다. 1999년에는 에드워드 사이드, 첼리스트 요요마Yo-Yo Ma 등과 함께 아랍과 이스라엘 청소년들을 한데 모은 '서동시집 관현악단'을 만들기도 했다.

바그너는 생전 발표한 글에서 멘델스존 등 유대인들을 극렬하게 공격했지만, 그의 작품에서는 반유대주의적 성향이 거의 드러나지 않는다. 《뉘른베르크의 명가수》 속의 비루한 캐릭터인 베크메서는 유대인이 아닌 독일 기독교도로 설정되어 있다.[127] 바그너가 반동적 사상으로 가득 찬 인물이었다고 해서 그의 작품 안에 그런 성향이 드러날 것이라고 단정하는 건 위험하다. 더구나 바그너라는 복잡다단한 현상을 완전히 거부하는 건 바람직하지 않다. 에드워드 사이드는 "예술가의 부도덕적 행위는 비판받아야 마땅하지만, 그것이 예술가의 작품을 판단하는 유일한 잣대가 되어서는 안 된다"라고 역설한다.[128]

최후의 위대한 전통주의자, 브람스

브람스는 차이콥스키와 더불어 한국인들이 가장 좋아하는 작곡가다. 전 세계로 눈을 넓혀도 그의 위상은 베토벤 못지않다. 그는 오페라를 제외한 거의 모든 분야에서 뛰어난 작품을 남겼다. 네 개의 교향곡은 베토벤의 작품에 비견될 만하고, 두 개의 피아노협주곡과 바이올린협주곡(1878년)은 협주곡의 마스터피스로 통한다. 피아노와 현악을 위한 오중주(1861~1862년), 《독일 레퀴엠》(1856~1868년) 등 합창음악, 피아노소나타와 바이올린소나타들도 널리 사랑받고 있다. 가곡도 빼놓을 수 없다.

브람스는 독일 북부 함부르크 출신이다. 함부르크는 예나 지금이나 중부유럽의 바다 관문이다. 항구라는 특성답게 다양한 지역의 여러 인종이 함부르크로 모여들었고, 자연스럽게 이들의 민속음악이 함부르크 음악에 녹아들었다. 서양음악사에서 브람스는 흔치 않은 '흙수저' 출신이다. 부친인 요한 야코프 브람스는 지역에서 활동하는 호른과 더블베이스 연주자였다. 모친인 크리스티아네 니센은 남편보다 열일곱 살 연상이었고 다리가 불편한 장애인이었다. 집안 형편은 넉넉지 못했다. 브람스는 변변한 음악 교육을 받지 못한 채 10대 초반부터 밤이면 레스토랑과 선술집을 전전하며 피아노를 연주했다.[129] 브람스의 작품에 독일 민속음악의 흔적과 더불어 고독감이 종종 발견되는 건 이런 배경 때문이다. 그는 "브람스는 슈만과 멘델스존의 열등한 자손이고, 그의 교향곡은 구닥다리 유물일 뿐이다"(휴고 볼프)라는 등 바그너 추종자들의 조롱과 비난에 맞서 싸우는 대신 침묵을 지키는 편을 택했다.[130]

그렇다고 브람스가 너그럽고 따뜻한 성품을 지닌 이는 아니었다. 오히려 정반대였다. 그는 타협을 모르는 음악가였다. 고집불통인데다 극도로 예민했고, 쉽게 발끈했다. 클라라 슈만이나 요제프 요하임 등 가까운 친구들에게도 종종 상처를 주었다. 슈베르트보다는 베토벤의 성격을 닮았던 셈이다. 다만 브람스의 전기 작가들은 브람스가 거칠게 보여도 속은 따뜻한 사람이었다고 증언한다.[131]

브람스가 두각을 나타낸 것은 1853년 10월 1일 독일 뒤셀도르프의 슈만 자택을 방문한 게 계기가 되었다. 스무 살의 '청년 베토벤'은 당대 최고의 작곡가이자 평론가인 슈만 앞에서 자신의 피아노소나타를 선보였다. 브람스의 음악성에 탄복한 슈만은 혼자 듣기 아까운 나머지 부인 클라라를 불러 다시 연주를 청했다. 클라라는 그날 일기에 "오늘 신이 보낸 사람을 만났다"라고 적었다. 슈만은 곧바로 자신이 창간했지만 10년간 글을 쓰지 않았던 음악잡지 〈음악신보〉에 "새로운 길"이라는 제목의 비평문을 썼다. 이 글에서 그는 "크로노스의 머리에서 완전무장한 미네르바처럼 갑자기 나타난 거장"이라며 브람스를 격찬했다. 음악계를 구원할 젊은 인재가 나타났다는 것이다.[132]

슈만은 이후 출판사를 소개해주는 등 브람스가 유럽 음악계에 정착할 수 있도록 후원했다. 슈만은 브람스를 만나고 나서 불과 3년 뒤 세상을 떠났는데, 짧은 기간 브람스의 친구이자 스승 역할을 했다.

브람스는 슈만의 의사와 가족 사이에서 가교 역할을 하며 그를 따랐다. 그즈음 작곡했던 곡이 그의 청년기를 대표하는 피아노협주곡 1번(1858년)이다. 애잔하면서도 명상적인 2악장 아다지오에 대해 그는 클라라에게 보낸 편지에서 "당신의 아름다운 초상"이라고 썼다.[133] 대담하고 용맹한 도입부와 장엄하고 거침없는 주제의 전개는 범상치 않은 작곡가의 출현을 알렸다. 하지만 문제는 당대 사람들에게 너무 어려웠다는 점이다. "관객은 지치고 음악가들은 당황했다" "피아노 독주를 품은 교향곡"이라는 혹평이 뒤따랐다.[134]

피아노협주곡 2번은 1번을 내놓은 뒤 20년을 훌쩍 넘긴 1881년에 완성했다. 나이 쉰을 바라보는 때였다. 1번 협주곡보다 더 완벽한 곡을 작곡하려 했기에 그만큼 시간이 많이 걸렸다. 그래서인지 2번은 1번보다 완성도 면에서 더 높은 평가를 받는다. 1번이 청년다운 패기와 격렬함을 품고 있다면, 2번은 인생의 정점기를 지난 중년의 완숙미와 여유가 느껴진다. 1번과 2번 모두 길이가 50분 안팎으로 비교적 길다. 심지어 2번은 4악장 구성이다. 다른 피아노협주곡에 비해 딱딱할 수 있지만 마음을 열고 듣다 보면 브람스만의 매력과 개성을 만끽할 수 있다.

슈만이 죽은 뒤에도 브람스와 슈만 가족의 연결고리는 끊어지지 않았다. 클라라 슈만과 음악적·정신적 동반자로서 관계를 이어갔다. 브람스와 클라라가 실제로 연인 관계였는지는 불확실하다. 두 사람 모두 '일탈'과는 거리가 먼 완고한 보수주의자들이었기 때문이다. 다만 두 사람은 여느 부부나 연인들보다도 정서적으로, 지적으로 더 깊이 교감했다. 브람스는 죽는 날까지 결혼을 하지 않았다.

브람스는 1862년 오스트리아 빈에 정착한 뒤 작곡가이자 지휘자로 명성을 날렸다. 1868년 내놓은 《독일 레퀴엠》을 계기로 '베토벤의 후계자'라는 찬사를 받았고, 저작권 개념이 명확해지면서 출판 수입도 상당했다. 1869년 펴낸 《헝가리 무곡》이 유럽 전역에서 큰 성공을 거두면서 생계의 많은 부분을 해결할 수 있었다.[135]

브람스는 베토벤을 비롯한 낭만주의 음악만이 아니라 바흐 등 바로크음악 같은 과거의 음악적 질료들을 재료로 삼아 민속음악과 집시음악처럼 당대 유행했던 음악 요소를 함께 버무렸고, 특유의 감수성을 담아 자신만의 음악을 만들어냈다. "슈만의 낭만주의 정점의 재료가 객관화될 때까지 자기소여 속에서 깊이 있게 관찰한다. 그것은 주체의 객관화다. 바그너 음악에서는 역동적인 열정을 통해 성취된 것이 브람스에게서는 완고한 고집을 통해 성취된다"라는 아도르노의 분석도 비슷한 맥락이다.[136] 그 결과 어렵지 않으면서도 정교하고 완벽한 음악을 내놓아 시대를 뛰어넘는 생명력과 호소력을 얻었을뿐더러 평론가들의 절대적 지지도 이끌어냈다.[137] 그의 작품이 베토벤이나 바그너의 작품처럼 인류의 고전으로 남을 것이라고 말해도 지나치지 않은 건 이런 이유에서다.

거인이 내 뒤로 뚜벅뚜벅 쫓아오는 소리를 항상 들어야 한다고 생각해보게. 그때 그 기분을 자네는 전혀 상상할 수 없을 걸세.[138]

브람스가 1870년 친구이자 지휘자였던 헤르만 레비Hermann Levi, 1839~1900에게 토로했다고 전해지는 말이다. 당대 음악가들과 마찬가지로 브람스에게 베토벤은 거대한 산이었다. 하지만 베토벤을 뛰어넘지 않고서는 음악가로서 자리매김할 수 없었다. 특히 베토벤의 상징과도 같은 교향곡에서 베토벤과 '같으면서도 다른' 작품을 내놓아야 했다. 교향곡은 서양 고전음악 작곡가에게 반드시 거쳐야 하는 관문이었다. 클라라가 슈만에게 그랬던 것처럼 브람스에게도 끊임없이 교향곡 발표를 채근한 것도 그래서다. 브람스가 첫 교향곡을 발표한 것은 1876년이었다. 그의 나이 마흔을 넘긴 때였다. 게을러서가 아니라 과도하게 신중한 성품 탓이었다. 무려 20년 이상 작업한 끝에 첫 작품을 선보인 것이다. 그의 음악적 라이벌인 바그너가 대표작《니벨룽의 반지》를 바이로이트축제극장에서 초연한 해이기도 했다.

　　작품이 발표된 직후 한스 폰 뷜로는 "베토벤의 10번 교향곡이다"라고 평했다.[139] 실제로 교향곡 1번은 베토벤의 작품을 연상시킨다. 그 역시 베토벤의 영향을 굳이 숨기지 않는다. '빠름 - 느림 - 가벼움 - 빠름'이라는 관습적 양식을 계승하면서도 3악장에 스케르초 대신 인터메초를 배치하고, c단조에서 C장조로 전개하면서 투쟁 끝에 승리를 쟁취하는 효과를 준 것이 근거다. 4악장의 첫 주제로 찬가풍의 선율을 배치한 것도 베토벤 교향곡 9번 4악장과 유사하다.*[140] 하지만 교향곡 1번에서는 브람스만의 개성이 드러난다. 전통에 충실하면서도 혁신적이고 대담한 화성을 선보였다. 1악장과 4악장에서는 전례를 찾기 어려울 정도의 장중함과 엄숙함이 지배하지만, 2악장과 3악장은

---

* 서정성보다 형식과 스케일을 강조했다는 평도 있다. 초연 한 달 전 피아노 버전으로 교향곡 1번을 미리 들은 클라라가 "이 교향곡은 다른 작품들에 못 미친다. 완전한 멜로디를 듣고 싶다"며 다소 비판적으로 이야기한 것은 이런 맥락에서다.

우아하면서도 서정미 넘치는 선율을 들려준다.*

교향곡 4번(1884~1885년)에는 바흐를 위시한 바로크음악의 영향이 엿보인다. 17~18세기 바로크시대에 성행하던 주 선율을 저음부터 반복해 변주하는 '파사칼리아' 형식을 재현했다.[141] 베토벤의 그림자에서 괴로워하던 그가 과거와 현재의 음악적 양식을 자기만의 스타일로 혼합했다는 평가를 받는다. 단순히 기존 틀에서 벗어나는 것을 넘어 옛 대가들의 언어로 그들과 대결하면서 자신만의 독창적이고 개성적인 음악을 창출하는 데 성공했다는 뜻이다.[142] 또 이 곡은 어둠에서 광명으로 향하는 베토벤풍의 구도를 버리고 피날레에서 단조로 끝을 맺는다. 어둠에서 비극으로 침잠해가는 자신만의 교향곡 모델을 확립한 것이다. 음악 평론가 에두아르트 한슬리크가 '어둠의 근원'이라고 표현한 건 이 때문이다.[143]

이후 브람스는 더이상 교향곡을 내놓지 않았다. 변혁의 세계로 뛰어든 노년의 베토벤과 달리 브람스는 클라리넷 삼중주와 오중주 및 소나타, 피아노를 위한 인터메조 등 온화하면서도 자기고백적인 세계로 침잠했다. 이에 대한 음악 평론가 해럴드 C. 숀버그Harold Charles Schonberg, 1915~2003의 표현은 기억할 필요가 있다.

저물어가는 시대가 발산하는 (브람스의) 특유의 빛은 말로 표현하기 어렵다. 말러 음악에서 느껴지는 이글거리는 화염도 아니요, 브루크너

---

* 이런 이유로 카를 달하우스는 교향곡 1번을 가리켜 '제2의 교향곡 시대를 연 작품'이라고 격찬했다. 베토벤 이후로 쇠퇴하던 교향곡의 전통을 다시 세우고, 드보르작이나 말러, 시벨리우스가 내놓은 교향곡의 흐름을 예고한 미래지향적 작품이라는 의미에서다.[144]

교향곡에서 느껴지는 지평선에 반쯤 고개를 내민 거대한 원반의 빛도 아니요, 리하르트 슈트라우스 음악처럼 태양 표면에서 폭발적으로 분출하는 빛도 아니다. 브람스의 빛은 침착하고 따뜻하다. … 바그너의 대형 오페라가 극장들을 점령하고, 슈트라우스의 충격적인 교향시가 온 유럽에서 회자되던 시절, 브람스는 점점 더 강하게 한결같은 메시지를 던졌다. 그 메시지는 진정성이었다. 그것은 베토벤과 슈만의 정신이었다.[145]

1896년 5월 20일, 클라라 슈만이 77세의 나이로 세상을 떠났다. 클라라는 죽기 3년 전 브람스에게 "가슴 속 깊은 곳에서부터 나의 가장 참된 애정의 소망이 그대를 향하고 있습니다"라는 마지막 편지를 보냈다.[146] 브람스는 클라라가 죽은 슬픔을 〈네 개의 엄숙한 노래〉로 음울하면서도 기품 있게 표현했다.[147] 그는 한동안 넋을 잃고 지냈다. 건강도 급격히 나빠졌다. 그해 말 간암 진단을 받았고, 이듬해인 1897년 3월 7일 한스 리히터Hans Richter, 1843~1916가 지휘하는 빈필하모닉의 4번 교향곡 공연에 참석한 게 마지막 '외출'이 되었다.[148] 그는 결국 4월 3일 홀로 눈을 감고, 빈 중앙묘지(젠트랄프리드호프)에 몸을 뉘었다.

웰컴 투 모던타임즈

노동과 인간의 분리를
가속화한 테일러주의

알코올과 커피는 각각 노동자계급과 부르주아가 결정적인 것으로 간주하는 특성과 능력들을 자극한다. 커피가 합리성, 냉정함, 개인주의를 자극하듯이 알코올은 프롤레타리아적 집단성과 단결력을 북돋운다.
ㅡ볼프강 쉬벨부시,《기호품의 역사》189쪽.[149]

인류에게 가장 사랑받는 기호품은 무엇일까. 열에 아홉은 커피라고 답할 것이다. 필자 역시 이 글을 쓰는 순간에도 연신 커피를 마시고 있다. 이 책을 읽을 독자들 역시 커피와 함께할 공산이 크다. 커피는 아프리카 에티오피아 고원지대의 목동들이 처음 발견했다고 한다. 이후 서아시아에 전파된 뒤 이슬람 세력의 확장과 함께 전 세계로 퍼진다. 종교적 이유에서 금지된 술 대신 커피가 대중 음료로 자리 잡은 것이다. 1500년경에는 이슬람사원 주변에 '카흐베하네kahvehane', 곧 커피하우스가 생겨났다.

커피가 유럽에 처음 알려진 것은 대략 16세기 이후다. 독일 학자 레온하르트 라우볼프Leonhard Rauwolf, 1535~1596가 시리아와 팔레스타인 지역을 여행한 뒤 저술한 《동방여행기》(1582년)에는 터키인과 아랍인들이 잉크처럼 검은색의 '차우베'를 마신다고 나와 있다. 커피는 처음에 유럽인들에게 동방의 이국적 식품으로 여겨졌다. 하지만 17세기 중반 이후 양상이 바뀐다. 정신을 일깨워주는 음료이자 성적 충동을 억제하는 수단으로 인식되었다. 특히 청교도 부르주아계층이 커피를 적극 받아들였다. 런던의 상인들은 아예 커피하우스에서 자리를 잡은 채 커피를 줄기차게 마시면서 업무를 처리했다. 현재 세계 최대의 보험회사인 로이드보험조합은 로이드 지역의 카페에서 출발했다. 커피하우스는 사무용 건물이자 주요 뉴스가 오가는 정보 교류의 장이었다. 바다 건너 유럽에서도 커피는 부르주아의 전유물이었다. 시민계급에게 커피는 술과 달리 정신을 맑게 해주고 몸에 활기를 불어넣어주는, 합리주의와 근대의 음료였다.[150] 바흐가 〈커피 칸타타〉에서 "커피는 얼마나 달콤한가. 천 번의 키스보다 사랑스럽고 머스캣 와인보다 부드럽구나"라는 찬사를 내놓을 정도로 큰 인기를 끌었다.

커피의 대척점에 놓인 건 술이다. 술은 육체노동자의 음료였다. 알코올의 힘으로 고된 노동을 견뎌낸 건 동서양 모두 닮은꼴이었다. 하지만 수십만 년간 자연에서 노동으로 삶을 영위하던 인류는 산업혁명을 계기로 도시 노동자로 탈바꿈한다. 전원이 아닌 도시의 삶에서 가장 큰 변화는 '시간'에 얽매여 생활한다는 것이었다. 시계 부품처럼 정해진 시간에 일터에 나가 정해진 시간만큼 일해야 하는 '의무'가 부과된 것이다. 일상의 여유는 게으름으로, 삶에 대한 관조는 나태함으로 전락했다. 피난처로 노동자들이 찾은 건 도수 높은 '노동자의 술' 브랜디였다. 브랜디의 알코올 함량은 맥주의 10배가 넘었지만 훨씬 저렴했다. 커피와 알코올은 오랫동안 경쟁했지만 결국 커피가 알코올의 자리를 대체한다. 특히 미국에서는 "노동자의 눈꺼풀을 지탱해주고, 가물가물해지는 의식을 붙잡아주는 약으로 커피의 '민주화'"가 이뤄졌다.[151] 술은 무능력과 게으름의 상징으로 격하되었다. 인류는 디오니소스적 존재가 아닌 카페인의 힘으로 보다 높은 생산성을 요구받는 자본주의적 존재가 되었다.

19세기 말은 '카페인의 승리와 알코올의 패배'라는 도식이 보다 뚜렷해진 시기였다. 자본주의 기업들이 구조 면에서 트러스트, 작동 양식 면에서 과학적 경영의 도입이라는 이중적 전환을 이뤄낸 덕분이었다. 과학적 경영, 곧 '테일러주의'의 등장은 노동에서 이성주의와 합리주의가 완전한 승리를 거두었다는 신호탄이었다. 테일러주의의 공식 명칭은 '과학적 관리법Scientific Management'이다. 미국의 공학 기술자 프레더릭 테일러Frederick Winslow Taylor, 1856~1915가 창안했다. 테일러는 애덤 스미스의 분업론을 산업 현장에 본격적으로 적용하고 이론화하면서 현대 경영학의 길을 열어젖혔다.

19세기 말 펜실베이니아의 한 철강회사 기술자이자 중간관리자로 일하던 테일러는 공장 노동자들이 자기 업무를 성실하게 수행하는 대신 어떻게든 일을 하지 않으려 한다는 점을 발견했다. 이는 생산성을 떨어뜨리고 기업의 비용을 높였다. 이에 테일러는 노동에 대해 객관적 수치를 도입한 뒤 이를 과학적으로 관리하면 노동자들의 생산성을 높일 수 있다는 결론을 내렸다.

그는 1911년 출간한 《과학적 관리법》이라는 책에서 네 가지 원칙을 제시한다. 첫째 노동자의 작업의 모든 요소를 경험 대신 과학적으로 판단하고, 둘째 특정 업무의 적성을 가진 노동자들을 과학적이고 객관적 지표에 따라 선택해 훈련시키고, 셋째 노동자들이 해당 지표를 바탕에 둔 원칙에 따라 협동해 업무를 완료할 수 있도록 하고, 넷째 관리자와 노동자가 경영에 있어 거의 같은 수준의 분업과 책임감을 가져야 한다는 것이다. 이를 위해 노동자들이 성과에 따라 인센티브와 임금을 지급받아야 한다고 강조했다. 직관과 경험으로 이뤄지던 기존 경영에서 탈피해 객관적 지표에 따른 과학적 경영으로 전환하고, 경영자와 노동자가 기업 운영에 같은 책임을 지고 이익을 공유해야 노동자가 자발적으로 생산성을 높이는 데 동참할 것이라는 취지였다. 이러한 테일러주의가 가장 극단화된 형태가 '포디즘'이었다. 포드자동차는 테일러주의와 대량생산 기술을 접목시키면서 불과 10년 만에 자동차 생산량을 100배 이상 늘렸고, 판매가격은 8분의 1로 낮췄다. 실제로 포드자동차는 1907년 대표 모델인 모델K 6398대를 2800달러에 팔았지만, 10년 뒤인 1917년에는 73만 41대의 모델T를 불과 360달러에 판매했다.[152]

문제는 경영자들이 이익 공유라는 테일러주의의 원래 취지는 무시한 채 노동자들을 효율적으로 관리해 생산성만 높이려 했다는 점이다. 이 과정에서 노동자들은 인격체가 아닌 계획과 공정에 따라 움직이는 공장 부품으로 전락했고, 생산과정에서 배제되었다. 이와 같은 노동 소외 현상을 희극적으로 다룬 작품이 찰리 채플린Charles Chaplin, 1889~1977의 영화 〈모던타임즈〉(1936년)다. 이른바 '4차 산업혁명' 이후 노동의 형태는 급격한 변화를 겪고 있지만, 노동과 인간이 분리되는 현상이 개선될지는 미지수다.

자본주의를 집어삼킨 거대 기업들

2차 산업혁명으로 등장한 기업형태는 거대화였다. 당시 중심 업종은 철강과 전기, 화학, 기계 같은 '중후장대' 산업이었다. 거대 장치를 요구하는 이들 산업은 1차 산업혁명 때에 비해 막대한 자본과 거대 기업이 필수적이었다. 이는 기업이 고용한 노동자 수로도 확인된다. 1871년 영국 면공장의 평균 고용 인원은 180명, 평균 작업 기계는 85대에 불과했는데, 1873년 독일 에센 철강회사 크루프제작소의 고용 인원은 무려 1만 6000명, 프랑스 철강회사 쉬네데르의 고용 인원은 1만 2500명에 달했다.[153]

기존 기업들이 시장 지배력을 강화하려는 의도로 거대한 기업 집단을 형성하는 사례도 나타났다. 기업 결합은 독립 경영이 이뤄지는 기업들이 수평적으로 연합하는 카르텔, 카르텔에서 공동의 판매 기구를 운영하는 신디케이트, 독립 기업들을 단일 기업으로 통합하는 트러스트, 지주회사가 주식을 소유하는 방식으로 다수 기업을 지배하는 콘체른, 아예 합병이 이뤄지는 머저로 그 수위가 높아졌다.

거대 기업이 주로 등장한 국가는 미국과 독일이었다. 미국의 기업 결합은 주로 트러스트 형태로 이뤄졌다. 1900년경 미국 섬유공장 수는 1880년대에 비해 3분의 1로, 기관차 제조업체는 1860년 19개에서 1900년 2개로 줄었다. 아메리칸토바코컴퍼니가 담배 생산의 75%를 통제하기 시작한 것도 이때부터였다. 그 결과 미국에서 철도를 제외하고 가치 총액 1000만 달러가 되는 회사가 1896년 12개에서 1904년 300개 이상으로 불어났다. 거대 기업들은 미국 주요 산업의 5분의 4에서 영향력을 행사했다.[154] 이에 따라 나타난 것이 거대 자본가들이었다. "미국은 자본주의를 발명하지는 않았지만 자본가를 발명했다"[155]는 말이 나오기도 했다. 다만 사업 과정에서 온갖 불법과 탈법을 일삼았다는 점에서 '날강도 귀족'이라 불리기도 했다.

독일에서도 다양한 기업 결합이 나타났다. 자유방임주의 전통과 기업 경영의 특성이 강했던 영국이나 프랑스와 달리 독일에서는 기업 결합에 우호적이었다. 정부의 입김이 강하게 실리는 대형 은행들이 기업 결합에 적극적으로 움직였다. 아스피린을 생산하는 바이엘사가 속한 이게파르벤, 지멘스 콘체른, 아에게 트러스트 등 지금도 세계경제를 주름잡는 기업 집단들이 독일 기업 결합의 대표 사례다.

기업 집단 중 빼놓을 수 없는 게 '재벌財閥'이다. 근대 일본과 현대 한국의 대표 기업 집단들은 콘체른에 가장 가깝다. 일본어 '자이바쓰Zaibatsu', 한국어 '재벌Chaebol'은 국제적으로 고유명사로 쓰일 정도로 널리 알려졌다. 1880년대 메이지 정부는 공기업이나 관영 공장을 민간에 매각하면서 경제 발전의 주도권을 민간에 넘겼다. 이 과정에서 미쓰이, 미쓰비시, 스미토모 등 3대 재벌이 등장한다. 이들은 일본 산업계에서 독점적 영향력을 행사했다. 2차 세계대전 당시 군수산업을 담당한 이들은 미 군정에게 해체되었지만 한국전쟁 과정에서 다시 결집해 전후 일본의 부흥을 주도한다.

한국의 재벌은 한국이 본격적인 경제 성장을 시작한 1960년대에 처음 출현한다. 삼성과 현대, SK, LG가 대표적이다. 개발독재 시절 정권에 협조하는 대가로 몸집을 불렸고, 수출지상정책에 적극 부응하면서 글로벌 기업으로 성장했다. 총수의 기업가 정신에 따른 공격적 투자로 한국의 경제성장을 이끌었다는 점은 높게 평가받는다. 하지만 '박근혜·최순실 사태'에서 드러났듯 정치권력과의 유착을 통해 지배력을 유지하려는 모습을 보인다는 한계는 여전하다.

어찌 되었든 1873년 대불황의 여파에서 빠져나온 1890년대 이후부터 1914년까지 유럽과 미국의 부유한 이들과 부르주아계급들은 황금시대를 누렸다. 당시를 일컬어 '벨 에포크Belle Epoque'(좋은 시절)라고 불렀다. "사람들은 잘살게 되었고, 돈 있는 자들에게는 인생이 매우 매력적인 것이었고, 부유한 자들에게는 황금의 시대"로 보였다. 사회와 정치체제도 안정화된 것처럼 인식되었다.[156] 사회주의 정당과 노동조합은 점차 대중의 지지를 얻었지만, 혁명의 열정이 사라진 혁명가들은 더이상 체제에 위협적인 존재가 아니었다.

하지만 당시는 동시에 권태와 냉소가 만연한 '세기말Fin de Siècle'의 시대였다. 20세기 초반 10여 년은 그 뒤의 20세기보다 19세기 후반과의 연속성이 더 강했다.[157] 산업화의 확산에 따른 물질주의와 합리주의에 대한 반발이 거세진 시기였다. 자본주의의 숙명인 빈부격차와 불평등이 사상 최대치로 벌어진 것도 이때였다. 그런 면에서 '벨 에 포크'는 '세기말' 혹은 '데카당스'(타락)와 한 배에서 나온 형제 격이었 다. 시대를 향한 예민한 더듬이로 당대를 표현하는 게 예술가의 의무 이자 숙명이라면, 당대 세기말의 분위기를 음악으로 가장 탁월하게 표현한 이는 바로 구스타프 말러였다.

세기말의 이방인,
구스타프 말러

"나는 삼중으로 고향이 없다."

이성이 인류를 행복한 미래로 이끌어줄 것이라고 아직 낙관적으로 믿던 100년 전이라면 모르겠거니와, 말러가 '교향곡 7번'을 작곡한 20세기 초는 계몽주의의 이런 프로젝트가 파탄났다는 건 어느 누구의 눈에도 명백해진 시대였다. 말러가 한 일은 교향곡이라는 전통 형식이 명하는 바에 따라 해피엔딩을 계속 만들어가는 게, 1905년 시점에선 이미 웃음거리에 지나지 않는다는 내부 고발이었다.[158]

위 문장은 서경식 도쿄경제대 교수가 자신의 책에서 테오도르 아도르노의 말러론을 요약한 한 일본학자의 표현을 재인용한 것이다. 고전음악계에는 특정 작곡가의 음악을 선호하는 그룹에 대한 호칭이 존재한다. 바그너 애호가는 '바그너리안', 브람스 애호가는 '브람지언'으로 불린다. 그만큼 그들의 영향이 절대적이라는 뜻이다. 또 하나의 대표적 표현은 '말러리안'이다.*

그의 작품은 바그너에 비할 바는 아니지만 연주 시간이 상당히 길다. 대부분 한 시간을 훌쩍 넘는다. 현란한 구성과 익숙지 않은 선율 때문에 그의 작품을 자주 접하지 않는 이에게는 집중하기 어려운 음악이다. 하지만 어렵다는 편견을 들어내고 그의 선율에 귀와 마음을 맡기면 말러만의 개성과 독창성을 발견할 수 있다. 무엇보다 그의 작품에는 '희노애락애오욕'이라는 인간의 모든 감정이 담겨 있다. 익살스러우면서도 애처롭고, 숭고하면서도 경쾌한 감정이 한데 어우러진다. 머리가 아닌 가슴으로 들어야 말러의 매력을 느낄 수 있다. "말러의 음악은 논리적이라기보다 감성적이다. 요즘처럼 몸으로 먼저 반응하는 시대에 아주 잘 어울린다"라는 지휘자 정시연의 설명도 비슷한 맥락이다.[159]

말러에 다가가려면 몇 가지 키워드의 도움을 받아야 한다. 먼저 '세기말'이다. 세기말은 19세기 말에서 1차 세계대전이 벌어지기 직전인 20세기 초까지를 말한다. 물론 20세기는 1901년에 시작되지만 20세기의 초반 10여 년은 그 뒤의 20세기보다 19세기 후반과 더

* 서울시향을 이끌었던 지휘자 정명훈이 대표적인 말러리안으로 꼽힌다. 레너드 번스타인 Leonard Bernstein, 1918~1990이나 클라우디오 아바도Claudio Abbado, 1933~2014, 클라우스 텐슈테트Klaus Tennstedt, 1926~1998, 리카르도 샤이Riccardo Chailly처럼 전집을 내지는 않았지만, 서울시향 시절 말러 교향곡 1, 2, 5, 9번을 녹음해서 도이치그라모폰DG을 통해 내놓았다. "말러 작품을 연주하기 위해 지휘자가 되었다. 연주할 때마다 더 배우고 더 깊이 파고들 수 있는 '광활한 우주' 같은 음악이기 때문이다"라는 정명훈의 고백은 말러의 작품을 적확하게 설명하는 표현이다.

많은 연속성을 갖고 있다.[160] 당시는 전 세대의 합리주의, 실증주의, 물질주의에 대한 반감이 극단에 다다랐다. 대신 감정주의, 주관주의, 비합리주의가 팽배했다. 누구에게나 '벨 에포크'는 아니었다. 말러 역시 이런 흐름에 동참했다. 그는 15세 때 오스트리아 빈 악우협회음악원에 입학한 뒤 17세부터 빈대학에서 음악과 함께 철학을 공부했다. 그는 괴테, 도스토옙스키의 문학작품은 물론 이마누엘 칸트, 프리드리히 니체의 철학, 유물론 등 다양한 분야를 섭렵했다.[161] 그는 닥치는 대로 책을 읽는 다독가였다. 특히 빈대학 재학 시절 범게르만주의 학생운동 집단이었던 '빈 독일계 대학생들의 독서회'에 적극 참여했다. 이 모임은 민족주의와 사회주의의 영향을 고루 받았다. 모임 지도자는 유대인 출신으로 훗날 오스트리아 사민당을 창설한 빅토어 아들러Victor Adler, 1852~1918였다. 이 모임에서 말러는 바그너와 니체를 만나며 이미 뿌리가 썩어가기 시작했던 자유주의적 시대정신에서 한참 떨어진 곳까지 나아갔다.[162] 일본 음악미학자 와타나베 히로시渡辺浩에 따르면, 바그너와 니체는 모두 인간 이성의 배후에 펼쳐진 무의식의 영역에 주목하면서 그쪽이 인간에게 더 본질적이라고 강조했다. 이에 말러를 비롯한 젊은이들은 근대 계몽주의 사상처럼 얼핏 명료해 보이는 '빛'은 가상에 지나지 않고, 세계의 본질은 합리적 정신으로는 포착할 수 없는 '어둠' 속에 있다고 여겼다. 여기에서 음악은 "이성이 포착할 수 없는 것에 다가가기 위한 유일한 수단"이었다.[163]

'빈'이라는 공간도 중요한 키워드다. 빈을 수도로 삼았던 오스트리아·헝가리제국은 600년 넘게 중부유럽을 호령하던 강대국이 더 이상 아니었다. 1866년 프로이센전쟁에서의 패배와 앞서 거론했던

1873년 5월 9일 빈 주식시장의 주가 대폭락은 모두 제국이 2류 국가로 전락했다는 징표였다.[164] 이에 당시 빈 시민들은 밤마다 왈츠에 탐닉하며 믿을 수 없는 현실로부터 도피했다. 19세기 말 빈은 '역설의 도시'이기도 했다. 의학과 철학, 음악 등 근대 학문의 수준이 세계 최고 수준에 이르렀던 '근대' 도시이자, 메테르니히체제와 합스부르크 왕조로 대표되는 '전근대'의 아성이었다.

이에 따라 '신흥 부르주아의 신질서 대 합스부르크제국의 구질서' '민족주의 대 사회주의' '반유대주의 대 시오니즘' 등 상반된 사조와 흐름들이 격렬히 맞부딪히는 모순의 용광로였다. 이런 분열의 연속은 아르놀트 쇤베르크Arnold Schonberg, 1874~1951의 표현을 빌리자면 "원리의 죽음을 알리는 춤"[165]이자 새 사조의 시작을 알리는 신호였다. 빈만의 특수성은 지그문트 프로이트Sigmund Freud, 1856~1939의 정신분석학이, 쇤베르크의 '12음 기법'과 무조성 음악이, 아돌프 로스Adolf Loos, 1870~1933의 모더니즘 건축이, 구스타프 클림트를 필두로 한 분리파가 이 도시에서 출현하는 거름이 되었다. 말러 역시 모더니즘운동에 적극 동참했다. 앞서 소개한 1902년 제체시온에서 열린 제14회 분리파 전시회에서 클림트의 벽화인 〈베토벤 프리즈〉가 처음 공개되었다(574~575쪽 이미지 참고). 말러는 전시회 개막식을 위해 본인이 압축적으로 편곡한 베토벤 교향곡 9번을 직접 지휘했다.[166]

그럼에도 '유대인'이라는 생태적 배경이 말러를 말러이게끔 한 가장 중요한 요인이라고 볼 수 있다. 그의 음악에 보헤미안 민요 가락과 유대교 전통음악 선율이 한데 어우러진 건 '선체험'에 따른 결과다. 말러는 1860년 7월 제국의 일부인 보헤미아에서 독일어를 모국어로 한 유대인으로 태어났다. 계몽주의 덕분에 유대계들은 과거의 '격리' 상태에서 벗어나 사회로 나올 수 있었다. 선대 음악가인 멘델스존이 대표 사례다. 프로이트 역시 말러와 더불어 '동화 유대인'에 속한다. 하지만 유럽인들에게 유대인들은 여전한 '이방인'이자 '내부의 타자'였다.[167] 더구나 말러는 '동방 유대인'이었다. 서유럽 출신의 유대인보다 서열이 아래였다.[168]

유대인들이 스스로를 타자로 여기는 인식은 말러 이전이나 이후나 유대계 지식인들에게 공통적으로 나타나는 현상이었다. 역시 유대계인 독일 출신 미국의 정치철학자 한나 아렌트Hannah Arendt, 1906~1975가 쓴 문장도 이를 잘 보여준다.

> 우리 중에는 낙관적인 이야기를 한참 나눈 뒤, 집으로 가서 가스를 틀어놓거나 마천루에서 뛰어내리는 기묘한 낙관주의자들이 있다. 우리가 선언한 쾌활함이 죽음을 곧바로 받아들일 듯한 위험스러움과 표리일체임을 그들은 증명하고 있는 듯 보인다. 우리는 생명이야말로 최고의 선이며 죽음이 최대의 공포라는 확신 아래서 자랐는데, 생명보다 지고한 이상을 발견하지 못한 채 죽음보다도 나쁜 테러의 목격자가 되고 희생자가 되었다.*[169]

---

* 이는 서경식 교수가 아우슈비츠 생존자인 유대계 이탈리아인 문필가 프리모 레비Primo Levi, 1919~1987의 자살을 설명하며 인용한 문장이다. 1940년 9월 27일 피레네산맥을 넘어 망명하는 도중 스페인 국경경찰이 입국시키지 않자 모르핀을 삼킨 발터 벤야민, 1942년 2월 22일 일본군이 싱가포르를 함락했다는 소식을 듣고 브라질 리우데자네이루에서 수면제를 마신 소설가 슈테판 츠바이크Stefan Zweig, 1881~1942도 투쟁과 절망 끝에 스스로 목숨을 끊은 '자기 본위의 죽음'을 선택한 유대인들이다.

말러 역시 세기말이라는 '시간적 분열'과 더불어 스스로 영원한 이방인이라는 '존재의 분열', 곧 '이중적 분열' 속에서 살아야 했다. 말러에 대한 '유럽인'들의 질시와 차별도 계속되었다. 그는 1897년 오스트리아에서 가장 존경받는 자리인 빈 오페라극장과 필하모니 음악감독으로 발탁된다. 지휘자로서의 탁월한 능력은 의심의 여지가 없었다. 1890년 함부르크에서 말러가 지휘하는 《돈 조반니》 공연을 지켜본 브람스도 말러의 재능에 탄복해 막후 지원자가 되었다.[170] 당시 오스트리아·헝가리제국은 법으로 유대인이 공직에 진출하는 것을 금하고 있었다. 그는 유대교를 버리고 가톨릭으로 개종하지만 그럼에도 유럽에 팽배했던 반유대주의 정서는 그를 연신 괴롭혔다. 그가 빈 오페라극장과 계약한 그해 반유대주의와 포퓰리즘의 선봉이던 카를 뤼거Karl Lueger, 1844~1910가 빈 시장으로 선출되었다. 그는 당시 오스트리아·헝가리제국 황제였던 프란츠 요제프 1세Franz Joseph I, 1830~1916마저 여러 차례 시장 임명을 거부할 정도로 위험한 인물이었다. 뤼거는 이후 공개적으로 말러를 서민에 반하는 엘리트주의자로 몰아세웠다.[171] "나는 삼중으로 고향이 없다. 오스트리아 안에서는 보헤미아인으로, 독일인 중에서는 오스트리아인으로, 세계 안에서는 유대인으로서. 어디에서도 이방인이고 환영받지 못한다"라는 말러의 고백은 이방인 의식에 깊이 사로잡혔다는 방증이다. 말러를 포함한 당대 유럽의 유대계 지식인들에게 남은 건 자유주의의 퇴장에 따른 무기력함이었다. 당시 빈 일간지 〈노이에 프라이에 프레세〉는 1897년에 이렇게 썼다.

자유주의자들이 가짜 코를 붙이는 것은 (오로지) 걱정스러운 표정을 감추기 위해서뿐이다. 우리 귀에 들리는 것은 경쾌한 왈츠가 아니라 흥분하여 소리치는 군중의 함성과 (정치적) 적대자들을 해산시키려 애쓰는 경찰의 고함소리뿐이다.[172]

그의 작품에는 죽음의 그림자도 짙게 드리워 있다. 이는 개인 사와도 밀접한 관련이 있다. 그는 1902년 빈 사교계의 신데렐라였던 알마 쉰들러Alma Margaretha Maria Schindler, 1879~1964와 결혼하고 두 딸을 두었다. 그러나 첫째딸 마리아 안나는 1907년 다섯 살의 나이로 성홍열로 세상을 떠난다. 어린 딸을 잃은 슬픔이 가시기도 전에 그는 같은 해 심장병 진단을 받는다. 빈 오페라극장을 그만둔 것도 그해였다. 교향곡 6번 마지막 악장의 세 번의 나무망치 타격이 그해의 비극을 상징한다고 전해진다. 하지만 1910년의 상황은 완전히 달랐다. 그가 그토록 사랑했던 알마가 그해 6월 '바우하우스'의 창립자인 건축가 발터 그로피우스Walter Gropius, 1883~1969와 불륜을 저지르고, 그로피우스의 의도 섞인 편지로 말러가 이를 알게 되었기 때문이다. 이에 말러는 알마에게 "당신이 하는 일이 옳은 일이 될 거야. 결정해"라고 말했고, 알마는 말러 곁에 남게 된다.[173] 그녀는 말러의 부와 명예를 거부할 수 없었다. 하지만 알마의 부정으로 말러는 마음 깊은 상처를 입는다. 프로이트를 찾아가 상담을 받을 정도였다. 이런 극단적 상황에서도 그해 여름 말러는 교향곡 8번 〈천인교향곡〉(1907년) 초연을 준비하고, 여름 휴가마다 찾았던* 토블라흐의 오두막에서 교향곡 10번을 집필한다.

* 이런 이유로 말러에게 '여름 작곡가'라는 별명이 붙었다.

하지만 마음의 고통은 가시지 않았다. 그는 교향곡 10번 악보에 "죽음, 변용! 가엾게 여기소서! 오 하느님! 어찌하여 저를 버리셨나이까? 당신 뜻대로 이루소서!"라고 쓴다. 심지어 "너를 위해 살게! 너를 위해 죽을게! 알름시!"라는 메모도 남긴다.[174] 알름시는 알마의 애칭이었다. 결국 말러는 이듬해 연쇄상구균 감염증으로 눈을 감았다.*

서구의 자기분열을 교향곡으로 구현한 말러

말러는 리하르트 슈트라우스와 더불어 독일 후기 낭만주의의 거장으로 꼽힌다. 그의 음악에는 브람스적 요소와 바그너적 요소가 혼재해 있다. 삶에 대한 진지한 성찰을 음악으로 표현했다는 점은 브람스적 말러이고, 대규모 편성과 다양한 악기를 사용하는 혁신적 음악을 선보였다는 점은 바그너적 말러다. 말러의 계획은 바그너가 오

---

* 말러는 알마보다 19살 연상이다. 이와 관련해 친부를 일찍 여읜 알마가 결혼 전 클림트 등 나이 차가 많은 이들에게 빠졌다는 점과 연관 지을 수 있다. 결혼 생활도 순탄치 않았다. 욕망을 드러내는 데 가감이 없었던 알마와 달리 말러는 극단적인 조울증과 소심함이 포개진 인물이었다. 지휘와 작곡 등 할 일도 너무 많았다. 1907년 이후에는 부부 관계도 거의 없었다. "나는 말러의 정신을 사랑했고, 그의 육체는 내게 허깨비와 같았다"라는 알마의 회고록 문장이 이를 잘 말해준다. 1910년 6월 전에도 알마는 남편의 제자를 포함한 여러 남자를 만났다. 하지만 그로피우스를 만난 이후 본격적인 '팜므 파탈'의 삶을 산다. 옌스 말테 피셔의 표현을 빌리자면 그녀는 "더이상 빈에서 온 가장 아름다운 처녀는 아니었지만 여전히 매우 아름다운 여인"이었다. 알마는 '연하' 남성들에게 인기를 끌었다. 참고로 알마의 모습은 화가 오스카 코코슈카Oskar Kokoschka, 1886~1980의 명작 〈바람의 신부〉에 남아 있다. 미묘한 표정의 남성에 기대 눈을 감고 편히 쉬고 있는 신부가 바로 그녀다. 그 역시 알마의 수많은 연인 중 하나였다. '마지막' 남편은 작가 프란츠 페르펠 Franz Werfel, 1890~1945이었다. 더 심각한 점은 말러 사후 남편의 죽음의 단서를 자신이 제공했다는 점을 숨기기 위해 베토벤의 비서 안톤 쉰들러 못지않은 조작을 일삼았다는 점이다.[175]

페라에서 한 일을 교향곡에서 해내겠다는, 그래서 그 이전에 이뤄진 모든 것을 왜소하게 만들겠다는 것이었다.[176] 이를 통해 말러는 세기 말 유럽의 자기분열적 모순을 거대한 교향곡으로 폭로했다.

말러는 작곡가보다 지휘자로 주목을 받았다. 그는 오페라 작품을 시각적 충격을 주는 무대에서 만들어내면서 오페라 제작 규칙을 확립하는 데 기여했다. 연주회 감상 에티켓을 정립하기도 했다. 19세기의 오페라하우스는 한 세기 전 공연장과 유사하게 어수선했다. 이에 말러는 극장에서 가수들의 팬클럽을 몰아내고, 악장 사이에 박수를 치지 못하도록 했다. 늦게 온 사람은 아예 들여보내지도 않았다.* 만년에는 미국 뉴욕 메트로폴리탄 오페라와 뉴욕필하모닉에서도 지휘하는 등 국제적 명성을 쌓았다.** 정확하게는 생계를 위해 지휘봉을 놓을 수 없었다. 여러 장르의 작품을 남겼던 선배 세대와 달리 그가 교향곡 위주의 비교적 과작을 남긴 건 '여름 작곡가'였기 때문이다. 말러는 1906년 한 평론가에게 "나는 살아 있는 동안 작곡가로서 인정받지 못할 것"이라고 말했다고 한다. 하지만 교향곡 1번 이후의 작품들은 평론가는 아니더라도 대중들에게는 거의 언제나 호평을 받았다.[177] 물론 그의 작품이 고전이나 레퍼토리 반열에 오른 건 그가 세상을 떠난 뒤였다.

그에게 교향곡은 '하나의 세계를 이룩하기 위해 동원할 수 있

---

* 이에 대해 프란츠 요제프 1세는 힐난조로 이렇게 말했다. "음악이 그토록 진지한 문제인가? 난 항상 음악은 사람들을 기분 좋게 만들어주면 되는 거라고 생각했는데."[178]

** 빈 오페라극장 음악감독에서 중도 하차한 1907년 즈음에도 그는 여전히 세계 최고의 지휘자였다. 말러는 이미 그해 봄 뉴욕 메트로폴리탄 오페라단으로부터 '사상 최고의 보수'를 약속받으면서 은밀히 교섭을 진행 중이었다.[179]

는 모든 기술적 수단을 사용하는 것'을 의미했다.[180] 교향곡의 본질이 과감한 개성을 표현하는 것이라는 베토벤의 전통을 계승하고 발전시켰다. 교향곡에 성악을 대거 배치하고, 전례를 찾아보기 어려운 대규모 악기를 편성한 것도 그런 이유에서다.[181] 교향곡 8번은 〈천인교향곡〉이라는 부제처럼 연주자와 성악가의 숫자가 1000명에 육박한다. 화려하고 과장된 형태의 문화예술적 경향을 뜻하는 '맥시멀리즘 Maximalism'으로 요약되기도 한다. 교향곡을 더 길고 더 큰 음향을 요구하는 매우 복잡한 짜임새의 음악으로 극대화시켰다는 것이다. 보다 완벽한 연주를 위해 원전 수정도 서슴지 않았다. 실제로 그는 베토벤 교향곡 9번을 연주할 때 원곡보다 세 배나 큰 소리를 요구하는 등 악기 편성이나 소리 측면에서 확장된 규모의 음악을 만들어냈다.[182] 선배 작곡가들의 교향곡을 하나의 대우주 속에 편입시킨 것도 그만의 특징이다. 베토벤의 역동적인 동기발전 수법과 〈합창〉 교향곡의 '성악 교향곡' 양식, 슈베르트풍의 노래하는 선율, 슈만풍의 낭만적 열정, 베를리오즈 교향곡의 표제적 묘사, 브루크너 교향곡을 방불케 하는 우주적 음향, 차이콥스키의 쓸쓸한 결말이 그의 교향곡에서 화학적 결합을 이룬다. 여기에 왈츠와 푸가, 나팔 소리와 민요, 나무망치와 소방울 소리 등 다채로운 음향의 세계가 펼쳐진다. 교향곡을 뜻하는 '심포니'가 '함께 울린다'는 뜻을 가지고 있다는 점에서 말러는 교향곡의 본질을 가장 충실히 구현했던 셈이다.[183]

말러의 교향곡은 흔히 초기와 중기, 후기로 구분한다. 초기는 1~4번, 중기는 5~7번, 후기는 8~9번과 미완성인 10번이 해당한다. 여기에 작곡 시기로 따지면 8번과 9번 사이에 위치하는 연가곡《대지의 노래》(1908년)를 포함시켜야 한다. 말러는 이 작품에 교향곡 번호 붙이기를 꺼렸다. 이는 9번의 저주에 대한 두려움 때문이었다고 한다. 초기 작품들은 1번을 제외한 나머지 곡들에서 성악이 적극적으로 활용된다. 반면 중기 작품들은 순수 기악으로만 채워졌다. 전위적이었던 초기와 달리 고전주의적 영향이 깊이 드러나는 것도 특징이다.

그의 교향곡 중 비교적 널리 알려진 작품은 교향곡 1번(1888년), 5번(1902년), 6번(1904년)이다. 5번은 독일 소설가 토마스 만이 말러의 죽음을 떠올리며 쓴 소설 《베니스에서의 죽음》을 영화화한 동명 영화에 4악장이 삽입되면서 가장 널리 알려졌다. 박찬욱 감독의 칸영화제 감독상 수상작인 〈헤어질 결심〉(2022년)에도 쓰였다. 〈비극적〉이라는 부제가 달린 6번은 비극적 감정을 견고한 균형미와 형식미에 담으면서 말러의 교향곡 중 최고 걸작으로 손꼽힌다. 마지막 완성작인 9번(1910년)과 3번(1895년)도 명작 중 하나다. 코로나19가 전 세계를 뒤덮었을 때 〈부활〉이라는 부제를 가진 교향곡 2번(1894년)이 종종 전파를 탔다.

다만 대표작을 하나만 고르는 건 거의 불가능하다. 베토벤과 마찬가지로 모든 작품에 그의 정수가 숨어 있어서다. 쉽지 않지만 인내심을 가지고 모두 들어보는 게 말러에게 다가가는 가장 좋은 방법이다. 다만 교향곡 2번은 세기말의 정념으로 가득 차 있다는 점에서 청년 말러와 당시의 시대 상황을 이해하는 데 도움이 된다. 말러는 2번 교향곡을 쓰면서 남긴 메모에 이렇게 적었다.

황야에서 엄청난 소리들이 들려온다. 모든 인생이 종말을 고하고 심판의 날이 다가온다. 대지는 벌벌 떨고 죽은 사람들은 벌떡 일어나고 있다. 왕도 거지도 모두가 죽음의 행진을 하게 된다. 이 속에서 부드러운 성자와 천상의 합창이 들려온다. 부활하라, 부활하라, 너희는 모두 용서받을 것이다.[184]

이는 말러 개인의 불안과 걱정을 표현하는 동시에 당대 유럽이 겪었던 시대사적 위기감을 드러낸 것이다. 말러의 이런 불안감은 말러가 죽고 불과 3년 뒤 인류 역사상 최초의 총력전인 1차 세계대전과 먼 훗날 홀로코스트로 현실화되었다.

제국의 시대의 사상적 근간이자
구체적 정책으로 구현된 제국주의란 무엇일까?

'제국Empire'이라는 말은 동양보다는 서양에서 주로 쓰인 단어다. 라틴어 'Imperium'에서 비롯되었다. 일반 국가보다는 내부에 여러 민족이나 소국을 아우르는 형태를 뜻한다. 국경을 넘어 주변국에 영향력을 미치는 강대국을 통칭하는 표현이기도 하다. 로마제국이나 대영제국을 떠올리면 된다. '제국주의Imperialism'는 특정 국가가 다른 나라 혹은 지역에 대해 군사, 정치, 경제적으로 제국의 역할을 하려는 행위나 정책을 말한다. 그렇다면 제국주의가 17세기나 18세기가 아닌 19세기 후반에 등장한 건 어떤 이유에서일까. 1876년까지만 해도 아프리카대륙의 10%만이 서양의 지배를 받고 있었지만, 1차 세계대전 직전에는 에티오피아와 태국 정도를 제외하고 아프리카와 아시아 전역이 서구 제국의 수중에 들어갔다. 각국에서 고조된 민족주의의 영향이 크게 작용한 결과다. 독일과 이탈리아에서 통일국가가 수립되고, 이에 따라 '위대한 민족국가'를 열망하는 대중의 욕구에 정치 엘리트들이 제국주의 정책으로 호응한 것이다. 다만 서구 국가들이 1873년 직면한 대불황을 제국주의 정책으로 대응한 결과로 이해하는 게 보다 본질적인 접근이다.

제국주의의 본질과 정의에 대해 처음으로 견해를 내놓은 이는 영국 경제학자인 J. A. 홉슨John Atkinson Hobson, 1858~1940이다. 그는 1902년 펴낸 명저 《제국주의론》에서 제국주의를 경제적 측면에서 고찰했다. 그는 제국주의 정책의 핵심을 자국의 생산품을 판매하고 식량과 원료를 공급해줄 식민지를 확보하고자 하는 움직임으로 바라봤다. 특히 거대 금융자본의 이해가 식민지 확보의 핵심적 이유라고 역설했다. 국내에서 충분한 이윤을 얻지 못한 금융자본이 식민지를 탈출구로 삼았다는 것이다.

홉슨은 또한 소수 부유층에게 부가 과도하게 쏠리는 대신 다수 대중은 빈곤 상황에 놓여 있고, 이에 국내에서 유효 수요를 찾을 수 없는 과잉 상품과 과잉 자본이 발생한다는 점을 주목했다. 시장의 자기균형능력을 신봉했던 당시 정치경제학자들과 달리 그는 불황과 실업을 야기하는 과잉의 존재를 입증하고, 이를 해소하려면 새로운 식민지 시장의 확보를 위한 제국주의 정책이 불가피하다는 주장을 펼쳤다.[185] 다만 홉슨은 제국주의 '전쟁'이 필연적이라고 보지는 않았다. 이에 평화를 추구하는 자들은 제국주의를 강요하려는 이들의 정체를 간파하고 제국주의에 대한 반대운동을 펼쳐야 한다고 역설했다. 이른바 반전론적 반제국주

의자였던 것이다.[186]

홉슨에 이어 제국주의의 실체를 날카롭게 분석한 이들은 마르크스주의
자들이다. 레닌과 로자 룩셈부르크가 맨 선두에 있다. 이들은 자본 축적
의 고도화에 따라 자본 이익률이 하락하고, 자본가는 시장 팽창으로 그
에 대응한다고 봤던 마르크스의 견해를 계승한 것이다.[187]

독일 사민당의 이데올로그였던 로자는 개인으로는 '4개의 사슬'에 묶
여 있었다. 폴란드 약소민족이면서 차리즘에 속박당해 있던 러시아 인
민, 유대인 그리고 여성의 일원이라는 게 그것이다.[188] 이에 그는 본질
적으로 혁명적 사회주의자이자 '반제국주의자'일 수밖에 없었다. 그의
제국주의론은 《자본축적론》(1913년)을 통해 제시되었다. 그는 자본주
의적 발전이 지속하려면 식민지 같은 비자본주의적 사회(그는 '자연적
경제'라고 표현한다)가 '제3의 시장'으로 제공되어야 한다고 역설했다.
자본주의는 여타 경제체제를 축출하는 최초의 경제체제이자, 자신에게
비옥한 토양을 제공하는 다른 경제적 영역이 없다면 독자적으로 생존
할 수 없는 최초의 경제체제라는 내적 모순을 지니고 있다는 것이다.[189]
자본은 투자를 통해 국내에서의 과잉 자본을 줄이는 동시에 수출을 늘
리기 위한 식민지 확보에 주력하게 된다. 해당 과정에서는 단순한 상
품 수출만이 아니라 항만, 철도, 도로 같은 식민지 착취에 필요한 수단
의 수출도 병행된다. 이 과정을 통해 제국주의 국가의 자본가가 식민지
의 부를 독점하고, 식민지는 사실상 빈껍데기로 남는다. 자본가와 노동
자가 분리되는 '본원적 축적' 과정이 제국주의 국가와 식민지 사이에도

발생한다는 것이다.[190] 구한말 이후 일제의 대조선정책을 떠올리면 쉽게 이해할 수 있다.

이 과정에서 식민지는 저항하고, 이를 막기 위한 제국주의 국가의 무력과 폭력이 자연스럽게 동반된다. 결국 기존 식민지의 전통 사회제도와 인간관계는 사실상 초토화된다. 폭력의 수단인 동시에 과잉 투자 및 공급의 소비처인 군대가 자본주의의 핵심 구성요소인 것도 이런 이유에서다. 로자는 생생하면서도 처절한 언어로 다음과 같이 표현한다.

> 자본이 취할 수 있는 유일의 해결책은 폭력이다. 자본 축적을 역사적 과정으로 파악한다면, 자본이 폭력을 무기로 사용하는 것은 자본이 창조될 때만 벌어졌던 일이 아니라 항시적인 일이며, 오늘날에도 내려오고 있다. 여기에 휘말린 원시 사회들의 관점에서 보면 이는 생사가 걸린 문제다. 이들로서는 완전히 끝장을 볼 때까지, 그래서 집단 전체가 절멸할 때까지 싸우는 것 말고는 다른 선택이 없는 문제다.[191]

문제는 식민지 등 비자본주의적 사회가 자본주의적 사회로 변모한 뒤에는 또다시 과잉 투자라는 난관에 봉착하고, 이에 따라 제국주의 국가는 제3의 비자본주의적 사회를 찾아 나서야 한다는 점이다. 결국 식민지 쟁탈을 위한 제국주의 국가들의 경쟁이 고조되면 세계적 위기가 도래할 수밖에 없다. 이에 전 인류가 자본가와 프롤레타리아로만 구성되는 시점에 도달하고, 그에 따라 전 세계적인 계급투쟁이 격화된다. 그 결과 자본의 지배에 대한 국제적인 프롤레타리아의 반란이 일어나면서 자본주의의 붕괴로 귀결된다는 것이다.[192]

로자와 레닌의 제국주의론은 크게 다르지 않다. 다만 로자는 유효수요, 곧 시장의 부족에서 제국주의적 팽창의 원인을 찾았던 반면, 레닌은 자본의 과잉 축적에 따른 자본 수출의 필요성에서 제국주의의 원인이 있다고 봤다.[193] 레닌은 《제국주의, 자본주의의 최고 단계》(1917년)에서 독점의 발생은 자본주의 발전단계의 근본적 법칙이고, 독점에 따라 지배와 강제가 나타나면서 자본주의가 '최후의 단계'로서 제국주의 정책을 선택할 수밖에 없다고 봤다. 그는 홉슨이 내비쳤던 자본주의의 개혁 가능성을 '프티 부르주아의 순진한 환상'으로 배격했다. 대신 은행과 금융자본이 자본주의적 제국주의의 첨병 역할을 한다는 점에서 홉슨과 같은 선상에 있었다. 구체적으로는 자본주의 경제에서는 경쟁이 격화되고 투자액에 비해 소비가 상대적으로 부족해지면서 이윤율이 저하되는 경향이 나타나는데, 이를 해결하기 위해 자본주의 국가들은 식민지 확보에 주력하게 된다. 식민지는 본국에 원료와 노동을 제공한다. 그러나 이보다 더 중요한 역할은 본국이 생산한 잉여 공산품을 소비하고, 잉여 자본의 투자 대상이 되는 것이다. 상품 수출 못지않게 자본 수출이 제국주의 정책의 목표가 된다. 이에 레닌은 제국주의를 "독점체들과 금융자본의 지배가 확립되고 자본 수출이 매우 중요한 동시에 자본주의 열강들의 세계 분할이 완료된 단계의 자본주의"라고 규정했다.[194]

레닌은 독일 사민당의 이론적 지도자로 '에르푸르트강령'을 주도한 카를 카우츠키Karl Kautsky, 1854~1938의 논리를 비판하면서 자신의 제국주의론을 제시했다. 둘의 논쟁은 제국주의 정책이 자본주의의 필연적 소산인가, 제국주의 전쟁은 필연적인가를 중심으로 전개되었다.

카우츠키는 서구 자본주의 열강들의 제국주의 정책이 '필연'적으로 겪는 '단계'가 아닌 자본주의 국가 내부의 금융자본이 '선택'하는 하나의 '정책'이라고 봤다. 곧 경제적 독점이 행해지더라도 제국주의 국가의 대외정책은 비독점적, 비폭력적 방식으로 이뤄질 수 있다는 취지였다. 곧 노동자계급이 타도할 대상은 제국주의 국가 대신 독점 트러스트와 은행들의 제국주의적 행태에 한정되는 셈이었다.[195] 여기에 카우츠키는 국제 금융자본들이 세계를 분할하면서 세력 균형을 낳을 것이라는 '초제국주의Ultra Imperialism론'을 펼쳤다. 초제국주의는 국제적으로 결합된 금융자본들이 세계를 공동 착취하는 것을 뜻했다. 초제국주의론은 자본주의가 단일한 세계 독점과 트러스트로 변모한다는 뜻이었고, 그에 따라 금융자본의 지배는 세계경제에 내재하는 불균등성과 모순들을 감소시킨다는 결론에 이른다.[196] 결국 홉슨과 유사하게 열강 사이의 전쟁이 필연적 결과는 아니라고 본 것이다.[197]

반면 레닌은 초제국주의는 제국주의를 옹호하는 궤변이라고 반박했다. 이를 위해 독일과 일본을 예로 든다. 19세기 중반만 해도 독일 자본주의의 힘은 영국과 비교하면 보잘것없었고, 일본 역시 러시아와 비교하기 어려운 수준이었다. 그러므로 "10~20년 동안 제국주의 열강 간의 상대적 힘이 변화하지 않으리라는 것은 불가능하고, 제국주의 연합은 휴전 이상이 될 수 없다"라고 단언한다.[198] 또 수익성 높은 식민지 기업과 해외 기업으로부터 금융자본이 징수하는 공물은 점점 증가하고, '전리품' 중 큰 몫은 생산력 발전의 속도에서 선두를 차지하는 나라에게 돌아간다고 봤다. 이에 자본주의의 최고 단계인 제국주의에서는 불균형을 극복하기 위해 전쟁 외의 다른 방법이 없다고 주장했다.[199] 자본의 국제화에 따라 형성된 국제적 카르텔은 자본 축적을 위한 일시적인 형태일 뿐이고, 프롤레타리아에 대한 부르주아의 착취만이 아니라 더 큰 부르주아의 더 작은 부르주아에 대한 착취를 통한 자본 축적의 욕망은 결국 파국에 이를 수밖에 없다는 취지다.[200]

흡슨과 로자, 레닌의 차이는 크지 않다. 이들은 모두 당시 서구 자본주의가 생산과 수요의 불균형에 부딪혀 해외시장 팽창을 통해 경제위기를 극복하려 했고, 이런 제국주의적 움직임들이 충돌할 것이라고 예견했다. 물론 로자와 레닌의 한계는 자본주의는 필연적으로 붕괴될 것이라는 기계론적인 제2인터내셔널의 마르크스주의를 답습하고 있다는 점이다. 하지만 이들이 자본주의적 제국주의에 대한 우리의 인식을 넓히는 데 큰 기여를 했다는 점은 부인할 수 없다.[201] 이들의 '우려' 혹은 '기대'는 1차 세계대전이라는 대재앙으로 현실화되었다.

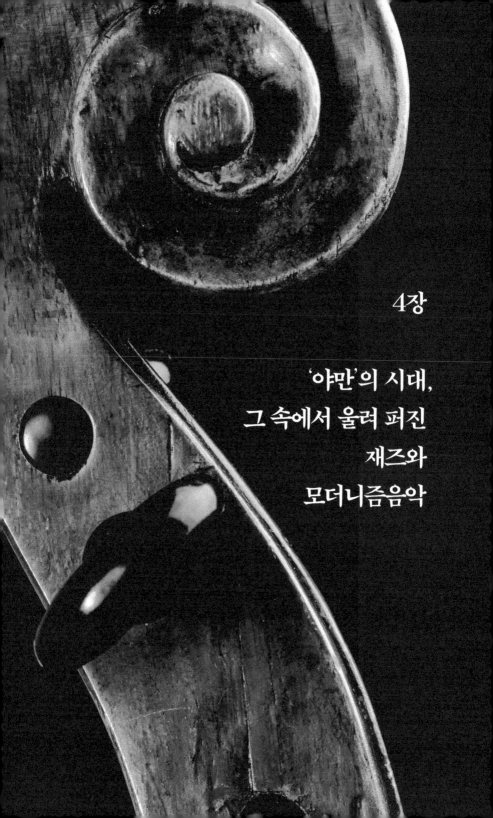

4장

'야만'의 시대,
그 속에서 울려 퍼진
재즈와
모더니즘음악

본격화된 미국의 시대
그리고 대공황

1000만 명의 목숨 앗아간
최초의 '하이테크 전쟁' 1차 세계대전

나는 한 시간 후에 죽을지도 모르고, 두 시간 후에 죽을지도 모르고, 한 달 후나 아니면 몇 년 후에 죽을지도 모른다. 나는 내 죽음을 알지 못하며, 그것에 대항하거나 준비하기 위한 어떤 일도 할 수 없다: 이 삶이란 그런 것이다. 어떤 순간에도 존립하기 위해서 나는 어떻게 살아야 하는가? 좋음과 아름다움 속에서 사는 것이다. 삶이 스스로 멎는 순간까지.(1914년 10월 7일)

행복한 자에게는 두려움이 있을 수 없다. 죽음 앞에서도 마찬가지다. 시간 속에서 살지 않고, 현재 속에서 사는 자만이 행복하다. 현재를 사는 삶에는 죽음이 없다. 죽음은 삶의 사건이 아니다. 죽음은 세계의 사실들 중 하나가 아니다. 영원을 무한히 지속되는 시간이 아니라 비시간성으로 이해한다면, 현재 속에서 사는 자가 영원히 산다고 할 수 있다.(1916년 7월 8일)[1]

피아노는 사람 목소리로 따지면 남성 바리톤과 여성 소프라노까지 소화하는, 동시에 여러 음을 낼 수 있는 거의 유일한 악기다. 피아노곡 대부분이 낮고 높은 음역의 조화를 이룬 선율을 연주하도록 쓰인 까닭이다. 다만 고음이 저음에 비해 잘 들리기 때문에 오른손이 주 선율을 주로 연주한다. 낮은음이 주 선율을 이끄는 경우는 드물다. 그러나 드뷔시와 더불어 프랑스 인상주의 음악을 대표하는 작곡가 모리스 라벨Maurice Ravel, 1875~1937이 작곡한 〈왼손을 위한 피아노협주곡〉(1930년)만은 예외다. 제목처럼 피아니스트는 순전히 왼손으로만 연주한다. 낮은음이 곡 전체를 이끈다. 그의 피아노협주곡 G장조(1931년)와 더불어 재즈Jazz의 영향이 노골적으로 드러나는 작품이기도 하다.

라벨이 이 곡을 쓴 것은 앞에서 인용한《전쟁일기》와 연관이 깊다. 라벨이 염두에 둔 피아니스트와《전쟁일기》를 쓴 이는 형제다.《전쟁일기》의 지은이는 현대 분석철학의 대가 루드비히 비트겐슈타인 Ludwig Josef Johann Wittgenstein, 1889~1951이고, 피아니스트는 그의 넷째 형인 파울 비트겐슈타인Paul Wittgenstein, 1887~1961이다.[*]

루드비히는 요즘 식으로 말하면 '재벌 2세'다. 루드비히의 아버

[*] 공교롭게도 라벨도 1차 세계대전 당시 불어닥친 애국주의 열풍에 휩쓸려 마흔이 다 된 나이에 공군 운전병으로 참전했다.

지 칼 비트겐슈타인은 유대인 출신의 '오스트리아의 카네기'로 알려진 철강 부호로 독일과 오스트리아에 있는 비트겐슈타인 가문의 재산은 현재 가치로 60억 달러에 달했다. 당시 유럽대륙에서 개인 재산으로는 가장 많았다. 칼은 탁월한 경제 평론가이자 음악 애호가였다. 그의 할머니 파니는 19세기 독일의 명 바이올리니스트 요제프 요하임의 조카였다. 브람스와 말러, 리하르트 슈트라우스는 빈의 비트겐슈타인 가문 궁전에 종종 방문하기도 했다. 가문의 아이들은 모두 명석하고 음악적 재능까지 겸비한 '르네상스적 인간'으로 성장했다. 큰형 한스는 모차르트에 비견될 정도로 여러 악기에 능숙했고, 파울은 피아니스트로 명성을 날렸다. 그러나 가업을 잇기 바랐던 아버지와 예술가의 삶을 살기 원했던 자녀들은 격하게 충돌했고, 결국 파국을 맞았다. 루드비히의 큰형과 둘째 형, 셋째 형 모두 스스로 세상을 등졌다. 그리고 파울은 1차 세계대전에 참전했다가 오른손을 잃는다. 루드비히 역시 전쟁에 참여했다가 이탈리아군의 포로 신세가 된다. 산업화와 전쟁은 비트겐슈타인과 가족의 삶을 갈가리 찢어버렸다.•

20세기를 맞이한 인류의 왼쪽 가슴에는 '진보'라는 이름의 심장이 뛰고 있었다. 세계는 더이상 규명되지 않은 게 없는 것처럼 보였다. 유럽 열강들과 미국은 막대한 자본력과 총칼을 앞세워 '근대'와 '이성' '합리성'이라는 이름의 티켓을 전 세계에 뿌렸다. 전기와 자동차로 상징되는 테크놀로지의 발달은 인류가 한 번도 경험해보지 못한 번영의 시대를 가져올 것으로 보였다. 그러나 이런 희망은 '효율적'인

• 루드비히의 비극은 후세에 축복이었을까. 루드비히는 '전기 비트겐슈타인'의 대표작인 《논리철학논고》를 포로수용소 수감 시절 완성한다.

신식 무기들이 수백만 청년의 목숨을 '효율적'으로 앗아간 1차 세계대전을 거치며 처참히 무너졌다.

보불전쟁(1870~1871년)에서 프로이센이 프랑스를 격퇴하며 통일 독일제국이 수립된 이후부터 1차 세계대전이 발발하기까지 40여 년간 유럽에는 커다란 전쟁이 없었다. 이에 대해 이리에 아키라入江昭 하버드대 역사학 교수는 《20세기의 전쟁과 평화》에서 미국 외교관 조지 케넌George Frost Kennan, 1904~2005의 '비스마르크적 유럽 질서의 붕괴'를 분석해 소개한다. 그는 트루먼독트린과 마셜플랜을 기획한 '냉전의 설계자'였다. 케넌의 분석에 따르면, 40여 년간 안정과 평화의 기초를 다진 이는 독일의 재상 비스마르크였다. 그에게 평화는 국제 질서의 안정화를 뜻했다. 프랑스대혁명 직후 메테르니히에 의해 구축된 빈체제를 선례로 삼았다. '영국–프랑스–러시아' 대 '독일–오스트리아' 두 진영 사이의 힘의 균형이 평화의 밑바탕을 이룬다는 게 비스마르크적 견해였다.[2] 여기서 아키라는 앞서 소개한 마르크스주의자들의 제국주의론과 유사하게 금융자본의 역할에 주목한다. 제국주의 시기의 금융자본들은 해외시장 진출에 사활을 걸었고, 이를 위해서는 군국주의의 힘을 빌려야 했다는 것이다. 금융자본이 국가의 정치력과 군사력을 방패로 세계 각지를 지배하는 게 제국주의의 본질이었다. 결국 비스마르크적 평화가 무너지고 전쟁으로 귀결될 수밖에 없었다.[3]

1914년 6월 28일 사라예보에서 오스트리아·헝가리제국 황태자 프란츠 페르디난트Franz Ferdinand, 1863~1914 대공이 피살되는 '사라예보사건'이 발발할 당시, 앞으로 4년간 전 인류가 전쟁의 구렁텅이에 빠질 것이라고 생각한 이는 거의 없었다. 전쟁 초기에는 세르비아와 오스트리아·헝가리제국을 중심으로 한 '국지전'에 그칠 것이라는 전망이 많았다. 당시 독일 황제 빌헬름 2세Wilhelm II, 1859~1941는 그해 8월 초 출병하는 병사들에게 "낙엽이 지기 전에 집으로 돌아갈 것"이라고 장담했다. 러시아 황실 근위대 장교는 베를린에 입성할 때 입을 정장을 언제 챙겨야 할지 고심했다.[4]

　　하지만 영국과 프랑스 등 기존 강대국에 대항해 후발 공업국 독일이 대결하는 제국주의의 모순은 임계치를 넘어서 있었다. 오직 전쟁이라는 파국을 통해서만 해결될 상황이었다. 더구나 프랑스대혁명 이후 피압제자의 무기로 등장한 민족주의는 19세기 말에는 정치권력에 의해 점령된 이데올로기인 애국주의로 변질되었다.[5] 비정상적으로 과열된 민족주의 정서는 노동자와 농민의 자녀들에게 총칼을 쥐어주며 '조국의 영광'을 위해 전장으로 나설 것을 부추겼다. 유럽 전역의 젊은이들은 신병훈련소에 구름처럼 몰려들었다. 프랑스 총참모부는 소집 통보를 받은 예비군의 목표 입영 비율을 87%로 잡았지만, 실제로는 98.5%에 달했다. 프랑스인들은 1차 세계대전을 정의와 자유를 수호하는 십자군전쟁으로, 독일인들은 문명을 구하는 싸움이라고 확신했다.[6]

　　'노동계급의 적은 다른 나라의 노동계급이 아닌 전 세계의 자본가'라는 국제 사회주의의 이상도 민족주의라는 집단적 열병 앞에서는 무기력했다. 유럽에서 가장 큰 사회주의 정당이었던 독일 사민당은 1914년 8월 4일 독일 국회의사당에서 제국주의 전쟁을 위한 신용자금을 만장일치로 가결시켰다. 유럽의 좌파들에게는 "우리 인생에서 가장 큰 비극"(니콜라이 부하린)이었고 "독일 사회민주주의의 굴복은 심지어 전쟁 선포보다 더 충격적"(레온 트로츠키)이었다. 레닌은 처음 그 기사를 읽고 신문이 위조되었다고 여겼다. 독일의 사례는 유럽 전역에서 복제되었다. 사회주의 정당은 국제주의를 폐기하고 자국의 부르주아 정부를 지지했다. 제2인터내셔널은 민족적 국수주의가 전쟁의 북소리를 울리자마자 해체되고 말았다.[7] 그 결과는 유럽부터 아메리카, 아시아에 이르기까지 당시 존재했던 주요 국가 모두 청년들을 전장이라는 생지옥으로 내몬 것이었다. 참전한 인원만 무려 6500만 명에 달했다. 그중 사망자는 850만 명, 중상자는 220만 명이었다. 주요국 사망자는 독일 180만 명, 프랑스 160만 명, 영국 80만 명이었다. 프랑스는 징병 연령대의 남성 가운데 20%가 사망했다. 전쟁포로와 부상자, 불구자가 되지 않고 전쟁을 끝낸 프랑스군은 3분의 1을 넘지 않았다. 영국에서도 한 세대가 사라졌다. 엘리트들도 예외가 아니었다. 1914년 영국군에 복무한 25세 미만의 옥스퍼드대 학생과 케임브리지대 학생 가운데 4분의 1이 전사했다.[8] 직접적인 전투 외에 경제적 봉쇄와 질병으로만 660만 명의 민간인이 목숨을 잃기도 했다. 개전 초기부터 오스트리아·헝가리제국과 맞서 싸운 세르비아는 전쟁을 거치며 인구의 27%인 110만 명이 희생되었다.

　　세계 각국이 전쟁의 비극을 공유해서였을까. 서부전선의 참혹한 풍경을 소재 삼아 쓴 에리히 마리아 레마르크Erich Maria Remarque, 1898~1970의 《서부전선 이상없다》(1929년)가 출간된 그해에만 독일에서 100만 부가 팔렸다. 독일 밖에서도 20개 언어로 번역돼 100만 부 이상 팔리는 국제 베스트셀러가 되었다. 전투적 평화주의자였던 레마르

크는 결국 나치가 집권한 이후인 1931년 독일을 떠나야 했다.[9]

1차 세계대전 전까지 '재앙'이라는 단어는 1000여 명이 희생된 1881년 카를극장 화재사건이나 타이타닉호 침몰사건을 뜻했다. 하지만 1차 세계대전 이후 재앙은 100만 명 단위의 희생을 뜻하는 단어가 되었다.[10] 대재앙이 현실화된 것은 당시 주요국들이 처음으로 '총력전'을 수행했기 때문이다. 총력전이란 일부 군인만 전투에 나서는 기존 전쟁과 달리 사회 전체가 전쟁을 치르는 형태를 말한다. 1차 세계대전 당시 독일의 동부전선 참모장이었던 에리히 루덴도르프Erich Friedrich Wilhelm Ludendorff, 1865~1937 장군이 1935년 《총력전론》을 펴내면서 널리 쓰이게 됐다. 산업혁명의 성과물로 전차, 비행기 같은 기존에 없던 대량살상무기가 등장하고, 이를 뒷받침하기 위해 수십만 명의 병력이 동원되는 등 국가 자원을 총동원하는 형태로 전쟁이 수행된 것이다.

이를 위해 각국은 전시 경제체제를 구축했다. 남성만이 아니라 여성을 포함한 모든 민간인은 전쟁과 관련한 다양한 생산 활동에 동원되었다. 국가 재정도 군비 지출에 집중되었고, 민간 부문은 내핍을 강요받았다. 군사비 지출이 GDP에서 차지하는 비중을 보면, 영국은 1913년 4%에서 1917년 38%로, 독일은 같은 기간 14%에서 53%로 급등했다. 전시 경제체제는 기존의 '작은 정부' 대신 '큰 정부'가 어떻게 운영되는지 보여주는 첫 사례였다. 전시경제는 상품 가격과 임금, 자본, 외환 등 기존 시장의 영역들을 정부가 운영하는 것을 뜻했다. 금본위제도 1차 세계대전을 계기로 잠시 멈추었다.

1차 세계대전의 여파는 여기서 끝나지 않았다. 19세기적 진보의 이상을 뿌리째 흔들었다. 세계는 다시 야만으로 빠져드는 것처럼 보였다. 진보와 이성에 대한 믿음에 기초한 19세기의 부르주아 자유주의 사회는 전쟁이라는 파국에 무기력했다는 점이 증명되었다. 부르주아 자유주의 사회는 사라지거나 혹은 스스로를 부정해야 했다. 이후 전자는 파시즘 형태로, 후자는 정부의 적극적 역할만이 자본주의를 회생시킬 수 있다는 케인즈주의 형태로 현실화된다.[11]

초강대국 미국의 부상
그리고 '인플레, 인플레, 인플레'

1차 세계대전이 끝난 뒤 세계경제의 가장 큰 특징은 영국, 독일과 패권을 분점하던 미국의 부상이다. 자국 영토에서 전쟁을 치러야 했던 프랑스와 전쟁을 주도한 독일의 경제는 휘청거렸다. 독일과 맞서 싸운 영국도 인적·물적 손실을 크게 입었다. 미국도 11만 6000명의 사망자를 기록했지만 직접적 피해는 거의 없었다.[12] 경쟁국들의 위상이 하락하면서 미국은 자연스럽게 세계 최강대국 자리에 오른다. 대표적으로 미국은 전쟁을 거치면서 채무국에서 세계 최대의 자본 공급 국가로 발돋움했다. 전쟁 수행을 위해 영국은 41억 달러, 프랑스는 29억 달러, 이탈리아는 16억 달러를 미국으로부터 빌렸다. 미국이 '세계의 공장'이자 '세계의 은행'으로 자리 잡게 된 것이다.

미국의 시대는 경제성장률 면에서도 확인된다. 1차 세계대전 직전인 1913년부터 세계 대공황 직전인 1929년 사이 각국의 연간 실질 GDP 성장률을 보면 패전국인 독일은 1.2%, 오스트리아는 0.3%에 그쳤다. 승전국 상황도 크게 다르지 않았다. 영국은 0.7%, 프랑스는 그보다 조금 나은 1.9%를 기록했다. 반면 미국은 3.1%, 일본은 3.7%의 고도성장을 보였다.[13] 미국이 영국의 자리를 대신하고, 일본이 당시 세계 5대 강국으로 부상했다는 점을 보여주는 수치다. 시점을 좀 더 넓혀도 미국의 성장세는 두드러진다. 1874~1929년 사이의 평균 성장률은 3.5% 정도다. 전체 생산량이 20년마다 두 배로 늘었다는 뜻이다.[14] 같은 기간 이민으로 인구가 급증했는데도 1인당 실질 GDP는 3000달러에서 7000달러로 두 배 이상 불어났다. 1차 세계대전이 시작되던 1914년 7년 만의 공사 끝에 완공된 파나마운하는 미국의 세기가 열렸다는 신호탄이었다. 뉴욕에서 샌프란시스코로 향하는 배는 남아메리카대륙 최남단 드레이크해협을 돌아 1만 3000마일을 항해하는 대신, 파나마운하를 통해 5300마일만 운항하게 되었다. 미국 동부와 서부가 바다를 통해 연결되면서 경제적 통합성이 커졌고, 그 결과 미국 경제의 발전 속도도 빨라졌다. 동시에 미국은 영국 대신 대서양과 태평양이 연결된 세계의 바다를 통제하게 된다.[15]

1차 세계대전 이후 세계경제의 또다른 특징은 과잉생산 기조가 만연했다는 점이다. 미국의 자본 투입으로 캐나다와 오스트레일리아, 아르헨티나 등 신흥 농업국의 생산력이 대폭 신장했다. 이에 따라 국제 곡물시장과 원료시장에서 과잉공급 현상이 발생했다. 공산품의 생산능력도 크게 늘었다. 전쟁을 치르는 동안 기계나 화학 같은 군수산업에 대한 투자가 집중되었고, 이런 설비는 전쟁 뒤에도 고스란히 남았다. 철강, 석탄, 석유 등 기초 자재들의 공급도 확대되었다. 1873년 전 세계를 뒤흔든 대불황 이후 또다시 과잉공급이라는 유령이 재림하는 조짐을 보인 것이다. 이는 1930년대 세계경제를 강타한 경제

대공황으로 현실화한다.

전후 유럽 경제를 일컫는 표현의 맨 앞에는 '인플레이션'이 놓인다. '하이퍼'라는 수식어가 붙기도 한다. '하이퍼 인플레이션'은 물가가 오르다 못해 통제 가능한 수준을 넘어 치솟는 현상을 말한다. 대개 전쟁이나 극심한 경제위기 같은 극단적 상황에서 발생한다. 인플레 현상은 영국이나 프랑스보다 독일 등 중부유럽에서 주로 발생했다. 1922~1923년 오스트리아는 1만 4000배, 헝가리는 2만 3000배, 폴란드는 250만 배나 물가가 폭등했다. 독일의 상황은 훨씬 심각했다. 1923년에는 1918년에 비해 무려 1조 2600억 배나 상승했다.[16] 독일이 극심한 인플레이션에 시달린 것은 매년 GDP의 10%에 달하는 전쟁 배상금 탓이었다. 배상금을 갚느라 재정적자에서 벗어날 수 없었고, 불가피하게 국채 발행을 늘리자 자본수지 적자가 심화되고 마르크 환율이 급등한 것이다. 환율이 급등하니 수입물가가 폭등하면서 전체 물가 상승으로 이어졌다. 하루가 다르게 물가가 뛰어오르자 화폐는 더이상 교환 수단으로 기능하지 못했고, 이는 독일 경제에 치명타를 안겼다.[17]

1차 세계대전으로 작동을 멈추었던 금본위제는 종전 이후 부활했다. 하지만 세계경제는 전쟁 이전의 번영기를 다시 구가하지 못했다. 이는 '런던은 그만, 워싱턴은 아직No longer London, Not yet Washington'이라는 표현으로 설명할 수 있다. 영국은 1차 세계대전의 여파로 탈진한 데다 통화가치를 평가절하하는 대신 과거와 동일한 수준을 유지했고, 이는 수출경쟁력의 하락으로 이어지며 경제위기를 불러왔다. 1920년대의 경제 회복도 좌절된 상태였다. 반면 새로운 강자로 부상한 미국은 전통적 보호무역주의 정책을 고수했다. 국제적인 궁극적 대여자로 나설 의욕이 전혀 없었고, 미국이 그런 역할을 해야 한다고 숙고하는 미국인 역시 거의 없었다.[18] 미국은 '포스트 영국'이 될 자격은 갖췄지만 그럴 의지가 없었다는 뜻이다.

이를 두고 국제관계학 석학인 조지프 나이Joseph S. Nye Jr 하버드대 교수는 '킨들버거 함정'이라고 이름 붙였다. 찰스 킨들버거Charles P. Kindleberger, 1910~2003 MIT 교수는 2차 세계대전 이후 마셜플랜을 입안한 국제경제학자다. 그는 저서 《대공황의 세계 1929-1939》에서 안정적인 국제질서가 유지되려면 국제경제와 통화의 안정자 역할을 할 나라가 필요하다고 역설한다. 지도 국가는 다른 나라들의 행동 기준을 정하고 이를 강제하는 대신, 과잉생산이나 자본 경색이 나타났을 때 이를 해결하는 세계경제의 '최종 대부자'가 되어야 한다는 취지다. 킨들버거는 "영국은 국제 경제시스템의 안정자로서 역할을 할 수 없었고, 미국은 그 역할을 하려 하지 않았다. 모든 나라가 자국의 이익만 보호하려는 노선을 추구하자 세계 공동의 이익은 바닥을 드러냈고, 이와 함께 모든 나라의 개별적 이익마저 말라버렸다"라고 설명한다.[19] 특히 그는 미국의 무능을 질타하면서 "미국은 자신의 국제적인 역할에 대해 확신을 갖지 못했다. 미국이 느끼기에는 교섭 전술 측면에서 영국이 더 세련됐을 뿐만 아니라 빈틈없고 속임수도 잘 쓰기 때문에 미국은 국제회의에서 늘 당하기만 하는 것 같았다"[20]라고 언급했다. 이는 훗날 대공황의 배경이자 세계경제가 대공황에서 빠져나오지 못하게 한 원인이 된다.

"분노의 포도가 사람들의 영혼을
가득 채우며 점점 익어간다."

사람들이 강에 버려진 감자를 건지려고 그물을 가지고 오면 경비들이 그들을 막는다. 사람들이 버려진 오렌지를 주우려고 덜컹거리는 자동차를 몰고 오지만, 오렌지에는 이미 휘발유가 뿌려져 있다. 그래서 사람들은 가만히 서서 물에 떠내려가는 감자를 바라본다. 도랑 속에서 죽임을 당해 생석회에 가려지는 돼지들의 비명에 귀를 기울인다. 산처럼 쌓인 오렌지가 썩어 문드러지는 것을 지켜본다. 사람들의 눈 속에 패배감이 있다. 굶주린 사람들의 눈 속에 점점 커져가는 분노가 있다. 분노의 포도가 사람들의 영혼을 가득 채우며 점점 익어간다. 수확기를 향해 점점 익어간다.[21]

미국 소설가 존 스타인벡John Steinbeck, 1902~1968의 대표작《분노의 포도》(1939년) 중 가장 유명한 대목이다. 그에게 퓰리처상과 노벨 문학상을 안긴 작품이다.《분노의 포도》는 대공황 시기를 견뎌야 했던 가난한 사람들의 이야기다. 소설 속 주인공들인 조드 가족은 1933년 미국 중부 지역을 강타한 모래폭풍 '더스트 볼'의 재해를 입고 땅을 빼앗긴 채 66번 도로를 따라 '약속의 땅' 캘리포니아로 향한다. 하지만 천신만고 끝에 도착한 곳은 오클라호마보다 더한 고통의 땅이었다. 포도와 오렌지가 탐스럽게 영글어가지만 없는 이들에게는 '분노의 포도'일 뿐이었다. 소설 속 주인공들은 빈부격차와 노동 착취 같은 암울한 현실에서도 연대와 사랑의 힘으로 희망을 찾아가지만, 현실의 조드 가족들은 대공황 발생 이후 거의 10년 가까이 극단의 빈곤을 감내해야 했다.

자본주의 경제에서 경기의 등락은 자연스러운 현상이다. 수요와 공급의 일시적인 불일치 때문에 호황 뒤에는 하락기를 거쳐 불황이 다가오고, 다시 상승기를 만나 호황이 찾아온다. 50년 주기의 콘트라티에프 파동은 경기순환을 설명하는 대표 이론이다. 하지만 이 시기는 자본주의 역사에서 독특한 지위를 차지한다. 그토록 장기간에 걸쳐 심각한 수준의 경기 불황이 닥친 건 전무후무하기 때문이다. 앞에서 살펴봤던 1873년 대불황보다 더 높은 수위의 표현인 대공황이라 부르는 것도 그 특수성 때문이다.

1차 세계대전 뒤 초강대국으로 부상한 미국은 전쟁의 포화에 쑥대밭이 된 유럽에 막대한 양의 공산품과 농산품을 팔아넘겼다. 경제 수치는 온통 장밋빛이었다. 1923년부터 대공황이 벌어진 해인 1929년까지 산업생산은 두 배로 늘었다. 연간 GDP 성장률이 6%에 육박하면서 경제 규모는 40%나 불었다. 경기 붐은 자동차가 이끌었다. 완성차 제조업만이 아니라 타이어, 도로 건설, 정유업, 도시 외곽 개발에까지 파급 효과를 미쳤다. 농촌에서는 트랙터가 말을 대체했다. 10년 전까지 생소했던 라디오, 냉장고, 진공청소기가 대중화되었고, 할부 신용을 통한 매출액은 1925년 13억 7500만 달러를 기록한 데 이어 1929년에는 30억 달러를 돌파했다.[22] 1928년 공화당 후보로 미국 31대 대통령에 선출된 허버트 후버Herbert Hoover, 1874~1964가 취임 연설에서 "모든 냄비에는 닭고기를, 모든 차고에는 자가용을!A chicken in every pot, a car in every garage!"이라고 선언할 정도였다. '광란의 20년대Roaring

Twenties'라는 호칭은 단순한 수식어가 아니었다.

주식시장도 불붙었다. 다우존스 산업 평균주가는 1928년 초 191에서 그해 12월 300선을 돌파했고, 1929년 9월에는 381을 기록했다. 2년도 지나지 않아 정확히 두 배가 된 것이다.[23] 1929년 6월과 7월 사이 산업주 평균 가격은 거의 1928년 한 해 상승분에 맞먹을 정도로 급상승했다. 사람들은 너도나도 빚을 내 주식시장으로 달려갔다. 레버리지 투자 규모는 1924년 말 22억 3000만 달러에서 1927년 말 44억 3000만 달러, 1929년 10월 4일 대공황 직전에는 85억 달러로 불어 있었다.[24] 거래량을 상장주식 수로 나눈 연간 상장주식 회전율은 그해 119%에 달했다.[25] 정보통신의 발달로 과거보다 훨씬 쉽게 증시에 참여할 수 있는 오늘날에도 상장주식 회전율이 100%를 넘어서면 과열된 것으로 본다.

두 차례 조정이 있었지만 어차피 주가는 상승할 것이라고 누구나 기대했고, 실제로 그렇게 보였다. 부자가 되려면 구걸을 해서라도 주식을 사야 했다. 한 주식 중개인의 하인이 주식으로 25만 달러 가까이 벌어들이고, 환자가 준 팁으로 주식을 산 간호사가 3만 달러를 챙겼다는 꿈같은 이야기들까지 회자되었다.[26] 훗날 제너럴모터스GM와 뒤퐁을 세계적인 기업으로 키운 존 라스콥John J. raskob, 1879~1950은 1929년 여름에 "누구든지 부자가 될 수 있다. 매달 우량주에 15달러씩 투자하면 20년 뒤 8만 달러의 재산을 만들 수 있다"라고 공언했다.[27] 이는 연평균 24%의 수익을 올려야 가능한 수치였지만 누구도 허풍으로 받아들이지 않았다.

위기의 전조는 1928년부터 드리우기 시작했다. 미국 FRB는 주식시장 과열에 대응해 긴축통화정책을 실시했고, 이자율 급등과 시장 냉각으로 이어졌다. 이듬해인 1929년에는 생산과 소비 등 주요 지표가 정체되기 시작했다. 이는 결국 그해 10월 29일 '검은 화요일'로 불리는 주식 대폭락 장세로 이어졌다. 하루 만에 전년도 상승분이 고스란히 허공으로 날아갔다. 그럼에도 정치인들은 "가장 수익이 높은 번영의 해"(캘빈 쿨리지 대통령), "걱정할 필요가 없다. 번영의 높은 파도가 계속될 것이다"(앤드류 멜론 재무장관)라는 근거 없는 낙관론만 앵무새처럼 반복했다.[28] 하지만 이는 시작에 불과했다. 이후 3년간 주가는 무려 89% 폭락했다. 주식시장의 붕괴는 이듬해인 1930년 은행의 위기로 이어졌다. 1933년까지 미국 전체 은행의 40%인 6000여 곳이 파산했고, 250억 달러의 예금이 허공으로 사라졌다.[29] 자본시장의 젖줄 역할을 하는 은행이 문을 닫으니 실질금리는 크게 올라갔고, 이는 다시 기업과 가계의 연쇄 파산으로 연결되었다. 미국 금융시장의 붕괴는 곧바로 전 세계 금융시장으로 확산되었다.

금융위기는 실물경제에 결정타를 날렸다. 1929~1932년 사이 산업생산과 실질 GDP, 물가는 1929년 수치에 비해 각각 46%, 25%, 24% 낮아졌다. 같은 기간 자동차 판매는 445만대에서 110만대로 쪼그라들었다. 기업 투자는 1929년 130억 달러에서 1933년 40억 달러 미만으로 줄었다.[30] 그 바람에 10만 개의 기업이 파산의 길을 걸었다. 가장 심각한 것은 실업이었다. 공황이 시작될 무렵 실업자 수는 300만 명이었으나 1933년 3월에는 전체 노동력의 4분의 1인 1300만 명에 이르렀다.[31] 어림잡아 미국 노동력의 절반 정도가 실업 상태이거나 불완전 고용 상태에 빠졌다. 노동임금도 같은 기간 40%나 떨어졌다.

전 세계에서 가장 부유한 나라였던 미국은 수천만 명의 사람이 절망적인 빈곤 속에서 살아가는 나라로 전락했다. 1932년 시카고의 쓰레기 폐기장 광경을 묘사한 한 기사는 이를 여실히 보여준다.

> 쓰레기와 여타 폐기물을 실은 트럭 주변에는 35명 정도의 남자들, 여자들, 아이들이 둘러서 있었다. 트럭이 쓰레기 더미를 쌓아놓고 떠나자 이들 모두가 막대기나 맨손으로 쓰레기 더미를 뒤져 음식과 채소 쪼가리라도 미친 듯이 움켜쥐었다.[32]

대공황 이전에도 세계경제는 위태로운 줄타기 중이었다. 1920년대는 세계경제가 호황을 누렸지만 농업 등 1차 생산물 부문은 극심한 위기가 계속되었다. 전시의 증가된 수요에 따라 경작지와 생산품이 크게 늘면서 가격이 폭락했기 때문이다. 실제로 1924년부터 1929년까지 국제 밀 가격은 절반 이하로 떨어졌다. 이에 아르헨티나 등 농업 수출국들이 주로 포진한 라틴아메리카는 1929년부터 1931년까지 매년 2억 달러에 가까운 금이 유출되었다. 금은 외환보유고가 위험 수준으로 떨어지는 위기 상황에서만 사용된다는 점을 감안하면 농업 수출국들이 극심한 불황에 내몰렸다는 뜻이다.[33] 전시 수요로 투자가 많이 이뤄진 광산물 시장도 사정은 비슷했다. 1차 생산물 수출국들은 구매력이 점차 떨어지다 보니 국제시장에서 공산품을 사들일 여력이 없었다. 이는 유럽 등 공산품 수출국가의 수출 부진으로 연결되었다.

대공황의 직격탄을 맞은 미국은 실업 증가와 내수시장 위축에 대응해 '관세장벽'이라는 손쉬운 선택을 했다. 1930년 '스무트홀리

관세법Smoot-Hawley Tariff Act'을 통과시키면서 공산품 평균 관세율을 기존 44%에서 48%로 끌어올렸다. 독일 등 유럽 공업국들 역시 수출길이 막혀 자국 산업이 어려워지자 미국과 똑같이 관세 인상 카드로 대응했다.[34] 전 세계적인 보복관세 경쟁의 결과는 국제무역의 급감이었다. 1929년을 100으로 놓았을 때 관세 인상 직후인 1932년 무역량은 75로 축소되었다. 같은 기간 가격 지표는 100에서 52로 반토막이 났다. 무역액 기준으로는 3년 만에 61%나 사라진 것이다.[35] 미국에서 시작된 대공황은 세계경제에 재앙을 안겨주면서 '세계화의 후퇴Deglobalization'를 가져왔다. 대공황을 거치며 종전 직후 복원되었던 금본위제도 다시 허무하게 붕괴하고 말았다.

과잉생산의 탐욕이 불러들인 대공황

대공황 이후 수많은 경제학자의 관심은 '대공황이 왜 발생했는가'에 쏠려 있었다. 지금도 관련 연구가 이어지고 있다. 2007년 글로벌 금융위기와 경제위기, 2012년 유럽발 재정위기 그리고 '포스트 코로나'를 지나고 있는 시점에서 그 어느 때보다 대공황 같은 위기가 다시 재현될 여지가 충분하기 때문이다.

전통적 연구에서 대공황의 원인으로 제일 먼저 꼽는 것은 당시 글로벌 금융시스템의 취약성이다. 종전 이후 미국은 유럽이나 라틴아메리카 국가들에 수십억 달러의 대출을 내준 채권국이었다. 1924년부터 미국 자본은 '도스플랜Dawes Plan'에 따라 독일 경제를 부흥시켰고,

이는 다시 유럽 전체의 경기 상승을 이끌었다. 그러나 1928년부터 긴축정책으로 돌아서자 글로벌 금융시장의 경색을 초래했다. 대공황이 시작되면서 손실을 보게 된 미국 자본가들은 외국에 차관이나 대출을 내주지 않는 건 물론이고 만기가 돌아온 차관의 연장도 거부했다. 결국 각국의 채무자들은 파산 외에 다른 길이 없었다. 다름슈타트은행을 비롯한 대형 은행들이 무너지고 수많은 기업이 도산했다. 독일의 고통은 전 유럽으로 퍼져 나갔다. 전 세계의 상업·금융 체계가 미국의 지속적 대부에 크게 의존하는 상황에서 갑자기 대부가 중단되자 국제 자금이 다시 미국으로 쏠리는 현상이 발생했고, 이것이 세계 각국의 금융 경색을 불러온 것이다.[36]

미국의 통화완화정책도 주가의 거품을 키우는 데 한몫했다. 연방준비제도Fed는 1927년 7월 롱아일랜드 회의를 통해 금리 인하를 단행했다. 7월부터 9월까지 공개시장 조작을 통해 2억 달러의 채권을 매수하고, 할인율을 0.5%포인트 인하해 뉴욕 연방준비은행의 할인율을 3.5%로 낮췄다. 해당 결정의 배경은 전통적 우방인 영국을 지원하려는 목적에서였다. 영국에서 금이 빠져나가는 것을 막고 자본이 흘러 들어가는 효과를 노린 것이다. 이와 동시에 그해 미세하게 조짐을 보이던 경기 후퇴에 대응하는 차원이었다. 물론 해당 조치가 대공황의 직접적 원인이었다고 단정하기는 어렵다. 다만 1924년 이후 한창이던 미국 증시 '파티'에 위스키를 건넨 격이었다.[37] 재건된 금본위제 역시 이전과 달리 국제 결제제도로서는 결점을 안고 있었다. 영국과 프랑스 등 각국이 금본위제로 돌아갔지만 오히려 화폐를 과대평가하면서 수출시장을 축소시켰다. 더구나 금본위제 아래에서는 대부분의 국가가 환율을 자율적으로 정할 수 없었다. 이는 경제위기가 자국만이 아니라 전 세계적으로 확산되는 상황에서 외환정책이라는 결정적 수단을 쓸 수 없는 처지였다는 뜻이다.

앞서 설명한 '킨들버거 함정'도 다시 거론할 필요가 있다. 국제경제시스템을 책임지는 지도국은 다음과 같은 역할을 해야 한다. 불황에 빠진 상품들에 대해 상대적으로 개방된 시장을 유지하고, 경기 사이클을 중화하거나 안정적인 장기 대부를 공급하고, 상대적으로 안정적인 환율 시스템을 지키고, 각국의 거시경제정책이 서로 보조를 맞추게 하고, 금융위기 때 채권 매입 또는 유동성 공급을 통해 최후의 대부자가 되는 것이다.[38] 하지만 영국은 지도국 역할을 할 힘을 잃었고, 미국은 지도국 역할을 할 의지가 부족했다.

미국에만 초점을 맞추면 내수시장의 취약성을 원인으로 지목할 수 있다. 1차 세계대전 이후 유럽 농업이 다시 회복되면서 농산물 가격이 하락했는데, 이는 미국 농민들을 고통에 빠뜨렸다. 전체 인구의 5분의 1 정도인 농업 인구의 구매력은 갈수록 떨어졌고, 결국 제조업 판매에까지 악영향을 미쳤다. 제조업 노동자들의 주머니 사정 역시 좋지 않았다는 점도 빼놓을 수 없다. 1920년대 노동자 한 명의 시간당 생산량을 보면 교통은 30% 이상, 광업은 40% 이상, 제조업은 무려 60% 이상 늘었다. 하지만 광업 노동자의 시간당 수입은 거의 20% 가까이 하락했다. 제조업 노동자들의 처지도 크게 다르지 않았다. 물론 농산물 등 식료품 가격의 하락 덕분에 노동자들의 생활수준이 떨어졌다고 말하긴 어렵다. 다만 생산성 향상의 과실은 대기업들이 독점했다. 1916~1925년 사이 대규모 제조업 기업들의 이윤은 연평균 7

억 3000만 달러 정도였지만 1926~1929년 사이에는 평균 14억 달러에 달했다.[39] '아메리칸 드림'은 없는 이들에게는 허상에 가까웠다. 결국 이는 극심한 빈부격차로 이어졌고, 소비의 주역인 중산층이 충분히 성장하지 못해 내수시장에 악재로 작용했다.*

당시 과잉 투자가 주로 일어난 부문은 자동차와 철강, 건설 부문이었다. 경기변동에 민감한 내구소비재 시장도 포화 상태에 다다랐다. 그러나 1928년 이후 금리가 상승하면서 소비가 생산을 따라가지 못하고 재고가 늘어났다. 이는 곧바로 고용 감소로 이어졌다. 지금도 미국의 복지제도는 형편없는 수준이지만 당시에는 아예 사회복지라는 개념 자체가 없었다. 연방정부의 개입은 죄악으로 받아들여지던 시절이었다. 실업보험이나 연방 차원의 복지가 없는 상태에서의 실업은 탈출구 없는 빈곤 증대와 구매력 저하를 뜻했다. 결국 재고 과잉과 유동성 위기, 평가절하, 은행 도산 등 통화 공급의 붕괴와 복지제도의 빈곤까지 "파국을 향한 합주가 동시에 울려 퍼진 격"이었다.[40]

내러티브, 곧 이야기를 매개로 대공황에 대해 설명하려는 움직임도 있다. 2013년 노벨경제학상 수상자인 행동주의 경제학자 로버트 실러Robert Shiller 예일대 교수는 2019년작 《내러티브 경제학》에서 공황과 신뢰, 근검절약과 과시 소비, 금본위제와 금은복본위제 등의 내러티브를 바탕으로 대공황을 해부한다. 이런 내러티브들은 당대 사람들

---

* 미국의 소득 상위 1%의 총소득이 전체 소득에서 차지하는 비중은 1919년 12.2%에서 대공황이 벌어진 1929년에는 18.9%로 급증했다. 같은 기간 상위 5%의 비중 역시 24.3%에서 33.5%로 증가했다. 전체 인구의 6% 남짓이 부의 절반 이상을 독점하고 있었다는 뜻이다. 소득이 낮을수록 벌어들인 수입을 지출하는 소비성향이 높다. 반대로 소득이 높을수록 소비성향은 낮아진다.

의 인식의 변화를 불러 일으키며 대공황 등 재앙의 골을 깊게 만들거나 혹은 해결의 단초를 제공했다.

앞서 서술한 대로 대공황 직전까지 정치인들과 사업가들, 언론 등은 '가짜 낙관론'을 설파했다. 사람이 가득 찬 극장에서 '불이야!'라고 외치는 바람에 대중의 공포심을 키우고, 주식시장의 대탈출을 야기했다는 비난을 듣고 싶은 이들은 아무도 없었다.[41] 하지만 대공황이 닥치자 많은 사람은 지도자들이 가짜 낙관론을 퍼뜨렸다는 사실을 깨달았다. 다른 사람들이 예금인출 사태 등의 형태로 대공황을 피해 도망치는 것을 보고, 두려움에 휩싸여 함께 달아나기 시작했다. 집단적인 '정신적 공황' 상태에 빠지게 된 것이다. "가장 큰 위험은 주식시장에서 사업체로 (위험이) 전파될지도 모른다는 두려움, 공황을 초래하는 두려움이었다. '내 유일한 두려움은 두려움에 대한 두려움'"이라는 어빙 피셔Irving Fisher, 1867~1947 미국 예일대 교수의 1930년 말은 이런 배경을 반영한다. 이에 루스벨트 대통령이 1933년 노변한담Fireside Chat을 통해 "우리가 두려워해야 할 유일한 것은 두려움 그 자체"라고 역설한 것은, 공포심에서 벗어날 수 있다는 내러티브가 형성되어야 대공황을 극복할 수 있다는 취지로 이해할 수 있다.[42]

대공황의 여파는 상상을 초월했다. 특히 공업 분야는 풍비박산이 났다. 1929년부터 1932년까지 세계 공업생산량은 38% 감소했다. 대공황의 근원지인 미국의 감소폭이 45%로 가장 컸다. 독일과 프랑스 등 주요국들도 20~40%의 감소를 기록했다(562쪽 표 참고).[43] 실업률이나 물가 수준 같은 지표들과 상관관계가 높은 산업생산지수도 당시 각국이 입은 충격들을 보여준다. 국제연맹의 주요 24개국 산업생산자료에 따르면, 대부분의 국가에서 1929년 지수가 정점에 이르렀다가 1932년 최저점을 보인다. 정점에서 저점까지의 하락폭은 미국이 62%로 가장 높았다. 캐나다와 독일도 하락폭이 50%를 넘겼다. 반면 영국, 일본은 완만한 하락세를 보였다. 일본은 1933년, 영국은 1935년, 독일은 1936년에 1929년 수치를 넘어섰다. 반면 미국과 프랑스, 네덜란드는 2차 세계대전이 발발할 때까지도 완전한 회복을 하지 못했다(563쪽 하단 표 참고).[44]

미국은 투자 급감이 직격탄으로 작용했다. 중산층 부족으로 내수시장이 회복되지 않으니 기업 등 민간 부문은 투자를 주저했다. "대공황은 자본 형성률이 엄청난 규모로 또 오랜 기간 지속적으로 붕괴한"[45] 결과였다. 불황이 가장 극심했던 1933년 미국의 실질 GDP는 1929년 대비 30% 정도 감소했지만, 투자는 무려 88%나 뒷걸음질했다. 투자 부진은 고스란히 대량 실업으로 이어졌고, 이는 다시 구매력의 추가 후퇴를 불러왔다. 앞서 설명한 대로 같은 기간 세계무역은 절반 이상이 사라졌다. 이른바 세계화의 후퇴였다.

대공황은 잘 알려져 있다시피 독일, 이탈리아에서 파시즘이 힘을 키우는 계기가 되면서 2차 세계대전을 불러왔다. 불행하게도 대공황은 다른 의미로도 세계 전쟁의 계기가 되었다. 미국이 압도적 영향력을 행사했던 1920년대에는 1차 세계대전의 비극을 막고 평화를 달성하기 위해서는 강대국들의 군축이 이뤄져야 한다는 인식이 지배적이었다. 실제로 미국과 영국, 프랑스, 일본 등 군사 강국들은 워싱턴군축회의(1921~1922년)에서 군축에 합의하고 실행에 나서기도 했다. 하지만 대공황을 계기로 상호 의존적 국제경제만이 평화의 기초라는 경제적 국제주의 사상이 결정적 타격을 입는다. 경제적 국제주의를 실천할 은행가들이나 대기업의 영향력도 크게 약화되었다. 그 결과 미국과 유럽에서 자본주의 체제에 대한 비관론이 팽배해졌고, 국제 경제질서에 기초한 국제 평화론도 자취를 감추었다.[46] "다음 전쟁은 서양 문명에 있어서는 자살 행위지만 가까운 장래에 전쟁은 불가피하다"라는 미국의 신학자이자 사상가인 라인홀드 니부어Karl Paul Reinhold Niebuhr, 1892~1971의 우려는 1930년대 중반 당시 지식인들에게는 일반적이었다.[47] 이런 비관론이 현실이 되기까지는 채 10년도 걸리지 않았다.

어찌 되었든 한 세기 이상 지속된 산업혁명의 과실이 축적되고, 2차 산업혁명에 따라 과학기술도 눈부시게 발전하면서 선진국만이 아니라 개발도상국이나 식민지에 사는 이들의 삶 역시 수십 년 전과 판이하게 다른 코페르니쿠스적 전환을 이룬다. 이는 음악의 창작과 유통, 소비의 형태를 뿌리에서부터 바꿔놓았다. 20세기 녹음기술과 라디오의 등장은 음악이 시공간의 제약이라는 족쇄를 풀고 보다많은 대중에게 다가가게 만드는 '해방의 열쇠'가 되었다. 또 재즈는 힘없고 가진 것 없는 이들이 음악사에서 처음으로 주역으로 부상하게한 '해방의 선율'이었다. 그 흔적들을 찬찬히 따라가보자.

과학기술과 함께 진화하는
대중음악 그리고 재즈의 탄생

음악 소비의 혁명 불러온 축음기

1920년 어느 날 오후, 젊은 피아니스트 한 명이 전쟁의 패배로 얼룩진 독일 수도의 한 방에 앉아 덧문을 닫은 채 베토벤의 '바가텔'을 연주했다. 주선율이 돌아오는 부분에서 손가락 하나가 자꾸 말을 안 들어 건반 하나가 아니라 둘을 짚었다. 빌헬름 켐프는 "젠장" 하고 소리쳤다. 주위를 둘러보니 멋쩍어하는 사람들의 얼굴이 보였다. 기계를 다루던 담당자가 말했다. "아주 멋진 연주였습니다. 하지만 녹음은 망쳤네요."

훗날 피아노로 20세기 고전음악계를 평정한 빌헬름 켐프Wilhelm Kempff, 1895~1991는 이 실수가 연주의 역사에서 분기점이 되는 순간이었다고 회고했다. 무대였다면 손가락이 조금 말을 듣지 않아도 켐프는 연주를 계속했을 것이다. 하지만 음반에서는 완벽하지 않은 연주가 영원히 각인된다. 연주의 방식이 바뀐 것이다. 다만 켐프는 레코딩이 돈을 버는 기회 이상임을 간파했다. 예술가가 미스터치의 두려움을 극복할 수만 있다면 음반은 완벽한 작품을 남길 수 있는 도구가 되었기 때문이다.[48]

누구나 학창 시절 '한계효용限界效用·Marginal Utility'이라는 말을 접했을 것이다. 한계효용은 재화나 용역의 사용이 증가하거나 감소할 때 변화하는 경제적 효용이나 가치를 말한다. 한계효용은 흔히 '한계효용 체감의 법칙Law of Diminishing Marginal Utility'이라는 용어로 사용되는데, 한계효용이 줄어들다 보면 어느 지점에서는 효용이 마이너스 단계에 접어든다. 해당 단계를 '지복점至福點'이라고 부른다. 물 마시는 걸 예로 든다면, 갈증이 가시고 불편할 정도까지 배가 차는 순간을 말한다. 이때 합리적 소비를 한다면 추가로 물을 사는 대신 빵을 살 여지가 높다. 다양한 재화를 사게 된다면 한계효용이 낮은 재화(물) 대신 높은 재화(빵)를 택해 전체의 효용을 크게 올리기 마련이다. 이를 두고 '한계효용 균등의 법칙Law of Equimarginal Utility'이라고 말한다. 해당 개념들은 미시경제학 소비자이론의 핵심이다. 주창자의 이름을 따 '한계효용 체감의 법칙'은 '고센의 제1법칙', '한계효용 균등의 법칙'은 '고센의 제2법칙'이라고도 부른다.

'한계효용 체감의 법칙'은 우리가 예술작품을 소비할 때도 드러난다. 사람들 대부분은 소설이나 영화를 본 뒤 여간해서는 다시 보지 않는다. 소설이나 영화의 줄거리를 이미 알아버린 상태, 곧 지복점을 지난 상태이기 때문이다. 반면 음악은 미술과 더불어 지복점에 더

디게 도달하는 특징을 가지고 있다. 베토벤 교향곡 9번 등 마스터피스는 사람에 따라 지복점이 거의 무한대에 가깝다. 소비를 거듭할수록 새로운 효용이 발생해서다.

앞서 언급했듯 19세기의 대표 음악 산물은 피아노 편곡 악보다. 하지만 요즘에는 편곡 악보나 편곡된 연주곡을 접하기가 쉽지 않다. 리스트의 베토벤 교향곡 편곡 버전 정도나 접할 수 있을 뿐이다. 이는 저장 매체가 등장하면서 음악을 접하기 위해 편곡 악보를 피아노로 칠 필요가 없어졌기 때문이다. 음악이 시공간의 제약을 넘어 언제든 재현될 수 있는 불멸성을 가지게 된 것이다. 동시에 공연장 예술 체험의 '일회성'도 사라졌다. 발터 벤야민이 기술복제 시대의 예술을 설명하면서 제시한 '아우라의 상실'이 음악에서 단적으로 드러나고 있는 것이다.[49]

기술 발전은 음악의 창작과 생산, 재생산, 유통 그리고 향유 등 음악 전반의 모습을 완전히 바꿔놓았다. 대중들은 더이상 연주회장을 찾지 않고도 자기 방 침대나 심지어 화장실에서도 음악을 들을 수 있다. 산업혁명이 자본주의와 대중음악의 뿌리라면 저장 매체의 출현은 현재 우리가 향유하는 음악산업의 모태다. 이는 18세기 악보와 인쇄술의 결합에 이어 음악산업에 들이닥친 두 번째 혁명이었다.[50] 영국 역사학자 도널드 서순 런던대 교수는 이를 다음과 같이 서술한다.

녹음은 음악 소비에 혁명을 가져왔다. 음악은 인쇄된 텍스트와 동등해졌다. 사람들은 '소리'를 집으로 가져가 역사상 처음으로 자신이 선택한 음악을, 그것도 숙련된 음악가의 연주로 되풀이하여 들을 수 있었다. 녹음은 텍스트로 치자면 인쇄에 맞먹는 발명이었다. 어쩌면 그 이상인지도 몰랐다. 텍스트는 한 번 읽으면 거기에서 얻을 수 있는 모든 즐거움이 사라져버리는 경우가 많지만, 음악의 즐거움은 반복을 요구하기 때문이다.[51]

저장 매체는 이미 19세기 말에 출현했다. 축음기의 아버지는 미국의 발명가 토머스 에디슨이다. 그는 1877년 뉴저지의 실험실에서 은박 실린더 축음기를 이용해 인류 역사상 처음으로 소리를 녹음했다. 다만 축음기가 '신기한 장난감'이 아닌 음악 감상의 수단이 되기까지는 더 많은 시간과 기술이 필요했다. 독일 이민자 출신 미국 기술자인 에밀 베를리너Emil Berliner, 1851~1929가 납작한 음반에 녹음을 한 뒤 이 음반을 주형으로 대량생산 기술이 출현했다. 물론 당시에는 4분 정도의 음악만 담을 수 있었지만, 현대적 의미의 앨범이 처음 등장한 것이다.[52]

이후 고전음악만이 아니라 팝음악 등 다양한 장르의 음악이 앨범에 담긴다. 100여 년 전 세상을 떠난 이탈리아 테너 엔리코 카루소Enrico Caruso, 1873~1921의 전성기 시절 목소리를 우리가 들을 수 있는 것도 순전히 음반 덕분이다. 카루소는 베를리너 측의 제안을 받고 1902년 3월 밀라노의 한 고급 호텔 객실에서 당시로서는 거금인 100파운드를 받고 베르니와 도니체티 등의 10곡의 아리아를 불렀다. 이 앨범은 외부 소음 문제를 극복한 최초의 앨범이자 음악사에서 최초로 성공한 앨범이다.[53] 이 앨범은 당시 100만 장 넘게 팔리면서 카루소는 200만 달러 이상을 벌어들였다. 카루소는 그해부터 1920년까지 490

장의 음반을 발표했고, 사후에도 수백만 장이 팔렸다.[54]

음반과 축음기 판매량도 급증했다. 미국의 음반 판매량은 1900년 300만 장에서 1921년 1억 4000만 장으로 20년 만에 50배 가까이 뛰어올랐다. 축음기 생산량 역시 1909년 34만 5000대에서 1919년 223만 대로 불어나며 강력한 경쟁자였던 피아노를 제쳤다.[55] 축음기 가격은 중산층이 지불할 수 있는 수준으로 떨어졌다. 1902년 미국 유통회사 시어스 로벅 카탈로그에 실린 업라이트 피아노의 가격은 배송비를 포함해 98달러였는데, 같은 해 축음기는 20~120달러에 판매되었다. 1910년 당시 가구당 평균 명목 가처분소득은 1240달러였다. 피아노를 사려면 한 달 소득을 다 써야 했지만, 축음기는 5분의 1 가격에 구입할 수 있었다는 이야기다.[56] 1914년 즈음 영국에는 축음기가 300만 대 정도 있었을 것으로 추산된다. 당시 세 가구당 한 대꼴이었다.[57] 온 가족이 축음기가 놓인 거실에 모여 함께 음악을 듣는 모습은 더이상 낯선 풍경이 아니었다.

축음기의 등장은 고전음악계의 풍경이 뒤바뀌는 데에도 한몫했다. 베토벤이나 슈베르트, 브람스 등 죽은 거장들의 음악을 악보가 아닌 실제 '음악'으로 들을 수 있게 되자 기존 작곡가들은 '파격'을 선택해야 했다. 베토벤의 피아노소나타나 슈베르트의 가곡을 직접 들을 수 있게 된 청중들이 제2의 베토벤이나 슈베르트를 찾을 이유가 없었다. 20세기 작곡가들은 무조음악 등 과거와 결별한 음악 사조를 새롭게 창조해야 했다. 지휘자의 권한이 이전보다 강해졌다는 점도 특징이다. 고전을 어떻게 지휘자가 '재해석'하느냐가 관건이 되었기 때문이다. 고전음악계는 19세기 전까지의 '작곡가의 세기'와 결별하고 20

세기 '지휘자의 세기'를 새롭게 맞이하게 된다.

기술 발전은 이후에도 계속되었다. 1925년에는 전기로 소리를 증폭할 수 있는 기술인 '마이크Microphone'가 개발되면서 이젠 읊조리는 목소리나 관현악의 미세한 소리까지 더욱 명료하게 녹음하고 재생할 수 있게 되었다. 빙 크로스비Bing Crosby, 1903~1977, 프랭크 시내트라Frank Sinatra, 1915~1998 등 감미로운 노래를 부르는 가수들이 슈퍼스타로 떠오르게 된 건 이런 기술의 발전 덕분이다.[58] 여기에 1946년 컬럼비아레코드는 LP레코드를 내놓는다. 한 면에 4분가량 저장할 수 있었던 SP레코드에 비해 다섯 배 이상 늘어난 23분가량의 음악을 저장할 수 있었다. 1963년에는 필립스가 카세트테이프를, 1983년에는 필립스와 소니가 CD를 선보였다. 이후 1997년에는 독일 프라운호퍼연구소가 음원을 디지털로 손실 압축한 MP3가 등장한다. 2010년대 이후에는 스마트폰 등 통신기기와 무선통신 환경을 갖추면 언제 어디서든 음악을 들을 수 있는 스트리밍서비스도 보편화되었다. 음악을 듣기 위해 음반과 재생기기가 필요하다는 물리적 제약이 완전히 사라진 것이다.

진정한 '지구촌'을 연 주역, 라디오

1920년 6월 15일, 오스트레일리아의 콜로라투라 소프라노 넬리 멜바Dame Nellie Melba, 1861~1931가 잉글랜드 첼름스퍼드의 한 독주회장에 올랐다. 당시 그의 나이는 59세였다. 하지만 이날 공연은 그가 수십 년간 가졌던 연주회와 완전히 달랐다. 그의 목소리는 라디오 주파수를 타고 프랑스 에펠탑 꼭대기를 통해 프랑스 전역과 이탈리아, 노르웨이 그리고 저 멀리 페르시아까지 울려 퍼졌다. 2년 뒤인 1922년 5월에는 영국에서 라이트헤비급 세계챔피언 조르주 카르팡티에Georges Carpentier, 1894~1975와 도전자 테드 '키드' 루이스Ted 'Kid' Lewis, 1893~1970의 권투 경기가 라디오로 생중계되었다.[59] 이른바 '지구촌' 시대의 주역으로 사람들은 인터넷이나 텔레비전을 떠올리기 쉽다. 하지만 처음 지구촌 시대를 연 공은 응당 라디오에 돌려야 한다.●

1906년 12월 24일, 캐나다의 레지날드 페슨든Reginald Fessenden, 1866~1932이 미국 매사추세츠 주에서 크리스마스 캐롤을 전송하면서 라디오방송이 시작되었고, 라디오방송이 본궤도에 오른 건 1920년에 들어서였다. '전기왕' 조지 웨스팅하우스 3세George Westinghouse Ⅲ, 1883~1964는 그해 11월 피츠버그 웨스팅하우스빌딩 옥상의 작은 가건물에 세계 최초의 라디오방송국 KDKA을 설립했다. 순전히 라디오 수신기를 팔면 돈이 되겠다는 복안에서였다. KDKA는 워런 하딩Warren Gamaliel Harding, 1865~1923 공화당 대표가 대통령으로 선출된 대선 당일인 11월 2일 오후 6시에 개표방송을 했고, 라디오에 대한 관심은 전국을 강타했다. KDKA는 이듬해 첫 대통령 취임연설, 첫 스포츠 방송을 시작했다. 라디오는 대중문화의 '아이콘'으로 자리매김했다. 라디오 매출은 1922년 6000만 달러에서 1929년 8억 4300만 달러로 치솟았다. 1924년까지 미국과 캐나다에는 1400여 개의 방송국이 들어섰다. 미국의 가구당 라디오 보급률은 1930년 46%에서 1940년 80%로 뛰어올랐다.[60] 영국에서는 1930년부터 10년 사이에 340만 대에서 900만 대로,

●라디오는 전파의 변조를 통해 음성신호를 전달하는 기기와 체계를 말한다. 라디오에 필요한 무선통신 기술과 음성 변조장치는 전 세기 마르코니가 개발한 상태였다.

프랑스에서는 같은 기간 50만 대에서 500만 대로 급증했다.[61] 라디오는 축음기, 전화기 등 현대 문명을 대표하는 발명품보다 가장 늦게 출현했지만 1940년에는 월등히 높은 보급률을 기록했다.

이는 라디오가 역사상 가장 '평등한 발명품'이라는 점에 기인한다. 라디오는 한번 구입하면 공짜로 뉴스나 음악, 드라마, 쇼 프로그램을 무한대로 들을 수 있었다. 가격도 높지 않았다. 1927년 시어스는 탁상용 라디오를 24.95달러에 판매했다. 그나마도 4달러 보증금을 내면 매달 4달러를 할부로 지불하는 조건이었다. 1920년대 25달러는 평균 노동자 가구 연소득의 2%가 채 안 되는 수준이었다. 라디오를 통해 백만장자에서부터 가난한 노동자에 이르기까지 모두 똑같은 뉴스와 엔터테인먼트를 즐겼다. 톰 루이스Tom Lewis 미국 스키드모어칼리지 명예교수는 이를 두고 이렇게 말한다.

> 최초의 현대 대중매체인 라디오는 미국을 청취자의 나라로 만들었다. 라디오는 사람들에게 엔터테인먼트를 제공하고 사람들을 계몽하고 울고 웃게 만들며 남녀노소 빈부귀천을 가리지 않고 모두를 하나의 문화로 규합했다.[62]

1920년대 초까지 거의 모든 유럽 국가는 물론 일본에도 공영방송국이 설치되었다. 식민지 조선에서는 1927년 1월 20일 일제가 설립한 경성방송국이 시험방송을 시작하면서 라디오 시대가 열렸다. 당시 일본 제국 내에서는 도쿄와 오사카, 나고야에 이어 넷째였다. 이는 각국 정부가 선전 매체로서 라디오의 잠재력에 주목한 결과이기도 하다. 실제로 루스벨트 대통령은 1933년부터 노변한담을 통해, 영국 왕은 1932년부터 성탄절 왕실방송을 통해 직접 마이크를 잡았다.[63]

라디오방송국들의 주된 콘텐츠는 물론 음악이었다. 음악을 빼놓고 청취자들이 지루해하지 않고 들을 수 있는 콘텐츠에는 한계가 있었다. 1930년대 중반 영국 BBC의 전체 방송 분량 중 음악 비중은 69%에 이르렀다. 비슷한 시기 미국(63.0%), 소련(52.8%)의 음악 비중도 절반 이상이었다.[64] 다만 당시 음반은 음질이나 수록 시간을 감안하면 방송에 내보내기에는 부족했다. 이에 방송사들은 자체 스튜디오에 음악가들을 불러 실황으로 연주를 시키고 이를 전파로 송출했다.*

'검은 음악' 재즈의 탄생

'팝음악Pop Music'은 '대중음악Popular Music'의 줄임말이다. 우리는 흔히 '대중음악' 하면 '팝음악'을 떠올린다. 대중음악의 건너편에는 고전음악 정도가 있겠다. 19세기 초중반까지만 해도 둘 사이의 구분은 쉽지 않았다. 19세기 초중반 큰 인기를 누렸던 오페라나 왈츠가 그 경계선에 해당하는 음악이었다. 슈베르트나 슈만, 브람스는 교향곡만이 아니라 대중에게 다가갈 수 있는 가곡 작곡에도 매진했다. 당시 작곡가들은 음악 교육을 받은 이들이나 대중 모두를 위한 음악을 썼다.

* 로만 폴란스키 감독이 연출한 칸영화제 황금종려상 수상작 〈피아니스트〉(2002년) 초반에 주인공인 블리디슬로프 스필만은 쇼팽의 녹턴을 연주하다가 폭격을 당한다. 당시 폭격을 맞은 장소는 폴란드 바르샤바방송국의 한 스튜디오였다. 우리나라의 KBS나 영국 BBC 등 유수의 방송국들이 빼어난 오케스트라를 보유하고 있는 것도 이런 전통이 이어진 결과다.

그러나 19세기 후반 이후 판도가 바뀐다. 유럽과 아메리카대륙을 중심으로 일반 대중만을 위한 음악이 출현했다. 큰 마을마다 합창단이 생기고, 민요가 널리 사랑받았다. 교회 역시 대중음악 확산에 기여했다. 미국 복음성가가 활발하게 작곡되고 널리 불린 것도 이때부터다. 아프리카에서 끌려온 흑인 노예들의 전통음악이 서구 대중음악의 한 축을 이루게 된 것 역시 대중음악의 번성과 궤를 같이한다.˙

오늘의 팝음악의 원형이 처음 출현한 것은 19세기 말이다. 흑인 춤곡에서 유래한 '래그타임Ragtime'이 그 주인공이다. 래그타임은 '울퉁불퉁한'이라는 뜻의 'ragged'나 음악을 더욱 흥겹게 한다는 'to rag'에서 따왔다는 게 정설이다. 일반 행진곡이나 춤곡에 싱코페이션, 곧 당김음을 넣어 울퉁불퉁하게 만드는 것을 말한다.

1910년대에는 새로운 음악 장르가 나타난다. 바로 재즈다. 음악평론가 강헌은 재즈와 로큰롤의 등장은 인류 문화사에서 프랑스대혁명에 비견될 정도로 중요한, 인류 예술사에서 가장 위대한 변화를 이끌어낸 대변환의 상징이라고 평가한다. 둘 다 모두 당시 가장 비천하고 남루한 존재였던 아프리카 흑인음악에 기원을 두고 있어서다.

˙그 결과 음악은 20세기에 접어들면서 흔히 클래식이라 부르는 고전음악과 대중음악으로 본격적으로 나뉜다. 고전음악과 대중음악은 '전문가 음악 vs 비전문가 음악'이나 '교육이 필요한 음악 vs 교육이 필요치 않은 음악' '작품성에 치우친 음악 vs 상업성에 치우친 음악' 등으로 거칠게 구분되기도 한다. 이에 따라 고전음악이 대중음악보다 우위에 있다고 여기는 풍조도 만연해졌다. 사실 둘 사이에 일종의 역학관계를 설정하거나 둘을 엄격히 구분하는 건 불가능할 뿐 아니라 무의미하다. 둘은 서로 영향을 주고받는, 곧 둘 사이에 '반투막'이 있다고 보는 게 적합하다. 예술의 순수성을 과도하게 강조하는 목소리는 때로 유해하다. 그 목소리의 저변에는 정부의 재정 지원 등 사회적 자본을 독점하고자 하는 '탐욕'이 도사리고 있어서다.

홉스봄의 표현을 빌리자면 "재즈는 가장 가난한 민중의 일상에서 탄생해 주류의 문화가 된 극히 드문 첫 번째 예"다.[65]

재즈는 기존 백인이 세웠던 유럽 고전음악 전통에 래그타임과 댄스음악, 브라스밴드 행진곡 그리고 노동요이자 일종의 민중음악이었던 블루스 등 흑인의 음악 전통이 혼합되어 출현했다. 이러한 크로스오버의 주체는 바로 흑인이었다. 이에 재즈 안에는 아프리카 음악의 특성이 가장 또렷이 담겨 있다. 메기고 받기Call and Response, 즉흥연주Improvisation, 당김음, 짧은 리듬과 선율의 반복, 다층적 리듬, 신음이나 외침 같은 발성, 서아프리카 현악기에 기원을 둔 벤조 사용을 꼽을 수 있다.[66] 이런 요소들이 모여 재즈가 재즈이게끔 하는 특성이 발현된다. 연주자의 자아를 그대로 드러내는 격렬하고 솔직한 사운드, 집단 즉흥연주이면서도 개인의 자유를 보장하는 거의 유일한 예술 형식[67]이라는 점도 빼놓을 수 없다. 즉흥연주는 재즈의 먼 조상에 해당하는 래그타임과 재즈를 구별하는 요인이기도 하다. 20세기 초 재즈 밴드들은 뉴올리언스 지역의 노래나 래그타임 곡의 주제를 따라가되, 거의 모든 구성원이 동시에 즉흥연주를 했다. 당시 뮤지션들은 대부분 악보를 읽을 줄 모르는 '까막눈'이었고, 이에 귀에 의존해 연주해야 했다. 곧 재즈는 연주되는 바로 그 순간만 존재하고 또다시 재현될 수 없는 한 번의 오리지널리티를 지닌 음악이다.[68] 이로써 재즈는 음악의 특정 장르가 아닌 음악 '연주'의 특정 장르이고, 작곡가가 아닌 연주자의 음악이라고 말할 수 있다.[69]

다만 재즈음악 전반에 흐르는 '검은 피'를 과도하게 강조할 필요는 없다. 재즈는 흑인 뮤지션들이 주도하긴 했지만 백인 뮤지션들 역시 활발히 참여했기 때문이다. 재즈 안에서는 중부유럽 집시음악의 흔적이 뚜렷하게 발견되기도 한다.[70] 무엇보다 재즈는 스스로의 정의를 '거부'한다. 트럼펫 연주자이자 가수였던 루이 암스트롱Louis Armstrong, 1901~1971에게 "재즈가 무엇인가"라고 묻자 "물어서 알 정도면 말해줘도 절대 모를 거요"라고 대답한 유명한 일화가 이를 잘 말해준다.[71] 심지어 즉흥연주조차 재즈의 필요조건은 아니다. 한 마디로 정의되지 않으면서도 지시되지 않는 음악인 셈이다.[72] 결국 재즈의 본질이 무엇인지 살펴보기 위해서는 재즈의 본질은 '절충'이고, 따라서 재즈는 출발부터 '사생아'였다는 점을 먼저 떠올려야 한다.[73]

재즈의 고향은 널리 알려졌듯 미국 남부의 뉴올리언스다. 뉴올리언스가 속한 루이지애나 주는 원래 프랑스에 속해 있다가 1803년 미국에 편입되었다. 이런 이유로 뉴올리언스에는 백인과 흑인 그리고 혼혈(크리올)이 뒤섞여 살면서 언어나 복장 등 다양한 문화가 공존하는 독특한 문화가 형성되었다. 더구나 미국의 다른 곳에 비해 유색인종에 관용적인 분위기도 자리 잡았다. 뉴올리언스는 노예 해방 전에도 남부에서 흑인들이 공공장소에 모이는 것을 허용한 거의 유일한 지역이었다. 뉴올리언스에는 1830년대에 최초의 흑인 교향악단까지 창설된 상태였다. 1900년 즈음 도시 인구는 20만 명 남짓이었지만 오케스트라 숫자만 30개에 달했다.[74] 여기에 남쪽 바다 건너에는 카리브해가 있었다. 크리올 음악이나 쿠바 음악도 자연스럽게 녹아들었다. 1900년부터 1920년까지의 뉴올리언스 재즈시대에 활동했던 음악가 가운데는 크리올 출신들이 유독 많다. 한 마디로 재즈는 '혼혈 음악'인 셈이다.

크리올 출신의 재즈 피아니스트이자 '래그타임의 창시자'를 자처했던 젤리 롤 모턴Jelly Roll Morton, 1890~1941은 1902년 뉴올리언스의 홍등가인 스토리빌의 나이트클럽을 이렇게 추억한다.

우리 중에는 스페인 사람도, 유색인도, 백인도, 프랑스인도, 인디언도 있었다. 뉴올리언스에는 피아노 연주자를 위한 일자리가 세계의 다른 도시 열 개를 합친 것보다 많았기에 세계 각지에서 사람들이 모여들었다.[75]

재즈는 초기에 뉴올리언스 스타일 래그타임으로 불리었다. '재스Jass'와 혼용되기도 했다. 재즈라는 이름을 갖게 된 건 뉴올리언스 출신 밴드들이 시카고나 뉴욕에 진출하면서부터다. 오리지널 딕시랜드 재즈밴드ODJB가 1917년 뉴욕에서 활동하면서 큰 인기를 얻었고, 이때부터 재즈라는 단어가 대중에게 처음 알려졌다.[76] 이는 전국적인 '재즈 광란Jazz Craze'으로 이어지는 도화선이 된다. 당시 재즈의 열풍은 레코딩 기술이 결정적 역할을 했다. 앞서 서술했듯이 재즈의 본질 중 하나는 즉흥연주였다. 재즈는 블루스와 더불어 악보로 연주하는 음악이 아니었고, 이는 비상업적인 포크음악과 마찬가지로 재즈의 확산에 결정적인 걸림돌이었다. 하지만 재즈가 음반에 담겨 반복적으로 청취할 수 있게 되면서 상업적·대중적 영향력을 확보하게 된다.[77]

1920년대에 접어들면 뉴올리언스 대신 '바람의 도시' 시카고가 재즈의 메카로 떠오른다. 남부에서 농업에 주로 종사하던 흑인들이 북부 공업지대로 대거 이주하면서 뉴올리언스 재즈도 시카고로 주

활동 공간을 옮긴 것이다. 1차 세계대전 발발로 뉴올리언스가 군항이 되고, 해군 당국이 재즈 뮤지션들의 일터였던 스토리빌을 폐쇄한 영향도 컸다.[78] 당시 재즈씬을 대표하는 이는 루이 암스트롱이었다.[*] 암스트롱은 뉴올리언스 재즈를 시카고에 이식한 킹 올리버King Oliver, 1885~1938의 제자로 시카고에 처음 발을 디딘 뒤 자신의 밴드 '루이 암스트롱 핫 파이브 & 핫 세븐'으로 시카고 무대를 평정했다. 시카고 스타일 재즈에서는 솔로 연주가 중시된다. 재즈 악기의 '제왕' 색소폰이 밴드의 중심에 선 것도 이때부터다.[79] 암스트롱은 뛰어난 트럼페터였을 뿐 아니라 '두비두밥 두위두밥' 식으로 트럼펫 소리와 리듬을 입으로 내는 스캣scat 창법을 자유롭게 구사했다.[80] 뉴욕에서도 큰 인기를 모으는 등 재즈 확산의 일등공신이었다. 그의 별명은 '입이 큰 남자'를 뜻하는 '사치모Satchemo' '재즈 앰배서더'와 함께 'The Pop'이었다. 그 자신이 대중음악 그 자체라는 뜻이었다.[81]

　　1930년대에는 스윙재즈의 시대가 열린다. 스윙재즈는 '금주법 시대'와 떼어놓을 수 없다. 금주법은 술 제조와 판매, 운송, 수출입을 금지하는 수정헌법 18조를 말한다. 1920년 발효되어 대공황이 한창이던 1933년에 폐지되었다. 개신교 근본주의의 영향으로 입법화되었다는 게 정설이다. 그러나 금주법의 가장 큰 문제는 음주 자체는 처벌하지 않았다는 점이다. 금주법이 시행되었음에도 애주가들은 여전히 밀주를 마셨다. 심지어 금주법 제정 당시 워런 하딩 대통령이나 후

---

[*] 그의 히트곡 〈What a Wonderful World〉는 1989년 OB맥주 광고음악으로 사용되면서 국내에서도 큰 인기를 끌었다. 베트남전을 배경으로 한 로빈 윌리엄스 주연의 영화 〈굿모닝 베트남〉의 삽입곡으로도 유명하다.

임인 허버트 후버 대통령도 관저에서 몰래 폭탄주를 마셨다는 기록이 남아 있을 정도다. 그 결과 "역사상 이보다 더 기만적인 법도, 더 위선적인 법도 없었다. 사람들은 그 어느 때보다도 더 많은 술을 마셨다".(빌 브라이슨)

　　그렇다면 이 많은 술은 누가 제조하고 공급했을까. 바로 이탈리아 시칠리아 출신 갱스터인 마피아다. 총과 뇌물을 무기로 마피아는 시카고, 뉴욕, 캔자스시티 등 주요 도시의 주류 유통을 장악하면서 전국구 조직으로 몸을 불린다. 또 이들은 대도시에서 사람들이 단속 걱정 없이 술을 마실 수 있는 대형 클럽을 운영하면서 돈을 긁어모았다. 이런 클럽에서 술과 함께 빼놓을 수 없었던 게 바로 음악이었다. 클럽들은 경쟁적으로 화려한 쇼를 보여주기 위해 더 큰 규모의 재즈 밴드, 곧 빅밴드를 고용했다. 뉴올리언스 시절의 바에 비해 클럽 홀은 너무 넓었고, 앰프나 스피커가 없던 당시에는 큰 소리를 내기 위해서는 단원을 늘려야 했다. 이에 빅밴드에는 기존 5~6인조 편성에서 크게 확대된 17~23명의 연주자가 참여했다.[82] 1차 세계대전 직후 세계 최강대국으로 부상해 국민이 물질문명의 혜택을 누리게 된 당시 미국을 일컬어 '재즈 시대Jazz Age' '광란의 20년대Roaring Twenties'라고 부른다. 그 중심에는 마피아의 검은 돈을 젖줄로 한 '빅밴드 시대'가 자리하고 있는 것이다.

　　빅밴드들은 금주법 시대가 끝난 뒤에는 음침한 카바레가 아닌 대규모 댄스홀에서 연주했다. 이들이 주로 연주한 음악이 바로 스윙재즈다. '스윙Swing'은 '흔들리다'라는 본래 단어의 뜻처럼 흥에 맞춰 몸이 자연스럽게 흔들리는 상태를 뜻한다. 생기나 즐거운 감정 상태를 말하기도 한다. 스윙은 사실 재즈의 본질에 해당한다. 모든 시기, 모든 스타일의 재즈에는 스윙이 존재한다.[83] 스윙재즈는 기존의 2박자가 아닌 4박자 연주곡이 많다. 여기서 4박자는 '원 (and) 투 (and) 쓰리 (and) 포 (and)' 형태로 연주된다. 이때 and에 악센트를 줘서 흥겨운 오프비트를 만들어낸다. 단순히 귀로 듣는 게 아니라 선율에 맞춰 춤을 추기에 적합한 형태다. 즉흥연주 대신 밴드 리더나 편곡자의 기보에 충실한 연주를 했다는 점도 앞세대와 차이다.

당시를 대표하는 뮤지션은 클라리넷 연주자였던 베니 굿맨Benny Goodman, 1909~1986이다. '스윙의 제왕King of Swing'으로 불린 그는 1935년 8월 뉴욕에서 캘리포니아로 순회공연을 떠났는데, 그의 밴드가 할리우드의 명소 팔로마볼룸에 도착했을 때 구름 같은 인파가 몰렸다. 사연은 이렇다. 뉴욕 라디오방송국에서 진행된 '레츠 댄스'의 마지막 순서를 그의 밴드가 맡고 있었다. 자정 즈음 전파를 타면서 뉴욕에서는 큰 반향을 얻지 못했지만 서부에서는 달랐다. 서부가 동부보다 세 시간 늦다는 점 덕에 그의 연주는 프라임 시간대인 오후 9시쯤 전파를 탔고, 서부 청년들은 그들의 음악에 열광했다. 대중매체에 힘입어 장르로서의 스윙이 탄생하는 순간이었다.[84]

이때부터 1945년까지 10년간을 '스윙시대'라 부른다. 스윙재즈는 1950년대 로큰롤과 비밥 혁명이 도래하기 전까지 재즈만이 아니라 대중음악계 전체의 주류로 자리 잡았다. 1935~1945년 사이에 100만 장 이상 판매한 음반 중 절반은 스윙재즈 음반이었다.[85] 1930년대 팔린 앨범 중 85%가 스윙재즈 음반이었다는 기록도 있다. 여기에 담배부터 여성 의류까지 거의 모든 상품의 마케팅 수단이 되면서 '유사 이래 가장 대규모의 음악 비즈니스'로 손꼽혔다.[86] 스윙재즈를 이끌었던 이들은 앞서 소개한 루이 암스트롱과 베니 굿맨 외에도 피아니스트 듀크 엘링턴Duke Ellington, 1899~1974과 카운트 베이시Count Basie, 1904~1984, 트럼본 연주자 글렌 밀러Glenn Miller, 1904~1944 등이 꼽힌다. 루이 암스트롱이 재즈의 양식을 발명했다면 듀크 엘링턴은 재즈의 교본을 완성한 인물로 평가받는다.[87] 다만 스윙재즈가 돈이 되자 베니 굿맨 같은 백인 뮤지션들이 등장해 업계를 장악한다.*

그러나 스윙의 시대는 2차 세계대전 종결과 함께 막을 내린다. 여러 이유가 있다. 빅밴드는 큰 조직으로 움직이다 보니 애초 비용이 많이 들었다. 여기에 밴드 대신 가수와 노래에 초점을 맞추는 방식으로 대중음악산업이 발전하면서 빅밴드가 설 공간이 좁아졌다. 라디오는 빅밴드의 실황 연주 대신 음반 음악을 전파에 실었다. 이에 더해 스윙재즈는 구닥다리 음악으로 여겨졌다.[88] 재즈씬에서도 새로운 변혁이 필요했다. 그리하여 훗날 '비밥 혁명'이 시작됐다.

---

* 스윙재즈가 번성한 데는 미국의 정치적 좌파의 역할이 지대했다는 점도 기억할 필요가 있다. 주역은 재즈 프로듀서이자 음악 평론가였던 존 해먼드John Henry Hammond, 1910~1987다. 그는 밴더빌트 가문의 일원으로 예일대학에 다녔지만 미국 공산당과 가깝게 지낸 '진보주의자'였다. 앞서 베니 굿맨이 라디오방송에 나올 수 있었던 것도 해먼드 덕분이었다.[89] 그는 프로듀서로서 팝음악사에서 지워지지 않을 족적을 남겼다. 그는 빌리 할리데이, 카운트 베이시, 아레사 프랭클린, 조지 벤슨 등 흑인 뮤지션들을 발굴한 동시에 밥 딜런, 브루스 스프링스턴, 레너드 코헨, 스티비 레이 본, 마이크 블룸필드 등 변방에 머물러 있던 뛰어난 백인 뮤지션들을 메인 스트림으로 이끈 장본인이었다.

뉴딜과 케인즈주의,
어떻게 세계 자본주의를 구원했나

"돈을 유리병에 채운 뒤 묻는 게
아무것도 안 하는 것보다 낫다."

정부에 중요한 일은 잘하든 못하든 개인이 이미 하고 있는 일을 하는
것이 아니라 현재 아무도 하지 않는 일을 하는 것이다. ―존 메이너드
케인스(1926년)
―토니 주트, 《전후 유럽 1945~2005 1》623쪽.[90]

대규모 실업과 경기 침체가 발생하면 정부는 어떤 정책을 펴야
할까. 코로나19가 확산되는 국면에서 전 세계 국가들은 나라 곳간을
아낌없이 풀고 금리를 떨어뜨렸다. 이에 대한 비판의 목소리는 그리
크지 않았다. 극단적 상황에는 극단적 해법이 필요하다는 데에 일반

국민도, 정치가들도, 무엇보다 경제학자들도 모두 동의했기 때문이다.

하지만 1930년대만 해도 분위기가 완전히 달랐다. 시장은 '자기조정능력'이 충만하고, 이에 대한 '정부의 개입'은 악이라는 고전자유주의 경제학의 도그마에 빠진 탓이다. 고전경제학에서 경제는 순환하는 속성을 지니고 있으니 불황이 오면 다시 호황이 자연스럽게 뒤따른다고 봤다. 정부가 할 일은 그저 팔짱을 낀 채 지켜보며 온건한 구호정책만 시행하면 된다는 것이었다. 재정 적자를 줄이고 이자율을 올려야 한다는, 지금으로 보면 몰상식한 주장들도 계속되었다. 경제 회복의 해법은 기업과 투자자의 신뢰를 회복하는 것'뿐'이라고 믿었다. 재정지출 확대는 이자율 상승을 불러와 민간 소비와 투자 활동을 위축시키는 '구축효과Crowding-out Effect'를 일으킨다는 게 고전경제학자들의 신념이었다. 실제로 미국 연방준비제도는 대공황이 경제를 빈사 상태로 몰아넣던 와중인 1931년 되레 이자율을 끌어올렸다.[91] 미국 내 투자금의 해외 이탈을 막기 위한 조치였다. 당시 대공황의 충격에 민간 자금줄이 말라 재정지출에 따른 금리 상승 폭은 크지 않았고, 이에 따라 구축효과가 벌어질 여지가 작았다는 점은 애써 외면했다. 정부가 '최후의 고용주'로 등장하는 데 대해서도 비슷한 이유로 민간의 고용을 줄이게 될 것이라며 반대했다.

하지만 극심한 고통에 시달리던 각국 국민은 정부에 구체적 행동에 나설 것을 요구했다. 기존 해법과 다른 새로운 처방이 필요했다. 1933년 3월 4일 후버 대통령에 이어 집권한 프랭클린 루스벨트Franklin Roosevelt, 1882~1945는 취임사에서 "우리는 지금 무언가 해야 하며, 당장 해야 한다"라고 천명했다. 이는 말로만 끝나지 않았다. 루스벨트 정부는 존 메이너드 케인스John Maynard Keynes, 1883~1946의 경제 이론을 바탕으로 '뉴딜 100일Hundred Days of the New Deal' 정책을 강력하게 밀어붙였다. 공업, 복지, 금융 등 거의 전 분야에서 정부가 수요를 창출하기 위해 전례 없는 개입을 추진한 것이다.[92]

1914년 1차 세계대전이 발발하자 영국 재무성은 경제학계에서 전도유망한 학자로 이름을 날리던 케인스를 자문위원으로 위촉하고 정부 대표로 베르사유조약에 투입한다. 당시 연합국 배상위원회는 연합국 전쟁 비용의 대략 3분의 1인 400억 달러를 받아낼 생각이었다. 하지만 케인스는 배상금의 최대치가 30억 달러라는 보고서를 제출한다. 독일이 과다 계상된 배상금 상환을 거부하고, 추후 또다른 전쟁으로 비화될 수 있다고 봤다. 그는 영국과 유럽의 경제를 위해서는 독일의 배상액을 낮추는 동시에 미국이 영국과 프랑스의 전쟁 부채를 탕감해야 한다고 여겼다.•[93]

• 당시 주요국의 배상금과 국채, 민간 부채의 상황은 실타래처럼 꼬여 있었다. 독일은 영국과 프랑스에 배상금을 지불해야 했고, 미국에는 민간 부채를 갚아야 했다. 영국은 독일에게 받을 배상금만큼 미국에 갚아야 할 민간 부채가 있었고, 반대로 프랑스에게는 전쟁 부채를 받아야 했다. 전쟁으로 가장 큰 피해를 본 프랑스는 독일로부터 가장 많은 배상금을 받아야 한다는 입장이었다. 독일은 국제 신용도를 유지하기 위해 민간 부채는 상환하려 했지만 배상금은 없던 일로 만들기 원했다. 영국 역시 배상금을 면제해주고 싶어 했지만 그 전제는 전채 상환을 면제받는 것이었다. 미국은 배상금을 받지 않는 건 용인할 수 있었지만 민간 부채와 전채 상환은 포기할 마음이 없었다.[94] 애초 '공정한 대안' 도출은 불가능했다. 각국 정부로서는 협상에서 양보하는 순간 쏟아질 자국 여론의 비난의 화살도 견디기 힘들었다. 리더십을 발휘할 국가도 부재했다. 결국 배상금은 바이마르공화국의 지불 가능한 금액의 10배에 달하는 1320억 마르크(약 320억 달러)로 정해졌다. 이에 반발한 케인스는 케임브리지대로 돌아갔고,《평화의 경제적 귀결》이라는 소책자를 통해 베르사유조약과 협상국 정치인들을 비판했다. 배상금 문제는 1920년대는 물론 훗날 대공황 기간 내내 국제 경제시스템을 꼬이게 만들었다.[95]

케인스는 1929년 대공황이 시작되자 통화와 재정의 적극적 역할을 해결책으로 제시하면서 "우리는 엄청난 혼란에 빠져 있다. 그것은 우리가 섬세한 기계(시장 및 경제체제)를 잘못 관리했기 때문이다"라고 역설했다. 케인스에게 불황은 자동차 고장과 유사하게 경제정책을 입안한 사람들의 잘못된 결정에 따른 결과였다. 그는 "경기순환에 대한 올바른 해법은 호황을 없애고 영구적 반半불황Semi Slump을 유지하는 것이 아니라, 불황을 없애고 영구적 사이비 호황Quasi Slump을 유지하는 것"이라고도 말했다. 이에 물가 하락에 따른 생산과 투자 감소, 실업 증가와 물가의 추가 하락이라는 대공황의 악순환을 끊는 방법은 통화 당국의 금리 인하라고 봤다.[96] 금리 인하로 통화가 창출되면 기업 투자가 반등할 것이고, 그 결과 물가와 농가소득이 회복된다는 논리였다.

대공황이 한창이던 1936년 그는 자신의 대표작이자 세계경제를 구원으로 이끈 《고용, 이자, 화폐에 대한 일반 이론》을 펴낸다. 그는 이 책에서 과거에 역설하던 통화정책이 더이상 작동하지 않는다는 점을 고백한다.* 극도의 불황 상황에서는 명목금리를 0%에 가깝게 인하해도 물가 하락을 막을 수 없었다. 시장에 현금이 흘러넘쳐도 기업과 민간은 미래 경기를 낙관하지 못해 통화론자들의 기대와 달리 투자와 소비를 늘리지 않았기 때문이다. 이에 재화 재고가 늘어난 기업

---

* 소득의 대부분을 보유한 부유층은 소비 대신 저축 성향이 매우 강해 이자율이 낮아도 저축을 주로 한다. 동시에 생산과 소득 수준이 높다면 투자에 따른 효용이 떨어지기 마련이라 이자율이 낮아도 투자가 잘 이뤄지지 않는다. 이에 따라 이자율을 0에 가깝게 떨어뜨려봐야 투자와 저축을 일치시키기 어렵고, 총수요와 총공급이 일치하는 균형 상태 또한 이자율 인하로는 달성하기 어렵다.[97]

은 생산물을 다시 줄이고, 그 결과 생산과 고용, 소득이 추가로 감소했다. 이는 또다시 기업의 생산 축소를 유발하면서 나선형 악순환을 이끌었다.[98] 국가 경제가 일종의 '유동성 함정Liquidity Trap'에 빠지게 된 것이다.

민간 부문이 지출할 능력이나 의지가 없다면, 유일한 해법은 정부가 지출의 주체로 앞에 나서는 것이었다. 곧 저축과 투자, **총수요**와 총공급의 일치를 위해 통화 당국이 화폐 공급을 직접 늘리는 게 당시로서는 거의 유일한 해결책이었다. 실제로 돈을 쓸 수 있는 사람에게 돈을 주거나 정부가 직접 돈을 써야 한다는 취지다. 케인스는 구체적으로 정부가 대규모 공공사업을 시행하고, 저금리 및 감세정책으로 소득을 재분배함으로써 경기를 부양해야 한다고 주장했다. 중앙은행이 대출의 최후 보루가 되었듯이 정부가 지출의 최후 보루가 되어야 하고, 그래야 유효 수요 증가에 따라 실업 문제도 해결할 수 있다는 논리였다.[99]

다만 케인스는 이 과정에서 정부 지출을 대기업과 부유층에게도 돌려야 한다는 한계도 분명히 인식했다. 정치권력을 가진 사람들이 중산층 이하의 다수에게만 혜택이 돌아가는 것을 방관할 리 만무하기 때문이다. 따라서 "만일 재무부에서 은행권을 잔뜩 찍어 유리병에 꼭꼭 채우고, 이를 탄광 갱도에 쓰레기로 덮는다고 해보자. 그리고 '자유방임'이라는 검증된 방법을 동원해 사기업에게 은행권을 다시 파내는 작업을 맡긴다고 해보자. 물론 그 돈으로 주택 등을 짓는 게 훨씬 지각 있는 행동임은 분명하지만 정치적 난관들 때문에 그렇게 할 수 없다면, 앞서 말한 것이라도 하는 편이 아무것도 안 하는 것보다는 낫다"[100]라고 일갈했다. 어쨌든 '케인스 혁명'을 통해 인간은 시장에 예속된 존재가 아닌, 의지에 따라 시장을 바꾸고 미래를 개척할 수 있는 존재로 격상되었다.*

"뉴딜 박사는 승전 박사에게 길을 양보하고 물러났다."

다시 뉴딜정책으로 돌아오자. 뉴딜정책의 핵심 목표는 3R로 요약된다. 경제를 '회복Recovery'시키고, 실직자와 농민들을 '구제Relief'하고, 산업과 금융 부문들의 제도들을 '개혁Reform'한다는 것이다. 이를 위해 15개의 주요 법안이 의회에서 통과되었고, 이를 기초로 행정부

---

* '금리 생활자의 안락사'는 케인스가 썼던 유명한 표현이다. 말 그대로 아무런 생산 활동을 하지 않으면서 화폐를 투기적인 동기로 보유해 이자율의 저하를 막아 완전고용의 달성을 저지하는 금리 생활자를 안락사시켜야 한다는 취지다. 이에 일부 '보수' 경제학자들이나 단체들은 케인스가 급진적이라고, 심지어 사회주의자라고 주장하기도 한다. 실제로 케인스는 일종의 영국식 사민주의인 페이비언 사회주의자들과 가깝게 지냈다. 버나드 쇼와 웹 부부와 친분을 쌓았다. 하지만 이를 제외하면 '에드먼드 버크' 식의 전형적인 보수주의자의 모습을 보인다. 그는 경제학자 부친과 시장 모친을 둔 '뼛속 깊숙한' 부르주아 계급이자, 당대 최고의 지성 집단이었던 '블룸즈버리 그룹'과 오랜 시간 깊숙이 교류할 정도로 자유주의적이자 엘리트주의자였다. 그는 마르크스를 거의 읽지 않은데다 제대로 이해하지 못했다. 혁명은 경제적 개선 대신 빈곤과 죽음을 낳을 뿐이라고 인식했다. "논리적 오류의 특징만을 갖는다"는 기록도 남겼다.[101] 대신 마르크스와 더불어 자본주의 체제의 불황의 불가피성을 인식한 맬서스에 크게 환호했다. 여기에 자본주의를 자기 파괴에서 구출하기 위해 시장의 자동성이라는 가정을 버렸지만, 동시에 한계생산성 분배 이론과 '보이지 않는 손'에 대한 신앙은 지키려 했다. 《고용, 이자, 화폐에 관한 일반 이론》에서 "우리의 중앙 통제가 성공하여 생산 총량을 완전고용 수준에 가능한 일치하도록 확립한다면, 신고전파 이론은 그 시점부터 다시 제자리를 찾게 될 것"[102]이라고 굳이 거론한 건 이런 이유에서였다.

는 즉각 정책들을 쏟아냈다.

뉴딜정책으로 시행된 대표 산업정책은 산업부흥법NIRA과 농업조정법AAA이다. 산업부흥법은 주당 노동시간 제한, 시간당 40센트의 최저임금 보장, 노동조건 개선, 숙련도가 낮은 연소자·고령자의 우선적 보호 등이 주 내용이다. 2년간 한시적으로 반독점법 시행을 정지하고 노동자의 단결권과 단체교섭권을 보장하는 내용도 포함되었다. 농업조정법은 경작지 감축을 통해 농산물 생산량을 제한해 결과적으로 농산물 가격을 올리기 위해 추진되었다. 이를 위해 땅을 놀리는 지주에게 보조금을 지급하고, 옥수수, 유제품, 밀의 국내 총생산량을 통제했다.

테네시강유역개발공사TVA도 뉴딜정책의 대표 사례다. 테네시강에 거대한 규모의 댐을 건설해 홍수를 억제하고 전력을 공급하는 동시에 농장 현대화를 꾀하는 게 목표였다. 소득재분배를 위해 고소득자의 상속재산에 대한 중과세와 누진세를 도입한 것도 이때다. 노동자들을 대상으로 한 보험제도도 도입되었다. 노동조합의 권리를 보호하는 '와그너법Wagner Act'도 처음 빛을 보았다.[103]

대공황의 주범인 금융 부분의 개혁정책도 시행되었다. 대표적인 조치가 '글래스-스티걸법Glass-Steagall Act'이다. 이는 상업은행과 투자은행을 분리하는 정책으로, 여기에는 은행이 증권이나 보험 업무를 취급하지 못하게 하는 내용도 포함되어 있었다. 금융기관의 대형화에 따른 리스크와 부실 확대를 방지하고 예금자를 보호한다는 취지다. 금본위제에서 탈피한 것도 이때였다. 그 결과 달러화의 평가절하가 이뤄지고, 이에 미국으로 자본이 유입되면서 이자율이 하락하는 효과를

불러왔다.[*]

　국민에 대한 연방정부의 공적 부조도 크게 늘었다. 루스벨트 취임 일 년 뒤인 1934년 미국인 7명 중 1명꼴로 구호를 받았다. 구호 금액은 가족들이 굶어 죽지 않을 정도인 가구당 월 25달러 이하였지만, 국민을 극단적 빈곤의 나락에서 구해낸 것은 분명하다. 이듬해인 1935년 8월에는 사회보장법도 제정되었다.

　민간 대신 연방정부가 지갑을 여니 국가 재정이 악화되기 시작했다. 1929년 169억 달러였던 국가부채는 2차 세계대전 참전 직전인 1940년에는 420억 달러로 불어났다. 재계는 우려의 목소리를 냈다. 그러나 루스벨트 정부의 생각은 달랐다. 민간 기업들도 대부분 자금 차입에 의존해 경영하기에 정부라고 다를 게 없다는 것이었다. 민간 기업들도 만기가 도래한 채권에 대해 새로운 채권을 발행함으로써 이를 충당한다. 정부 역시 만기가 돌아온 부채(국채)에 대해 일반 기업의 부채와 다르게 취급할 이유가 없다는 취지였다.[104]

　뉴딜정책은 효과를 거두었을까? 전통 학설은 뉴딜정책이 수요

---

[*] 뉴딜정책은 대규모 건설사업이자 문화사업이기도 했다. 1935년 공공사업진흥국WPA이 설립되면서 1943년까지 104만 6000킬로미터의 도로와 12만 5000개의 공공건축물, 7만 5000개의 다리, 8000개의 공원, 800개의 공항이 만들어진다. 여기에 공공사업진흥국은 문화예술 분야의 뉴딜사업의 일환으로 연방예술프로젝트FAP, 연방작가프로젝트FWP, 연방음악프로젝트FMP도 진행했다. FAP가 절정기였던 1936년에는 5000명 이상의 미술가가 고용되었다. 워싱턴 D. C. 미국 우체국 본부 건물에 그려진 알프레도 크리미Alfredo de Giorgio Crimi, 1900~1994의 〈우편 운송〉, 록웰 켄트Rockwell Kent, 1882~1971의 〈열대의 우편 서비스〉가 FAP의 대표작이다. 20세기를 대표하는 현대 미술가인 잭슨 폴록Paul Jackson Pollock, 1912~1956, 마크 로스코Mark Rothko, 1903~1970도 프로젝트에 참여해 생계를 유지했다. FMP는 34개의 오케스트라를 설립하고 유지를 도우면서 일터를 잃은 음악가들을 부양했다.

를 창출해 생산과 소비의 불균형 문제를 해결했다고 말한다. 대공황이 끝나지 않을 것이라는 우려를 잠재우고 기업 투자를 이끌어내는 '인식'의 전환을 가져온 계기가 되기도 했다. 다만 최근 연구들은 다르게 본다. 구호 대책은 효과를 거두었지만, 개별 경제정책의 효과에 대해서는 회의적이다. 예를 들어 산업부흥법은 노동시간 단축으로 고용 증가와 임금 인상 효과를 기대했지만, 노동비용 상승으로 오히려 실업을 증가시키고 말았다. 경기 부양책도 큰 효과를 거두지 못했다.

대공황의 골의 깊이에 비해 재정지출이 충분치 않았다는 견해도 많다. 오바마 정부에서 경제자문위원장을 맡았던 크리스티나 로머 Christina Romer 미국 UC버클리 교수는 대공황으로부터 미국 경제가 회복된 것은 확장적 통화정책 때문이고, 정부 재정정책은 거의 효과를 발휘하지 못했다는 연구 결과를 발표했다. 1930년대 미국의 재정적자는 큰 폭으로 증가하지만 이는 대규모 공공사업에 따른 재정지출이 아닌 소득 감소에 따른 소득세 수입 감소에 기인했다는 것이다. 실제로 1933년 이후 경기 회복은 금융의 역할이 지대했다. 1933년 미국이 금본위제를 이탈하고 달러화를 평가절하하면서 금이 계속 유입되었고, 덕분에 본원통화가 그해부터 1937년까지 연 10% 이상 증가했다. 통화량 증가는 명목이자율 하락으로 이어지면서 상업어음 할인율은 1934년 이후 거의 제로 수준으로 떨어졌다. 이자율 하락은 투자와 소비 수요를 자극했다.[105]

다만 뉴딜정책이 종료된 1936년 이후 이듬해까지 중앙정부의 재정지출이 22억 달러 정도 줄자 다시 위기가 닥쳤다. S&P500 지수의 전신인 스탠다드스태티스틱스 지수는 1937년 8월 141에서 그해

12월 102까지 떨어졌다. 철강 설비가동률은 같은 기간 85%에서 26%로 곤두박질쳤다. 농산물 가격도 그해 4월부터 연말까지 24%나 하락했다.[106] 미국 경제가 회복하게 된 결정적 계기는 2차 세계대전 특수 덕분이었다. 미국 군대는 1400만 명을 징발해 무장시키고 재우고 먹여야 했다. 그 덕분에 1939~1944년 사이 제조업과 광산업, 건설업의 생산이 두 배로 늘었다. 생산설비는 50% 증가했다.[107] 이에 1944년 연방정부 지출은 1000억 달러를 넘어섰고, 이중 절반 정도는 전비에 사용되었다. 하지만 재정은 되레 건실해졌다. 실질 GDP가 큰 폭으로 뛰어오른 덕분이다. 1945년 실질 GDP는 1939년 대비 70%나 상승했다. 전쟁 직전인 1939년에는 전체 노동력의 17%인 950만 명이 실업 상태였지만, 전쟁을 거치며 심각한 노동 부족에 시달리게 되었다. 1943년 12월 루스벨트 대통령이 기자회견 중 언급한 대로 "뉴딜 박사Dr. New Deal는 승전 박사Dr. Win the War에게 길을 양보"하고 물러났다. 대공황은 세계경제를 전무후무한 구렁텅이에 빠뜨렸고, 이는 다시 2차 세계대전이라는 인류의 비극을 불러오는 계기가 되었지만, 동시에 인류의 비극은 미국과 세계 자본주의에 축복으로 되돌아왔다.

양차 대전과 대공황, 홀로코스트를 거치며 이성과 합리, 진보를 토대로 지어진 19세기적 서구 문명은 더이상 존속될 수 없었다. 이에 거의 전 분야에서 과거와의 단절과 미래를 향한 혁신의 움직임이 나타났다. 고전음악도 예외는 아니었다. 조성과 화성, 형식, 리듬 등 전 부문에서 혁명적 변화를 시도했고, 이는 오늘날의 현대음악으로 발현되었다. 하지만 이런 시도들은 의도치 않게 '서양 고전음악의 화석화'를 낳기도 했다. 모더니즘음악가들의 분투와 좌절을 살펴보자.

조성과 형식, 리듬의 혁신 이끈 현대음악

현대음악의 대두

(1913년 5월 29일 프랑스 파리에서의) 〈봄의 제전〉 초연에서 한바탕 소동이 벌어졌다는 사실은 누구나 알고 있을 것이다. 이상하게 들릴지 모르지만, 나도 그런 격한 반응은 예상하지 못했다. … 공연 당일, 첫 도입부에서부터 극장은 조금씩 술렁였다. 이윽고 무대 커튼이 올라가며 머리를 길게 땋고 안짱다리 자세를 한 관능적인 무희들이 펄쩍펄쩍 뛰어다니자 객석에서 야유가 터져 나왔다. 등 뒤에서 "아가리 닥쳐!"라는 외침이 들렸다. 플로랑 슈미트는 "닥쳐, 이 16구區 년들아!"라고 소리쳤다. … 씩씩거리며 무대 뒤편으로 가니 디아길레프가 청중을 조용히 시키려고 마지막으로 조명을 껐다 켜고 있었다.

－스트라빈스키,《제시와 전개》에서.[108]

20세기의 첫 10년 동안 인류의 사유에 연이은 지각 변동이 있었다. …
1900년에 지그문트 프로이트의 《꿈의 해석》은 인간의 마음을 탐색하
는 새로운 길을 열었다. 같은 해, 막스 플랑크의 양자이론은 전통적인
유클리드 기하학과 뉴턴 물리학의 근간을 뒤흔들었다. 1905년에는 알
베르트 아인슈타인이 특수상대성원리를 발견하면서 우주의 법칙에
대한 인간의 이해를 바꿔놓았다. 1903년에는 라이트 형제가 최초로
공중에 비행기를 띄워 동력을 사용해 하늘을 날겠다는 인류의 오랜
염원을 이루었다. 1910년에 바실리 칸딘스키가 최초로 완전한 추상화
를 선보인 후 회화의 판도는 영영 바뀌었다. 그리고 1908년, 쇤베르크
가 작곡한 《공중 정원의 책》은 아인슈타인이 뉴턴의 거대 우주를 파괴
했을 때와 같은 위력으로 음악의 '조성' 개념을 무너뜨렸다.
　－해럴드 C. 숀버그,《위대한 작곡가들의 삶 3》 333쪽.[109]

　이 책에서 인류 최초의 대중음악으로 주목했던 고전음악으로
돌아가보자. 우리가 흔히 사용하는 '현대'라는 단어는 20세기 이후를
지칭한다. '근대' 역시 현대와 동의어로 자주 쓰인다. 경제사나 사회·
문화사에서 현대 혹은 근대의 시작은 1차 세계대전이 발발한 1914년
으로 주로 상정한다. 1900년부터 1914년까지의 시기는 이미 20세기
에 접어들었지만 여전히 전 세대와의 연속성이 강하기 때문이다. 그
렇다면 고전음악 분야에서 현대음악, 모더니즘음악은 무엇일까. 일반
적으로 현대음악은 해당 곡이 작곡된 '시점' 대신 모더니즘음악이라
는 곡의 '성격'에 따라 규정된다. '사상, 형식, 문체 등이 전통적인 기반
에서 급진적으로 벗어나려 하는 창작 태도'를 가리킨다. 구체적으로

는 바로크시대 이후 고전음악의 뼈대와 형체에 해당하는 조성과 음악적 소리에서 탈피한 형태다. 주 화성이나 멜로디가 하나의 음이나 화음을 중심으로 구성되는 조성음악에서 탈피한 무조음악이 등장하고, 악기를 통해 구현되는 음이 아닌 '소음'까지 음악의 소리 영역이 확장되었다는 점을 들 수 있다.[110]

조성의 붕괴는 바그너가 발판을 마련했다고 볼 수 있다. 1865년 초연된 《트리스탄과 이졸데》가 하나의 이정표였다. 바그너는 이 작품의 서곡에서 잦은 전조, 비화성음의 강조, 회피된 해결, 화성 지연, 계류음과 더불어 극도의 반음계주의를 사용했다.[111] 특히 세 시간이 넘는 연주 동안 음악적 종결 없이 회피를 계속하는 '무한선율' 기법 때문에 바그너는 조를 계속 바꿨다. 이런 무한선율과 전조 기법이 반복되면서 으뜸조 개념이 희미해지고, 이는 결국 조성의 뿌리를 흔들었다.[112] 이에 음악사에서의 근대의 씨앗은 조성의 탈피를 처음 시도한 바그너에 의해 19세기 후반에 이미 뿌려졌고, 조성의 체계에서 벗어나지 않은 말러는 후기 낭만주의의 문을 닫았다고 볼 수 있다.

테오도르 아도르노의 모더니즘음악론을 잠시 살펴보자. 음악과 관련한 그의 대표작은 《신음악의 철학》(1949년)이다. 그는 호르크하이머와 공저한 《계몽의 변증법》(1947년)을 통해 '문화산업'은 자본주의 사회의 파편화된 삶을 살아가는 개인들의 균열된 삶을 봉합시키는 장치로 기능한다고 봤다. 문화산업에서 중요한 역할을 하는 예술 장르는 전통을 반복하기만 하는 기존 '음악적 전통'에 충실한 음악이다. 이런 음악들은 후기 자본주의 사회에서도 여전히 '공동체의 민요가 불릴 수 있다'고 대중들을 기만한다.

아도르노는 더 나아가 '비판적 사고'를 통해 기존의 음악적 전통에서 '질적'으로 벗어난 '신음악'이 필요하다고 역설했다. 이때 새로운 음악은 독창성을 바탕으로 한 '미적 새로움'을 갖추고 있어야 한다고 봤다. 기존의 아름다운 선율과 화음으로 작곡을 하거나 대중의 기호에 영합하는 곡을 만드는 것은 문화산업의 한 축으로 현실의 문제를 은폐하는 데 복무할 뿐이다. 이에 그는 이고르 스트라빈스키Igor Stravinsky, 1882~1971의 음악을 두고 "다른 것이 되고자 하는 시도를 더이상 알지 못하는 … 오로지 항복의 제전이 될 뿐"이고, "키치"로 전락했다고 격렬히 비판했다.[113]

반면 무조성과 12음 기법을 주창한 아르놀트 쇤베르크는 높게 평가했다. 아도르노에게 음악은 소외 같은 인간과 사회의 고통을 담아내야 하고, 이를 위한 그릇은 현실의 무의미와 부조리에 대해 급진적으로 저항하는 무조성과 12음 기법 음악이라는 것이다. 이런 아도르노의 분석의 기반에는 "아우슈비츠 이후 서정시를 쓰는 건 야만"이라던 그의 언명이 자리하고 있다. 누구나 영원하리라 굳게 믿었던 진보와 이성에 대한 희망은 양차 대전과 홀로코스트라는 두 폭탄으로 산산조각난 상태였다. 이 시대를 반영해야 하는 음악은 과거의 유산과 과감한 단절을 선언한 현대음악이어야 한다는 취지다. 이제 모더니즘음악의 시초부터 차근차근 짚어보자.

---

*아도르노는 철학자이자 음악가였다. 1924년 프랑크푸르트대에서 에드문트 후설에 관한 연구로 철학박사 학위를 받고, 이듬해 작곡을 공부했다. 공교롭게도 당시 음악 선생은 쇤베르크와 함께 제2 빈학파의 주축으로 활동한 동시에 쇤베르크의 제자였던 알반 베르크였다.

인상주의 음악의 비조飛鳥 드뷔시

모더니즘음악을 대표하는 클로드 드뷔시와 이고르 스트라빈스키가 한자리에 있는 사진이 있다. 스트라빈스키가 프랑스 파리에서 발레음악 〈불새〉를 선보이며 선풍적인 인기를 끌었던 1910년 즈음, 그가 드뷔시의 집을 방문한 게 계기가 되었다. 사진 왼편으로 드뷔시가 서 있고, 그 오른쪽에 스트라빈스키가 소파에 앉아 있다. 흥미롭게도 스트라빈스키 머리 뒤 위쪽으로 눈에 익은 그림이 걸려 있다. 자포니즘의 대표작으로 손꼽히는 〈카나가와의 큰 파도〉다(576쪽 이미지 참고). 고흐를 필두로 후기 인상주의 화가들이 일본 회화 기법에 큰 영향을 받았다는 건 널리 알려져 있다. 자포니즘은 미술만이 아니라 음악에도 많은 영향을 끼쳤다. 드뷔시와 더불어 프랑스 인상주의 음악의 거장 모리스 라벨도 만년을 보낸 파리 근교 몽포르 라모리에의 저택 '르 벨베데르'에 일본식 정원을 가꾼 것으로 알려져 있다.

음악가들의 가장 큰 고민거리는 자신의 음악이 어떻게 하면 그 시대 연주회의 레퍼토리로 자리 잡을 수 있을까 하는 점이었다. 죽은 베토벤이나 모차르트는 살아 있는 음악가들보다 강력한 경쟁자였다. 앞선 시대의 음악들 사이에서 비집고 나와 청중과 전문가들의 귀를 사로잡는 유일한 길은 독창성을 보여주는 것이었다. 앞에서 살폈던 브람스나 말러는 그들이 물려받은 고전음악의 유산을 더욱 발전시키는 것으로 돌파구를 찾았다. 그러나 20세기 작곡가들은 '옛 음악' 대신 조성의 붕괴와 소리의 확장을 대안으로 삼았다. 그 시작이 바로 인상주의 음악이다.

인상주의 음악을 소개하기 전에 '인상주의Impressionism'에 대해 간단히 살펴보자. 인상주의는 미술을 중심으로 19세기 말부터 영향력을 행사한 예술사조다. '외부의 한 대상에 대해 마음속에 그려지는 모습이나 느낌'을 뜻하는 '인상'이라는 단어에 인상주의의 핵심이 숨어 있다.* 세계를 표현하는 예술은 현상이 순간적이고 과도기적임을 강조하는 동시에 개개인의 '지금 여기'의 관점에서 진리의 기준을 삼는다. 결국 핵심은 "바라보이는 객관적 실체 대신 바라본다는 주관적 행위의 재현"이다.[114] 이에 대상이나 인물은 희미한 선이나 색깔로 표현된 모호한 형태로 제시된다. 대신 그 빈자리는 화가와 감상자의 감정과 느낌으로 채워진다.**

인상주의가 프랑스 파리를 중심으로 번성했다는 점도 주목해야 한다. 1853년 파리는 나폴레옹 3세의 지시를 받은 조르주외젠 오스만Georges-Eugène Haussmann, 1809~1891 남작의 손에 전면적 도시 재개발 사업이 진행된다. 혁명가들이 바리케이드를 쌓고 시가전을 벌이던 좁고 어두운 골목과 복잡한 도로는 탁 트인 대로로 바뀌었다. 낡고 밀집한 주

---

* 현실이란 존재하는 게 아닌 생성되는 것이고, 결정된 상태가 아니라 움직이는 과정이다. 따라서 예술가에게 필요한 건 감각적 지각과 감수성 등 모든 예술 수단과 기교를 동원해 '헤라클레이토스적 세계관'을 표현하는 것이다. 이에 인상주의는 동적 발전 경향의 정점이자 정적인 중세적 세계상의 완전한 해체를 뜻한다.[115]

** 인상주의는 19세기 후반이라는 시대적 배경에 기대고 있다. 당대는 한 세기 전부터 시작된 자본주의가 서구 사회에서 화려한 꽃을 피우던 때였다. 대표 산물은 사진이다. 1850년 이후 대중에게 보급되면서 초상화가의 일감을 빼앗았다. 그러나 사진이 미술에 부정적 영향만 끼친 건 아니었다. 빛을 이용하는 사진에 대한 관심이 높아지면서 미술계 역시 빛의 효과에 주목하기 시작했다. 기존의 사실주의가 '사물이 객관적으로 어떻게 존재하느냐'를 중요하게 여겼다면 이제는 '사물이 빛에 의해 어떻게 보이느냐'에 관심을 갖게 되었다는 뜻이다.

택들 대신 현대적인 아파트가 들어섰다. 오페라극장과 미술관, 기차역처럼 현대 파리를 대표하는 공공건축물이 세워진 것도 이 시기였다. 산업혁명에 따른 근대화의 쌍둥이인 도시화는 인상주의 화가들에게 자연 풍광 대신 도시의 부르주아계층이라는 새로운 모델을 제공했다.

인상주의의 문을 연 작품은 클로드 모네의 〈인상: 일출〉(1874년)이다. 모네의 작품이 처음 대중에 공개된 전시회 '앙데팡당전Independant'을 두고 비평가 루이 르로이Louis Leroy, 1812~1885가 '인상주의자들의 전시회'라고 혹평한 게 이후 인상주의라는 표현으로 굳어진 계기가 되었다.[116] 폴 세잔Paul Cezanne, 1839~1906의 〈생트빅투아르 산〉 역시 주목해야 할 작품이다. 세잔은 병치된 색상 블록을 활용해 남프랑스 엑상프로방스 지역의 풍경을 기하학적으로 재배치했다. 그의 작품은 이후 표현주의와 추상주의, 큐비즘의 토대가 되었다.

인상주의 음악의 창시자는 드뷔시다.* 드뷔시는 당대 막강한 영향력을 행사하던 바그너와 그의 자장 아래 있던 말러, 슈트라우스 등과 반대쪽에 서 있었다. 바그너는 하나의 특정 선율과 조성을 모티브로 변형하고 확대했다. 반면 자칭 '프랑스 음악가Musicien Francais' 드뷔시는 《목신의 오후에의 전주곡》(1892~1894년)을 통해 바그너식의 '무거운 음악'의 유산을 떨쳐버리고, 기존 전통주의를 배격했다.[117] 구체적으로는 특정 장조나 단조를 지향하는 음을 선택하는 대신 모든 음을 포함시키거나 근음으로부터 떨어진 9음이나 11음을 화성의 소재로

---

* 그 이전에도 프랑스는 〈환상교향곡〉을 통해 시대를 앞서간 독창성을 선보인 베를리오즈, 교향곡 G단조와 피아노협주곡 등 빼어난 작품을 내놓은 카미유 생상스Camille Saint Saens, 1835~1921 등 뛰어난 작곡가를 배출했다. 그러나 드뷔시가 등장하면서 서구 고전주의 음악의 중심축은 기존 독일·오스트리아에서 프랑스로 확장되었다.

삼아 불협화음을 유발하고, 그 결과 조성의 구속으로부터 해방시켰다. 인상주의 화가들이 대상을 명료하게 그리는 대신 희미하게 처리해 몽환적 효과를 낸 것처럼, 드뷔시 역시 선율의 전개 대신 암시적이고 함축적인 음악 언어로 관능적이면서도 나른하고 모호한 분위기를 불러일으키는 데 집중했다.[118] 그 결과 듣는 이들이 객관적 외부의 대상을 주관적으로 재해석해 '상상의 나래'를 펼칠 수 있게 했다. 이에 음악평론가 해럴드 C. 숀버그는 "투명하고, 반짝거리고, 희미하게 선법적이고, 이국적이고, 한 치의 오차도 없이 정확하다. 그때까지 아무도 들어보지 못한 병행화음 진행, 임의로 만든 음계 등 이렇게 독창적인 짜임새는 유래를 찾아보기 힘들다"라고 평했다.[119] 본인은 인상주의의 영향을 부인했지만 인상주의'적' 음악을 통해 모더니즘의 문을 열었다.

형식 면에서도 과거의 유산과 결별했다. 그는 소년 시절부터 평생 '감수성'의 인간이었다. 개인적인 취향도 고상했다. 이에 드뷔시는 뚜렷한 주제를 연속적으로 발전시키는 대신 머뭇거린 뒤에야 마지못해 전개하는 모습을 보였다. 속도와 리듬 역시 불규칙성과 운동감을 강조했다.[120] 그의 음악에서는 색채외 음색, 리듬이 화성이나 선율만큼 중요했던 것이었다. 이에 그에게 교향곡 양식이라는 오스트리아·독일 전통은 진부하고 장황한 구습에 불과했다. 모차르트 이후 음악사를 지배한 소나타 형식도 거부했다. 드뷔시는 "교향곡 형식의 공허함은 이미 베토벤 때부터 증거가 나타나고 있다. 슈만, 멘델스존은 똑같은 형식을 베토벤보다 무기력하게 반복하며 경의를 표하고 있을

---

* 이를 위해 낮은 음역대의 플루트나 클라리넷, 높은 음역대의 바이올린, 악음기를 낀 트럼펫이나 호른, 하프를 자주 사용하면서 모호하면서도 가볍고 투명한 음향을 만들었다.[121]

뿐"이라고 격렬히 비판했다. 대신 러시아 5인조의 일원인 무소르그스키와 인도네시아 등 이국적 음악에 이끌렸다.[122]

　　상징주의의 영향도 빼놓을 수 없다. 드뷔시는 파리국립음악원을 졸업한 뒤 당대 최고 작곡가에게 주어지는 로마대상을 수상한다. 앞서 베를리오즈가 〈환상교향곡〉으로 받은 그 상이다. 드뷔시는 로마대상의 부상인 로마 유학을 마치고 귀국하자마자 '화요회'에 몸담는다. 화요회는 상징주의 시인 스테판 말라르메Stephane Mallarme, 1842~1898의 집에서 매주 화요일마다 문인과 화가 등이 참여한 열린 모임을 말한다. 음악가로는 드뷔시가 유일했다.[123] 상징주의는 언어의 사전적 의미보다는 언어의 조합에 따른 분위기나 상징적 효과를 드러내는 데 집중했다. 이는 드뷔시의 음악에 고스란히 반영된다. 《목신의 오후에의 전주곡》은 아예 근대 서정시의 시작을 알린 말라르메의 상징주의 시 〈목신의 오후〉(1876년)에서 따왔다. 지성 대신 감성, 곧 '꿈'의 영역에도 주목했다. 〈목신의 오후〉 역시 꿈과 환상의 경계에 관한 이야기임을 기억할 필요가 있다. 이에 드뷔시는 "신비스런 밤의 시에 담긴 있을 법하지 않은 장소와 의심할 나위 없는 공상적인 세계, 그리고 달빛이 나뭇잎을 애무할 때 들리는 수천의 이름 모를 소리들. 음악만이 이런 것을 마음대로 불러내는 힘을 가졌다"라고 썼다.[124]

　　드뷔시의 대표작인 교향시 《바다》(1905년)에도 이런 특징이 극명히 드러난다. 해당 교향시의 악장에는 〈해상의 새벽부터 정오까지〉 〈파도의 장난〉 〈바람과 바다의 대화〉 〈바다의 요정〉 등의 표제가 달려

* 1차 세계대전 이후에는 아예 독일의 장황함과 육중함과 비교해 "프랑스인에게 능숙함과 섬세함은 지성의 딸들"이라는 주장까지 내놨다.

있다. 듣는 이들이 음악을 접하며 해당 설명이 갖는 풍경을 머릿속에 떠올리게 하려는 의도가 다분하다. "음악은 색과 리듬을 가진 시간으로 이뤄진다"는 음악의 회화성과 관련한 그의 언급도 이를 잘 보여준다.[125] 그의 음악은 이야기를 들려주는 대신 인상을 표현한다. 《바다》에서도 청취자들은 파도를 볼 수는 없지만 느낄 수 있고, 심상들은 구체적으로 묘사되는 대신 암시된다.[126] 이렇게 드뷔시는 거대한 건축물의 골조를 켜켜이 쌓는 기존의 음악 형식과 결별했다. 대신 모네와 세잔이 색채들의 전통적인 관계를 재설정한 것과 유사하게 음들의 관계를 재설정해 20세기 음악의 신호탄을 쏘아올렸다.[127]

1963년 9월 9일 저녁 6시, 뉴욕 맨해튼의 포켓시어터. 미국의 아방가르드 작곡가 존 케이지John Cage, 1912~1992는 친구들을 모아 프랑스 작곡가 에릭 사티Erik Satie, 1866~1925의 〈노여움〉(1893년)을 초연했다. 해당 작품은 악보가 불과 한 페이지에 불과했다. 연주하는 데에도 고작 1~2분이면 충분했다. 하지만 악보 위쪽에는 다음과 같은 무시무시한 지시가 적혀 있었다. "840번 반복할 것!" 오후 6시에 시작한 연주는 열 명이 넘는 피아니스트가 팀을 이뤄 다음 날 오후 12시 40분까지 장장 19시간 동안 이어졌다. 작곡된 지 70년이 지나도록 아무도 엄두를 내지 못했던 사티의 〈노여움〉을 '용감한' 케이지가 처음으로 연주해낸 것이다.[128]

드뷔시와 모리스 라벨의 인상주의 음악과 다른 방식으로 모더니즘음악의 지평을 연 이는 에릭 사티다. 드뷔시와 라벨은 모더니즘 계열로 구분하지만 과거만 해도 후기 낭만주의 음악가로 평가하기도 했다. 특히 라벨은 드뷔시의 '모호함' 대신 신고전주의 형식 등 '명료함'을 지키려고 노력했다는 점에서 모더니즘 계열로 구분하기 어려운 측면이 있다. 대신 사티는 '전통과의 단절'이라는 모더니즘의 특징을 처음으로 본격화한 작곡가다. 사티는 '아방가르드avant-garde' 사조와도 긴밀히 연계된다. 아방가르드는 프랑스어로 '전위대'라는 뜻이다. 20세기 초 프랑스와 독일을 중심으로 일어난 예술운동이다. 말뜻 그대로 공인된 기존의 미학을 무너뜨리고 새로운 예술을 세우고자 하는 움직임을 뜻한다.

사티는 10대 때 잠시 파리음악원에 재학한 것을 제외하고는 정식 음악 교육을 받지 못했다. 대신 군 복무를 마치고 파리 몽마르트의 카바레 '검은 고양이'에서 피아노를 연주하면서 연이어 피아노곡을 내놓는다. 〈3개의 짐노페디〉(1888년), 〈3개의 그노시엔느〉(1890년) 같은 대표작이 그때 만들어졌다. 비교적 짧은 길이의 해당 곡들은 유사한 선율과 리듬이 느린 템포 사이에서 떠다닌다. 그 결과 신비로운 분위기를 자아내면서 절제된 감정과 깊은 고독감을 드러낸다. 이는 당대를 풍미했던 중후한 후기 낭만주의는 물론, 그 뒤에 등장한 드뷔시의 모호한 인상주의 음악과도 구별된다.[129] 불안한 느낌의 반음 대신 온음을 주로 사용해 안정적인 느낌을 자아낸 점도 빼놓을 수 없다.[130]

사티는 여기에서 한발 더 나아간다. 〈노여움〉(1893년), 〈배 모양의 세 소품〉(1903년), 〈자동 서술〉(1913년)에서는 초현실적 지시어를 등장시킨다. 예를 들어 〈노여움〉에는 "이 모티브를 진지하고 부담스러운 자세로 840번 반복하시오"라는 지시어가 달려 있다. "암퇘지처럼 무겁게" 같은 상상하기 어려운 지시어도 등장한다. 만년에 쓴 〈가구음악〉(1920년)에는 "관객들은 음악이 흐르는 동안 연주에 절대 신경 쓰지 말 것. 걸어다니고 이야기하고 음료수를 마실 것"이라는 주문이 달려 있다.[131] 훗날 존 케이지나 백남준이 선보였던 작품들을 연상시키는, 반反 예술 선언이었다. 이런 시도는 사티가 단순히 '괴짜'이기 때문만은 아니었다. 음악이나 예술은 우리 삶 위에 존재하는 거창한 존재가 아닌 우리 일상에서 함께 살아 숨 쉬어야 한다고 인식했다. 이에 벽지처럼 유심히 듣지 않아도 되는 '가구음악musique d'ameublement'을 추구했다.[132] 피카소의 다음 말은 사티의 음악을 이해하는 데 도움이 된다. "나는 루이 15세의 안락의자를 절대로 그리지 않을 것이다. 그것은 특정한 사람들을 위한 대상이지 '누구나'를 위한 대상은 아니다."[133]

쇤베르크와 스트라빈스키, 현대음악의 최전선에 서다

1차 세계대전을 전후해 음악계에서는 후기 낭만주의로부터 보다 급진적인 단절의 시도들이 나타났다. 쇤베르크가 대표적이다. 말러는 일찌감치 브람스에게 받았던 후원을 다시 쇤베르크에게 되돌렸다. 쇤베르크가 처음부터 무조성과 음렬주의*의 길로 나아간 것은 아니다. 《정화된 밤》(1899년)이나 교향시 《펠리아스와 멜리장드》(1902~1903년), 《구레의 노래》(1910년)는 후기 낭만주의의 영향을 강

* 음렬주의는 음을 일정 순서대로 배열하거나 서열화된 음렬로 멜로디와 화성을 만든다. 음렬은 숨겨진 주제이자 작품 관념의 원천이다. 이중 12음 기법은 12개의 음에 순서를 정해 음이 한 번씩 등장하되 중복되지 않고, 서열화된 12개의 원형 음렬과 이의 전위, 역행 등을 통해 48가지 형태의 음렬을 구성해 작곡하는 기법이다. 여기에 총렬주의는 음고만이 아니라 강세, 빠르기, 음색 등 음악의 모든 요소를 포함시켜 조직화하는 것을 말한다.

하게 드러낸다. 다만 1910년을 전후해 조성을 완전히 포기한 무조주의 음악으로 기울어졌다. 무조음악의 성향을 드러낸 현악사중주 1번(1906년)이 초연된 1907년 2월 공연장에서는 격렬한 웃음과 야유, 휘파람 소리가 연주 내내 이어졌다. 말러는 소동을 벌인 이들과 거의 주먹다짐을 할 뻔했다.[134] 현악사중주 2번(1908년)은 무조음악이 처음으로 본격화된 작품으로 손꼽힌다.

쇤베르크는 뼛속 깊이 독일 작곡가였다. 자신의 음악은 "완전히 독일 음악 전통의 산물이며 가장 큰 스승은 바흐와 모차르트, 베토벤과 브람스, 바그너"라고 공언했다. "나는 급진주의자가 될 수밖에 없었던 전통주의자"라는 말도 남겼다.[135] 전위파의 실험주의자와는 거리가 멀었다. 하지만 바그너의 반음계적 화성은 후대에는 무조성에 대한 '모험'이 불가피하다는 점을 알리는 신호탄이었다. 말러나 슈트라우스, 초기 쇤베르크 등 후기 낭만주의 작곡가들은 모두 이를 절감하고 있었다. 다만 이들 중 쇤베르크만이 자신의 의지와 상반되더라도, 설사 "끓는 바닷물 속으로 빠진 것 같은" 혼란에도 무조성으로 나아가야 한다는 점을 자신의 운명이자 사명으로 여겼고, 이를 실행했다.[136] 결국 1908년 연가곡 《공중 정원의 책》을 작곡하면서 "오랫동안 눈앞에 아른거리던 이상적인 형식과 표현 방법에 처음으로 근접할 수 있었다"며 새 경지로 나아갔음을 깨달았다.[137]

결국 쇤베르크는 1911년 발표한 《화성이론》을 통해 조성이 죽었다고 선언했다. 그는 이 책에서 빈 거장 시대의 조성은 논리적이자 윤리적인 기반을 갖고 있었지만 20세기가 시작될 무렵 '타락'에 빠졌다고 주장했다. 이에 무조음악이라는 새로운 길을 찾을 수밖에 없다는 결론에 이르렀다.[138] 쇤베르크의 무조음악은 드뷔시와의 비교를 통해 더 잘 드러난다. 드뷔시 역시 작품 속에서 온음계 화성의 중단을 보여주었지만 무조적인 구조에 있는 경우에도 특정 선법이나 음계와 관계를 맺고 있었다. 다만 꿈과 같은 흐릿하고 모호한 안개 속에 조성이 숨어 있는 셈이었다. 하지만 쇤베르크는 작품이 속임수나 환영이 아닌 "감정의 발가벗은 알몸"으로 드러나야 한다고 여겼다.[139] 무조성은 가장 극단적이고 강렬한 감정 상태를 표출할 필요성에서 생겨난 것이다. 1912년에 완성한 연가곡 《달에 홀린 피에로》는 '불협화음의 해방'이자 표현주의 음악에 가까워졌다. 화성과 선율은 기존의 모든 규칙을 무너뜨렸다.[140] 쇤베르크는 1920년 이후에는 음렬주의를 제창한다. 무조성은 기존의 전통적 화성 원리의 정지, 곧 체계의 붕괴를 뜻했다. 이에 새로운 틀과 질서가 필요했고, 이를 통해 고안된 게 음렬주의였다.[141] 결국 '쇤베르크 혁명'은 1910년 이후의 서양 고전음악의 광대한 새 지평을 열었다.

쇤베르크와 더불어 모더니즘음악의 거장으로 손꼽히는 이는 스트라빈스키다. 앞 세대의 '강력한 5인조'를 계승해 러시아 민족주의 음악을 전 세계에 내놓았다. 그는 예측할 수 없는 강세와 쉼표, 빠르게 바뀌는 박자를 통한 불안정화, 불연속성과 방해, 온음계에 기초한 불협화음을 사용했다. 오스티나토를 자주 쓴 것도 특징이다.[•142] 드뷔시가 형식, 쇤베르크가 화성으로 모더니즘음악의 문을 열었다면, 스트라빈스키는 바로 리듬으로 모더니즘음악을 새롭게 개척했다.[143] 러시아

• 오스티나토는 곡 전체에서 리듬이나 선율, 화성을 반복적으로 배치하는 기법이다. 라벨의 〈볼레로〉 초반에서 반복되는 '따 따다다 따 따다다 따 따' 리듬을 떠올리면 된다.

상트페테르부르크 출신인 그는 '강력한 5인조'의 일원인 림스키코르사코프를 사사한 뒤 젊은 작곡가로 촉망받는다. 이후 발레 기획자 세르게이 디아길레프Sergei Diaghilev, 1872~1929에게 발탁되어 그의 발레단 '발레 뤼스'를 위해 작곡한 작품이 대표작 〈불새〉(1910년)와 〈페트루슈카〉(1910~1911년), 〈봄의 제전〉(1911~1913년)이다.

스트라빈스키는 〈불새〉와 〈페트루슈카〉로 이미 유럽 음악계에서 천재로 추앙받는 동시에 30대에 평생 허물어지지 않는 명성을 쌓았다. 〈페트루슈카〉를 통해서는 다조음악의 문을 열었다. 〈불새〉와 〈페트루슈카〉는 러시아 국민음악파의 강한 영향력에 더해 프랑스적 효과를 가미한 마술적 혼합물이었다. 하지만 리듬만은 순전히 스트라빈스키만의 산물이었다.[144] 〈봄의 제전〉은 이러한 성격을 보다 극대화한 작품이었다. 다만 앞서 두 작품은 일정한 유형으로 반복되는 당김음 사이로 엇박자가 간혹 드러나는 형태였다면, 〈봄의 제전〉은 아예 강세가 어디에 등장할지 예측하는 게 불가능했다. 주 박자는 사라지고 당김음만이 가득한 형태가 되어버렸다. 의도적으로 단순하고 투박한 음과 리듬의 배치를 통해 원시주의의 극단을 표현했다. 이에 그때까지 선율과 화성, 가사에 지배를 받던 리듬이 독자성을 지닌 채 곡 전반을 추동하는 첫 사례로 자리 잡았다.[145] "러시아 농촌 음악의 신격화, 숨이 짧은 러시아 농민 모티브의 재현"(벨라 바르토크)이자 "민족적 음향과 현대적 음향의 거대한 융합"(리처드 타루스킨)인 동시에 "흑인 음악"(클로드 드뷔시)이라는 평가도 이런 점을 잘 드러낸다.[146]

---

* 실제로 비밥재즈 연주자 찰리 파커는 스트라빈스키의 열렬한 팬이었다. 스트라빈스키 앞에서 그의 곡 모티프를 삽입해 즉흥연주를 하기도 했다.

1913년 5월 〈봄의 제전〉의 파리에서의 초연은 고전음악 역사상 가장 격렬한 소동이 벌어진 '사건'으로 기록되었다. 공연 내내 음악 소리는 전혀 들을 수 없었다. 전통주의자와 스트라빈스키 지지자 사이에 무력 충돌까지 벌어졌다. 극렬한 반감은 파리에서만의 현상이 아니었다. 미국 보스턴 초연이 열린 뒤 〈보스턴 헤럴드〉는 이렇게 썼다.

누가 이 소름 끼치는 〈봄의 제전〉을 작곡했단 말인가? 누가 우리의 가냘픈 귀에 쿵, 꽝, 챙, 칭, 핑, 퍽, 펑을 무자비하게 내리꽂는 음악을 쓸 권리를 그에게 주었단 말인가? … 그에게 〈봄의 제전〉을 쓸 권리가 있다면 내게도 그것을 내칠 권리가 있지 않겠는가![147]

하지만 〈봄의 제전〉의 진면목을 세상이 아는 데에는 그리 오랜 시간이 걸리지 않았다. 공연이 계속될수록 야유는 잦아들고, 열렬한 박수와 찬사가 이를 대신했다. 일 년 뒤에는 찬양과 애호의 열기가 온 유럽과 북미대륙을 뜨겁게 달구었다.[148] 현란한 리듬과 곡 전반을 흐르는 강렬한 에너지, 전통에서 탈피한 화음과 선율 그리고 불협화음의 폭포수는 이후 수십 년간 젊은 작곡가들을 사로잡았다. 19세기 전반에는 베토벤의 교향곡 9번, 후반에는 바그너의 《트리스탄과 이졸데》가 유럽을 휩쓸었다면, 20세기 전반은 〈봄의 제전〉의 시대였다.[149] 이후 그는 바로크의 세계로 돌아간 신고전주의와 음렬주의 등을 모색했지만 1920년 이후에 작곡된 그의 어떤 작품도 예전 러시아 발레 음악만큼 세상을 뒤흔들지 못했다.[150]

"1914년 이전처럼 정상적이었다면,
음악 상황은 달라졌을 것."

쇤베르크는 자신의 무조음악과 관련해 이렇게 말했다. "만약 시대가 1914년 이전의 시대처럼 정상적이었다면, 우리 시대의 음악 상황은 달라졌을 것"이라고.[151] 1차 세계대전의 야만을 경험한 뒤에는 이성과 진보의 믿음에 기초한 '근대 예술'은 허상으로 드러났다. 이에 대한 음악가들의 응답이 바로 20세기 모더니즘음악이었다. 하지만 모더니즘음악은 빛만 존재하는 게 아니다. '클래식은 어려운 음악'이라는 혐의를 조장한 주범이기 때문이다. 모더니즘은 대중과 고전음악, 팝음악과 고전음악 사이의 간극을 극단적으로 벌렸다. 물론 이는 당시 모더니즘음악가들이 의도적으로 엘리트주의에 기운 결과라고 말하긴 어렵다. 이들은 죽은 '베토벤들'과 경쟁에 내몰렸고, 그에 따라 뛰어나면서도 음악적 개성을 분명히 나타내는 작품을 내놓아야만 했다. 모더니즘음악은 그들의 분투의 결과물이었다.[152] 모더니즘음악의 경향은 2차 세계대전 이후 등장한 총렬주의와 전자음악, 아방가르드 음악의 등장으로 보다 가속화된다. 하지만 이런 음악들은 '분석'의 대상일 뿐 '사랑'의 대상은 아니었다. 숀버그가 후기 스트라빈스키를 평가하며 내놓은 "극소수의 고도의 지성적인 애호가는 황홀경에 빠뜨릴 순 있어도 음악을 듣는 사람들 중에서도 지성인은 결국 소수"라는 표현은 여기에 정확히 들어맞는다.[153] 그 결과 고전음악은 대중음악에 비해 영향력이 급속히 약화되었다. 역사적으로 작곡가와 청중 사이의 괴리가 이토록 크게 벌어진 적은 없었다. 현대음악은 '들을 귀 있는 몇 몇 사람'만 즐기고 이해할 수 있는 음악이 되었다.[154] 모더니즘음악은 대학 등 아카데미의 영역에서만 명맥을 유지할 뿐이다.

고전음악이 대중의 인기를 사로잡는 일이 아예 사라진 건 아니었다. 20세기 '3대 테너' 중 한 명인 루치아노 파바로티Luciano Pavarotti, 1935~2007가 부른 푸치니의 오페라 《투란도트》 중 아리아 〈공주는 잠 못 이루고〉는 1990년 영국 싱글차트에 11주간 머물렀다. 그해 열린 이탈리아월드컵의 주제곡으로 선정된 덕이었다. 같은 해 3대 테너 앨범도 전 세계에서 1000만 장 이상 팔렸다. 20세기 최고의 바리톤 가수이자 가장 탁월한 독일 가곡 해석자로 손꼽히는 디트리히 피셔 디스카우Dietrich Fischer Dieskau, 1925~2012의 음반도 수백만 장이 팔렸다. 20세기 고전음악계의 '황제' 헤르베르트 폰 카라얀은 생전 509종의 음반을 내고 약 2억 장을 팔아치웠다. 베토벤 교향곡 전곡 녹음만 네 차례나 했다. 하지만 애석하게도 고전음악이 대중의 사랑을 받은 건 이 정도가 고작이다. 그나마 고전음악에 익숙지 않은 이들이 과거의 인기곡에 관심을 가질 때에나 히트작이 나타났다.[155] 무덤 속의 베토벤과 브람스, 베르디를 짜깁기한 '세트 음반'으로만 고전음악이 존재하고 있는 게 냉정한 현실이다.

공연장 모습은 더욱 심각하다. 2010년 독일 체펠린대의 연구에 따르면, 고전음악 연주회 청중의 평균연령은 55~60세 사이였다. 해당 연구는 최근 20년간 고전음악 청중의 평균연령 증가 속도가 전체 인구의 평균연령 증가 속도보다 세 배나 빨랐고, 향후 30년 내에 고전음악 청중 수는 3분의 1로 줄어들면서 사실상 자연사할 것이라고 예측했다.[156] 실제로 미국이나 유럽의 고전음악 공연장의 관객 태반은 노년충이다. 한국 역시 이 흐름이 뚜렷하다. 급속한 고령화와 극심한 빈부격차는 청년이 사라진 공연장의 추세를 더욱 가속화할 가능성이 높다. 애석하게도 재생산이 끊긴 대상은 생명력을 유지할 수 없다.

'신 공화국' 독일과
소련의 성공과 좌절

바이마르공화국의 붕괴, 나치의 출현

1930년 12월 5일 금요일 오후 7시 5분. 베를린 서부의 중심지 놀렌도르프광장의 영화관 '모차르트홀' 화면에는 중년의 교사가 학생들에게 열광적으로 조국애를 역설하는 장면이 나오고 있었다. 그런데 갑자기 소란이 일었다. 100여 명의 갈색 셔츠를 입은 젊은이들이 일어서더니 "유대인 꺼져"라고 소리친 것이다. 그와 동시에 극장 안은 악취탄과 연막탄 연기로 가득 찼다. 누군가 풀어놓은 흰 쥐들이 바닥을 활보했다. 영사기는 곧바로 작동을 멈췄다. 영화 상영을 방해한 주인공은 당시 33세의 나치의 선전 책임자 괴벨스였다. 미국과 영국, 프랑스에서 상영돼 평단의 찬사와 대중의 갈채를 받은 루이스 마일스톤 Lewis Milestone, 1895~1980 감독의 반전 영화 〈서부전선 이상 없다〉의 독일 개봉 첫날 풍경이었다.

그해 9월 14일 제국의회 선거에서 원내 제2당으로 부상한 나치는 레마르크의 원작 소설을 유대계 출판사가 간행하고, 또 영화를 유대계 제작사가 만들었다는 점을 내세우면서 반유대주의 선전을 강화했다. 영화관 소란 이튿날인 12월 6일 나치 기관지 〈공격〉은 〈서부전선 이상 없다〉가 '유대인의 거짓말'이라며 독일 군대를 비방하는 영화로 규정했다. 4만여 명의 나치 시위대는 놀렌도르프광장에서 시위를 벌였다. 결국 대공황 여파에 취약한 정치력을 드러냈던 중도 우파 브뤼닝 내각은 "독일의 대외적 위신을 해친다"는 이유로 〈서부전선 이상 없다〉의 상영 허가를 취소했다. 바이마르공화국에서 벌어진 '영화 전쟁'이 나치의 승리로 귀결된 것이다.[157] 결국 독일은 2년쯤 뒤인 1933년 1월 30일 아돌프 히틀러가 총리에 오르면서 파시즘의 손아귀로 굴러떨어진다.

미국을 제외하고 대공황으로 가장 심각한 타격을 입은 국가는 독일이다. 나치 집권은 순전히 대공황에 따른 결과였다. 1차 세계대전이 막바지에 돌입했던 1918년 11월, 킬 군항 수병들의 폭동으로 시작된 혁명은 독일 제정을 무너뜨렸다. 이에 독일 사민당을 중심으로 1919년 8월 독일 라이히에서 바이마르공화국이 건설된다. 출범 초기에는 극심한 혼란을 겪었다. 초인플레이션 말고도 막대한 배상금 부담에 시달렸다. 하지만 이후 미국 자본 도입과 도스플랜으로 어려움을 극복했다. 초인플레이션이 진정되자 독일 경제는 '1920년대 황금기'를 맞아 비약적 성장을 시작한다.[158] 1920년대 후반에는 서유럽 최대 공업국의 위상을 되찾는다.

하지만 대공황이 공화국의 발목을 잡았다. 독일의 실업자 수는 1929년 여름 190만 명에 달하면서 미국(160만 명)을 웃돌았다. 당시 독일 인구는 6400만 명으로 미국(1억 2200만 명)의 절반 수준이었다. 그해 8월에는 독일 금융을 대표하던 프랑크푸르트보험회사가 파산했다. 겨울로 접어들수록 파산 기업과 부도 어음 숫자는 눈덩이처럼 불어났다.[159] 상황은 갈수록 악화되었다. 예상보다 크게 불어난 실업자 지원 문제를 둘러싼 정쟁에 사민당 중심의 연립정부가 무너지고, 정치 불안은 다시 경제의 발목을 잡았다.[160] 이에 1932년 초 실업자 수는 전체 노동력의 35%에 달하는 600만 명으로 폭증했다. 산업생산도 50% 수준으로 떨어졌다. 설상가상으로 미국 은행들은 대출금 상환과 큰 폭의 재정 삭감을 요구했다. 이미 1930년 말 150억 라이히스마르크였던 독일의 단기 차입금은 장기 차입금(108억 라이히스마르크)을 크게 웃돌던 상태였다.[161] 실업과 빈곤은 계급적, 인종적 갈등을 불러왔고, 이는 인종주의와 반유대주의라는 독버섯이 자라는 자양분이 되었다. 파시즘의 물결이 전 세계를 덮쳤다. 독일과 이탈리아, 스페인 등 파시스트 정권이 집권한 국가 외에도 영국과 프랑스, 미국에서도 극우세력이 힘을 얻었다. 대중은 '위대한 국가'를 외치는 극우세력의 주장에 동조하기 시작했다.

독일에서는 국가사회주의독일노동자당, 곧 나치가 국민의 호응을 얻는다. 자본가들과 군부도 나치를 지지했다. 1932년 총선에서 전체 득표의 3분의 1을 차지한 데 이어 1933년 1월에는 파울 폰 힌덴부르크Paul von Hindenburg, 1847~1934 대통령이 아돌프 히틀러를 총리로 임명했다. 히틀러는 그해 2월 27일 독일 국회의사당 방화사건의 주범으로 좌파를 지목하면서 사민당과 공산당을 대대적으로 탄압했다. 이어 실시된 총선에서 43.9%의 득표율로 제1당으로 집권했다. 1934년 힌덴부르크 사후 히틀러가 총통으로 집권하면서 바이마르공화국은 막을 내렸다.[162]

이후 독일은 적극적 공공지출을 통해 강력한 재무장과 건설사업을 벌인다. 물론 독일은 대공황 이전이자 나치 집권 이전인 1928년에도 GNP의 26.3%인 232억 마르크를 공공지출에 쏟아부었다. 나치는 이전 내각들의 정책 기조를 이어받아 산업투자와 건설, 고용 프로그램에 정부의 직접 지출을 크게 늘렸다. 1936년 GNP(국민총생산)는 1928년에 못 미치는 812억 마르크를 기록했지만, 공공지출은 1928년보다 더 많은 236억 마르크를 편성했다. 재무장 관련 지출은 그해부터 공공지출의 절반가량인 100억 마르크를 넘어섰다.[163] 이는 미국의 뉴딜정책의 효과를 뛰어넘었다. 제조업 실업률은 1932년 43.8%에서 1936년 12.0%로 크게 떨어졌다. 1936년 미국의 실업률은 독일의 두 배가 넘는 25.4%로 가장 골이 깊었던 1933년 수준(37.6%)을 크게 벗어나지 못한 상태였다. 독일은 1938년에는 3.2%로 완전고용 수준을 달성하면서 1차 세계대전 직전과 마찬가지로 미국에 이어 세계 2위 국가의 위상을 회복했다.[164]

나치 부흥 과정에서 미국의 역할이 지대했다는 점도 기억해야 한다. GM과 포드는 독일 자동차 시장의 70%를 장악하고 있었다. IBM은 유대인의 사유재산을 압류하고 몰살시키는 업무를 실행한 전신 펀치카드 기술을 제공했고, 그 대가로 히틀러가 집권한 1933년에만 100만 달러의 수익을 올렸다.[165] 미국 파워 엘리트들은 나치와 마찬가지로 반노조 성향과 반공주의, 반유대주의에 깊이 공감했다. '자동차왕' 헨리 포드Henry Ford, 1863~1947나 최초로 대서양을 무착륙 단독 횡단했던 찰스 린드버그Charles Augustus Lindbergh, 1902~1974 등 '셀럽'들은 공공연한 반유대주의자들이었다. 나치가 집권하자마자 아우토반 등 공공사업과 재무장으로 불황의 늪을 빠져나온 것도 선망의 눈빛으로 바라봤다. 나치는 '적'이 아닌 '친구'였다. 오히려 미국 엘리트들은 대공황이 한창이던 1930년대에 눈부신 성장을 이룩한 소련 볼셰비키를 더 큰 위협으로 받아들였다.

이런 관계는 2차 세계대전 발발 이후에도 지속되었다. 1941년 12월 7일 진주만 공습 전까지 미국 기업들은 히틀러의 제3제국에 약 4억 7500만 달러를 투자했다. GM과 포드의 독일 자회사들이 제공한 트럭, 비행기 같은 장비가 없었다면, 텍사코와 스탠더드오일이 스페인 항구를 통해 실어 나른 경유와 윤활유 등 막대한 양의 전략적 원자재가 없었다면, 독일 공군과 육군은 1939년과 1940년에 그렇게 쉽게 연합군들을 무찌르지 못했을 것이다.[166] "히틀러의 유대인 학살이 미국의 2차 세계대전 참전을 불러온 게 아니다. 미국을 완전히 전쟁으로 끌어들인 것은 일본의 진주만 공습이었다"는 미국 역사학자 하워드 진의 지적은 상당한 진실을 담고 있다.

러시아혁명으로 등장한 첫 공산주의 국가

햇볕이 쨍쨍한 일요일 아침이었다. 시위자들의 긴 무리가 빙판길을 가로질러 상트페테르부르크의 중심을 향해 행진하고 있었다. 첫 줄에는 주일 정장 차림의 여성과 아이들이 서 있었다. 행렬의 선두에는 긴 흰색 카속cassock 차림에 십자가상을 옮기고 있는 수염 난 가폰 신부의 모습이 보였다. 그는 만일 '백성들'이 차르에게로 나아가 청원하면 차르는 하나님 앞에서 백성의 요구를 만족시켜주어야 할 의무를 진다고 설교했다. … 시위대가 나르바 정문에 접근하자 기병 중대가 발포를 시작했다. 40명이 사망하고 수백 명이 부상하고 나서야 군중은 달아나려고 발버둥을 쳤다. 주변에서 벌어지는 대살육을 믿을 수 없는 눈으로 쳐다보고 있는 가폰 신부의 귀에 이런 소리가 들려왔다. "더이상 신은 없다. 더이상 차르도 없다!" … 잠시 뒤 한 노인이 열네 살 먹은 소년을 돌아보며 분노 가득한 목소리로 말했다. "아들아, 얼마나 많은 피가 흘려졌는지 똑똑히 보았지? 그러니 차르에게 복수하겠다고 맹세하거라."[167]

1904~1905년 러일전쟁의 충격적 패배는 덩치만 크고 무능한 제정 러시아의 민낯을 전 세계에 드러냈다. 러시아 노동계급과 지식인들은 혁명이라는 극단적 방법이 아니고서는 러시아의 미래가 없다는 걸 점차 깨닫기 시작한다. 이런 움직임이 본격화된 것은 1905년 1월 9일 '피의 일요일 사건'이다.

마르크스는 공산주의는 영국처럼 공업화의 진전에 따라 고도로 발달한 생산력을 갖춘 자본주의 국가에서 출현하리라 예상했다. 하지만 러시아는 무너져가는 봉건주의와 막 생겨난 자본주의가 혼재된 나라였다. '러시아에서 공산주의 혁명이 가능한가'라는 점은 혁명 이전부터 러시아 사회주의자들 사이에서 논쟁거리가 되었다. 멘셰비키는 부르주아 혁명이 사회주의 혁명에 선행되어야 한다고 봤다. 하지만 러시아 부르주아계급은 충분히 성숙하지 않은데다 차르 정권이 자발적으로 부르주아 민주주의로 나아갈 가능성은 없었다. 이에 볼셰비키는 부르주아 혁명을 거치지 않고 곧바로 사회주의로 이행해야 한다고 판단했다.

1917년 '10월혁명'으로 소비에트공화국이 들어선 뒤에도 생산력 문제는 소련 공산당 지도부의 고질적 고민거리였다. 레닌과 레온 트로츠키Leon Trotsky, 1879~1940, 니콜라이 부하린Nikolai Ivanovich Bukharin, 1888~1938 등 볼셰비키 지도자들은 공업화가 절실하다는 점을 깊이 인식했다. "러시아가 지금의 존재 방식과 다른, 더 높은 기술적 기반 위에 서지 않는다면 공산주의는 불가능하다"라는 1920년 레닌의 선언은 이를 잘 보여준다.[168] 실제로 자본주의에 포위된 소련은 혁명을 수출하기는커녕 생존을 담보하기조차 어려웠다. 10월혁명 이후 1920년대 초까지 이어진 '백색전쟁' 역시 이를 여실히 나타낸다. 실질적 냉전은 사실상 혁명 직후부터 시작되었다고 해도 과언이 아니다. 윈스턴 처칠Winston Churchill, 1874~1965은 1920년대 초 반볼셰비즘을 내걸고 명성을 쌓았다. 프랑스에서도 반공주의는 1940년 5월 독일의 침공 전까지 우파가 내놓을 수 있는 가장 효과적인 카드였다. 소련 역시 서방에 대한 불신을 거둔 적이 없었다. 스탈린은 서방의 끄나풀들이 공산주의 실험을 위협하고 있다며 권력을 독점하고 비판자들을 숙청했다. 심지어 독소전쟁 당시에도 서방과 동쪽 진영은 민감한 정보를 교환한 적이 거의 없었다.[169] 하지만 공업화 문제를 둘러싸고 모스크바는 심각한 갈등에 빠져든다. 1920년대 초부터 트로츠키는 '영구혁명론'을 내세우며 군사적 개입을 통해서라도 서유럽에서 사회주의 혁명을 유도해야 한다고 주장했다.[*] 반면 이오시프 스탈린Iosif Vissarionovich Stalin, 1879~1953은 '일국 사회주의론'을 내걸고 혁명의 진지로서 소련의 위상을 굳건히 하는 게 선행되어야 한다고 역설했다. 서구에서 사회주의 혁명이 잇따를 것이라는 기대가 실망으로 바뀐 채 레닌이 1924년 사망하자 1922년부터 공산당 서기장을 맡았던 스탈린은 트로츠키를 비롯한 반대파들을 가혹하게 숙청했다.

이후 스탈린의 외교정책은 시종일관 '자본주의 진영에 포위된 소비에트 사회주의의 방어'라는 관점에서 입안되었다. 스탈린은 히틀러의 독일을 견제하기 위해 결성된 영·프·소 삼국협상을 유지하는 데 전력을 다했다. 1936년부터 3년간 지속된 스페인내전에서 소련이 스페인 인민전선을 '배반'한 것도 영국과 프랑스의 우려 때문이었다. 그러나 영국과 프랑스가 1938년 뮌헨협정에서 체코의 주데텐란트를 히틀러에게 넘겨주자 스탈린의 공포는 극대화되었다. 1939년 히틀러와 독소불가침조약을 맺은 것도 이런 맥락에서 이해할 수 있다.[170] 바꿔 말하면 산업화는 소련에게 자본주의 체제의 포위에서 생존할 수 있는 절체절명의 과제였다. "우리는 선진국에 50~100년 뒤처져 있다. 10년 안에 그들을 따라잡아야 한다. 그렇지 못하면 우리는 그들에게 짓밟힐 것이다"라는 스탈린의 말은 상당 부분 사실이었다.

이에 스탈린은 1928년에 1차 경제개발 5개년 계획을 시작으로 경제 발전에 박차를 가했다. 중앙집권적 계획 기구가 수립되고, 집단

[*] 레닌 사망 전까지 소련이 없는 살림에도 일제 치하에 있던 조선 등의 독립운동을 물심양면으로 도운 건 이런 기조에서였다.

농장과 국영농장체제가 전국으로 확산되었다. 소비에트 정부는 집산화를 통해 거둬들인 농업 부문의 대규모 수익을 종잣돈으로 삼아 공업화와 전기 및 철도 등 사회 기간망에 대한 투자를 단행했다. 그 결과 1928~1932년 사이 석탄 생산은 3540만 톤에서 6400만 톤으로, 석유 생산은 같은 기간 1170톤에서 2140톤으로, 철광석 생산은 570만 톤에서 1210만 톤으로 급증한다.[171] 이 과정에서 미국의 도움은 절대적이었다. 소련은 미국 기술자들의 컨설턴트를 통해 포드시스템을 적극 받아들이고, 기계공장 건립에 도움을 받는다. 1932년 완공 당시 유럽에서 가장 큰 댐으로 기록된 우크라이나 드녜포르스트로이댐은 미국 엔지니어들과 GM의 손으로 건설되었다.[172]

1938년 소련의 1인당 GDP는 1929년에 비해 55%나 증가했다. 같은 기간 공업생산의 연평균 성장률은 약 16%에 달했다. 문맹률 역시 80%대에서 10년 만에 한 자릿수로 낮아졌다.[173] 대공황의 여파로 경제가 반토막났던 자본주의 국가와 비교하면 인상적인 성적표였다. 이에 1920년대까지 전형적인 저개발 국가에 머물던 소련은 1930년대 말에는 주요 선진국으로 부상했다. 소련의 산업생산량은 1929년 전 세계 생산량의 4%에서 1939년 12%로 늘었다. 소련의 발전상은 서구 지식인들에게도 감명 깊게 다가왔다. 아일랜드 출신 극작가 조지 버나드 쇼George Bernard Shaw, 1856~1950는 1931년 소련을 방문하고 돌아온 뒤 강연에서 "심신이 건강한 청년들은 소련으로 가서 일자리를 찾으라"고 권했을 정도다.[174]

홀로도모르 낳은 전체주의 소련

"살았어, 이젠 살았어!" 고픈 배를 움켜잡고 을씨년스러운 거리를, 황량한 들판을 비틀비틀 헤매고 다니는 소년은 이렇게 외쳤다. 소년의 눈에 들어온 먹을거리. 그러나 그것은 환상일 뿐이었다. 들판의 밀은 남김없이 징발된 뒤였다. 그 무자비한 물자 징발은 유럽의 집단학살 시대를 여는 것이었다. 때는 1933년. 이오시프 스탈린은 우크라이나를 의도적으로 기아의 늪에 빠뜨리는 중이었다. 그 소년은 결국 죽었다. 우크라이나 동포 300만 명과 마찬가지로. "나는 지하에서 그녀를 다시 만날 거야." 어느 소련 젊은이는 자기 아내를 생각하며 이렇게 말했다. 그 말은 들어맞았다. 그는 그녀 다음 순서로 총살되었고, 그녀와 함께 묻혔다. 스탈린의 1937~1938년 대숙청 기간에, 다른 70만 명과 함께였다.[175]

－ 티머시 스나이더《피에 젖은 땅》5쪽.

소련의 경제정책은 사회주의가 아닌 극단적인 전체주의의 모습을 띠고 있었다. 산업화라는 명목 아래 민중 해방이라는 혁명의 궁극적 목표는 온데간데없이 사라졌다. 남은 것은 혁명 이전 차르제정과 다를 것 없는 폭압과 폭력뿐이었다. 산업현장에서는 노동자의 자율권이 사라지고 국가자본주의라는 새 모델이 뙈리를 틀었다. 가혹한 자본가는 가혹한 당 관료로 대체되었고, 비판과 저항은 반당 행위이자 범죄였다. 그 대가는 변변한 재판 없이 비밀리에 처형되거나 시베리아 유형 도중 강제노역과 질병으로 간접 처형되는 것이었다. 특히

1937~1938년 사이의 '대숙청'으로 '공식적'으로 100만 명 이상이 사망한 것으로 학계는 추산하고 있다. 구체적으로 비밀경찰에 의해 체포된 150만 명 중 총살된 70만 명, 강제수용소에서 사망한 최소 14만 명, 고려인을 포함한 소수민족 20만 명, 폴란드인 10만 명 등이다.[176] 숙청의 대상은 일반 시민만이 아니라 당 지도부, 고위 관료, 인텔리겐치아 등 대상을 가리지 않았다. 강제 동원과 착취도 광범위하게 이뤄졌다. 특히 필요한 노동력을 공급하기 위해 소련 여러 지역으로부터 강제로 인구를 이송시키는 정책을 펼쳤다. 연해주 지방에 거주하던 한인들이 중앙아시아 지역으로 대규모 강제 이주를 해야 했던 때도 이 시기였다.

1932~1933년 사이 우크라이나에서 발생한 '홀로도모르' 역시 소련의 잔혹한 고도성장과 관련해 반드시 기억해야 한다. 홀로도모르는 우크라이나어로 '기아로 인한 치사'라는 뜻이다. 우크라이나에서의 대기근으로 250만~350만 명이 사망한 사건을 말한다. 홀로도모르는 자연재해가 아닌 소비에트 정부의 실책으로 자행되었다. 스탈린의 농장 집단화정책은 농촌 지역에 커다란 반발을 산다. 이에 소비에트 정부는 부농들의 곡물들과 가축들을 강제 수용하려 했고, 부농들은 가축 도살로 이에 저항했다.

그 결과는 대기근이었다. 거리에는 아사한 시체가 즐비했다. 일반적으로 기근의 시기에는 도시보다 시골이 생존에 유리하지만 당시에는 달랐다. 도시민들은 정부가 발급한 배급권으로 빵을 얻을 수 있었지만, 농민들은 수중에 아무것도 남지 않았다. 배급 대기열에 서 있던 도시 주부들은 농촌 주부들이 길바닥에서 굶어 죽는 모습을 지켜봐야 했다.[177] 소련에 망명을 왔던 영국 작가 아서 쾨슬러Arthur Koestler, 1905~1983는 "하리코프 기차역 밖에는 여자 농민들이 머리는 심하게 흔들리고 사지는 막대기 같고, 배는 부풀고 튀어나온 소름 끼치는 아기를 차창 쪽으로 들어올리고 있었다"라고 회상한다.[178] 굶주림에 시달리다 못해 인육을 먹었다는 기록도 있다. 추후 독소전쟁 때 상당수 우크라이나인들이 독일군을 해방군으로 반긴 것도 이런 이유에서다. 만약 소비에트 정부가 식량 공출을 멈추고 곡물 비축분을 방출했다면 수백만 명의 목숨을 살릴 수 있었을 것이다. 하지만 구호에 나서는 대신 참상이 외부에 알려지는 것을 막기 위해 기근 지역으로부터 주민들이 이탈하는 것조차 금지했다.*[179] 스탈린은 유대인 학살을 저지른 히틀러와 더불어 1933~1945년 사이 유럽 중심부에서만 1400만 명의 사람을 살육한 것으로 추산된다. 이는 전사자를 제외한 민간인과 전쟁포로 사망자만 따진 숫자다. 그것도 홀로도모르 등으로 말 그대로 굶겨 죽인 숫자만 절반 이상이다.[180]

소련 경제는 2차 세계대전을 거치며 '쫄딱' 망한다. 독소전쟁의 주요 전장이자 소련의 공업과 농업을 담당하는 서부 지역이 말 그대로 쑥대밭이 되었기 때문이다. 1950년대 초의 곡물 수확량은 1929년보다 떨어졌다. 1929년의 수확량은 차르 시절 평시 수확량보다도 훨씬 적은 수준이었다. 말과 소, 돼지, 기타 동물 수십만 마리가 도살된 결과였다. 다만 소련은 전쟁을 거치며 나치 제국보다 더 많은 무기와 군수품을 생산하고, 효율적인 전쟁 조직으로 변모했다.[181] 소련은 경제

---

* 독일 견제를 위해 소련과의 우호적 관계를 유지하고자 했던 영국, 프랑스도 비극에 눈과 귀를 감았다. 2019년 영화 〈미스터 존스〉는 당시 상황을 생생히 증언한다.

재건중앙계획을 통해 빠른 속도로 재건했다. 1930년대 고도성장 경험은 경제 회복의 발판이 되었다. 이를 통해 1950년경 공업생산량은 전쟁 이전 수준보다 높아졌고, 농업은 전쟁 이전 수준을 회복했다. 미국과의 냉전 역시 소련이 중공업에서 급성장을 꾀한 요인이었다. 소련의 실질 GDP 성장률은 1965~1980년 연평균 6.5%까지 치솟았다.[182]

하지만 소련의 성장은 더이상 지속되지 않았다. 1980~1985년 사이 GDP 성장률은 1.8%로 뚝 떨어졌다. 국가 경제의 조정을 통해 경제를 재건하는 건 가능했지만 효율을 높이는 건 애초 불가능한 일이었다. 의복이나 신발 등 소비재들은 풍족하게 생산되었지만 실제로 쓰기 어려울 만큼 질이 떨어졌다. 계획에 따라 자원을 효율적으로 배분하는 것 역시 현실에서는 만만찮은 과제였다. 자원부국 소련이 목재나 철강의 만성 부족 상태에 시달린 건 이런 이유에서다. 이에 1960년대 이후 계획경제를 완화하고 개별 사업장에 이윤 동기를 부여했지만 큰 성과는 거두지 못했다. 불완전할 수밖에 없는 당의 '계획'에 경제를 맡긴다는 근본 모순의 수정 없이 슘페터식의 '혁신'을 기대하는 건 불가능했다. 중공업 위주의 성장정책 결과 인민의 삶은 전혀 개선되지 않았다. '부유한 당, 가난한 인민'의 역설이 발생한 셈이다.

더구나 '노멘클라투라'로 대표되는 공산당 특권층은 구체제의 차르와 귀족층을 대신해 인민을 폭압적으로 지배했다. 공산주의를 개혁할 수 있고, 민주적 다원주의와 공산주의적 집산주의 구조는 양립될 수 있다는 환상은 소련의 전차가 프라하광장을 짓밟은 1968년 8월 21일에 흔적도 없이 사라졌다.[183] 마르크스나 엥겔스는 물론 레닌 등 건국 초기 혁명 주도층이 바라던 공산주의 국가 소련이 아닌 전체주의 국가 소련은 존재의 의의가 사라진 지 오래였다. "(혁명 러시아의) 건강은 반드시 한 가지 조건에 달려 있다. 권력의 암시장이 절대로 열리지 않아야 한다는 게 바로 그것이다. 유럽에서 보이는 권력과 돈 사이의 유착관계가 침투한다면 … 러시아에서의 공산주의가 파멸할 것이다"[184]라는 발터 벤야민의 우려는 1991년 12월 소련의 해체로 실현되었다.

　왜곡된 소비에트 러시아의 현실은 예술에도 그대로 투영되었다. 수많은 예술가는 육체적 죽임을 당하거나 펜과 붓이 꺾이는 예술적 죽음으로 내몰렸다. 천신만고 끝에 조국을 등지는 건 소수에게나 허용된 특권이었다. 겨우 목숨을 부지한 예술가들은 매를 맞으면서도 웃음을 잃지 않아야 하는 광대의 삶을 강요받았다. 은유와 풍자, 역설만이 그들의 무기였다. 이런 소련 예술가들의 현실을 대표하는 이가 바로 '20세기의 베토벤' 드미트리 쇼스타코비치Dmitry Dmitriyevich Shostakovich, 1906~1975다.

20세기의 베토벤, 쇼스타코비치

사회주의 리얼리즘의 대두

어머니는 아들보다 못지않게 흥분하여 방안으로 뛰어들어오면서 소리쳤다.

"레닌그라드에서 우편이 왔다!"

그것은 주당위원회에서 오는 전보였다. 전보용지에는 다음과 같은 짤막한 몇 마디가 씌어 있었다. "소설은 열렬한 찬동을 받았음. 출판사에 회부할 것임. 승리를 축하함!" … 쇠고리는 산산이 깨뜨려졌으며 그는 또다시 – 인제는 새 무기를 들고 – 대오로 그리고 생활에로 돌아온 것이다.

– 통일여명 편집국

러시아의 극작가 니콜라이 오스트롭스키Nikolaj Ostrovsky, 1904~1936
의《강철은 어떻게 단련되었는가》의 마지막 대목이다.* 해당 작품은
러시아가 1차 세계대전과 공산주의 혁명이라는 격동의 시절을 보내
던 20세기 초반을 배경으로 한다. 소설 주인공인 파벨 코르차긴은 가
난한 노동자의 아들이다. 10대의 나이에 혁명군에 입대해 백군과 맞
서 싸운다. 부상으로 제대해 귀향한 뒤에도 혁명 소비에트 건설에 앞
장서다가 실명까지 하지만 결국 소설을 완성한다는 내용이다. 오스트
롭스키는 자신의 자전적 내용을 담은 해당 소설로 레닌 최고훈장을
수상했다. 소련만이 아니라 북한, 중국 등 사회주의 국가에서는 필독
서로 자리 잡았다. 변혁운동이 움트던 1980년대 국내에서도 대학가를
중심으로 큰 인기를 끌었다.

해당 작품은 개인의 삶은 오로지 민중이라는 집단적 삶 안에서
만 존재한다고 말한다. 고로 개인의 삶은 민중의 행복과 번영을 위해
복무할 때에만 가치 있는 것이다. 이는 러시아 문호 막심 고리키Maxim
Gorky, 1868~1936의 대표작《어머니》(1906년)의 파벨 블라소프와 겹친다.
이런 이유로《강철은 어떻게 단련되었는가》는《어머니》와 더불어 '사
회주의 리얼리즘Socialist Realism'의 대표작으로 꼽힌다.

사회주의 리얼리즘은 1922년 소련에서 혁명러시아미술협회
결성을 계기로 처음 등장했고, 이후 스탈린의 집권과 1934년 소비에
트작가동맹 제1회 대회를 계기로 주도적 예술이론으로 자리 잡았다.

---

* 구글에서 정식 번역본이 아닌 '다른' 번역본을 우연히 찾았다. 눈 밝은 이들은 문체를 보
고 이미 알아차렸을 것이다. 과거 북한에서 번역한 판본을 NL계 운동단체들이 유포한 것
이다.

지금의 문화부 장관에 해당하는 전 연방 공산당 중앙위원회 서기 안드레이 즈다노프Andrei Alexandrovich Zhdanov, 1896~1948는 작가회의에서 "사회주의 리얼리즘은 역사적 구체성을 가지고 현실을 묘사할 것을 예술가에게 요구한다. 예술적 묘사의 진실성과 역사적 구체성은 노동자를 사상적으로 개조하는 과제와 결부되지 않으면 안 된다"라고 역설했다. 곧 무산계급의 투쟁사와 공산주의를 예술 창작에 반영해 노동자 농민 등 민중이 사회주의 건설에 나서게 하는 게 주된 목적이었다는 것이다.[185] 이와 관련해 소설가 장정일은 쇼스타코비치 회고록인 《증언》 복간에 부쳐 내놓은 글에서 레닌의 〈당 조직과 당 문학〉(1905년)을 사회주의 리얼리즘의 이론적 기반을 제시한 문건으로 소개한다. 레닌이 당의 문학을 '사회주의라는 기계 장치의 톱니바퀴와 나사'라는 명제로 정리했다는 취지다.[186]

사회주의 리얼리즘이 소련에서 지도적 위치를 차지하게 된 건 혁명이 일어난 지 거의 20년이 다 된 뒤였다. 혁명 직후부터 1930년대 초반까지 소련 문화계는 여타 자본주의 국가와 동일하게 아방가르드 예술이 지배하고 있었다. 전위예술이 처음 등장했던 1880년대 이후 사회주의자들은 전위예술에 호의적이었다. 둘 다 진보라는 신앙을 공유하고 있어서였다. 리얼리즘 계통의 예술가들 역시 가난하고 억압받는 이들을 위해 싸우는 사회주의운동에 상당 부분 개입했다. 휴버트 폰 허코머Hubert von Herkomer, 1849~1914나 일리야 레핀Ilya E. Repin, 1844~1930 등 기성 예술가들이 여기에 속한다. 하지만 20세기 들어 등장한 아방가르드 예술가들은 좌파 정치에 전혀 관심을 보이지 않았다. 그들이 영향을 받은 사상가는 마르크스가 아닌 '초인' 개념을 들고

나온 철학자 니체였다.[187]

봉건 러시아에서 인류 최초로 사회구조를 개조하려는 실험을 시작한 볼셰비키 당국은 '당연히' 프롤레타리아 문화가 인민과 사회를 사회주의형으로 개조하기를 강하게 희망했다. 하지만 현실은 의지에 미치지 못했다. 소련 당국이 새로운 문화사조를 만들기에는 시간도, 여건도, 역량도 부족했다. 결국 당대 문화사조 중 가장 반反부르주아적인 대안을 선택해야 했고, 그게 바로 아방가르드 예술이었다. 아방가르드 예술가들은 혁명의 기수로 추앙받았다.[188] 예술가들 역시 사회주의 예술이 19세기 문학의 비판적 사실주의 전통과 볼셰비키 전통의 혁명적 낭만주의를 결합한 것으로 이해했다.[189] 사회 혁명이 예술 혁명과 함께 나아가야 하고, 공산주의는 낡은 미학적 쓰레기들을 쓸어버릴 수 있다는 레닌 집권기 문화정책 총괄자였던 극작가 아나톨리 루나차르스키Anatoly Lunacharsky, 1875~1933의 기조에 적극 공감했다. 더구나 바이마르공화국에서 그랬던 것처럼 공산주의는 공동의 적인 퇴폐적 부르주아의 목줄을 자르겠다고 약속한 터였다.[190] 이에 아방가르드 예술가들은 대거 혁명적 좌파로 전향하며 봉건사회가 무너진 자리에 사회주의 문화를 건설하는 데 열광적으로 동참했다. 미래파이자 혁명시인 블라디미르 마야코프스키Vladimir Vladimirovich Mayakovsky, 1893~1930, 추상화가 바실리 칸딘스키Wassily Kandinsky, 1866~1944, 구조주의 조각가 나움 가보Naum Gabo, 1890~1977, 극작가 콘스탄틴 스타니슬랍스키Konstantin Sergeevich Stanislavskii, 1863~1938 그리고 우리가 주목할 음악가 쇼스타코비치가 그 주인공들이었다.

쇼스타코비치와 더불어 러시아 현대음악을 대표하는 세르게

이 프로코피예프Sergei Sergeevich Prokofiev, 1891~1953는 혁명 초기인 1918년 미국으로 건너가 1932년까지 프랑스에서 망명 생활을 했다. 그는 망명 전 교향곡 1번(1917년), 피아노협주곡 1, 2번을 내놓으면서 세계적으로 주목받고 있었다. 하지만 사회주의 정권에서는 자신의 음악이 받아들여지지 않을 것이라 우려하고 서방행을 택했다.

프로코피예프의 예감은 십수 년 뒤 현실화되었다. 1920년대 후반 모든 예술가는 사회주의적 사실주의 원칙에 따라 사회주의 건설을 위한 '전투'에 동참할 것을 요구받았다. 구체적으로 1932년 "영혼 생산이 전차 생산보다 더 중요하다"라는 스탈린의 지시에 따라 사회주의 인간 창조에 나설 것을 강요받았다.[191] 실상 당의 이런 방침은 기존의 아방가르드 예술은 친서구적 형식주의에 불과하고, 궁극적으로 사회주의 건설에 배치된다는 혹독한 비판이었다. 혁명으로 탄생한 러시아는 역설적이게도 혁명 전에 자신들이 배척하던 획일적인 예술로 회귀했다.[192] 쇼스타코비치는 "진정한 예술가들에게는 소비에트 정권과의 밀월이 끝났다. 권력은 복종을 요구했다. 총애를 받고 과제를 배당받고 평화롭게 살기 위해서는, 어깨에는 국가가 만든 멍에를 지고 입에는 재갈을 물어야 했다"라고 당시를 떠올렸다.[193]

비판은 '말'로만 그치지 않았다. 아방가르드 예술은 형식주의로 내몰렸다. 형식주의는 현실을 혼란하게 만드는 '혁명의 주적'이자 '절멸의 대상'이었다. 아방가르드 미술과 음악에 대해 히틀러가 '타락한 문화적 볼셰비즘'이라고 핍박했던 것과 판박이처럼, 스탈린 역시 '제국주의와 자본주의의 타락한 형식주의'라면서 탄압했다.[194] 1930년대 이후 100만 명 이상이 '학살'된 '스탈린 대숙청'과 맞물려 쇼스타코비치와 가까웠던 극작가 프세볼로트 메이예르홀트Vsevolod E. Meierkhol'd, 1874~1940 등 수많은 예술가가 숙청되었다.[195] 이런 운명을 일찌감치 예감한 나머지 1930년 자신의 심장에 총탄을 박는 선택을 했던 마야코프스키가 차라리 운 좋은 편에 속했다. 아방가르드 예술의 자리에는 문화적 민족주의가 대신 자리했다. 푸시킨과 톨스토이, 글린카와 차이콥스키 등 19세기 작품들이 소련 예술의 정전 자리로 복귀했다. 이는 새로운 프롤레타리아 형식을 창조하는 혁명 프로젝트를 폐기하고 19세기 민족주의로 회귀한, 문화정책에서의 '반反혁명'이었다.[196]

자유는 예술가에게 신앙이자 생명이다. 자유가 사라진 자리에 예술이 숨 쉬고 설 자리는 없다. 이는 예술만이 아니라 경제도 마찬가지다. 소련이 건국 초기 획일화를 통한 효율성의 극대화로 경제적·군사적으로 눈부시게 발전한 것은 역사적 사실이다. 반면 20세기 후반 저성장의 질곡에서 벗어나지 못한 것 역시 전체주의적 통제경제의 폐단에서 원인을 찾아야 한다. 쇼스타코비치는 혁명과 스탈린, 2차 세계대전 그리고 냉전이라는 격동의 시간 동안 순응과 저항의 '줄타기'를 한 예술가이자 지식인이었다.

"네 임무는 기뻐하는 것이다."

그들은 언제나 오밤중에 데리러 왔다. 그래서 잠옷 바람으로 아파트에서 끌려나가거나 거만하게 무표정한 얼굴을 한 NKVD(구소련 비밀경찰) 요원 앞에서 옷을 입게 되느니, 그(쇼스타코비치)는 옷을 다 차려입고 담요에 누워 벌써 다 꾸린 작은 여행 가방을 옆쪽 바닥에 두고서 잠을 청했다. … 끈질기게 잠을 깨우는 악몽 하나는 NKVD가 갈리야(쇼스타코비치의 큰딸)를 붙잡아 - 그녀가 운이 좋다면 - 국가의 적들이 낳은 아이들을 위한 특별 고아원으로 보내버리는 것이었다. 거기에서 그녀는 새로운 이름과 새로운 인격을 부여받게 될 것이다. 모범적인 소비에트 시민, 스탈린이라 부르는 위대한 태양을 향해 얼굴을 쳐드는 작은 해바라기가 될 것이다. 그래서 그는 승강기 옆 층계참에서 결코 잠들지 못할 시간들을 보내겠다고 했다.[197]

러시아 제정 시절 페트로그라드(소련 시절 레닌그라드, 현재 상트페테르부르크)에서 태어난 쇼스타코비치는 어릴 때부터 음악 신동으로 불렸다. 비교적 늦은 나이인 9세 때 어머니에게 피아노를 배웠는데, 10대 때부터 작곡을 시작했다. 만 13세 때는 러시아 최고 음악학교인 페트로그라드음악원에 입학했다. 페트로그라드음악원장이자 러시아 음악계를 대표하던 알렉산드르 글라주노프Alexandr Konstantinovich Glazunov, 1865~1936는 후원자를 자처했다. 15세 때 그의 아버지가 사망하면서 아르바이트로 무성영화에 맞춰 피아노를 치는 등 생활 전선에 나서야 했지만, 음악에 대한 열정은 꺾이지 않았다. 결국 그의 나이 19세인 1925년 교향곡 1번을 완성하고, 이듬해 소련 최고의 오케스트라인 레닌그라드필하모닉의 연주로 초연되었다. 이 곡은 강렬하면서 감

---

* 영국 감독 아르만도 이아누치Armando Iannucci의 2017년작 영화 〈스탈린이 죽었다!〉 초반부에서는 해당 문장을 영상으로 확인할 수 있다. 실제로 당시 신변에 위협을 느끼던 이들은 소련의 정치경찰이자 정보기관이었던 내부인민위원회NKVD에 밤 늦게 끌려갈 것을 대비해 종종 일상복을 입고 잠자리에 들었다. 영화 속 '대타' 지휘자는 밤 늦게 NKVD가 들이닥치자 아내에게 '아무거나 털어놔야 고문을 덜 받는다'라고 당부한다.

수성이 두드러지는 동시에 탁월한 오케스트레이션 능력까지 돋보여 큰 호평을 얻었다. 서방에서도 프로코피예프와 더불어 소련을 대표하는 음악가로 주목받았다. 오토 클렘퍼러Otto Klemperer, 1885~1973, 아르투로 토스카니니Arturo Toscanini, 1867~1957 같은 거장들이 초연을 맡거나 레퍼토리로 삼을 정도였다.[198] 그는 피아니스트 꿈을 버리고 작곡에 매진해 교향곡 2번과 3번 등 초기작을 발표했다.

탄탄대로였던 그의 삶에 그림자가 드리운 건 1934년 오페라 《므첸스크의 맥베스 부인》을 내놓으면서다. 발표 당시 국내외에서 호평을 얻었지만 일 년여 뒤인 1936년 스탈린이 작품을 보고 격분한 게 탈이 났다. 며느리가 시아버지와 남편을 살해하는 장면이 암살 공포에 떨던 스탈린의 심기를 거슬렀다는 이야기가 전해진다. 스탈린이 오페라 애호가였다는 점을 떠올리면 불협화음이 빈번히 등장하는 쇼스타코비치의 모더니즘음악이 불편했을 수도 있다.[199]

며칠 뒤인 1936년 1월 28일 소련 공산당 기관지 〈프라우다〉는 이 작품에 대해 "교향악이나 누구든 쉽게 접근할 수 있는 단순하고 대중적인 음악 언어와 공통점이 전혀 없도록, 고의적으로 뒤집혀 있다. 대중을 감화시키는 좋은 음악의 힘은 프티 부르주아의 '형식주의적' 시도에 의해 희생됐다. 음악이 아닌 혼돈이다"라고 격렬하게 비판했다. "음악이 아닌 혼돈"이라는 제목의 무기명으로 쓰인 이 사설은 사실 스탈린 자신의 목소리였다. "결말이 매우 나쁠 수 있는 게임을 하고 있다"라는 말로 끝맺은 600자 길이의 글은 쇼스타코비치에게 평생에 걸친 공포감을 심어주었다.[200] 열흘 뒤에도 쇼스타코비치를 비판하는 글이 실렸다. 결국 쇼스타코비치는 공적 지위를 박탈당했다. 교향곡 4번 초연은 포기해야 했다. 더 심각한 것은 숙청 위협과 맞닥뜨린 것이다. 마침 그의 친한 친구이자 뛰어난 군사 전략가였던 '바이올린 만드는 적군' 미하일 투하쳅스키Mikhail Tukhachevsky, 1893~1937 장군이 반 스탈린 쿠데타의 주모자로 몰려 처형되었다. 스탈린에게 직접 전화해 쇼스타코비치를 옹호한 직후였다. 독재자는 과거 반혁명군을 제압한 붉은군대의 영웅을 끝내 살려두지 않았다. 그는 당시를 이렇게 떠올렸다.

> 그 시기에 나는 거의 자살할 지경까지 갔다. … 다른 탈출구는 보이지 않았다. 나는 완전히 공포에 사로잡혀 있었다. … 그 순간 나는 사라지고 싶은 마음만 간절했고 그 길만이 유일한 탈출구였다.[201]

쇼스타코비치를 변호했던 메이에르홀트는 3년 뒤 비밀경찰에게 체포돼 잔혹하게 두들겨 맞은 뒤 총살당했다. 그의 아내는 정체불명의 암살자에게 칼에 찔려 사망했다.[202] 그의 구명을 위해 스탈린에게 편지를 썼던 고리키는 그해 수수께끼 같은 죽음을 맞았다. '인민의 적'으로 내몰린 예술가나 지식인 중 살아남아서 그 이야기를 전할 수 있는 이들은 극소수였다. 쇼스타코비치는 그중 하나였다.[203]

스탈린은 끝내 쇼스타코비치를 숙청하지 않았다. 국제적 명성을 자랑하던 작곡가를 처단하는 건 수지타산이 맞지 않았다. 너그러운 '차르'의 모습을 전 세계에 알릴 필요가 있었다. 쇼스타코비치 역시 부양해야 할 가족이 있었다. 결국 그는 이듬해인 1937년 11월 음악적 복권을 위해 새 작품을 내놓는다. 바로 교향곡 7번 〈레닌그라드〉와 더불어 그의 대표작으로 손꼽히는 교향곡 5번이다. 그는 이 작품에 대해 "정당한 비판에 대한 소비에트 예술가의 답변"이라는 설명을 붙였다. 교향곡 5번은 전통적인 4악장 양식과 사회주의 혁명의 승리를 암시하는 베토벤적 종결로 마무리된다.[204] 그는 국가와 당의 비판을 수용하고 사회주의 리얼리즘을 교향곡 안에 구현했다는 평가를 받으면서 복권되었다. 모교인 레닌그라드음악원 교수로도 임용되었다.

음악학자들은 해당 작품에서 쇼스타코비치의 '다의성多義性'을 주목한다. 전통적인 러시아 장송음악을 연상시키는 슬픈 멜로디는 전체주의적 억압에 따른 비통함을 표현한 것으로 본다. 베토벤을 연상케 하는 4악장 "승리의 송가" 역시 가짜의 과장된 열정을 표현한다고 해석한다. 당의 우두머리들을 만족시키면서도 엄혹한 시절을 살아내야 했던 예술가의 숙명과 역설을 보여준다는 것이다. 위작 논란이 있었지만 쇼스타코비치의 가족과 친구들로부터 그의 회고록으로 봐도 무방하다고 인정된 《증언》에서 그가 직접 설명한 대목을 보면 이런 점은 더욱 또렷해진다.

즐거움도 강요된 것이고 위협 속에 만들어진 것이다. 그건 마치 어떤 사람이 당신을 몽둥이로 때리며 '네 임무는 기뻐하는 것이다. 네 임무는 기뻐하는 것이다'라고 말하는 것과 같다. 당신은 부들부들 떨면서 일어나 행진하며 '우리 임무는 기뻐하는 것이다. 우리 임무는 기뻐하는 것이다'라고 중얼거린다.[205]

죽은 자들의 도시를 위한 교향곡

1992년 〈쇼스타코비치 교향곡 7번〉 레닌그라드 초연 50주년을 맞아 같은 오케스트라가 같은 연주장에서 다시 만났다. 그때까지 살아 있었던 사람은 열네 명에 불과했다. … 트롬본 주자 미하일 파르피오노프가 오보에 주자 크세니야 마투스와 다시 만났다. … "우리가 처음 함께 연주했을 때는 다들 젊고 아름다웠었는데 말이오." 그녀가 뚱하게 대꾸했다. "지금은 어떤데요?" 씩씩하게 그가 답했다. "에디트, 적어도 당신은 그때보다 지금이 더 예뻐요."

마투스는 감회에 젖어 벌리어미에게 말했다. "그날 이후로 많은 세월이 흘렀는데 기억이라는 것이 재미있네요. 페인트가 마르면서 색이 바뀌듯 기억도 그래요. 하지만 교향곡은 그날 밤 모습 그대로 내 곁에 남아 있어요. 이후로도 도시는 포위 상태였지만 나는 살아남으리라는 것을 알았어요. 음악은 결국 삶이에요. 음악 없는 삶이 무슨 의미가 있을까요? 이것은 우리의 도시가 죽고 나서 생명을 다시 찾았음을 증명해 준 음악입니다."[206]

미국에게 소련은 '악마의 자식들'이었다. 미국의 태도는 1941년 12월 7일 일본의 진주만 습격 이후 2차 세계대전에 뛰어들면서 뒤바뀐다. 변화의 시작은 진주만 습격 6개월 전에 발발한 독소전쟁이었다. 전쟁 초반 독일이 압도적 전력으로 소련을 밀어붙일 때는 '방관자'에 가까웠지만, 소련이 결사항전하며 버티자 소련에 대한 지원 쪽으로 정책을 바꾸었다. 영국의 버팀목이었던 무기대여법이 소련을 구했다. 루스벨트 대통령이 1940년 "미국이 민주주의의 거대한 무기고가 되어야 한다"라고 연설한 대로 미국은 소련 전체 군수물자의 10분의 1을 도맡았다.[207] 붉은군대는 미국산 전투식량과 초콜릿을 먹고 M4 셔먼 중형전차와 P-39 에어라코브라 전투기를 탄 채 나치에 맞섰다. 미국 내에서는 소련은 악마가 아닌 친구라는 선전전도 뒤따랐다. 미국 언론으로부터 뚱뚱하고 험상궂은 표정으로 묘사되던 스탈린은 인자한 할아버지 모습이 되었다. 미국 시사주간지 〈타임〉은 스탈린을 1942년 '올해의 인물'로 선정했다.

선전전에서 가장 잘 먹히는 건 아무래도 예술이었다. 이를 위해 최전선에 선 게 레닌그라드 공방전의 상징이었던 쇼스타코비치였다. 쇼스타코비치의 옆 모습이 1942년 7월 20일자 〈타임〉 표지를 장식했다. 표지에 작곡가가 실린 건 그가 처음이었다. 불타는 레닌그라드를 배경으로 레닌그라드음악원 옥상에서 소방관 헬맷을 쓴 그는 트레이드 마크인 두꺼운 안경 너머로 독일군 공습을 예의주시하고 있다.[208] 실제로 그는 레닌그라드 공방전 당시 소방관으로 자원했다. 앞서 소개한 교향곡 7번은 30미터 길이의 마이크로필름에 담겨 이란 테헤란과 중동·북아프리카의 사막, 브라질을 거쳐 미국으로 공수되었다. 이후 미국에서는 이탈리아 출신의 맹렬한 반파시스트주의자였던 토스카니니의 지휘로 쇼스타코비치가 〈타임〉 표지에 등장하기 하루 전날 뉴욕에서 NBC라디오 오케스트라에 의해 초연되었다.[209]

독소전쟁은 2차 세계대전 안의 또다른 대전이었다. 1941년 6월 22일 나치 독일의 바르바로사작전을 시작으로 베를린 공방전이 끝난 1945년 5월 9일까지 거의 4년간 이어졌다. 남북으로 2000킬로미터에 이르는 전선에서 연일 격전이 벌어졌다. 양국은 2차 세계대전 기간 중 많게는 한 해 GDP의 76%를 군비로 쏟아부었다. 일본(64%)과 영국(57%), 미국(45%)도 GDP의 절반 안팎을 전비로 지출했지만 독일과 소련에는 미치지 못했다.[210]

2차 세계대전 사망자는 5000만~7000만 명으로 추산된다. 이 가운데 절반 정도인 3000만 명이 독소전쟁에서 목숨을 잃었다. 독일군은 500만 명, 소련군은 무려 1000만 명이 전사했다. 소련 민간인 희생자는 1500만 명에서 2500만 명에 달한다. 사망자 성별은 남성이 월등했다. 소련은 여성이 남성보다 2000만 명 더 많은 불균형이 발생했고, 이는 한 세대가 지날 때까지 해소되지 않았다. 독일 역시 1918년에 출생한 남자의 셋 중 둘은 목숨을 부지하지 못했다. 1946년 베를린 트렙토 자치구의 19~21세 성인 중 여자는 1105명이었지만 남자는 겨우 181명이었다.[211] 2차 세계대전 발발 전인 1939년 1억 800만 명 정도이던 러시아 인구는 1946년 9700만 명 정도로 쪼그라들었을 정도다.[212] 일제강점기 당시 한반도 인구가 2500만 명 정도였다는 점을 감안하면 정상적인 국가의 국민 절반이 독소전쟁으로 희생되었다는 뜻이다. 국경 밖에서 전쟁을 벌인 미국과 영국의 민간인 희생자는 각각 50만 명 아래였다.

독일군에 패한 프랑스군과 영국군이 영국으로 후퇴한 1940년 6월 덩케르크철수작전 이후 1944년 6월 6일 노르망디상륙작전이 시작될 때까지 만 4년간 유럽 땅은 나치의 손아귀에 들어가 있었다. 태평양전쟁을 논외로 한다면 2차 세계대전의 중심축은 독소전쟁에 있었다고 해도 과언이 아니다. 동부전선에서의 패배로 독일은 서부에서도 열세를 보이며 패망할 수밖에 없었고, 동시에 동부전선에서 승리한 소련은 흑해 연안의 산유 지역과 공업 지역을 지키는 동시에 연합국에게 승리를 선사할 수 있었다.*

1930년대부터 눈부신 경제성장을 이룬 소련은 30여 년 전 신흥국 일본에게 충격적인 패배를 당한 둔한 북극곰이 아니었다. 19세기 초 나폴레옹 군대를 패퇴시킨 러시아 못지않은 군사 강국으로 발돋움해 있었다. 무기의 질도 독일보다 앞서 있었다. 하지만 스탈린이 자행한 대숙청이 문제였다. 1937~1941년 사이 투하쳅스키 등 8만 명 이상의 붉은군대 장교들이 처형되었고, 그 자리는 경험이 일천한 이들로 채워졌다.[213] 그나마 살아남은 장교들은 스탈린이 두려워 소극적 태도로 일관했다. 무기나 병력 같은 하드웨어는 충분했지만 소프트웨어에 해당하는 지휘부가 무너져 있었던 셈이다.

더구나 상대는 2년 가까이 전장을 누비며 경험을 쌓고 전술 운용 능력을 갖춘 베테랑들이었다. 독일군은 신속한 기동과 기습으로 일거에 적진을 돌파하는 기동작전인 '전격전Blitzkrieg'의 명수였다. 히틀러는 서부전선에서 연전연승했던 독일군을 과대평가했고, 일 년여 전 '겨울전쟁'에서 약소국 핀란드를 상대로도 고전했던 소련군을 과소평가했다. 전쟁 초기만 해도 히틀러의 기대는 현실이 되는 듯했다.

* 역사학자 이병한은 2차 세계대전 이후 벌어진 냉전으로 기억이 왜곡되고 조작되었다고 지적한다. 노르망디상륙작전과 원폭 투하가 지나치게 부각되고, 소련의 공헌이나 중국의 역할은 과소평가되었다는 것이다. 홀로코스트의 상징인 아우슈비츠를 해방시킨 건 미군이 아닌 소련군이었다. 2차 세계대전은 미국과 프랑스, 영국이 주도한 전쟁이 아닌, 소련과 중국이 유라시아의 동과 서에서 나치즘과 파시즘을 격퇴시킨 '유라시아 전쟁'이었다. 이에 2차 세계대전을 두고 러시아는 '조국수호 애국 전쟁', 중국은 '항일 구국 전쟁'이라 말한다.[214]

400만 명의 독일군은 20개 기갑사단과 함께 전쟁 발발 뒤 5개월간 연전연승하며 무려 1500킬로미터에 육박한 거리를 진격했다. 모스크바까지 불과 30킬로미터 남짓이었다. 3개월 만에 300만 명의 소련군이 포로로 잡혔다. 히틀러와 독일 군부는 겨울 전까지 모스크바를 포함한 소련의 서쪽을 점령하면 소련이 항복하거나 최소한 휴전에 임할 것이라고 여겼다.

하지만 소련의 진짜 무기는 따로 있었다. 바로 100여 년 전 나폴레옹 군대를 격퇴시킨 '마더 러시아', 곧 광활한 소련의 땅덩어리 자체였다. 11월에 접어들자 독일군의 진격 속도는 눈에 띄게 둔해졌다. 봄과 가을에 러시아 도로를 뒤덮는 진흙탕인 '라스푸티차'가 발목을 잡았다. 여기에 유럽 쪽에서 소련 쪽으로 진격할수록 전선은 더 넓어졌다. 보급 등에도 문제가 속출했다. 수개월째 계속된 전쟁으로 독일군의 전력은 크게 약화되었다. 결국 소련군은 12월 5일 시베리아 방면군을 주축으로 반격을 시작했다. 일본이 태평양전쟁을 벌일 것이라는 첩보를 입수하고 동쪽 병력을 뺄 수 있었던 것이다. 추위와 피로에 지친 독일군들은 이듬해인 1942년 1월 모스크바 근처에서 후퇴해야 했다. 양측을 합쳐 무려 800만 명의 대군이 전선에서 팽팽히 맞서는 상황이 이어졌다. 독일군은 바르바로사작전의 목표였던 모스크바를 포기할 수밖에 없었다. 대신 소련 남부 코카서스 지역으로 눈을 돌렸다. 이곳의 광대한 유전과 곡창지대를 손에 넣는다면 막대한 전쟁 물자를 얻는 동시에 소련의 숨통을 끊을 수 있다는 계산이었다.

1942년 6월 독일군은 코카서스 지역으로 진격했다. 소련은 남부 러시아의 최대 요충지이자 코카서스의 길목인 스탈린그라드(지금의 볼고그라드)에서 배수진을 쳤다. 그해 8월부터 독일군은 스탈린그라드 북쪽과 서쪽, 남쪽에서 진군해 도시 대부분을 장악했다. 하지만 소련군은 온갖 희생을 감수하면서도 동쪽의 볼가강을 통해 끊임없이 병력과 물자를 실어나르면서 장장 6개월 넘게 시가전을 벌였다. 히틀러는 우회하는 대신 스탈린의 이름을 딴 이 도시의 완전한 점령을 고집했다. 독일군은 스탈린그라드라는 늪에 빠져버렸다. 그 사이 소련군은 150만 명의 병력과 1000대의 전차 그리고 1500대의 전투기로 구성된 반격군을 끌어모아 반격을 시작했다. 결국 이듬해인 1943년 2월, 독일군은 항복했다. 독일 6군 33만 명 가운데 9만 명만 살아남았다. 스탈린그라드전투의 승리를 기점으로 독소전쟁과 2차 세계대전의 흐름은 바뀐다. 미국에 맞설 초강대국으로 소련이 부상하는 계기가 되었다는 점에서 냉전의 시작으로 평가하기도 한다.

쇼스타코비치의 고향인 레닌그라드로 다시 돌아오자. 레닌그라드는 바르바로사작전 입안 당시부터 모스크바, 키이우(키예프)와 더불어 독일군의 주요 공격 목표였다. 이곳은 1917년 3월혁명과 10월혁명이 일어난 '혁명의 도시'였다. 여기에 레닌그라드는 발트해와 이어지는 핀란드만과 연결된 항구 도시다. 소련이나 독일 모두에게 전쟁 보급선이었다는 뜻이다. 이에 소련군은 독일군이 키이우와 모스크바 공격에 주력하는 사이 레닌그라드를 거대한 요새로 만들었다. 독일군은 9월 레닌그라드 진격을 시도했지만 소련군의 저항에 막히자 포위전에 들어갔다. 레닌그라드에는 300만 명의 시민과 소련군이 있었지만 10월에는 불과 20일분의 식량만 남아 있었다. 40년 만의 한파까지 불어닥치며 시내 곳곳에 굶주림과 추위로 숨을 거둔 시체가 쌓여

갔다. 아사 직전의 시민들은 군의 단속에도 인육을 먹는 상황에까지 내몰렸다. 하지만 시민들을 사지로 몰아넣었던 한파가 다시 시민들을 살렸다. 도시 동쪽의 라도가 호수가 얼어붙으면서 레닌그라드에 식량과 군수물자를 공급하는 생명줄이 되었기 때문이다. 레닌그라드 시민들은 끝내 굴복하지 않았다. 결국 독일의 패전이 가까워지던 1944년 1월 27일, 소련군의 공세에 독일군이 후퇴하면서 레닌그라드는 900여 일 만에 해방되었다. 해당 기간 50만 명에서 100만 명의 시민이 목숨을 잃었다.

쇼스타코비치 교향곡 7번은 이런 역사적 배경에서 이해할 수 있다. 쇼스타코비치는 독소전쟁 발발 한 달 뒤인 1941년 7월부터 작업을 시작해 첫 세 악장을 레닌그라드에서 썼다. 그해 10월 본인의 희망과 달리 레닌그라드에서 빠져나온 뒤 그해 말 쿠이비셰프에서 교향곡을 완성했다. 초연은 이듬해 3월 쿠이비셰프에서 이뤄졌다.

앞서 언급했듯이 교향곡 7번은 미국을 포함한 전 세계에서 울려 퍼지고 있었다. 하지만 정작 교향곡의 주인인 레닌그라드에서는 아무도 들을 수 없었다. 이에 소련은 레닌그라드 초연을 준비한다. 독일군의 사기를 무너뜨리는 동시에 레닌그라드 시민들에게 희망을 선사하기 위해서였다. 악보는 그해 6월 군용기에 실려 레닌그라드로 공수되었다. 공연 준비는 전쟁 못지않은 악전고투의 연속이었다. 100명이 넘는 연주자가 필요했지만 첫 리허설에는 고작 15명의 연주자만 모였다. 전해부터 지속된 독일군의 포위와 공습에 상당수가 이미 세상을 떠난 뒤였다. 오케스트라 단원 중 세 명은 초연이 열리기 직전 굶어 죽었다. 결국 악기를 다룰 줄 아는 병사들까지 긁어모아야 했다.

레닌그라드 초연은 1942년 8월 9일로 잡혔다. 정확히 일 년 전 히틀러가 레닌그라드의 유서 깊은 호텔 아스토리아 호텔 무도회장에서 축배를 들겠다고 떠벌렸던 날이었다.[215] 레닌그라드 라디오 오케스트라가 필하모니아홀에서 연주하려면 독일군의 시선을 돌려야 했다. 이에 붉은군대는 연주회 직전 독일군 진영에 수천 개의 폭탄을 퍼붓는 '소나기 작전'을 감행했다.[216]

마침내 명 지휘자 카를 엘리아스베르크Karl Ilitch Eliasberg, 1907~1978의 손끝을 통해 그 유명한 교향곡 7번의 웅장한 도입부가 연주되었다. 연주는 공연장에만 울려 퍼진 게 아니었다. 확성기를 통해 레닌그라드 전체로 퍼져 나갔다. 전선을 넘어 독일군들이 웅크리고 있는 적진에까지 선율은 뻗어 나갔다. 그날 공연장에 있던 한 여성은 이렇게 말했다. "이것은 우리가 함께 겪은 진짜 교향곡이었습니다. 우리의 교향곡, 레닌그라드 주민들의 교향곡입니다." 세월이 지난 뒤 한 독일 군인은 지휘자 엘리아스베르크에게 당시를 이렇게 떠올렸다. "우리가 결코 레닌그라드를 차지하지 못하리라는 생각이 들었습니다. 우리는 굶주림보다, 공포와 죽음보다 더 강력한 무엇이 있다는 것을 알게 되었습니다. 그것은 인간으로 남으려는 의지였습니다."[217]

"묘비를 세우는 건 음악밖에 없다."

이 곡은 '교향곡 8번'과 더불어 전쟁교향곡으로 불린다. 첫 악장의 첫 주제는 관현악이 군대 행진곡을 연상케 하는 장중하고도 힘찬 오케스트레이션을 보여준다. 둘째 주제는 작은 북의 미세한 음성으로 시작해 점차 악기 수가 늘어나면서 관객들을 광포하게 몰아친다. 라벨의 〈볼레로〉와 유사하다. 쇼스타코비치는 해당 발전부에 대해 "침략"이라고 명명하면서 "사람들은 내가 〈볼레로〉를 베꼈다고 하지 않을까? 하여간 내 귀에는 전쟁이 딱 이런 식이니까"라고 설명했다.[218]

소련 당국은 교향곡 7번을 프로파간다의 도구로 활용했다. 실제로 쇼스타코비치는 파시즘에 저항할 의도로 이 작품을 썼다. 소련은 이 곡이 작곡된 그해 쇼스타코비치에게 당대 최고의 영애인 스탈린상을 부여한다. 하지만 앞서 교향곡 5번에 대해 설명했던 것과 마찬가지로 그가 '관제 작곡가'로서 창작력을 발휘한 건 전혀 아니었다. 그에게 있어 이 곡은 교향곡 8번과 더불어 레퀴엠, 곧 장송곡에 가까웠다.[219] 그는 나중에 친구들에게 그 작품에 대해 "모든 형태의 테러, 노예, 정신의 굴레를 생각하고 있었다"라고 말했다.[220] 《증언》에서는 더 나아간다. 그는 이렇게 말한다.

교향곡 7번은 전쟁이 나기 전에 구상되었다. 그런 만큼 그 곡을 히틀러의 침입에 대한 반응으로 볼 수 없는 것은 당연하다. … 히틀러 때문에 죽은 사람들의 고통을 영원히 마음속에서 떨쳐버릴 수 없을 것이다. 그러나 스탈린의 명령으로 살해된 사람들을 생각해도 그에 못지않게 고통스럽다. 고문당하고 총살당하고 굶어 죽은 사람들을 생각하면 가슴이 미어진다. 히틀러와의 전쟁이 시작되기 전에 이미 우리나라에는 그런 사람이 수백만이나 있었다. … 이 곡은 스탈린이 이미 파괴해놓았고 히틀러는 그냥 마무리만 하면 되었던 레닌그라드에 관한 음악이다. 내 교향곡은 대부분이 묘비다. … 메이예르홀트나 투하쳅스키의 묘

비를 어디에 세우겠는가. 그런 일을 할 수 있는 것은 음악밖에 없다.[221]

　쇼스타코비치는 전쟁이 끝난 뒤에도 정권에 순응하는 듯하면서도 저항하는 모순과 긴장의 삶을 살았다. 1945년 내놓은 교향곡 9번은 2차 세계대전의 승리를 기념하는, 베토벤 교향곡 9번 〈합창〉과 같은 작품 대신 온갖 풍자와 해학으로 가득 차 있었다. 그 결과 초연 3년 뒤인 1948년 악명높은 '즈다노프 비판'에 직면해야 했다.[222] 당시는 냉전이라는 체제 경쟁이 시작된 상태였다. 미국에서는 '메카시 열풍'에 따라 '빨갱이 사냥'이 대대적으로 벌어졌다. 소련 역시 체제 강화의 깃발이 올라갔다. 쇼스타코비치는 또다시 "다시 형식주의에 빠져 인민들이 이해하지 못하는 언어를 구사하는 잘못을 저질렀다. 당이 옳다는 것을 안다. 내 음악에 대한 당의 비판을 감사히 받아들인다"라는 '자아비판'을 해야 했다. 그는 스탈린이 사망하는 1953년까지 교향곡이나 협주곡 대신 음악극 등 스탈린이 좋아하는 '가사가 들어간 음악'만 발표해야 했다.[223]

　훗날 대표적인 작품은 말년인 1962년에 작곡한 교향곡 13번 〈바비 야르〉다. 당국의 압박에 못 이겨 공산당에 입당하고 2년이 지난 뒤였다. '바비 야르'는 2차 세계대전 당시 독일군이 유대인 학살을 자행했던 우크라이나 키이우 외곽의 검은 계곡을 뜻한다. 독일군은 폭탄 테러를 당하자 배후에 유대인이 있다고 판단하고 바비 야르에 유대인들을 모두 모은 뒤, 36시간 동안 약 3만 4000명을 몰살했다. 하지만 쇼스타코비치는 히틀러가 유대인 학살을 할 때 소련 국민은 무엇을 하고 있었는가, 방관하면서 학살을 부추긴 게 아니냐고 되묻는다.

나치 못지않게 소련에서도 반유대주의가 극심했기 때문이다. 그는 비록 유대인은 아니었지만 유대인과의 연대를 기꺼이 선택했다. 그의 음악은 비극을 외면하면서 함께 끌어안고 눈물 흘리는 존재였다. 이를 두고 그가 '유로지비Yurodivy'의 길을 스스로 선택했다고 일컫는다. 러시아정교회 전통에서 유래한 이 단어는 '성스러운 바보' 혹은 '광대 비판가'라는 뜻이다. 흐루쇼프 정권의 요구에 따라 1960년 내놓은 현악사중주 8번 전 악장의 조성에 자기 이름의 머리글자인 D - Es - C - H를 숨겨놓은 것도, 이 작품이 자신의 장례식 장송곡으로 연주되길 원한 것도, 유로지비이자 핍박받는 지식인으로서 그의 모습을 보여주는 게 아닐까.[224]

2차 세계대전 당시 독일군에게 학살당했던 우크라이나 민중의 후손들은 80년 가까이 흐른 현재, 또다른 '바비 야르'에서 러시아군에게 무참히 학살당하고 있다. 그러나 이번 전쟁의 책임을 푸틴에게만 온전히 돌릴 수 있을까. 우크라이나를 향해 세력을 확대하고, 막상 전쟁이 벌어지자 무책임한 모습으로 일관했던 미국과 유럽은 아무런 책임이 없을까. 쇼스타코비치가 음악을 통해 역설한 것처럼 우리 역시 방관을 통해 학살을 부추긴 게 아니냐고, 우크라이나 민중의 희생과 고통에 함께 눈물 흘리며 싸워야 하는 게 아니냐고 자문해야 하지 않을까. 공감共感하지 못하는 음악과 예술은 과연 존재 가치가 있는지 되물어야 하지 않을까.

5장

호황에 들뜬 세계,
로클롤에 홀리다

인류 역사상 최초로 등장한 중산층, 황금시대를 열다

2차 세계대전을 계기로 슈퍼파워로 등극한 미국

가장이 평생 교사, 제빵사, 판매원, 자동차 정비공으로 일해 집 한 채와 자동차 두 대를 갖추고 가정을 꾸릴 수 있었던 시대를 기억하는가? 1950년대에 내 아버지 에드 라이시는 인근 도시의 도로변에서 상점을 운영하며 공장 근로자의 아내들에게 여성복을 팔았다. 아버지가 벌어오는 수입으로 우리 가족은 편안하게 살 수 있었다. 부유하지는 않았지만 가난하다고 느낀 적은 없었다. 생활수준도 1950년대와 1960년대에는 꾸준히 상승했다.[1]

클린턴 1기 행정부에서 노동부 장관을 지낸 로버트 라이시Robert Reich 미국 UC버클리 교수는 어린 시절을 이렇게 회상한다. 2차 세계대전이 끝난 뒤 20여 년간 세계경제는 전무후무한 호황기를 누린다. 경제 규모가 두 배로 커지면서 일반 근로자 소득도 두 배로 늘었다. 지금은 미국의 상위 1%가 미국 전체 소득의 20% 이상을 가져가지만 당시에는 10% 남짓에 그쳤다. 1950년대와 1960년대의 '라이시 가족들'은 지금의 중산층보다 월등히 평등한 환경에서 평안한 생활을 누릴 수 있었다는 뜻이다. 당시 미국 중산층 가정에서는 남편이 혼자 벌어도 승용차와 텔레비전을 마련하고, 주말이면 친구나 이웃과 함께 바비큐를 즐기는 안락한 생활이 가능했다. 여기에 최고 소득세율은 90%에 달했고, 이를 재원으로 한 정부의 복지제도도 원활히 운영되었다.

광범위한 중산 서민층이 풍족한 생활을 누리는 건 미국에만 허락된 축복이 아니었다. 2차 세계대전의 전화戰禍를 극복한 독일, 프랑스, 이탈리아 등 유럽 국가들 역시 높은 경제성장률을 바탕으로 대중의 삶의 질이 현격히 높아졌다. 대중음악의 '제왕'인 로큰롤과 록음악이 이 시기에 태동하고 번성한 것도 '중산 대중Mass Middle Class'의 등장과 따로 떼어놓고 생각할 수 없다. 레코드를 사고 공연에 갈 수 있는 여유를 가진 대중이 인류 역사상 최초로 등장한 시대이기 때문이다. 1973년 1차 석유파동 직전까지 20여 년간은 국민과 기업 그리고 정부 모두 넉넉하던 때였다. 이 시기야말로 자본주의 경제사에서 진정한 '벨 에포크'였다.

1차 세계대전에 이어 2차 세계대전 역시 각국이 모든 역량을 총동원하는 '전면전' 양상으로 흘렀다. 하지만 발전된 과학기술 수준에 따라 피해는 더 커졌다. 유럽과 아프리카, 아시아, 태평양 등 전장도 더 넓어졌다. 2차 세계대전에서 참전국들이 쏟아부은 비용은 파괴된 자산까지 포함해 3조 달러에 달했다. 1차 세계대전 때의 7배가 넘는 규모였다.[2] 영국은 전쟁 막바지 무렵 GNP의 절반 이상을 전쟁 수행에 써야 했다.[3]

2차 세계대전 기간에 주요 전장이었던 유럽대륙은 철저히 파괴되었다. 공장과 농토 그리고 노동력까지 무엇 하나 멀쩡히 남아 있는 게 없었다. 2차 세계대전 사망자는 5000만~7000만 명으로 추산된다. 1차 세계대전 사망자 850만 명의 7~8배 규모다. 앞서 거론했듯이 소련과 독일의 피해가 가장 컸다. 민간인까지 합친 사망자 비율은 폴란드가 가장 높았다. 폴란드는 전쟁 이전 인구의 약 5분의 1을 잃었다. 유독 교육받은 민간인들의 사망 비율이 매우 높았다. 나치가 의도적으로 그들을 파멸의 대상으로 삼은 탓이다. 소련은 전쟁 이전 주민의 11분의 1, 독일은 15분의 1, 프랑스는 77분의 1, 영국은 125분의 1의 비율을 보였다.[4]

주택 피해도 심각했다. 독일 주택의 40%, 영국 주택의 30%, 프랑스 주택의 20%가 사라졌다. 폴란드 바르샤바에서는 전체 주택의 90%가 잿더미가 되었다. 운송시설도 치명타를 입었다. 파리에서 도버 해협까지 센강 유역의 다리는 모두 사라졌고, 라인강을 건너는 다리는 단 하나만 남았다. 광산과 공장에서 필수품이 생산되더라도 운반할 방법이 없었다.[5] 유럽 국가들은 전쟁 전 수준을 회복하기까지 10년 가까운 시간이 필요했다. 그러나 미국은 달랐다. 하와이 등 일부 지역에서만 제한적으로 피해를 봤을 뿐 본토는 멀쩡했다.

앞서 대공황을 이야기하면서 살펴본 것처럼 미국은 뉴딜정책에도 불구하고 대공황에서 빠져나오지 못한 상태였다. 되레 1930년대 후반기에는 뉴딜정책의 종료에 따른 연방정부의 재정지출 감소로 다시 불황의 조짐까지 보였다. 하지만 유럽대륙에서 전쟁이 일어나자 멈췄던 공장은 다시 돌아갔고 실업자 신세였던 노동자들은 일터로 복귀할 수 있었다. 전쟁 직전인 1939년 실업자는 950만 명에 달했지만 전쟁이 발발하자 노동력 부족으로 여성과 학생들까지 공장으로 출근할 정도였다. 군수산업 등 중공업이 발전하는 동시에 실업자 감소에 따른 일반 국민의 구매력 향상으로 내수시장까지 덩달아 살아났다. 2차 세계대전은 유럽 국가들에게는 악몽이었지만 미국에게는 '축복'이었다.

전쟁 뒤에는 재정지출 감소로 또다시 불황이 닥칠 것이라는 우려가 높았다. 1944년 군비 지출은 1939년 전체 경제 규모의 80%에 육박했고, 이에 실질 GDP는 1939년의 거의 두 배가 된 상태였다. 전쟁이 끝났다는 건 군비 지출이 대폭 축소된다는 것을 의미했다.[6] 하지만 경기 호황이라는 예기치 못한 선물이 찾아왔다. 1600만 명의 군인이 전쟁에서 돌아오자 베이비붐에 따른 인구 증가와 주택 수요 급증을 불러왔고, 이는 고스란히 내수 경제의 활성화로 이어졌다. 법 제도 면에서는 '제대군인원호법GI Bill'이 미국의 번성에 크게 기여했다. 이 법의 뼈대는 제대 군인에 대해 대학 학비 등을 광범위하게 지원하는 것이다. 이를 통해 780만 명의 제대군인이 학비 걱정 없이 대학에 진학할 수 있었다. 이는 학위 소유자와 대학의 질적·양적 향상을 가져왔고, 다시 지식산업의 성장과 생산성 향상으로 이어지면서 미국의 경제성장을 촉진했다. 버락 오바마Barack Obama 미국 전 대통령의 외할아버지 역시 이 법의 혜택을 받고 하층 백인에서 중산층으로 자리 잡을 수 있었다.

전후 호황은 무엇보다 공공부문이 마중물 역할을 했다. 미국 상무부 경제분석국의 '국내 소득 및 생산 회계 자료'에 따르면, 1940년 GDP는 1조 1666억 달러였는데, 1950년에는 2조 56억 달러, 1960년에는 2조 8307억 달러, 1970년에는 4조 2699억 달러를 기록했다. 10년 단위로 대략 1조 달러 안팎이 불어난 것이다. 같은 기간 민간 투자도 1197억 달러, 2534억 달러, 2965억 달러, 4752억 달러로 증가했다. 눈에 띄는 건 연방정부의 지출 규모다. 1940년에는 895억 달러에 그쳤지만 같은 기간 2491억 달러, 4689억 달러, 5760억 달러 등으로 커졌다. GDP는 2배, 민간 투자는 4배 정도 늘었지만 연방정부 지출은 6배 이상 증가했다. 같은 기간 주 정부 지출도 크게 늘었다.[7]

당시 대표 산물은 고속도로망과 건설이었다. 한국전쟁 막바지인 1953년 취임한 드와이트 아이젠하워Dwight David Eisenhower, 1890~1969 대통령은 뉴욕에서 LA까지, 마이애미에서 시카고까지 전국의 모든 주요 도시를 고속도로로 연결하는 거대 사업에 착수했다. 이 프로젝트는 여러 주 사이의 상거래를 촉진하는 동시에 미국 사회를 '자동차 문화'로 전환시키는 결정적 역할을 했다. 공항 건설을 위한 자금 지원은 항공업 발전을 이끌었다. 여기에 더해 정부는 재정정책을 통해 자본주의의 숙명과도 같은 경기순환을 최소화하는 작업에 착수했다. 1961년 민주당 소속 케네디 대통령은 경제자문위원회의 충고에 따라 경제부양을 목적으로 세금을 삭감했다.[8] '경기순환의 종말'은 꿈이 아닌 다가온 현실이 되었다. 공공부문의 역할 증대는 전후 미국과 세계경제가 전무후무한 호황기를 구가하게 된 주 연료였다.

전쟁 전에도 경제력 면에서 압도적이었던 미국은 전쟁 이후 명실상부한 초일류국가로 등극했다. 전체 자본주의 국가의 광공업 생산에서 미국이 차지하는 비중은 1938년 37.0%에서 1948년 53.5%까지 치솟았다.[9] 과거 로마가 지중해를 '호수'로 삼은 '팍스 로마나'를 구가했다면, 미국은 대서양을 호수로 삼는 '팍스 아메리카나'를 실현했다.

전후 냉전체제가 구축되자 미국은 돈줄을 풀기 시작한다. 먼저 자국의 국방과 우주 탐험에 막대한 예산을 지출했다. 유럽 동맹국에도 수십 억 달러의 보조금과 차관을 쏟아부었다. 소련을 중심으로 한 공산권에 맞서기 위해서는 서방 자본주의 국가들의 경제 재건이 필수적이었다. 하지만 종전 직후 유럽 경제는 여전히 전쟁의 참상에서 벗어나지 못했다. 미국의 원조는 재건이나 장기 투자가 아니라 식량, 서비스, 전후 복구 등에 투입된 터였다. 더구나 미국의 원조에는 관세장벽을 낮추고 외환 관리를 멈추는 등의 '가시'가 붙어 있었다.[10] 때마침 1947년 겨울 유럽에는 유난히 혹독한 추위가 찾아왔고, 그해 추수기의 흉작이 예고된 상태였다. 미국은 자유세계를 이끄는 선봉장으로서의 위상을 드높일 필요가 있었다. 이를 위해 마련된 게 마셜플랜이었다. 1947년 6월 5일 하버드대 졸업식 축하 연설에서 조지 마셜 George Catlett Marshall, 1880~1959 국무장관이 '유럽부흥계획European Recovery Program', 곧 마셜플랜의 필요성을 역설하면서 현실화되었다. 1948 ~1951년 사이 서유럽 16개국에 120억 달러의 원조를 제공하는 내용이었다. 영국, 프랑스 등 2차 세계대전 당시의 '전우'만이 아니라 '적군'이었던 서독까지 지원 대상에 포함되었다.[11] 그 결과 1948~1951

년 사이 서유럽의 통합 국내 GNP(국민총생산)는 30% 이상 증가했다. 산업생산 증가치는 당초 목표였던 30%를 뛰어넘는 41%를 기록했다. 무역 신장도 이뤄졌다. 해당 기간 유럽 내 무역은 70%, 서유럽과 다른 세계 간의 수출과 수입은 각각 66%, 20% 증가했다.[*][12] 전후 프랑스의 실용품 생산에서 속옷에 이어 둘째로 우선시되었던 품목은 유모차였다. 1949년 영국의 출생률은 1937년에 비해 11% 증가했고, 프랑스는 같은 기간 33% 증가했다. 새로운 유럽이 탄생하고 있다는 징표였다.[13]

달러로 구축한 브레턴우즈체제

20세기 들어 세계 각국은 금을 국제결제 통화로 사용하는 금본위제 대신 금과 또다른 국제결제 통화를 무역결제에 사용하는 금환본위제로 전환한다. 2차 세계대전 이후 국제결제 통화, 곧 '기축통화 Key Currency'로는 미국 달러화가 제격이었다. 미국 말고는 변변히 경제를 꾸려가는 나라가 없었기 때문이다. 한때 세계경제를 이끌던 영국은 전쟁의 여파로 만신창이가 된 상태였다. 영국은 전쟁에서 이기기 위해 무일푼이 될 때까지 모든 동력을 다 쥐어짰다. 1945년 전체 고용 인구 2150만 명 가운데 1000만 명의 남녀가 무장했거나 무기를 만들고 있었다. 제국을 유지하기 위한 비용도 큰 부담이었다. 1934년부터 1938년까지 영국이 군사 및 외교 활동에 지출한 비용은 연간 600

[*] 마셜플랜을 효율적으로 진행하기 위해 유럽경제협력기구OEEC라는 국제 협의체도 마련되었다. 이 기구는 1961년 OECD로 개편되면서 미국과 캐나다도 회원국으로 가입했다. OECD는 가입 때 일정 이상의 정치·경제적 선진화를 요구한다. 선진국 클럽으로 불리는 이유다. 한국은 1996년 12월 29번째 정회원이 되었다.

만 파운드였지만 1947년에는 군사비 지출에만 2억 900만 파운드의 예산을 써야 했다. 내핍은 필연적 결과였다. 고기와 설탕, 휘발유 그리고 심지어 사탕까지도 배급되었다. 더 많은 외화를 확보하기 위해서였다. 영국에서 기본 식량 배급은 다른 서유럽 국가들보다 한참 늦은 1954년까지 계속되었다. 2차 세계대전 전 세계 최대 규모의 채권국이었던 영국은 세계 최대 채무국으로 전락했다.[14] 미국은 압도적 경제력과 달러의 영향력을 등에 업고 2차 세계대전이 끝나기 전부터 세계경제의 새로운 질서를 그리기 시작한다. 각국의 협력 부족으로 세계경제가 대공황이라는 재난을 맞고, 이것이 나치즘의 등장과 2차 세계대전이라는 비극으로 연결되었다는 판단에서다.

새로운 세계경제의 질서는 '브레턴우즈체제Bretton Woods System'라 명명됐다. 브레턴우즈체제의 목표는 외환시장을 안정적으로 운영하고 무역 장벽을 제거해 자유무역 기조를 확립하는 것이었다. 전간기의 경제적 혼란과 대공황의 경험을 통해 세계 각국은 국제적 경제질서 확립과 이에 기초한 정책 조율이 필요하다는 뼈저린 교훈을 얻은 뒤였다.[15] 브레턴우즈체제를 실질적으로 이끌 기구로 국제통화기금IMF과 국제부흥개발은행IBRD 그리고 관세및무역에관한일반협정GATT이 마련된다. IMF는 세계 통화 안정과 국제 유동성 확대를 보장하기 위해 1945년 설립되었다. 금 1온스당 35달러라는 기준이 마련되었는데, 미국은 달러를 언제든 금으로 태환할 수 있고, 다른 국가들의 통화는 달러에 고정 환율로 묶이는 형태로 운영되었다.[16] 이에 따라 각국 중앙은행들은 달러나 달러 표시 채권을 보유하지만 달러 가치의 하락이 예상되면 언제든 이를 금으로 바꿀 수 있었다. 유동성이 높은 달러가 각국 보유고의 주요 자산이 된 것이다. 미국으로서는 전쟁 뒤 미국으로 몰려든 금을 활용하면서도 달러를 국제결제 통화로 자리 잡게 하는 묘안이었다.

　고정환율제도 등장했다. 각국은 경제위기 같은 긴급한 상황에서도 환율을 ±1% 안에서 조정해야 했다. 이런 방식으로 IMF는 전 세계적으로 실질적인 고정환율제를 관철시키면서 국제금융체제의 안정을 가져왔다. 회원국들이 일정 비율로 분담금을 내 기금을 조성하면, 통화 위기를 맞은 국가는 기금으로부터 구제금융을 받을 수 있었다. IBRD는 전쟁 피해 복구와 경제 부흥, 저개발국의 경제개발을 위한 자금 지원에 특화된 별도의 금융기구였다. IMF가 각국의 안정적 외환 공급을 목표로 삼았다면, IBRD는 실질적으로 회원국 정부와 기업에 자금을 융자해주는 업무를 맡았다. GATT는 자유무역 증진을 목표로 삼았다. 나라마다 설정했던 관세장벽과 비관세장벽을 철폐하고, 회원국 모두에게 동일하게 적용한다는 것이다.

　브레턴우즈체제에는 맹점이 존재했다. 시장에서 사람들이 물건을 활발하게 사고팔 수 있으려면 교환 수단인 화폐, 곧 통화량 공급이 충분해야 한다. 세계경제 역시 마찬가지다. 기축통화인 달러화가 충분히 공급되어야 브레턴우즈체제 아래의 서구 자본주의 경제가 원활하게 굴러갈 수 있었다. 그러나 미국이 꾸준히 경제·군사 원조를 계속하면서 미국의 달러는 지속적으로 해외로 유출되었다. 달러 공급을 위해 미국의 만성적 경상수지 적자는 자연스럽고도 불가피한 현상이었다. 하지만 이는 필연적으로 달러 가치와 신뢰도 하락을 가져오고, '금 1온스=35달러'라는 기준이 변하지 않는 한 달러화 대신 금을 보유하려는 수요가 높아지는 현상으로 귀결된다. 곧 기축통화로서 국제적 신용도가 흔들리면서 미국 경제의 약화를 가져오는 것이다. 실제로 프랑스와 벨기에 정부는 1971년 초 금 1온스의 가격이 44달러까지 치솟자 미국에 달러를 금으로 바꿔달라고 요구한다.

로버트 트리핀Robert Triffin, 1911~1993 미국 예일대 교수는 해당 내용을 토대로 1960년 미국 의회에서 브레튼우즈체제가 결국 붕괴할 것이라고 경고했다. 이를 '트리핀 딜레마Triffin Dilemma'라고 부른다. 실제로 미국은 1970년대에 들어서면서 트리핀 딜레마에 빠졌다. 미국이 선택할 수 있는 대안은 두 가지였다. 금과 달러의 교환 비율을 재조정하거나 금본위제를 포기하는 것이었다. 하지만 첫째 안은 투기세력의 압력에 굴복하면서 추가적인 금 투기를 가져올 가능성이 높았다.[17] 이에 닉슨Richard Nixon, 1913~1994 행정부는 1971년 8월 금 태환(교환) 정지를 선언하면서 '닉슨 쇼크'를 불러온다.

전무후무한 세계 자본주의의 벨 에포크

다만 1960년대까지 브레튼우즈체제의 한계는 표면화되지 않았다. 미국과 유럽 등 선진국만이 아니라 세계 각국이 매우 이례적으로 20년 넘게 동반 성장하는 꿈 같은 일이 벌어졌다. 이에 불과 수십 년 전까지만 해도 굶주림과 궁핍이 일상이었던 노동자와 농민들이 거대한 중산층으로 변모하고, 그 결과 물질문명과 대중문화의 달콤함을 누리는 시대가 펼쳐졌다. "근대 경제사에 유례가 없을 정도로 장기간의 고도 안정성장 시기"(마이클 포스탠 케임브리지대 교수)이자 "지금처럼 좋은 시절은 결코 없었다"(해럴드 맥밀런 영국 총리)라는 말이 나올 정도였다.[18] 당시 '세계경제의 황금기'는 통계로도 확인된다.

1장에서 제시한 앵거스 매디슨의 '세계 경제성장 장기 추세 연구'를 다시 살펴보자. 1820~1998년 사이 세계 주요 경제권의 1인당 연평균 실질 GDP 증가율을 추산한 표에 따르면, 1950~1973년 사이의 성장률은 다른 어느 시기보다 두드러진다. 서유럽의 성장률은 1820~1870년 사이 0.95%에서 1870~1913년 사이 1.32%로 상승한 뒤, 양차 대전과 경제대공황이 겹친 1913~1950년 사이에는 0.76%로 뚝 떨어진다. 그러나 1950~1973년 사이에는 4.08%로 수직 상승한다. 해당 기간에 미국(2.45%)을 제외한 동유럽(3.79%), 구소련(3.36%), 동아시아 16개국(3.83%) 역시 모두 3% 이상을 기록했다. 2차 세계대전 때 전혀 피해를 보지 않았던 미국은 이미 1차 세계대전과 대공황 사이에, 그리고 2차 세계대전 직후에 황금기를 맞았다. 일본은 무려 8.05%의 경이로운 성장 속도를 보여주었다. 그 결과 일본의 1인당 평균소득은 20여 년간 6배나 불어났다(564쪽 상단 표 참고).[19]

이 기간 전 세계 1인당 평균소득은 연 2.92%의 속도로 증가했다. 이는 25년간 서민들의 생활수준을 두 배로 만들 수 있는 수치였다. 미국에서는 정부의 사회보장 프로그램으로 퇴직연금이 보편화되면서 노인 빈곤율도 크게 떨어졌다. 1966년 미국 인구조사국의 한 고위 간부는 "최근 추세가 계속된다면 우리는 생전에 믿을 수 없는 경제활동 수준에 다다를 것"이라고 공표했다. 실제로 역사상 그렇게 많은 이가 빠른 속도로 이전보다 훨씬 잘살게 된 적이 없었다.[20]

이 시기의 성장세는 제조업이 이끌었다. 미국의 공장설비 물량은 1945~1973년 사이에 거의 4배 증가했다. 철강 생산량은 제조업 성장세를 확인하는 데 유용한 수치다. 세계철강협회에 따르면, 전 세계 철강 생산량은 1950년 1억 8900만 톤에서 1970년 5억 9500만 톤으로 3배 넘게 뛰어올랐다. 20년 뒤인 1990년에 7억 7000만 톤, 2000년에 8억 5000만 톤이었다는 점을 감안하면 해당 시기 산업 발전의 속도가 무척 빨랐다는 점을 확인할 수 있다.[21] 경기 호황으로 1950년에만 해도 선진국에서 흔했던 실업은 1960년대에는 거의 사라졌다.

그렇다면 당시 황금기가 도래한 원인은 무엇일까. 일반적으로 경제가 성장하려면 자본 확충에 따라 투자가 증가하거나 인구 증가로 노동력이 늘어야 한다. 무엇보다 중요한 요인은 앞에서도 설명했듯 생산성, 곧 TFP다. 황금기에는 TFP의 신장세가 두드러졌다. 1950년대 미국의 TFP 증가율은 3% 중반에 육박했다. 1960년대에도 1% 후반대를 유지했다. 미국의 TFP 증가세는 1920년대부터 본격화된 뒤 2차 세계대전 기간에 크게 뛰어올랐다(564쪽 하단 표 참고).[22]

이에 대해 로버트 J. 고든 노스웨스턴대 교수는 몇 가지 요인을 내놓는다. 먼저 실질임금은 빠르게 올라간 반면 주당 노동시간은 줄어든 점이 생산성 증대를 유도했다고 분석한다. 대공황 시절 제정된 와그너법은 노조 설립을 장려한 동시에 실질임금을 크게 올렸고, 평균 주당 노동시간을 줄이는 데 기여했다. 실제로 미국 노동자의 노동시간은 1920년에 주당 60시간에서 52시간으로, 다시 1930년대 말에는 40시간까지 넘보는 수준으로 축소되었다.[23] 자본가들이 이에 대응할 방법은 단 하나, 바로 생산성 증대였다.

그 결과 1920~1970년 사이 미국의 1인당 노동시간은 0.41%

감소했는데도 시간당 생산량은 2.82% 증가하며 전체 1인당 생산량 역시 2.41% 늘어났다. 특히 해당 기간 시간당 생산량 증가율인 2.82% 가운데 TFP 증가율은 2%에 육박한다. 앞선 1890~1920년이나 뒤이은 1970~2014년에 비해 거의 3배에 이른다.[24] 이는 19세기 후반부터 20세기 초반에 이뤄진 2차 산업혁명의 성과들이 수십 년의 시차가 벌어진 뒤 보편화되면서 생산성 증가를 이끈 덕분이다. 이런 생산성 증가는 자본지출 증가로도 확인된다. 설비자본 가치에 대한 설비투자 비율은 1928년 13.6%에서 1941년 17.1%로 뛰어올랐다. 대공황 시절 건축투자는 위축되었지만 혁신이 지속되면서 설비투자가 늘었기 때문이다.[25]

전쟁 역시 생산성 증가에 큰 기여를 했다. 1941년에 미국 경제는 제조업의 설비 부족에 직면한 상태였다. 그해 철강업의 설비 가동률은 97%에 달했다. 공장을 더 늘리기에는 역부족이었지만 연합군의 군수창고 역할을 해야 하는 데다 일본과의 전쟁 수행을 위해 항공모함을 비롯한 군함과 전투기를 서둘러 생산해야 했다. 결국 한정된 노동력을 바탕으로 생산력을 극대화해야 했고, 이는 끊임없는 생산기술의 향상으로 이어졌다. 포드공장에서는 1943년 초 B-24 폭격기를 한 달에 75대 만들었는데, 그해 11월에는 150대, 1944년 8월에는 432대 제조했다. 전후 민간 수요가 폭등하자 제조업체들은 군수품 설비를 냉장고와 세탁기, 자동차, 텔레비전을 만드는 설비로 전환해 생산력을 총동원했다.[26] 이런 생산성 향상은 미국에만 국한되지 않았다. 서구 주요국 중에서는 일본과 서독, 프랑스의 TFP 증가율이 해당 기간 연평균 3%를 상회했다.[27] 그 결과 이들 국가를 중심으로 '따라잡기Catch

Up' 현상이 두드러졌다.

금본위제와 대공황을 다룬《황금족쇄》의 저자 배리 아이켄그린 Barry Eichengreen 미국 UC버클리 석좌교수는 '임금절제Wage Moderation' 가설로 황금기의 원인을 설명한다. 한 국가에서 노동자와 자본가는 경제 발전과 관련해 협조적일 수도 혹은 적대적일 수도 있다. 협조적인 경우 노동자는 임금인상 요구를 자제하는 대신 기업은 배당금 지급을 줄이고 투자를 촉진한다. 2차 세계대전 이후에는 둘 사이의 협조를 이끌어낼 메커니즘이 대거 등장한다. 장기계약이나 노사정 협의체 구성, 임금물가 통제가 바로 그것이다.[28] 미국만이 아니라 서유럽 전역에서도 정부와 고용주, 노동자는 서로 협력해 정부의 대규모 지출과 누진세, 임금인상 억제라는 선순환을 만들었다. 이는 전시와 전후에 계획경제와 복지국가가 필요하다는 합의가 광범위하게 도출된 결과였다.[29]

이와 함께 경상거래 제한을 없애는 다자간 계약인 유럽지불동맹EPU, 독일의 석탄과 프랑스의 철광석 간 무역의 관세동맹인 유럽석탄철강공동체ECSC, OECD의 전신인 유럽경제협력기구OEEC 등의 기구들은 유럽 통합에 기여하면서 경제 발전의 촉진제 역할을 했다. 이런 국제기구나 협정들은 수입관세 인하와 국제무역 활성화를 가져왔고, 외국과의 경쟁에 직면한 제조업체들의 현대화를 압박했다.[30] 여기에 전쟁 기간 억눌려 있던 기업 투자가 전쟁 이후 폭증했다. 미국의 공장설비 물량은 1945~1973년 사이 거의 4배 증가했다. 영국의 GDP 대비 투자 지출 비중도 1950년대 초 14%에서 1960년대 말 21%까지 치솟았다. 생산량이 너무 빨리 증가하면서 더 많은 노동자가 필요해졌다. 일본 제조업계의 고용자 숫자는 1955년 690만 명에서 1970년

1350만 명으로 두 배 가까이 늘었다.[31]

유럽의 눈부신 성과도 따로 기억할 필요가 있다. 뒤에 더 자세히 서술하겠지만 1950~1973년 사이 독일의 1인당 GDP 성장률은 실질 가치로 3배 늘었다. 프랑스의 1인당 GDP도 같은 기간 150% 증가했다. 특히 전 세계 공산품 수출에서 독일이 차지하는 비중은 1950년 7.3%에서 10년 뒤 19.3%로 증가했다. 독일 경제가 대공황 이전에 국제 교역에서 차지했던 지위를 되찾은 것이었다.[32] 생산성 증대와 더불어 노동 투입도 크게 늘었다. 농촌에서 도시로 대거 이주하거나(이탈리아), 남유럽 국가로부터 노동력을 공급받은(독일) 덕분이었다. 이탈리아와 아일랜드, 프랑스 등은 영국이나 벨기에가 거의 한 세기 동안 밟은 공업 경제의 단계를 단숨에 뛰어넘었다.[33] 일자리도 넘쳐났다. 1930년대 서유럽의 평균 실업률은 7.5%였지만 1950년대에는 이탈리아를 제외하고 어디서나 사실상 완전고용 수준인 3% 이하를 사상 처음 기록했다.[34]

다만 따라잡기 현상으로 세계경제의 미국에 대한 의존도는 크게 낮아진다. 1953년의 공업생산 지수를 100으로 했을 때 1975년 미국의 지수는 206을 기록했다. 같은 기간 서독은 100→337, 프랑스는 100→369, 이탈리아는 100→397로 불어났다. 일본은 100에서 1131로 무려 11배가 되었다. 또 1948~1977년 사이 세계 수출에서 미국이 차지하는 비중은 21.9%에서 10.9%로 하락했다. 미국의 무역수지 흑자 폭도 같은 기간 계속 감소하다가 1971년에는 80년 만에 처음으로 적자로 전환된다.[35]

처음 맛본 '성장과 평등의 조화'

이때가 '아름다운 시기'로 기억되는 것은 경제가 빠르게 성장하고, 그 과실이 비교적 골고루 배분되는 '성장과 평등의 조화'가 인류 역사상 거의 처음 이뤄졌기 때문이다. 이런 변화의 결정적 요인은 당시가 2차 세계대전 직후라는 배경에서 찾아야 한다. 전쟁 전까지만 해도 미국, 영국, 독일 등 선진국들조차 복지제도가 빈약했다. 하지만 전쟁이 종결의 기미를 보이자 각국 기독교 및 사회주의 정당들은 전쟁에서 희생을 요구받은 시민들이 평시의 혜택을 나눠 가져야 한다고 주장했다.

이때 등장했던 대표 문건이 〈베버리지 보고서〉다. 영국 경제학자 윌리엄 베버리지William Beveridge, 1879~1963는 1942년 보고서를 통해 모든 시민에게 포괄적 사회보험제도를 확립해야 한다고 요구했다. 그는 "세계사에서 획기적 순간은 부분적 개혁이 아닌 혁명의 때다"라고 선언했다. 보수와 진보 가릴 것 없이 영국의 정당들은 이에 호응했다. 결국 1945년부터 자녀수당, 실업보험, 국민건강보험 등 복지정책들이 현실화되었다. 프랑스, 캐나다, 네덜란드, 벨기에 등도 복지 확대 대열에 적극 동참했다.[36]

선진국들 사이에서 사회복지제도를 해체하려는 보수정당은 단한 곳도 없었다. 경제가 잘 돌아가니 세금이 잘 걷히고, 이를 재원으로 복지를 확충해 표심을 얻는 게 가장 효과적인 정책이었다. 미국 공화당이 1952년 선거에서 대공황 당시 루스벨트의 뉴딜정책과 조세정책에 대해 '사회주의적'이라고 비판했던 극우 성향의 로버트 태프트

Robert Alphonso Taft, 1889~1953 상원의원 대신 아이젠하워를 후보로 선출한 것도 이런 분위기를 반영한다. 처칠에서 에드워드 히스Edward Heath, 1916~2005에 이르는 영국 보수당 출신 총리들 역시 노동당의 케인스주의자들 못지않게 복지정책을 열렬히 받아들였다. 1943년 "어느 사회든 아기에게 우유를 먹이는 것보다 더 좋은 투자는 없다"라고 말한 이는 다름 아닌 처칠이었다.[37] 복지제도는 당시 선진국에서 보편적인 '탈이데올로기' 현상이었다.•

또한 양차 대전과 대공황, 파시즘을 불러일으킨 기존의 자유방임 자본주의는 사회를 바람직하게 계획하는 데 실패한 것으로 보였다. 시장을 이기심에만 맡겨둔 야경국가는 케인스 이전 시대의 유물로 간주되었다. 이는 대공황의 교훈을 배우지 못한 것일뿐더러 극단적으로는 분쟁의 유인이자 인간의 가장 천한 본능에 호소하는 행위로 받아들여졌다.[38] 이에 "(좌파뿐 아니라 기독교민주당 등 우파) 정치 지도자나 대중들은 한 가지 점에서 의견 일치를 보았다. 민주주의가 제대로 작동하려면, 민주주의 체제는 적절히 '계획'돼야 한다"라는 것이었다.[39] 이를 기초로 국가 경제에서 정부가 차지하는 비중도 커졌다. 1950~1973년 사이 영국의 GDP 대비 정부 지출은 34.2%에서 41.5%로, 프랑스는 27.6%에서 38.8%로, 서독은 30.4%에서 42.0%로 늘었다.[40] 여기에 정부는 자본가와 노동자 간의 '사회 협약'을 이끌어내는

• 보수정당 출신의 정치 지도자였던 미국의 드와이트 아이젠하워도, 영국의 해럴드 맥밀런Harold Macmillan, 1894~1986도, 프랑스의 샤를 드골Charles De Gaulle, 1890~1970도, 서독의 콘라드 아데나워Konrad Adenauer, 1876~1967도, 이탈리아의 알치데 데가스페리Alcide De Gasperi, 1881~1954도 정부가 경제에서 주도적 역할을 포기하고 시장이 마음대로 하도록 내버려두어야 한다는 생각에 동의하지 않았다.[41]

주체로 등장했다. 1960~1970년대 영국 노동당 우파 지도자 앤서니 크로슬랜드Anthony Crosland, 1918~1977가 《사회주의의 미래》(1956년)에서 언급한 대목은 당시의 분위기를 잘 대변해준다.

> 완전고용 복지국가는 … 초기 사회주의 개척자들에게는 파라다이스처럼 보였을 것이다. 가난과 불안은 사라지고 있었다. 생활수준은 빠르게 좋아지고 있었고 실업의 공포는 점점 옅어졌다. 영국은 엄청난 대량 풍요의 문턱에 서 있다.[42]

노동조합의 영향력과 교섭력이 강해진 것도 노동자들의 임금 상승으로 이어졌다. 1960년대 미국의 최대 고용주였던 GM의 일반 노동자들은 2014년 기준 화폐가치로 시간당 최저 35달러를 벌었다. 2014년의 최대 고용주인 월마트의 일반 노동자가 버는 최저시급 9달러보다 3배 이상 많았다. 이는 50여 년 전 GM 노동자의 뒤에는 강력한 노조가 버티고 있었던 반면 월마트 노동자에게는 노조가 없었기 때문이다. 당시 미국에서는 민간 부문 노동자의 30% 이상이 노조에 가입했고, 이들의 다수는 고등학교조차 졸업하지 못했지만 노조의 협상력 덕분에 현재 가치로 시급 30달러 정도를 요구할 수 있었다.[43]

선진국을 중심으로 빈곤은 빠르게 사라지고 평등이 새로운 기조로 자리 잡았다. 1962년 서독에서는 9가구당 1가구가 평균 가계소득의 절반 미만으로 생활했지만, 1973년에는 해당 비율이 16가구당 1가구로 대폭 축소되었다. 1940년대 말에는 미국 가구의 3분의 1이 공식적인 빈곤선 이하의 소득을 거뒀지만, 1973년에는 9가구 중 1가구만 이에 해당했다.[44] 1948~1972년 사이 미국의 하위 90%의 실질소득은 2.65% 상승했다. 같은 기간 상위 10%의 성장률인 2.46%나 전체 평균인 2.58%보다 높은 수치다.[45] 반면 미국 등 많은 나라에서는 여전히 소득세 최고 세율이 80%에 육박했다. 1940년 전후로 전쟁 자금 조달을 위해 올렸던 세율이 그대로 유지된 것이다.*

지갑이 두둑해진 이들은 자연스럽게 광범위한 소비 대중으로 탈바꿈했다. 특히 내구 소비재와 여행, 보건 등 소득이 늘수록 소비가 늘어나는 품목들의 매출이 급성장했다. 많은 미국인은 《미국의 성장은 끝났는가》 11장 제목처럼 "쉐보레를 타거나 비행기를 타고 미국을 둘러"봤다. 100가구당 차량 등록 대수는 1930년 89.2대에서 1950년 112.9대, 1970년 171.0대로 뛰어올랐다. 1970년대에는 차량을 두 대 이상 보유한 가구가 흔해졌다는 뜻이다. 1인당 차량마일 증가율은 1929~1950년 6.2%에서 1950~1980년 8.0%로 상승했다.[46] 영국에서도 1950~1980년 사이 10년마다 자동차 보유 대수가 2배로 불었다. 프랑스 역시 1950년대에 200만 대 미만이었지만 1960년에는 거의 600만 대까지 증가했다.[47] 비행기 여행도 여가의 일부로 자리 잡았다. 1인당 항공여객 마일 증가율은 1940~1960년 32.0%, 1960~1980년 16.5%를 기록했다. 항공 교통량은 1950년대에 3배, 다시 1960년대에 3배로 불었다.[48]

이는 투자의 증가를 유도하고, 다시 소비의 증가로 이어지는

---

* 상속세도 강화되면서 부의 세대 이전이 더욱 까다로워졌다. 상속세를 대신해 프랑스 정부로 넘어간 예술품으로 가득 찬 파리의 미술관과 박물관, 연 1%의 보유세율 대신 기증받은 시골 성이나 별장을 운영하는 영국 내셔널 트러스트는 이런 배경에서 이해할 수 있다.

선순환 효과를 냈다. 미국만이 아니라 서유럽도 마찬가지였다. 슈퍼마켓이 확산되면서 식품을 저장할 냉장고 보급률은 1970년대에 80%를 웃돌았다.[49] 선진국 시장만 놓고 보면 '고도 대중소비 단계'가 열린 셈이다. 이런 고도 대중소비 문화의 중심에는 청년층을 중심으로 선풍적인 인기를 끌었던 로큰롤Rock'n' Roll이 자리하고 있다. 이제 로큰롤의 제왕the King of Rock'n' Roll 엘비스 프레슬리Elvis Presley, 1935~1977를 만나볼 차례다.

청춘의 음악 로큰롤의 탄생

10대 문화의 아이콘, 엘비스 프레슬리

시계를 잠시 60여 년 뒤로 돌려보자. 때는 1956년 9월의 두 번째 일요일인 9일 밤. 뉴욕 외곽 도시에 살고 있는 당신은 빵과 로스트 치킨, 매쉬 포테이토로 저녁을 먹은 뒤 가족과 함께 거실 소파에 앉아 흑백 텔레비전을 틀었다. 주말의 마지막 밤을 당시 최고 인기 쇼였던 〈에드 설리번 쇼〉로 마무리하기 위해서다.

쇼가 시작된 뒤 화면에 검은색 바지와 흰색 재킷을 입은 한 백인 청년이 나타났다. 금발 머리를 뒤로 넘긴 미남형이었다. 그윽한 눈매와 냉소적인 미소도 매력적이었다. 그의 이름은 엘비스 프레슬리. 수줍은 말투로 인사를 건넨 그가 마이크를 잡자 놀라운 일이 벌어졌다. 그는 백인의 컨트리풍이 아닌 흑인의 리듬앤블루스R&B풍의 창법으로 〈Hound Dog〉을 열창했다. 노래 도중은 물론 간주 때 엉덩이와 다리도 마구 흔들어댔다.

당신이 중년 이상이라면 "요즘 젊은 것들은…" 하며 눈살을 찌푸렸을 것이다. 그러나 20대 이하라면, 특히 10대 소녀라면 부모의 눈치도 보지 않고 환호성을 내질렀을 가능성이 농후하다. 젊은 방청객들이 쇼 도중에 연신 그랬듯이 말이다. 이날 〈에드 설리번 쇼〉는 대략 5400만 명이 지켜봤다. 전미 텔레비전 시청자의 83%에 해당하는 숫자였다.

1950년대 음악은 로큰롤을 빼놓고 이야기할 수 없다. 로큰롤의 어원은 〈Rock Around the Clock〉(1954년)이라는 곡으로 1955년 빌보드 싱글차트 정상에 올랐던 로큰롤 뮤지션 빌 헤일리Bill Haley, 1925~1981의 1952년 곡 〈Rock a Beatin Boogie〉의 가사에서 나왔다는 게 정설이다. 이 곡은 1955년 B급 영화 〈폭력교실〉에도 사용되었다.[50] 이후 클리블랜드 지역 라디오 DJ였던 앨런 프리드Alan Freed, 1921~1965가 '로큰롤'이라는 신조어를 만들었다고 알려져 있다.[51] 원래 흑인 남녀 간의 성행위를 뜻하던 로큰롤이라는 단어가 청춘들을 열광케 하는 음악 장르로 재탄생한 것이다. 음악적으로는 전자기타와 베이스기타 등 전자악기를 사용하고 리프와 보컬을 강조한 흑인 블루스와 R&B에 미국 컨트리음악, 부기우기 사운드 등이 혼합된 형태다. 정확하게는 백인들이 흑인음악 스타일을 가져가 베낀 '하이브리드' 음악이었다.[52] 기타의 우월성에 더해 견고한 비트, 청년 지향성, 노골적인 섹슈얼리티의 강조라는 특징도 빼놓을 수 없다.[53]

로큰롤의 토대를 닦은 이들은 빌 헤일리와 더불어 기타리스트

척 베리Chuck Berry, 1926~2017, 리틀 리차드Little Richard, 1932~2020 같은 뮤지션이다. 하지만 로큰롤을 청춘의 음악으로 자리매김하게 한 이는 엘비스 프레슬리다. 엘비스가 본격적으로 활동을 시작한 1955년을 로큰롤 원년으로 삼을 정도다.

미시시피 주 투펄로에서 태어난 엘비스는 부모가 '힐빌리'로 불리는 남부의 가난한 백인계층이었다. 1948년에 테네시 주 멤피스의 빈민가로 이사한 그는 고등학교 졸업 뒤 트럭 운전으로 생계를 이어갔다. 뮤지션으로서 엘비스의 생애는 1954년 7월 5일부터 시작된다. 인류 역사는 우연이 필연보다 우선하는 경우가 종종 있다. 엘비스 역시 우연이 작용하지 않았다면 평범한 노동계급으로 늙어갔을 것이고, 대중음악사 역시 청춘의 아이콘을 잃은 밋밋한 모습이 되었을 것이다. 일 년 전 어머니의 생일 선물로 4달러를 내고 자비 음반을 낸 그는 '흑인 창법으로 노래하는 백인 가수'를 찾던 지역 레코드사 사장의 눈에 띄어 정식 녹음을 하게 된다. 지루한 컨트리음악과 발라드 곡을 노래하던 그는 휴식시간에 대표적인 R&B 넘버인 〈That's Alright Mama〉을 자기 스타일대로 불렀다. 순간 자리에 있던 모든 이들은 충격에 휩싸였다. 백인 젊은이가 내뿜는 흑인음악의 '필'을 난생처음 들었기 때문이다.[54]

이날 녹음한 첫 싱글앨범으로 멤피스 지역에서 이름을 알린 그는 이듬해 11월 대형 음반사 RCA와 계약을 맺으면서 전국구 스타로 발돋움한다. 1956년 초 〈Heartbreak Hotel〉이 빌보드 싱글차트 1위를 차지한 것을 시작으로 〈Hound Dog〉〈Don't Be Cruel〉〈Love Me Tender〉가 연이어 히트했다. 특히 〈Don't Be Cruel〉은 1956년 여름과 가을 사이 빌보드 정상을 11주 동안 유지하다 〈Love Me Tender〉에 바통을 넘겼다. 엘비스 프레슬리는 1956년 말까지 미국에서만 2200만 달러 상당의 음반과 관련 상품을 팔아치웠다. 이는 그해 고전음악 전체 시장의 절반에 해당하는 금액이었다.[55] 그는 최초의 팝 아이돌은 아니었지만, 제임스 딘James Byron Dean, 1931~1955이 스크린에서 그랬던 것처럼 젊음을 무기로 호소한 최초의 가수였다.[56]

텔레비전의 보급 확대는 엘비스 프레슬리의 인기에 불을 지르는 데 결정적인 역할을 했다. 텔레비전은 1925년 영국에서 발명되었지만 화질이나 가격 문제로 바로 대중화되지는 못했다. 텔레비전이 자동차와 더불어 중산층의 전유물이 된 것은 1950년대부터다. 1953년 미국 전역에 2700만 대의 텔레비전이 보급된 데 이어 1956년에는 3700만 대로 늘어났다.[57] 텔레비전의 보급 확대는 영화배우 못잖은 외모에 젊은 여성들의 넋을 빼놓는 '골반 흔들기'를 트레이드 마크로 삼던 엘비스에게 날개를 달아주었다. 음악시장의 성장도 빼놓을 수 없다. 1950년 1억 8900만 달러였던 레코드 매출은 1973년 20억 달러를 넘어섰다. 이 가운데 80%가량을 록이나 록과 유사한 음악이 차지했다.[58] 당시 틴에이저들은 '구닥다리'인 부모 세대의 스윙재즈나 컨트리음악 대신 로큰롤에 열광하면서 엘비스는 전무후무한 '10대의 우상'으로 등극했다.

엘비스와 로큰롤의 등장이 '10대 문화'의 출현 및 강화와 궤를 같이한다는 점은 매우 중요하다. 그 이전까지 10대 혹은 청소년은 아예 존재하지 않는 세대였다. 전통적인 가족과 지역사회에서는 '학교에 머무르고 있는 아이들'과 '직업을 가진 젊은 어른'으로 이분화되어 있을 뿐이었다. 당연히 10대가 별개의 소비자 집단이 될 수 있다는 인식 자체도 없었다.[59] 이런 이유로 1950년대 이전까지 대중음악에서 연령의 구별은 뚜렷하지 않았다. 20세기 초반 대중음악의 주류였던 '틴 팬 앨리Tin Pan Alley' 음악은 손자로부터 할머니까지 모든 청중을 대상으로 했다. 그러나 1940년 이후부터 기성세대의 대중음악을 '스탠더드'라 구분해 불렀고, 1950년 중반 이후 로큰롤의 등장으로 10대의 취향이 주류 음악의 한 분야로 제도화되었다.[60] 또 2차 세계대전 종전 뒤 대략 15년간 베이비붐을 맞은 미국은 그 어느 때보다 젊어졌다. 1946~1964년 사이 400만 명의 아기가 새로 태어났다. 그 결과 1964년에는 미국인 중 무려 40% 정도가 스무 살 미만이었다.[61] 여기에 1950년대의 경제적 풍요로움은 10대 베이비부머 세대들에게 전례 없는 구매력을 선사했고, 이를 통해 이들은 소비시장의 중추로 등장했다. 음반 판매와 경제 발전 및 소득의 상관관계는 굳이 설명할 필요조차 없을 정도로 명백하다. 1973년 1인당 음반 지출이 가장 높은 나라는 미국이었다. 스웨덴, 서독, 네덜란드, 영국이 그 뒤를 이었다. 이들 국가 국민은 연간 7~10달러를 음반 구입에 썼다.[62]

앞서 2차 세계대전 당시 미국 군수산업은 많은 노동력이 필요했다. 이때 청소년들이 고등학생 신분을 유지하면서 성인과 같이 일을 하고 돈을 벌었다. 전쟁 뒤에는 집안 허드렛일을 하는 대가로 매주 용돈을 받는 문화가 널리 퍼졌다. 1950년대 초반 미국 청소년들의 용돈은 60억 달러를 넘어선 데 이어 1963년에는 105억 달러로 두 배 가까이 불었다.[63] 이들은 용돈을 오락과 문화, 곧 음반을 사는 데 썼다. 1949년 음반 소매점 관련 조사에 따르면, 미국에서 음반을 구매하는 인구의 3분의 1이 21세 이하의 젊은이들과 청소년들이었다.[64] 로큰롤 시장의 급격한 팽창을 주도한 것도 10대였다. 더구나 이들은 스스로를 기성세대와 구분되는 '10대'라는 새로운 세대로 규정하고, 그에 걸맞은 정체성과 문화적 양식을 확보해간다. 이때 이들의 가장 강력한 무기가 로큰롤이었다. 로큰롤은 "청년들에게 정체감과 소속감을 부여하는 동시에 특정 방식으로 자신을 투여하고 권능화하는 문화적 공간을 제공"했고, 이에 따라 "청년과 로큰롤 간의 동맹"이 가능해졌다.[65]

로큰롤은 백인의 취향만을 반영했던 미국 대중음악계에서 처음으로 인종적 장벽이 붕괴된 산물이라는 점도 주목해야 한다.[66] 1950년대 로큰롤 음반은 흑인이 다니는 도심 공립학교의 댄스파티에서 혹은 백인이 다니는 교외의 사립학교에서 모두 울려 퍼졌다. 1950년대 미국은 인종과 계급, 지역이 극단적으로 분리된 사회였다는 점을 감안하면, 이는 이례적이면서도 독특한 문화적 현상이었다.[67] 대중을 연결하고 관계를 맺게 해주는 대중음악의 특징은 로큰롤 시대를 통해 최초로 본격적인 모습으로 드러났다. 로큰롤은 백인 위주의 상류 혹은 중간계급 젊은이들이 가난한 흑인을 겨냥했던 음악을 받아들인 첫 사례였다.[68] 순전히 흑인음악으로 만들어졌던 로큰롤이 사실상 백인 음악계를 점령한 셈이었다. 기존 재즈나 스윙재즈 역시 흑인 뮤지션의 비중이 높았지만 애당초 흑인만이 아닌 백인까지도 소비 대상으로 삼았고, 처음부터 백인들이 주로 향유했다는 게 로큰롤과의 차이였다. 이는 라디오와 음반의 대중화로 백인들이 흑인들과의 직접적 접촉 없이도 흑인음악을 들을 수 있게 된 결과이기도 하다. 전후 미국 10대들은 20세기 후반 한국의 또래들이 그랬듯, 늦은 밤 침대 머리맡에 누워

작은 라디오를 통해 흑인음악을 듣는 게 대표적인 여가 생활이었다.[69]

엘비스 프레슬리의 전성기는 그가 군에 입대한 1958년 3월까지 2년 남짓에 그쳤다. 그는 제대 후 과거의 반항아 이미지를 벗고 중저음의 스탠더드 팝을 주로 선보이며 장년층에게까지 인기의 폭을 넓혔지만, 과거의 폭발적 반응을 이끌어내지는 못했다. 1968년에 컴백 공연을 통해 재기에 성공했고, 1973년에는 세계 최초의 인공위성 생중계인 하와이 공연에서 슈퍼스타로서 면모를 다시 보여주었지만, 옛 위상에는 미치지 못했다.[70] 결국 1977년 멤피스의 저택 그레이스랜드에서 약물중독에 따른 심장마비로 갑작스럽게 사망하면서 엘비스 신화를 마감한다.

대중음악사에 남긴 그의 업적은 비틀스 못지않다. 미국에서만 1억 장 이상, 전 세계에서 10억 장 이상의 음반을 판매했다. 미국에서 18곡, 영국에서 18곡 등 모두 31곡(5곡은 양국에서 1위 기록)이 싱글차트 1위에 오르며 제왕의 시대를 열었다.[71] 로큰롤에 대한 기성세대들의 반감(프랭크 시나트라, "로큰롤은 거칠고 추하고 무모하며 사악한 것")을 극복하고 청춘 음악으로 자리매김시킨 건 전적으로 그의 공로다.

68혁명과 로큰롤 세대

헐리우드의 거장 시드니 루멧Sidney Arthur Lumet, 1924~2011 감독이 1988년 발표한 〈허공에의 질주〉는 요절한 청춘스타 리버 피닉스River Phoenix, 1970~1993가 주연한 영화다. 피닉스가 연기한 고교생 대니 포프는 6개월마다 이사를 다니고 이름을 바꿔야 한다. 부모인 아서와 애니가 FBI에게 쫓기는 신세이기 때문이다. 피아노에 천부적 재능을 지닌 대니는 결국 부모의 곁을 떠나 줄리어드음대에 진학한다. 전형적인 청춘 영화지만 매우 빼어난 음악 영화이기도 하다. 영화 곳곳에 베토벤과 브람스 등 고전음악계의 명작과 함께 팝 명곡들이 스토리와 엮여 등장한다. 애니의 생일파티에서 대니 가족과 대니의 여자친구 로나가 함께 춤출 때 흘러나오는 곡은 1970년대 인기를 끌었던 포크록 가수 제임스 테일러James Taylor의 명곡 〈Fire and Rain〉이다.

이 영화의 배경은 1980년대 후반이지만 극 전체를 감싸는 정조는 혁명의 1960년대다. 대니의 부모는 17년 전인 1971년 반전운동을 벌이던 중 무기공장을 폭파하는데, 이 과정에서 의도치 않게 경비원이 실명하는 사고가 발생한다. 그래서 줄곧 FBI의 눈을 피해 신분을 위장하며 산 것이다. 언론은 이들을 '급진적 테러리스트'라 부른다. 하지만 포프 부부는 쫓기는 신세에도 화학회사가 폐기물을 무단 방출하는 것을 막기 위해 지역운동을 벌이는 '민주 시민'이다. 자신들의 테러 행위의 정당성은 의심치 않지만 그 과정에서 무고한 이가 다친 데 대해 10년이 지난 시점까지 자책한다. 한때의 '동지'가 은행강도 제안을 하자 단호히 거부하며 아이들에게 "절대 총을 가까이하지 마라"고 엄포를 놓는 것도 이런 이유에서다. 마지막 장면에서 아서는 대니를 외조부모에게 보내며 말한다. "이제 세상으로 가서 뭔가 다른 걸 만들어보렴. 네 엄마와 내가 노력했던 것처럼. 그리고 남들이 널 무시하게 하지 마." 이윽고 대니 가족과 로나가 부르는 〈Fire and Rain〉이 배경으로 깔리고 아서 가족이 탄 낡은 픽업트럭은 대니를 한 바퀴 돈 뒤 어디론가 떠난다. 더 나은 세상을 향한 신념에 '연료가 바닥난 상태에서도 달렸던running on empty' 대니 가족은 그 후 어떤 삶을 살았을까. 대니는 부모의 기대처럼 훌륭한 피아니스트이자 세상에 기여하는 어른으로 성장했을까. 아서와 애니는 둘째 해리가 혼자 살아갈 만큼 다 컸을 때 결국 자수했을까. 다만 〈Fire and Rain〉의 가사는 이렇게 말한다.

불과 비를 겪고, 끝나지 않을 것만 같던 해가 작렬하는 날들을 경험한 뒤에도, 언젠가는 그들이 다시 만날 거라 생각한다I've seen fire and I've seen rain/I've seen sunny days that I thought would never end/.../But I always thought that I'd see you again.

68혁명은 1968년이라는 특정 시점에 독일, 프랑스 등 서구 산업국가를 중심으로 대학생을 비롯한 청년들의 주도로 일어난 급진적 사회운동이다. 당시 청년층은 전후에 태어난 베이비부머 세대들이었다. 이들은 2차 세계대전을 일으킨 주범인데다 여전히 권위적이고 보수적인 성향이 강한 앞 세대에 대한 반감이 극에 달했다. 물질적 풍요에만 빠져 정신적 자유를 등한시하는 기성세대의 모습도 비판의 대상이었다. '금지함을 금지하라' '모든 권력을 상상력에게' '불가능한 것을 요구한다' 같은 68혁명의 구호는 이런 배경에서 나왔다. 대학생 숫자도 크게 늘었다. 미국의 경우 1960년 320만 명에서 1970년 710만 명으로 배 이상 불어났다.[72] 프랑스도 2차 세계대전이 끝날 무렵에는 10만 명도 안 되었지만 1960년에는 20만 명, 1970년에는 65만 1000명으로 증가했다. 대학 진학은 더이상 특권이 아니었다.[73]

각국은 내부적으로도 갈등 요인을 안고 있었다. 미국에서는 인종차별에 대항한 흑인 민권운동이, 프랑스에서는 드골 정부의 알제리 전쟁 등 제국주의 정책에 대한 반대 흐름이 나타났다. 서독에서는 나치 부역자인 쿠르트 게오르그 키징거Kurt Georg Kiesinger, 1904~1988가 총리 자리에 올랐다. 나치의 유산을 끝내지 못한 건 서독 공화국의 실패로 여겨졌다. 청년들에게 서독의 전후 민주주의는 해결책이 아니라 문제 그 자체였다.[74] 이런 요인들은 베트남전쟁이 '트리거'가 돼 청년이 중심이 된 변혁의 움직임으로 분출되었다. 각국 청년들은 베트남전쟁을 제3세계에 대한 제국주의적 침략으로 인식했고, 이는 기성세대가 가해자로서 홀로코스트라는 2차 세계대전의 비극을 다시 반복하고 있는 것으로 여겼다. 그러나 1956년 탱크로 헝가리 혁명을 무산시킨 소련은 더이상 대안이 아니었다. 대신 청년들은 마오쩌둥毛澤東, 1893~1976과 호치민胡志明, Ho Chi Minh, 1890~1969, 체 게바라Che Guevara, 1928~1967 등 제3세계의 혁명가들에게 열광했다.[75]

2차 세계대전 이후 세계경제의 호황 역시 68혁명 확산에 지대한 영향을 미쳤다. 앞서 살펴본 대로 일자리는 넘쳐났고 성장의 과실이 일반 시민에게 배분되면서 중산층이 폭발적으로 늘었다. 이에 많은 나라에서 다수의 시민이 1960년대와 1970년대 초의 문화적 격동과 사회적 격변에 참여하는 것을 가능케 했고, 오랫동안 존재했던 사회적 불의에 맞서 목소리를 높일 수 있는 용기를 주었다.[76] 당시 각국의 경제적 번영은 중도우파와 중도좌파의 안정적인 공동 집권을 가능케 했다. 이 역시 당시 급진적인 청년들은 자신들의 목소리가 거세당했다고 여겼다.[77]

당시 미국 청년들에게 지대한 영향을 미친 이는 독일 출신의 미국 철학자 허버트 마르쿠제Herbert Marcuse, 1898~1979다. 그는 인간 존재는 최고의 쾌락을 추구하는 경향이 있고, 이에 따라 정치적 투쟁과 성적 해방을 위한 투쟁은 곧 '자유를 위한 싸움'이라고 인식했다. 그러나 쾌락에 대한 욕구는 문화를 창조하는 동시에 파괴하는 속성이 있고, 이런 욕구를 효과적으로 포기할 때 문명이 시작된다고 봤다.[78] 다만 고도산업사회에서 인간은 반드시 필요하지 않은 소비재나 신제품을 만들어내면서 일생을 보낸다고 역설했다. 인간의 에너지를 욕구의 충족에서 상품과 환상의 소비로 돌려놨기 때문이다.[79] 이에 기술의 진보는 인위적인 거짓 욕구를 강화하면서 인간을 노예화하고, 노동은 사실상 구속의 도구가 된다. 고로 노동의 거부를 통해 자본주의 체제의 강요에서 벗어나는 게 인간의 자유를 되찾는 길이라고 주장했다. 그의 사상은 권위주의와 전통적인 윤리적 가치의 거부, 반주지주의와 비이성에 대한 재발견 등의 형태로 발현되었다.[80]

1968년은 전 세계적으로 변혁의 기운이 휘몰아친 해였다. 베트남전쟁의 분수령이었던 구정 공세부터 시작해 체코슬로바키아의 '프라하의 봄', 프랑스와 독일의 5월 학생봉기, 미국 컬럼비아대 점거사태가 이어졌다. 흑인 인권운동의 상징이던 마틴 루터 킹 목사가 암살된 것도 그해였다. 68혁명은 독일에서부터 움텄다. 한 해 전인 1967년 6월 2일 베를린에서 이란의 독재자 팔레비 2세Mohammad Rezā Shāh Pahlavī, 1919~1980의 방문에 항의하는 시위가 벌어졌다. 이때 경찰의 발포로 베를린대학 학생 베노 오네조르크Benno Ohnesorg, 1940~1967가 사망하면서 격렬한 시위로 번졌다. 이듬해 4월 11일 부활절에는 학생운동의 지도자이자 혁명의 아이콘이던 루디 두치케Rudi Dutschke, 1940~1979가 극우 청년에 의해 피격당했고, 이는 시위대와 경찰 간의 전국적 시가전으로 번졌다. 부활절 당일에만 30만 명이 가두행진에 나섰다. 두치케는 피습 후유증에 시달리다 1979년 세상을 떴다.

두치케 피격 사건은 독일만이 아니라 다른 유럽 국가 청년들의 격분을 불러일으켰다. 사건 다음 날인 12일 파리와 런던, 밀라노, 암스테르담, 뉴욕 등 전 세계 주요 도시에서 두치케 암살 기도를 규탄하고 독일 대학생들과 연대하려는 시위가 벌어졌다. 독일 청년들과 함께 68혁명의 불을 당긴 이들은 프랑스 대학생들이었다. 1968년 3월 22일 소르본대 분교인 파리 서부 낭트대학(10대학) 학생들이 정부의 권위주의 정책에 항의하기 위해 학장실과 본부 건물을 점거했다. 이후 5월 3일 파리 소르본대에서 대규모 시위가 발생하고, 대학생들은 거리로 나와 1871년 파리코뮌에서 파리 민중들이 그랬던 것처럼 시내 곳곳에 바리케이드를 쌓았다. 학생들은 총회를 통해 파리대학을 개방하고, 노동자와 학생, 교사로 구성된 위원회가 대학을 운영할 것이라고 선언했다. 이후 경찰의 강제 진압이 시작되자 노동자들은 학생들과 연대해 총파업으로 정권에 맞섰다. 총파업은 툴루즈의 항공기 제작 공장과 파리 외곽의 거대한 르노 공장들은 물론 전기, 석유화학 등 기간산업으로까지 확산되었다.[81]

여느 혁명처럼 68혁명의 열기도 빠르게 식었다. 프랑스는 드골 대통령이 조기 총선과 최저임금 인상을 약속하자 운동의 기세가 잠잠해졌다. 드골 대통령이 의회를 해산한 뒤 치러진 6월 총선에서 공화국민주연합 등 우파연합이 과반을 차지하자 노동자들은 일터로 복귀했다. 학생들은 계속 방학 중이었다.[82] 독일은 프랑스와 달리 노동자계층의 연대 없이 대학생들만의 운동에 그치면서 비극적 **최후를 맞는**다. 5월 말 사회 불안을 조장하는 사건에 대해 국민의 기본권을 제한할 수 있다는 '긴급조치법'이 시행되면서 대중운동은 막을 내린다. 대신 극좌 조직은 '바더-마인호프 그룹'으로 알려진 독일 적군파의 모태가 된다. 독일 적군파는 이후 엔테베공항사건(1976년)과 주요 인사 암살을 일으키는 등 테러집단으로 변질된다. 아무리 수가 많더라도 학생만의 혁명은 불가능했다. 프랑스와 이탈리아에서는 노동계급의 파업이 뒤따랐지만, 20년간의 완전고용 경제의 과실을 이미 맛본 노동자들에게 '혁명'이라는 단어는 사어死語에 가까웠다. '68혁명은 혁명이 아니었다'[83]라는 지적은 과하지 않다.

68혁명을 주도했던 청년들이 정작 '혁명'을 원치 않았다는 점도 실패의 결정적 원인이다. 이들은 모두 '있는 집' 자식들이었다. "이들이 거리에서 프랑스 국가의 군대에 맞설 때 안락한 부르주아의 아파트 창문으로 내려다본 자"들은 그들의 부모이자 조부모, 일가 친척들이었다. 따라서 이들이 추구한 건 구호를 통해 기득권층을 모욕하는 잔치였지, 특정 방향으로 사회를 바꾸겠다는 혁명이 아니었다.[84] 혁명은 대량 소비문화에 눈 멀게 하는 자본주의를 극복하겠다고 시작되었지만 수사적 표현과 실천 사이의 괴리에 따라 시작부터 문화적 소비의 대상으로 전락했다.[85] 결국 이들은 입으로는 좌파의 구호를 외쳤지만 실제로는 이데올로기의 종언을 가져온 격이었다.

이론적 배경이었던 구조주의의 한계도 짚어볼 필요가 있다. 구조주의는 겉으로 드러난 현상이나 사건, 사람보다도 배후에 깔린 기호들 혹은 구조들에 주목해야 사실에 더 가까이 다가갈 수 있다고 봤다. 하지만 과도하게 구조를 강조하다 보면 특정 행위나 사건의 주체인 인간이 사라지거나 경시된다. 토니 주트Tony Judt가 지적하듯이 "구조주의는 사건이 특정한 단계에서 왜 변해야만 했는지 설명할 수 있지만, 어떻게 변했는지, 개별 사회적 행위자들이 그 과정을 촉진하고자 했던 이유가 무엇이었는지 분명치 않게 된다. 지적으로 전복적인 구조주의는 정치적으로는 수동적"인 결과를 낳게 되었다.[86] 널리 알려진 대로 미국 중앙정보국CIA이 미셸 푸코Michel Foucault, 1926~1984와 자크 데리다Jacques Derrida, 1930~2004, 루이 알튀세르Louis Pierre Althusser, 1918~1990 등 프랑스 구조주의 철학자들에게 관심과 지원을 아끼지 않은 건 구조주의의 특성과 활용 가치를 간파해서였다. 이런 구조주의의 전통은 1970년대에는 '회의'와 '해체'의 영역으로 들어선다. "교수의 담론은 지배계급 중에서 지배당하는 소수의 표현일 따름"(피에르 부르디외)이었다. 실천이 아닌 이론 자체에 과도하게 몰두하면서 '난해함'이 미덕이 되었다. 이에 "60년대 사상가들이 거둔 가장 큰 업적은 이해할 수 없음이 위대함의 징표라는 점을 청중에게 납득시킨 것"(뤼크 페리·알랭 르노)이라는 신랄한 비판도 뒤따랐다.[87]

다만 68혁명이 아무런 성과를 남기지 않은 건 아니다. 이 운동을 계기로 독일과 프랑스를 비롯한 유럽 각국에서 종교나 여성 등 사회 전반에 드리워졌던 보수적 유산과 결별하려는 움직임이 나타난다. 이는 정치권력 획득만 추구했던 기존 혁명과 달리 68혁명을 주도했던 당대 신좌파들이 '문화와 정치의 거대한 융합'을 꾀했기 때문이다. 이에 당시 청년들은 정치권력 문제와 동시에 일상 전반에 드러나는 부조리까지 타파하려는 움직임을 보였다.[88] 지금은 모두 당연하게 여기는 '진보적 유럽'은 68혁명을 계기로 시작된 것이다. "이제껏 세계 혁명은 단 둘뿐이었다. 하나는 (2월혁명이 벌어진) 1848년에, 또 하나는 1968년에 일어났다. 둘 다 역사적인 실패로 끝났다. 하지만, 둘 다 세계를 바꿔 놓았다"라는 국제정치학자 이매뉴얼 월러스틴Immanuel Wallerstein, 1930~2019의 언설은 68혁명의 본질을 적확히 표현하고 있다.

패전을 딛고 일어서는
독일과 일본

닮았으면서도 다른
마리와 마리안네의 삶

〈마리아 브라운의 결혼〉은 '뉴 저먼 시네마'의 기수 라이너 베르너 파스빈더Rainer Werner Fassbinder, 1945~1982의 1979년작 영화다. 주인공 마리 브라운은 남편이 전쟁에서 실종된 뒤 생존 문제에 직면한다. 배운 것도, 가진 것도 없는 그녀가 택할 수 있는 직업은 미군을 상대로 한 술집 작부뿐이었다. 남편에 대한 사랑 때문에 술집에 들어서는 것을 망설이는 그에게 한 친구가 말한다. "여기서는 먹고사는 게 먼저야. 어디 있을지, 죽었을지도 모르는 사람이 아니라 여기에 있는 누군가가 너를 책임져줄 거야."

독일 문학의 거장 한스 에리히 노삭Hans Erich Nos'sack, 1901~1977의

소설 《늦어도 11월에는》의 주인공 마리안네는 우연히 작가 베르톨트를 만나고, "당신과 함께라면 이대로 죽을 수도 있을 것 같습니다"라는 그의 말에 이끌려 부와 사회적 지위를 버린 채 집을 떠난다. 둘의 사랑은 죽음으로 끝나지만 〈마리아 브라운의 결혼〉처럼 빈궁이 비극의 원인은 아니다. 일정한 수입이 없어 넉넉지 않은 주머니 사정에도 둘은 가끔 영화관에 가고 카페에서 차를 마신다.

두 작품은 고작 10년 정도 차이를 두고 발표되었다. 그러나 사회 분위기나 경제 상황은 완전히 다르다. 〈마리아 브라운의 결혼〉과 《늦어도 11월에는》 사이에는 '라인강의 기적Wirtschaftswunder'이라 불리는 2차 세계대전 이후 독일 경제의 고도 성장이 놓여 있다. 2차 세계대전 직후 수많은 마리 브라운'들'은 온몸으로 역사의 굴곡을 받아내는 신산辛酸한 삶을 살아야 했지만, 경제 성장이 이뤄진 1950년대 중반 이후 마리안네'들'은 품격 있는 죽음을 선택할 수 있었다.*

전후 독일의 운명과 관련해 기억할 이는 당시 미국 재무장관이던 헨리 모겐소Henry Morgenthau Jr, 1891~1967다. 그는 10달러 지폐에 얼굴이 새겨진 알렉산더 해밀턴과 더불어 미국 국민에게 가장 존경받는 재무장관이다. 2차 세계대전 기간에 루스벨트 대통령과 함께 전쟁을

---

* 전후 마리 브라운들 역시 남성들 못지 않은 '희생자'들이었다. 오스트리아 빈에서 소련군이 도착한 이후 3주 동안 8만 7000명의 여성이 소련군 병사들에게 강간당한 것으로 기록되어 있다. 소련군의 독일과 오스트리아 진격로에 있던 촌락과 도시의 여성들에 대한 성폭행은 빠진 수치다. 전쟁이 끝난 뒤에도 소련군은 여성들을 계속 강간하고 약탈했다. 그 결과 1945~1946년 사이 소련의 독일 점령 지구에서는 15만~20만 명의 '러시아인 아기들'이 태어났다. 전쟁으로 쑥대밭이 된 소련과 달리 독일 대부분의 지역은 피해를 거의 입지 않았고, 이를 받아들이지 못한 보통의 소련 병사들은 독일군이 몇 해 전 그랬던 것처럼 독일 민간인들에게 만행을 저질렀다.[89]

승리로 이끌었던 그에게는 유대인의 피가 흐르고 있다. 홀로코스트를 저지른 나치 독일을 뼛속까지 증오한 것은 당연한 일이었다. 전후 독일의 산업시설을 완전히 파괴하고, 승전국이 영토를 분할 통치하는 합동참모본부의 작전명령 JCS1067, 일명 '모겐소플랜'을 추진한 것도 그런 이유에서였다. 모겐소플랜은 "독일의 잔인한 전쟁과 나치의 광적인 저항으로 독일 경제가 파탄에 이르고 혼란과 고통이 불가피해졌다는 사실과, 스스로 자초한 일에 대한 책임을 면할 수 없다는 사실을 독일 국민으로 하여금 뼈저리게 인식하게 해야 한다. 독일은 해방되기 위해서가 아니라 패배한 적국으로서 점령될 것이다"라고 명시한다. 이어 모겐소가 직접 말했던 것처럼 "이번에는 독일이 패배한 국가라는 사실을 모든 독일인이 깨달아야 한다는 점이 지극히 중요하다"라고 강조한다.[90] 결국 독일을 농업국가로 되돌리고, 남서부 흑림지대(슈바르츠발트)의 뻐꾸기시계와 하르츠 카나리아 정도만 만들 수 있게 한다는 것이었다. 소련 역시 그 계획을 지지해 독일에 막대한 배상금을 물릴 것을 주장했다. 프랑스는 자르나 루르 등 자원이 풍부한 지역을 연합군이 무기한 점령해야 한다고 거들었다.[91]

하지만 전후 불어닥친 냉전 열풍에 계획은 설 자리를 잃는다. 미국과 영국이 공산주의를 수출하려는 소련의 방어벽으로 서독을 재건하겠다는 계획을 세웠기 때문이다. 상품과 용역의 판로이자 자본재의 원천이라는 유럽 경제에서 독일의 위상을 감안하면 독일을 배제한 유럽 부흥은 비현실적 '복수론'에 가까웠다. 독일의 석탄이 없으면 프랑스의 경제 회복은 요원했다. 독일의 구매력이 회복되지 않으면 네덜란드와 덴마크의 회복도 불가능했다.[92] 미국 행정부 안에서도 모겐소플랜은 처음부터 강한 비판에 부딪혔다. 결국 해리 트루먼Harry Truman, 1884~1972 대통령과 조지 마셜 국무장관은 모겐소플랜을 폐기하고 서독의 재건을 돕는 마셜플랜을 대안으로 선택한다. 모겐소플랜이 실행되었다면 세계경제를 이끄는 독일의 모습은 많이 달라졌을 것이다.

마셜플랜은 유럽에게, 특히 서독에게 성장의 마중물이 되었다. 서독은 마셜플랜에 따라 영국(28억 3000만 달러)이나 프랑스(24억 4000만 달러)의 절반 수준인 13억 달러의 원조를 받지만 성장세는 단연 두드러졌다.[93] 전쟁을 거치면서도 서독의 잠재생산력이나 자본 스톡, 노동력은 건전한 수준을 유지하고 있었다. 1945년 5월까지 파괴된 독일의 산업시설은 전체의 20% 미만이었다. 연합군의 폭격이 집중된 루르 지역에도 공장과 기계류의 3분의 2가 보전되었다.[94] 전쟁 전인 1936년의 생산능력을 100으로 봤을 때 1948년의 생산능력은 111.1을 기록하고 있었다.[95] 그 결과 1948년 통화개혁 이후 3년 만에 1인당 생산량은 연평균 15%씩 급등했다. 1950년 1인당 생산량은 전쟁 전의 94% 수준을 회복했다.[96]

이후에도 성장세는 계속되었다. 1950년 1인당 국민소득은 미국의 45% 정도에 불과했지만 1960년에는 70%, 1970년대 초에는 80%에 육박했다. 1948~1973년 사이 1인당 연평균 성장률은 무려 5.3%였다. 비슷하게 고도성장을 이룬 이탈리아(5.0%)나 프랑스(3.7%)를 훌쩍 뛰어넘었다.[97] 심지어 1956년에는 수입관세를 낮춰 과도한 수출 흑자를 줄이려 했지만 수입 증가에 맞춰 수출이 더 늘어나는 결과를 낳았을 정도다. 이를 두고 '라인강의 기적'이나 '경제기적Wirtschaftswunder'이라는 말이 널리 사용되었다.

콘라트 아데나워Konrad Adenauer, 1876~1967 초대 독일연방 총리에 이어 1963년부터 1966년까지 총리를 지냈던 루트비히 에르하르트 Ludwig Erhard, 1897~1977는 전후 경제장관으로 서독의 경제개혁과 회복을 이끌었다. 그는 경제 기적의 원인을 1948년의 신화폐 도입과 가격 통제 해제에서 찾았다. 그는 "(자유화로 인해) 기업가 충동이 깨어났다. 노동자는 일할 준비가 되었고, 상인은 팔 준비가 되었고, 경제는 생산할 준비가 되었다"라고 회상했다.[98] 동독이나 동유럽 그리스에서 비숙련 노동자들이 대규모로 서독으로 유입되면서 임금이 감소한 점도 요인으로 꼽았다. 판매 증가로 수익이 증대되고, 이는 다시 투자와 생산성 증대를 가져왔다는 것이다.[99]

한국전쟁 특수로 도약한 일본 경제

〈반딧불이의 묘〉는 일본 지브리스튜디오가 1988년에 내놓은 명작 애니메이션이다. 주인공은 열네 살 오빠 세이타와 네 살 여동생 세츠코다. 세이타가 한 역사에서 영양실조로 죽어가는 모습으로 시작하는 작품의 배경은 2차 세계대전 직후다. 전쟁으로 집과 어머니를 잃은 그들은 결국 산속 방공호에서 반딧불이를 잡아 불을 밝히고 물고기와 개구리를 잡아먹으며 연명하지만 끝내 비극적인 최후를 맞는다. '대동아 건설'이라는 일본 지배층의 망상의 희생양은 결국 아이들을 비롯한 '사회적 약자'였다는 사실을 아름다우면서도 사실적인 그림체로 그려냈다. 네덜란드 작가 이안 부루마Ian Buruma는 전후 일본을 이렇게 묘사한다.

전쟁이 끝난 직후 일본의 상황은 최악이었다. 1945년 일본에서는 2만
여 명이 이질에 걸려 사망했다. 1948년까지 약 70만 명이 장티푸스와
티푸스, 결핵 등에 전염됐다. … 일본인들은 전쟁이 끝나기 전부터 굶
주려 있었다. 정부 당국은 도토리와 곡식 껍질, 톱밥, 달팽이, 메뚜기,
쥐 등으로 어떻게 음식을 만들 수 있는지를 국민에게 홍보했다.[100]

2차 세계대전 직후 일본에 대한 미국의 정책은 서독에 비해 보
다 더 적대적이었다. 미군의 주 전선은 유럽이 아닌 태평양이었다. 2
차 세계대전에 본격적으로 뛰어든 것은 일본군의 진주만 습격 때문이
었다. 더구나 독일인과 달리 일본인들은 자신들과 다른 인종이었다.
패전국 일본에 대한 미국 정책의 뼈대는 일본의 비군사화였다. 이를
위해 미 군정은 군수공업과 군국주의의 주축이었던 재벌 해체를 추
진한다. 그러나 서독과 마찬가지로 냉전이라는 시대 조류는 일본에게
새로운 기회를 열어줬다. 마셜플랜과 1948년 소련군의 베를린 봉쇄사
태가 계기였다. 미국은 일본을 동북아시아에서 소련에 대항하는 전초
기지로 탈바꿈시키기 위해 비군사화 대신 경제 부흥으로 정책을 전환
한다. 재벌 해체 조치도 1952년 5월 강화조약에서 완화했다. 일본의
옛 식민지인 한국은 해방 이후에도 일본에게 '축복'을 선사했다. 1950
년 한국전쟁은 서독과 더불어 일본 경제 부흥을 가져온 특수였다. 스
탈린이 김일성의 남침을 승인하자 미국 등 서방은 소련의 다음 타자
는 서독이 될 것으로 인식했고, 이는 대대적인 재무장으로 이어졌다.
미국의 방위 예산은 1950년 8월 155억 달러에서 이듬해 12월 700억
달러로 급증했다. GDP 대비 방위비 비중은 1949년 4.7%에서 1953년

17.8%로 3배 넘게 커졌다.[101] 일본은 한반도에서 전쟁을 벌이는 미군의 군수 보급지 역할을 하면서 군수물자는 물론 기계, 금속, 섬유류 생산이 크게 늘었다.

이후 일본은 눈부신 경제성장을 거듭한다. 1950년부터 1967년까지 일본 수출품은 직물, 의류, 도자기, 장난감, 가정용품 등 노동집약적 상품 위주였다. 이후 1960년대 중반부터 일본 경제는 거대 자본과 최첨단 기술이 가미된 자본집약적 상품 생산 위주로 전환된다. 주품목은 철강과 선박, 자동차, 카메라, 텔레비전으로 바뀌었다.[102] 이는 막대한 무역흑자라는 결실을 낳았다. 이를 바탕으로 일본은 2차 세계대전 당시 군화로 짓밟았던 동남아 지역에 공산품 수출을 늘리는 동시에 자본 수출까지 확대한다.

일본의 경제성장은 서유럽을 훌쩍 뛰어넘었다. 앞에서 거론했던 공업생산지수의 경우 일본은 1953년 100에서 1970년 1041로 17년 만에 10배가 넘게 성장했다. 1953년의 절대수준 자체가 다른 나라에 비해 떨어졌다는 걸 감안해도 기적에 가까운 실적이었다. 1950~1973년 사이 1인당 연평균 실질 GDP 증가율은 무려 8.05%였다. 9년 만에 1인당 GDP가 두 배가 된다는 뜻이다. 같은 기간 서유럽이 이룩한 성과(4.08%)를 크게 추월했다. 수백만 명의 소비자는 냉장고와 자동차, 텔레비전을 살 수 있게 되었다. 일자리는 찾기만 하면 구할 수 있었다. 기업들은 노동자를 붙잡기 위해 '평생 직장'을 약속했고, 이는 일본 노동시장의 새로운 관행으로 자리 잡았다.[103]

미국 미래학자 허먼 칸Herman Kahn, 1922~1983은 1973년《일본: 최초의 초국가》에서 일본의 경제성장률이 미국과 독일 같은 산업국가의 경제성장률보다 매년 2~4%씩 상회한다면, 비교적 짧은 시간 내에 일본의 1인당 국민소득이 이들 나라를 능가할 것이라고 예견했다.[104] 지금은 허황된 이야기로 들리지만 당시 사람들은 임박한 현실로 받아들였고, 실제로 1980년대에 일부 현실화되었다. 일본은 독일을 제치고 미국에 이어 세계 2위의 산업 열강으로 부상했다. 도요타, 닛산, 혼다는 세계 자동차 시장을, 소니, 마쓰시타, 샤프는 세계 전자산업을 점령했다. 일본이 20세기 초반 군사력으로 아시아 지역에 '욱일기旭日旗'를 휘날렸다면 20세기 후반에는 '주식회사 일본'의 이름으로 'Made In Japan' 제품들을 전 세계로 뿌렸다.

세계 자산시장에서도 '큰 손'으로 등장했다. 1986년 미쓰이부동산은 뉴욕 6번가 엑손빌딩을 업무용 빌딩 매입가격으로는 최고가인 6억 2500만 달러에 매입했다. 순전히 《기네스북》 등재를 위해 3억 1000만 달러였던 호가보다 두 배를 지불한 것이다. 소니는 1989년 콜롬비아레코드와 영화사를, 마쓰시타는 1991년 MGM 유니버설을 인수했다. 오사카 출신 경마장 사업가는 1990년 후기 인상주의 거장 빈센트 반 고흐Vincent van Gogh, 1853~1890의 작품 〈의사 가셰의 초상화〉 (1890년)를 9000만 달러에 사들였는데, 단일 예술작품으로는 사상 최고가였다.[105]

일본 기업들의 자산 매입 경쟁은 앞서 설명한 1985년 플라자 합의에 기인한다. 플라자 합의로 엔화 가치가 40% 이상 상승하자 일본 GDP 성장률은 그해 6.3%에서 이듬해인 1986년 2.8%로 추락한다. 하지만 일본 정부는 성급한 개입이라는 결정적 실책을 저지른다. 기업을 지원하기 위해 정책금리를 네 차례에 걸쳐 3%로 떨어뜨렸고, 이는 주식과 부동산 시장의 활황으로 이어졌다. 니케이지수는 1986년 8월에만 40% 상승하며 1만 8000포인트에 다다랐고, 1987년 1월에는 2만 포인트를 돌파했다. 일본 주식시장 호황의 상징은 일본 최대 통신회사 NTT였다. 1987년 NTT의 시가 총액은 50조 엔으로 당시 독일과 홍콩 상장기업의 전체 시총을 넘어섰다. 일본의 GDP는 미국의 절반에도 미치지 못했지만, 일본 주식시장의 시총은 미국 주식시장 시총의 두 배에 달했다.[106] 일본 주식시장의 주가수익비율PER은 1986년 49.2에서 1988년 67.2까지 치솟았다. 한 기업이 한 해에 벌어들인 이익을 67년간 모아야 그 주식을 살 수 있다는 뜻이다. 당시 일본의 1인당 GDP가 4만 달러에 달할 정도로 일본 경제가 성숙 단계에 접어들었다는 점을 감안할 때, 명백한 거품이었다.[107]

더 큰 거품은 부동산에서 발생했다. 도쿄 상업지구의 1제곱미터당 가격은 1984년 133만 엔에서 1986년 421만 엔으로 폭등했다. 일본 황궁이 들어서 있는 대지의 시장 가치가 캘리포니아 전체 부동산 가치보다 높다는 분석까지 나왔다.[108] 부동산 관련 기업들은 주식시장 시총의 상당 부분을 차지했다. 이에 부동산 가격 상승은 주가 상승을 낳았고, 이는 은행 자본의 증식으로 이어지면서 대출 확대와 추가 가격 상승을 불러왔다. 일본은 금융세계의 '영구작동 기계'를 만들어낸 것이다. 기업들은 부동산 투자수익률이 철강이나 자동차, 텔레비전 제조에서 얻는 수익률보다 훨씬 높다는 사실을 알고 은행 차입금을 이용한 거액의 부동산 투자자로 변신했다.[109] 1980년대에 일본의 부동산 가격은 10배, 주가는 6~7배 올랐다. 1980년대 후반 일본은 전후 최고의 경기 붐을 만끽했다. 부동산 가격은 연간 30% 속도로 상승

했다.[110]

하지만 언제까지 거품이 유지될 수만은 없었다. 임대 수익률이 부동산 매입에 동원된 차입금의 이자 지급액에 미치지 못하는 '네거티브 캐리Negative Carry' 상태에 빠진 것이다. 물론 부동산 가격이 계속해서 오르고 은행이 계속 대출을 해준다면 문제가 되지 않는다. 하지만 1988년부터 부동산 가격은 정체에 접어들었다. 이에 미에노 야스시三重野康, 1924~2012 일본은행 총재는 1989년 12월 취임하자마자 정책금리를 3.75%에서 4.25%로 조정했고, 1년도 되지 않아 6%까지 끌어올렸다. "지속가능한 성장을 위해서는 자산 가격을 바로잡아야 한다"는 신념 때문이었다. 당시 일본 국민들도 '버블 퇴치'를 염원했다.[111] 그의 조치에 따라 니케이지수는 1989년 12월 말 3만 8957포인트에서 2년 6개월여 만인 1992년 8월 1만 4338포인트로 63%가량 하락했다. 일본은행은 여기에 부동산 담보대출이 은행 대출 총액에서 차지하는 비중을 규제하면서 은행의 부동산 대출 증가율은 연 30%에서 5~6%로 줄어들었다. 일부는 이자를 마련할 길이 없었고, 이들이 부동산을 매도하면서 거품이 붕괴하기 시작했다. 1992년까지 6대 도시의 평균지가는 정점 대비 15.5% 하락했다.[112] 1990년 이후 주식과 주택 가격 하락분은 2005년까지 1500조 엔에 달했다. 1990년 일본의 명목 GDP인 449조 엔의 3배가 넘는 규모다.[113] 자산 가격의 거품 붕괴는 이후 10년간 은행과 증권사의 파산이라는 금융위기를 불러왔다. 이어 소비

*1980년대 후반부터 버블이 한꺼번에 터지는 사태를 막아야 한다는 의견이 제기되었지만, 일본 정부는 의도적으로 무시했다. 일본 현대사의 대표 정치 스캔들인 '리쿠르트 사태'에서 드러났듯 일본 정치인은 뇌물을 매개로 공무원, 기업인과 한몸으로 묶여 있었다.

와 투자가 위축되면서 경기 부진과 디플레이션으로 이어졌다. 그 결과 세계은행에 따르면, 일본 경제는 1991년부터 2010년까지 연평균 GDP 성장률이 0.5%에 머무는 '잃어버린 20년'에 빠진다.[114]

세상을 바꾼 '딱정벌레들'

THE BEATLES

1962년 4월 영국 런던의 어느 날 아침. 메이저 레이블 EMI 산하 팔로폰레코드의 대표이자 프로듀서인 조지 마틴George Martin, 1926~2016의 사무실로 직장 동료의 전화가 걸려왔다. 지방의 한 밴드 매니저가 자신을 필사적으로 귀찮게 한다는 것이었다. 마틴은 그를 데려오게 했다. 브라이언 엡스타인Brian Epstein, 1934~1967이었다. 그는 데카레코드로부터 이미 퇴짜를 맞은 뒤였다. 다행히 마틴은 엡스타인이 건넨 밴드의 데모 테이프가 마음에 들었다. 팔로폰은 클래식음악을 전문적으로 다뤘지만 마침 한창 뜨고 있던 로큰롤 밴드가 필요했던 터였다. 이에 1페니의 로열티를 지급하고 5년간 EMI에 묶어두는 '노예 계약'을 맺었다.[115] 이 무명 밴드는 첫 싱글 〈Love Me Do〉로 영국 싱글차트

17위에 오른 데 이어 두 번째 싱글 〈Please Please Me〉로 차트 정상을 차지하면서 '비틀마니아'를 낳았다. 이듬해인 1963년 3월 22일에 내놓은 첫 앨범 《Please Please Me》는 무려 30주 연속으로 영국 앨범차트 정상에 머물렀다. 이어진 앨범 《With the Beatles》도 곧바로 21주 동안 정상을 지켰다. 무려 1년 52주에서 한 주 빠진 기간 동안 영국 앨범차트를 점령한 것이다.[116] 주인공은 바로 인류 역사상 최고의 록 밴드로 지금까지 그리고 앞으로도 빛날 비틀스The Beatles였다.

여름이면 라디오에서 종종 나오는 〈Surfin' USA〉는 한때 '서프 음악'을 표방하던 비치 보이스The Beach Boys의 1963년 히트작이다.* 비치 보이스는 록음악의 전통을 계승하면서도 새로운 로큰롤 스타일을 정립한 것으로 평가받는다.[117] 1966년작 《Pet Sounds》로 미국의 대중음악잡지 〈롤링 스톤〉이 선정한 세계 500대 명반 리스트 중 2위에 이름을 올릴 정도로 완성도 높은 음악을 선보였다.**

하지만 하늘에 태양은 두 개일 수 없는 법. 비치 보이스는 같은 시기 활동한 눈부신 태양에 가려졌다. 그 태양은 비틀스였다. 존 레넌 John Lennon, 1940~1980과 폴 매카트니Paul McCartney, 링고 스타Ringo Starr 그

---

* 서프음악 하면 캘리포니아의 드넓은 해변 풍경이 떠오른다. 미국 서부의 풍요와 번영을 상징하는 아이콘이다. 하지만 비치 보이스는 미국 밖, 특히 한국에서는 저평가되었다.

** 2015년 여름에 개봉한 영화 〈러브 앤 머시〉는 비치 보이스의 리더이자 팝음악계의 천재 중 한 명으로 꼽히는 브라이언 윌슨Brian Wilson의 이야기를 그린 작품이다. 비틀스가 1965년 명작 《Rubber Soul》을 내놓자 브라이언은 멤버들에게 외친다. "비틀스의 새 앨범 들어봤어? 이렇게 밀릴 순 없어." 절치부심 끝에 이듬해 내놓은 앨범이 《Pet Sounds》다. 록 사상 최초의 콘셉트 앨범으로 '노래의 교향곡'으로 평가받는다.[118] 비틀스에 대한 강박관념 탓에 브라이언은 20년 가까이 신경쇠약에 시달리지만 끝내 1988년 영화 〈칵테일〉의 주제가 〈Kokomo〉로 빌보드 싱글차트 정상에 오른다.

리고 조지 해리슨George Harrison, 1943~2001이 발광체의 일부였다.

1960년대 중반에서 1970년 초에 이르는 5년 남짓한 기간은 대중음악사에서 경이로운 순간들이다. 우리가 알고 있는 팝음악의 상당수 명반이 이때 쏟아졌다. 잡지 〈롤링 스톤〉에 실린 세계 500대 명반 상위 10위 중 무려 7장의 앨범이 이 시기에 나왔다. 이 가운데 비틀스의 작품만 무려 네 개다. 《Sgt. Pepper's Lonely Hearts Club Band》(1967년 1위), 《Rubber Soul》(1965년 3위), 《Revolver》(1966년 5위), 《The Beatles》(화이트 앨범, 1968년 10위) 등이다. 또다른 명작《Abbey Road》(1969년) 역시 14위에 올랐다.

흔히 '명작'(마스터피스)이라는 호칭은 시대를 선도한 작품에 붙는다. 새롭고도 혁신적인 시도를 통해 새 사조를 개척한 작품이 여기에 해당한다. 음악 역시 마찬가지다. 이 시기에 명작이 많다는 것은 당시 뮤지션들이 왕성한 창작 욕구를 바탕으로 경쟁적으로 새로운 음악 장르를 만들었다는 이야기다. 대중음악은 철저히 자본 논리에 따라 움직인다. 많이 팔릴 만한 작품에 돈이 몰리고, 이를 바탕으로 뮤지션들은 앨범을 제작한다. 흔히 경기가 좋을 때 새로운 장르가 개척되곤 한다. 자본 수익률이 높은 덕분에 음반사들이 상대적으로 리스크가 큰 작품에도 투자할 여력이 생기고, 이를 바탕으로 혁신적 시도가 이뤄지는 것이다. 전후 세계 자본주의의 호황이 극에 달했던 1960년대 중후반에 록과 하드록Hard Rock, 헤비메탈Heavy Metal, 프로그레시브 록Progressive Rock, 포크록Fork Rock 등 우리가 알고 있는 록 장르 대부분이 개척되었다는 건 우연이 아니다. 그 중심에는 비틀스가 있다.

아도르노는 대중문화에 대해 평생 비판적 입장을 지켰다. 그는

《계몽의 변증법》(1947년)에서 대중문화는 자본의 독점에 지배당한 산물이고, 이에 대중들에게 허위 욕구를 유포시키는데다 지배 이데올로기를 무비판적으로 수용하게 한다고 우려했다. "(대중문화 생산자들은) '항상 동일한 것'을 끊임없이 재생산하는 데 만족하면서 새로운 것은 '새로움'을 배제하는" 결과를 낳고, "문화산업은 그들의 소비자에 대해 끊임없이 약속하고 있는 것을 끊임없이 기만하면서 충동을 승화시키는 것이 아니라 억압"하고 있다는 것이다.[119]

다만 그의 탁월한 비판은 비틀스 앞에서는 설득력을 잃고 만다. 당시 비틀스는 〈I Want To Hold Your Hand〉나 〈All You Need Is Love〉 같이 발랄하고 경쾌한 팝을 선보이면서도 〈Get Back〉 〈Back In USSR〉과 같은 강렬한 하드록을 내놓았다. 〈Yesterday〉와 〈Let It Be〉 〈The Long And Winding Road〉 같은 주옥같은 발라드를 부르면서 〈Come Together〉 〈Why My Guitar Gently Weeps〉 같은 탁월한 블루스록을 연주하는 밴드가 어디 있었던가. 〈I Want You(She's So Heavy)〉 〈A Day In The Life〉 같은 빼어난 사이키델릭록Psychedelic Rock과 프로그래시브록 넘버도 동시에 내놓은 밴드는 비틀스가 유일무이했다. 고급 문화와 저급 문화의 구분에 도전하고, 팝음악을 예술로 취급했던 최초의 음악가라는 평가[120]는 전혀 과하지 않다.

당시는 베트남전쟁과 68혁명의 여파로 많은 뮤지션이 반전과 평화를 노래하던 시대였다. 비틀스 역시 여기서 빠지지 않았다. 다른 멤버의 동의는 없었지만 존 레넌이 1969년 아내 오노 요코Ono Yoko와 함께 캐나다 몬트리올의 한 호텔 침대에 누워 8일간 반전 평화 시위를 벌인 것도 엄연히 비틀스 멤버로서 한 행위였다. 대중음악 분야에서 대량·대중문화의 일부가 아닌 창조적 재능을 통해 기존의 미적 형식을 뛰어넘는 '작가Author'라는 지위를 부여받은 최초의 음악가가 비틀스였다. 음악계의 주류에 머물면서도 끊임없는 '진화'의 모습을 보여주었다는 점도 비틀스만의 이례적인 특징이다.[•]

　비틀스는 작품성만이 아니라 상품성 측면에서도 독보적이었다. 1963년 12월 26일 미국에서 발매한 첫 싱글인 〈I Want To Hold Your Hand〉는 이후 7주간 빌보드 싱글차트 1위에 올랐다.[121] 1위 등극은 영국 음악으로는 첫 성과였다. 이듬해인 1964년 2월 9일 비틀스가 출연한 CBS 프로그램 〈에드 설리번 쇼〉를 보기 위해 당시 미국 인구의 3분의 1인 7300만 명이 텔레비전 앞에 앉았다. 미국 〈엔터테인먼트 위클리〉는 20세기를 마감하면서 선정한 '20세기 록음악계의 역설적 사건' 리스트 맨 앞머리에 비틀스의 해당 방송 출연을 올려놓았다.[122] 비틀스의 융단폭격이 시작되었다. 그해에만 무려 여섯 장의 앨범이 발매되었다. 4월 4일에는 전무후무한 대기록이 세워졌다. 빌보드 싱글차트 1위부터 5위까지 온통 비틀스의 곡으로 채워진 것이다.[123] 존 레넌은 1966년 런던 〈이브닝 스탠더드〉와의 인터뷰에서 "지금 우리는 예수보다 더 유명하다"라는 유명한 말을 남기기도 했다.[124]

　그들의 앨범은 전 세계적으로 16억 장이나 팔렸다. 비틀스가

[•] 원래 작가의 개념은 'authenticity'(진정성)라는 단어와 맞닿아 있다. 'authenticity'는 '진짜'를 뜻하는 그리스어 'authentikos'에서 기원했고, 'authentikos'는 '자아' '스스로 하는'이라는 뜻의 'autos'로부터 왔다. 'author' 역시 '창조한다'는 의미의 라틴어 'auctor'에 기원을 둔다. 고로 진정성, 곧 창조성은 작가의 핵심 덕목이 된다. 음악, 특히 록음악과 관련해서는 음악가가 직접 곡과 가사를 만드는 '작가'가 되어야 진정성을 인정받게 된다. 이런 태도는 대량 사회 비판의 일환으로 19세기에 출현한 낭만주의와 모더니즘의 전통이 계승된 형태라고 볼 수 있다.[125]

내놓은 앨범 20장(정규앨범 12장 포함) 가운데 16장이 빌보드 앨범차트 1위를 차지했다. 싱글차트 1위 곡만 20개다. 엘비스 프레슬리의 18개를 넘어선다. 영국 리버풀의 빈민가 출신인 네 명의 청년은 록음악을 무기로 천문학적 수입을 벌어들이는 '대영제국 최고의 수출품'으로 등극하면서 1965년 엘리자베스 2세Elizabeth II, 1926~2022로부터 대영제국 5등 훈장인 'M.B.E.'를 수상한다.[126]

비틀스가 미국을 포함해 전 세계적으로 명성을 얻은 건 1960년대의 국제어가 바로 영어였다는 점도 한몫했다. 영어가 아닌 가사의 곡이 세계적 성공을 거두는 건 당시만 해도 불가능한 일이었다. 영국이 미국 문화인 로큰롤을 들여와 발전시켰다는 점도 빼놓을 수 없다. 독일이나 프랑스와 비교할 때 영국은 자국만의 고유한 음악 문화가 빈약했다. 고전음악은 물론 재즈, 팝에서도 마찬가지였다. 그러다 보니 기존의 미국 음악이 쉽게 자리 잡을 수 있었다. 1955~1959년 사이 영국 인기순위 10위 음반 가운데 절반 이상이 미국으로부터 건너온 것들이었다. 바꿔 말하면, 자국 음악의 지대한 영향을 받은 영국 음악을 미국인들이 쉽게 받아들일 수 있었다는 뜻이다.[127]

다만 비틀스에게도 '회자정리會者定離'의 순간이 다가오고 있었다. 라이벌 의식으로 시작된 폴과 존의 불화는 깊어져 갔다. 개성 강한 멤버들 간의 접착제 역할을 하던 매니저 브라이언 엡스타인이 사망하는 등 악재도 쌓였다.

1969년 1월 30일 오후, 영국 런던 중심부의 베이커 스트리트와 패딩턴 스트리트 사이로 익숙한 곡이 울려 퍼졌다. 인근의 애플스튜디오 옥상에서 비틀스가 '루프탑 콘서트'를 가진 것이다. 1966년 이후 3년 만의 공연이었다. 이듬해 공개될 다큐멘터리 영화 〈Let It Be〉의 마지막 촬영을 위해서였지만 멤버들의 속내는 따로 있었다. 이미 멤버들 사이의 갈등은 회복하기 어려운 수준이었지만, 공연을 계기로 결속력이 다시 강해지기를 기대했던 것이다.[128] 한때 20세 전후의 미소년이었던 이들은 장발에 구레나룻을 기른 완연한 청년의 모습이었다. 이들이 〈Get Back〉을 연주하자 담배 파이프를 문 중년 남성과 미니스커트 차림의 젊은 여성 등 남녀노소 가리지 않고 건물 주변으로 몰려들었다. 지나가던 차들도 멈춰 섰고, 주변 빌딩에서 일하던 사람들은 창가로 삼삼오오 모여들었다.

비틀스 멤버들은 예전처럼 연주했다. 폴과 존이 마주보며 주거니 받거니 노래하는 사이로 조지의 기타 즉흥연주가 파고들었다. 추운 날씨에 연주 환경도 열악해 기타 앰프가 도중에 꺼지기도 하고, 베이스기타를 치던 폴이 간혹 실수도 저질렀지만 모두 미소를 잃지 않았다. 교통 체증과 사고를 우려한 경찰이 옥상에 올라오자 이들은 처음에 연주했던 〈Get Back〉을 청중들에게 다시 들려주며 공연을 마무리한다. 폴은 자신이 쓴 가사를 뒤바꿔 "너는 옥상에서 다시 연주했고, 네 엄마는 이걸 싫어할 거야. 그녀는 아마 널 체포할걸"이라고 노래한다. 존은 연주를 마친 뒤 농담처럼 말했다. "공연 관계자들과 우리 멤버들에게 감사한다. 그리고 우리가 오디션에서 통과됐으면 좋겠다." 그리고 이듬해인 1970년, 비틀스는 공식적으로 신화를 마감했다.*

---

* 다행스럽게도 이 공연의 동영상을 인터넷으로 볼 수 있다. https://www.dailymotion.com/video/x7ysf1u.

반문화의 상징, 포크와 사이키델릭록

1960년대에는 비틀스만 대서양을 건넌 게 아니다. 1964년 2월 7일 비틀스가 수많은 소녀 팬들의 환호성을 받으며 뉴욕의 존 F. 케네디 국제공항에 발을 내디딘 뒤 제2의 비틀스를 꿈꾸는 수많은 영국 밴드가 미국을 찾았다. 에니멀스Animals와 롤링 스톤스Rolling Stones가 대표적이다. 이들은 마치 침공하듯 빌보드차트를 점령하면서 '브리티시 인베이전British Invasion'이라는 호칭을 낳았다. 정확하게는 미국에서 건너간 로큰롤과 R&B를 자기 식으로 재해석한 영국 밴드들이 미국에 반격을 가한 셈이다. 브리티시 인베이전은 1970년대에 레드 제플린 Led Zeppelin, 딥 퍼플Deep Purple로 이어지다가 한동안 침체를 겪었지만, 1990년대 중반 이후 라디오헤드RadioHead, 오아시스Oasis를 통해 부활했다.

로큰롤과 더불어 1960년대를 대표하는 문화적 경향으로는 '반문화Counter Culture'를 꼽을 수 있다. 반문화는 특정 시점의 한 사회의 주류 문화에 도전하고 맞서는 하위 문화를 말한다. 인류사는 지배 문화와 대항 문화와의 끊임없는 투쟁의 역사라는 점에서 반문화는 시공을 넘어 무수히 존재하는 보통명사에 해당한다. 하지만 문화사회학에서 1960년대라는 특정 시점에 서구 문화권에 출현한 청년 문화를 반문화라고 표현한다는 점에서 고유명사이기도 하다.

반문화는 앞서 설명한 68혁명의 친자식이다. 당시 반문화운동은 두 가지 유형으로 진행되었다. 먼저 신좌파 이론을 기반으로 사회적 불평등과 베트남전쟁에 맞섰던 정치운동이다. 이와 함께 기존 부르주아계층의 배금주의拜金主義 세태에 맞서 새로운 삶의 태도를 추구한 히피들의 문화적 경향이라고도 말할 수 있다.[129] 앞서 소개한 로큰롤이나 포크 역시 당대 반문화를 상당 부분 반영했다. 반문화를 상징하는 '우드스톡페스티벌'은 밥 딜런의 고향인 뉴욕 우드스톡 인근 베설 평원에서 1969년 처음 시작했다. 비틀스의 명곡 〈Lucy in the Sky with Diamonds〉는 환각 상태를 연상케 하는 목소리는 차치하더라도 곡 이름이 LSD를 상징한다는 의견이 정설이기도 하다. 1960대 후반 록음악은 히피 문화와 영향을 주고받으며 반문화의 상징으로 떠올랐다. 당시 반문화의 주체는 백인 중산층 가정 출신의 대학생 같은 교육받은 젊은이들이었다. 록은 스스로를 대량 소비의 '특별한 경우'로 상정하고, 청년들에게 자본주의와 소비자 중심주의가 갖는 복잡함과 모순으로부터 음악적 피난처를 제공했다.[130]

록음악과 더불어 반문화운동과 연계해 주목할 만한 대중음악 장르는 포크음악Folk Music이다. 포크의 우리말은 '민요'다. 전 세계에는 각 민족만의 포크가 존재한다. 포크음악 하면 흔히 '통기타 음악'으로 이해하는데, 1960년대를 놓고 보면 이는 절반은 맞고 절반은 틀리다. 당시 미국 포크음악은 1930년대 포크 뮤지션인 우디 거스리Woody Guthrie, 1912~1967와 피트 시거Pete Seeger, 1919~2014의 자장 아래 놓여 있었다. 이들의 음악은 사회 참여적이면서도 생태적인 색채를 강하게 띠었다.

1960년대 미국에서 인기를 끈 '어반 포크'는 밥 딜런을 빼놓고 설명할 수 없다. 밥 딜런은 흔히 '노래하는 시인'으로 불린다. 아홉 단어마다 한 단어씩 새로운 어휘를 사용할 정도로 풍성한 문학적 재능을 진솔한 멜로디라인에 담아냈다. 시적 이미지와 은유, 끓어오르는 강렬한 감정을 뛰어난 완성도를 갖춘 창작곡에 승화시켰다고 평가받는다.[131] 대중음악 뮤지션으로는 최초로 2016년 노벨문학상을 수상했다.

실제로 이는 과장이 아니다. "얼마나 많은 죽음이 있어야 비로소 사람들이 수많은 죽음이 있었음을 알게 될까?How many deaths will it take till he knows, That too many people have died?"(〈Blowing In The Wind〉 중)라는 가사만큼 우리 마음을 뒤흔들면서 반전 메시지를 전달한 표현이 있을까. "점점 어두워져서, 너무 어두워서 아무것도 볼 수 없다. 마치 내가 천국의 문을 두드리는 것 같다It's getting dark too dark to see, Feels like I'm knockin' on heaven's door"(〈Knockin' On Heaven's door〉 중)만큼 죽음이라는 무지의 영역을 절묘하게 표현한 가사가 또 있었을까. "아무것도 없으면 잃을 것도 없다When you got nothing, you got nothing to lose"(〈Like A Rolling Stones〉 중)면서 성서의 〈누가복음〉을 인용해 "지금 앞선 자들이 훗날 꼴찌가 되리라And the first one will later be last"(〈The Times They Are A Changing〉 중)라는 예언도 내놓는다. 이는 결국 흑인 인권의 신장과 베트남전쟁 종전으로 현실화된다.

그는 사운드 면에서도 포크의 전통에만 머물지 않는 혁신가였다. 데뷔 직후 음악과 사회참여 활동으로 당시 청년들에게 포크음악의 우상으로 떠올랐다. 1950년대 로큰롤에 심취했던 베이비부머 세대들은 대학에 갈 나이가 되자 정치·사회적 문제에 관심을 갖게 된다. 당시는 냉전과 반전운동, 인권운동이 폭발하던 시대라는 점을 떠올릴 필요가 있다. 이런 정치·사회적 메시지를 담은 딜런의 포크음악에 당대 청년들이 화답한 것은 이런 배경에서다.

하지만 그는 1965년 7월 포크음악 축제인 뉴포트포크페스티벌에서 전자기타를 들고 무대에 올랐다. 배신감에 휩싸인 팬들은 야유를 보냈고, 일부는 자리를 떴다. '포크음악의 순수성을 버렸다'는 동료 음악가들과 비평가들의 혹평도 잇따랐다. 이는 당시 포크음악의 '역할'을 감안하면 이해하지 못할 반응은 아니다. 본래 포크 문화는 대량 사회의 발전에 대항해 등장했고, 포크음악은 대량 주류에 대한 진지한 대안으로 스스로를 규정했다.[132] 당시 포크음악이 히피 문화 등 '플라워 무브먼트Flower Movement'의 문화적 기반을 제공한 것도 이런 이유에서다. 이에 포크음악은 노동이나 빈곤, 소수자 문제를 다루는 음악이었다. 어쿠스틱 기타는 이런 메시지를 담은 가사가 더욱 잘 들리게 하는 수단이었다. 더구나 여러 '전문가' 멤버들이 필요한 로큰롤과 달리 어쿠스틱 기타는 누구나 쉽게 배우고 연주할 수 있는 민중의 악기였다. 로큰롤은 여전히 '춤곡'이라는 이미지가 강했다.[133] 하지만 그는 "세계의 시곗바늘이 돌고 세월이 흐르듯 나도 변한다"라고 응수했다. 미국 시장을 점령한 비틀스를 접한 그는 어쿠스틱 기타와 하모니카만으로는 포크음악의 전통을 지킬 수 없다고 확신했다. 그의 '변절'이 도약을 위한 '변화'였다는 걸 증명하는 데는 오랜 시간이 걸리지 않았다. 존 바에즈Joan Baez 등 동료 음악가들 역시 록음악을 받아들이면서 포크는 포크록으로 영역을 확장해갔다.[134]

　　반문화운동이 가장 번성했던 곳은 서부 샌프란시스코였다. 샌프란시스코는 이미 1950년대부터 '비트 문학' 운동이 번성하고 게이 공동체가 자리한 곳이었다. 당대에는 히피운동의 본산인 헤이트 애시버리 지구까지 품으면서 미국의 어느 도시보다 자유로운 분위기가 형성되어 있었다. 1960년대 중반부터 이곳을 중심으로 사이키델릭록이 출현했다. 사이키델릭록은 몽환적이고 환각적인 분위기나 감정을 표현하고, 이를 통해 어떤 '다른 곳'을 지향하는 음악이다.[135] 이를 위해 동원되는 수단은 마약이다. 이에 애씨드록Acid Rock이라 부르기도 한다. 당시 사이키델릭록을 대표하던 그룹은 제퍼슨 에어플레인Jefferson Airplane과 그레이트풀 데드Greatful Dead다. 제퍼슨 에어플레인은 1967년 《Surreallistic Pillow》라는 단 한 장의 걸작을 내놓고 1972년 해산했지만 그레이트풀 데드는 리더 제리 가르시아Jerry Garcia, 1942~1995가 약물중독으로 사망하기 직전까지 30년간 20여 장의 앨범을 내놓으며 히피이즘 최후의 수호자들로 활동했다.[136] 다만 비틀스처럼 당시 록씬에 있던 밴드들이나 뮤지션들은 시대적 조류를 반영해 사이키델릭록 곡을 너나없이 발표했다. 이는 사이키델릭록의 정점을 보여준 1969년 우드스톡페스티벌 공연 영상에서도 발견할 수 있다.

다만 제퍼슨 에어플레인과 그레이트풀 데드가 주로 미국에 국한해 영향력을 행사했다면, 재니스 조플린Janis Joplin, 1943~1970과 더 도어스The Doors를 이끌던 짐 모리슨Jim Morrison, 1943~1971 그리고 기타리스트 지미 헨드릭스Jimi Hendrix, 1942~1970 등 '쓰리 제이'는 비틀스가 잠잠하던 1960년대 후반에 이르러 전 세계 록씬을 이끌었다. 조플린이 〈Summertime〉에서 들려준 배꼽 밑에서부터 올라오는 듯한 절규하는 목소리, 도어스가 〈The End〉에서 선보인 몽환적이면서도 극단으로 몰고 가는 사운드는 여전히 쾌감과 전율을 선사한다. 피드백과 디스토션, 와우와우 페달을 활용해 소리와 소음의 구분을 없앤 헨드릭스의 음악은 여전히 최상의 선도를 자랑한다. 헨드릭스를 계기로 일

렉트릭 기타는 록음악의 상징으로 자리 잡았다.[137] 그는 1967년 몬트레이 팝페스티벌에서 충격과 전율의 연주를 선보인 뒤 그 유명한 기타 화형식을 거행하면서 스스로 록 기타리스트의 제왕의 자리에 등극했다.[138]

쓰리 제이의 시대는 오래가지 않았다. 이들 모두 1970년 즈음 약물중독으로 사망했다. 비틀스가 공식 해산한 것도 그해였다. 사이키델릭록 뮤지션들의 '좌절'은 결국 하늘에서 떨어져 죽을 수밖에 없는 이카루스의 운명과 닮은꼴이었다. 사이키델릭록이 반문화를 상징하면서도 선풍적인 인기를 끌었고, 결국 반문화가 적대시했던 기성 문화와 상업주의에 포섭되었기 때문이다. 제퍼슨 에어플레인이 1965년 말 당시 대형 음반사 RCA빅터사와 2만 달러의 선수금을 받고 계약한 것이 대표 사례다.[139] 쓰리 제이의 자기파멸적 운명 역시 이런 역설에 따른 불가피한 귀결로 볼 수 있다. '혁명의 1960년대'가 끝난 뒤 1970년대 대중음악계에 보수화의 바람이 거세게 불어닥친 건 베이비부머 세대들이 좌절 끝에 샌프란시스코 거리에서 '스위트 홈'으로 돌아간 결과이기도 하다. 비틀스가 〈Revolution〉에서 존 레넌의 목소리를 빌려 이렇게 노래한 건 반문화운동의 조종弔鐘이었다.

> 우리는 모두 세상을 바꾸고 싶어 해. 하지만 네가 파괴를 말한다면 나는 거기서 좀 빼줘We all want to change the world. But when you talk about destruction. Don't you know that you can count me out.[140]

진화하고 퇴조하는 재즈

재즈의 역사는 대략 10년 단위로 구분된다. 새로운 스타일의
재즈는 대개 10년마다, 10년 단위의 초기에 탄생했다.[141] 1930년대 말
에 이르러 스윙은 거대한 기업이 되었다. 새로운 조류가 필요했고, 결
국 비밥재즈Bebob Jazz로 결실을 맺는다.

비밥재즈의 특징은 극단적 기교와 화성적 교묘함, 불협화음과
반음계주의, 복잡한 리듬이다. 리듬 악기 주자에게 많은 자율성이 주
어지고, 기존 악기 파트의 역할이 해체된다는 점도 들 수 있다. 솔로이
스트의 즉흥연주도 기존보다 크게 강조되었다. 이는 비밥의 기원과 관
련이 깊다. 비밥은 1940년대 초반 뉴욕의 스윙재즈 밴드에서 연주하
던 연주자들이 월요일 밤 연주 뒤 민턴의 플레이하우스나 먼로의 업
타운하우스에서 실력을 겨루던 '커팅 콘테스트Cutting Contest'에서 유래
한다. 커팅 콘테스트는 재즈 명곡들을 매우 빠른 속도나 어려운 조로
바꿔 연주해 실력이 모자라는 연주자를 떨어뜨리는 연주 형태였다.[142]

비밥의 기원은 무엇일까. 비밥재즈를 대표하는 트럼펫 연주
자 디지 길레스피Dizzy Gillespie, 1917~1993의 설명에 따르면, 비밥에서 가
장 중요한 음정인 감5도의 입소리를 표기한 것이라고 한다.[143] 감5도
는 '도~파#'을 말한다. 감5도는 전통 블루스의 감3도, 감7도와 더불어
블루노트의 하나가 되었다. 비밥은 기존 스윙재즈의 상업주의에 대
한 반성과 저항으로 시작되었다. 스윙재즈는 백인화된 비즈니스 모델
이었다. 더구나 춤을 추기 위한 '수단'에 가까웠다. 20명이 넘는 연주
자로 이뤄진 밴드 규모로는 재즈의 본질인 즉흥연주조차 쉽지 않은데

다 굳이 필요도 없었다.[144] 반면 변박과 불협화음이 난무하는 비밥은 주의 깊게 들어야만 하는, 곧 청취 자체가 목적이 되는 음악으로 자리 잡았다. '단 한번만 존재하는 음악'이라는 재즈의 본질이 복원된 것이다. 대표 뮤지션은 색소폰 연주자 찰리 파커Charlie Parker, 1920~1955와 존 콜트레인John Coltrane, 1926~1967, 트럼펫 연주자인 마일스 데이비스Miles Davis, 1926~1991와 디지 길레스피, 피아니스트 텔로니어스 몽크Thelonious Monk, 1917~1982와 버드 파월Bud Powell, 1924~1966, 드럼 연주자 케니 클라크Kenny Clarke, 1914~1985 등이다. 백인 피아니스트 빌 에반스Bill Evans, 1929~1980도 빼놓을 수 없다. 클래식에 정통했던 그는 기존 재즈에서 서정성과 감미로움을 부각시켜 '재즈계의 쇼팽'으로 불렸다. 주변 뮤지션들에게 쇤베르크, 스트라빈스키 등 현대음악을 소개한 공도 크다.[145]

1950년대 들어 비밥의 '불안과 흥분'은 편안하면서도 차분한 쿨재즈Cool Jazz로 대체된다. 개척자로는 색소폰 연주자 레스터 영Lester Young, 1909~1959과 마일스 데이비스가 꼽힌다. 《Birth of the Cool》 《Kind of the Blue》가 대표 명반이다. 쿨재즈는 비밥에 비해 음색과 리듬은 더 부드럽고 섬세해졌다. 비밥은 사람들에게 '어려운 음악'으로 다가왔지만 쿨재즈는 '낭만적인 음악'으로 자리 잡았다. 트럼펫 연주자 쳇 베이커Chet Baker, 1929~1988의 〈Funny Valentine〉이나 데이브 브루벡Dave Brubeck, 1920~2012 쿼텟의 〈Take Five〉 등 쿨재즈를 대표하는 명곡들을 떠올리면 이해하기 쉽다. 또 비밥이 솔로 즉흥 연주자들이 중심이었다면 쿨재즈는 다시 작곡자와 편곡자가 전면에 등장한다.[146]

뉴욕 중심의 '이스트 코스트 재즈'에 맞서 할리우드 중심의 '웨스트 코스트 재즈'가 등장한 것도 쿨재즈가 계기가 되었다. 당시 집권했던 트루먼 대통령의 강력한 고용정책에 전후 호황이 맞물리면서 서부 자동차산업과 석유산업의 경기가 무척 좋아졌다. 이에 노동자들이 캘리포니아 지역으로 대거 몰려들었다. 캘리포니아 인구는 1940년 800만 명에서 1962년 1700만 명을 돌파하면서 미국에서 인구가 가장 많은 주가 되었다.[147] 재즈맨들도 그 뒤를 따르면서 캘리포니아가 재즈의 새로운 중심지로 부상했다. 흑인 중심의 기존 재즈와 달리 웨스트 코스트 재즈는 백인 연주자들이 중심이었다. 쳇 베이커와 데이브 브루벡만이 아니라 바리톤 색소폰 연주자 게리 멀리건Gerry Mulligan, 1927 ~1996도 백인이었다. 다만 비밥의 전통은 동부 중심의 하드밥Hard Bop 으로 계승되었다. 하드밥은 흑인음악의 전통을 계승하기 위해 블루스와 가스펠을 적극 수용했다. 흑인 민권운동에도 깊이 개입했다. 색소폰 연주자 소니 롤린스Sonny Rollins와 베이스 연주자 찰스 밍거스Charles Mingus, 1922~1979, 드럼 연주자 맥스 로치Max Roach, 1924~2007 등이 하드밥을 이끈 새 얼굴들이었다.[148]

1960년대 재즈를 대표하는 장르는 프리재즈Free Jazz다. 자유 조성과 리듬, 균형의 해체, 월드뮤직의 영향, 광란에 가까운 열정의 강조, 소음까지 사운드의 영역이 확장된 것 등이 주요 특징이다.[149] 프리재즈는 20세기 초반 고전음악계에 등장한 현대음악의 특징이 재즈에서 재현된 것이다. 기실 재즈의 혈관에는 무조성이나 자유조성의 전통이 일찌감치 흐르고 있었다. 비밥재즈의 문을 열어젖힌 찰리 파커가 일찌감치 스트라빈스키에 열광한 건 재즈와 모더니즘음악과의 연관성 덕분이다. 초기 흑인 재즈 뮤지션들은 고전음악 조성에 대해 전혀 배운 바 없었다. 이에 프리재즈는 재즈 전통을 단절한 게 아니라 재현한 것에 가까웠다.[150] 여기에 인도 등 이국적 요소들까지 결합하면서 프리재즈는 '가장 검은 재즈이자 범세계적' 성격을 지니게 되었다.[151]

　　1970년대 이후에도 재즈의 변화는 계속되었다. 록과의 결합을 통해 퓨전재즈Fusion Jazz가 출현하고, 비밥이나 스윙이 재현되기도 했다. 다만 20세기 중반 이후 대중이 아닌 전문가와 고급 청취자를 위한 음악으로 국한된 서양 고전음악의 전철을 재즈도 밟고 있는 듯하다. 일반 청중이 향유하는 예술 장르가 아닌 대학이나 기관에서 연구 대상이 되는 등 '엘리트주의'의 포로로 전락했다는 건 부인하기 어렵다. "스윙을 계승한 비밥 이후 재즈는 많은 청중을 끌어들이는 데 무관심했을 뿐 아니라 사실상 거부하는 것처럼 보였고",[152] "1950년대의 황금시대는 급작스럽게 끝나버렸고 재즈는 악다구니와 빈곤 속으로 후퇴해 20여 년간 철저한 고립 속에서 지내야 했다"[153]라는 홉스봄의 지적은 경청할 가치가 있다.*

---

* 에릭 홉스봄은 재즈 애호가이자 '프랜시스 뉴턴'이라는 필명으로 활동한 재즈 평론가이 기도 하다.

6장

장기침체의 시대,
펑크와 디스코를
소환하다

석유파동으로 멈춰 선
세계경제

석유의 역습

11월 4일 일요일, 교통이 멈췄다. 대학생들은 고속도로에 자리를 깔고 플루트 소리를 들으며 도시락을 먹었다. 어린이들은 롤러스케이트를 타고 신호등 사이를 질주했다. 남쪽의 에인트호번에서 북쪽의 흐로닝언에 이르기까지 네덜란드 거리에는 차량이 거의 없었다. 캐딜락 리무진을 포기한 예순넷의 율리아나 여왕Juliana Louise Emma Marie Wilhelmina, 1909~2004은 기분 좋게 자전거에 올라타고 손주들을 보러 갔다. 1973년 네덜란드 최초의 차 없는 일요일은 그 이면의 어려운 결정과 무관한 사람들에게는 하나의 즐거운 이벤트였다.

－마크 레빈슨,《세계 경제의 황금기는 다시 오지 않는다》13쪽.[1]

앞 글은 네덜란드의 어느 한적한 일요일의 평화로운 풍경을 연상케 한다. 하지만 실상은 재앙에 가까웠다. 4주 전 발발한 4차 중동전쟁에서 네덜란드가 미국과 더불어 이스라엘에 무기를 공급하자 아랍 산유국들은 원유 공급 중단으로 보복에 나선 참이었다. 원유 가격은 그해 1월보다 두 배가량 폭등했다. 네덜란드는 울며 겨자 먹기로 전국적으로 '차 없는 날'을 선포할 수밖에 없었다. 지난 20년간 황금기를 구가했던 세계경제에 치명타를 날린 석유파동의 시작이었다.

최근 십수 년간 석유를 소재로 한 가장 빼어난 예술작품 중 하나는 폴 토마스 앤더슨Paul Thomas Anderson 감독의 2008년작 〈데어 윌 비 블러드〉다. 메가폰을 통해 미국 사회의 속살을 드러냈던 앤더슨 감독은 20세기가 시작될 무렵 석유를 둘러싼 인간의 다양한 욕망을 보여준다. 이 영화의 '형식적' 주인공은 다니엘 데이 루이스Daniel Day Lewis가 연기한 다니엘 플레인뷰다. 하지만 '실질적'인 주인공은 뙤약볕 아래 메마른 사막에서 '검은 황금'을 찾아다니는 플레인뷰의 '표정'이다. 먼지투성이에 피곤함이 가득한 얼굴, 그러나 석유에 대한 광기로 번쩍이는 두 눈. 석유를 향한 열망은 비단 그에게만 한정된 게 아닌 근대 이후 인류의 공통점이기도 하다.

석유가 본격적으로 산업 현장에서 사용되기 시작한 19세기 후반 이후 인류는 '검은 황금'에 열광했다. 석유는 석탄에 비해 1톤당 에너지가 두 배인데다 저장 공간도 덜 차지한다. 석탄과 달리 내연기관에도 사용할 수 있었다.[2] 석유는 전쟁을 촉발하는 노리쇠가 되기도 했다. 일본이 진주만 습격을 통해 2차 세계대전에 본격 뛰어든 것도 인도차이나반도의 석유자원 확보와 미국의 석유 금수조치가 배경이었다. 당시만 해도 미국은 세계 최대 산유국이었다.

석유 하면 빼놓을 수 없는 또다른 영화는 1962년 미국에서 제작된 〈아라비아의 로렌스〉다. 실존 인물인 T. E. 로렌스T. E. Lawrence, 1888~1935는 1차 세계대전 때 아랍 민족 편에 서서 당시 독일과 같은 추축국이었던 오스만제국과의 전쟁을 지원했던 영국군 장교였다. 아랍 민족은 영국을 등에 업고 오스만제국을 물리치고 독립을 쟁취한다. 사우디아라비아, 이란, 이라크 등 지금의 중동 강국들이 이때 출현했고, 오스만제국은 약소국으로 전락한다. 영국이 아랍 민족을 지원한 이유는 바로 석유 때문이었다.

당시 영국은 막강한 해군력을 바탕으로 최강대국 지위를 누리고 있었다. 앞서 언급했듯이 해군력은 지금으로 따지면 핵무기와 유사했다. 당시는 바다를 지배하는 자가 세계를 지배했다. 20세기 초반 거함·거포 시대를 연 최신식 전함 드레드노트를 처음 진수한 것도 영국이었다. 그러나 독일은 19세기 후반 통일을 이룬 뒤 급격한 산업화를 이뤄낸다. 특히 비스마르크가 실권한 뒤 해군의 전력 확충에도 힘을 쏟아 1차 세계대전 직전에는 영국 해군의 절반 정도 전력을 갖춘다.

독일의 부상에 위협을 느낀 영국은 1911년 해군함대의 연료를 석탄에서 석유로 바꿨다. 석유가 석탄보다 부피가 작은데다 에너지 효율도 좋았기 때문이다. 이 결정을 내린 이는 훗날 영국 총리로 2차 세계대전을 승리로 이끈 윈스턴 처칠 해군장관이었다. 당시만 해도 북해유전이 개발되기 한참 전이었다. 영국 내에서는 석유가 한 방울도 나지 않았다. 믿는 구석은 당시 영국이 영향력을 행사하던 중동 지역이었다. 처칠의 결정 이후 영국의 중동 개입은 보다 가속화된다. 영국의 정책 변화는 양차 대전의 승리의 상이었다는 게 석유사를 다룬 대표적인 책《황금의 샘》의 핵심이다.

산업 발전의 필수 자원인 석유를 둘러싼 각국의 경쟁은 이후에도 계속된다. 하지만 가격은 큰 문제가 되지 않았다. 유가가 비교적 낮은 수준을 유지했기 때문이다. 사우디아라비아 경질유의 배럴당 가격은 1955년 1달러 93센트였지만 1971년 1월에는 2달러 18센트에 그쳤다. 물가 상승을 감안하면 사실상 뒷걸음질한 셈이다. 이에 세계경제의 석유의존도도 갈수록 커졌다. 서유럽 에너지 소비량 중 석유가 차지하는 비중은 1950년 8.5%에서 1970년 60%로 뛰었다. 같은 기간 석탄 등 고체 연료 비중은 83%에서 29%로 줄었다.[3] 저유가는 2차 세계대전 이후 세계경제가 고도성장을 구가할 수 있는 요인 중 하나였던 셈이다. 이는 '세븐 시스터즈'의 '활약'에 힘입은 결과이기도 하다. 세븐 시스터즈는 석유 분야의 7개 메이저 회사를 뜻한다. 스탠다드오일 뉴저지, 스탠다드오일 뉴욕, 셸, BP, 스탠다드오일 캘리포니아, 텍사코, 걸프오일이다. 지금은 엑손모빌, 셸, BP, 셰브론 등 4개 메이저로 재편되었다. 이에 이란, 이라크, 사우디아라비아, 쿠웨이트, 베네수엘라 등 주요 산유국들은 석유의 생산과 가격을 직접 결정하기 위해 1960년 석유수출국기구OPEC를 결성한다. 이들 다섯 국가는 전 세계 원유 수출량의 5분의 4를 차지했다.

이들의 영향력은 1970년대 들어 극대화되었다. 1973년 10월 4차 중동전쟁이 발발하자 중동 산유국들은 석유 감산과 금수조치로 대응했다. 충격은 즉각적이었다. 미국이 소비하는 석유 가운데 수입 비중은 1970년 22%에서 1973년 36%로 늘어난 상태였다. 전쟁은 20일

만에 끝났지만 배럴당 3달러 수준이던 명목 유가는 이듬해 1월 10.1 달러까지 치솟는다. 1차 석유파동이었다. 사람들은 몇 시간 동안 주유소에 줄을 섰고, 주유소 직원이 총에 맞아 사망하는 극단적 사례도 나타났다.[4] 2차 석유파동은 1979년 이란혁명을 계기로 발발했다. 1980년 명목 유가는 배럴당 30달러를 넘어섰다. 인플레이션 조정을 거친 실질 기준으로는 100달러에 육박하는 수준이었다. 10년 사이에 무려 5배나 뛰어오른 것이다(565쪽 상단 표 참고).

'소리없는 불황' 스태그플레이션

1973년 초까지만 해도 세계경제는 낙관론이 지배했다. 미국 닉슨 정부의 경제자문위원회는 7%에 육박하는 GDP 성장률을 예측했다. 서독과 일본의 성장률 예측치는 각각 6%, 12%였다. 전문가들은 "20년 만에 최대 호황을 만난 선진국들"(영국 〈가디언〉), "지금처럼 완전무결하게 낙관적일 수 있는 때는 아주 흔치 않다"(앨런 그린스펀) 등의 번영의 언어들을 쏟아냈다.[5] 실제로 1973년 전 세계 1인당 평균소득은 4.5% 급증했다. 이런 속도라면 1인당 소득은 16년 뒤 2배, 32년 뒤 4배가 될 터였다.[6] 하지만 모든 산업 분야에 기초 원료로 사용되는 석유 가격이 치솟자 전 세계적 불황이 불어닥쳤다.

석유파동 말고도 불황의 조짐이 없었던 것은 아니었다. 브레턴우즈체제의 붕괴로 변동환율제가 채택되면서 각국 외환시장은 요동쳤고, 이는 금융시장의 불안을 야기했다. 1973년 새해 첫날부터 길고 고통스러운 주가 하락이 시작되었다. 미국과 영국, 일본, 홍콩에서 향후 2년간 주가는 반토막이 났다. 1973년 초만 해도 투자자들은 "월스트리트지수는 지난 다섯 차례의 불황 중 아홉 번을 예측했다"는 미국 경제학자 폴 새뮤얼슨Paul Samuelson, 1915~2009의 '농반진반'에서 위안을 찾을 뿐이었다.[7]

세계은행 통계에 따르면, 고소득 지역의 1인당 GDP 상승률은 1960~1973년 사이에는 4.1%를 기록했지만 1973~1990년 사이에는 2.2%로 거의 절반이 되었다. 개발도상국에게는 '허리케인'급 충격이 불어닥쳤다. 저·중소득 지역의 1인당 GDP 성장률은 같은 기간 3.7%에서 1.3%로 급락했다.[8] 한국도 예외는 아니었다. 1차 석유파동의 영향으로 실질 GDP 성장률은 1973년 14.8%에서 이듬해 9.5%로, 2차 석유파동 때는 1979년 8.6%에서 1980년 -1.7%로 추락했다.

실업률도 치솟았다. 미국은 1973년 4.9%에서 2년 뒤인 1975년 8.5%로 급등했다. 대공황 이후 최악의 상황이었다. 인플레이션도 불어닥쳤다. 1969~1982년 사이에 네 차례나 연간 물가상승률이 두 자릿수를 기록했다. 1980년 3월에는 14.8%까지 치솟았다.[9] 인플레이션과 경기 불황이 동시에 불어닥치는 '스태그플레이션Stagflation'이 사상 처음 등장하면서 세계경제는 '소리 없는 공황Silent Depression'(월러스 피터슨)에 빠져들었다. 석유파동 초기인 1973년 말 "상황은 나쁘고, 더욱 나빠질 수 있다"는 빌리 브란트Willy Brandt, 1913~1992 서독 총리의 의회 발언이 현실이 된 것이다.

그때까지 케인즈주의를 포함한 전통 경제학계의 일반 상식은 실업자가 줄면 물가가 상승하고, 반대로 실업자가 늘면 물가가 안정화된다는 것이었다. 메커니즘을 간단히 설명하면 이렇다. 정부가 경제성장을 촉진하기 위해 감세, 통화공급 확대 등 팽창적 재정·금융정책을 펼치면 총수요와 총소비가 증가한다. 미래의 경기 전망이 밝거나 이자율이 하락하면 기업은 자연스럽게 투자와 생산을 늘린다. 그 결과 일자리가 확대되고 실업률이 하락하는 것이다. 또 노동 수요가 증가하니 임금이 오르고, 이는 생산 비용 증가로 연결되면서 물가 상승의 결과를 낳는다. 반대로 물가를 안정시키기 위해 긴축적 재정·금융정책을 펼치면 성장을 위축시켜 실업률이 상승하고 물가는 떨어진다. 이처럼 실업률과 인플레이션은 역의 관계에 있다는 '필립스 곡선 Phillips Curve'이 정설로 받아들여졌다.

그러나 1970년대에 나타난 스태그플레이션은 기존 정설을 산산조각냈다. 수요 부분이 아닌 '공급 충격Supply Shock'에 따른 현상이었기 때문이다. 급격한 유가 상승으로 상품 가격이 올라가면서 상품 판매가 위축되었다. 상품이 팔리지 않으니 재고가 급증하고, 생산, 곧 공급이 위축되는 결과를 낳았다. 공장은 문을 닫았고, 노동자들은 일자리를 잃었다. 물가가 오르면서 실업률도 치솟는 최악의 조합이 현실화된 것이다. 1970년대 들어 생산성도 낮아지던 참이었다. 여기에 불어닥친 고유가 쇼크는 값싼 석유라는 전제 위에 구축된 세계경제에 강펀치를 날렸다.[10]

스태그플레이션은 미국만이 아니라 전 세계 주요 국가들을 휩쓸었다. OECD 통계에 따르면, 1960~1973년 사이 영국의 물가 상승률은 5.1%, 실업률은 1.9%였다. 그러나 1973~1979년 사이 해당 수치는 16.0%, 4.2%로 급등했다. 프랑스 역시 같은 기간 물가 상승률은 5.0%에서 10.9%로, 실업률은 2.0%에서 4.5%로 치솟았다. OECD 회원국 평균 수치도 같은 기간 물가상승률은 4.4%에서 8.5%로, 실업률은 3.5%에서 5.0%로 상승했다(565쪽 하단 표 참고). 1970년대 말이면 영국과 프랑스 등 유럽 주요국의 실업률은 10%에 육박했다. 특히 서유럽의 제조업 쇠퇴라는 구조적 요인은 전통적인 굴뚝산업 노동자를 공장 밖으로 밀어냈다. 1955~1985년 사이 벨기에 광산에서만 10만 개의 일자리가 사라졌다. 영국의 탄광 노동자는 1947년 71만 8000명에서 45년 만에 4만 3000명으로 급감했다. 대부분 1975~1985년 사이에 벌어진 일이었다. 영국 철강산업 역시 1974~1986년 사이 16만 6000개의 일자리를 잃었다. 비슷한 기간 북동부 프랑스 공업지대 로렌에서는 제조업 일자리의 28%가 줄었다.[11] 서민 중산층이 인플레이션과 실업에 따라 고통받는 정도를 수치로 표현한 '불행지수Misery Index'(물가상승률과 실업률을 합한 수치)도 치솟았다. 미국의 불행지수는 1차 석유파동 직후인 1974년 16.6%, 1975년 17.6%를 기록했다. 이어 잠시 하락기를 보이다가 2차 석유파동이 일어난 1979년 다시 17.1%로 상승했다.[12]

그렇다면 왜 서구 자본주의의 번영의 시간이 불과 20년 만에 끝났을까? 왜 전후 호황은 '소리 없는 공황'으로 접어들었을까? 세계 경제의 성장 동력이 소진되었다는 점을 먼저 꼽을 수 있다. 기존에는 '따라잡기' 전략을 통해 유럽과 일본이 미국 수준에 근접하는 성과를 냈다. 하지만 시간이 흐를수록 '사회적 성장 능력'이 고갈되면서 성장 속도가 느려졌다. 둔화된 성장률도 장기적인 전 지구적 풍요에 마침 표를 찍던 참이었다.[13] 실제로 TFP 증가율은 1953~1964년 사이 연평균 2.72%를 기록한 이후 1977~1994년 사이 1.44%로 느려졌다. 2차

산업혁명의 위대한 발명들이 생산성을 자극하던 분위기가 퇴조한 탓이었다.[14]

'닷컴 열풍'으로 대표되는 정보통신기술이 주도한 3차 산업혁명은 1992년부터 2000년까지 미국 경제를 연간 3~4%의 고성장으로 이끌었다. 이에 TFP 증가율 역시 1995~2004년 사이 평균 2.05%로 치솟았다. 하지만 그 이후 2005~2014년 사이 TFP 증가율은 다시 1.30%로 축소되었고, 2014년 말에는 0.6%로 쪼그라들었다. 만일 1970~2014년 사이 생산성 증가율이 1920~1970년의 기간만큼 빨랐다면, 2014년 미국의 1인당 실질 GDP는 5만 600달러가 아닌 9만 7300달러로 거의 두 배가 되었을 것이다.[15] 3차 산업혁명의 영향은 2차에 비해 크게 미약했다는 뜻이다. 로버트 J. 고든 노스웨스턴대 교수는 2016년 한 토론에서 향후 25년간 세계경제 성장률이 연 0.8%에 불과할 것이라고 내다봤다. 다만 이는 1700년부터 2012년까지 장기 추세의 평균치다.[*][16]

1960년대 말 임금 '폭발', 투자의 수익체감에 따른 이익률 저하,

---

[*] '무어의 법칙'이 깨졌다는 점 역시 3차 산업혁명의 한계를 보여주는 열쇠다. 무어의 법칙은 인텔의 공동설립자 고든 무어Gordon Moore가 1965년 마이크로칩 용량이 18개월마다 두 배가 될 것이라고 예측하며 내놓은 법칙이다. 1975년에는 24개월로 수정되었다. 곧 2년마다 마이크로칩의 저장 능력이 두 배가 되고, 연간 증가율이 34.7%라는 뜻이다. 1997~2006년의 고도성장 기간에는 트랜지스터 수가 두 배가 되는 기간이 2년이 아니라 14개월에 불과했다. 하지만 2006년 이후 두 배가 되는 기간은 6년으로, 무어의 법칙보다 세 배 더 걸렸다. 이는 "데스크톱에 슈퍼 속도를 내는 칩을 필요로 하는 사람이 없기 때문"이었다.[17] 1987년 노벨경제학상을 수상한 로버트 솔로Robert M. Solow MIT 교수의 "어디를 봐도 컴퓨터 시대를 실감할 수 있지만, 생산성 통계에서는 그 같은 사실을 실감할 수 없다"라는 지적도 비슷한 취지다. "컴퓨터를 먹거나 입을 수 없고, 컴퓨터를 타고 출근할 수 없고, 컴퓨터에게 머리를 깎아달라고 할 수 없다"는 건 엄연한 사실이기 때문이다.[18]

분배 위기, 노사관계 악화도 원인으로 들 수 있다. 유럽의 성장을 이끌었던 포디즘적 생산양식이 다품종 고품질 생산과 유연전문화 시대에는 쇠퇴할 수밖에 없다는 한계도 명백했다. 미국의 경우 경상수지 적자 누적과 베트남전쟁, 석유파동에 따른 인플레이션에 따라 정부가 강력한 긴축정책을 강요받았다는 점도 그 배경 중 하나다.[19] 국제자본의 이동성 강화에 따라 환율 안정을 위해 외환시장 개입이 어려워졌다는 점도 빼놓을 수 없다. 미국이 브레턴우즈체제의 종결을 선언하자 불확실성이 커졌고, 이는 통화가치를 유지하려는 개별국의 영향력이 훼손되는 결과를 낳으면서 인플레이션으로 이어졌다. 1971~1973년 사이 비연료 상품의 국제 가격은 70%, 곡물 가격은 100% 상승했다.[20] 변동환율제에 더해 고정된 달러 가치에 결정되던 유가마저 치솟자 세계경제는 '영광의 20년'을 종언한 채 불황의 블랙홀로 빠져들었다.

스태그플레이션은 1970년대 내내 지속되었다. 한국은행을 포함한 전 세계 중앙은행의 제1 목표가 최근까지도 '물가 관리', 곧 인플레이션 방지였던 것은 이런 역사적 경험 탓이다. 1980년대 들어 인플레이션은 어느 정도 잡혔지만 저성장 추세는 계속되었다. 미국 경제는 인터넷 등 기술혁신에 따른 '신경제New Economy' 열풍이 불어닥친 1990년대 말 이전까지 부진에서 벗어나지 못했다.

빌리의 '꿈'을 옥죈 신자유주의

빌리는 잉글랜드 북동부 더럼 카운티 광산촌인 에버링턴 마을에 살고 있는 열한 살 소년이다. 무뚝뚝하고 폭력적인 아버지, 반항적인 형 그리고 치매를 앓는 할머니와 함께 산다. 빌리의 어머니는 이미 세상을 떠난 지 오래. 빌리는 어머니의 피아노 앞에 앉아 건반을 두드리며 무의식 속에 남아 있는 어머니의 모습을 그리워한다. 일상은 팍팍하기만 하다. 그의 아버지와 형은 연일 시위에 참여해 경찰에게 돌을 던진다. 광산 노동자로서의 권리를 되찾기 위해서다. 파업의 대가는 가난이었다. 아버지는 어머니의 유품인 피아노를 부숴 장작으로 삼아야 했다.

빌리에게도 돌파구가 있었다. 바로 춤이었다. 영화 시작부, 빌리는 레코드판을 틀고 음악에 맞춰 신나게 점프한다. 마침 나오는 곡은 영국 글램록 밴드 티렉스T-REX의 명곡 〈Cosmic Dancer〉다. 티렉스는 이 곡에서 "내가 열두 살 때 춤을 추고 있었어, 내가 태어났을 때 춤을 추고 있었어I was dancing when I was twelve, I was dancing when I was out" 라고 노래한다. 빌리는 복싱장 대신 찾은 발레 교습소에서 암울한 광산촌의 현실을 딛고 발레리노의 꿈을 키운다. 춤에 대한 빌리의 열정을 확인한 아버지는 '춤은 여자나 추는 것'이라는 편견을 버리고 아들의 꿈을 응원한다. 하지만 대가는 작지 않았다. 빌리의 학비를 대기 위해 파업 전선에서 이탈해 다시 광산으로 향해야 했다. 가족보다 가까운 동료들은 물론 큰아들로부터도 '배신자'라는 말을 들어야 했다. 결국 빌리가 로열국립발레학교로부터 합격 소식을 들은 날, 아버지와 큰아들은 파업에서 패배하고 다시 어두운 갱도로 향한다.

영국 출신 스티븐 달트리Stephen Daldry 감독의 2000년작 영화 〈빌리 엘리어트〉의 내용이다. 빌리 가족의 삶을 옥죄는 가장 큰 외부 요인은 마거릿 대처Margaret Thatcher, 1925~2013 내각의 석탄산업 합리화

정책에 반대해 일어난 영국 광부파업(1984~1985년)이다. 대처 행정부가 대규모 탄광 폐쇄정책을 실시하자, 이에 맞서 영국 전역의 15만 광부들은 무려 일 년간 집단 파업에 돌입했다. 하지만 광부들은 경찰의 무자비한 폭력과 사법부의 혐의 조작, 언론의 허위 보도 같은 맹폭을 당하고 일터로 돌아갈 수밖에 없었다. 영국 광부들의 패배는 1970년 대 초만 해도 세계 노동운동 진영에서 가장 강력했던 영국 노동조합 운동의 맥을 끊어버렸고, 대처 행정부는 세금 감면과 공공기관 매각을 마음 놓고 단행할 수 있었다.[21]

'신자유주의Neo Liberalism'만큼 애증의 대상이 되는 단어가 또 있을까. 신자유주의는 경쟁에서 우위를 점한 소수에게는 축복의 세례였지만 나머지 다수에게는 절망과 배제의 상징이었다. 신자유주의는 2차 세계대전 이후 부상한 케인즈 경제학에 대한 반발로 대두되었다. 앞에서 설명했듯 케인즈 경제학은 1930년대 대공황으로 시장에 대한 신뢰가 붕괴하자 정부의 적극적 경제 개입의 근거로 부상했다. 시장 실패에 대응해 불황과 실업을 해결하고 빈부격차를 완화하기 위한 적극적 재정·소득재분배 정책, 독과점 해소가 핵심이다. 2차 세계대전 이후 서방 세계가 '번영의 20년'을 누리게 된 건 정부의 적극적 개입 정책에 따라 시장이 안정적으로 관리된 결과라고 봐도 무방하다. 양극화 완화와 복지국가 출현 역시 대표 성과다.

다만 앞서 서술했듯 1973년 1차 석유파동 이후 상황이 완전히 달라진다. 스태그플레이션이라는 기존 경제학으로 설명할 수 없는 기이한 현상이 나타났고, 이는 곧 정부의 실패로 받아들여졌다. 특히 총수요 증가에 초점을 맞춘 케인즈 경제학은 인플레이션만 악화시키는 주범으로 인식되었다. 실업 문제에도 속수무책이었다. 자연스럽게 다시 시장의 역할을 중시하는 신자유주의에 대한 관심이 높아졌다.

신자유주의 경제학 자체는 일찌감치 등장했다. 대표적인 학자는 프리드리히 하이에크Friedrich Hayek, 1899~1992와 밀턴 프리드먼Milton Friedman, 1912~2006이다. 각각 빈학파와 시카고학파를 대표하는 이들은 1950년대부터 신자유주의 철학과 경제학의 연구 결과들을 내놓았다. 이들의 연구는 1950년대와 1960년대 '시대착오적'이라고 무시당했지만 1970년대에 화려하게 부활했다. 이들의 공통점은 국가의 한계를 신랄하게 비판했다는 점이다. 후진국은 물론 선진국에서도 아무리 훌륭한 정책이라도 효과적으로 정보를 처리해 좋은 정책을 만드는 건 불가능하다고 봤다. 경제적 정보를 다루는 과정에서 정보 왜곡이 발생해서다.[22] 이를 토대로 큰 정부 대신 작은 정부를 지향하고, 정부가 내려놓은 권한을 시장 자율에 맡겨야 한다고 주장했다. 구체적으로 감세정책과 엄격한 통화관리, 균형재정, 공기업의 민영화, 정부기구 축소, 무역과 자본거래의 자유화, 노동시장 유연화 등의 정책을 역설했다. 특히 엄격한 통화관리와 균형재정 정책으로 물가를 안정시켜야 시장의 효율적인 자원 배분 기능이 살아나 고용이 증대된다는 논리를 펼쳤다. 방만한 복지제도는 정부의 재정적자를 심화시키고 '복지병'을 유발하는 주범으로 지목되었다. 왕립스웨덴과학원은 1974년과 1976년 각각 하이에크와 프리드먼에게 노벨경제학상을 수여했다. 신자유주의 경제학이 학계와 경제계 그리고 각국 경제정책의 헤게모니를 장악했다는 신호탄이었다.

신자유주의와 통화주의를 내세우는 이들의 주장은 1980년대

들어 대거 현실화된다. 각국 시민들이 1970년대 경기 불황에 무능으로 대응했던 기존 정당에 대한 지지를 철회한 결과였다. 대상은 이전 시기 복지국가정책을 추진한 좌파만이 아니라 좌파와 연대했던 온건 우파까지 포함했다. 특히 복지제도에 따라 가장 큰 수혜를 입었으면서도 무거운 세금을 내야 했던 중산층이 기존 정치권에 등을 돌렸다. 통제되지 않는 실업과 인플레이션, 정부의 사양산업에 대한 보조금 지급 등은 일종의 '사기'로 여겨졌기 때문이다. 68혁명 등 '사회적 무질서' 상황도 공포감을 불러일으켰다.[23] 그 결과 나타난 현상은 '통치 불능'이었다. 1974년에 영국, 캐나다, 프랑스, 서독, 이탈리아 등 주요국 의회에서 한 번이라도 과반수를 차지한 정당은 없었다.[24] 이에 소수였던 보수당 내 급진 우파에게 기회가 찾아왔다. 미국과 영국 등 자본주의의 최전선에 있는 국가들에 일제히 보수당 정권이 들어서면서 신자유주의 정책을 전면에 내세웠다. 보수화는 황금기의 종결에 따른 연쇄반응의 결과인 셈이었다.

유럽의 복지국가 모델은 1970년대 들어 지키기 어려운 약속이 되었다. 전후 복지국가는 경제성장과 일자리 창출이 높은 수준으로 유지되고, 적정 수준의 출생률을 통해 새로운 납세자들이 은퇴한 부모를 부양할 수 있을 만큼 충분히 공급된다는 두 가지 전제가 깔려 있었다. 하지만 전후 베이비붐 세대가 중년에 접어들고 은퇴 시점은 빨라지면서 예산이 바닥을 드러낼 것이라는 우려가 커졌다. 실제로 1960년 60~64세 사이의 서독 남성 중 정규직 비중은 72%였지만 1980년에는 44%로 축소되었다. 이탈리아 전체 인구 중 14살 미만 인구는 1950년 26.1%에서 1990년 15% 밑으로 떨어졌다. 그러다 보니

스웨덴에서는 1977년 GDP의 3분의 1이 사회적 지출에 쓰였다.[25] 결국 경기 부진과 실업, 인플레이션, 인구 고령화에 따라 복지국가 모델은 지속가능성을 점차 상실하는 처지였다. 이는 개입주의적 국가의 정통성 붕괴를 가져왔다.[26]

1979년부터 1990년까지 집권했던 영국 대처 총리는 기존 복지 정책과 과감히 결별했다. 과도한 복지 혜택은 '영국병'의 근원이라고 봤다. 더구나 영국은 1975~1976년에 굴욕적인 IMF 구제금융 대상이 된 상태였다. 금리 인상과 정부 예산의 대폭 삭감이라는 당시 IMF의 요구를 수용한 건 공교롭게도 제임스 캘러헌Leonard James Callaghan, 1912 ~2005의 노동당 정부였다. 노동계급을 대표하는 정당이 영국에서 케인스주의의 시대를 끝낸 것이었다.*[27] 이어 대처 정부는 집권하자마자 복지 지출의 대폭 삭감, 감세, 노조의 공적 영향력 파괴, 규제 완화 등 '대처리즘Thatcherism' 정책을 강하게 밀어붙였다. 은행과 증권업의 장벽 철폐, 외국 금융기관의 활동 자유화 같은 '금융 빅뱅' 정책도 내놓았다. 민영화도 빼놓을 수 없다. 대처 집권 시절에는 브리티시 텔레콤BT, 브리티시 페트롤리엄 컴퍼니BP 등 통신, 에너지, 항공을 비롯한 거의 전 분야가 민영화 영역에 포함되었다. 심지어 전후에 건설된 공공주택도 팔아치웠다. 1984~1991년 사이에 민영화된 전 세계 자산 가치의 3분의 1이 영국 한 국가의 매각분이었다.[28]

영국에서 신자유주의 정책이 처음 현실화된 건 '영국병'으로

---

* 캘러헌 내각은 어느 정도의 실업은 불가피하다고 인정하고 구조조정 계획에 착수했다. 그 바람에 1978~1979년 사이의 '불만의 겨울' 때 주요 노조들은 동맹 파업을 벌였다. 쓰레기는 길바닥에 나뒹굴었고, 사망자는 매장되지 않은 채 방치되었다.

흔히 일컬어지는 취약한 영국 자본주의의 현실이 배경에 깔려 있다. 앞서 서술한 대로 영국은 2차 세계대전 이후 만신창이가 되면서 제국의 지위에서 내려와야 했다. 혈맹인 미국의 정치·경제·군사적 지원에 기대야 하는 처지였다. 더 큰 문제는 경제였다. 1950년대에도 여전히 국제 거래의 주요 결제 수단이었던 파운드화는 과대평가되어 있었다. 그 결과 세계시장에서 미국, 독일 등에 비해 경쟁력이 떨어질 수밖에 없었다. 전 세계 공산품 수출시장에서 1950년 영국의 비중은 25%를 차지했지만 20년 뒤에는 겨우 10.8%에 불과했다.[29] 노동 투입 면에서도 불리했다. 영국은 이미 도시화가 상당히 진전된 상태였고, 이에 전후 다른 유럽 국가들과 달리 저임금의 제조업이나 서비스 부문으로 이전할 농촌의 잉여 인구가 남아 있지 않았다.[30]

　　여기에 영국의 시대를 이끌었던 직물과 광업, 조선, 철강 등 제조업 분야의 경쟁력은 이미 2차 세계대전 이전부터 취약한 상태라 구조조정이 절실했다. 하지만 보수당과 노동당은 모두 환부를 도려내는 데 소극적이었다. 이들은 인력과 장비가 썩어나고 사회가 계급투쟁의 늪에 빠졌던 1930년대를 되풀이하지 않겠다는 일념에 '완전 고용'을 신앙으로 삼았다. 생산성이나 효율성은 뒷전으로 밀려났다. 경영자들과 공장 관리자들도 "혁신 대신 적은 투자와 저임금, 고객층의 감소라는 악순환에서 움직이기"를 선택했다. "미국 공군이 지리 측정에서 실수를 범해 (제조업 지대였던) 북동 해안과 랭커셔의 모든 공장을 낱낱이 파괴한다면 우리는 무서워할 것이 없다. 우리가 달리 어떻게 성공에 필수적인 풍부한 무경험을 또다시 얻을 수 있겠는가"라는 전후 케인스의 한탄은 그후로부터 30년 넘게 유효했다.[31]

이에 영국의 성장률은 전후 20년간의 서구 경제의 **황금기**에도 경쟁국에 항상 뒤처졌다. 세계은행 통계에 따르면 1960년대 영국 GDP 연평균 성장률은 2.6%에 불과했다. 같은 기간 독일이 올린 9.0%의 3분의 1에도 못 미치는 건 물론 당시 선진국 가운데 **최저 수준**이었다.[32] 1960년대 GDP 성장률이 5%를 넘긴 해는 1964년(5.5%)과 1968년(5.4%) 등 겨우 두 해에 그쳤다. 1970년대 1차 석유파동 이후 두 해 그리고 2차 석유파동 이후 두 해 연속 마이너스 성장을 기록하는 등 석유파동의 충격도 더 크게 받았다.[33]

영국 역사가 토니 주트는 대처리즘의 대표 특징은 '단호한 정부의 채찍질'이라고 단언한다. 대처의 가장 큰 정치적 자산은 타협의 거부였다.[*][34] 하지만 인플레이션을 잡고 정부 지출을 통제하며, 구조조정을 단행하는 고통스러운 숙제를 애당초 순조롭게 푸는 건 거의 불가능했다. 고르디우스의 매듭을 끊은 알렉산더 대왕의 '칼날'이 필요했고, 그 역할을 대처리즘이 담당했다. 이에 "대처가 아니었다면 도대체 누가 기꺼이 손을 더럽히는 일을 떠맡았을지 생각하기 어렵다"라는 주트의 평가는 과하지 않다.[35]

미국 역시 1970년대의 위기에 무기력하게 대응했다는 점에서 영국과 닮은꼴이었다. 닉슨 대통령은 1972년 6월 벌어진 워터게이트 사건의 여파로 2년 뒤 사임했고, 후임인 제럴드 포드Gerald Ford, 1913~2006와 지미 카터Jimmy Carter는 재임에 실패했다. 경제정책 면에서

---

[*] 아이작 뉴턴의 고향인 영국 중부 링컨셔의 식료품집 딸로 태어난 대처는 기존 보수당과 노동당 지배 엘리트들이 존중했던 전통이나 관행을 깡그리 무시했다. 보수당 총리를 지낸 해럴드 맥밀런이 대처의 민영화정책을 두고 "집안의 은식기를 팔아치우고 있다"라고 비난할 정도였다.

도 무능했다. 닉슨 대통령은 시장이 아닌 임금물가검토위원회를 통해 물가와 임금을 인위적으로 잡으려 했다.[36] 포드는 옷깃에 '지금 물가를 잡자'는 뜻의 '윈win, Whip Inflation Now'이라는 배지를 달고 낭비를 줄이자고 설득에 나섰지만 인플레이션은 계속되었다.[37] 실추된 리더십에 최악의 경제 기록까지 연이어 갱신되었다. 미국은 1971년에는 78년 만에 처음으로 무역 적자를 기록한데다 1974년에는 물가상승률이 11%까지 치솟았다. 1970년대 말의 주가는 1970년대 초와 비슷한 수준이었다.[38]

특히 미국의 산업과 동의어였던 자동차와 제철 등 분야의 타격이 극심했다. 1950년 전 세계 자동차의 4분의 3은 미국에서 생산되고, 나머지도 미국 기업의 해외 지사 몫이었다. 주역은 포드, GM, 크라이슬러 등 '빅3'였다. 하지만 비대해진 '빅3'는 방대한 자국 시장만 믿고 나태해졌다. 기술혁신도 등한시했다. 고유가 시대에도 기름 먹는 하마 같은 차를 계속 생산했다. 결국 1979년 일본 업체들이 미국 시장의 20%를 차지하자 크라이슬러는 역대 최대 규모인 11억 달러의 손실을 냈고, 정부가 대출 보증을 서야 했다. 철강 역시 비슷한 수순을 밟았다. 미국이 세계 철강 생산량에서 차지하는 비중은 1953년 53%에서 1982년 11%로 급감했다. 일본, 한국과의 경쟁에서 패배한 결과였다. 가전 업체들은 마쓰시다(모토롤라 텔레비전 브랜드), 톰슨(RCA·GE), LG전자(제니스) 등 경쟁국 업체에 아예 매각되었다.[39]

1976년작 영화 〈택시 드라이버〉에서 주인공 트래비스(로버트 드 니로 분)의 눈에 비친 뉴욕의 밤거리는 매춘과 마약, 폭력 그리고 무엇보다 허위로 가득 찬 공간이었다. 이는 당대 미국인들에게 베트남을 상대로 한 명분 없는 전쟁에서 패배하고 경기 침체의 늪에서도 헤어나오지 못하던 최강대국 미국의 현주소를 드러내는 것으로 받아들여졌다. 미국은 20세기 초 자신들에 의해 영국이 그랬던 것처럼, 일본과 독일 등과의 경쟁에서 내밀릴 것이라는 공포감이 더욱 커졌다. '위대한 미국'의 재현을 갈구하는 이들의 목소리는 로널드 레이건Ronald Reagan, 1911~2004 정부의 출현으로 현실화되었다.

레이건 정부는 1980년부터 1988년까지 집권하는 동안 규제 완화와 재정지출 축소 등 대처 내각과 판박이 정책을 펼쳤다. 특히 세제 개혁을 통해 최고 개인세율을 1981년 70%에서 1986년 28%까지 크게 낮췄다. 법인세와 자본소득세도 낮아졌다. 긴축 통화정책은 카터 정부 당시인 1979년 8월 연방준비제도 의장에 오른 '인플레이션 파이터' 폴 볼커Paul Adolph Volcker, 1927~2019에 의해 현실화되었다. 완전고용 대신 그해 8월 11.4%에 육박하던 인플레이션 억제를 최우선 과제로 삼았다. 이를 위한 무기는 그해 10월 6일 '토요일 밤의 학살'로 전격 공개되었다. 연방기금 금리가 아닌 통화(M1)증가율 제어를 통화정책의 목표로 삼고, 금리 인상은 얼마든지 용인하겠다는 선언이었다. 이자율 대신 통화량을 정책 수단으로 삼아야 한다는 통화주의 학파의 견해가 반영된 결과였다. 연방기금 금리는 볼커 취임 전 10.5%에서 1981년 7월 22.4%로 급상승했다.[40] 항공과 원격통신, 금융 등 거의 전 분야에서도 규제가 완화되었다.[41]

영국과 미국의 신자유주의 정책은 일정 부분 성과도 냈다. 영국의 금융 빅뱅정책은 금융 중심지로서 런던의 위상을 회복시키는 역할을 했다. 영국으로서는 쇠락한 제조업이나 중공업에 매달릴 여유가 없었다. 대신 금융 등 서비스업에서 경쟁력을 확보해야 했다. 미국의 경우 볼커의 강력한 고금리정책으로 제조업이 직격탄을 맞으면서 경기는 순식간에 얼어붙었다. 1980년대 내내 불경기가 지속되었다. 하지만 물가상승률은 1980년 4월 14.6%에서 1983년 7월 2.36%까지 하락했다. 인플레이션 압력이 약화하자 미국 연방준비위원회는 1983년 이후 금리를 한 자릿수로 떨어뜨렸다.[42] 1970년대까지 약세를 면치 못했던 달러화는 순식간에 강세로 돌아서며 1980년대 미국 패권주의가 강화되는 효과를 낳았다. 볼커의 정책은 인플레이션의 진정과 산업 구조조정의 효과로 1990년대 미국 경제가 다시 중흥기를 맞는 계기가 되었다는 양면적 평가를 받는다.[43]

　　미국의 급격한 금리 인상은 냉전시대의 특징이던 미국의 느슨한 화폐정책 대신 전례 없는 긴축적 화폐정책을 펼친다는 뜻이었다. 다만 이는 세계경제에 대한 미국의 절대 권력이 무너지고 있다는 신호였다. "금융에 대한 과도한 몰입과 부채에 대한 관용은 거대 경제 열강들의 최종 단계에서 아주 전형적이다. 이는 경제적 쇠퇴의 전조다"[44]라는 아리기의 지적은 이를 잘 보여준다.

신자유주의의 짙은 그림자, 불평등

나는 러스트벨트*에 속하는 오하이오의 철강 도시에서 가난하게 자랐다. 기억을 더듬어보면 그곳은 일자리와 희망이 걷잡을 수 없을 만큼

---

* 미국 중서부와 북동부의 사양화된 공업 지대.

큰 폭으로 사라져가는 동네였다. … 나를 키워준 외조부모님은 고등학교도 나오지 않았고, 친척들까지 포함해도 우리 집안에서 대학에 진학한 사람은 거의 없었다. 통계적으로 나 같은 아이들의 미래는 비참하다. 운이 좋으면 수급자 신세를 면하는 정도고 운이 나쁘면 헤로인 과다 복용으로 사망한다. 자그마한 우리 고향 동네에서 작년에만 수십 명이 그렇게 세상을 떠났다.

    -J. D. 밴스, 《힐빌리의 노래》 22쪽.[45]

    신자유주의 정책은 짙은 그림자를 드리웠다. 자본주의의 숙명인 불평등이 급속히 심화됐다는 게 대표적이다. 토마 피케티 파리경제대 교수는 《21세기 자본》에서 소득분배 측정지수로 전체 부(자산)의 가치를 국민소득으로 나눈 '베타β값'을 제시한다. β값이 클수록 부가 소수에게 쏠려 있다는 뜻이다. 전 세계 β값은 19세기 말까지 꾸준히 상승한다. 당시 프랑스의 β값은 사상 최고치인 7.5 정도였다. 전 세계 β값은 1차 세계대전 직전인 1910년 5 정도로 치솟았다. 이후 양차 대전을 거친 뒤 2.5 정도로 떨어졌다. 전쟁 도중 부유층이 주로 소유하고 있던 공장과 기계, 건물 등 각종 자산이 파괴되었고, 그 결과 빈부격차 완화가 강제된 것이었다. 하지만 전 세계 β값은 신자유주의 정책이 강화된 1970년대 중반 이후 다시 상승해 2010년에는 4 중반대를 기록했다.[46]

* 김낙년 동국대 교수의 분석에 따르면 한국의 베타값은 2000년 5.8에서 2016년 8.28로 뛰어올랐다. 미국(4.1)이나 영국(5.22), 일본(6.01)보다도 크게 높다. 이정우 경북대 명예교수가 《21세기 자본》 추천사에 쓴 표현을 빌리면 "(한국의 불평등도는) 100년 전 프랑스의 소위 벨 에포크 시대에나 있었던 높은 값"이다.

여기에 전 세계 억만장자는 1987년 성인 1억 명당 5명이었지만 2013년 기준으로는 30명에 달한다. 이들은 1987년에는 전 세계 민간자산의 0.4%를 소유했지만 2013년에는 1.5%를 보유했다. 이에 따라 세계 인구에서 가장 부유한 1억 분위의 평균 자산은 1987년 30억 달러에서 2013년 350억 달러로 폭증했다. 연평균 실질성장률은 무려 6.8%다. 같은 기간 전 세계 1인당 평균 자산 성장률인 연 2.1%나 소득성장률인 1.4%의 서너 배에 달한다(566쪽 상단 표 참고).[47]

　　미국은 신자유주의와 세계화가 확산된 결과 불평등이 왜 심화되는지를 보여주는 대표 사례다. 1917~1948년 사이 미국 하위 90%의 실질소득은 매년 1.43%씩 증가했다. 상위 10%의 증가율인 0.58%의 두 배 이상이었고, 그 결과 전체 평균도 1.11%의 비교적 안정적인 수준을 기록했다. 세계경제의 황금기인 1948~1972년 사이에는 상위 10%의 성장률이 2.46%로 상승했다. 하지만 하위 90%의 성장률은 2.65%로 더 높게 올라가면서 전체 평균도 2.58%의 높은 성장세를 기록했다. 모두 다 '잘사는' 바람직한 사회 분위기가 형성된 것이다. 하지만 1970년대 초를 기점으로 모든 것이 바뀌었다. 하위 90%의 평균 실질소득은 1972~2013년 사이 -0.17%로 뒷걸음질했다. 이는 대다수 미국 국민의 실질소득이 1971년보다 2013년에 더 낮아졌다는 것을 의미한다. 실제로 해당 기간 하위 90%의 실질소득은 2000년 3만 7053달러로 정점에 이르렀는데, 이는 1972년 수치(3만 5411달러)보다 약간 높은 수준이다. 심지어 2013년에는 13년 전보다 15%나 떨어진 3만 1652달러에 그쳤다. 반면 상위 10%는 1972년 12만 1000달러에서 글로벌 금융위기 직전인 2007년에는 32만 4000달러로 3배 가까

이 붙었다(566쪽 하단 표 참고).[48]

이런 시장소득의 불평등은 조세정책과 이전소득으로 보정된다. 하지만 문제는 정부의 조세정책으로 보완하기에 그 격차가 너무 많이 벌어졌다는 점이다. 미국 의회예산처CBO의 분석에 따르면, 1979~2011년 사이 연간 소득집단 전체 평균 증가율과 중앙값의 증가율 차이는 세전인 시장소득을 기준으로 했을 때 0.70%, 세후 소득을 기준으로 했을 때 0.43%였다. 이 비율이 유지된다면 앞으로 1인당 소득이 매년 평균 1.0%씩 증가할 때 조세정책으로 보전된 중간소득 증가율은 매년 0.6% 정도에 그치고, 그 결과 빈부격차는 더 벌어질 것이라는 이야기다.[49] 다른 연구 역시 유사한 모습을 보인다. 1977~2007년 사이 미국 경제성장의 과실 중 4분의 3 정도를 상위 10%가 차지했는데, 이중 상위 1%는 거의 60%를 독점했다. 반면 하위 90%의 소득증가율은 연 0.5% 미만이었다. 토마 피케티는 이를 두고 "사회집단 사이에 이렇게 극심한 격차가 존재하는 채로 기능을 무한정 계속해서 수행할 수 있는 경제와 사회를 상상하기는 힘든 일이다"[50]라고 지적한다.

미국의 불평등은 앞서 설명했던 미국의 노동임금 상승의 원인이었던 노조가 쇠퇴한 것과 연관이 깊다. 미국의 노조 가입률은 1973년 27%에서 2011년 13%로 추락했다. 여기에 전체 일자리 가운데 제조업 고용비율은 1940년대 중반 30% 정도에서 2000년 10% 초반까지 내려간 상태다. 2010년대 이후에는 한자릿수까지 줄어들었다. 이런 경향은 1980년대에 두드러졌다. 영국은 1980년대 초반 5년간 제조업에서 25%의 일자리가 사라졌다. 1980년대 말 서방 선진국의 제조업 노동력 비율은 민간 전체 노동력의 4분의 1에 불과했다. 미국은

20%에도 미치지 못했다(567쪽 상단 표 참고).[51] 노조 가입률 하락은 제조업 일자리 감소와 겹쳐지면서 중간 수준의 임금 하락과 비정규직 노동자 증가로 이어졌다. 2014년 월마트의 일반 노동자가 버는 최저 시급은 9달러로 1960년대 GM 노동자 임금의 현재 환산 가치인 35달러의 4분의 1 정도에 그친다. 자동차 업종의 중간임금 역시 2003년 시간당 18.35달러에서 2013년 15.83달러로 축소되었다.

세계화의 확대에 따른 수입품 증가도 불평등을 부추기는 결과를 낳았다. 미국 GDP에서 수입액이 차지하는 비율은 1970년 5.4%에서 2014년 16.5%로 늘었다. 수입품 확대는 국내의 비숙련 노동 일자리와 임금 감소를 유발한다. 1990~2007년 사이 중국에서 들어온 수입품은 해당 기간 제조업 고용 감소분 중 4분의 1의 직접적 원인이었다는 분석도 있다.[52] 실제로 미국 테네시 주 브루스턴에서 한때 1700명의 노동자가 일하던 의류 회사 헨리 I. 시걸 컴퍼니HIS는 1990년대부터 쇠락하기 시작해 2000년에는 마지막으로 남아 있던 55명마저 해고되었다.[53]

2016년 쓰인 뒤 이듬해 국내에 번역돼 큰 반향을 불러일으켰던 J. D. 밴스J. D. Vance의 저서 《힐빌리의 노래》의 주무대인 러스트벨트 역시 미국의 신자유주의 정책과 중국 쇼크로 가장 큰 타격을 입은 지역이었다. 1984년생인 밴스는 세계에서 가장 부유한 미국의 현실이라고 믿기지 않을 처절한 2000년대 전후의 삶을 담담하게 풀어낸다. 1950년 기준 16대 도시 중 클리블랜드와 디트로이트, 뉴올리언스, 피츠버그, 세인트루이스 등 6곳도 러스트벨트로 전락하면서 1980년까지 인구의 절반을 잃었다.[54]

문제는 러스트벨트에서 일자리를 잃은 노동자들이 새로운 종류의 일자리로 옮겨가는 고용의 재분배 현상이 발생하지 않았다는 점이다. 중국 쇼크가 컸던 지역의 비제조업 분야의 저숙련 노동자 고용은 여타 지역보다 오히려 낮았다.[55] 미국 연방정부의 대응은 느리기만 했다. 무역으로 가장 큰 악영향을 받은 지역의 성인 1인당 소득은 549달러나 줄었지만 정부의 이전 지출을 통해 받은 돈은 고작 58달러 증가했다.[*][56]

불평등의 증가는 한 사회의 소비의 골격인 중산층의 붕괴로 귀결된다. 이는 통계로도 확인할 수 있다.

1964년 미국 중산층 가구 소득(중위소득)은 4185달러로 저소득층 가구(하위 5분위의 평균소득)의 990달러보다 4배 정도 높았다. 50년 뒤인 2014년에는 중산층 소득이 4만 3955달러, 저소득층 소득이 1만 3132달러로 3배 정도로 좁혀졌다. 동시에 1964년 미국 부유층 가구 소득(상위 1%의 평균소득)은 5만 4530달러로 중산층 가구 소득의 13배였지만 2014년에는 부유층 소득이 101만 2549달러로 23배로 불어났다. 해당 기간 저소득층과 중산층은 소득 면에서 4분의 1 정도 거리가 가까워졌다면 중산층과 부유층은 2배 정도 거리가 멀어졌다는

---

[*] 2005년 박승 당시 한국은행 총재는 '미꾸라지 물가론'을 제기했다. 중국산 저가 미꾸라지가 대거 수입되면서 추어탕 가격이 오르지 않는다는 취지다. 실제로 경기회복 국면에서 수요 측 물가 상승 압력이 높아져도 물가가 안정적인 수준을 기록했고, 이는 중국산 저가 소비재가 대거 수입된 덕분이었다. 다만 2010년 이후에는 다른 양상도 나타났다. 중국이 고도성장을 기록하며 전 세계의 원자재와 먹거리를 빨아들이면서 '차이나플레이션'이라는 물가 상승 요인으로 작용했기 때문이다. 앞서도 설명했듯 세계화의 진전은 전 세계 물건 가격을 수렴하는 결과를 낳았고, 이에 각국의 물가 수준 역시 비슷한 흐름을 보이고 있다.

뜻이다.[57] 이는 전 세계적인 현상이기도 하다. OECD에 따르면 회원국의 평균 중산층* 비율은 1980년대 중반 63.7%에서 2010년대 중반 61.2%로 감소했다. 같은 기간 상위층은 1.1%, 하위층은 1.4% 불어나는 등 양극화 현상이 진행되었다.[58] 문제는 최근 전 세계적인 코로나19 위기에 따라 중산층 이탈이 심화되었을 가능성이 크다는 점이다. 현대경제연구원 분석에 따르면, 한국의 중산층 비중은 2019년 47.1%에서 2020년 44.0%로 작아졌다. 해당 기간 동안 중산층에서 이탈한 가구의 비율은 22.2%이고, 상위층으로 상향 이동한 가구는 9.3%, 하위층으로 하향 이동한 가구는 12.9%였다.[59]

두 도시 이야기

미국 미시간 주 세인트 클레어 쇼어스St. Clair Shores는 세인트 클레어 호수 인근의 휴양 도시다. 이곳은 디트로이트 북서부로부터 20킬로미터 남짓 떨어져 있다는 지리적 이점 덕분에 1950년대 번영을 누렸다. 이 도시의 소년들은 고등학교 졸업 여부와 상관 없이 18세가 되면 당시 주급 100달러, 현재 가치로 따지면 연봉 4만 달러를 받는 종신 고용이 보장된 일자리에 채용되었다. 이들 중 숙련공이 되면 10만 달러 이상의 연봉에 따로 수당까지 받고 호수 앞 고층 아파트에 요

---

* OECD 기준 중산층은 균등화 가처분소득 기준 중위소득의 75~200%를 말한다. 균등화 시장소득은 근로소득에 사업소득과 재산소득, 사적이전소득을 합친 수치에서 사적이전지출을 뺀 것으로, 가구가 실제로 벌어들인 소득을 뜻한다. 균등화 가처분소득은 균등화 시장소득에서 공적이전소득을 더하고 공적이전지출을 뺀 소득이다.

트까지 마련할 수 있었다.[60] 미국의 싱어송라이터 밥 시거Bob Seger는 1969년에 이미 두 차례 이 도시의 클럽에서 공연을 가졌다.[61] 세인트 클레어 쇼어스로부터 서쪽으로 3360킬로미터 떨어진 캘리포니아 주 샌프란시스코 인근 팰로 앨토Palo Alto 역시 비슷한 시기 대중음악으로 세인트 클레어 쇼어스와 연결된다. 앞서 5장 사이키델릭록을 이야기 하면서 거론한 그레이트풀 데드의 제리 가르시아는 18세이던 1960년 팰로 앨토로 이주했다.[62] 팰로 앨토는 2장에서 거론했던 릴랜드 스탠 퍼드가 설립한 스탠퍼드대의 배후 도시로 성장했다.

1970년대까지 두 도시는 미국의 다른 도시들과 마찬가지로 외 형적으로 큰 차이가 없었다. 소득이나 대학 졸업생 비중 등은 놀랍도 록 유사했다. 전후 미국은 5장에서 살펴봤던 대로 다수가 풍족한 사회 로 접어든다. 대공황과 양차 대전이라는 극심한 갈등을 거친 전후 미 국 사회의 대세는 '통합'이었다. 린든 존슨Lyndon B. Johnson, 1908~1973 대 통령의 1965년 '가난과의 전쟁War on Poverty' 정책 등은 당시의 통합 적 분위기를 반영한다. 대중문화 역시 미국인들을 단일화하는 데 이 바지했다. 대니얼 마코비츠Daniel Markovits 미국 예일대 교수는 이를 두 고 "20세기 경제 불평등에 한해서는 '굉장한 부자는 당신이나 나와 다르다'라고 지적한 스콧 피츠제럴드F. Scott Fitzgerald, 1896~1940에게 '맞 아요, 그 사람들은 (단지) 돈이 많죠'라고 대꾸한 어니스트 헤밍웨이 Ernest Miller Hemingway, 1899~1961 쪽이 더 맞다"라고 표현한다.[63] 빈부격차 가 크게 축소되었던 종전 뒤 1970년까지를 '대압축 시대The Age of Great Compression'라고 부르는 것도 비슷한 취지다.

하지만 1970년대 이후 미국 제조업의 후퇴는 두 도시의 운명을 송두리째 바꿔놓았다. 디트로이트 자동차산업의 몰락으로 1000만 개 가까운 중산층 일자리가 사라졌다. 세인트 클레어 쇼어스도 비슷한 운명을 맞이했다. 인구는 1970년 이후 3분의 1로 줄었고, 예산 부족 때문에 공공도서관 의자는 1971년에 구매한 걸 그대로 쓴다. 거리에는 현대식 건물을 찾아볼 수 없다.[64] 반면 팰로 앨토는 아마존과 테슬라, HP 등 굴지의 최첨단 기업의 본사가 자리한 실리콘 밸리의 경제 중심지로 변모했다. 40여 년 뒤인 2012~2016년 사이 팰로 앨토의 중위 소득은 13만 7043달러로 세인트 클레어 쇼어스의 5만 4590달러의 3배에 가깝다. 자산 가치는 더 벌어졌다. 같은 기간 팰로 앨토의 중위 주택 가격은 170만 2100달러로 세인트 클레어 쇼어스(10만 2400달러)의 17배에 육박했다.[65] 심지어 세인트 클레어 쇼어스의 소득 수준은 미국 평균에 가깝다. 바꿔 말하면 중간은 사라진 채 매우 부유한 소수의 팰로 앨토들과 평균소득에 조금 못 미치는 다수의 세인트 클레어 쇼어스들로 이분화된 '두 도시 사회'가 미국에 도래했다는 뜻이다.

사회가 보통의 도시가 사라진 '상류 도시/중·하위 도시' 혹은 중산층이 사라진 '상위층/중·하위층'으로 이분화되는 현상은 '양극화 가설Polarization Hypothesis'과도 연결된다. 양극화 가설은 상·하위 임금 수준의 일자리는 많아지고 중간 수준의 일자리는 줄어드는 현상을 말한다. 중간 수준의 노동자들이 비숙련 육체노동자들과 경쟁을 벌이고, 이에 따라 육체노동자의 공급이 수요에 비해 상승한 결과 고등학교 졸업자나 중퇴자의 임금이 떨어진다는 것이다. 이는 실증적으로도 드러난다. 노동경제학 석학인 데이비드 오터David Autor 미국 MIT 교수는 2014년 발표한 논문 〈기술, 교육, 그리고 하위 99%에게 나타나는 임금 불평등의 증가Skills, education, and the rise of earnings inequality among the 'other 99 percent'〉 표6에서 1980~2012년 사이 미국 대졸 노동자의 실질 주급은 20~56% 상승했지만 고등학교 중퇴 노동자는 22%, 고졸 노동자는 11% 하락했음을 보여준다. 또 같은 논문 표3b가 보여주는 고졸 노동자 실질임금 대비 대졸 임금 프리미엄 역시 비슷한 맥락을 보인다. 대졸 임금 프리미엄은 1963년 40% 후반대를 기록한 이후 1980년대 초까지 10% 안에서 등락을 기록한다. 분기점은 1982년이다. 그해 48%에서 급등하기 시작해 1990년 72%, 2000년 90% 그리고 2013년 98%에 육박했다.[66]

이를 금전으로 따져보자. 2012년 정규직 대졸자와 고졸자의 소득 격차는 남성의 경우 3만 5000달러, 여성은 2만 3000달러였다. 모두 대학을 나온 맞벌이 부부는 고등학교만 나온 맞벌이 부부보다 연간 소득이 5만 8000달러 더 많다는 뜻이다. 2008년 대학 졸업자가 평생 얻게 될 소득의 현재 가치는 고등학교 졸업자 대비 남자는 59만 달러, 여자는 37만 달러 더 많았다. 문제는 이런 불평등은 다음 세대에도 영향을 미친다는 점이다. 소득 분포 상위 4분의 1에 속하는 가구의 대학 졸업률은 1970~2013년 사이에 40%에서 77%로 상승했지만 하위 4분의 1 가구의 대학 졸업률은 6%에서 9%로 늘어나는 데 그쳤다.[67] 미국의 불평등은 2008년 글로벌 금융위기에도 악영향을 미쳤을 가능성이 매우 농후하다. 불평등 증가의 결과로 미국의 하류층과 중산층의 구매력이 거의 정체되고, 이에 따라 평범한 가구가 빚을 질 가능성이 더 높기 때문이다. 실제로 규제에서 자유로워진 비양심적 금융기관들은 부유층 투자자들에게 더 높은 수익률을 제공하기 위해 중

산층 이하 대출자들에게 점점 더 관대한 조건으로 신용을 제공했다.[68]

최근에는 일자리 및 소득의 양극화와 불평등 구조의 세습이 '능력주의'와 '공정'이라는 논리에 따라 작동한다는 목소리도 제기된다.[*] 미국에서의 불평등은 피케티의 논의와 달리 자산만이 아니라 소득에서의 불균형 탓에 초래된다. 상위 1%의 소득 상승분 중 4분의 3은 노동 내 소득 이전으로부터 나온다. 그 결과 2015년 미국에서는 상위 1% 가구가 전체 소득의 22.0%를, 상위 0.1% 가구는 전체 소득의 10.9%를 차지하게 되었다. 1950~1970년 사이 상위 1%의 소득 비중이 10.6%, 상위 0.1%의 소득 비중이 3.5%였던 점을 감안하면 반세기만에 상위 1%의 소득은 2배, 상위 0.1%의 소득은 3배로 늘었다는 뜻이다.[69]

이는 중산층 소득의 정체와 더불어 상위층 소득이 급증하는 데 따른 결과다. 미국 대기업 CEO 집단과 일반 노동자 집단이 받는 급여 비율은 1965년 20대 1에서 1978년 30대 1, 1995년 123대 1, 2013년 296대 1로 기하급수적으로 벌어졌다. 1978~2013년 사이 CEO의 급여는 10배가 되었지만(937% 상승) 일반 노동자의 급여는 2배가 되었을(102% 상승) 뿐이다.[70] 2013년 상장기업 CEO들의 평균 연봉은 1050만 달러였다. 유통기업 '타겟'의 CEO는 2014년 고객 신용카드 대량 해킹 사고로 경질되었는데, 4700만 달러의 퇴직수당을 받아갔다.[71] 1960년대 중반 흉부외과 전문의는 간호사보다 4배 높은 소득을

---

[*] 능력주의Meritocracy는 영국 사회학자 마이클 영Michael Young, 1915~2002이 1958년 펴낸 사회학적 디스토피아 소설《능력주의》에서 처음 사용한 용어로, 능력에 의한 지배를 뜻한다. 국내에서도 해당 주제와 관련해 조귀동의《세습 중산층 사회》(2020), 박권일의《한국의 능력주의》(2021) 등이 주목할 만한 저서다.

올렸지만 2017년에는 7배 이상으로 격차가 커졌다. 상위 로펌의 파트너가 받는 수익은 1960년대 비서 급여의 5배였지만 2018년에는 40배 이상을 기록했다.[72]

이는 전체 국민소득에서 노동소득이 차지하는 비중인 노동소득분배율 추이를 통해서도 확인된다. 전 세계적으로 1977~2012년 사이 노동소득분배율은 5%포인트 하락했다. 경기가 부진한 상태에서 노동소득분배율이 하락하면 임금 노동자들은 더 적은 몫을 가져가고, 동시에 자산가나 대기업 임원에게 돌아가는 몫은 더 커졌을 여지가 매우 높다.[73]

문제는 능력이 기회의 균등을 보장하는 대신 더 공고한 계급 세습의 수단으로 악용되고 있고, 이를 우리는 공정하다고 받아들이는 '능력주의의 함정'에 빠졌다는 점이다. 대표 분야가 교육이다. 미국 대학입학자격시험SAT의 경우 2014년 기준으로 연소득 20만 달러 이상(대략 상위 5%) 가정의 학생은 연소득 2만 달러 미만(대략 하위 20%) 가정 학생보다 1600점 만점에 388점이나 더 높은 점수를 받았다. 부모가 대졸자(대략 상위 10%)인 학생의 점수는 부모가 고등학교를 중퇴(대략 하위 15%)한 학생에 비해 395점 높았다. 또 중위소득 가정 학생이 받는 점수는 저소득층 학생보다 고작 135점 높지만 부유층 학생의 점수보다 250점이나 낮다. 이에 2010년 〈포브스〉가 선정한 미국의 상위 20개 사립고교는 졸업생의 30%를 아이비리그나 스탠퍼드, MIT에 보냈다. 연 4만~5만 달러의 학비를 내고 졸업한 사립고 졸업생들은 아이비리그 대학 입학생의 대략 10%를 차지한다. 100~200개의 유명 엘리트 고등학교를 졸업한 학생들은 미국 일류대 재학생의 3분의 1이다. 이들 중 3분의 2 정도는 소득분포 상위 5% 가정 출신이다.[74] 이들은 자연스럽게 초고소득을 보장받는 금융이나 IT, 의료, 법조계로 진출해 부모 세대와 마찬가지로 막대한 고소득을 올린다. 마코비츠는 이를 두고 "오늘날의 능력 상속은 능력주의와 기회 사이에 쐐기를 끼워 넣었다. 능력주의는 소득과 부의 원천이 토지가 아닌 노동력인 세상을 위해 맞춤 제작된 귀족 제도"라고 일갈한다.[75] 이에 "사회·경제적 계층화, 비민주적 정치, 부패, 저성장 등이 어김없이 뒤따른다. 따라서 능력주의에 따른 불평등으로 인적 자원은 오히려 저주가 된다"[76]라고 단언한다.

　　신자유주의 정책은 기실 상위계급의 부의 독점을 강화하기 위해 도입되었고, 그에 따라 부의 극단화가 이뤄졌다는 분석도 있다. 이는 제라르 뒤메닐Gerard Dumenil 프랑스 파리10대학 교수와 도미니크 레비Dominique Levy 파리 주르당고등사범학교 교수가 《자본의 반격》에서 밝힌 내용이다. 전후 고도성장이 끝난 1970년대를 맞아 실질이자율이 마이너스가 되고 매우 낮은 배당이 일반화되자 상위 계급의 경제적 지위는 큰 폭으로 하락했다. 미국 국민 상위 1%가 소유한 자산의 몫은 1965년 30%대 후반에서 1975년 20%대 초반으로 쪼그라든다. 그러나 신자유주의 정책이 본격화된 이후인 1980년대 초반에는 30% 중반대를 회복한다. 소득 역시 상위 1%가 전체 소득에서 차지하는 몫이 급상승하면서 20세기 말에는 2차 세계대전 전의 몫에 가까운 15%에 달했다. 이는 앞서 살펴본 대로 부동산과 투자, 자본소득 등의 세제 완화로 최고 세율이 크게 하락한 반면, 임금 등 '유리 지갑'에 대한 조세는 유지되었기 때문이다. 이에 뒤메닐과 레비는 신자유주의화는 애초부터 계급 권력의 회복을 위한 프로젝트였다고 결론 내린다.[77] 실제로 일부 재계가 주장하는 것과 달리 조세 삭감과 성장률과의 연관성은 거의 없다. 신자유주의의 '요람'에 해당하는 시카고대 부스경영대학원의 2019년 연구에 따르면, 조세 감면이 상위 10%에게 이득을 주었을 때는 고용과 소득의 성장에 유의미한 영향이 없었던 반면, 하위 90%에게 혜택을 주었을 때는 효과가 있는 것으로 나타났다. 오히려 무분별한 감세 조치는 효과보다는 비용을 치르곤 한다. 2012년 미국 캔자스 주는 대대적인 조세 감면안을 통과시켰지만 기대했던 성장 촉진 대신 경제가 더 망가지는 결과를 낳았다. 그 때문에 교육 예산을 삭감하고, 주당 수업 일수를 4일로 줄여야 했다. 우리처럼 일정 급여가 아닌 일하는 날짜 기준으로 급여를 받는 교사들은 파업에 돌입했다.[78]

여기에 사회안전망도 부실해졌다. 1980년에는 민간 부문에서 일하는 국민 중 40% 이상이 확실한 퇴직연금을 가지고 있었지만 10년 뒤에는 30%로 축소된다. 건강보험이 있는 65세 이하 미국인 비율은 같은 기간 5%포인트 뒷걸음질했다. 점점 더 많은 미국 서민은 "그들이 의지하던 나라가 더이상 물에 빠진 자신들을 구해주지 않을까 두려워하며 발헤엄을 치는 신세"가 되었다.[79]

신자유주의 체제에서 이뤄진 급격한 민영화정책 역시 심각한 부작용을 낳았다. 전기 등 공공서비스는 막대한 자본이 소요되는 반면 혜택은 전 국민이 누리는 공공재적 성격을 갖는다. 이런 필수 서비스를 제공하는 공기업은 태생부터 이윤 창출이 목적이 아니고, 이에 비효율적 경영과 관료주의의 팽배 등 '정부 실패Government Failure'가 나타날 수 있다. 민영화는 이런 공기업의 경영을 효율화하고, 경쟁을 통해 시장 기능을 활성화하기 위한 취지다. 문제는 민영화의 반대급부로 필수 서비스 가격은 상승하지만 질은 떨어지고, 사회적 약자들은 서비스 대상에서 소외되는 '시장 실패Market Failure' 현상이 벌어질 수 있다는 점이다. 대표 사례가 영국 철도다. 철도회사가 민간에 매각된 뒤 지나친 시장논리로 운영되면서 유지보수 비용과 인력을 감축했고, 그 결과 열차 충돌 등 안전사고가 급증했다. 예상과 달리 경영 효율성이 떨어져 적자가 커지고, 이에 정부보조금까지 투입해야 했다. 결국 영국 철도는 2002년 재국유화의 길을 걷는다. 국민이 보편적으로 누리는 서비스는 국가의 영역에 두는 게 궁극적으로 바람직하다는 사례로 남았다.

"You can check out any time you like, but you can never leave."

어른이 된 로큰롤

그들은 로큰롤을 파괴하고 그 진수를 말려 죽일 거야. 바보같은 팬들로부터 우상화되고, 인기를 얻고 싶어 하기 때문이지. … 그렇게 로큰롤은 유희산업Industry of COOL이 되는 거지. 넌 지금 로큰롤의 매우 위험한 시기에 살고 있어. 싸움은 끝났어.

미국 영화감독 카메론 크로우Cameron Crowe의 2000년작 〈올모스트 페이머스〉는 감독 자신의 자전적 이야기를 담고 있다. 다재다능했던 그는 13세 때 처음 지역 신문에 음악 평론을 냈고, 16세 때인 1973년에는 대중음악 권위지 〈롤링 스톤〉에 올맨 브러더스the Allman Brothers Band의 로드 투어에 3주간 동행한 뒤 기사를 써낸다. 이때의 경험이

고스란히 영화에 담겨 있다. 최고의 음악 영화이자 걸작 중 하나로 손꼽힌다. 2016년 BBC가 선정한 21세기 최고의 영화 설문에서 79위를 차지했을 정도다.

주인공 밀러에게는 아버지가 없다. 대신 필립 세이모어 호프먼 Philip Seymour Hoffman 1967~2014이 연기한 음악 평론가 레스터 뱅스Lester Bangs 1948~1982는 밀러가 어려움에 처할 때마다 조언을 건네는 '음악적 아버지'다.* 뱅스는 이제 막 평론가로 첫발을 뗀 밀러에게 '어른이 된 로큰롤'에 대해 위와 같이 적나라하게 비판하면서 "그들이 이긴 거야. 그래서 난 네가 변호사나 되는 게 낫다고 본다"라고 조언한다.

1960년대 음악계는 당시 한창이던 '플라워 무브먼트'의 흐름처럼 온갖 장르의 음악들이 백화제방했다. 로큰롤은 사이키델릭록과 포크록, 하드록 등으로 분화했다. 이런 모습은 1970년대에 보다 본격화된다. 하지만 반문화운동으로 대표되는 대중음악계의 정치적 이상주의는 1970년대 들어 급격히 쇠퇴하고, 보수 성향이 대신 자리한다. 이는 음악 공급자만이 아니라 수용자에게도 뚜렷하게 나타났다. 1963년 케네디 대통령 암살 사건이 정치적 이상주의를 앗아갔다면, 1974년 워터게이트 사건과 닉슨 대통령의 사임은 정치에 대한 냉소주의를 키운 계기가 되었다.[80]

그러나 가장 결정적 요인은 1973년 1차 석유파동이라는 경제적 변화였다. 1차 석유파동은 점차 저물어가던 전후 서구 자본주의 호황기의 숨통을 끊어버리고 장기적 경기 부진을 가져온 결정타였다.

---

* 레스터 뱅스는 실제로 〈롤링 스톤〉과 〈크림〉 등 록 매거진에서 활동했다. '미국에서 가장 위대한 록 평론가'로 불린다.

부진한 경기에서는 새로운 실험이 자리할 공간이 사라진다. 더구나 전후 태어나 청년 문화를 이끌던 베이비부머 세대는 거리에서 학교와 직장으로 돌아가면서 기성세대로 자리 잡았다. 그 결과 미국 문화 역시 내향적이고 소극적인 모습을 띠게 된다. 대중음악계도 계급·인종 등 사회 부조리를 고발하는 대신 개인의 감정에 치중하는 작품들이 각광을 받는다. 프랑스대혁명의 이상이 사그라들고 복구적인 빈체제가 들어섰을 때 비더마이어 풍토가 불어닥쳤던 19세기 초반 유럽 문화계와 닮은꼴이었다.

비관주의의 정조는 당대를 대표하는 곡인 이글스Eagles의 〈Hotel California〉 가사에 그대로 드러난다. 투숙객이 호텔 지배인에게 와인을 가져다 달라고 하지만 돌아오는 답은 이렇다. "우리는 1969년 이후 그런 술을 들여놓은 적이 없어요." 이후 문 앞에 있던 '밤의 남자'는 "언제라도 체크아웃을 할 수 있지만, 절대 이곳을 벗어날 수 없다"라고 말하며 곡은 긴 기타 솔로와 함께 종결부로 향한다. 곡은 외면적으로는 '캘리포니아 호텔에 온 것을 환영한다'라고 말하지만, 실상은 '모든 것이 자유롭고 모든 것이 낙관적이었'던 1960년대를 지나 옴짝달싹할 수 없는 처지에 있다는 비극적 상황을 암시하고 있다. 상실과 환멸감 그리고 종말론적이라는 1970년대의 정조가 드리워져 있다[81]는 평가가 나오는 까닭이다. 이 곡을 쓴 이글스의 리더 돈 헨리Don Henley 역시 이렇게 설명한다.

남부 캘리포니아의 전설 만들기만이 아니라 아메리칸 드림이라는 전설 자체에 대한 은유다. 왜냐하면 아메리칸 드림과 아메리칸 나이트메

어는 종이 한 장 차이일 수 있기 때문이다.

- 임진모,《팝, 경제를 노래하다》133쪽.[82]

이 시기 대중음악계의 가장 큰 특징은 로큰롤이 드디어 '어른'
이 된 것이다. 1960년대 청년세대를 주된 소비층으로 하던 록음악계
는 1970년대 들어 전체 대중음악산업을 먹여 살리는 장르로 자리 잡
는다.[83] 레드 제플린Led Zeppelin과 딥 퍼플Deep Purple, 블랙 사바스Black
Sabbath, 퀸Queen으로 대표되는 하드록 밴드들은 이미 해체된 비틀스
못지않은 훌륭한 작품을 내놓았다. 로큰롤과 초기 R&B에서 태생한
하드록은 빠른 리듬에 베이스와 스네어 드럼을 자주 사용하는 게 특
징이다. 기타와 보컬의 비중도 매우 크다. 레드 제플린의 로버트 플랜
트Robert Plant나 딥 퍼플의 이언 길런Ian Gillan 등 당대를 대표하던 보컬
들은 각각 지미 페이지Jimmy Page와 리치 블랙모어Richard Blackmore라는
불세출의 기타리스트와 함께 그룹을 이끌어갔다. 하드록과 유사한 단
어로 헤비메탈이 사용되기도 한다. 헤비메탈은 하드록 등 여타 록 장
르보다 음량이 더 크고 곡의 속도가 더 빠르지만 둘을 엄격하게 구분
하는 건 불가능하다.

핑크 플로이드Pink Floyd와 캔사스Kansas, 킹 크림슨King Crimson 등
프로그레시브록이 본격적으로 등장한 것도 이때였다(아트록으로 불리
기도 한다). 이들은 이름 그대로 '진보적' 사운드와 형식을 표방했다.
단순한 박자와 코드로 전개되는 여타 록과 달리 프로그레시브록은 복
잡한 화성 전개와 리듬을 특징으로 한다. 고전음악이나 재즈의 영향
도 크게 받았다. 신화나 문학작품을 모티브로 삼기도 한다. 음반 전체

가 하나의 주제로 일관되는 콘셉트 앨범이 보편화된 것도 프로그레시 브록 그룹들의 공로다. 그러다 보니 곡당 3~4분 정도인 기존 팝음악과 달리 10분을 훌쩍 넘기기도 한다. 음향 면에서도 혁신을 모색했다. 앞서 거론한 이글스나 닐 영Neil Young이 선보인 컨트리록도 많은 사랑을 받았다. 다만 특정 록음악을 들을 때 장르를 명확히 구분하는 것은 어렵다. 한 곡 안에도 여러 장르가 혼합되어 있는 경향이 다분해서다.

레드 제플린은 따로 다뤄볼 만큼 음악사적으로 빼어난 성취를 올렸다. 당대만이 아니라 뒷세대 록 팬들의 귀와 마음을 사로잡았다.[•] 1968년 영국 런던에서 전설적인 록 그룹 야드버즈Yardbirds 출신의 지미 페이지와 로버트 플랜트, 드러머 존 본햄John Bonham, 1948~1980, 베이스와 건반 등을 맡았던 존 폴 존스John Paul Jones가 모여 결성되었다. 이후 1969년에 1집과 2집을 내놓은 데 이어 1970년 3집, 1971년 4집을 선보였다. 2집과 3집은 각각 미국 빌보드 앨범차트 1위를 차지하는 등 전성기를 구가했다.

록음악계에서 그들의 위상은 위대한 비틀스 못지 않다. 〈Good Times Bad Times〉 〈Dazed and Confused〉(이상 1집), 〈Whole lotta love〉(2집), 〈Immigrant Song〉 〈Since I've Been Loving You〉(이상 3집), 〈Stairway to Heaven〉 〈Rock and Roll〉(이상 4집), 〈Houses of the Holy〉 같은 명곡도 셀 수 없이 많다. 그들은 비틀스에 이어 역사상 두 번째로 많은 음반을 판매했고, 미국 음반산업협회가 공인한 5장의 다이아몬드 앨범(1000만 장 이상 판매)을 보유했다. 여섯째 앨범

[•] 그들이 활동하던 시절보다 10년도 더 지나 '젭'의 음악을 들었던 필자도 여기에 해당한다.

《Physical Graffiti》가 발매되었던 1975년 3월에는 해당 앨범이 빌보드 앨범차트 1위를 기록한 동시에 그때까지 내놓은 모든 앨범이 차트에 오르는 진기록을 수립하기도 했다.[84]

　　멤버들이 각 파트의 당대 최고 뮤지션인 슈퍼밴드이기도 했다. 지미 페이지는 제프 벡Jeff Beck, 에릭 클랩튼Eric Clapton과 더불어 1970년대를 대표하는 3대 기타리스트로 추앙받는다.* 로버트 플랜트는 날렵한 고음의 목소리로 이후 록 보컬리스트의 표준으로 자리 잡았다. 존 본햄은 파워 넘치는 드럼 사운드와 창조적인 리듬을 레드 제플린에 부여했다. 존 폴 존스 역시 당대 최고의 베이시스트이자 건반 연주자였다. 레드 제플린이 하드록에 속하면서도 프로그레시브록 그룹 못지않게 구조미 면에서 탁월한 곡들을 내놓을 수 있었던 건 두 명의 '존'의 역할이 크다. 스튜디오 앨범 제작에 주력했던 비틀스와 달리 레드 제플린은 투어 공연에도 열정적이었다. 1973년 전미 투어는 당시 300만 달러가 넘는 공연 수입을 올리며 최고 기록을 수립했다. 그해 5월 플로리다 탬파스타디움 공연에는 무려 5만 6000여 명의 관객이 몰렸다.[85]

　　1970년대 초반 정력적으로 활동하던 그들은 1975년 8월 로버트 플랜트의 자동차 사고를 계기로 활동이 뜸해졌다. 1979년 내놓은 여덟째 스튜디오 앨범《In Through The Out Door》가 그해 빌보드 앨범차트 1위를 기록했지만, 이듬해 9월 25일 존 본햄이 과음으로 사망하는 비극을 겪는다. 나머지 멤버들은 큰 충격에 휩싸였고, 그해 12

---

* 이 셋은 모두 1960년대 영국 록 밴드 야드버즈에 몸담았다.

월 "본햄 없이 그룹을 지속할 수 없다"며 해산을 선언한다. '제플린'의 공식 비행이 종언을 알리는 순간이었다.

펑크의 출현, "Anarchy in the WORLD!"

펑크는 20세기 후반의 가장 중요한 문화 현상이 되었다. 펑크의 진정성은 모든 것, 모든 사람이 상품화된 오늘날 가라오케 (같은) 대용 문화에 맞서 한층 돋보인다. … 유일한 문제는 펑크가 (지금도) 판매용이 아니고 (과거에도) 판매용이 아니었다는 점이다.

–섹스 피스톨스The Sex Pistols 매니저 맥컴 맥라렌Malcolm Robert Andrew McLaren, 1946~2010의 2007년 인터뷰 내용.[86]

앞서 살펴봤듯 록은 1970년대의 기성 장르가 되었다. 당시에도 록씬에서는 시공을 초월한 마스터피스가 나오고 프로그레시브록 등 새로운 시도들이 이뤄졌다. 그러나 중요한 것은 낡은 체제에 대한 반항과 순수성은 희박해진 채 날로 성장하는 음악산업의 부품으로 전락했다는 점이었다.

이런 흐름에 대한 저항은 1970년대 중반 펑크Punk(훵크Funk와 구분된다)록이라는 이름으로 등장했다. 펑크의 사전적 의미는 '폐물' '못 쓰는 것' '사악한' '타락하고 무가치한' 등이다. 긍정적인 삶의 가치를 거부하고 스스로 쓰레기라는 실패자의 삶을 자기화하는 당대 청년들의 의식적인 실천을 말한다. 이에 기성 질서와 중산층의 가치에 저항하고 거부하는, 곧 위로 올라가려는 일반적인 삶 대신 아래로 내려가려는 1950~1970년대 영국의 노동자 청년 문화를 가리킨다.[87] 여기서는 당시 영국의 특수성을 감안해야 한다. 앞서 살펴봤듯이 영국의 제조업 등 굴뚝산업은 독일, 일본 등 기업들과의 경쟁에서 밀려 빈사 상태였다. 정부는 경제 난국의 해법을 제시하지 못했다. 일자리를 구하지 못하는 청년들의 분노는 폭발 직전이었다. 이런 목소리를 대변한 게 바로 펑크록 밴드들이었다.[88] 영국 문화이론가 필 코헨Phil Cohen은 1950년대 이후 런던 도시개발의 여파를 통해 영국 하위 문화의 등장을 분석하기도 했다. 런던 동부 슬럼가가 개발되면서 해당 지역 노동계급의 공동체 문화가 사라지고, 노동자들 사이에서 정규직과 비정규직의 양극화가 나타났다. 이에 청년들은 부모 세대의 권위가 아닌 집단 결속과 연대의 요소를 회복하려 했고, 이런 움직임이 펑크 등 하위 문화를 만들어냈다는 것이다.[89]

펑크록은 반항이라는 측면에서 록이 도달할 수 있는 절정이자 궁극점에 해당했다. 프로그레시브록이 표방한 예술적 심미성에 반발해 단순한 에너지를 뿜어내는 데 주력했다는 점도 특징이다. 펑크록 밴드들은 '과잉'에 다다른 프로그레시브록을 경멸적으로 '프로그록 Prog Rock'이라 불렀다.[90] 섹스 피스톨스의 보컬 조니 로튼Jonny Rotten이 밴드 오디션 당시 입은 티셔츠에 쓰인 문구는 "나는 핑크 플로이드가 싫다 Hate Pink Floyd"였다.[91] 이런 이유로 펑크록 밴드들은 비교적 단순한 리듬과 코드로 이뤄진 3분 안팎의 짧은 곡들을 발표한다. 가사 역시 직설적으로 현실을 저격하는 동시에 허무주의와 무정부주의적 성향을 가감없이 드러낸다. 뉴웨이브 밴드 토킹 헤즈Talking Heads의 리더 데이비드 번David Byrne의 다음과 같은 표현은 이를 여실히 보여준다.

펑크란 일종의 스스로 만들기do it yourself, 누구나 하기anyone can do it 같은 태도다. 기타에서 두 음만 잡을 수 있어도 노래를 만들 수 있다. 그게 전부다.[92]

최초의 본격적인 펑크록 밴드는 1974년 미국 뉴욕에서 결성된 레이몬스The Ramones다. 다만 음악사에서 펑크록을 대표하는 밴드는 섹스 피스톨스나 클래시The Clash 등 영국 밴드들이었다. 섹스 피스톨스는 1975년 영국 런던에서 결성되었다. 이들은 이듬해인 1976년 그들의 대표곡이자 공공연하게 무정부주의를 주창하는 싱글 〈Anarchy in the UK〉를 내놨다. 1977년에는 싱글 〈God Save the Queen(It's a Fascist Regime)〉을 내놓으면서 영국을 중심으로 선풍적 인기를 얻는다. 그해 10월 그들의 유일한 정규앨범이자 펑크록의 명작으로 손꼽히는 《Never Mind The Bollocks Here's The Sex Pistols》가 발매되었다. 〈Anarchy in the UK〉의 가사를 살펴보면 직설의 극단을 달린다. 비유는 아예 생략한 채 날것 그대로의 생각을 가사로 풀어냈다. 그들은 곡 초반부터 "난 반그리스도교적이고 아나키스트다I am an anarchist, I am an antichrist"라고 선언한다. 이를 위해 행인을 공격하고 교통 신호를 마비시켜 도시를 무정부 상태로 만들겠다고 공언한다I wanna destroy the passerby … I give a wrong time stop a traffic line…Cause I wanna be Anarchy. '저질'을 일종의 미적 가치로 선택한 펑크록은 사람들의 조롱과 분노를 사는 것을 자신의 존재 가치로 삼았고, 섹스 피스톨스는 여기에 충실했다. 1976년 12월 런던 지역 채널인 템스 텔레비전의 인기 프로그램 〈투데이〉에 출연해 사회자를 향해 "dirty fucker"라고 욕을 했고, 카메라를 향해 가운뎃손가락을 쳐들었다. 다음 날 다수의 영국 일간지들은 이들의 악행을 1면에 대서특필하며 분노했다. 엘리자베스 2세의 여왕 즉위 25주년 즈음이던 이듬해 6월 7일에는 템즈강에 배를 띄워 〈Anarchy in the UK〉와 〈God Save the Queen〉을 목청껏 부르며 영국과 여왕을 마음껏 조롱했고, 경찰에 곧바로 연행되었다. 바로 '템즈강 대소동'이다.[93]

다만 섹스 피스톨스는 영국과 도시를 무정부 상태로 만들기 전에 그들 스스로 무정부 상태에 빠져 무너져내렸다. 계기는 기존 베이시스트이자 가사를 주로 쓰던 그룹의 중추 글렌 매트록Glen Matlock 대신 밴드에 합류한, 심지어 베이스 실력도 형편 없었던 시드 비셔스Sid Vicious, 1957~1979가 제공했다. 비셔스는 1978년 10월 여자친구인 낸시 스펑겐Nancy Spungen, 1958~1978을 살해한 혐의로 기소되어 재판을 받았다. 그는 스펑겐을 찌르기는 했지만 실제로 죽을 정도는 아니었고, 그 뒤에는 전혀 기억이 나지 않는다고 증언했다. 체포 전에는 자살 소동도 벌였다. 이듬해인 2월 5만 달러의 보석금을 내고 풀려난 뒤 축하 파티에서 약물과 술을 과다 섭취해 사망했다. 섹스 피스톨스도 해산의 운명에 내몰렸다.[94] 결국 "펑크록의 냉소만큼은 진짜였지만 지나치게 단순한 화음과 과도한 소리에 의존했던 그들의 음악처럼 일차원적이었다. 펑크록은 '대항 문화'로 제시되었으나 금전적인 목적을 위해 폭력적인 이미지와 과격한 언어를 불러내면서 실제로는 주류 문화에 기생했다"[95]는 평가는 지나치게 가혹할 순 있어도 진실의 일단을 담고 있다.

불황의 빈자리 채운 디스코와 힙합

1973년 1차 석유파동의 여파는 깊고도 넓었다. 전 세계는 스태그플레이션의 늪에 빠져 허우적댔다. 풍요와 번영이 언제까지나 계속될 것이라고 믿었던 미국의 충격은 더욱 심했다. 거리 곳곳에는 실업자와 부랑자들이 넘쳐났다. 사회 전반에도 낙관론 대신 비관론이 팽배했다. 이런 상황에서 미국 대중은 기존의 난해하고 젠체하는 AOR 대신 좀더 가볍고 신나는 곡들을 찾게 된다.* 이때 대중의 기호를 충족시켜준 장르가 바로 '디스코Disco'다. 반 AOR의 흐름으로 등장했다는 것은 앞서 살핀 펑크나 디스코나 동일하다.

디스코는 '디스코텍Discotheque'이라는 단어에서 나왔다. 프랑스어로 '음반 도서관'이라는 뜻이다. 1930년대 미국에서 수입된 최신 재즈 음반을 듣기 위해 사람들이 모여들었던 프랑스의 나이트클럽을 말한다.[96] 1960년대 이후 유럽만이 아니라 흑인과 성소수자들이 주로 거주하는 필라델피아와 뉴욕 등 미국에까지 확대되었다. 원래 흑인과 가난한 백인의 춤이었던 트위스트는 미국의 디스코텍을 거점으로 크게 확산되었다. 1960년대 말에는 록음악이 번성하면서 대도시의 'B급 문화'로 후퇴하기도 했지만, 1974년 휴스 코포레이션Hues Corportaion의 〈Rock the Boat〉와 조지 맥크래George McCrae의 〈Rock Your Baby〉 등 두 싱글앨범이 히트하면서 팝씬 전면으로 부상했다.[97]

---

* AOR은 '앨범 주도의 록'이라는 뜻의 'Album Oriented Rock'의 줄임말이다. 레드 제플린이나 딥 퍼플, 핑크 플로이드 등 앨범 위주로 활동하는 록 밴드를 지칭하는 말이다. 'Adult Oriented Rock'이나 소프트록과 비슷한 뜻으로 사용되기도 한다.

디스코의 확산은 당시 경제 상황과도 밀접하게 연관되어 있다. 1960년대까지만 해도 파티나 행사의 흥을 돋우는 역할은 밴드가 도맡았다. 하지만 불황이 불어닥친 1970년대에 들어서면서 밴드에 대한 수요가 크게 줄어들었다. 대신 이 자리를 차지한 게 앨범 음악을 틀어주는 디스크자키DJ였다. 신기술을 활용하는 동시에 인건비까지 줄일 수 있는 신디사이저, 드럼 머신 등이 본격적으로 활용된 것도 이때부터다. DJ는 디스코의 확산을 불러온 실제 주역인 동시에 이후 힙합 등 전자음악이 폭넓게 활용된 음악의 출현 과정에서도 주인공 역할을 톡톡히 했다.[98]

디스코는 듣는 음악인 동시에 리듬에 따라 춤을 출 수 있는 음악이기도 하다. 이에 춤을 추기에 적당한 8비트 리듬에 비슷한 빠르기의 특징을 지녔고, 청중들은 음악이 바뀌어도 계속 춤을 출 수 있었다.[99] 사운드 면에서는 록에 비해 복고적인 성향이 강하다. 현악기나 목관·금관악기 등 고전음악 악기가 종종 사용된다. 이에 디스코음악은 2차 세계대전 이전의 밤 문화 전통으로 돌아가려는 보수 성향을 드러낸다고 평가받는다. 실제로 휘황찬란한 의상과 규정된 스텝에 맞춰 춤을 추는 군중 그리고 풍성한 관현악 편곡의 음향 스타일은 1930년대 만찬 클럽과 카바레를 연상시켰다.[100]

디스코 열풍에 불을 지른 것은 존 트라볼타John Travolta가 주연한 1977년 영화 〈토요일 밤의 열기〉다. 비지스Bee Gees가 부른 영화 OST는 당대 최고 인기를 구가했다. 앨범 안에서만 무려 네 곡이 빌보드 싱글차트 정상에 올랐다. 앨범 역시 무려 24주간 빌보드 앨범차트 1위를 기록했고, 2500만 장이 넘는 판매고를 올리며 사상 최고 판매량 기록을 갈아치웠다.[101] 〈토요일 밤의 열기〉 개봉 이후 뉴욕에서는 1000곳 이상의 디스코텍이 개업했다. 1978년 한 해 동안 미국 전역의 2만여 디스코텍에서 3600만 명 이상의 미국인이 디스코를 추면서 스태그플레이션에 따른 불경기의 시름을 잊었다.[102]

힙합 역시 디스코와 마찬가지로 경기 침체의 산물이다. 흔히 힙합은 랩과 비슷한 표현으로 쓰이지만 엄연히 다르다. 읊조리거나 대화하는 듯한 창법은 판소리를 포함해 거의 모든 민속음악에서 발견된다. 하지만 랩의 고향은 아프리카다. 리듬과 즉흥성에 대한 강조, 복잡한 톤과 밀도 높은 질감의 음색 선호, 즉흥연주에 대한 관심 등 아프리카의 음악·언어 전통에 기반을 두고 있어서다.[103] 힙합을 정의하려면 4대 요소를 먼저 떠올려야 한다. 'MC'(엠씨), 'DJ'(디제이), 'B-BOY'(비보이), 'Graffiti'(그래피티)가 그것이다. MC는 '마이크 체커' '마이크 컨트롤러'의 준말이다. 마이크를 들고 쉴새 없이 떠들며 랩을 하는 이를 말한다. 이에 랩은 힙합의 하위 범주에 들어간다. DJ가 만드는 각종 사운드에 MC가 랩을 하고, 비보이의 춤과 그래피티 활동가의 낙서 미술이 함께 어우러지는 음악 장르가 바로 힙합이다.[104]

랩과 힙합이 대중음악이라는 형태로 본격화된 건 1970년대 무렵 뉴욕 사우스 브롱크스에서였다. 시기와 지역을 주목할 필요가 있다. 1970년대는 스태그플레이션이 한창이었다. 또 사우스 브롱크스는 뉴욕에서 경제적으로 가장 낙후된 지역이었다. 1950년대까지 유색인종들에게 브롱크스는 아메리칸 드림을 실현하기 위한 출발지였다.[105] 그러나 1953년 이후 약 2.2킬로미터의 도로가 브롱크스를 가로질러 건설되었다. 뉴저지 교외에 백인 중산층을 위한 주택단지를 조성하고,

단지와 맨해튼을 연결하기 위해서였다. 브롱크스에도 고층아파트가 들어섰다. 이 모든 과정을 진두지휘한 뉴욕의 도시계획가 로버트 모제스Robert Moses, 1888~1981는 6만여 명의 브롱크스 주민들을 강제로 퇴거시키면서 "더 많은 사람이 길을 필요로 한다. 그것만 충족시키면 된다"라고 강변했다.

사우스 브롱크스에 살던 백인 과반수는 아늑한 교외로 이주했다. 대신 브롱크스에는 유색인종과 빈민층만 남게 되면서 마약과 범죄가 들끓게 되었다. 사우스 브롱크스에서의 제조업 실업률은 40%에 달했다. 1인당 평균소득은 뉴욕 평균의 50%, 전미 평균의 40%인 2430달러에 불과했다.[106] 결국 연방정부의 재정긴축정책과 도심 재개발은 저소득층의 몰락과 지역 공동체의 황폐화로 이어졌다. 물론 힙합은 '놀이'의 하나다. 그러나 이런 사회적 추세에 좌절한 이들의 사회적 저항으로도 이해할 수 있다.[107] 브롱크스 출신의 랩 그룹 그랜드마스터 플래시 앤 더 퓨리어스 파이브Grandmaster Flash & The Furious Five의 래퍼 커티스 블로Kurtis Blow가 랩을 가리켜 "게토 사람들이 자신의 입장을 전달하는 출구"라고 말했던 건 이를 여실히 보여준다.[108]

또 힙합이 독자적인 음악 장르로 성장하기 시작하던 1980년대는 친 기업, 보수 강경 등을 특징으로 한 '레이거노믹스'가 지배하던 시기였다. 이에 빈부격차가 벌어지면서 도시 빈민들의 삶은 더 피폐해졌다. 여기에 마약과 불법 사업이 게토를 중심으로 확산되었다. 래퍼들은 고통스럽고 비참한 현실을 랩으로 표현했다.[109]

지역적 현상에 불과하던 힙합이 처음 대중에게 알려지게 된 건 1979년 발매된 싱글 〈Rapper's Delight〉가 기점이 되었다. 뉴욕 할렘 출신인 슈거힐 갱The Sugarhill Gang의 작품으로 MC의 동의어인 '래퍼'라는 단어가 퍼지게 된 계기였다.

미국 힙합 칼럼니스트 시어 세라노Shea Serrano는 《더 랩: 힙합의 시대》에서 "〈래퍼스 딜라이트〉는 상업적으로 성공한 첫 랩 음악이고, 현대적인 힙합이 하나의 음악 장르로 공식적으로 인정받게 됐다"라고 썼다.[110] 〈Rapper's Delight〉는 2003년 영국 〈Q매거진〉이 선정한 '음악과 세계를 바꾼 혁신적인 100대 음악'에서 엘비스 프레슬리의 〈That's All Right〉, 비틀스의 〈I Want To Hold Your Hand〉, 섹스 피스톨스의 〈God Save the Queen〉에 이어 4위에 올랐다. 너바나Nirvana의 〈Smells Like Teen Spirit〉나 밥 딜런의 〈Like A Rolling Stone〉보다도 높은 순위였다.[111]

1980년대 들어서도 힙합은 팝음악계에서 점차 영토를 넓혀 나갔다. 1986년에는 런 디엠씨Run-D.M.C.에 의해 최초의 랩 플래티넘 앨범인 《Raising Hell》이 출시되고, 역시 힙합 그룹으로는 최초로 전국 투어와 MTV 출연도 이뤄낸다. 런 디엠씨는 1986년 9월 27일 록 그룹 에어로스미스Aerosmith의 곡을 리메이크한 〈Walk This Way〉로 빌보드 싱글차트 4위에 오르는 빅 히트를 일궈낸다. 랩 넘버가 싱글차트 10위권에 오른 건 사상 처음이었다. "슈거힐 갱이 힙합을 싹틔웠다면 런 디엠씨는 힙합을 꽃피웠고, 훗날 MC해머MC Hammer가 열매를 맺었다"라는 표현은 과장이 아니었다.[112]

1988년은 힙합이 주류 음악계에 정식으로 편입된 해다. 그해 MTV 최초의 힙합 전문 프로그램이 출범했고, 그래미 시상식과 빌보드 싱글차트에 랩 부문이 처음 신설되었다.[113] 1990년에는 MC해머와 바닐라 아이스Vanilla Ice가 힙합의 시대가 열렸음을 천명했다. MC해머는 앨범《Please Hammer Don't Hurt' Em》으로 그해 6월 9일 빌보드 앨범차트 정상에 오른 뒤 무려 21주 동안 그 자리를 지켰다. 앨범은 그해 빌보드 결산차트에서도 앨범차트 정상을 차지했고, 두 개의 그래미 트로피를 거머쥐었다. 랩 역사상 최고의 성적이었다.[114] 바닐라 아이스는 이듬해 초《To the Extreme》으로 6주 동안 차트를 독점하며 700만 장의 판매량을 기록했다.

다만 힙합이 대중문화계에서 영토를 넓혀갈수록 이를 견제하려는 움직임도 본격화되었다. 미 의회는 랩음악의 위험성 조사에 착수했다. 1980년대 정치권의 압박으로 미국 레코드산업협회RIAA의 자체 검열제도가 도입되고, 이에 힙합 앨범 중 열의 아홉은 검은 고딕체의 "PARENTAL ADVISORY/EXPLICIT CONTENT"(부모의 주의 요망/노골적 내용)라는 딱지를 달게 된다. 정치·경제적 분노가 한데 녹아든 '소리의 폭동'이었던 힙합으로서는 당연한 결과였다. 이런 변화는 힙합계에도 큰 영향을 미친다. 힙합씬의 '행동주의' 흐름은 퇴색하고, 대신 '갱스터 랩'이 주류로 올라섰다. 라임은 사회·정치적 메시지를 전달하는 대신 돈, 자동차 등을 자랑하는 자기과시 위주로 변질되었다. 물론 갱스터 랩 시대에도 투팍2Pac이나 쿨리오Coolio 같은 뮤지션이 소외된 흑인 사회의 모습을 여전히 랩으로 담아냈다. 하지만 힙합씬에서 정치적 의사 표명을 통해 더 나은 미래가 가능하다는 믿음은 점차 사라지고, 분노는 절망으로 퇴색했다고 해도 과언이 아니다.[115]

세계화의 물결, 전 세계를 덮치다

한 세기만에 복원된 세계화

세계화는 엄청난 이득을 가져왔다. 동아시아의 성공은 세계화, 특히
무역의 기회 그리고 시장 및 기술에 대한 접근의 증대에 기초했다. 세
계화는 보건의 증진을 이룩했으며, 더 많은 민주주의와 더 큰 사회정
의를 위해 투쟁하는 활동적인 세계 민권 사회를 이룩했다. 문제는 세
계화에 있는 것이 아니라 그것이 어떻게 관리되느냐에 있다.

— 조지프 스티글리츠, 《세계화와 그 불만》 369쪽.[116]

"정치·경제·문화 등 사회의 여러 분야에서 국가 간 교류가 증
대하여 개인과 사회집단이 갈수록 하나의 세계 안에서 삶을 영위해가
는 과정을 가리키는 사회학 용어." 한국민족문화대백과에 나온 세계

화의 정의다. 무역·자본 자유화에 따라 재화와 서비스, 자본, 노동의 국제적 이동이 증가하고, 그 결과 각국 경제가 통합되는 현상을 말한다. 1983년 시어도어 레빗Theodore Levitt, 1925~2006 미국 하버드대 교수가 처음 사용했다. 당시 레빗 교수는 신기술의 발달로 미디어의 영역이 넓어져 세계가 좁아진다는 맥락에서 이 용어를 사용했다.*

경제적 의미에서 세계화는 개별 국가들이 교역을 통해 어느 정도로 경제 통합을 이뤘는지를 뜻한다. 한 나라의 수출과 수입을 GDP로 나눈 무역의존도는 세계화 수준을 측정하는 대표 수치다. 세계은행에 따르면, 전 세계 무역의존도는 1960년 16.6%에서 1980년 33.9%로 점차 상승한 뒤, 1980년대 전반 침체기를 겪다가 2008년 51.4%까지 뛰어오른다. 다만 글로벌 금융위기의 여파가 실물로 불어닥친 2009년 41.9%까지 하락한 뒤에는 40% 선을 벗어나지 못하고 있다. 코로나19 여파가 본격화되기 전인 2020년 42.7%를 기록한데다 최근 보호무역주의가 강화되고 있어 이후에도 큰 개선을 기대하기 어렵다.[117] 빅맥지수나 스타벅스지수 등 구매력평가PPP 방식도 활용될 수 있다. 각국의 해당 지수의 차이가 줄어들수록 상품 가격이 수렴됐다고 볼 수 있고, 이는 각국의 상품 교류가 그만큼 활발해졌다고 판단할

* 세계화는 국제화Internationalization와 구분된다. 국제화는 국민국가 간의 교류가 양적으로 증대되는 현상을 말한다. 반면 세계화는 국제화의 수준을 넘어 현대 사회생활이 세계 사회라는 단위로 독자적 차원을 획득하는 현상을 가리킨다.[118] 세계화라는 개념 안에는 여러 국가가 개별적 독자성을 확보하는 대신 서로 영향을 주고받으며 질적 변화를 겪고, 그 결과 '세계 국가'로서 공통점이 존재한다는 함의가 자리하고 있다. 이는 교통의 발전을 통한 물적·인적·문화적 교류가 활발해져야 가능한 만큼, 자본주의의 발전을 가정하지 않으면 세계화라는 개념 자체가 성립되지 않는다. 세계화는 다양한 측면에서 바라볼 수 있지만 여기서는 경제 부문을 중심으로 살펴보겠다.

수 있기 때문이다.

앨런 M. 테일러Alan M. Taylor 미국 UC데이비스 교수가 분석한 1800년 이후 GDP 대비 국제무역 비중의 경우 19세기 후반부터 급증하기 시작해 1차 세계대전 직전인 1913년에는 20%대 초반까지 뛰어오른다. 하지만 양차 대전과 대공황이 불어닥친 20세기 초반에는 10%까지 줄어들다가 20세기 후반 다시 상승한다.[119] 자본시장 역시 비슷한 양상을 보였다. 1900년 즈음 최고치를 찍은 뒤 1940년에는 40년 전의 4분의 1 수준으로 줄어든다. 1990년대 들어서야 19세기 말~20세기 초반 수준을 넘어섰다.

19세기 말에서 20세기 초반의 세계경제는 20세기 후반 못지않게 세계화된 상태였다. 이를 두고 1870년부터 1913년까지를 1차 세계화 시기, 이후 양차 대전과 20세기 중반까지를 세계화 후퇴 시기, 1980년대 이후를 2차 세계화 시기로 구분한다. 1차 세계화 시기에는 산업혁명과 교통, 통신의 발전에 따라 세계 각국이 교역을 크게 늘렸다. 금본위제로 통화·외환시장이 안정되어 있었다는 점 역시 무역이 활발해진 배경이다. 반면 세계화 후퇴 시기에는 금본위제가 폐지되고 대공황으로 보호무역주의가 기승을 부렸다. 2차 세계화 시기에는 달러가 기축통화로 자리 잡은데다 다국적 기업의 활동이 활발해졌다. '아시아의 네 마리 용' 등 신흥 개도국이 등장한 것도 이 시기다. 우루과이라운드나 세계무역기구WTO 등 다자간 무역협정이 체결되면서 관세와 비관세장벽이 완화되었다는 점도 무역이 증가한 배경이다.

1차 세계화와 2차 세계화는 다른 양상으로 전개되었다. 1차 세계화 당시에는 선진국의 공산품이 개발도상국으로 주로 수출되는 '산업 간 무역Inter-Industry Trade'이 성행했다. 산업 간 무역은 비교 우위에 따른 전통적인 국가 간 무역을 뜻한다. 한국이 베트남에 스마트폰을 수출하고, 베트남은 한국에 운동화를 수출하는 것을 떠올리면 된다. 이 구조에서는 선진국이 수입보다 수출을 많이 하기 마련이다. 반면 2차 세계화 시절에는 '산업 내 무역Intra-Industry Trade'이 중심이었다. 산업 내 무역은 동일 산업에 속하는 상품의 수출입이 동시에 일어나는 것을 뜻한다. 우리가 수직적 특화에 따라 베트남에 전자부품을 수출하는 동시에 삼성전자 베트남 법인 공장에서 생산된 전자 완제품을 수입하는 게 전형적인 예다. 1차 세계화 시절 자본 이동은 장기 차입이나 실물에 대한 외국인직접투자FDI가 중심이었다. 반면 2차 세계화 시절에는 자본시장 개방에 따라 금융 등 서비스 시장에 대한 FDI가 크게 늘었다. 1914년 미국 FDI의 40% 이상이 광업과 석유 부문이었고, 제조업과 서비스는 각각 20%에 그쳤다. 반면 최근에는 50% 이상이 은행이나 금융, 정보통신 같은 서비스 부문에 투입된다. 이는 서비스 시장의 국제경쟁이 심화했다는 뜻이다.[120]

　　세계화와 함께 살펴봐야 할 현상은 다자적 세계경제 질서와 지역경제 협력체가 등장했다는 점이다. 이는 세계화 현상을 가속화하는 결정적 역할을 담당했다. 2차 세계대전 이후 출범한 GATT 체제에 이어 국제무역 질서를 관리할 새로운 국제기구로 1995년 WTO가 등장했다. 상품에 주로 초점을 맞췄던 GATT 체제와 달리 WTO 체제에서는 지적재산권과 서비스가 새롭게 추가되었다. GATT보다 몸집도 더 커졌다. 그즈음 체제 전환을 이룬 동유럽 국가들과 베트남이 합류한 데 이어 2000년에는 중국이 가입하는 등 150여 개국으로 회원국이 늘었다. 다만 2017년 미국 트럼프 정부가 들어서면서 국제무역을 관장하는 대표 기구로서 위상이 크게 흔들렸다. 자국우선주의에 따라 트럼프 정부는 WTO에서 탈퇴할 수 있다고 공언하는 등 국제무역 질서를 무시하는 모습을 보였다.[*]

GATT나 WTO의 대원칙은 모든 회원국을 최혜국으로 대우하고 관세나 비관세 등 무역 장벽을 제거하는 것이었다. 그러나 앞서 밝혔듯 의견 조율은 점차 어려워졌다. 이에 따라 다자간이 아닌 양자간 무역협정, 곧 자유무역협정FTA 체결 움직임이 활발해졌다. 이에 미국은 1989년 캐나다와 FTA를 맺은 데 이어 1992년에는 멕시코까지 포함한 북미자유무역협정NAFTA을 체결했다. 한국 역시 2000년대 들어 이런 흐름에 동참했다. 유럽연합EU이 등장한 것도 지역주의의 강화 추세와 맞아 떨어진다. 유럽은 1992년 마스트리히트조약을 통해 연합의 모습을 갖췄다. 기존 유럽경제공동체EC의 경제 협력에서 더 나아가 안보, 사법의 통합까지 꾀하는 조치였다. 이어 1999년 EU 회원국 가운데 11개국이 단일 통화인 유로Euro 도입을 결정했고, 2002년부터 사용하고 있다. 유로존은 현재 19개 회원국으로 구성되어 있다.

세계화를 이해하는 또다른 키워드는 바로 정보통신의 발달이

[*] 바이든 정부 이후에도 미국의 정책이 크게 달라질 것이라고 기대하기는 어렵다. 트럼프의 조치는 중국의 부상에 따라 최강대국이라는 미국의 지위가 위태로워진 데 따른 결과다. 국제무역 질서를 희생시켜서라도 자국의 이익을 관철하려 한다는 점은 '코끼리'(공화당)나 '당나귀'(민주당)나 동일하기 때문이다. 2022년 8월 단행한 인플레이션감축법IRA으로 전통적 우방이자 주요 투자국인 한국의 뒤통수를 친 게 대표 사례다. 포스트 코로나 이후 각국의 성장 동력 약화로 이런 경향은 더욱 강해질 여지가 높다. 더구나 러시아의 우크라이나 침공으로 미국·서방 대 중국·러시아 간의 대결 양상으로 확대되는 모습이다. 무역으로 먹고사는 한국 입장에서는 난관들이 줄지어 서 있는 형국이다.

다. 1970년대 이후 PC와 인터넷의 발달은 혁명적 변화를 이끌었다. 1976년 스티브 잡스Steve Jobs, 1955~2011가 세계 최초의 PC를 내놓고, 1980년대에는 IBM이 PC의 대중화를 이끌었다. PC에서 사용하는 프로그램인 HTML도 개발되었다. 이어 1989년 월드와이드웹www의 기본 안이 마련되고 1993년에 전면 공개되면서 특허와 무관하게 모든 사람이 인터넷을 사용할 수 있게 되었다. 통신망 확충은 광섬유가 제공했다. 1980년 미국 AT&T사가 광섬유 통신사업을 시작한 뒤 대서양과 태평양을 횡단하는 광케이블이 설치되면서 장거리 광통신망 구축도 속도를 냈다. 1990년대 후반 '닷컴 붐' 시기를 맞아 광섬유 네트워크가 세계 곳곳에 설치되었고, 광통신 비용도 크게 낮아지면서 정보통신 대중화의 길이 열렸다. 정보화 기술의 발달은 민간 경제의 생산성 향상으로 이어졌다.

세계화의 빛과 그림자

만일 일본 정부가 1960년대 초 자유무역을 주장하는 경제학자들의 말을 따랐다면 렉서스는 존재하지 않았을 것은 엄연한 사실이다. 그리고 현재의 도요타는 기껏해야 구미 자동차 회사의 하위 파트너 역할을 하고 있거나, 아니면 아예 흔적도 없이 사라지고 말았을 것이다. 일본 경제 전체도 마찬가지 꼴이 되었을 것이다. 일본이 일찌감치 토머스 프리드먼의 '황금 구속복'을 입었더라면 여전히 1960년대 수준의 3류 산업국가로, 칠레와 아르헨티나, 남아프리카공화국과 소득 수준이 비슷한 나라로 남아 있었을 것이다. … (일본은) 지금 렉서스를 수출하는 국민이 아니라 누가 뽕나무를 차지할 것인지를 놓고 싸우는 국민이 되었을 것이다.

– 장하준, 《나쁜 사마리아인들》 60쪽.[121]

세계화에 대한 평가는 엇갈린다. 긍정론은 세계화를 통해 개별 국가 경제들이 단일화된다는 점에 주목한다. 각국 경제는 교역을 통해 비교 우위를 가지게 되고, 결국 세계경제 전체의 발전을 가져온다는 논리다. 선진국만이 아니라 개발도상국 등 많은 국가와 재계 단체들의 일관된 '공식' 입장이다. 부정론 역시 만만찮다. 초국적 자본의 세계경제 지배를 가속화하는 동시에 지구적 수준의 불평등을 강화시킨다는 것이다.

한국에 세계화라는 단어가 본격적으로 등장하기 시작한 것은 1990년대 들어서다. 1993년 집권한 김영삼 정부가 내세운 구호였다. 당시 한국 자본주의는 자신감이 차고 넘쳤다. 1980년대 말 '3저 현상'에 따라 자동차와 가전제품 등 '메이드 인 코리아' 제품이 전 세계에서 날개 돋친 듯 팔려나갔다. 지금으로서는 경이로운 두 자릿수 성장률이 당연시되었다. 원화 가치도 쑥쑥 올라갔다. 당시 원·달러 환율은 지금(2022년 10월 14일 기준 1442.50원)의 절반 수준인 달러당 700원대였다.

서민 중산층의 삶도 크게 나아졌다. 1987년 노동자대투쟁 이후 기업들이 노동자의 급여를 적극 올린 결과다. 노동소득분배율은 1987년 52.4에서 환란 직전인 1996년 62.4로 크게 개선되었다.[122] 1993년 OECD 가입까지 성사되면서 '선진국 문턱이 눈앞에 다가왔다'는 낙관론이 팽배했다. 이런 상황에서 '세계화' 정책은 곧 '선진화' 정책이었다. 그러나 세계화가 장밋빛에서 잿빛으로 바뀌는 데에는 10년도 채 걸리지 않았다. IMF 환란이라는 '비싼 수업료'를 내야 했다. 금융시장의 전면 개방과 노동시장 유연화 등 IMF가 구제금융의 대가로 요구한 '워싱턴컨센서스', 곧 미국식 신자유주의 국가발전 모델을 전면 수용해야 했다. 스스로 시작한 세계화는 달콤했지만 강제된 세계화는 쓰디쓴 독배였다.

세계화는 현재 인류의 되돌릴 수 없는 추세다. 빈약한 내수 탓에 해외에 의존해 살아야 하는 우리에게는 피할 수 없는 흐름이다. 2차 세계대전 이전 피식민지 국가 중 유일하게 선진국으로 도약할 수 있었던 원동력도 무역이다. 한국의 무역의존도는 여전히 주요국 중 최고 수준이다. 통계청에 따르면, 2019년 한국의 전체 수출입 총액을 GDP로 나눈 무역의존도는 63.5%로 G20 국가 중 독일(70.8%)에 이어 둘째로 높은 수준이다.

무역의존도가 높으면 '외풍'에 취약하다. 1990년대까지 '미국 경제가 기침을 하면 한국 경제는 감기에 걸렸다'면, 2000년대 이후에는 '중국 경제가 기침을 하면 한국 경제는 독감을 앓는' 수준이었다. 안정적인 국가 경제를 만들기 위해서는 내수시장을 활성화해 무역의존도를 낮춰야 한다. '최저임금주도 성장'으로 스스로 변질시켰지만, 문재인 정부가 집권 초반 내세웠던 소득주도 성장 등 '균형 발전'은 진보나 보수 등 이념을 떠나 바람직한 국가 경제 건설을 위해 꾸준히 나아가야 할 과제다. '통일 한반도 경제'의 필요성이 계속 제기되는 것도 비슷한 이유다. 그럼에도 우리에게 무역은 벗어날 수 없는 숙명과 같다. 그렇기에 무작정 세계화를 거부하는 태도는 비현실적인 동시에 바람직하지도 않다. 다만 '세계화의 본질은 무엇이고, 어떤 세계화가 바람직한가'라는 의문과 해답은 반드시 도출해야 한다. 우리에게 세계화가 숙명이라면, 남은 선택은 세계화의 부작용을 줄이면서 세계화를 받아들이는 것이다.

세계화와 무역과 관련한 가장 고전적인 논의는 데이비드 리카도가 일찌감치 제시했다. 그는 국가 간의 생산성 차이로 무역이 발생한다고 봤다. 직물과 와인 두 제품이 있고, 모두 포르투갈이 영국보다 더 적은 숫자의 노동력을 투입해 생산할 수 있다. 곧 노동생산성 면에서 포르투갈이 영국에 비해 절대 우위에 서 있는 것이다. 하지만 직물 면에서 영국이 비교 우위에 있고 포르투갈이 와인 면에서 비교 우위에 있다면 두 나라는 서로 비교 우위에 있는 제품을 교역해 모두 이득을 얻을 수 있다. 자유무역을 통해 포르투갈은 와인, 영국은 직물 생산에 집중하면서 무역이 양국에 최대한의 편익을 가져다주기 때문이다.

'헥셔 올린Heckscher-Ohlin 모형'은 리카도의 비교 우위론을 부존 자원의 차이로 설명한다. 자본이 풍부한 국가는 자본을 집약적으로 사용해 생산하는 제품에 비교 우위를 갖게 되고, 자연스럽게 해당 제품의 수출에 주력한다. 반대로 희소한 자원 요소를 사용해야 하는 제품은 생산을 포기하고 수입을 선택한다.[123] 더 나아가 '스토퍼-새뮤얼슨Stoper-Samuelson 모형'은 한 제품의 상대가격이 상승하면 그 제품에 집약적으로 사용된 요소의 실질가격이 상승한다는 점에 기초해 무역과 분배의 관계를 보여주고 있다. 노동이 풍부한 나라는 무역을 위해 옷 등 노동집약적 제품에 특화하고, 자동차 등 자본집약적 제품 생산에서는 철수한다. 이에 무역을 하지 않았을 때보다 노동 수요가 늘고 임금이 올라가게 된다. 노동이 풍부한 나라는 가난한 나라가 많고, 노동자가 자본가보다 더 가난하기 마련이다. 이에 무역자유화는 가난한 나라의 불평등을 감소시킨다. 반면 부유한 나라에서는 노동자가 손해를 보고 자본가가 득을 보면서 불평등이 증가한다.[124]

세계화와 불평등의 연관성에 대해 보다 더 자세히 알아보자. 경제사학자인 피터 린더트Peter Lindert UCLA 교수와 제프리 G. 윌리엄슨Jeffrey Gale Williamson 하버드대 교수는 2003년 내놓은 논문 〈세계화는 세계를 보다 불평등하게 만들고 있나?Does Globalization Make the World More Unequal?〉를 통해 1820~1992년 사이 개인소득의 세계적 불평등도를 분석했다. 개인소득의 세계적 불평등도는 19세기에는 급속하게, 20세기에는 완만히 높아졌다. 다만 국가 내부와 국가 간 불평등은 다른 양상을 보인다. 19세기의 1차 세계화는 신세계의 불평등은 악화시키고 구세계의 불평등은 감소시켰다. 대신 20세기 말의 2차 세계화는 부유한 나라의 상대적 임금이 저개발국 임금 수준으로 하락하는 추세를 보였다. 선진국에서는 불평등이 심화된 반면 개발도상국에서는 완화되었다는 뜻이다. 앞서 살펴봤던 미국의 상황을 떠올리면 이해하기 쉽다. 비용 절감을 위해 생산공정을 외국으로 옮기는 '오프쇼어링Offshoring' 역시 선진국의 노동 수요 감소와 임금 하락이라는 결과를 낳는다. 대신 세계화에 동참한 저개발국은 대부분 불평등도가 감소했다. 다만 국가 간 불평등은 장기적으로는 커졌지만 최근 20년간은 그 속도가 눈에 띄게 느려졌다.[125]

브랑코 밀라노비치Branko Milanović 뉴욕시립대 교수는 불평등 연구의 권위자. 2016년 펴낸《왜 우리는 불평등해졌는가》는 2차 세계화가 한창이던 1988년 이후 약 20년 동안 전 세계의 실질소득 변화를 살핀다. 여기서 등장하는 게 그 유명한 '코끼리 곡선Elephant Graph'이다. 그는 중국 등 글로벌 신흥 중산층이 포함된 소득 분포 상위 50% 집단의 소득과 최상위 1%의 소득이 가장 크게 증가한 반면, 선진국 중하위층이 포함된 상위 20% 집단의 소득은 거의 늘지 않았다는 점을 논증한다(567쪽 하단 표 참고).[126] 세계화의 궁극적 패자는 선진국의 저소득층이라는 면에서 린더트 등의 연구 결과와 일맥상통한다. 이런 변화가 민주주의에 미치는 악영향은 막대하다. 중산층 붕괴는 중산층의 정치적 영향력 하락을 불러오고, 그에 따라 정부는 마르크스의 표현을 빌리자면 '부르주아의 공통 문제를 관리하는 위원회'로 전락한다. 민주주의가 금권정치와 유사한 미국식 형태와 포퓰리즘이나 자국민 우선주의로 대변되는 유럽식 형태로 변질된다는 것이다.[127] 세계화가 계속되면 불평등이 사라질까? 밀라노비치는 비관적으로 바라본다. "사라질 리가 없다. 세계화의 혜택이 평등하게 분배되는 일은 일어나지 않을 것"[128]이라는 이유에서다.

　　물론 세계화에 따라 불평등이 악화되었다거나 반대로 개선되었다고 단언하는 건 조심스러운 측면이 있다. 다른 정책과의 연관성이나 개별 국가의 특수성, 연구자의 편견 등 다양한 외부 변수에 따라 국가 간 비교 연구에서 명확한 결론을 내리기가 매우 어렵기 때문이다. 진공 속에서 이뤄지는 정책은 없다. 경제성장과 불평등에 영향을 미치는 요인은 다양하고, 세계화와 무역의 증대 등은 그런 요인 중 일부에 불과하다.[129] 현재 IMF 유럽부 부국장을 맡고 있는 페티아 토팔로바_{Petia Topalova}는 MIT 박사 과정이었던 2010년, 인도에 대대적인 무역자유화 조치가 도입된 1991년 전후로 어떤 변화가 있었는지 연구했다. 그 결과 국가 전체적으로 빈곤율은 급감했지만 스톨퍼 – 새뮤얼슨 정리와 달리 무역에 더 많이 노출된 지역일수록 빈곤이 줄어드는 속도가 더 느렸다. 다만 기존에 무역자유화의 영향을 많이 받은 지역들은 애초에 부유한 지역이었고, 이들 지역의 이득이 덜하다면 국가 전체의 불평등을 줄이는 효과를 가져온다. 경제 전체적으로 보면 인도의 무역자유화가 긍정적인 결과를 가져왔다는 점은 명백하다는 뜻이다.[130]

'인간의 얼굴'을 한 세계화, 어떻게 실현할 것인가

2001년 노벨경제학상을 수상한 조지프 스티글리츠_{Joseph Eugene Stiglitz} 컬럼비아대 교수는 세계화 논의에서 빼놓을 수 없는 석학이다. 한국과도 관계가 깊다. 외환위기에 시달리던 1997년 12월 세계은행 부총재 자격으로 방한하는 등 여러 차례 한국을 찾았다. 외환위기 당시 IMF의 고금리 및 재정긴축 처방을 강하게 비판하기도 했다. 세계화에 대한 일련의 작업들은 이론과 실무를 함께 섭렵한 경험의 소산이다.

그는 반 세계화론자가 아니다. 《세계화와 그 불만》에서 스티글리츠는 시장의 순기능을 통해 세계화가 인류에게 부와 복지를 가져다줄 것이라고 기대한다. 하지만 문제는 세계화의 '관리'와 '방식'이다.

IMF의 투표권은 기금 액수에 비례한다. 미국 등 선진국과 월가의 이익을 위해 움직이는 구조다. 실제로 미국은 IMF와 세계은행 지분의 15% 이상을 보유하고 있어 단독으로 거부권을 행사할 수 있다. 이에 IMF는 자본 자유화와 민영화 등 '워싱턴컨센서스'를 밀어붙인다. 그러나 적절한 규제 조치를 갖추지 않은 금융시장 자유화는 경제 불안정을 가져온다. IMF가 동아시아 국가에 구제금융을 지원하는 대가로 요구하는 재정 긴축이나 고금리 처방은 경제에 '사망진단서'를 끊는 행위였다.

IMF의 역할에 대한 비판은 그가 처음이 아니다. IMF는 매년 두 차례 각 회원국을 방문해 해당국의 경제정책에 대해 논의하지만, 경상수지 적자가 더이상 감당하기 어려운 수준이라 경제가 연착륙이 아닌 경착륙을 할 것이라는 등의 '경고'를 울린 적은 거의 없다. 붕괴가 발생한 시점에 해당국 통화가치의 폭락과 그 폐해를 피하기 위해 신용을 공급할 능력이 부족하다는 의견도 상당하다.[131]

이에 그는 대안으로 국제기구의 지배구조 변화를 제시했다. 이를 기초로 국제사회는 개도국 스스로 선택할 권리를 수락하고, 선진국들에 의해 그리고 선진국들을 위해 설계된 표준 모형을 받아들이도록 강요해서는 안 된다고 역설한다. 이어 필요한 것은 "지탱 가능하고 공정하며 민주적인 성장"이고, 이것이야말로 개발의 이유라고 강조한다. 왜냐면 "개발은 도시의 부자들을 위해 프라다와 베네통, 랄프 로렌과 루이뷔통을 들여오면서 시골의 가난한 사람들을 비참한 상태로 방치해놓는 것이 아니다. … 개발은 사회를 변모시키고 가난한 사람들의 삶을 향상시키며 모든 사람이 성공의 기회를 잡을 수 있고 보건과

교육에 접근할 수 있게 만드는 것"이기 때문이다.[132]

스티글리츠는 이후 《인간의 얼굴을 한 세계화》에서 세계화의 대안을 제시하는 데 주력한다. 구체적으로 국제기구의 의결 방식을 민주적으로 바꾸고, 미국 주도의 양자 간 FTA가 지양되어야 한다고 말한다. 지구온난화 문제 해결을 위해 탄소 배출을 규제하지 않는 국가에 대한 강한 무역제재와 공동 환경세 도입도 촉구한다. 여기에 새로운 글로벌 준비제도를 마련하고, 달러화를 대신할 세계통화를 만들어 지구촌의 빈곤 퇴치와 개발 촉진에 써야 한다고도 주장한다.

> 우리는 부자들과 권력가들을 위한 세계화가 아닌 극빈국을 포함한 전 인류를 위한 세계화를 달성해야만 한다. 그 길은 멀고도 험할 수 있다. 하지만 우리는 이미 오랜 시간을 기다려왔다. 그리고 지금 이 순간이 바로 시작할 때다.[133]

세계화와 관련해 중요한 개념은 '세계경제의 트릴레마'다. 대니 로드릭Dani Rodrik 하버드대 케네디스쿨 교수가 《자본주의 새판 짜기》에서 제시한 개념이다. 트릴레마는 우리 말로 '삼자택이'다. 세계화와 민주주의, 국민국가라는 세 개의 가치 중 두 개만 동시에 달성이 가능하고, 하나는 실현이 불가능하다는 뜻이다. 세계화와 민주주의를 택한다면 개별 국가의 세제와 노동정책 등 국민국가로서의 역할은 포기한 채 확대된 국제적 통합체제에 편입되어야 한다. 만일 세계화와 국민국가를 택한다면 민주주의의 후퇴는 불가피하다.[134]

이에 따라 민주주의와 국민국가를 유지하기 위해서는 '얕은 세계화'만 가능하다. 이런 모습이 현실화된 게 각국의 독립적인 통화와 재정정책을 인정한 채 자본 이동을 제한한 브레턴우즈체제였다. 하지만 브레턴우즈체제 붕괴 이후 국가별 통제가 사라지자 금융 주도의 세계화, 곧 '하이퍼 글로벌라이제이션'이 진행되었다. 이는 약소국들의 민주주의와 주권을 제약하는 동시에 금융 부문의 불안정성을 극대화했다. 이런 부작용이 현실화한 게 2008년 글로벌 금융위기였다. 이에 그는 "여전히 국민국가가 민주정치의 주요한 처소로 남기를 원한다면 … 우리에게는 '얇은' 세계화를 받아들이는 것, 즉 다른 시기를 위해 브레턴우즈 타협을 새로이 재창조하는 것 이외에 대안은 없다"[135]라고 역설한다. 구체적으로는 금융에 대한 국제 규제를 기초로 한 경기부양정책의 국제 공조, 금융위기 차단을 위한 신흥국 대상 유동성 지원, 보호무역 규제기구 합의가 필요하다고 제시한다. 이에 "세계화를 단 하나의 제도나 하나의 경제 초강대국이 필요한 체제로 보는 대신 … 다양한 국가의 집합으로 받아들여야 한다"면서 "민주주의가 스스로 미래를 결정할 여지를 남겨주는 건전하고 지속가능한 세계경제를 이룩하는 일"[136]이 절실하다고 강조한다.

앞서 예문에서 제시한 토머스 프리드먼Thomas L. Friedman의 '황금 구속복Golden Straitjacket' 개념도 로드릭의 논의와 맞닿아 있다. 황금 구속복이란 투자자들에게 불확실성을 제거해 안심하고 투자할 수 있도록 하는 일련의 보증을 말한다. 해외 투자자 보호나 투명하고 건전한 재정, 시장주의적 경제정책을 말한다. 하지만 대가 역시 크다. 정부가 정책 자율성을 스스로 옥죄는 선택을 해야 해서다. 정부는 황금 구속복을 입을 때 경제적 번영을 약속받을 수 있지만, 대신 경제적 자주

권과 사회복지 등 민주주의의 희생을 감수해야 한다.

세계화 문제를 살펴볼 때 주목해야 할 또다른 학자는 장하준 케임브리지대 교수다. 2004년 한국인 학자로서는 처음으로 뮈르달상을, 이듬해 역대 최연소로 레온티에프상을 수상한 것은 2002년 펴낸 《사다리 걷어차기》덕분이다. 원래 '사다리 걷어차기'라는 용어는 독일 역사학파 경제학의 창시자인 프리드리히 리스트Georg Friedrich List, 1789~1846로부터 나왔다. '사다리'는 개발도상국이 선진국으로 올라갈 수 있는 수단으로 리스트가 처음 주창한 유치산업 보호론을 말한다. 더 발전된 나라가 존재하는 한, 덜 발전된 나라는 보호관세 등 정부의 개입 없이는 새로운 산업을 발전시킬 수 없다는 주장이다.[137] 리스트가 이를 위해 가져온 예는 당대 최강대국 영국이다. 영국은 18세기 이전까지만 하더라도 자국의 유치산업 보호를 위해 수출 보조금, 관세 같은 수단을 활용했다. 영국이 자유무역을 주창한 것은 산업혁명으로 압도적 경쟁력을 갖추게 된 19세기 이후의 일이다. 영국의 전례를 밟은 국가가 바로 미국이다. 미국은 19세기 내내 보호무역주의를 강하게 내세웠다. 2차 세계대전 직전까지 고율의 관세로 악명 높았다. 하지만 이후 세계 초강대국으로 부상하면서 입장이 달라진다. 자신들의 발전 전략이었던 보호무역주의 대신 자유무역을 후발 주자들에게 요구했다. "사다리(정책, 제도 등)를 타고 정상에 오른 사람이 그 사다리를 걷어차는 것은 다른 이들이 정상에 오를 수 있는 수단을 빼앗는 매우 교활한 방법"이라는 게 리스트의 주장이었다.[138]

장하준은 《사다리 걷어차기》에서 영국과 미국, 독일, 프랑스 등 선진국과 일본을 비롯한 동아시아의 구체적인 '따라잡기catch up' 정책을 살피고, 실제로 각국 선진국들이 리스트의 주장을 그대로 따랐음을 보여준다. 문제는 세계화와 신자유주의 정책이 개도국에게 사다리를 빼앗는 결과를 낳고 있다는 점이다. "최근에 (후진국들에게) 권고되고 있는, 자유무역과 자유방임주의적 산업·무역·기술 정책들의 장점을 강조하는 '바람직한 정책' 패키지는 현 선진국들의 역사적 경험과 모순"되고, "선진국들과 이들이 조종하는 국제개발정책의 주도 세력들이 개도국에게 권고하는 정책은 자신들에게 유리한 '불평등 조약'의 현대판"이라는 것이다.[139] 이는 수치로도 증명된다. 라틴아메리카의 1인당 GDP 성장률은 1960~1980년 사이 연평균 2.8%씩 증가하다가 1980~1998년 사이에는 0.3%로 뚝 떨어졌다. 같은 기간 사하라 사막 이남 아프리카 국가들의 성장률 역시 연 1.6%에서 0.8%로 반토막이 났다. 개도국들은 '바람직한' 정책을 사용한 1980년 이후보다 '바람직하지 않은' 정책을 사용한 1960~1980년 사이에 빠른 경제성장을 이뤄냈다. 다시 말해 '바람직한' 정책이 기실 개도국들에게 유용하지 않고, 오히려 '바람직하지 않은' 정책이 효율적으로 사용되면 더 유익하다는 것이다.[140]

이에 따라 장하준은 대안으로 선진국들의 경제 발전에 대한 역사적 사실이 더 많이 알려져야 한다고 제시한다. 이는 개도국들이 자신들에게 유리한 제도와 정책을 선택하는 기회를 제공하는 것이다. 개도국의 보조금제도나 관세에 대한 선진국의 양해도 필요하다. IMF나 세계은행의 금융지원정책들도 개혁해야 한다. '바람직하지 않은' 정책 중 상당수가 실제로는 '바람직'하고, 모든 국가가 고수해야 할 '가장 훌륭한' 정책은 존재하지 않는다는 인식이 필요하다는 것이다.

개도국에게 영미식 제도를 성급히 수용하라고 강요하는 행위도 자제되어야 한다. 그래야 선진국들이 '소탐대실'의 우를 범하는 대신 개도국의 빠른 성장을 돕고, 이를 기초로 세계무역과 투자 확대에 따른 이득을 모두 얻을 수 있다는 것이다.[141]

세계화는 앞서 살펴본 대로 세계경제의 통합인 동시에 세계 문화의 통합을 뜻한다. 대중음악 역시 본격적인 미국 중심의 세계화 수순에 접어들게 된다. MTV와 마이클 잭슨은 대중음악의 세계화를 보여주는 대표 사례다.

"Video Killed the Radio Star?"

MTV와 '팝의 황제' 마이클 잭슨

영상이 나오고 당신의 마음을 아프게 했죠/바로 비디오카세트 때문이에요/당신은 라디오 스타예요/비디오가 라디오 스타를 죽였어요

Pictures came and broke your heart/Put the blame on VCR/You are a radio star/
Video killed the radio star.

영국 밴드 버글스The Buggles가 1979년에 발표한 〈Video Killed the Radio Star〉의 한 대목이다. 곡 전반은 제목 그대로 '비디오 등 영상매체의 등장으로 라디오 스타들이 사장되었다'는 내용이다. 1980년대를 대표하는 곡이자 1981년 8월 1일 개국한 미국의 음악 전문 케이블TV 채널 MTV의 첫 방송 당시 전파를 탄 뮤직비디오이기도 하다.

1980년대는 잿빛으로 시작되었다. 바로 전해 터진 2차 석유파동으로 세계경제는 만신창이가 된 상태였다. 인플레이션에 맞선 미국 FED의 고금리정책은 사람들의 일자리를 앗아갔다. 경기 침체는 음악시장도 덮쳤다. 1982년 음반 매출은 4억 6000만 달러로 쪼그라들었다. 최고치였던 1978년의 5억 1000만 달러보다 10%가량 빠진 숫자였다.[142] 앞서 설명했듯 저성장 기조에서는 대중음악계에서 새로운 실험이나 조류가 나타나기 어렵다. 미국 음반사들 역시 다수의 뮤지션들 대신 확실히 성공할 수 있는 소수의 슈퍼스타에 의존하는 경향이 더욱 강해졌다. 여기서 주목해야 할 매체가 바로 MTV이다. MTV는 1981년 8월 1일 오전 12시 1분에 세계 최초의 우주왕복선 컬럼비아호 발사 자료화면과 함께 방송을 개시했다. MTV는 영화 〈터미네이터〉, 코카콜라와 더불어 20세기 말 미국 대중문화를 대표하는 아이콘이다. 1980년대 말 미국에서 거의 2000만 가구에 전달되었고, 18~34세의 85%가 정기적으로 시청할 정도로 선풍적 인기를 끌었다.[143] 또 MTV는 동구권의 붕괴와 맞물려 미국 대중문화가 전 세계에서 절대적 지위를 차지하도록 만드는 첨병 역할을 했다. "탈냉전 시대에는 오로지 미국의 문화식민주의만 있을 뿐"이라는 제럴드 레빈Gerald M. Levin, 미국 AOL - 타임워너 전 회장의 언급에서 나타난 미국 문화식민주의의 상징이 바로 MTV였다.[144]

MTV는 음악산업의 작동 방식도 바꿨다. 단순하게 표현하면 음악을 듣는 시대에서 보는 시대로 전환한 것이다. 음반 못지않게 뮤직비디오가 신인과 최신 음악을 홍보하는 수단으로 자리 잡았다. MTV는 새로운 스타를 발굴하는 가장 효과적인 통로가 되었다.

뮤지션들은 개성과 창의성을 갈고 닦는 '작가' 대신 대중들의 시선과 구미를 갈구하는 '비주얼 가수'로 점차 변모했다. 록 역시 피 끓는 강렬함과 과격성 대신 감미로운 멜로디와 외모를 내세운 팝 메탈로 변질되었다.[145] 메이저 음반사는 MTV 표준에 맞추기 위해 뮤직비디오 편집은 물론, 아티스트에게 노래 가사를 바꾸도록 강요했다. 대신 보다 작은 음반사들의 비디오는 아예 상영될 기회조차 주어지지 않았다.[146] '물론' MTV는 초창기에 '백인' 음악방송이었다. 개국 첫 18개월 동안 방영된 750편의 비디오 중 단 20%만이 흑인 뮤지션의 것이었다. 하지만 이런 행태도 오래가지 못했다. 팝의 황제 마이클 잭슨 Michael Jackson, 1958~2009이 등장해서다.

마이클 잭슨은 널리 알려져 있다시피 음악가 집안인 '잭슨 패밀리'의 일원으로 1969년 잭슨파이브 1집 앨범으로 데뷔했다. 그의 전체 음반 판매량은 1억 9000만 장으로 비틀스, 엘비스 프레슬리에 이어 3위에 해당한다. 빌보드 싱글차트 1위에는 역대 다섯째로 많은 13곡을 올렸다. 그의 경력에 방점을 찍은 작품은 1982년 12월 발매된 《Thriller》다. 이 앨범은 미국과 영국에서 공식적으로 7000만 장, 전 세계에서 비공식적으로 1억 장 이상 팔리면서 역사상 가장 많이 판매된 앨범으로 《기네스북》에 등재되었다. 빌보드 앨범차트에서는 무려 37주간 1위라는 전무후무한 대기록을 작성했다. 〈Billie Jean〉 〈Beat It〉 등 두 곡을 싱글차트 1위에 올려놓는 등 싱글로 나온 7곡 모두 10위권에 진입하는 신기록을 세웠다.[147]

사생활 논란에도 팝의 역사에서 그의 위상은 빛을 잃지 않는다. 무엇보다 그의 가장 큰 공로는 미국 사회에서의 인종차별 문제를 완

화시키는 역할을 했다는 점이다. 《Thriller》 앨범에서는 〈Billie Jean〉
〈Beat It〉 〈Thriller〉 세 곡의 뮤직비디오가 제작되었다. 모두 작품 수
준이나 창조성 면에서 뮤직비디오의 새로운 기준을 제시한 것으로 평
가받았다. 다만 MTV는 여전히 잭슨의 비디오 방영을 거부했다. 결국
컬럼비아레코드사는 자사 소속의 백인 록 그룹들이 MTV에서 공연하
는 것을 보이콧하겠다고 위협한 끝에 잭슨의 비디오가 방영될 수 있
었다.[148] 잭슨의 전매특허와 다름없는 '문워크'를 추는 모습이 MTV를
통해 송출되면서 전 세계는 마이클 잭슨 열풍에 휩싸이게 된다.•

　더구나 당시는 팝음악계가 인종적으로 분화된 시절이었다. 헤
비메탈과 뉴웨이브New Wave는 백인, 펑크나 랩은 흑인의 음악이었다.
그러나 잭슨은 《Thriller》 앨범을 통해 백인음악과 흑인음악의 가교를
세우려 했다. 비틀스의 폴 매카트니와 함께 〈The Girl Is Mine〉을, 헤
비메탈 밴드 반 헤일런Van Halen의 기타리스트 에디 반 헤일런Eddie Van
Halen, 1955~2020과 함께 〈Beat It〉을 만든 것이 대표 사례다.[149] MTV가
마이클 잭슨과 함께 대성공을 거두면서 다른 흑인 뮤지션들의 뮤직비
디오도 빠르게 방영되기 시작했다. 대중들은 흑인 뮤지션과 백인 뮤
지션의 뮤직비디오를 같은 채널에서 보고, 그들의 음악을 같은 라디
오에서 듣는 게 익숙해졌다. 마이클 잭슨과 MTV의 조합은 색깔로 쪼
개져 있던 미국 대중문화를 사실상 처음으로 통합했다.[150]

•MTV의 '배짱'에는 이유가 있었다. 1970년대 중반 이후 '디스코 열풍'으로 흑인 뮤지션들
이 큰 인기를 누렸지만 1980년대에는 열기가 식어 빌보드 싱글차트에서 흑인 뮤지션을
찾기 어려웠다. 《Thriller》 앨범이 나오기 2년 전 빌보드 앨범차트에서 1위를 기록한 흑인
뮤지션은 단 한 명도 없었다. 싱글차트에서는 단 네 곡만이 흑인 뮤지션의 곡이었다. 디
스코 열풍의 시기에도 음악계에서 흑인 뮤지션은 백인 뮤지션들에 밀리는 처지였다.[151]

20세기 최후의 인디, 얼터너티브록

넌 아름다운 세상에서/마치 깃털처럼 떠다니지/나도 특별한 사람이 었으면 좋을텐데/넌 정말 특별해/하지만 난 쓰레기야/난 별난 놈이라 고/도대체 내가 지금 여기서 뭘 하는 거지/난 여기 소속도 아닌데You float like a feather/In a beautiful world/I wish I was special/You're so fuckin' special/But I'm a creep/I'm a weirdo/What the hell am I doin' here?/I don't belong here.

　-라디오헤드, 〈Creep〉.

이건 내 범위를 넘었고 이미 자라버렸지/그냥 게으름뱅이가 되는 거 야/나는 술 취한 한심한 쓰레기일 뿐야/아빠의 작은 딸은 더이상 소녀 가 아니지This is out of our reach and it's grown/This is getting to be drone/I'm a negative creep and I'm stoned/Daddy's little girl ain't a girl no more.

　-너바나, 〈Negative Creep〉.

　　이 책이 규명하고자 했던 몇 가지 과제 중 하나는 대중음악이 자본주의 경제의 발전에 따라 어떻게 영향을 '받아왔느냐'다.* 물론

---

* 이런 태도는 유물론이나 경제환원론적이라고 비판받을 수 있다. 필자 역시 생산관계라는 토대Base에 대한 정치, 법률, 종교 등 상부구조Superstructure의 독자성을 아예 인정하지 않는 건 아니다. 이와 관련해서는 사회학과 정치학 등 다양한 분야에서 연구가 이뤄졌고, 앞으로도 계속될 것이다. 다만 정도의 차이만 있을 뿐 생산관계라는 토대가 그 외의 분야나 제도에 '결정적' 영향을 미친다는 점은 부인하기 어렵다.

후기 베토벤의 작품들처럼 경제나 사회 상황과 별개로 '출현'한 음악적 전통들도 적지 않다. 이 책에서 선별한 역사적 사건들이 당대를 온전히 재현하고 있다고 단언할 수 있을까.[*] 다만 대중음악 작품은 창작되거나 '출시'되기 전후의 자본주의 경제 상황에 강력하게 예속되어 있고, 이에 경제의 발전 및 변화 추이를 살펴보면 대중음악에 대한 보다 풍부한 이해가 가능하다는 점은 자명하다. 이는 곧 이 책의 존재 이유다.

다만 '대안적 록'이라는 뜻의 얼터너티브록Alternative Rock은 '대중음악이 자본주의 경제 상황에 예속되어 있다'는 증거인 동시에 대안을 제시하려는 예외의 몸짓에 해당한다. 이는 '록은 변혁적인가'라는 해묵은, 그러나 쉽사리 결론 내리기 어려운 질문과 맞닿아 있다. 록음악의 생산자 및 (이를 처음 접한) 수용자의 절대다수는 청년이다. 작품 안에 당대 청년들이 느끼는 온갖 감정과 사회 현실이 오롯이 담길 수밖에 없다. 더구나 청년은 시대의 불합리와 그림자에 가장 예민하게 반응하고, 이를 개선하기 위한 실천에 적극 나서는 세대다. 이런 측면에서 록은 좌파적이거나 진보적이라고 정의하기는 어렵지만, 최소한 변혁적 성격을 강하게 드러낼 가능성이 높다. 앞서 살펴봤듯이 1960년대 백인 중산층 젊은이들은 스스로를 '꽃의 아이들Flower Children'로, 아웃사이더이자 '반 대량'의 하위 집단으로 여겼고, 이를 위한 '무기'로 원래 흑인의 음악이었던 로큰롤을 수용했다. 이들은 1970년대 들어 록이 음악산업의 지배 세력으로 자리 잡게 될 때조차

---

[*] 19세기를 풍미한 왈츠, 20세기 후반을 풍미한 팝음악은 당대 가장 큰 인기를 끌었음에도 역사적 가치가 떨어진다는 필자의 '주관'에 의해 최소한의 수준으로 다뤄진 사례다.

스스로를 '언더그라운드 컬트'로 여겼다.[152] '청년의 음악'인 록을 만드는 뮤지션이나 록을 주로 향유하는 이들이 보수적 성향보다 혁신적 성향을 지니는 건 이런 점에서 이해할 수 있고, 따라서 록이 혁신적이라 말해도 무리는 아니다.

하지만 여기서는 극렬한 '긴장 관계'가 전제되어 있다. 록음악은 머리로나 가슴으로는 '탈 자본'을 지향하면서도 두 다리는 결국 자본의 논리에 따라 움직이는 음악 비즈니스에 속해 있어서다. 음악의 생산과 유통 과정에 투입된 자본의 회수 및 이윤 창출을 위해서는 더 많은 대중의 선택을 받아야 하는 숙명에서 벗어날 수 없다. 순간의 일탈은 가능하겠지만 완전한 궤도 변경은 불가능에 가깝다.* '반 대량'의 감수성을 간직하고 있는 '대량'의 현상이라는 록음악의 역설이 발생하는 이유이자, 주류와 세계를 변화시키고자 했던 록의 목표가 실패로 돌아갔다는 증거가 바로 얼터너티브록이라고 볼 수 있는 까닭이다.[153] 물론 자본에게 '포섭'당하는 것을 거부하려는 혹은 최소화하려는 음악가들의 시도는 지금도 계속되고 있다. 이런 노력은 궁극적으로는 자본의 논리에 무기력하기 마련이지만, 시도조차 폄훼할 필요는 없다. 얼터너티브록을 '20세기 최후의 인디Indie'로 지칭한 건 이런 이유에서다.

* 앞서 밝혔듯 포크문화는 스스로를 대중음악과 다른 음악 혹은 '민중의 음악'으로 인식했고, 이에 주류로 편승하는 것에 대한 반감이 컸다. 반면 록은 배타적으로 청년 중심적인 동시에 대중음악의 주류에서 탄생했다. 이에 반反 대량의 이데올로기와 함께 대량의 상업적 성공을 동시에 추구하는 모순에 빠지게 된다.

Smells Like TEEN Sprit!

얼터너티브록은 말 그대로 '대안적 록'이라는 뜻이다. 그래미 상을 주관하는 '미국 레코딩 아카데미'는 1991년 그래미상에 '최우수 얼터너티브 뮤직 앨범' 부문을 신설하며 얼터너티브음악에 대해 "메인스트림의 외부에 존재하는 비전통적 형식"의 음악이라고 정의했다. 〈뉴욕타임스〉는 "대학가의 록음악을 인지하려는 카테고리"라는 설명을 덧붙였다.[154] 한 마디로 덜 상업적이고, 덜 주류적이며, 더 진정성 있는 '비타협적' 록을 말한다. 1960년대 후반 이후 록이 음반산업에 흡수되자 이에 대응하는 움직임으로 나타났다.[155] 따라서 메이저로부터 독립된 소규모 음반 레이블에서 나온 '인디음악'과 동일어로 사용되기도 한다.* 이런 이유로 얼터너티브록은 고정된 특정 장르가 아닌 '태도'나 '양식'에 따라 유동적으로 구분될 수 있는 장르다. 1970년대 펑크는 명백하게 얼터너티브록이라 볼 수 있다.

얼터너티브록은 '시애틀록' 등 지역과 연계된 호칭으로 부를 정도로 지역색이 강하다는 점이 특징이다. 대학 도시와 '대안적' 대도시의 지역 음악씬을 기반으로 하고 있다. 곧 지역 대학 라디오방송국과 지역 라이브 장소, 지역 팬들과 지역 인디펜던트 음반 회사가 결합해 얼터너티브록 밴드가 출현했기 때문이다. 인디록과 칼리지록, 얼터너티브록은 같은 부모에게서 나온 세 형제와 같은 셈이다.[156] 중요한

---

*인디음악의 핵심은 진정성이다. 과도한 프로듀싱으로 획일화된 주류 음악과 달리 가공되지 않은 진정성 있는 음악을 특징으로 한다. 인디음악은 콘서트를 통해 '창조적 재현'이 가능하지만, 주류 음악은 너무 많은 전자 효과를 가미해 라이브 연주가 쉽지 않다.[157]

지역은 너바나Nirvana와 펄 잼Pearl Jam, 사운드가든Soundgarden, 앨리스 인 체인Alice In Chain 등 '빅4'를 낳은 시애틀, R.E.M.을 배출한 조지아 주 에센스, 리플레이스먼츠Replacements의 미니애폴리스 등이다.* 지역에서 성장한 얼터너티브록 밴드들이 국제화된 것은 메이저 음반사들의 마케팅 덕분이었다.[158]

얼터너티브록 밴드들이 편애했던 속어는 바로 'creep'이다. 우리 말로 '쓰레기' 혹은 '찌질이'라는 뜻이다. 앞서 인용한 라디오헤드만이 아니라 스톤 템플 파일럿Stone Temple Pilots, 티엘씨TLC 등이 같은 제목의 노래를 불렀다. 너바나 역시 〈Negative Creep〉이라는 곡을 발표하기도 했다. 당시 조지 H. W. 부시Geoge H. W. Bush, 1924~2018 대통령 시대를 살아가는 염증과 피로감을 표현하는 동시에 스스로를 '잉여세대'로 규정한 것이다.[159]

얼터너티브록이 드디어 음악 주류의 중심에 섰다는 점을 알렸던 신호탄은 1992년 1월 11일자 빌보드 앨범차트에서 너바나의 2집 《Nevermind》가 마이클 잭슨의 《Dangerous》를 밀어내고 정상을 차지한 일이었다. 전해 9월 24일 발매된 뒤 100여 일 만에 거둔 성과였다. 차트 정상에 오른 건 펑크록 앨범으로는 사상 처음이었다. 무엇보다 1980년대를 대표하는 댄스음악 슈퍼스타의 신보를 1990년대 신세대 얼터너티브록 그룹이 끌어내리는, 세대와 장르의 교체를 극적으로 보여주는 사건이었다. "메인스트림이 눈치채지 못하는 사이 10여 년 전부터 성장해온 언더그라운드와 인디펜던트와 아웃사이더, 곧 비주

---

* 이 가운데 '시애틀 사운드'가 압도적이었다. 시애틀 지역 밴드들로부터 유래한 '그런지록'이 아예 얼터너티브록의 유사어로 사용되었을 정도다.

류 연대의 승리"였다.[160]

너바나는 싱어 겸 기타리스트 커트 코베인Kurt Cobain, 1966~1994과 베이시스트 크리스 노보셀릭Kris Novoselic을 중심으로 시애틀 외곽 벌목 도시인 애버딘에서 1987년 결성되었다. 이후 지역 대학과 클럽에서 영향력을 키워나가던 중 지역 인디 레이블 서브팝레코드사와 계약을 맺고 데뷔앨범 《Bleach》(1989년)를 단돈 600달러에 제작했다. 1991년에는 메이저 레이블 DGC*와 계약을 맺고 《Nevermind》를 내놓았다. 이 앨범이 이듬해 1월 앨범차트 정상에 오른 뒤 차트에 5년이나 머물며 1000만 장 넘게 팔렸다.[161] 전 세계 판매량은 2600만 장에 달한다.

앨범의 오프닝 곡인 〈Smells Like Teen Sprit〉은 그해 빌보드 싱글차트 1위가 아닌 6위에 머물렀지만 얼터너티브록을 대표하는 곡이자 대중음악 역사상 가장 영향력이 큰 곡으로 평가받는다. MTV는 비틀스의 〈Yesterday〉, 롤링 스톤스의 〈Satisfaction〉에 이어 역사상 최고의 팝송으로 선정했다. 음악잡지 〈롤링 스톤〉은 1990년대 작품으로는 유일하게 역사상 최고의 싱글 500선 중 톱10에 이 곡을 올렸다. 이 앨범을 계기로 1980년대 말 이후 쇠퇴기를 보였던 록이 다시 부활한 동시에 록의 큰 물줄기가 헤비메탈에서 얼터너티브록으로 바뀌었다. 펄 잼과 사운드가든, R.E.M. 등 수많은 얼터너티브록 밴드가 상업적 성공을 거두었다. 영국에서는 라디오헤드가 데뷔 앨범 《Pablo Honey》를 발표했고, 오아시스, 블러Blur 같은 모던록 밴드들이 등장했

---

* 영화계와 음악계의 거물 데이비드 게펜David Geffen이 설립했다. 소닉 유스, 벡 등 얼터너티브록의 산실이기도 했다.

다. 메탈씬도 세분화되었다.

하지만 이후 너바나의 행보는 그 인기와 명성에도 차분하게 대응했던 R.E.M.이나 소닉 유스Sonic Youth 등 선배 밴드들의 전례와 확연히 달랐다. 갑작스럽게 찾아온 성공으로 파멸에 몰린 것이다. 주류로 진출한 얼터너티브음악인이 맞서야 했던 부담감이 그만큼 컸다는 뜻이다. 미디어는 커트 코베인을 물어뜯었고, 어려서부터 우울증에 시달리던 그는 심각한 마약 중독에 빠졌다. 결국 1994년 4월 5일 시애틀 자택에서 스스로 머리에 총알을 박는 선택을 했다. 불과 스물여덟의 나이였다. 그의 시신은 사흘 뒤에나 발견되었다. 그는 유서에 "기억해두기 바란다. 점점 희미해지기보다는 한 순간에 타버리는 것이 낫다는 것을…"이라고 적었다.[162]

이런 이상(록 뮤지션으로서의 정체성)과 현실(상업적 성공)의 부조리는 정도의 차이가 있을 뿐 당시 얼터너티브록 뮤지션들 모두 절감하고 있었다. 밴드 피쉬Phish의 싱어이자 기타 연주자인 트레이 아나스타시오Trey Anastasio는 1995년 한 인터뷰에서 이렇게 말했다.

> 밴드에게 일어날 수 있는 가장 나쁜 일은 히트 싱글을 갖는 것이다. …음악은 음악인들에게는 삶과 같다. 히트 싱글을 갖는다는 건 중학생들한테 '정말 잘 했어. 대학교로 월반시켜줄게. 자, 행운을 빌어!'라고 말하는 것과 같다. 천천히 가야 한다. 삶은 길기 때문이다.[163]

---

* 이런 부담은 너바나 스스로도 일찌감치 절감한 것 같다. 너바나 소속사였던 서브팝의 1989년 보도자료는 이를 잘 보여준다. "너바나는 언더그라운드씬이 정체되었으며 빅리그의 자본주의 돼지인 메이저 음반 레이블처럼 되어가고 있다고 생각한다. 하지만 너바나가 이런 암적 악과 싸울 도덕적 책임감을 느끼는가? 전혀! 우리는 현찰을 원한다."[164]

커트의 최후와 관련해 문화평론가 마크 피셔Mark Fisher, 1968~2017
도 비슷한 취지로, 보다 날카롭게 설명한다. 피셔는 MTV를 통해 방
영되는 구경거리임을 커트 스스로 간파하고 있었다고 지적한다. 이에
"(커트는) 자신의 일거수일투족이 사전에 각본에 짜인 클리셰이며, 그
것을 깨닫는 것마저도 클리셰"이고, "죽은 스타일을 모방하고 가면을
쓴 채 말하는 포스트모던 문화 일반의 특징만이 남은 세계에 자신이
속해 있음을 깨달았다"라고 설명한다. 이런 현실에서는 성공마저도 실
패를 의미한다. 성공했다는 것은 그런 체제의 박물관에 놓일 "새로운
고깃덩어리"가 된다는 뜻이기 때문이다.[165]

　　너바나 이후에도 펄 잼은 얼터너티브록씬을 주도하며 1990년
대 최고의 록 밴드로 활동했다. 얼터너티브록의 문을 연 R.E.M.도 왕
성한 활동을 이어갔다. 얼터너티브의 정신을 이어받은 레이지 어게인
스트 더 머신Rage Against The Machine도 등장했다. 하지만 너바나를 계기
로 유예된 록의 위기는 다시금 찾아왔고, 결국 2000년대 이후 록은 사
실상 대중음악 시장에서 경쟁력을 잃었다. 전 세계적인 저출산 추세
에 따라 '반항적' 청년 세대는 음악시장의 주류에서 밀려났고, 대신 그
자리를 늙은 베이비붐 세대가 차지했다. 1990년대부터 조짐을 보이기
시작했던 '노스탤지어록'의 주류화가 더욱 굳건해진 모습이다.[166] 코로
나19 확산 직전인 2019년 공연수입 톱10 안에 메탈리카Metallica(4위),
롤링 스톤스(5위), 본 조비Bon Jovi(6위), 플리트우드 맥Fleetwood Mac(10
위) 등 수십 년 전 히트곡을 사골처럼 우려먹는 '할배 밴드'들이 대거
포함된 것보다 록의 노쇠화를 보여주는 더 강력한 증거가 또 있을까.

나가는 말

1.

나는 재일조선인 2세로 전후에 일본에서 태어났다. 양친은 학교도 제
대로 다니지 못한 채 날마다 일에만 매달렸던 세대다. 연주자가 되든
감상자가 되든 클래식음악과 자연스레 친숙해지려면 그 나름의 조건
이 필요하다. 돈과 시간에 여유가 있고 또 어느 정도의 문화적 축적도
필요한 것이다. 부모나 주변 가까운 사람들이 클래식음악에 관심과 지
식을 갖고 있고, 자택에 오디오 세트가 있거나, 가끔 콘서트에 간다든
가 하는 것 말이다. 다른 재일조선인 가정들과 마찬가지로 우리 집에
는 그런 조건이 전혀 갖춰져 있지 않았다. 나의 두 형은 군사정권 시절
오랜 감옥생활을 했는데, 그중 한 사람은 옥중에서 보낸 편지에서 이
렇게 탄식했다. '우리 어머니가 나 어렸을 적에 첼로라도 좀 배우게 해
주었더라면!'

문필가 서경식 도쿄경제대 교수의《나의 서양음악 순례》에 나오는 한 대목입니다. 서경식 교수는 이 책에서 '어릴 적 클래식음악을 즐기는 사람들에게 반감을 갖고 있었다'고 말합니다. 그들은 중산계급이자 교양 있는 가정 출신, 곧 일본인임을 상징하는 것이었기 때문입니다. 일본은 그가 청소년기였던 1960년대에 고도성장기를 구가했지만, 저소득층 그리고 재일조선인들은 여전히 사회·경제적으로 소외된, 배제의 대상이었습니다. 이에 이렇게 고백합니다. "클래식음악이란 손에 넣을 수 없는 사치스러운 장난감 같은 것이었다. 바이올린 케이스를 들고 걸어가는 여자아이를 보면 돌이라도 던져버릴까 하는 생각이 들 정도였다." 하지만 이어지는 대목은 이렇습니다. "동시에 그 케이스 속의 아름다운 악기를 잠시라도 만져보고 싶다, 그런 애타는 동경을 주체할 수 없었다. 마치 신분이 다른 연인 때문에 고통스러워하는 오페라의 주인공처럼." 맞습니다. 그에게 클래식음악은 배척이 아닌 동경의 대상이었던 것입니다.

전두환 군사독재 정권이 수천 명의 광주시민을 인신공양하고 막 출범했던 1981년. 저는 서울 남동부 외곽 지역에서 초등학교에 입학했습니다. 1990년대 이후 아파트촌으로 변모했지만, 당시만 해도 1970년대에 지어진 단층 새마을주택이 모여 있던 곳이었죠. 마당에는 커다란 호두나무가 있었습니다. 세 살 무렵, 낮잠에서 깨어나 보니 엄마가 보이지 않아 목놓아 울었던 원原 기억의 공간도 그 집이었습니다.

초등학교 2학년이던 1982년 말로 기억합니다. 어느 날 집에 까만 에나멜이 칠해진 영창 업라이트 피아노가 들어왔습니다. 그해 여름부터 두 살 터울의 누나와 동네에서 단 하나밖에 없던 피아노 학원에 다니기 시작했던 참이었습니다. 팔순을 앞둔 모친의 기억이 정확하다면, 당시 돈으로 93만 원이었습니다. 그해 1인당 실질 국민총소득 GNI인 546만 원의 대략 6분의 1 정도였죠. 당시 20만 원대였던 대졸 초임의 넉 달치에 해당하는 거금이었습니다. 2021년 기준 1인당 GNI가 4048만 원이니 지금 가치로는 700만 원 정도였던 셈입니다. 일본에서 '해방둥이'로 태어난 선친은 평탄치 않은 삶을 살아왔지만 가장의 역할에 충실하려 애썼고, 덕분에 저는 전형적인 중산층 가정에서 자랄 수 있었습니다. 본문을 떠올리면 19세기 중반 영국 런던의 부르주아 가정과 1982년 한국 서울의 중산층 가정 그리고 2022년 개발도상국인 베트남의 중산층 가정이 시공을 뛰어넘어 피아노로 연결될 수 있을 것입니다. 서경식 교수보다도 운이 좋았던 셈이죠.

한번 가정을 해봅니다. 만일 5년 전인 1970년 혹은 10년 전인 1965년 태어났더라면 어땠을까 하고요. 아마도 사내아이가 만 7세 무렵부터 피아노 교육을 받을 수 있는 확률은 훨씬 줄었을 것입니다. 저보다 5년, 10년 전에 태어난 이들 중 기타를 제외한 악기를 체계적으로 배운 이는 극소수였으니까요. 최빈국 신세를 벗어나지 못했던 1960년대와 이제 막 경제성장을 통해 북한을 겨우 넘어섰던 1970년대를 거친 한국 자본주의는, 1980년대에는 저달러·저유가·저금리 등 '3저 호황'을 발판 삼아 '아시아의 네 마리 용' 중 하나인 신흥공업국으로 올라서는 '질적 전환'을 이룹니다. 바꿔 말하면 1980년대 초반의 한국 경제보다 발전 정도가 더 낮은 개도국의 어린이들은 그만큼 피아노를 접할 기회가 더 적었을 것이라고 추론할 수 있습니다. 음악과 경제는 서로 이질적으로 보이지만 밀접히 연결되어 있는 까닭입니다.

2.

이 책은 2000년 전후에서 끝납니다. 1997년 동아시아 금융위기와 2008년 글로벌 금융위기, 코로나19 사태 등은 이 책의 범위를 벗어납니다. 21세기 세계 대중음악계에서 가장 강력한 흐름인 K팝도 다루지 않았습니다. 물론 우리 주변에서 벌어지는 사건이나 사안 등에 대한 평가 및 대안 제시는 거의 실시간으로 이뤄져야 합니다. 전문가 집단이나 언론이 이런 역할을 주로 담당합니다. 오류의 가능성을 최소화한 채 사실관계를 전달하고 평가한 뒤, 대안을 모색하는 건 저처럼 저널리즘에 몸담은 이들의 숙명입니다. 그러나 역사적 평가를 하기 위해서는 객관성이 충분히 담보되어야 합니다. 최근 20년간의 경제사와 음악사를 다루지 않은 건, 흔들리지 않는 객관성을 확보할 만큼 '거리두기'가 이뤄졌다고 보기는 어렵지 않을까 싶어서입니다.

다만 한 가지는 짚고 넘어가려 합니다. 쉽게 단언하기는 어렵지만 최근 들어 경제와 음악 양 측면에서 '보수화'가 강하게 진행되고 있는 게 아니냐는 우려를 지울 수 없습니다. 2020년 이후 코로나19 팬데믹에 따라 세계 실물경제는 기존의 부진의 골이 더 깊어진 모양새입니다. 한국을 포함한 세계 각국이 나라 곳간을 열어 팬데믹에 대응한 건 거의 유일한 해결책이었습니다. 그러나 이로 인해 각국 재정은 추가적인 대응 여력이 많이 떨어진 상태입니다. 재정지출 확대로 한국을 포함한 각국의 지니계수 등 분배지표는 일시적으로 개선되었지만 불평등의 확대라는 큰 흐름은 지속되고 있습니다.

여기에 인플레이션이라는 유령이 반세기 만에 다시 소환되었습니다. 확장적 재정정책에 따라 각국의 유동성이 폭발적으로 늘어난

데다 러시아의 우크라이나 침공이라는 돌발 변수까지 더해진 탓입니다. 미국은 이에 금리 인상으로 대응하고 있고, 한국 등 각국은 울며 겨자 먹기로 보폭을 맞추고 있습니다. 문제는 고물가·고금리·고환율 등 3고高 현상에 따라 2008년에 버금갈 '퍼펙트 스톰'이 2023년 이후 가시화될 것이라는 점입니다. 전 세계적으로 자산 불평등이 심각한데다 한국처럼 세제의 소득재분배 효과가 미진한 국가에서는 불황에 따른 피해가 중산층 이하 계층에 집중될 여지가 다분합니다. 중산층의 몰락은 소비의 부진으로, 이는 다시 국가 경제의 부진으로 이어질 가능성이 농후합니다. 한 사회의 결속력을 크게 떨어뜨리면서 사회의 불안정성을 크게 끌어올리기도 합니다. 자칫 '만인의 만인에 대한 투쟁' 상태로 우리 사회를 몰아넣는 결과를 낳을 수 있습니다.

위기 국면에서는 진보적인 목소리보다 보수적인 주장에 힘이 실리기 마련입니다. 앞서 살펴봤듯 1970년대 석유파동 이후 주요 선진국에서 보수 정권이 일제히 들어선 까닭입니다. 미국을 제외한 주요국에서 저출산 기조가 강화된다는 점 역시 보수화의 가능성을 높입니다. 물론 이른바 진보 정부는 보수 정부보다 유능하지 않습니다. 전후 유럽의 번영을 가져온 사회복지제도를 주창한 이들은 진보가 아닌 보수 정당이었습니다. 문제는 과거의 민주화운동 경력이라는 '훈장'만 흔드는 이들이 진보를 자처하듯, 트럼프식 포퓰리즘과 유사한 극우적 세력이 보수를 자처한다는 점입니다. 이들은 교언영색으로 대중을 홀리고 기만합니다. 대표 사례가 감세를 통한 재정건전성 확충입니다. 법인세 인하에 따라 투자가 확대된 실증적인 연구는, 그 반대와 마찬가지로 매우 희박합니다. 1980년대 미국 레이건 정부는 세율이 낮아지면 세수가 높아진다는 '래퍼곡선' 신화에 따라 대규모 감세정책을 펼쳤지만 쌍둥이 적자에 시달려야 했습니다.

블록화의 심화에 따라 세계화의 후퇴가 나타나고 있다는 점 역시 경제 측면에서의 보수화의 뚜렷한 단면입니다. 미국과 중국 등 G2는 경제적 헤게모니를 놓고 '끝장 경쟁'을 시작한 상태입니다. 애덤 스미스 이후 자본주의 경제의 핵심 논리인 국제분업체제 역시 자국우선주의 앞에서는 설 자리가 없습니다. 무역으로 먹고사는 우리 입장에서는 엄연히 맞닥뜨려진 현실입니다. 최근 미국의 급격한 금리인상 역시 그렇습니다. 미국이 1차 세계대전 이후 세계경제의 '최후의 대부자' 역할을 포기해 전 세계를 대공황과 2차 세계대전이라는 구렁텅이에 빠뜨렸다는 킨들버거 함정을 다시 떠올리게 합니다.

음악에서의 보수화의 흐름도 이미 강하게 나타나고 있습니다. 음악 평론가 사이먼 레이놀즈의 논의를 눈여겨볼 필요가 있습니다. 그는 《레트로 마니아》에서 "가까운 과거에 이토록 집착한 사회는 인류사에 없었고, 레트로(복고) 의식이 가장 만연화된 장르는 음악"이라고 지적합니다. 이는 앞서 소개한 록만이 아니라 팝 장르 전반에서 드러나는 현상입니다. 한국에서의 '리메이크 열풍'은 그 단적인 예입니다. 복고 열풍은 앞서 설명한 대로 경제위기와 밀접한 관련을 맺고 있습니다. 레트로 열풍의 시초였던 유로비전 송 콘테스트가 '빛나는 20년'이 뒤안길로 사라질 무렵인 1970년에 시작되었다는 점도 이와 무관치 않습니다. "프랑스에서의 '복고'는 프랑스대혁명 이후 왕정이 '복귀'했던 시기를 말한다. 우리가 바로 그러한 시기에 있다"(마크 피셔, 《자본주의 리얼리즘》)는 프랑스 철학자 알랭 바디우의 말도 떠올릴 필요가 있습니다. 레트로 안에는 과거의 권력과 특권을 회복하고자 하는 특정 움직임이 도사리고 있다는 뜻입니다.

2000년대 들어 새로운 음악 장르는 출현하지 못하고 있습니다. 기존 장르를 비틀거나 음악 아카이브를 뒤져 짜깁기한 음악들만 난무할 뿐입니다. 여기에 우리는 언제든 음악을 유튜브나 스트리밍 서비스로 접할 수 있게 되면서 음악 감상은 더이상 '헌신'의 대상이 아닙니다. 한 순간이라도 지루하면 다른 곡으로 넘어가거나 앞서가기를 할 수 있습니다. 이런 대중음악의 현상을 설명하기 위해 레이놀즈는 문화비평가 마크 피셔와 함께 '혼톨로지Hauntology'라는 용어를 사용합니다. 혼톨로지는 프랑스 철학자 자크 데리다가 처음 쓴 표현입니다. '존재도 비존재도 아니며 현존하는 동시에 부재하는 귀신' 정도로 정의할 수 있죠. 2000년대 초반 영국 뮤지션들은 과거에 대한 노스탤지어를 강화하기 위해 전 세기의 아날로그 음반을 디지털로 편집하고, 아날로그 음반을 재생하는 과정에서 나오는 노이즈를 의도적으로 음향 장치로 이용했습니다. 이는 "원천에 비해 파리하기만 한 영국 백인 중산층 음악을 이어가는 데 그친"《레트로 마니아》), "미래가 서서히 중단된"《자본주의 리얼리즘》) 불임의 음악일 뿐입니다. 알폰소 쿠아론 감독의 2006년작 영화〈칠드런 오브 맨〉에서의 불임의 황량한 풍경이, 실제로는 우리 시대의 경제와 음악의 민낯일지도 모르겠습니다.

3.

유튜브와 함께 음악 애호가들에게 친숙한 사이트는 IMSLPInternational Music Score Library Project입니다. 거의 모든 악보를 무료로 볼 수 있는 사이트죠. 15만여 개 작품의 50만 개 이상의 저작권이 만료된 악보를 접할 수 있습니다. 들어가는 말에서 소개한 《다시, 피아노》에 이런 대목이 등장합니다. 앨런 러스브리저는 쇼팽의 발라드 제1번 G단조 특정 판본을 얻기 위해 IMSLP를 통해 소유자에게 연락하자, 그의 딸로부터 이메일을 받게 됩니다. "아흔 살인 아버지가 쉰다섯에 정년 퇴임한 뒤 뜻을 둔 바는 '가능한 가장 저렴한 비용으로 악보를 널리 보급하고 싶다는 것'뿐이었다. 아마추어 실내악 연주가 얼마나 즐거운 일인지 본인이 직접 느꼈고, 그걸 최대한 많은 사람과 나누고 싶어 하셨다"라는 내용이었습니다.

　섣불리 낙관을 말하기에는, 우리 앞에 놓인 희망이라는 이름의 씨앗은 작고 보잘것없습니다. 적당한 무감함과 적당한 안위, 적당한 합리화를 통해 우리 스스로 씨앗을 갉아먹었을 수 있겠지요. 그럼에도 우리의 후세들에 대한 희망마저 저버릴 수 없습니다. '과거와 현재와의 끊임없는 대화'라는 역사의 오래된 명제를 거쳐 더 바람직한 미래를 모색하는 건, 우리의 의무입니다. 그것이 제가 이 책을 쓰고, 그리고 여러분이 이 책을 읽은 이유이기도 합니다.

　그러므로 우리는 공동체와 사회 그리고 민주공화국의 복원을 꿈꿉니다. 무엇보다 더 나은 자본주의의 미래를 소망합니다. 이는 불임의 허무로부터 벗어나는 길이자, 우리와 후세의 이익을 위해 함께 힘쓸 수 있는 원동력이기 때문입니다. 이제, 한 늙은 경제학자의 제안처럼, "무엇이 잘못되었는가에서 잘못을 어떻게 바로잡을 수 있는가를 이야기"(폴 콜리어, 《자본주의의 미래》) 합시다.

1장 산업자본주의, 부르주아와 '베토벤들'을 낳다

1. 미셸 보, 《미셸 보의 자본주의의 역사 1500~2010》, 뿌리와이파리, 2015, 136쪽.

2. 페르낭 브로델, 《물질문명과 자본주의 1-2》, 까치, 1995, 815쪽.

3. 이매뉴얼 월러스틴, 《근대세계체계 3》, 까치, 2013, 14쪽.

4. 위의 책, 13쪽.

5. 위르겐 오스터함멜, 《대변혁 3》, 한길사, 2021, 1733쪽.

6. 에릭 홉스봄, 《혁명의 시대》, 한길사, 1998, 107쪽.

7. 위르겐 오스터함멜, 앞의 책, 1734쪽.

8. 에릭 홉스봄, 《자본의 시대》, 한길사, 1998, 38쪽.

9. 위르겐 오스터함멜, 앞의 책, 1731쪽.

10. https://www.rug.nl/ggdc/historicaldevelopment/maddison/?lang=en.

11. 로버트 J. 고든, 《미국의 성장은 끝났는가》, 생각의힘, 2017, 20~22쪽.

12. 케네스 포메란츠·스티븐 토픽 《설탕, 커피 그리고 폭력》, 심산, 2021, 77~78쪽.

13. 송병건, 《경제사: 세계화와 세계 경제의 역사》, 해남, 2014, 230~231쪽.

14. 박지향, 《제국의 품격》, 21세기북스, 2018, 71쪽.

15. 닐 포크너, 《좌파 세계사》, 엑스오북스, 2016, 262쪽.

16. 박지향, 앞의 책, 85쪽.

17. 송병건, 앞의 책, 353쪽.

18. 미셸 보, 앞의 책, 182쪽.

19. 이매뉴얼 월러스틴, 앞의 책, 30~31쪽.

20. 찰스 P. 킨들버거, 《경제강대국 흥망사 1500-1990》, 까치, 2004, 213쪽.

21. 칼 마르크스·프리드리히 앵겔스, 《공산당선언》, 책세상, 2002, 23쪽.

22. 에릭 홉스봄, 《혁명의 시대》, 116쪽.

23. 김정운, 〈김정운의 인터밸룸산업혁명은 지식혁명이었다〉, 2018년, 채널예스.

24. 케네스 포메란츠, 《대분기》, 에코리브르, 2016, 77~78쪽.

25. 위의 책, 80~99쪽.

26. 위의 책, 124~126쪽.

27. 위의 책, 129쪽.

28. 위의 책, 131쪽, 133쪽.

29. 위의 책, 425쪽.

30. 위의 책, 444쪽.

31. 조엘 모키르, 《성장의 문화》, 에코리브르, 2018, 408쪽.

32. 위의 책, 432쪽.

33. 로버트 C. 앨런, 《세계경제사》, 고유서가, 2017, 20쪽.

34. 조엘 모키르, 《성장의 문화》, 에코리브르, 2018, 397~398쪽; 케네스 포메란츠, 앞의 책, 104~109쪽.

35. 스벤 베커트, 《면화의 세계》, 휴머니스트, 2018, 24쪽.

36. 스벤 베커트, 앞의 책, 83~84쪽.

37. 위의 책, 97쪽.

38. 위의 책, 107쪽.

39. 김윤경의 클래식 편지, 〈의학신문〉 2019년 7월 15일자 하이든 편.

40. 허영한 외, 《새 들으며 배우는 서양음악사 2》, 심설당, 2009, 33쪽.

41. 위의 책, 27쪽.

42. 도날드 J. 그라우트 외, 《그라우트의 서양음악사 하》, 이앤비플러스, 2009, 61쪽.

43. 베로니카 베치, 《음악과 권력》, 컬처북스, 2009, 97쪽.

44. 최은규, 《교향곡》, 마티, 2017, 98쪽.

45. 노르베르트 엘리아스, 《모차르트, 사회적 초상》, 포노, 2018, 56쪽.

46. 위의 책, 21쪽.

47. 조병선, 《클래식 법정》, 뮤진트리, 2015, 190~192쪽.

48. 고규홍, 《베토벤의 가계부》, 마음산책, 2008, 15쪽.

49. 최은규, 앞의 책, 110쪽.

50. 로이 셔커, 《대중 음악 사전》, 한나래, 2012, 69~71쪽.

51. 리오 휴버먼, 《자본주의 역사 바로 알기》, 책벌레, 2000, 215쪽.

52. 스벤 베커트, 앞의 책, 55~56쪽.

53. 위의 책, 81~82쪽.

54. 이매뉴얼 월러스틴, 앞의 책, 45쪽.

55. E. K. 헌트, 《E. K. 헌트의 경제사상사》, 시대의창, 2015, 121쪽.

56. 스벤 베커트, 《면화의 세계》, 휴머니스트, 2018, 103쪽.

57. 위의 책, 125쪽.

58. 위의 책, 133~135쪽.

59. 닐 포크너, 《좌파 세계사》, 엑스오북스, 2016, 327쪽.

60. 에릭 홉스봄, 《산업과 제국》, 한벗, 1988, 48~49쪽.

61. 김종현, 《경제사》, 경문사, 2010, 293쪽.

62. 로널드 서순, 《불안한 승리》, 뿌리와이파리, 2020, 22쪽.

63. 미셸 보, 앞의 책, 197쪽.

64. 이매뉴얼 월러스틴, 앞의 책, 187쪽.

65. 에릭 홉스봄, 《혁명의 시대》, 142쪽.

66. 에릭 홉스봄, 《산업과 제국》, 85쪽.

67. 홍춘욱, 《50대 사건으로 보는 돈의 역사》, 로크미디어, 2019, 125쪽.

68. 위의 책, 126쪽.

69. 미셸 보, 앞의 책, 176쪽.

70. 에릭 홉스봄, 《자본의 시대》, 117쪽.

71. 위의 책, 131쪽.

72. 에릭 홉스봄, 《혁명의 시대》, 40쪽.

73. 위르겐 오스터함멜, 앞의 책, 1787~1790쪽.

74. 애덤 스미스, 《국부론》, 비봉출판사, 2007, 552~553쪽.

75. E. K. 헌트, 앞의 책, 126쪽.

76. 김광수, 《애덤 스미스》, 한길사, 2015, 72쪽.

77. 위의 책, 74쪽.

78. 위의 책, 78쪽.

79. 조이스 애플비, 《가차 없는 자본주의》, 까치, 2012, 104쪽, 121쪽.

80. 애덤 스미스, 앞의 책, 19쪽.

81. 위의 책, 1쪽.

82. 위의 책, 40쪽.

83. E. K. 헌트, 앞의 책, 139쪽.

84. 위의 책, 145~147쪽.

85. 미셸 보, 앞의 책, 145~146쪽.

86. 애덤 스미스, 앞의 책, 8~9쪽.

87. 에릭 홉스봄, 《혁명의 시대》, 443쪽.

88. T. S 엘리엇, 《사중주 네 편》, 문학과지성사, 2019, 83~84쪽.

89. 에릭 홉스봄, 《혁명의 시대》, 68쪽.

90. 서경식, 《나의 서양음악 순례》, 창비, 2011, 62쪽.

91. 아르놀트 하우저, 《문학과 예술의 사회사 3》, 창비, 2016, 133쪽.

92. 노르베르트 엘리아스, 《모차르트, 사회적 초상》, 포노, 2018, 65쪽.

93. 최유준, "인쇄혁명, '읽는 음악' 시대를 열다", 〈한겨레〉 2017년 3월 31일자.

94. 도널드 서순, 《유럽 문화사 1》, 뿌리와이파리, 2012, 402~403쪽.

95. 위의 책, 404쪽.

96. 사이먼 프리스 외, 《케임브리지 대중 음악의 이해》, 한나래, 2010, 73쪽.

97. 베로니카 베치, 《음악과 권력》, 컬처북스, 2009, 209쪽.

98. 문학수, 《더 클래식 하나》, 돌베개, 2014, 210쪽.

99. 민은기, 《인생교과서 베토벤》, 21세기북스, 2016, 204쪽.

100. 최유준, "혁명적 시민 재현한 베토벤, 지금은 누구를 위해 울리나", 〈한겨레〉 2017년 7월 14일자.

101. 문학수, 《아다지오 소스테누토》, 돌베개, 2013, 87쪽.

102. 피터 키비, 《천재 사로잡힌 자, 사로잡은 자》, 쌤앤파커스, 2010, 237쪽.

103. 도널드 서순, 《유럽 문화사 1》, 419쪽.

104. 민은기 외, 《서양음악사 2》, 음악세계, 2016, 102쪽.

105. 얀 카이에르스, 《베토벤》, 길, 2018, 308쪽.

106. 위의 책, 309~310쪽.

107. 위의 책, 772~777쪽.

108. 해럴드 C. 숀버그, 《위대한 작곡가들의 삶 1》, 클, 2020, 236쪽.

109. 도날드 J. 그라우트 외, 앞의 책, 27쪽.

110. 문학수, 《더 클래식 하나》, 209쪽.

111. 도날드 J. 그라우트 외, 앞의 책, 29쪽.

112. 민은기, 앞의 책, 113쪽.

113. 도날드 J. 그라우트 외, 앞의 책, 30쪽.

114. 로맹 롤랑, 《베토벤의 생애》, 포노, 2020, 92~94쪽.

115. 최은규, 앞의 책, 138쪽.

116. 문학수, 《더 클래식 하나》, 247쪽.

117. 민은기 외, 앞의 책, 105쪽.

118. 도날드 J. 그라우트 외, 앞의 책, 39쪽.

119. 민은기 외, 앞의 책, 115쪽.

120. 최은규, 앞의 책, 165쪽.

121. 김정환, 《내 영혼의 음악》, 청년사, 2001, 187쪽.

122. 민은기 외, 앞의 책, 120쪽.

123. 문학수, 《더 클래식 하나》, 251~253쪽.

124. 에드워드 사이드, 《말년의 양식에 관하여》, 마티, 연도, 32쪽.

125. 위의 책, 29~30쪽.

126. 위의 책, 35~38쪽.

127. 에드워드 사이드, 《경계의 음악》, 봄날의책, 2019, 507~508쪽.

128. 위의 책, 508~509쪽.

129. 위의 책, 2019, 514쪽.

130. 얀 카이에르스, 앞의 책, 754~755쪽.

131. 조병선, 《클래식 법정》, 뮤진트리, 2015, 40~44쪽.

132. 로맹 롤랑, 앞의 책, 71쪽.

133. 니시하라 미노루, 《세계사를 뒤흔든 클래식》, 북뱅, 2016, 187쪽, 207쪽.

134. 로맹 롤랑, 앞의 책, 130쪽.

135. 문학수, 《더 클래식 하나》, 324쪽.

136. 해럴드 C. 숀버그, 앞의 책, 263쪽.

137. 민은기 외, 앞의 책, 142쪽.

138. 최은규, 앞의 책, 187쪽.

139. 문학수, 《더 클래식 하나》, 348쪽.

140. 얀 카이에르스, 앞의 책, 808~809쪽.

141. 윤소영, 《베토벤》, 공감, 1997, 292쪽.

142. 얀 카이에르스, 앞의 책, 10쪽.

143. 해럴드 C. 숀버그, 앞의 책, 265쪽.

144. 와타나베 히로시, 《청중의 탄생》, 강, 2006, 61쪽.

145. 정윤수, 《클래식 시대를 듣다》, 너머북스, 2010, 139쪽.

2장 세계를 통합한 부르주아, 낭만을 노래하다

1. 로버트 J. 고든, 《미국의 성장은 끝났는가》, 생각의힘, 2017, 52쪽.

2. 주강현, "세계박람회 1851~2012", 네이버캐스트 '산업-욕구'와 근대프로젝트인 만국박람회.

3. 조슈아 B. 프리먼,《더 팩토리》, 시공사, 2019, 177~179쪽.

4. 송병건,《경제사: 세계화와 세계 경제의 역사》, 해남, 2014, 395쪽.

5. 에릭 홉스봄,《혁명의 시대》, 한길사, 1998, 548쪽.

6. 앨런 그린스펀·에이드리언 울드리지,《미국 자본주의의 역사》, 세종서적, 2020, 19~23쪽.

7. 로버트 C. 앨런,《세계경제사》, 고유서가, 2017, 116~117쪽.

8. 앨런 그린스펀·에이드리언 울드리지, 앞의 책, 60쪽.

9. 송병건,《경제사: 세계화와 세계 경제의 역사》, 349쪽.

10. 에릭 홉스봄,《자본의 시대》, 한길사, 1998, 299쪽.

11. 홍춘욱,《50대 사건으로 보는 돈의 역사》, 로크미디어, 2019, 155쪽.

12. 도널드 서순,《불안한 승리: 자본주의의 세계사 1860~1914》, 뿌리와이파리, 2020, 384쪽.

13. 위의 책, 380쪽.

14. 에릭 홉스봄,《자본의 시대》, 379쪽.

15. 위의 책, 164쪽.

16. 케네스 포메란츠·스티븐 토픽,《설탕, 커피 그리고 폭력》, 심산, 2021, 282~283쪽.

17. 에릭 홉스봄,《자본의 시대》, 380쪽.

18. 위르겐 오스터함멜,《대변혁 1》, 한길사, 2021, 481쪽.

19. 송병건,《세계화의 풍경들》, 아트북스, 2017, 246쪽.

20. 송병건,《경제사: 세계화와 세계 경제의 역사》, 61쪽.

21. 로버트 J. 고든, 앞의 책, 808쪽.

22. 위의 책, 811쪽.

23. 유재수,《세계를 뒤흔든 경제 대통령들》, 삼성경제연구소, 2013, 65쪽.

24. 위의 책, 84~85쪽.

25. 송병건,《경제사: 세계화와 세계 경제의 역사》, 414쪽.

26. 하워드 진,《미국민중사 1》, 이후, 2006, 55쪽.

27. 위의 책, 43쪽.

28. 조일준,《이주하는 인간 호모 미그란스》, 푸른역사, 2016, 124쪽.

29. 〈연합뉴스〉 2월 1일자 "유럽의 아메리카 식민지화, 원주민 대거 사망→기후변화 초래".

30. 위의 책, 126쪽.

31. 하워드 진, 앞의 책, 58쪽.

32. 주경철,《바다인류》, 휴머니스트, 2022, 537쪽.

33. 케네스 포메란츠·스티븐 토픽, 앞의 책, 359쪽.

34. 주경철, 앞의 책, 537쪽.

35. 하워드 진, 앞의 책, 66쪽.

36. 주경철, 앞의 책, 553~554쪽.

37. 에릭 홉스봄,《혁명의 시대》, 115쪽.

38. 스벤 베커트,《면화의 세계》, 휴머니스트, 2018, 203쪽.

39. 케네스 포메란츠·스티븐 토픽, 앞의 책, 358쪽.

40. 스벤 베커트, 앞의 책, 178~187쪽.

41. 위르겐 오스터함멜,《대변혁 1》, 한길사, 2021, 430~431쪽.

42. 하워드 진, 앞의 책, 56쪽.

43. 홍춘욱, 앞의 책, 262쪽.

44. 송병건,《경제사: 세계화와 세계 경제의 역사》, 395쪽.

45. 위의 책, 402~403쪽.

46. 에릭 홉스봄,《혁명의 시대》, 339쪽.

47. 에릭 홉스봄,《자본의 시대》, 136쪽.

48. 찰스 P. 킨들버거,《경제강대국 흥망사 1500-1990》, 까치, 2005, 182쪽.

49. 에릭 홉스봄,《혁명의 시대》, 54쪽.

50. 찰스 P. 킨들버거, 앞의 책, 173쪽.

51. 니시하라 미노루,《클래식을 뒤흔든 세계사》, 북뱅, 2016, 180쪽.

52. 네이버 지식백과 맑스사전, 비더마이어 시대 https://terms.naver.com/entry.naver?docId
    =1690985&cid=41908&categoryId=41930.

53. 아르놀트 하우저,《문학과 예술의 사회사 3》, 창비, 2016, 276쪽.

54. 에릭 홉스봄,《혁명의 시대》, 58쪽.

55. 위의 책, 204쪽.

56. 아르놀트 하우저, 앞의 책, 354쪽.

57. 위의 책, 135쪽.

58. 진은숙,《클래식 오디세이》, 청아출판사, 2014, 210쪽.

59. 니시하라 미노루, 앞의 책, 181쪽.

60. 최유준,《조율과 공명》, 길, 2018, 153쪽.

61. 도날드 J. 그라우트 외,《그라우트의 서양음악사 하》, 이앤비플러스, 2007, 83~84쪽.

62. 도널드 서순,《유럽 문화사 2》, 뿌리와이파리, 2012, 386~387쪽.

63. 김호기, "포스트트루스 시대와 한국 민주주의",〈경향신문〉 2020년 2월 19일자.

64. 와타나베 히로시,《청중의 탄생》, 강, 2006, 28쪽.

65. 사이먼 프리스 외,《케임브리지 대중 음악의 이해》, 한나래, 2010, 112쪽.

66. 정윤수,《클래식 시대를 듣다》, 너머북스, 2010, 98쪽.

67. 와타나베 히로시,《청중의 탄생》, 23~24쪽.

68. 앤드루 후스,《교향곡과의 만남》, 포노, 2013, 50~51쪽.

69. 도날드 J. 그라우트 외, 앞의 책, 86쪽.

70. 도널드 서순,《유럽 문화사 2》, 394쪽.

71. 위의 책, 396쪽.

72. 에릭 홉스봄,《자본의 시대》, 536쪽.

73. 도날드 J. 그라우트 외, 앞의 책, 52쪽.

74. 니시하라 미노루, 앞의 책, 249쪽.

75. 도널드 서순,《유럽 문화사 3》, 뿌리와이파리, 2012, 312~313쪽.

76. 민은기 외,《서양음악사 2》, 음악세계, 2016, 168쪽.

77. 도날드 J. 그라우트 외, 앞의 책, 50쪽.

78. 해럴드 C. 숀버그,《위대한 작곡가들의 삶 1》, 클, 2020, 280쪽.

79. 위의 책, 269쪽.

80. 민은기 외, 앞의 책, 150쪽.

81. 손열음,《하노버에서 온 음악 편지》, 중앙북스, 2015, 50~51쪽.

82. 문학수,《아다지오 소스테누토》, 돌베개, 2013, 83~84쪽.

83. 김정환,《내 영혼의 음악》, 청년사, 2001, 359쪽.

84. 도날드 J. 그라우트 외, 앞의 책, 87쪽.

85. 앤드루 후스,《교향곡과의 만남》, 포노, 2013, 37쪽.

86. 민은기 외, 앞의 책, 190쪽.

87. 해럴드 C. 숀버그, 앞의 책, 295쪽.

88. 쥘 베른,《80일간의 세계일주》, 열림원, 2003, 28쪽.

89. 양동휴,《세계화의 역사적 조망》, 서울대학교출판문화원, 2012, 3쪽.

90. 에릭 홉스봄,《자본의 시대》, 146쪽.

91. 양동휴, 앞의 책, 7쪽.

92. 에릭 홉스봄,《혁명의 시대》, 130~131쪽.

93. 박흥수,《달리는 기차에서 본 세계》, 후마니타스, 2015, 60~64쪽.

94. 위의 책, 99~101쪽.

95. 크리스티안 윌마,《철도의 세계사》, 다시봄, 2019, 28쪽, 347쪽.

96. 위의 책, 52쪽.

97. 에릭 홉스봄,《혁명의 시대》, 132쪽.

98. 에릭 홉스봄,《자본의 시대》, 133쪽.

99. 박흥수, 앞의 책, 255~258쪽.

100. 앨런 그린스펀·에이드리언 올드리지,《미국 자본주의의 역사》, 세종서적, 2020, 116쪽.

101. 송병건,《경제사: 세계화와 세계 경제의 역사》, 478쪽.

102. 박흥수, 앞의 책, 261쪽.

103. 에릭 홉스봄,《자본의 시대》, 152~153쪽.

104. 크리스티안 윌마, 앞의 책, 338쪽.

105. 박홍수, 앞의 책, 156~160쪽.

106. 주경철, 《바다인류》, 휴머니스트, 2022, 620쪽.

107. 위의 책, 664쪽.

108. 에릭 홉스봄, 《자본의 시대》, 158쪽.

109. 송병건, 《세계화의 풍경들》, 240쪽.

110. 로버트 J. 고든, 앞의 책, 277쪽.

111. 도널드 서순, 《유럽문화사 3》, 14쪽.

112. 송병건, 《경제사: 세계화와 세계 경제의 역사》, 446쪽.

113. 위의 책, 448쪽.

114. 문학수, 《더 클래식 둘》, 돌베개, 2015 152쪽.

115. 해럴드 C. 숀버그, 앞의 책, 478쪽.

116. 민은기 외, 《서양음악사 2》, 음악세계, 2016, 192쪽.

117. 최은규, 《교향곡》, 마티, 2017, 214쪽.

118. 문학수, 《더 클래식 둘》, 131쪽.

119. 해럴드 C. 숀버그, 앞의 책, 392쪽.

120. 도날드 J. 그라우트 외, 앞의 책, 65쪽.

121. 민은기 외, 앞의 책, 160쪽.

122. 최은규, 앞의 책, 231쪽.

123. 해럴드 C. 숀버그, 앞의 책, 403쪽.

124. 문학수, 《더 클래식 둘》, 137쪽.

125. 민은기 외, 앞의 책, 214쪽.

126. 위의 책, 410쪽.

127. 민은기 외, 앞의 책, 201쪽.

128. 위의 책, 421~422쪽.

129. 도날드 J. 그라우트 외, 앞의 책, 76쪽.

130. 최유준, "민족음악엔 민중의 국제적 연대가 담겼다", 〈한겨레〉 2017년 8월 18일자.

131. 해럴드 C. 숀버그, 앞의 책, 443쪽.

132. 도널드 서순, 《유럽문화사 2》, 424~425쪽.

133. 도날드 J. 그라우트 외, 앞의 책, 109쪽.

134. 도널드 서순, 《유럽문화사 1》, 뿌리와이파리, 2012, 498~499쪽.

135. 해럴드 C. 숀버그, 《위대한 작곡가들의 삶 2》, 클, 2020, 9쪽.

136. 도날드 J. 그라우트 외, 앞의 책, 113쪽.

137. 해럴드 C. 숀버그, 《위대한 작곡가들의 삶 2》, 19~20쪽.

3장 자본주의에 드리운 유령, 불황

1. 조반니 아리기, 《장기 20세기》, 그린비, 2014, 290쪽.

2. 마이클 로버츠, 《장기불황》, 연암서가, 2017, 41쪽.

3. 위의 책, 44쪽.

4. 닐 포크너, 《좌파 세계사》, 엑스오북스, 2016, 408쪽.

5. 찰스 P. 킨들버거, 《광기, 패닉, 붕괴: 금융위기의 역사》, 굿모닝북스, 2006, 229쪽.

6. 위의 책, 229쪽.

7. 닐 포크너, 《좌파 세계사》, 엑스오북스, 2016, 408쪽.

8. 에릭 홉스봄, 《자본의 시대》, 한길사, 1998, 141쪽.

9. 마이클 로버츠, 앞의 책, 79쪽.

10. 에릭 홉스봄, 《제국의 시대》, 한길사, 1998, 126쪽.

11. 윌리엄 번스타인, 《부의 탄생》, 시아, 2017, 228쪽.

12. 에릭 홉스봄, 《제국의 시대》, 146쪽.

13. 위의 책, 138쪽.

14. 위의 책, 145쪽.

15. 위의 책, 121쪽.

16. 미셸 보, 《미셸 보의 자본주의의 역사 1500~2010》, 뿌리와이파리, 2015, 247쪽.

17. 에릭 홉스봄, 《제국의 시대》, 122쪽.

18. 지오바니 아리기 외, 《체계론으로 보는 세계사》, 모티브북, 2008, 117쪽.

19. 칼 폴라니, 《거대한 전환》, 길, 2009, 498쪽.

20. 에릭 홉스봄, 《제국의 시대》, 169쪽.

21. 위의 책, 174쪽.

22. 위의 책, 293쪽.

23. 위르겐 오스터함멜, 《대변혁 2》, 한길사, 2021, 1113~1114쪽.

24. 임지현, 《희생자의식 민족주의》, 휴머니스트, 2021, 23~24쪽.

25. David Landes, 《The Unbound Prometheus》, Cambridge University Press, 1969, 241쪽.

26. 박호성, 《노동운동과 민족운동》, 역사비평사, 1994, 206쪽.

27. 노먼 레브레히트, 《클래식, 그 은밀한 삶과 치욕스런 죽음》, 마티, 2009, 344쪽.

28. 도널드 서순, 《유럽문화사 3》, 뿌리와이파리, 2012, 295쪽.

29. 박호성, 앞의 책, 213~217쪽.

30. 도널드 J. 그라우트 외, 《그라우트의 서양음악사 하》, 이앤비플러스, 2007, 132쪽.

31. 도널드 서순, 《유럽문화사 3》, 295쪽.

32. 도널드 J. 그라우트 외, 앞의 책, 133쪽.

33. 해럴드 C. 숀버그, 《위대한 작곡가들의 삶 2》, 클, 2020, 85쪽.

34. 도널드 서순, 《유럽문화사 2》, 뿌리와이파리, 2012, 458~460쪽.

35. 도날드 J. 그라우트 외, 앞의 책, 138쪽.

36. 해럴드 C. 숀버그, 《위대한 작곡가들의 삶 2》, 클, 2020, 457쪽.

37. 도널드 서순, 《유럽문화사 3》, 301쪽.

38. 해럴드 C. 숀버그, 《위대한 작곡가들의 삶 2》, 클, 2020, 373쪽.

39. 민은기 외, 《서양음악사 2》, 음악세계, 2016, 304쪽.

40. 해럴드 C. 숀버그, 《위대한 작곡가들의 삶 2》, 클, 2020, 375쪽.

41. 유윤종, 《클래식, 비밀과 거짓말》, 을유문화사, 2019, 277쪽.

42. 해럴드 C. 숀버그, 《위대한 작곡가들의 삶 2》, 클, 2020, 186쪽.

43. 최은규, 《교향곡》, 마티, 2017, 407쪽.

44. 해럴드 C. 숀버그, 《위대한 작곡가들의 삶 2》, 클, 2020, 382쪽.

45. 알렉스 로스, 《나머지는 소음이다》, 21세기북스, 2010, 193쪽.

46. 도날드 J. 그라우트 외, 앞의 책, 192쪽.

47. 진회숙, 《클래식 오디세이》, 청아출판사, 2014, 76쪽.

48. 민은기 외, 앞의 책, 307쪽.

49. 위르겐 오스터함멜, 《대변혁 3》, 한길사, 2021, 1872~1873쪽.

50. 도날드 J. 그라우트 외, 앞의 책, 150쪽.

51. 최은규, 앞의 책, 360쪽.

52. 위의 책, 362쪽, 369쪽.

53. 도날드 J. 그라우트 외, 앞의 책, 151쪽.

54. 해럴드 C. 숀버그, 《위대한 작곡가들의 삶 2》, 클, 2020, 365쪽.

55. 최은규, 앞의 책, 370쪽.

56. 해럴드 C. 숀버그, 《위대한 작곡가들의 삶 2》, 클, 2020, 342쪽.

57. 위의 책, 343쪽.

58. 최은규, 앞의 책, 394쪽.

59. 위의 책, 371~372쪽.

60. 민은기 외, 앞의 책, 241쪽.

61. 조병선, 《클래식 법정》, 뮤진트리, 2015, 75쪽.

62. 문학수, 《더 클래식 둘》, 돌베개, 2015, 323쪽.

63. 조병선, 앞의 책, 78쪽.

64. 도널드 서순, 《불안한 승리: 자본주의의 세계사 1860~1914》, 뿌리와이파리, 2020, 32쪽.

65. 리오 휴버먼, 《자본주의 역사 바로 알기》, 책벌레, 2000, 237쪽.

66. 에릭 홉스봄, 《혁명의 시대》, 한길사, 1998, 245쪽.

67. 에릭 홉스봄, 《자본의 시대》, 75쪽.

68. 칼 마르크스·프리드리히 엥겔스, 《공산당선언》, 책세상, 2002, 15쪽, 34쪽.

69. 위의 책, 64~65쪽.

70. 에릭 홉스봄, 《자본의 시대》, 84쪽.

71. 토마 피케티, 《21세기 자본》, 글항아리, 2013, 271쪽.

72. 위의 책, 17쪽.

73. 에릭 홉스봄, 《자본의 시대》, 85쪽.

74. 위의 책, 119쪽.

75. 아르놀트 하우저, 《문학과 예술의 사회사 4》, 창비, 2016, 95쪽.

76. 에릭 홉스봄, 《자본의 시대》, 322쪽.

77. 위의 책, 252쪽.

78. 도널드 서순, 《불안한 승리: 자본주의의 세계사 1860~1914》, 뿌리와이파리, 2020, 305쪽.

79. 칼 마르크스, 《경제학 노트》, 이론과실천, 1988, 11쪽.

80. 위의 책, 16쪽.

81. 위의 책, 34~35쪽.

82. E. K. 헌트, 《E. K. 헌트의 경제사상사》, 시대의창, 2015, 489~498쪽.

83. 김영한 외, 《서양의 지적 운동 2》, 지식산업사, 2002, 440쪽.

84. E. K. 헌트, 앞의 책, 501쪽.

85. 카를 마르크스, 《자본론 1》, 비봉출판사, 2005, 1049~1050쪽.

86. 다니엘 리비에르, 《프랑스의 역사》, 까치, 1995, 333쪽.

87. 에릭 홉스봄, 《자본의 시대》, 340쪽.

88. 다니엘 리비에르, 앞의 책, 335쪽.

89. 에릭 홉스봄, 《자본의 시대》, 247쪽.

90. 김진우, "1871년 프랑스 정부군 파리 진격". 〈경향신문〉 2009년 5월 21일자.

91. 디트릭 올로, 《독일 현대사》, 미지북스, 2019, 64~65쪽.

92. 장석준, 《세계 진보정당 운동사》, 서해문집, 2019, 45쪽.

93. 박상익, 《나의 서양사 편력 2》, 푸른역사, 2014, 49쪽.

94. 디트릭 올로, 앞의 책, 67~69쪽.

95. 장석준, 앞의 책, 50쪽.

96. 위의 책, 60쪽.

97. 로자 룩셈부르크, 《사회 개혁이냐 혁명이냐》, 책세상, 2002, 55쪽, 괄호 표시는 1908년 수정본에서 추가된 내용.

98. 장석준, 앞의 책, 70쪽.

99. 임진모, 《팝, 경제를 노래하다》, 아트북스, 2014, 22쪽.

100. 최우성,《동화경제사》, 인물과사상사, 2018, 109쪽.

101. 김동욱,《세계사 속 경제사》, 글항아리, 2015, 359쪽.

102. 위르겐 오스터함멜,《대변혁 3》, 한길사, 2021, 1952~1953쪽.

103. 최우성, 앞의 책, 103~104쪽.

104. 앨런 그린스펀·에이드리언 올드리지,《미국 자본주의의 역사》, 세종서적, 2020, 185~187쪽.

105. 최우성, 앞의 책, 113쪽, 117쪽.

106. 칼 폴라니,《거대한 전환》, 길, 2009, 49쪽.

107. 위의 책, 50쪽.

108. 오해수,《인간 바그너》, 풍월당, 2019, 447~448쪽.

109. 민은기 외, 앞의 책, 218쪽.

110. 에드워드 사이드,《경계의 음악》, 봄날의책, 2019, 494쪽.

111. 해럴드 C. 숀버그, 앞의 책, 117~118쪽.

112. 에드워드 사이드, 앞의 책, 488쪽.

113. 민은기 외, 앞의 책, 283쪽.

114. 알렉스 로스,《나머지는 소음이다》, 21세기북스, 2010, 28쪽.

115. 해럴드 C. 숀버그,《위대한 작곡가들의 삶 2》, 클, 2020, 150~151쪽.

116. 도날드 J. 그라우트 외, 앞의 책, 141쪽.

117. 최은규,《교향곡》, 마티, 2017, 253쪽.

118. 최유준, "브람스도 바그너도 독일 민족음악 벗어나지 못했다", 〈한겨레〉 2017년 7월 28
    일자.

119. 도날드 J. 그라우트 외, 앞의 책, 143쪽.

120. 해럴드 C. 숀버그,《위대한 작곡가들의 삶 2》, 클, 2020, 160~161쪽.

121. 알렉스 로스, 앞의 책, 29쪽.

122. 베로니카 베치,《음악과 권력》, 컬처북스, 2009, 349쪽.

123. 알렉스 로스, 앞의 책, 31쪽.

124. 문학수,《아다지오 소스테누토》, 돌베개, 2013, 121쪽.

125. 베로니카 베치, 앞의 책, 475쪽.

126. 에드워드 사이드,《경계의 음악》, 봄날의책, 2019, 489~490쪽.

127. 위의 책, 489쪽.

128. 위의 책, 498쪽.

129. 문학수,《더 클래식 둘》, 돌베개, 2015, 184쪽.

130. 해럴드 C. 숀버그,《위대한 작곡가들의 삶 2》, 클, 2020, 165~166쪽.

131. 위의 책, 169~171쪽.

132. 최은규, 앞의 책, 270~271쪽.

133. 문학수, 《더 클래식 둘》, 돌베개, 2015, 187쪽.

134. 해럴드 C. 숀버그, 《위대한 작곡가들의 삶 2》, 클, 2020, 180쪽.

135. 문학수, 《아다지오 소스테누토》, 돌베개, 2013, 136쪽.

136. 위의 책, 143쪽.

137. 도날드 J. 그라우트 외, 앞의 책, 168쪽.

138. 최은규, 앞의 책, 281~282쪽.

139. 민은기 외, 앞의 책, 236쪽.

140. 도날드 J. 그라우트 외, 앞의 책, 168쪽.

141. 최은규, 앞의 책, 304쪽.

142. 도날드 J. 그라우트 외, 앞의 책, 170쪽.

143. 최은규, 앞의 책, 303쪽.

144. 위의 책, 290쪽.

145. 해럴드 C. 숀버그, 《위대한 작곡가들의 삶 2》, 클, 2020, 195쪽.

146. 민은기 외, 앞의 책, 165쪽.

147. 해럴드 C. 숀버그, 《위대한 작곡가들의 삶 2》, 클, 2020, 188쪽.

148. 문학수, 《더 클래식 둘》, 돌베개, 2015, 293쪽.

149. 볼프강 쉬벨부시, 《기호품의 역사》, 한마당, 2000, 189쪽.

150. 케네스 포메란츠, 스티븐 토픽, 앞의 책, 199~201쪽.

151. 위의 책, 202쪽.

152. 로버트 하일브로너·윌리엄 밀버그, 《자본주의 어디서 와서 어디로 가는가》, 미지북스, 2016, 225쪽.

153. 에릭 홉스봄, 《자본의 시대》, 411~422쪽.

154. 로버트 하일브로너·윌리엄 밀버그, 앞의 책, 233~235쪽.

155. 도널드 서순, 《불안한 승리: 자본주의의 세계사 1860~1914》, 399쪽.

156. 에릭 홉스봄, 《제국의 시대》, 490쪽.

157. 칼 쇼르스케, 《세기말 빈》, 글항아리, 2014, 558쪽.

158. 서경식, 《나의 서양음악 순례》, 창비, 2011, 268쪽.

159. 문학수, 《아다지오 소스테누토》, 돌베개, 2013, 160쪽.

160. 칼 쇼르스케, 앞의 책, 558쪽.

161. 옌스 말테 피셔, 《구스타프 말러 1》, 을유문화사, 2018, 332쪽.

162. 위의 책, 205쪽.

163. 서경식, 앞의 책, 243~244쪽.

164. 앨런 재닉·스티븐 툴민, 《비트겐슈타인과 세기말 빈》, 필로소픽, 2013, 46~47쪽.

165. 칼 쇼르스케, 앞의 책, 30쪽.

166. 위의 책, 386쪽.

167. 서경식, 앞의 책, 272쪽.

168. 베로니카 베치, 앞의 책, 352쪽.

169. 서경식, 《시대의 증언자 쁘리모 레비를 찾아서》, 창비, 2006, 29쪽.

170. 최은규, 《교향곡》, 마티, 2017, 439쪽.

171. 위의 책, 440쪽.

172. 칼 쇼르스케, 앞의 책, 51쪽.

173. 옌스 말테 피셔, 《구스타프 말러 2》, 을유문화사, 2018, 742쪽.

174. 위의 책, 768~769쪽.

175. 위의 책, 715~749쪽.

176. 알렉스 로스, 앞의 책, 42쪽.

177. 위의 책, 47쪽.

178. 위의 책, 41쪽.

179. 위의 책, 49쪽.

180. 최유준, "부르주아 문화에 저항하는 보헤미안 음악가의 탄생", 〈한겨레〉 2017년 9월 15일자.

181. 도날드 J. 그라우트 외, 앞의 책, 221쪽.

182. 민은기 외, 앞의 책, 312쪽.

183. 최은규, 앞의 책, 444~445쪽.

184. 문학수, 《더 클래식 셋》, 33~34쪽.

185. 김영한 외, 앞의 책, 609~610쪽.

186. 이리에 아키라, 《20세기의 전쟁과 평화》, 연암서가, 2016, 46쪽.

187. E. K. 헌트, 앞의 책, 494쪽.

188. 박호성, 《노동운동과 민족운동》, 역사비평사, 1994, 148쪽.

189. 이갑영, 《로자 룩셈부르크의 재인식을 위하여》, 한울, 1993, 230쪽.

190. E. K. 헌트, 앞의 책, 727쪽.

191. 위의 책, 730쪽.

192. 이갑영, 앞의 책, 263쪽.

193. 이삼성, 《20세기의 문명과 야만》, 한길사, 1998, 424쪽.

194. 김영한 외, 앞의 책, 619쪽.

195. 이삼성, 앞의 책, 404~405쪽.

196. 위의 책, 406쪽.

197. V. I. 레닌, 《제국주의론》, 백산서당, 1986, 127쪽.

198. 위의 책, 156~157쪽.

199. 위의 책, 132쪽.

200. 이삼성, 앞의 책, 413쪽.

201. E. K. 헌트, 앞의 책, 746~747쪽.

4장 '야만'의 시대, 그 속에서 울려 퍼진 재즈와 모더니즘음악

1. 루드비히 비트겐슈타인, 《전쟁 일기》, 인다, 2016, 68쪽, 387쪽.

2. 이리에 아키라, 《20세기의 전쟁과 평화》, 연암서가, 2016, 25쪽.

3. 위의 책, 47쪽.

4. 김정섭, 《낙엽이 지기 전에》, MID, 2017, 20쪽.

5. 에릭 홉스봄, 《제국의 시대》, 한길사, 1998, 284쪽.

6. 김정섭, 앞의 책, 19쪽.

7. 닐 포크너, 《좌파 세계사》, 엑스오북스, 2016, 453~454쪽.

8. 에릭 홉스봄, 《극단의 시대》, 까치, 2009, 43~44쪽.

9. 도널드 서순, 《유럽 문화사 3》, 뿌리와이파리, 2012, 37쪽.

10. 에릭 홉스봄, 《제국의 시대》, 61쪽.

11. 위의 책, 62쪽.

12. 에릭 홉스봄, 《극단의 시대》, 44쪽.

13. 양동휴, 《20세기 경제사》, 일조각, 2009, 38쪽.

14. 로버트 L. 하일브로너·윌리엄 밀버그, 《자본주의 어디서 와서 어디로 가는가》, 미지북스, 2016, 258쪽.

15. 주경철, 《바다인류》, 휴머니스트, 2022, 768~770쪽.

16. 송병건, 《경제사: 세계화와 세계 경제의 역사》, 해남, 2014, 527쪽.

17. 홍춘욱, 《50대 사건으로 보는 돈의 역사》, 로크미디어, 2019, 174쪽.

18. 찰스 P. 킨들버거, 《광기, 패닉, 붕괴: 금융위기의 역사》, 굿모닝북스, 2006, 41쪽.

19. 찰스 P. 킨들버거, 《대공황의 세계 1929-1939》, 굿모닝북스, 2018, 400쪽.

20. 위의 책, 410쪽.

21. 존 스타인벡, 《분노의 포도 1》, 민음사, 2008, 255쪽.

22. 찰스 P. 킨들버거, 《대공황의 세계 1929-1939》, 83쪽.

23. 위의 책, 150쪽.

24. 홍춘욱, 앞의 책, 181쪽.

25. 찰스 P. 킨들버거, 《대공황의 세계 1929-1939》, 150쪽.

26. 로버트 L. 하일브로너·윌리엄 밀버그, 앞의 책, 261쪽.

27. 홍춘욱, 앞의 책, 179쪽.

28. 닐 포크너, 앞의 책, 539쪽.

29. 양동휴, 《1930년대 세계 대공황 연구》, 서울대학교출판부, 2000, 121쪽.

30. 앨런 그린스펀·에이드리언 올드리지, 《미국 자본주의의 역사》, 세종서적, 2020, 268쪽.

31. 위의 책, 270쪽.

32. E. K. 헌트, 《E. K. 헌트의 경제사상사》, 시대의창, 2015, 812쪽.

33. 찰스 P. 킨들버거, 《대공황의 세계 1929-1939》, 139쪽.

34. 송병건, 앞의 책, 536쪽.

35. 위의 책, 537쪽.

36. 양동휴, 《20세기 경제사》, 35쪽.

37. 찰스 P. 킨들버거, 《대공황의 세계 1929-1939》, 95~96쪽.

38. 위의 책, 399쪽.

39. 로버트 L. 하일브로너·윌리엄 밀버그, 앞의 책, 272~273쪽.

40. 찰스 P. 킨들버거, 《대공황의 세계 1929-1939》, 148쪽.

41. 로버트 실러, 《내러티브 경제학》, 알에이치코리아, 2021, 212쪽.

42. 위의 책, 213~214쪽.

43. 송병건, 앞의 책, 540쪽.

44. 양동휴, 《20세기 경제사》, 19쪽.

45. 로버트 L. 하일브로너·윌리엄 밀버그, 앞의 책, 279쪽.

46. 이리에 아키라, 앞의 책, 126쪽.

47. 위의 책, 132쪽.

48. 노먼 레브레히트, 《클래식, 그 은밀한 삶과 치욕스런 죽음》, 마티, 2009, 17~18쪽.

49. 와타나베 히로시, 《청중의 탄생》, 강, 2006, 82쪽.

50. 사이먼 프리스 외, 《케임브리지 대중 음악의 이해》, 한나래, 2010, 74쪽.

51. 도널드 서순, 《유럽 문화사 3》, 319쪽.

52. 위의 책, 320쪽.

53. 노먼 레브레히트, 앞의 책, 24쪽.

54. 로버트 J. 고든, 《미국의 성장은 끝났는가》, 생각의힘, 2017, 273쪽.

55. 도널드 서순, 《유럽 문화사 3》, 324쪽.

56. 로버트 J. 고든, 앞의 책, 273쪽.

57. 도널드 서순, 《유럽 문화사 3》, 335쪽.

58. 노먼 레브레히트, 앞의 책, 27쪽.

59. 도널드 서순, 《유럽 문화사 4》, 뿌리와이파리, 2012, 440~441쪽.

60. 로버트 J. 고든, 앞의 책, 278~279쪽.

61. 도널드 서순, 《유럽 문화사 4》, 443쪽.

62. 로버트 J. 고든, 앞의 책, 280쪽.

63. 에릭 홉스봄, 《극단의 시대》, 278쪽.

64. 도널드 서순, 《유럽 문화사 4》, 467~468쪽.

65. 강헌, 《전복과 반전의 순간 Vol. 1》, 돌베개, 2015, 18쪽.

66. 도날드 J. 그라우트 외, 《그라우트의 서양음악사 하》, 이앤비플러스, 2007, 201쪽.

67. 요아힘 E. 베렌트, 《재즈북》, 자음과모음, 2012, 297쪽.

68. 강헌, 앞의 책, 24쪽.

69. 남무성, 《재즈 잇 업》, 서해문집, 연도, 32쪽.

70. 요아힘 E. 베렌트, 앞의 책, 36쪽.

71. 존 스웨드, 《재즈 오디세이》, 바세, 2011, 36쪽.

72. 강헌, 앞의 책, 24쪽.

73. 요아힘 E. 베렌트, 앞의 책, 8쪽.

74. 위의 책, 30쪽.

75. 도널드 서순, 《유럽 문화사 3》, 292쪽.

76. 요아힘 E. 베렌트, 앞의 책, 35쪽.

77. 사이먼 프리스 외, 앞의 책, 75쪽.

78. 강헌, 앞의 책, 42쪽.

79. 요아힘 E. 베렌트, 앞의 책, 40쪽.

80. 존 스웨드, 앞의 책, 139쪽.

81. 강헌, 앞의 책, 38쪽.

82. 위의 책, 48쪽.

83. 요아힘 E. 베렌트, 앞의 책, 41쪽.

84. 래리 스타·크리스토퍼 워터먼, 《미국 대중음악》, 한울, 2021, 181~182쪽.

85. 위의 책, 171쪽.

86. 요아힘 E. 베렌트, 앞의 책, 43쪽.

87. 남무성, 앞의 책, 60쪽.

88. 존 스웨드, 앞의 책, 175쪽.

89. 에릭 홉스봄, 《재즈, 평범한 사람들의 비범한 음악》, 포노, 2014, 132~134쪽.

90. 토니 주트, 《전후 유럽 1945~2005 1》, 열린책들, 2019, 623쪽.

91. 앨런 그린스펀·에이드리언 올드리지, 앞의 책, 282쪽.

92. 위의 책, 290쪽.

93. 실비아 나사르, 《사람을 위한 경제학》, 반비, 2013, 370~372쪽.

94. 찰스 P. 킨들버거, 《대공황의 세계 1929-1939》, 38쪽.

95. 위의 책, 53쪽.

96. 실비아 나사르, 앞의 책, 464~465쪽.

97. 위의 책, 832쪽.

98. E. K. 헌트, 앞의 책, 830~831쪽.

99. 실비아 나사르, 앞의 책, 496쪽.

100. E. K. 헌트, 앞의 책, 837쪽.

101. 위의 책, 814쪽.

102. 위의 책, 853쪽.

103. 앨런 그린스펀·에이드리언 올드리지, 앞의 책, 290~291쪽.

104. 로버트 L. 하일브로너·윌리엄 밀버그, 앞의 책, 305쪽.

105. 양동휴, 《20세기 경제사》, 60~61쪽.

106. 찰스 P. 킨들버거, 《대공황의 세계 1929-1939》, 373~375쪽.

107. E. K. 헌트, 앞의 책, 837쪽.

108. 해럴드 C. 숀버그, 《위대한 작곡가들의 삶 3》, 클, 2021, 107~108쪽에서 재인용.

109. 위의 책, 333쪽.

110. 민은기 외, 《서양음악사 2》, 음악세계, 2016, 325~326쪽.

111. 위의 책, 360쪽.

112. 최유준, "다른 혹성에서 불어오는 바람, 쇤베르크의 무조음악", 〈한겨레〉 2017년 10월 25일자.

113. Th. W. 아도르노, 《신음악의 철학》, 세창출판사, 2012, 273쪽.

114. 아르놀트 하우저, 《문학과 예술의 사회사 4》, 창비, 2016, 259쪽.

115. 위의 책, 257쪽.

116. 민은기 외, 앞의 책, 343쪽.

117. 해럴드 C. 숀버그, 앞의 책, 46쪽.

118. 도날드 J. 그라우트 외, 앞의 책, 229쪽.

119. 해럴드 C. 숀버그, 앞의 책, 72쪽.

120. 폴 그리피스, 《현대음악사》, 이화여자대학교출판부, 1994, 3쪽.

121. 민은기 외, 앞의 책, 348쪽.

122. 해럴드 C. 숀버그, 앞의 책, 53~54쪽.

123. 문학수, 《더 클래식 셋》, 돌베개, 2016, 43쪽.

124. 폴 그리피스, 앞의 책, 5쪽.

125. 문학수, 앞의 책, 93쪽.

126. 해럴드 C. 숀버그, 앞의 책, 70쪽.

127. 위의 책, 72쪽.

128. 나무위키, 벡사시옹.

129. 문학수, 앞의 책, 105쪽.

130. 해럴드 C. 숀버그, 앞의 책, 51쪽.

131. 도날드 J. 그라우트 외, 앞의 책, 246쪽.

132. 해럴드 C. 숀버그, 앞의 책, 51쪽.

133. 문학수, 앞의 책, 115쪽.

134. 알렉스 로스, 《나머지는 소음이다》, 21세기북스, 2010, 90쪽.

135. 해럴드 C. 숀버그, 앞의 책, 334쪽.

136. 폴 그리피스, 앞의 책, 23~24쪽.

137. 해럴드 C. 숀버그, 앞의 책, 340쪽.

138. 알렉스 로스, 앞의 책, 99~100쪽.

139. 폴 그리피스, 앞의 책, 50~51쪽.

140. 해럴드 C. 숀버그, 앞의 책, 341쪽.

141. 폴 그리피스, 앞의 책, 92~93쪽.

142. 도날드 J. 그라우트 외, 앞의 책, 267쪽.

143. 폴 그리피스, 앞의 책, 40쪽.

144. 알렉스 로스, 앞의 책, 142쪽.

145. 폴 그리피스, 앞의 책, 41~42쪽.

146. 알렉스 로스, 앞의 책, 145~147쪽.

147. 해럴드 C. 숀버그, 앞의 책, 109~110쪽.

148. 알렉스 로스, 앞의 책, 123쪽.

149. 해럴드 C. 숀버그, 앞의 책, 108~109쪽.

150. 해럴드 C. 숀버그, 앞의 책, 118쪽.

151. 폴 그리피스, 앞의 책, 111쪽.

152. 도날드 J. 그라우트 외, 앞의 책, 249쪽.

153. 해럴드 C. 숀버그, 앞의 책, 130~131쪽.

154. 진회숙, 《클래식 오디세이》, 청아출판사, 2014, 407쪽.

155. 도널드 서순, 《유럽 문화사 5》, 뿌리와이파리, 2012, 344쪽.

156. 최유준, 《조율과 공명》, 길, 2018, 72쪽.

157. 서양사학자 13인, 《서양문화사 깊이 읽기》, 푸른역사, 2008, 276~282쪽.

158. 양동휴, 《20세기 경제사》, 56쪽.

159. 찰스 P. 킨들버거, 《대공황의 세계 1929-1939》, 159쪽.

160. 위의 책, 194쪽.

161. 위의 책, 193쪽.

162. 디트럭 올로, 《독일 현대사》, 미지북스, 2019, 373~374쪽.

163. 양동휴, 《20세기 경제사》, 67쪽.

164. 위의 책, 56쪽.

165. 자크 파월, 《좋은 전쟁이라는 신화》, 오월의봄, 2017, 42~43쪽.

166. 위의 책, 52쪽.

167. 올랜도 파이지스, 《혁명의 러시아 1891~1991》, 어크로스, 2017, 43쪽, 45쪽.

168. 조슈아 B. 프리먼, 《더 팩토리》, 시공사, 2019, 242쪽.

169. 토니 주트, 앞의 책, 198~199쪽.

170. 서양사학자 13인, 앞의 책, 311~312쪽.

171. 송병건, 앞의 책, 550쪽.

172. 조슈아 B. 프리먼, 앞의 책, 261~262쪽.

173. E. K. 헌트, 앞의 책, 927쪽.

174. 송병건, 《세계화의 풍경들》, 아트북스, 2017, 317쪽.

175. 티머시 스나이더, 《피에 젖은 땅》, 글항아리, 2021, 5쪽.

176. 올랜도 파이지스, 앞의 책, 291~292쪽.

177. 티머시 스나이더, 앞의 책, 58~59쪽.

178. 위의 책, 61쪽.

179. 올랜도 파이지스, 앞의 책, 232쪽.

180. 티머시 스나이더, 앞의 책, 6쪽, 15쪽.

181. 토니 주트, 앞의 책, 299~300쪽.

182. 로버트 L. 하일브로너·윌리엄 밀버그, 앞의 책, 400쪽, 929쪽.

183. 토니 주트, 앞의 책, 770쪽.

184. 에릭 홉스봄, 《극단의 시대》, 632쪽.

185. 네이버 북한문학사전.

186. 솔로몬 볼코프, 《증언》, 온다프레스, 2019, 9쪽.

187. 에릭 홉스봄, 《파열의 시대》, 까치, 2015, 272~273쪽.

188. 도널드 서순, 《유럽 문화사 3》, 47쪽.

189. 올랜도 파이지스, 앞의 책, 274쪽.

190. 알렉스 로스, 앞의 책, 337~338쪽.

191. 올랜도 파이지스, 앞의 책, 274~275쪽.

192. 해럴드 C. 숀버그, 앞의 책, 220쪽.

193. 솔로몬 볼코프, 앞의 책, 40쪽.

194. 해럴드 C. 숀버그, 앞의 책, 221쪽.

195. 도널드 서순, 《유럽 문화사 3》, 53쪽.

196. 올랜도 파이지스, 앞의 책, 276~277쪽.

197. 줄리언 반스, 《시대의 소음》, 다산책방, 2017, 29쪽.

198. 솔로몬 볼코프, 앞의 책, 37~38쪽.

199. 베로니카 베치, 《음악과 권력》, 컬처북스, 2009, 529쪽.

200. 알렉스 로스, 앞의 책, 333~334쪽.

201. 솔로몬 볼코프, 앞의 책, 299쪽.

202. 올랜도 파이지스, 앞의 책, 275쪽.

203. 알렉스 로스, 앞의 책, 355~356쪽.

204. 문학수, 앞의 책, 303~304쪽.

205. 솔로몬 볼코프, 앞의 책, 423쪽.

206. M. T. 앤더슨, 《죽은 자들의 도시를 위한 교향곡》, 돌베개, 2018, 453~454쪽.

207. 도니 글룩스타인, 《2차 세계대전의 민중사》, 오월의봄, 2021, 271쪽.

208. M. T. 앤더슨, 앞의 책, 423쪽.

209. 위의 책, 421~422쪽.

210. 송병건, 《경제사: 세계화와 세계 경제의 역사》, 555쪽.

211. 토니 주트, 앞의 책, 54쪽.

212. https://en.wikipedia.org/wiki/Demographics_of_the_Soviet_Union.

213. 올랜도 파이지스, 앞의 책, 321쪽.

214. 이병한, 《유라시아견문 1》, 서해문집, 2016, 150쪽.

215. M. T. 앤더슨, 앞의 책, 444쪽.

216. 알렉스 로스, 앞의 책, 379쪽.

217. M. T. 앤더슨, 앞의 책, 450쪽.

218. 손열음, 《하노버에서 온 음악 편지》, 중앙북스, 2015, 101쪽.

219. 솔로몬 볼코프, 앞의 책, 334쪽.

220. 알렉스 로스, 앞의 책, 379쪽.

221. 솔로몬 볼코프, 앞의 책, 371~372쪽.

222. 최은규, 《교향곡》, 마티, 2017, 571쪽.

223. 문학수, 앞의 책, 311~312쪽.

224. 베로니카 베치, 앞의 책, 2009, 521쪽.

5장 호황에 들뜬 세계, 로큰롤에 홀리다

1. 로버트 라이시, 《로버트 라이시의 자본주의를 구하라》, 김영사, 2016, 11쪽.

2. 송병건,《경제사: 세계화와 세계 경제의 역사》, 해남, 2014, 556쪽.

3. 토니 주트,《전후 유럽 1945~2005 1》, 열린책들, 2019, 47쪽.

4. 위의 책.

5. 위의 책. 163쪽.

6. 로버트 J. 고든,《미국의 성장은 끝났는가》, 생각의힘, 2017, 758쪽.

7. 로버트 L. 하일브로너·윌리엄 밀버그,《자본주의 어디서 와서 어디로 가는가》, 미지북스, 2016, 310쪽.

8. 위의 책, 461쪽.

9. 김종현,《경제사》, 경문사, 2010, 531쪽.

10. 토니 주트, 앞의 책. 175~176쪽.

11. 양동휴,《20세기 경제사》, 일조각, 2009, 170쪽.

12. 위의 책, 172쪽.

13. 토니 주트, 앞의 책. 421쪽.

14. 위의 책. 292~294쪽.

15. 송병건, 앞의 책, 565쪽.

16. 위의 책, 566쪽.

17. 홍춘욱,《50대 사건으로 보는 돈의 역사》, 로크미디어, 2019, 229쪽.

18. 마크 레빈슨,《세계 경제의 황금기는 다시 오지 않는다》, 에코리브르, 2018, 37쪽.

19. 양동휴, 앞의 책, 240쪽.

20. 마크 레빈슨, 앞의 책, 18~19쪽.

21. https://www.worldsteel.org.

22. 로버트 J. 고든, 앞의 책, 773쪽.

23. 위의 책, 35쪽.

24. 위의 책, 36쪽.

25. 위의 책, 774쪽.

26. 위의 책, 775~776쪽.

27. 양동휴, 앞의 책, 255쪽.

28. 위의 책, 257~258쪽.

29. 토니 주트, 앞의 책, 573~574쪽.

30. 위의 책, 264쪽.

31. 마크 레빈슨, 앞의 책, 38쪽.

32. 토니 주트, 앞의 책, 566~567쪽.

33. 위의 책, 570쪽.

34. 위의 책, 576쪽.

35. 김종현, 앞의 책, 573쪽.

36. 마크 레빈슨, 앞의 책, 32~33쪽.

37. 토니 주트, 《전후 유럽 1945~2005 2》, 열린책들, 2019, 161쪽.

38. 토니 주트, 《전후 유럽 1945~2005 1》, 626쪽.

39. 위의 책, 137쪽.

40. 위의 책, 626쪽.

41. 마크 레빈슨, 앞의 책, 40쪽.

42. 닐 포크너, 《좌파 세계사》, 엑스오북스, 2016, 614쪽.

43. 로버트 라이시, 앞의 책, 128쪽.

44. 마크 레빈슨, 앞의 책, 181쪽.

45. 로버트 J. 고든, 앞의 책, 860쪽.

46. 위의 책, 537쪽.

47. 토니 주트, 《전후 유럽 1945~2005 1》, 589쪽.

48. 로버트 J. 고든, 앞의 책, 538쪽.

49. 토니 주트, 《전후 유럽 1945~2005 1》, 587쪽.

50. 도널드 서순, 《유럽 문화사 5》, 뿌리와이파리, 2012, 296쪽.

51. 래리 스타·크리스토퍼 워터먼, 《미국 대중음악》, 한울, 2021, 268쪽.

52. 사이먼 프리스 외, 《케임브리지 대중 음악의 이해》, 한나래, 2010, 199쪽.

53. 로이 셔커, 《대중 음악 사전》, 한나래, 연도, 101쪽.

54. 정일서, 《365일 팝 음악사》, 돋을새김, 2009, 543쪽.

55. 노먼 레브레히트, 《클래식, 그 은밀한 삶과 치욕스런 죽음》, 마티, 2009, 78쪽.

56. 사이먼 프리스 외, 앞의 책, 141쪽.

57. 임진모, 《팝, 경제를 노래하다》, 아트북스, 2014, 37쪽.

58. 에릭 홉스봄, 《재즈, 평범한 사람들의 비범한 음악》, 포노, 2014, 154쪽.

59. 토니 주트, 《전후 유럽 1945~2005 1》, 601쪽.

60. 사이먼 프리스 외, 앞의 책, 196쪽.

61. 크리스티앙 생-장-폴랭, 《히피와 반문화》, 문학과지성사, 2015, 13쪽.

62. 에릭 홉스봄, 《재즈, 평범한 사람들의 비범한 음악》, 154쪽.

63. 임진모, 앞의 책, 31쪽.

64. 로이 셔커, 《대중음악 사전》, 한나래, 2009, 212쪽.

65. 사이먼 프리스 외, 앞의 책, 249쪽.

66. 위의 책, 198쪽.

67. 래리 스타·크리스토퍼 워터먼, 앞의 책, 270쪽.

68. 에릭 홉스봄, 《극단의 시대》, 까치, 2009, 459쪽.

69. 사이먼 프리스 외, 앞의 책, 118~119쪽.

70. 정일서, 《365일 팝 음악사》, 돋을새김, 2015, 84~85쪽.

71. 위의 책, 76쪽.

72. 크리스티앙 생-장-폴랭, 앞의 책, 14쪽.

73. 에릭 홉스봄, 《극단의 시대》, 417쪽.

74. 토니 주트, 《전후 유럽 1945~2005 1》, 717쪽.

75. 위의 책, 700쪽.

76. 마크 레빈슨, 앞의 책, 18쪽.

77. 토니 주트, 《전후 유럽 1945~2005 1》, 705쪽.

78. 크리스티앙 생-장-폴랭, 앞의 책, 24~25쪽.

79. 토니 주트, 《전후 유럽 1945~2005 1》, 698쪽.

80. 크리스티앙 생-장-폴랭, 앞의 책, 26쪽.

81. 토니 주트, 《전후 유럽 1945~2005 1》, 707쪽.

82. 위의 책, 709쪽.

83. 에릭 홉스봄, 《극단의 시대》, 414쪽.

84. 토니 주트, 《전후 유럽 1945~2005 1》, 706~707쪽.

85. 위의 책, 771쪽.

86. 위의 책, 691~692쪽.

87. 토니 주트, 《전후 유럽 1945~2005 2》, 62~63쪽.

88. 조지 카치아피카스, 《신좌파의 상상력》, 난장, 2009, 26~27쪽.

89. 토니 주트, 《전후 유럽 1945~2005 1》, 55~57쪽.

90. 위의 책, 200~201쪽.

91. 찰스 P. 킨들버거, 《경제 강대국 흥망사》, 까치, 2005, 267쪽.

92. 토니 주트, 《전후 유럽 1945~2005 1》, 189쪽.

93. 양동휴, 앞의 책, 174쪽.

94. 토니 주트, 《전후 유럽 1945~2005 1》, 163쪽.

95. 양동휴, 앞의 책, 211쪽.

96. 실비아 나사르, 《사람을 위한 경제학》, 반비, 2013, 612쪽.

97. 김종현, 앞의 책, 573~574쪽.

98. 실비아 나사르, 앞의 책, 612쪽.

99. 찰스 P. 킨들버거, 《경제 강대국 흥망사》, 269쪽.

100. 이안 부루마, 《0년》, 글항아리, 2016, 99쪽.

101. 토니 주트, 《전후 유럽 1945~2005 1》, 276~277쪽.

102. 찰스 P. 킨들버거, 《경제 강대국 흥망사》, 313~314쪽.

103. 마크 레빈슨, 앞의 책, 156쪽.

104. 찰스 P. 킨들버거, 《광기, 패닉, 붕괴: 금융위기의 역사》, 굿모닝북스, 2006, 246쪽.

105. 위의 책, 36쪽, 244쪽.

106. 위의 책, 243쪽.

107. 홍춘욱, 앞의 책, 275~276쪽.

108. 찰스 P. 킨들버거, 《광기, 패닉, 붕괴: 금융위기의 역사》, 242쪽.

109. 위의 책, 249쪽.

110. 위의 책, 75쪽, 251쪽.

111. 차학봉, "경제포커스 집값 반 토막, 서민에게 축복인가", 〈조선일보〉 2017년 8월 22일자.

112. 찰스 P. 킨들버거, 《광기, 패닉, 붕괴: 금융위기의 역사》, 75~76쪽.

113. 홍춘욱, 앞의 책, 283~284쪽.

114. https://data.worldbank.org/indicator/NY.GDP.MKTP.KD.ZG?end=2019&locations=J
    P&start=1988.

115. 노먼 레브레히트, 앞의 책, 102~103쪽.

116. 정일서, 《더 밴드》, 어바웃어북, 2022, 37쪽.

117. 래리 스타·크리스토퍼 워터먼, 앞의 책, 328쪽.

118. 위의 책, 343쪽.

119. TH. W. 아도르노·M. 호르크하이머, 《계몽의 변증법》, 문학과지성사, 2001, 211~212쪽.

120. 사이먼 프리스 외, 앞의 책, 144쪽.

121. 래리 스타·크리스토퍼 워터먼, 앞의 책, 337쪽.

122. 정일서, 《더 밴드》, 38쪽.

123. 정일서, 《365일 팝 음악사》, 304~305쪽.

124. 노먼 레브레히트, 앞의 책, 104쪽.

125. 사이먼 프리스 외, 앞의 책, 227~229쪽.

126. 정일서, 《365일 팝 음악사》, 481쪽.

127. 도널드 서순, 《유럽 문화사 5》, 뿌리와이파리, 2012, 322~323쪽.

128. 정일서, 《365일 팝 음악사》, 125쪽.

129. 크리스티앙 생-장-폴랭, 앞의 책, 8쪽.

130. 사이먼 프리스 외, 앞의 책, 219쪽.

131. 래리 스타·크리스토퍼 워터먼, 앞의 책, 376쪽.

132. 사이먼 프리스 외, 앞의 책, 209쪽.

133. 래리 스타·크리스토퍼 워터먼, 앞의 책, 380쪽.

134. 정일서, 《365일 팝 음악사》, 593쪽.

135. 크리스티앙 생-장-폴랭, 앞의 책, 219쪽.

136. 정일서,《더 밴드》, 125쪽.

137. 사이먼 프리스 외, 앞의 책, 151쪽.

138. 정일서,《더 기타리스트》, 200쪽.

139. 래리 스타·크리스토퍼 워터먼, 앞의 책, 395쪽.

140. 크리스티앙 생-장-폴랭, 앞의 책, 73쪽.

141. 요아힘 E. 베렌트,《재즈북》, 자음과모음, 2012, 37쪽.

142. 도날드 J. 그라우트 외,《그라우트의 서양음악사 하》, 이앤비플러스, 2007, 356쪽.

143. 요아힘 E. 베렌트, 앞의 책, 44쪽.

144. 강헌,《전복과 반전의 순간 Vol. 2》, 돌베개, 2017, 230쪽.

145. 위의 책, 236쪽.

146. 도날드 J. 그라우트 외, 앞의 책, 357쪽.

147. 임진모, 앞의 책, 53쪽.

148. 강헌, 앞의 책, 260~263쪽.

149. 요아힘 E. 베렌트, 앞의 책, 56쪽.

150. 위의 책, 59쪽.

151. 에릭 홉스봄,《재즈, 평범한 사람들의 비범한 음악》, 159쪽.

152. 위의 책, 141쪽.

153. 위의 책, 148쪽.

6장 장기침체의 시대, 펑크와 디스코를 소환하다

1. 마크 레빈슨,《세계 경제의 황금기는 다시 오지 않는다》, 에코리브르, 2018, 13쪽.

2. 케네스 포메란츠·스티븐 토픽,《설탕, 커피 그리고 폭력》, 심산, 2021, 594쪽.

3. 토니 주트,《전후 유럽 1945~2005 2》, 열린책들, 2019, 21~22쪽.

4. 앨런 그린스펀·에이드리언 올드리지,《미국 자본주의의 역사》, 세종서적, 2020, 363쪽.

5. 마크 레빈슨, 앞의 책, 91쪽.

6. 위의 책, 19쪽.

7. 위의 책, 92쪽.

8. 송병건,《경제사: 세계화와 세계 경제의 역사》, 해남, 2014, 588쪽.

9. 앨런 그린스펀·에이드리언 올드리지, 앞의 책, 364쪽.

10. 마크 레빈슨, 앞의 책, 109쪽.

11. 토니 주트, 앞의 책, 27~28쪽.

12. 송병건, 앞의 책, 587쪽.

13. 마크 레빈슨, 앞의 책, 109쪽.

14. 로버트 J. 고든, 《미국의 성장은 끝났는가》, 생각의힘, 2017, 469쪽.

15. 위의 책, 470쪽.

16. 아비지트 배너지·에스테르 뒤플로, 《힘든 시대를 위한 좋은 경제학》, 생각의힘, 2020, 266쪽.

17. 로버트 J. 고든, 앞의 책, 635쪽.

18. 위의 책, 818쪽.

19. 양동휴, 《20세기 경제사》, 일조각, 2009, 266~267쪽.

20. 토니 주트, 앞의 책, 21쪽.

21. 닐 포크너, 《좌파 세계사》, 엑스오북스, 2016, 680쪽.

22. 토니 주트, 앞의 책, 160쪽.

23. 위의 책, 33쪽.

24. 마크 레빈슨, 앞의 책, 206쪽.

25. 토니 주트, 앞의 책, 157~159쪽.

26. 토니 주트, 《전후 유럽 1945~2005 1》, 열린책들, 2019, 625쪽.

27. 장석준, 《세계 진보정당 운동사》, 서해문집, 2019, 382쪽.

28. 토니 주트, 《전후 유럽 1945~2005 2》, 168~169쪽.

29. 토니 주트, 《전후 유럽 1945~2005 1》, 619~620쪽.

30. 위의 책, 570쪽.

31. 위의 책, 620~622쪽.

32. 위의 책, 615쪽.

33. https://datacommons.org/place/country/GBR?category=Economics&hl=ko.

34. 토니 주트, 《전후 유럽 1945~2005 2》, 166~167쪽.

35. 위의 책, 176쪽.

36. 앨런 그린스펀·에이드리언 올드리지, 《미국 자본주의의 역사》, 세종서적, 2020, 361쪽.

37. 위의 책, 364쪽.

38. 위의 책, 354쪽.

39. 위의 책, 367~371쪽.

40. 위의 책, 388쪽.

41. 데이비드 하비, 《신자유주의》, 한울아카데미, 2014, 44쪽.

42. 홍춘욱, 《50대 사건으로 보는 돈의 역사》, 로크미디어, 2019, 236쪽.

43. 김규환, "'최고 인플레 파이터' 폴 볼커 전 연준의장 별세", 〈서울신문〉 2019년 12월 11일자.

44. 조반니 아리기, 《장기 20세기》, 그린비, 2014, 526쪽.

45. J. D. 밴스, 《힐빌리의 노래》, 흐름출판, 2017, 22쪽.

46. 토마 피케티, 《21세기 자본》, 글항아리, 2014, 551쪽.

47. 위의 책, 516~517쪽.

48. 로버트 J. 고든, 앞의 책, 860~861쪽.

49. 위의 책, 865쪽.

50. 토마 피케티, 앞의 책, 358쪽.

51. 에릭 홉스봄, 《극단의 시대》, 까치, 2009, 422~423쪽.

52. 로버트 J. 고든, 앞의 책, 866~867쪽.

53. 아비지트 배너지·에스테르 뒤플로, 앞의 책, 151쪽.

54. 앨런 그린스펀·에이드리언 올드리지, 앞의 책, 377쪽.

55. 아비지트 배너지·에스테르 뒤플로, 앞의 책, 149~150쪽.

56. 위의 책, 153쪽.

57. 대니얼 마코비츠, 《엘리트 세습》, 세종서적, 2020, 203쪽. 자세한 수치는 World Top Incomes Database/United States 참조.

58. OECD, 〈Under Pressure: The Squeezed Middle Class〉, 2019.

59. 현대경제연구원, 〈중산층 하향 이탈 막아야 한다〉, 2022.

60. 대니얼 마코비츠, 《엘리트 세습》, 세종서적, 2020, 74쪽.

61. https://theconcertdatabase.com/venues/crows-nest-east.

62. https://www.paloaltohistory.org/the-grateful-dead.php.

63. 대니얼 마코비츠, 앞의 책, 117쪽.

64. 위의 책, 78~79쪽.

65. 위의 책, 119쪽. 자세한 수치는 U.S. Census Bureau, American Community Survey 5-Year Estimates 2012–2016 참조.

66. https://dspace.mit.edu/bitstream/handle/1721.1/96768/1251868-RevisedText-Plus-Online-Supplement-Figs-Apr30-2014.pdf?sequence=1&isAllowed=y.

67. 로버트 J. 고든, 앞의 책, 879~880쪽.

68. 토마 피케티, 앞의 책, 357쪽.

69. 대니얼 마코비츠, 앞의 책, 61쪽.

70. 로버트 라이시, 《로버트 라이시의 자본주의를 구하라》, 김영사, 2016, 137쪽.

71. 로버트 J. 고든, 앞의 책, 870쪽.

72. 대니얼 마코비츠, 앞의 책, 69쪽.

73. 마크 레빈슨, 앞의 책, 188쪽.

74. 대니얼 마코비츠, 앞의 책, 244~247쪽.

75. 위의 책, 33쪽, 266쪽.

76. 위의 책, 423쪽.

77. 데이비드 하비, 앞의 책, 33~34쪽.

78. 아비지트 배너지·에스테르 뒤플로, 앞의 책, 303쪽.

79. 마크 레빈슨, 앞의 책, 309쪽.

80. 래리 스타·크리스토퍼 워터먼,《미국 대중음악》, 한울, 2021, 408쪽.

81. 위의 책, 424쪽.

82. 임진모,《팝, 경제를 노래하다》, 아트북스, 2014, 133쪽.

83. 래리 스타·크리스토퍼 워터먼, 앞의 책, 425쪽.

84. 정일서,《365일 팝 음악사》, 돋을새김, 2009, 287쪽.

85. 위의 책, 383쪽.

86. 양효실,《권력에 맞선 상상력, 문화운동 연대기》, 시대의창, 2017, 121쪽.

87. 위의 책, 115쪽.

88. 정일서, 앞의 책, 838쪽.

89. 양효실, 앞의 책, 114쪽.

90. 로이 셔커,《대중음악 사전》, 한나래, 2009, 348쪽.

91. 정일서,《더 밴드》, 어바웃어북, 2022, 423쪽.

92. 래리 스타·크리스토퍼 워터먼, 앞의 책, 467쪽.

93. 정일서,《더 밴드》, 423~424쪽.

94. 래리 스타·크리스토퍼 워터먼, 앞의 책, 471~472쪽.

95. 토니 주트,《전후 유럽 1945~2005 2》, 65쪽.

96. 사이먼 프리스 외,《케임브리지 대중 음악의 이해》, 한나래, 2010, 274쪽.

97. 위의 책, 276~277쪽.

98. 래리 스타·크리스토퍼 워터먼, 앞의 책, 439쪽.

99. 도날드 J. 그라우트 외,《그라우트의 서양음악사 하》, 이앤비플러스, 2007, 403쪽.

100. 사이먼 프리스 외, 앞의 책, 279쪽.

101. 정일서,《365일 팝 음악사》, 967쪽.

102. 임진모, 앞의 책, 90쪽.

103. 래리 스타·크리스토퍼 워터먼, 앞의 책, 481쪽.

104. 강수진, "미스터K의 음악편지 힙합과 세대차", 〈스포츠경향〉 2012년 6월 12일자.

105. 양효실, 앞의 책, 150쪽.

106. 제프 창,《힙합의 역사》, 음악세계, 2014, 22~26쪽.

107. 래리 스타·크리스토퍼 워터먼, 앞의 책, 482쪽.

108. 임진모, 앞의 책, 179쪽.

109. 김봉현,《힙합》, 글항아리, 2014, 53~54쪽.

110. 강기헌, "힙합은 장르, 랩은 음악 … 직설적 감정 분출이 매력", 〈중앙선데이〉 2017년 2월 27일자.

111. 정일서, 《365일 팝 음악사》, 727쪽.

112. 위의 책, 756~757쪽.

113. 래리 스타·크리스토퍼 워터먼, 앞의 책, 547쪽.

114. 정일서, 《365일 팝 음악사》, 474~475쪽.

115. 사이먼 프리스 외, 앞의 책, 257~258쪽.

116. 조지프 스티글리츠, 《세계화와 그 불만》, 세종연구원, 2002, 369쪽.

117. https://www.worldbank.org/en/home.

118. 김호기, "세계화 담론에 결정적 영향, 월러스틴을 기억하며", 〈경향신문〉 2019년 10월 16
    일자.

119. 양동휴, 《세계화의 역사적 조망》, 서울대학교출판문화원, 2012, 3쪽.

120. 위의 책, 8쪽.

121. 장하준, 《나쁜 사마리아인들》, 부키, 2012, 60쪽.

122. http://www.index.go.kr/potal/stts/idxMain/selectPoSttsIdxSearch.do?idx_cd=4016.

123. 송병건, 앞의 책, 449쪽.

124. 아비지트 배너지·에스테르 뒤플로, 앞의 책, 108~109쪽.

125. 양동휴, 《세계화의 역사적 조망》, 13~14쪽.

126. 브랑코 밀라노비치, 《왜 우리는 불평등해졌는가》, 21세기북스, 2017, 29~31쪽.

127. 위의 책, 269~270쪽.

128. 위의 책, 319쪽.

129. 아비지트 배너지·에스테르 뒤플로, 앞의 책, 117~118쪽.

130. 위의 책, 119~122쪽.

131. 찰스 P. 킨들버거, 《광기, 패닉, 붕괴: 금융위기의 역사》, 굿모닝북스, 2006, 468~469쪽.

132. 조지프 스티글리츠, 앞의 책, 424쪽.

133. 조지프 스티글리츠, 《인간의 얼굴을 한 세계화》, 21세기북스, 2008, 474쪽.

134. 대니 로드릭, 《자본주의 새판 짜기》, 21세기북스. 2011, 293쪽.

135. 위의 책, 298쪽.

136. 위의 책, 399~400쪽.

137. 장하준, 《사다리 걷어차기》, 부키, 2004, 22쪽.

138. 위의 책, 25쪽.

139. 위의 책, 232~233쪽.

140. 위의 책, 234~235쪽.

141. 위의 책, 258~259쪽.

142. 래리 스타·크리스토퍼 워터먼, 앞의 책, 492쪽.

143. 로이 셔커, 앞의 책, 136쪽.

144. 네이버 지식백과, "문화제국주의".

145. 임진모, 앞의 책, 146쪽.

146. 로이 셔커, 앞의 책, 137쪽.

147. 정일서, 《365일 팝 음악사》, 207쪽.

148. 래리 스타·크리스토퍼 워터먼, 앞의 책, 494쪽.

149. 위의 책, 510쪽.

150. "Michael Jackson's 'Thriller' at 30: How One Album Changed the World", www.billboard.com/music/music-news/michael-jacksons-thriller-at-30-how-one-album-changed-the-world-473949.

151. 80s Black Pop Crossover, www.criticalminded.com/2016/11/28/80s-black-pop-crossover.

152. 사이먼 프리스 외, 앞의 책, 214~216쪽.

153. 위의 책, 235~236쪽.

154. 박은석, "얼터너티브록 알린 위대한 탄생", 〈한겨레〉 2010년 5월 4일자.

155. 사이먼 프리스 외, 앞의 책, 217쪽.

156. 박은석, 앞의 기사.

157. 사이먼 프리스 외, 앞의 책, 252쪽.

158. 위의 책, 220~221쪽.

159. 임진모, 앞의 책, 189~190쪽.

160. 마이클 애저래드, "주류를 전복한 비주류 너바나", 〈한겨레〉 2010년 5월 11일자.

161. 래리 스타·크리스토퍼 워터먼, 앞의 책, 571~572쪽.

162. 정일서, 《더 밴드》, 802쪽.

163. 래리 스타·크리스토퍼 워터먼, 앞의 책, 576~577쪽.

164. 위의 책, 574쪽.

165. 마크 피셔, 《자본주의 리얼리즘》, 리시올, 2018, 24~25쪽.

166. 사이먼 프리스 외, 앞의 책, 250쪽.

전 세계 GDP 추이(단위: 1990년 US달러화 기준 100만 달러)

주요국 및 주요 지역	서기 1년	1000년	1500년	1700년	1820년	1913년	2008년
서유럽	14433	10925	44159	80927	158860	902080	8698029
영국	320	800	2815	10709	36232	224618	1446959
미국	272	520	800	527	12548	517383	9485136
중국	26820	27494	61800	82800	228600	241431	8908894
인도	33750	33750	60500	90750	111417	204242	3415183
일본	1200	3188	7700	15390	20739	71653	2004141
대한민국	-	-	3282	5005	5637	9206	948906
아시아	76735	85815	161317	229671	412477	680742	22288543
아프리카	8030	13720	19283	25692	31161	79486	1734918
세계 전체	105402	121208	248321	371058	693502	2733190	50973935

전 세계 1인당 GDP 추이(단위: 1990년 US달러화 기준 달러)

주요국 및 주요 지역	서기 1년	1000년	1500년	1700년	1820년	1913년	2008년
주요 지역	576	427	771	993	1194	3457	21672
영국	400	400	714	1250	1706	4921	23742
미국	400	400	400	527	1257	5301	31178
중국	450	466	600	600	600	552	6725
일본	400	425	500	570	669	1387	22816
대한민국	-	-	-	-	600	869	19614
아시아	456	470	568	572	581	695	5611
아프리카	472	425	414	421	420	637	1780
세계 전체	467	453	566	615	666	1524	7614

출처 · 매디슨 데이터베이스 2010

세계 주요 도시 노동자들의 실질임금과 최저생계비 배율 추정치

노동자들의 실질임금과 최저생계비 배율

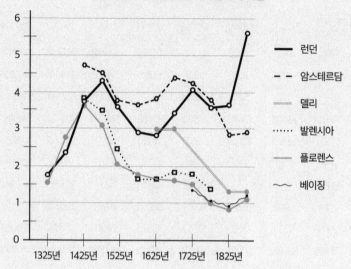

런던
암스테르담
델리
발렌시아
플로렌스
베이징

런던과 베이징의 실질임금과 최저생계비 배율

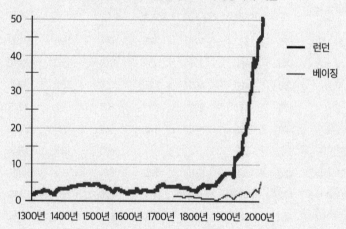

런던
베이징

출처 · 로버트 C 앨런, 《세계경제사》, 고유서가, 2017, 21쪽.

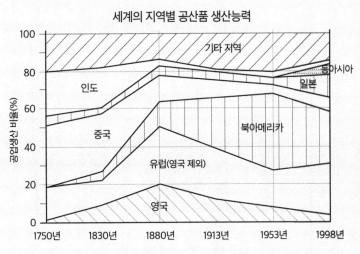

세계의 지역별 공산품 생산능력

공업생산 비율(%)

출처 · 송병건, 《경제사: 세계화와 세계 경제의 역사》, 해남, 2014, 428쪽.

	영국	프랑스	독일	그 외 유럽	미국	그 외 세계
1780년	12	12	11	39	2	24
1800년	33	9	10	25	5	17
1820년	27	9	11	29	6	19
1840년	25	11	8	30	7	20
1860년	25	11	9	24	9	21

18~19세기 각국의 세계무역 구성비(단위 %)

출처 · 월트 로스토 'The World Economy',
미셸 보, 《미셸 보의 자본주의의 역사 1500~2010》, 뿌리와이파리, 2015, 199쪽.

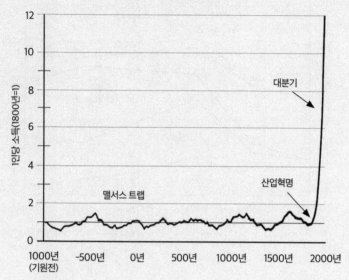

1인당 소득의 장기적 추세

세로축: 1인당 소득(1800년=1)

가로축: 1000년(기원전), -500년, 0년, 500년, 1000년, 1500년, 2000년

맬서스 트랩

대분기

산업혁명

출처 • 그레고리 클라크, 《맬서스, 산업혁명, 그리고 이해할 수 없는 신세계》 한스미디어, 2009, 24쪽.

1830~1913년 주요국의 세계 공업생산에서 차지하는 국가별 비율(단위: %)			
국가	1830년	1860년	1913년
영국	9.5	19.9	13.6
프랑스	5.2	7.9	6.1
독일	3.5	4.9	14.8
미국	2.4	7.2	32.0
기타 공업국	18.9	23.5	26.0
개발 도상국	60.5	36.6	7.5

출처 • 송병건, 《경제사: 세계화와 세계 경제의 역사》, 해남, 2014, 395쪽.

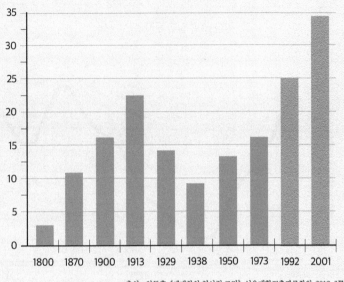

1800년 이후 GDP 대비 국제무역 비중(단위 % · 연도)

출처 · 양동휴, 《세계화의 역사적 조망》, 서울대학교출판문화원, 2012, 3쪽.

1870년 이후 주요 공업국의 세계 공업생산 비중(단위: %)

	영국	프랑스	독일 (서독)	러시아 (소련)	미국	일본	그 외
1870년	32	10	13	4	23	-	18
1881~1885년	27	9	14	3	29	-	18
1896~1900년	20	7	17	5	30	1	20
1906~1910년	15	6	16	5	35	1	22
1913년	14	6	16	6	38	1	19
1926~1929년	9	7	12	(4)	42	3	23
1936~1938년	9	5	11	(19)	32	4	20
1963년	5	4	(6)	(19)	32	4	30

출처 · 월트 로스토 'The World Economy',
미셸 보, 《미셸 보의 자본주의의 역사 1500~2010》, 뿌리와이파리, 2015, 254쪽에서 재인용.

대공황기 미국 경제

실질 GDP, 실질 투자, 실질 소비

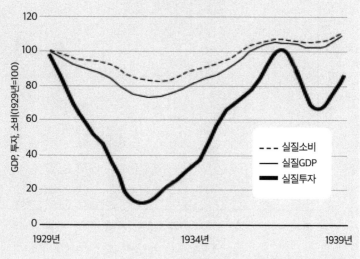

출처 • 송병건, 《경제사: 세계화와 세계 경제의 역사》, 해남, 2014, 541쪽.

실업률

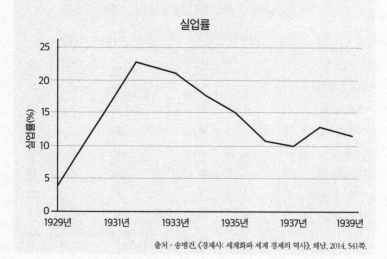

출처 • 송병건, 《경제사: 세계화와 세계 경제의 역사》, 해남, 2014, 541쪽.

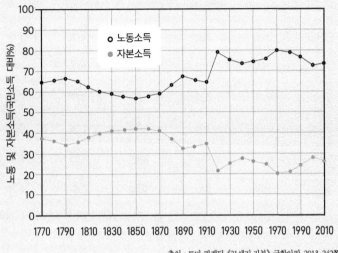

1770~2010년 영국의 자본 노동 소득분배율 추이(단위: %·연도)

노동소득
자본소득

노동 및 자본소득(국민소득 대비%)

1770 1790 1810 1830 1850 1870 1890 1910 1930 1950 1970 1990 2010

출처 • 토마 피케티, 《21세기 자본》, 글항아리, 2013, 242쪽

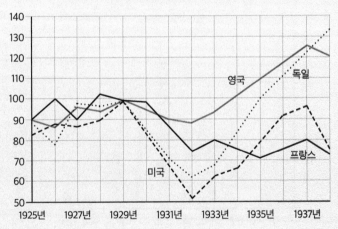

1930년 전후 주요국 산업생산지수 추이(1929년=100)

영국
독일
미국
프랑스

1925년 1927년 1929년 1931년 1933년 1935년 1937년

출처 • 양동휴, 《20세기 경제사》, 일조각, 2009, 19쪽.

1820~1998년 1인당 실질 GDP 증가율(단위: % · 연율)					
	1820~1870년	1870~1913년	1913~1950년	1950~1973년	1973~1998년
서유럽	0.95	1.32	0.76	4.08	1.78
미국	1.34	1.82	1.61	2.45	1.99
동유럽	0.63	1.31	0.89	3.79	0.37
구소련	0.63	1.06	1.76	3.36	-1.75
일본	0.19	1.48	0.89	8.05	2.34
동아시아 16개국	-0.10	0.49	-0.08	3.83	330

출처 · 메디슨 데이터베이스, 양동휴, 《20세기 경제사》, 일조각, 2009, 240쪽에서 재인용.

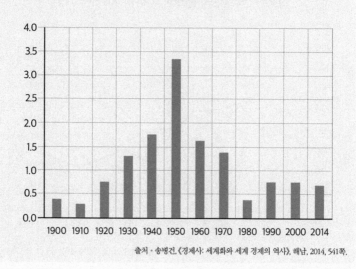

1900~2014년 총요소생산성의 10년 단위 연평균 증가율(단위: % · 연도)

출처 · 송병건, 《경제사: 세계화와 세계 경제의 역사》, 해남, 2014, 541쪽.

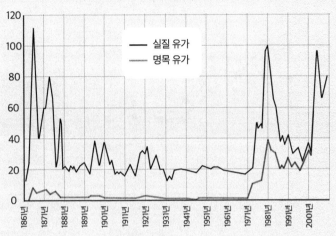

1861~2010년 원유 가격 추이(단위: 달러)

출처 · 송병건, 《경제사: 세계화와 세계 경제의 역사》, 해남, 2014, 586쪽.

1960~1989년 주요 선진국의 물가상승률 및 실업률 추이(단위: %)

국가	물가 상승률			실업률		
	1960~73	1973~79	1979~89	1960~73	1973~79	1979~89
영국	5.1	16.0	7.4	1.9	4.2	9.5
독일	4.4	4.7	2.8	0.8	3.4	6.8
프랑스	5.0	10.9	7.1	2.0	4.5	9.0
이탈리아	5.5	17.1	11.7	5.3	6.6	9.9
일본	6.0	8.1	8.1	1.3	1.9	2.5
OECD	4.4	8.5	8.5	3.5	5.0	7.2

출처 · OECD(1994), 송병건, 《경제사: 세계화와 세계 경제의 역사》, 해남, 2014, 588쪽에서 재인용.

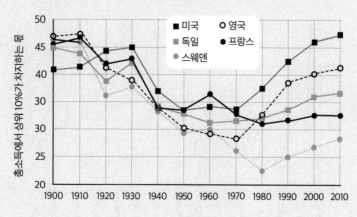

1900~2010년 유럽·미국에서 소득 상위 10%가
총소득에서 차지하는 비중 추이(단위: %·연도)

출처 • 토마 피케티, 《21세기 자본》, 글항아리, 2013, 388쪽

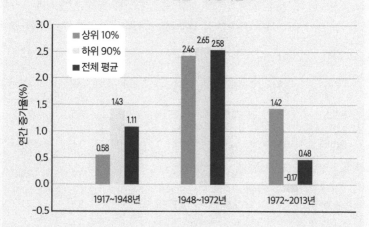

1917~2013년 미국 실질소득 증가율(단위: %)

출처 • 토마 피케티, 《21세기 자본》, 글항아리, 2013, 388쪽

1870~2000년 미국 제조업 부문 노동자 비중 추이

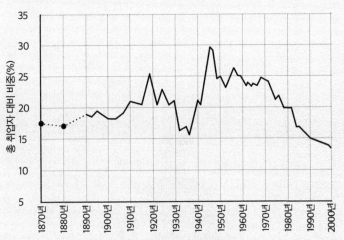

출처 · 앨런 그리스펀·에이드리언 울드리지, 《미국 자본주의의 역사》, 세종서적, 2020, 331쪽.

1988~2008년 전 세계 소득 수준별 1인당 실질소득의 상대적 증가율(단위: %)

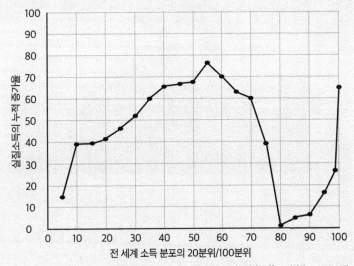

출처 · 앨런 브랑코 밀라노비치, 《왜 우리는 불평등해졌는가》, 21세기북스, 2017, 28쪽.

카스파 다비드 프리드리히의 〈안개 낀 바다 위의 방랑자〉(1818년)

오귀스트 르누아르의 〈피아노 앞의 두 소녀〉(1892년)

윌리엄 터너의 〈비, 증기, 속도〉(1844년)

오노레 도미에의 〈삼등열차〉(1862년)

아카마츠 린사쿠의 〈밤 기차〉(1901년)

요제프 단하우저의 〈피아노를 치는 리스트〉(1840년)

구스타프 클림트의 벽화 〈베토벤 프리즈〉(1902년)

가츠시카 호쿠사이의 〈카나가와의 큰 파도〉(19세기경)

찾아보기

인명(그룹명 포함)

음악과 영화

음악

키워드

음표 위 경제사

1판 1쇄 펴냄 2023년 01월 10일
1판 2쇄 펴냄 2024년 11월 10일

지은이 이두걸
펴낸이 천경호
종이 월드페이퍼
제작 (주)아트인
펴낸곳 루아크
출판등록 2015년 11월 10일 제2021-000135호
주소 10881 경기도 파주시 회동길 480, 아트팩토리 NJF B동 233호
전화 031.998.6872
팩스 031.5171.3557
이메일 ruachbook@hanmail.net

ISBN 979-11-88296-61-3 03900